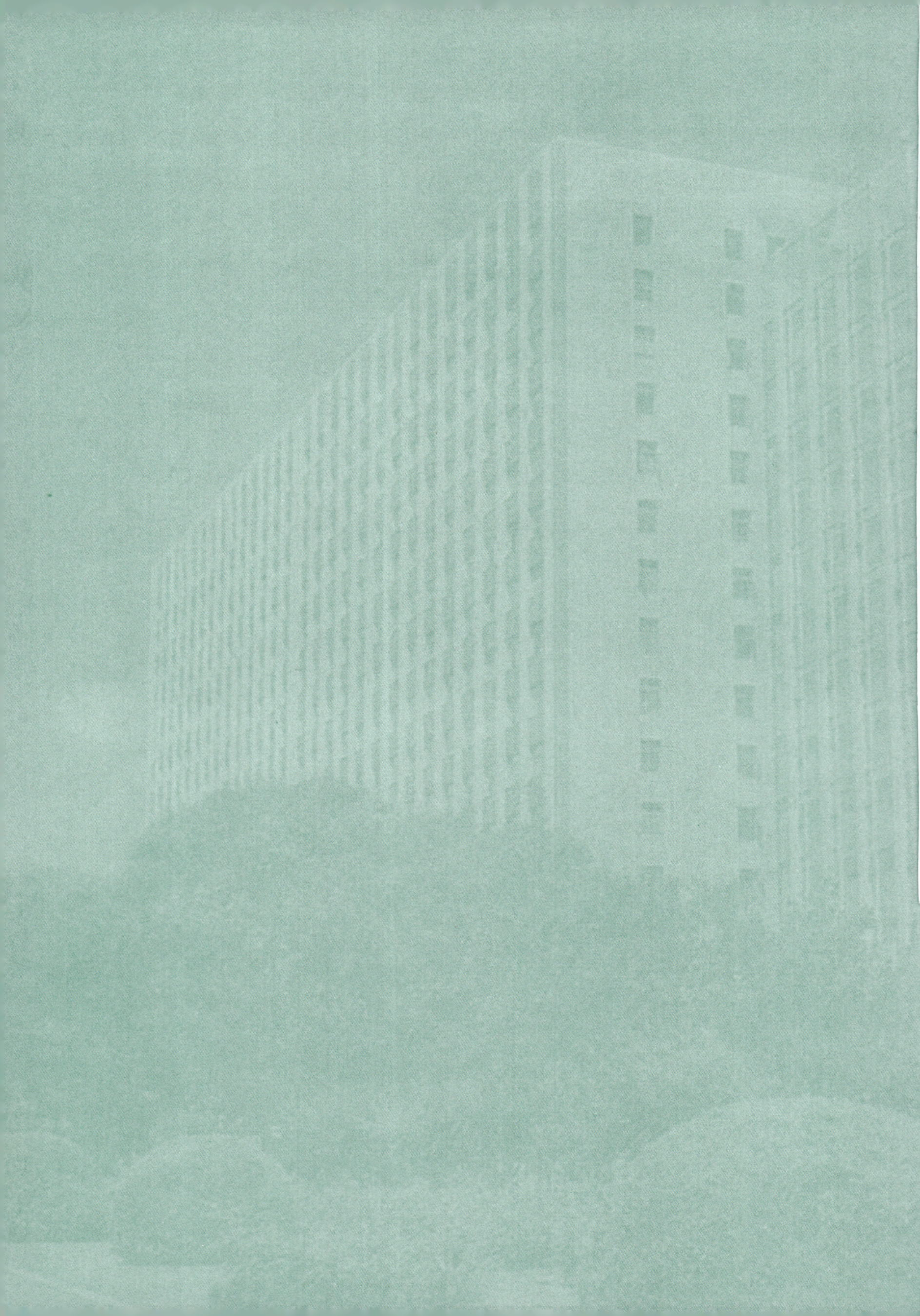

中国社会科学院文库
哲学宗教研究系列
The Selected Works of CASS
Philosophy and Religion

中国社会科学院创新工程学术出版资助项目

中国社会科学院文库 · 哲学宗教研究系列
The Selected Works of CASS · Philosophy and Religion

世界佛教通史

A GENERAL HISTORY OF THE WORLD BUDDHISM

第二卷 印度佛教（公元7世纪至20世纪）

魏道儒 主编
本卷 周广荣 著

中国社会科学出版社

图书在版编目（CIP）数据

世界佛教通史．第2卷，印度佛教：公元7世纪至20世纪／周广荣著．—北京：中国社会科学出版社，2015.12

ISBN 978－7－5161－6055－8

Ⅰ.①世…　Ⅱ.①周…　Ⅲ.①佛教史—世界 ②佛教史—印度　Ⅳ.①B949.1

中国版本图书馆CIP数据核字(2015)第085627号

出版人　赵剑英
责任编辑　黄燕生　孙　萍
责任校对　张依婧
责任印制　戴　宽

出　　版　中国社会科学出版社
社　　址　北京鼓楼西大街甲158号
邮　　编　100720
网　　址　http://www.csspw.cn
发行部　010－84083685
门市部　010－84029450
经　　销　新华书店及其他书店

印刷装订　北京君升印刷有限公司
版　　次　2015年12月第1版
印　　次　2015年12月第1次印刷

开　　本　710×1000　1/16
印　　张　28.75
插　　页　2
字　　数　512千字
定　　价　108.00元

《中国社会科学院文库》出版说明

《中国社会科学院文库》（全称为《中国社会科学院重点研究课题成果文库》）是中国社会科学院组织出版的系列学术丛书。组织出版《中国社会科学院文库》，是我院进一步加强课题成果管理和学术成果出版的规范化、制度化建设的重要举措。

建院以来，我院广大科研人员坚持以马克思主义为指导，在中国特色社会主义理论和实践的双重探索中做出了重要贡献，在推进马克思主义理论创新、为建设中国特色社会主义提供智力支持和各学科基础建设方面，推出了大量的研究成果，其中每年完成的专著类成果就有三四百种之多。从现在起，我们经过一定的鉴定、结项、评审程序，逐年从中选出一批通过各类别课题研究工作而完成的具有较高学术水平和一定代表性的著作，编入《中国社会科学院文库》集中出版。我们希望这能够从一个侧面展示我院整体科研状况和学术成就，同时为优秀学术成果的面世创造更好的条件。

《中国社会科学院文库》分设马克思主义研究、文学语言研究、历史考古研究、哲学宗教研究、经济研究、法学社会学研究、国际问题研究七个系列，选收范围包括专著、研究报告集、学术资料、古籍整理、译著、工具书等。

中国社会科学院科研局

2006年11月

总　　序

魏道儒

2006年底，在制订世界宗教研究所佛教研究室科研项目规划的时候，我想到国内外学术界还没有编写出一部佛教的世界通史类著作，就与几位同事商量，确定申报中国社会科学院重大课题——《世界佛教通史》。该课题于2007年8月正式立项，2012年12月结项，其后又列选为中国社会科学院创新工程项目进行修改完善。呈现在读者朋友面前的这部书，就是当年同名课题的最终成果。

在申报《世界佛教通史》课题的时候，我们按照要求规划设计了相关研究范围、指导思想、撰写原则、主要问题、研究思路、预期目标等。八年多来，我们就是按照这些既定方案开展研究工作的。

“佛教”最早被定义为释迦牟尼佛的“说教”，其内容包括被认为是属于释迦牟尼的所有理论和实践。这个古老的、来自佛教信仰群体内部的定义尽管有很大的局限性，但由于强调了佛教起源于古代印度的史实，突出了释迦牟尼作为创教者的权威地位，符合了广大信众的崇拜需求，不仅长期获得公认，而且影响到现代人们对佛教的认识和理解。我们认为，“佛教”是起源于古代印度，在不同国家和地区流行了2500多年的一种世界性宗教，包含着不同国家和地区信教群众共同创造的精神产品和物质产品。我们这样理解“佛教”既与古老的定义不矛盾，又更符合这种宗教的历史发展事实，同时，也自然确定了我们这部《世界佛教通史》的研究范围和对象。

我们的《世界佛教通史》是一部佛教的世界通史，主要论述佛教从起源到20世纪在世界范围内的兴衰演变的主要过程。我们希望以辩证唯物主义和历史唯物主义为指导，坚持历史与逻辑相统一的原则，以史学和哲学方法为主，同时借鉴考古学、文献学、宗教社会学、宗教人类学、宗教心理学、宗教比较学、文化传播学等相关学科的理论和方法，在收集、整理、辨析第一手资料（个别部分除外）的基础上，全方位、多角度对世界范围内的佛教历史进行深入研究。

在考虑具体撰写原则时，我们本着“原始察终，见盛观衰”的史学原则，对每一研究对象既进行梳理脉络的纵向贯通，又进行考察制约该对象变化的多种因素的横向贯通。我们在论述不同国家和地区的佛教时，希望始终联系制约佛教兴衰变化的政治、经济、民族、科学技术和思想文化等因素，始终将宏观把握和微观探索结合起来，系统阐述众多的佛教思潮、派系、典籍、人物、事件、制度等，并且兼及礼俗、典故、圣地、建筑、文学、艺术等。我们强调重视学术的继承和规范，并且力争在思想创新、观点创新和内容创新三方面都取得成果。我们以“叙述史实，说明原因，解决问题”为研究导向和撰写原则，对纷繁复杂的研究对象进行实事求是、客观公正的阐述和评价。

我们在确定本课题的主要研究问题时已经注意到，在不同的国家和地区，在不同的历史阶段，同是佛教，甚至同是佛教中的某一个宗派，往往具有截然不同的内在精神和外在风貌。佛教在不同国家和地区中的政治地位、经济地位、法律地位，在当地思想文化体系中的位置和发挥的作用，在社会民众心目中的形象和价值，都是千差万别的。当我们综观世界范围内的佛教时，看到的不是色调单一而是绚丽多彩，不是停滞僵化而是变动不居。我们在研究不同的国家、地区和民族中的佛教时，一定会遇到特殊的情况、独有的内容和需要侧重解决的问题。对于各卷作者在研究中捕捉到的特殊问题，建议他们独立制订解决方案，提出解决办法。从本部书各卷必定要涉及的一些共同研究内容方面考虑，我们当时要求相关各卷侧重研究如下四个方面的问题。

第一，佛教的和平传播问题。

佛教从地方宗教发展成为亚洲宗教，再发展成为世界宗教，始终以和平的方式传播，始终与政治干预、经济掠夺和文化殖民没有直接联系，始终没有因为传教引发战争。我们可以看到，无论在古代还是在近代，无论在中国还是在外国，成功的、有影响的佛教传教者都不是以武力胁迫人们信教，都是以其道德高尚、佛学精湛、善于劝导和感化人而赢得信众。佛教的和平传播在世界宗教史上是独一无二的，可以说，这为当今世界各种文明之间建立联系提供了可资学习、借鉴的样板。关于佛教的和平传播问题，学术界虽然已经涉及，但是还没有推出结合佛教在不同国家和地区的具体情况进行集中论述的论著。我们希望本部书的相关各卷结合佛教在不同国家和地区的具体情况，比较全面系统地研究佛教和平传播的方式、过程，研究佛教传播与社会、政治、经济、文化等因素以及与自身教义之间的关联，探索佛教和平传播的内在规律。我们当时设想，如果能够对佛教和平传播问题进行更全面、更系统的考察、分析和评论，就会为学术界以后专门探讨佛教在不同文化中传播的方式、途径、过程、特点和规律建立更广泛的参照系统，提供更多的史实依据，确定更多的观察视角，列举更多的分析标本。我们认为，本部书有关各卷加强这方面的研究，对于加深认识今天全球范围内的宗教传播和文化传播具有重要现实意义。毫无疑问，这种研究也将会丰富文化传播学的内容。

第二，佛教的本土化问题。

佛教本土化是指佛教为适应所传地区的社会、民族、政治、经济和文化而发生的一切变化，既包括信仰、教义方面的变化，也包括组织、制度方面的变化。在有佛教流传的国家和地区，佛教本土化过程涉及社会的各个方面，从经济基础到上层建筑都会受到影响。从帝王到庶民的社会各阶层，包括信仰者和非信仰者、支持者和反对者、同情者和厌恶者都会不同程度地参与进来，对佛教本土化进程的深度、广度以及前进方向施加影响、发挥作用。正因为佛教本土化的出现，才使佛教在流传地有可能扎根、生长，才使当今世界各地区的佛教有了鲜明的民族特色。无论在任何国家和地区，佛教本土化的过程都是曲折反复、波谲云诡。如果只有温柔的相拥，没有无情的格斗；如果只有食洋不化的照搬照抄，没有别开生面的推陈出新，佛教要想在任何社会、民族和文化中扎根、生长都是不可想象的。学术界对佛教本土化问题虽有涉及，但研究还不够全面和深入，并且有许多研究空白。例如，对于19世纪到20世纪东方佛教的西方转型问题，就基本没有涉及。我们要求相关各卷把研究佛教的本土化问题作为一个重点，不同程度地探索各个国家和地区佛教形成本土特色的原因，描述佛教与当地社会、政治、经济和文化相互冲突、相互协调、相互适应的过程，分析导致佛教在特定区域、特定历史阶段或扎根生长、或蓬勃兴旺、或衰败落寞、或灭绝断根的诸多因素，以便准确描述佛教在世界各地呈现出的多种多样的姿态、色彩。我们相信，本书加强这方面的研究，一定会填补诸多学术空白，加深对各个国家和地区佛教的认识。

第三，佛教教义体系、礼仪制度和文化艺术的关系问题。

在世界各大宗教中，佛教以典籍最丰富、文化色彩最浓重、思想教义最庞杂著称。在以佛教典籍为载体的庞大佛教教义体系中，不胜枚举的各类系统的信仰学说、哲学思想、修行理论等，都是内容极为丰富、特点极为突出、理论极为精致、影响极为深远的。仅就佛教对生命现象的考察之系统全面，对人的精神活动分析之细致周密，为消除人生苦难设计的方案之数量众多，就是其他宗教望尘莫及的。无论在古代还是在近现代，诸如此类的佛教基本理论对不同阶层信仰者都有强大吸引力和持久影响力。各国家和地区的历代信仰者往往从佛教的教义体系中寻找到了人生智慧，汲取了精神营养，感受了心灵慰藉。相对来说，佛教的教义体系历来成为学术界关注的重点，研究得比较充分。但是，佛教是以共同信仰为纽带、遵守相同道德规范和生活制度的社会组织，所具有的并不仅仅是教义思想。除了教义体系之外，佛教赖以发挥宗教作用和社会影响的还有礼仪制度和文化艺术。相对来说，对于佛教的教义体系、礼仪制度、文化艺术三者之间的有机联系，各自具有的宗教功能和社会功能，三者在决定佛教兴衰变化中所起的不同作用等问题，学术界就涉及比较少了。我们希望本部书的相关各卷把研究佛教教义体系、礼仪制度和文化艺术三者有机结合起来，不仅重视研究三者各自具有的独特内容，而且重视研究三者之间错综复杂的相互关系，考察三者在决定佛教兴衰变化中所起的不同作用。这样一来，我们就有可能纠正只重视某一个方面而忽略其他方面的偏颇，有可能避免把丰富多彩的通史撰写成色调单一的专门史，从而使本部书对佛教的观察角度更多样，整体考察更全面，基本分析更客观。

第四，中国佛教在世界佛教中的地位问题。

中国人对佛教文化的贡献是长期的、巨大的和不可替代的。归纳起来，主要体现在三个方面。其一，中国人保存了佛教资料。从汉代到北宋末年，中国的佛经翻译事业持续了将近一千年，其间参与人数之多、延续时间之长、译出典籍之丰富、产生影响之巨大，在整个人类文化交流史上都是空前的、独一无二的。汉文译籍和中国人写的各类佛教著作保存了大量佛教历史信息。如果没有这些汗牛充栋的汉文资料，从公元前后大乘佛教兴起到公元13世纪古印度佛教湮灭的历史就根本无法复原，就会留下很多空白。其二，中国人弘扬了佛教。佛教起源于古印度，而传遍亚洲，走向世界，其策源地则是中国。中国人弘扬佛教的工作包括求法取经和弘法传经两个方面。所谓“求法取经”，指的是中国人把域外佛教文化传到中国。从三国的朱士行到明朝的官僧，中国人的求法取经历史延续了一千多年。历代西行者出于求取真经、解决佛学疑难问题、促进本国佛教健康发展、瞻仰圣地等不同目的，或者自发结伴，或者受官方派遣，怀着虔诚的宗教感情，勇敢踏上九死一生的险途，把域外佛教传播到中国。所谓“弘法传经”，指的是中国人把具有中国特色的佛教文化传到其他国家。从隋唐到明清的千余年间，中国人持续把佛教从中国传播到了日本、韩国、东南亚等地；近代以来，中国人又把佛教弘扬到亚洲之外的各大洲许多国家。中国人向国外弘法传经延续时间之长、参与人数之多、事迹之感人、成效之巨大，几乎可以与西行求法运动相提并论。中国人的弘法传经与求法取经一样，是整个世界佛教文化交流史上光辉灿烂的阶段，可以作为人类文明交流互鉴取得伟大成就的一个典范。其三，中国人直接参与佛教文化的丰富和发展进程。在两千多年的历史中，中国历代信众直接参与佛教思想文化建设，包括提出新思想、倡导新教义、撰写新典籍、建立新宗派、创造新艺术。可以说，没有中国固有文化对佛教文化的熏陶、滋养和丰富，当今世界佛教就不具备现在这样的风貌和精神。本部书旨在加强研究促成中国在唐宋时期成为世界佛教中心的历史背景、社会阶层、科技状况、国际局势等方面的问题，加强研究中国在促成佛教成为一种世界宗教过程中的作用和地位，加强研究中国在保存、丰富和发展佛教文化方面不可替代的作用。我们应该用世界的眼光审视中国佛教，从中国的立场考察世界佛教，对中国佛教在世界佛教中的地位、作用、价值有更全面、更深刻的认识。我们认为，加强这方面的研究，有利于为中国新文化走向世界提供重要的历史借鉴和思路，有利于我们树立对本民族文化的自觉、自信和自尊，有利于深刻认识佛教在当前中国对内构建和谐社会，对外构建和谐世界方面的重要性。

在收集、筛选、整理、辨析和运用史料方面，我们当时计划整部书切实做到把资料的权威性、可靠性和多样性结合起来，统一起来，从而为叙述、说明、分析和评论提供坚实的资料基础；计划整部书的所有叙述、所有议论以及所有观点都建立在经过考证、辨析可靠资料的基础上。对于能够运用什么样的第一手资料，我们根据当时课题组成员的研究方向、专业特长和发展潜力，确定本部书所采用的资料文本主要来自汉文、梵文、巴利文、藏文、西夏文、傣文、日文、英文、法文、越南文等语种，同时，也希望有些分卷在运用田野调查资料、实物资料方面做比较多的工作。

关于《世界佛教通史》的章节卷册结构，开始考虑并不成熟，仓促确定了一些基本原则。随着研究工作的深入，中间经过几次变动，最后确定本部书由十四卷十五册构成。第一卷和第二卷叙述佛教在印度的起源、发展、兴盛、衰亡乃至在近现代复兴的全过程。第三卷到第八卷是对中国汉传、藏传和南传佛教的全面论述，其中，作为中国佛教主体部分的汉传佛教分为四卷，藏传佛教为一卷两册，南传佛教独立成卷。第九卷到第十一卷依次是日本、朝鲜和越南的佛教通史。第十二卷是对斯里兰卡和东南亚佛教分国别阐述。第十三卷是对亚洲之外佛教，包括欧洲、北美洲、南美洲、大洋洲、非洲等五大洲主要国家佛教的全景式描述。第十四卷是世界佛教大事年表。对于各卷册的字数规模、所能达到的质量标准等，预先并没有具体规定，只是根据学术界的研究状况和我们课题组成员的具体情况确定了大致原则。当时我们清醒地认识到：本部书涉及范围广、时间跨度大，一方面，国内外学术界在研究不同时段、不同国家和地区佛教方面投入的力量、所取得的成果有很大差异，极不平衡。在这种情况下，有些部分的撰写者由于凭靠的学术研究基础比较薄弱，他们的最终成果难免受到这样或那样的制约和影响。另一方面，课题组主要成员对所负责部分的研究程度不同，有些成员已经在所负责方面出版多部专著，称得上是行家里手；有些成员则对所负责部分刚刚接触，可以说是初来乍到者。对于属于前者的作者，我们当然希望他们致力于捕捉新问题、提出新观点，得出新结论，拿出百尺竿头更进一步的著作；对于属于后者的年轻同事，自然希望他们经过刻苦努力，能够在某些方面有闪光突破，获得具有后来居上性质的成果。鉴于我们的研究工作是在继承、吸收、借鉴以往重要的、高质量的、有代表性的成果的基础上展开的，所以我们既要重视填补学术空白，重视充实薄弱环节，也要强调在重要的内容、问题方面有新发现和新突破。因此，我们要求各卷撰写者在不违背通史体例的情况下，对自己研究深入的内容适当多写一些，对自己研究不够、但作为史书又不能空缺的内容适当少写一些。总之，我们根据学术界的研究状况和课题组成员的能力，尽量争取做到整个《世界佛教通史》的各部分内容比例大体协调、详略基本得当。这里需要说明一下，本书各卷的定名并非完全意义上的现代国家概念，而是根据学术界的惯例来处理的。

当初在考虑《世界佛教通史》的学术价值、理论意义与现实意义方面，我们关注了社会需要、时代需要、理论发展需要、学科发展需要、培养人才需要等方面的问题，并且逐一按要求进行了论证。除此之外，我们也要求各位撰写者叙述尽量客观通俗，注意在可读性方面下些功夫，务使本部书让信教的和不信教的、专业的和非专业的绝大多数读者朋友都能接受，都能获益。

八年多来，课题组每一位成员都认真刻苦工作，为达到预期目标而不懈努力。可以说，每一位撰写者都尽了心、出了力、流了汗、吃了苦。但是，由于我们水平所限，时间所限，《世界佛教通史》不可避免地存在一些缺点、不足和错误，敬请读者朋友批评指正。我们将认真倾听、收集各方面的善意批评和纠错高见，争取本部书再版本错谬减少一些，质量提高一些。

目　录

绪言 …………………………………………………………………… (1)

一　后笈多时代佛教回顾 …………………………………………… (1)

二　地区性王国的兴起与佛教的转型 ……………………………… (3)

第一章　戒日王时代的佛教 …………………………………………… (10)

第一节　公元7世纪印度佛教概况 ………………………………… (10)

一　北印度佛教概况 ……………………………………………… (10)

二　中印度佛教概况 ……………………………………………… (14)

三　东印度佛教概况 ……………………………………………… (17)

四　南印度佛教概况 ……………………………………………… (18)

五　西印度佛教概况 ……………………………………………… (22)

第二节　戒日王的武功文治及其对佛教的弘扬 …………………… (23)

第三节　那烂陀佛学 ……………………………………………… (27)

一　建制与规模 …………………………………………………… (27)

二　运营与管理 …………………………………………………… (28)

三　教学内容 ……………………………………………………… (29)

第四节　玄奘对唯识学的弘扬 …………………………………… (35)

第五节　法相与法性——中观与唯识的判教之异 ………………… (42)

一　戒贤之三时教 ………………………………………………… (42)

二　智光之三时教 ………………………………………………… (44)

三　亲光《佛地经论释》的“三身说” …………………………… (45)

四　胜军的唯识种子说与种姓义 ………………………………… (46)

第六节　甘露与毒药——中观与唯识之争 ………………………… (49)

第七节　法称与佛教新因明 ……………………………………… (54)

第二章 金刚乘的全面发展与大乘佛教的合流 …………………… (59)
第一节 公元8世纪印度的政治格局与势力更替 …………… (59)
第二节 《金刚大道场经》与秘密佛教的滥觞 ………………… (64)
一 《金刚大道场经》成书年代与传播 …………………… (66)
二 《金刚大道场经》的内容与体系 ……………………… (67)
三 《金刚大道场经》所载秘密法藏 ……………………… (68)
第三节 《大毗卢遮那成佛神变加持经》与真言道密法 ……… (76)
一 《大毗卢遮那成佛神变加持经》的成立与内容 ……… (76)
二 胎藏界曼荼罗 ……………………………………… (82)
三 《大毗卢遮那成佛神变加持经》与真言乘的成立 …… (86)
四 胎藏界密法的弘传 ………………………………… (91)
第四节 《金刚顶经》与金刚界密法的兴起 ………………… (95)
一 《金刚顶经》文献源流 ……………………………… (95)
二 金刚界密法与金刚界曼荼罗 ………………………… (99)
三 金刚界密法的传承 ……………………………… (104)
第五节 《金刚顶经》与金刚乘密法的成立 ……………… (111)
一 《金刚顶经》十八会述要 ………………………… (111)
二 《一切如来真实摄大乘现证三昧大教王经》对《金刚顶经》
初会的发展 ………………………………………… (115)
三 《金刚顶经》与金刚乘的成立 …………………… (118)
第六节 密教行法的整合与科判 ………………………… (120)
一 苏悉地密法 ……………………………………… (122)
二 苏婆呼密法 ……………………………………… (126)
三 《蕤呬耶经》与秘密曼荼罗行法 ………………… (128)
第七节 秘密经法的出现、应用与流传 …………………… (129)
一 孔雀明王经法 …………………………………… (130)
二 出生无边门陀罗尼经法 ………………………… (133)
三 守护经法 ………………………………………… (134)
四 宝楼阁经法 ……………………………………… (136)
五 菩提场经法 ……………………………………… (139)
六 请雨经法 ………………………………………… (140)

第八节　秘密佛教中的观自在信仰与行法 …………………………（141）
一　千手千眼观自在密法 ……………………………………（142）
二　十一面观自在密法 ………………………………………（146）
三　马头观自在法 ……………………………………………（148）
四　如意轮观自在密法 ………………………………………（151）
第九节　《不空罥索神变真言经》所载不空罥索菩萨密法 ………（154）
一　不空罥索菩萨密法的经典文本 …………………………（155）
二　《不空罥索神变真言经》的结构与内容 …………………（156）
三　《不空罥索神变真言经》的思想基础 ……………………（158）
四　不空罥索菩萨密法与湿婆悉昙多派的"罥索"思想 ………（160）
五　《不空罥索真言经》中的"药成就法" ……………………（162）
第十节　文殊密法与《文殊师利根本仪轨经》 ……………………（165）
一　文殊密法源流 ……………………………………………（166）
二　文殊密法的集成——《文殊师利根本仪轨经》 …………（175）
第十一节　中观学派的新变与发展 ………………………………（187）
一　寂天及其《入菩提行论》 …………………………………（188）
二　东方自立量派三大家与瑜伽行中观派 …………………（191）
三　师子贤对《现观庄严论》的弘传 …………………………（196）
第十二节　瑜伽唯识学之异说 ……………………………………（200）
一　释文派 ……………………………………………………（200）
二　阐义派 ……………………………………………………（201）
三　明教派 ……………………………………………………（202）

第三章　怛特罗佛教——无上瑜伽密法的兴起与繁荣 ……………（204）
第一节　怛特罗经典的成立及其密法体系 ………………………（206）
一　怛特罗释义 ………………………………………………（207）
二　密教经典的分判与四部怛特罗 …………………………（210）
第二节　密集教法的形成与传播 …………………………………（213）
一　密集教法的兴起 …………………………………………（213）
二　密集教法的经典 …………………………………………（214）
三　密集教法在印度的流传 …………………………………（219）
第三节　阎曼德迦教法的兴起与传承 ……………………………（230）

一 阎曼德迦教法的缘起 …………………………………………… (230)
二 阎曼德迦教法的经典 …………………………………………… (231)
三 阎曼德迦教法的流传 …………………………………………… (235)
第四节 呼金刚教法的经典与传承 ……………………………… (243)
一 呼金刚教法的基本典籍 ………………………………………… (244)
二 呼金刚教法的传承 ……………………………………………… (250)
第五节 胜乐教法的兴起与传承 ………………………………… (254)
一 胜乐教法的兴起 ………………………………………………… (254)
二 胜乐教法经典序说 ……………………………………………… (255)
三 胜乐教法的传承 ………………………………………………… (265)
第六节 诸部怛特罗教法拾遗 …………………………………… (273)
一 庆喜藏对瑜伽部密法的传承 …………………………………… (273)
二 金刚甘露怛特罗教法与传承 …………………………………… (275)

第四章 六贤门时代之佛教 …………………………………………… (277)
第一节 汉藏求法、传译活动所见印度佛教之新变 ……………… (277)
一 北宋王朝的佛经翻译 …………………………………………… (277)
二 藏地后弘期的入印求法僧 ……………………………………… (280)
第二节 时轮教法的兴起与传承 ………………………………… (285)
一 香巴拉与时轮怛特罗经典 ……………………………………… (286)
二 时轮教法的教义与修习 ………………………………………… (291)
三 时轮教法的传承 ………………………………………………… (295)
第三节 六贤门时代之佛教 ……………………………………… (297)
一 东门守护者——宝作寂 ………………………………………… (298)
二 南门守护者——智作慧 ………………………………………… (301)
三 西门守护者——语自在称 ……………………………………… (302)
四 北门守护者——那若巴与菩提贤 ……………………………… (303)
五 中央第一大柱守护者——宝金刚 ……………………………… (307)
六 中央第二大柱守护者——智吉祥友 …………………………… (308)
七 胜敌的宗义学说 ………………………………………………… (309)
第四节 阿底峡对印度佛教之集成与弘传 ……………………… (310)
第五节 无畏作护及其后学 ……………………………………… (314)

第六节　释迦吉祥贤时代佛教之星散 …………………………… (317)
第七节　黑暗世纪里的佛教孑遗 ………………………………… (321)
一　东印度之守护道 ………………………………………… (321)
二　南印度佛教拾遗 ………………………………………… (322)
三　北印度地区的佛教僧徒 ………………………………… (324)
四　最后的密法集成者——寂密 …………………………… (325)

第五章　佛教的发现与复兴 …………………………………………… (329)
第一节　发现印度佛教 …………………………………………… (329)
一　佛教遗迹的发现 ………………………………………… (330)
二　佛教经典的搜集与整理 ………………………………… (337)
三　印度本土学者对佛教传统的探寻 ……………………… (344)
第二节　神智学会与印度佛教复兴的先声 ……………………… (349)
一　神智学会在印度的发展 ………………………………… (350)
二　神智学会对佛教复兴运动的影响 ……………………… (352)
第三节　大菩提学会的佛教复兴之旅(上) ……………………… (355)
一　达磨波罗早年的生活经历 ……………………………… (355)
二　菩提学会的创立 ………………………………………… (357)
三　争夺佛陀迦耶 …………………………………………… (359)
四　在印度各地传播佛教 …………………………………… (360)
五　鹿野苑根本香舍寺 ……………………………………… (362)
第四节　早期佛教比丘 …………………………………………… (365)
一　拘尸那迦的大雄法师 …………………………………… (366)
二　克里帕萨兰法师与孟加拉佛教协会 …………………… (366)
三　憍赏弥长老的佛法探求之旅 …………………………… (369)
第五节　大菩提学会的兴佛之旅(下) …………………………… (371)
第六节　现代佛教三大士 ………………………………………… (377)
一　罗睺罗的佛学研究与佛经写本搜集 …………………… (378)
二　阿难与印地语佛典翻译 ………………………………… (383)
三　迦叶比丘与印度现代佛教教育 ………………………… (387)
第七节　贱民与佛教——安贝卡领导下的佛教皈依运动 ……… (392)
一　向种姓制度与印度教抗争 ……………………………… (393)

二　佛教皈依之旅 …………………………………………… (396)
三　安贝卡在1956年 ………………………………………… (399)
第八节　佛教作为文化与学术 ………………………………… (405)
一　佛教文化遗产的继承 …………………………………… (405)
二　佛学研究的复苏与繁荣 ………………………………… (409)

主要参考文献 ……………………………………………………… (421)

后记 ………………………………………………………… 魏道儒(436)

绪　　言

一　后笈多时代佛教回顾

笈多王朝崛起于今北印度比哈尔邦一带，原来属于摩揭陀古国的统治区域。公元320年，旃陀罗笈多一世（Chandragupta I，约320—335年在位）建立笈多王朝，定都华氏城（Pāṭaliputra）。其子沙摩陀罗笈多（Samudragupta，335—376年在位）征服北印度与中印度大部，举行马祭大典，使远近诸国臣服，成为继孔雀王朝之后统一南北印度的大帝国。旃陀罗笈多二世（Chandragupta II，约376—415年在位）号称“超日王”（Vikramaditya），他战胜西印度的塞族王朝，笈多王朝出现“人民殷乐”的太平盛世。承其王位的鸠摩罗一世（Kumaragupta I，415—455年在位）曾举行盛大的马祭活动，但很快，国内的太平盛世就被大规模的叛乱打破。其后塞建陀笈多（Skandgupta，公元455—467年在位）平息叛乱，击败哌哒人（白匈奴）进犯，维护了帝国的统一，因此亦号称“超日王”（Vikramaditya）。塞建陀笈多之后，在哌哒人的入侵和冲击下，笈多王朝的统治渐趋式微，其影响力不断减弱，先前笈多王朝统治下的许多地方王公也纷纷独立，成为地区性的小王国或政治势力。公元6世纪，笈多王朝的残余势力被局限于摩揭陀、阿踰陀一带，其统治者一般被认为是笈多王朝的封臣，而非其后裔，故人们通常将其称为后笈多王朝。

笈多王朝前后二百余年，大致维持了南北印度的一统局面。总体来说，这一时期国内经济发达、贸易畅通，积聚了大量的社会财富，为印度宗教、哲学、文学、艺术和科学等古典文化的全面繁荣提供了稳定和平的社会环境、丰厚充裕的物质基础，笈多时代因此成为印度古典学术的黄金时代。笈多文化在继承贵霜文化鲜明的外来文化色彩之时，更高扬印度本土文化传统，把印度古典文化推向巅峰；笈多王朝把婆罗门使用的梵语尊为官方语言，迎来了古典梵语文学的兴盛时期；两大史诗及几部主要的往世书文献陆续用梵文编写出定本，更出现了以迦梨陀娑（Kālidāsa）为代表的古典梵语诗人和戏剧家；笈多时期也是科学昌明的时代，其天文、历法和数学皆居于世界前列，冶金术也高度发达。笈多诸王大多信奉印度教，尤其崇拜印度教大神毗湿奴，但对佛教、耆那教等异教也采取兼容并蓄的宽容政策，使各种宗教都得到了迅猛发展。尤其需要注意的是，此时，婆罗门教已开始向印度教转化，正统的婆罗门六派哲学逐步系统化，以无著、世亲为核心的佛教瑜伽行派更把大乘佛教发展到登峰造极的境地。

不同学科的发展与繁荣为印度思想文化与学术体系的分化、融合乃至相互整合提供了良好的平台，促进了新的知识体系与学科体系的构建。当然，不同的宗教或哲学派别对当时的知识体系及不同学科的划分会有差别。对佛教而言，“五明”或称“五明处”（pañcavidya-sthānāni）是笈多时代逐渐发展起来的，并对后来佛教的发展产生了决定性影响。在后笈多诸王中，羯毗陀笈多一世（Jīvitagupta I）与日军王（Ādītyasena）为佛教在其王国的持续发展付出较多的努力。公元539年，当羯毗陀笈多一世在位时，南朝梁武帝派遣的使节来迎请大乘经典与译经高僧，羯毗陀笈多一世曾派遣真谛到中土译经弘化。① 日军王则护持佛教，布施僧众，屡造寺庙。②

大约从塞建陀笈多时代开始，摩揭陀的那烂陀寺逐渐发展成为印度佛教的中心，经历代帝王不断兴修，它的规模不断扩大，其兴盛局面一直持续到12世纪。

吕澂先生据西藏传承的佛学史料，从佛教思想的传承与差别角度，把无著、世亲之后的大乘佛学分为两大阵营，即世亲学系与龙树、提婆学系。他认为，世亲之佛学“博大精深，充其极量”，其门徒众多，但只能各擅一科而未备全体。大致说来，可分为四科或四派，分别是传毗昙学的安慧，传唯识因明学的陈那、护法，传律学的德光，以及传般若学的解脱

---

① 道宣:《续高僧传》卷一:“乃屈真谛并赍经论，恭膺帝旨。”《大正藏》第50册，第429页下。

② 义净:《大唐西域求法高僧传》卷一载此王曾于屈录迦寺旁建造过一座寺庙，“大觉东北两驿许，有寺名屈录迦……日军王复于故寺之侧更造一寺，今始新成，南国僧来多住于此”。《大正藏》第51册，第5页上。

军。其中，陈那、护法都曾在那烂陀寺讲学弘法，此寺遂发展成为唯识、因明学的中心。承龙树、提婆之中观学者分为两派，一派以佛护为代表，一派以清辩为代表，他们都主要活动于南印度一带。①

传世亲之学的四家与传龙树、提婆之学的两家，因各自关注的重点不一，故立场与思想都有很大的差别，甚或有许多相互矛盾、扞格依违的地方，因而相互之间的辩难也就时有发生。此时小乘各部如上座部、大众部、经量部与一切有部也有新的发展，并时时质疑大乘的合理性，认为大乘经典非佛所说。另外，佛教以外的其他教派，比如正处于蓬勃发展的印度教诸派别，也时时与佛教互相攻诘，争取宗教资源。于是佛教与外道、大乘与小乘、中观与唯识、中观之自立量与应成、唯识之有相与无相等，不同层次的争鸣与探讨此起彼伏，连绵未绝。在这样一种社会文化环境中，印度佛教迎来了一个新的世纪。

二　地区性王国的兴起与佛教的转型

不管是从其外部赖以存在的社会政治环境与地理环境而言，还是从其内在思想发展的理路与趋势而言，公元 7 世纪都是印度佛教发展史上重要的转折期，是印度佛教盛极而衰的时代，这种转变可以从如下四个方面见出。

第一，亚洲政治格局的剧变为公元 7 世纪后佛教的发展与演进限定了航道与方向。公元 610 年，穆罕默德在麦加创立了伊斯兰教。到他逝世时（632），一个以伊斯兰教为共同信仰的、政教合一的、统一的阿拉伯国家出现于阿拉伯半岛，是为伊斯兰哈里发国家，即中国史书中所谓的大食，西方史籍则称为萨拉森帝国（Saracen Empire）。对佛教而言，大食或者说伊斯兰教势力的异军突起，与其说是在其旁边立起一道密不透风的万仞铜墙，倒不如说是一场锐不可当的洪水，它使沉浸在“常乐我净”温柔梦乡的佛教徒体会到苦空无常的寂灭痛苦。经过几个世纪的蚕食与冲刷，佛教在印度本土几乎了无痕迹。剩下的，只是印度教、耆那教等其他传统宗教对其模糊的忆念与微弱的回应。

不过，佛陀的慧命并没有消失，佛教在喜马拉雅山北侧广袤的中华大

① 吕澂：《西藏佛学原论》第一章“西藏佛学之渊源”之“印度佛学分化时期”，商务印书馆 1933 年版，第 2—13 页。

地上找到适宜其生存发展的沃土，而这又与中华大地上两大政治势力的崛起密不可分。公元581年，隋文帝建立隋朝，经历了三国两晋南北朝长期分裂的中国再次出现大一统的王朝。29年后，即公元618年，隋唐易代，唐王朝作为中国历史上最为光辉的一页出现在历史舞台上。627年，唐太宗李世民（599—649）即位，缘于他的雄才大略与励精图治，唐王朝的政治、经济与文化均出现一种前所未有的盛况，而在随后二百余年的统治中，唐朝的历代帝王大多对佛教采取优渥有加的扶植政策，使佛教与佛学的发展达到巅峰状态。

当唐王朝于汉地蒸蒸日上时，雪域高原上吐蕃王朝亦迅速崛起。唐贞观四年（630），唐太宗继位的第四个年头，年仅13岁的松赞干布（617—650）继其父朗日松赞之位。经过三年的征讨，松赞干布平定反叛的苏毗等部，定都逻娑（拉萨），建立吐蕃王朝。紧接着，他便派吞米桑布扎等人去印度学习梵语言文字，数年后创制了藏文。贞观九年（635），松赞干布派使者到尼泊尔迎娶墀尊公主为妃，六年后（641）又迎庚文成公主入藏。文成公主带来的汉族工匠修建拉萨小昭寺，供奉文成公主带到吐蕃的释迦牟尼佛像。由文成公主协助，墀尊公主修建拉萨大昭寺。松赞干布还和文成公主在山南的乃东修建昌珠寺居住。佛教由此得以在藏地传布。

第二，地区性王国的此起彼伏，使佛教的发展对政治环境的依赖逐步加强，“不依国主则法事难立”也成为当时印度佛教与世俗王权的真实写照。这种连带关系的加强，也使得这些地区性王国的结构特征在此期兴起的秘密佛教中反映出来。近年来，不管是印度史学界与佛教研究蜀的不少学者认为，秘密佛教中广泛应用的曼荼罗坛场，或为中世纪印度诸地区性王国政治关系与统治结构的仿效或再现。①

笈多王朝衰落后，印度北方在政治和文化上的优势逐步丧失。北方的小国无力实现对南方的征服，即便雄才大略的戒日王也只能将其势力拓展到纳尔巴达河（Narbhada）以北。此时，德干西部和南部的达罗毗荼人在政治和文化上处于上升阶段，通过吸收雅利安文化而形成的新的泰米尔文

① ［美］罗纳尔德·M. 戴维森（Ronald M. Davidson）：《印度密教：怛特罗运动社会史》（*Indian Esoteric Buddhism: A Social History of the Tantric Movement*），纽约：哥伦比亚大学出版社2003年版（New York: Columbia University Press, 2003）。

化逐渐在印度文化史上发挥其影响。[1] 这一时期，纳尔巴达河以南的南印度，分为德干西部与泰米尔两个政治、地理区域，这两个区域的历朝历代为争夺戈达瓦里（Godavari）河与克里希纳（Krishna）河之间的文吉（Vanci）地区，相互斗争达数百年之久，其动荡局面一如北印度诸王国的争霸局面。[2] 出现在五方印度广袤土地上的地区性王国，林林总总，大大小小，他们之间或联横以吞并其他小国，拓展自身势力，或合纵以抗击强敌，维持共同的利益。不同的政治势力犬牙交错，此消彼长，前后更替。

当玄奘于印度巡礼求法时的公元7世纪上半叶，北方有布施耶菩地王朝（Pushyabuti）的戒日王（Śīlāditya）、迦摩缕波王朝（Kāmarūpa）的鸠摩罗王（Kumara），南方有波罗瓦王朝（Pallavas）的那罗辛哈跋摩（Narasingha varma），东西有遮娄其王朝（Chalukya）的补罗稽舍二世（Pulakheshin II，610—642），西北印度则有迦湿弥罗一带的迦尔古陀王朝（Karkota Dynasty，625—1003）。

有别于自上而下任命的封建集权制国家，中世纪印度诸王国普遍实行一种叫作萨蒙塔（samanta）的统治模式。在这种体制中，大的地区性王国除了对核心区域的控制外，其政治势力控制的周边地区是一些大小不等的小王国或藩邦，其统治管理者或为王室的亲王，或为向国王臣属的邦主，甚至还有许多是被征服之后才俯首称臣的地方君主。他们除了向国王缴纳贡赋和供养军队开支外，享有较大的自主权，控制当地的农业与贸易，拥有大量的财富。国王对他们的影响力度也深浅不一，通常是统治中心向外围呈递减趋势。处于边缘的藩邦或许同时受到两个甚至多个政治势力的影响，同时成为多个大王国的萨蒙塔。这样，在整个印度就出现了围绕着几个大的地区性王国而形成的数量众多的小藩邦，其统治结构就如同以数个点为核心的大圆周之内、周边或交界处，出现大小不等的小圆周，恰如后来密教曼荼罗以主尊为核心的众神布局模式。同时，处于边缘的小国很有可能不断成长为大的地区性王国，再次实现对周边诸国的征服，从而完成一次新的权力划分与布局。这样，中世纪的政治结构与变迁就如同

---

① ［日］佐佐木教悟等：《印度佛教史概说》，杨曾文等译，复旦大学出版社1989年版。

② 刘欣如：《印度古代社会史》第八章，中国社会科学出版社1990年版，第189页。

一幅轮圆具足的曼荼罗坛城，主次分别，相互牵制，却又变动不居。①

在这种社会环境中，佛教的生存与发展面临新的挑战，一方面，短暂、局促的地区性王国已不能为佛教寺院提供稳定而充裕的供养；另一方面，地区性王国的统治者对佛教的崇信与贬抑，对佛教的生存与发展产生更为直接、迅捷的影响。因此，7世纪以后的印度佛教已经不再是一种弥散性的分布，而是退缩到几个特定的区域。

第三，以五明为主体的宗教学科体系既促进了不同宗派间的分化与对立，又拉动了各教派间的相互融合。五明又称五明处，是印度古代的五类学术，即声明、因明、医方明、工巧明和内明。② 五明作为一种知识或学科体系始于何时，以及是否为印度各个宗教或哲学流派所共许，尚不好确定。不过，从大乘佛教开始，更准确地说是从弥勒、无著、世亲所开创的瑜伽行派以来，五明即作为大乘菩萨道修习的重要内容，屡屡为瑜伽行派的经论述及。在《瑜伽师地论》中，五明是作为本地分闻所成地所修习的内容：

> 云何闻所成地？谓若略说，于五明处名句文身，无量差别，觉慧为先，听闻领受，读诵忆念，又于依止名身句身文身义中，无倒解了，如是名为闻所成地。何等名五明处？谓内明处，医方明处，因明处，声明处，工业明处。③

至于五明涉及的具体内容，论文亦给出非常详细的解说。其中，内明有四种相，即由事施设建立相、由想差别施设建立相、由摄圣教义相、由佛教所应知处相；医方明略有四种，谓于病相善巧、于病因善巧、于已生病断灭善巧、于已断病后更不生方便善巧；因明略有七种，包括论体性、论处所、论所依、论庄严、论堕负、论出离、论多所作法。声明略有六相，分

① ［德］赫尔曼·库尔克、迪特玛尔·罗特蒙特：《印度史》第三章“印度中世纪早期的地区性王国”，中国青年出版社2008年版，第151—155页。

② 玄奘：《大唐西域记》卷二：“开蒙诱进，先导十二章。七岁之后，渐授五明大论：一曰声明，释诂训字，诠目疏别。二工巧明，伎术机关，阴阳历数。三医方明，禁咒闲邪，药石针艾。四谓因明，考定正邪，研核真伪。五曰内明，究畅五乘因果妙理。”《大正藏》第51册，第876页下。

③ 《瑜伽师地论》卷第十三，《大正藏》第30册，第345页。

别是法施设建立相、义施设建立相、补特伽罗施设建立相、时施设建立相、数施设建立相、处所根栽施设建立相。工业明有十二类，有营农工业、商估工业、事王工业、书算计度数印工业、占相工业、咒术工业、营造工业、生成工业、纺那工业、和合工业、成熟工业、音乐工业。如上所列，五明实际赅举了无著、世亲所在的笈多王朝时代出世间与世间学术的总和，被置于首位的内明是出世间学的总称，对佛教而言是佛学总体的代称，对其他印度宗教而言则是各自宗教学的整体。在世间学术中，声明与因明即语言学与逻辑学是作为两个重要的类别，与涵括其他世间学术的医方明与工业明相成鲜明的对比，显示出这种学科分类体系是重道轻器、重智慧轻技术的。无著、世亲之后，五明在大乘佛教尤其是瑜伽唯识学派中的修习体系中发挥越来越重要的作用，陈那、护法所代表的那烂陀学系尤其强调因明与声明的修习与运用。陈那是佛教因明学的创始人，他的《因明论》即是在精研《瑜伽师地论》之后而创作出来的。护法著有《杂宝声明论》二千五百颂，又有《因明》学著作多种。五明教学体系的形成大大促进了佛教内部的分化与对立，同时也促使佛学与印度正统学术体系的媾和，例如围绕着对因明学的取舍，大乘中观学派出现了应成派与自立量派之间的分化。围绕着声明学及工业明的取舍，尤其是咒语与真言的应用问题，出现了显教与密教的分化。另外，五明体系在佛教信徒中的广泛普及，拉近了佛教与印度教的距离，除了教理的相互借鉴外，修行方式与证道法门也渐趋一致。佛教内部的分化、佛教与印度教诸派融合使得佛教自身的内聚力有明显削弱，佛教已不再是孤立特行的一支，而是整个印度宗教文化背景下的一系，7 世纪后骤然兴起秘密佛教即是佛教与印度其他宗教合流的产物。也就是说，五明既促进了佛教与印度其他教派的合流，也为合流后产生的新教派提供了知识与学养上的准备。实际上，6 世纪后半期，护法主持那烂陀寺的时候，佛教内部已经出现了新的势头。吕澂先生指出，护法的佛学思想的理据多出于《密严经》，此经提到有个超世界的地方，即所谓密严净土，佛就住在那里。佛身是无形色的，是变易身，虽然可以被看到，但并无形像。这种说法已经带有明显的密教色彩。

第四，显密分立，秘密佛教从大乘佛教的附属地位独立出来，真言道（mantranaya）与波罗蜜道（paramitanaya）成为大乘佛教两大并行不悖的教法体系，即后世所谓的显密并弘的时代。

显、密作为相对的两种教法，在龙树《大智度论》卷四已经提及：

“菩萨虽应次佛，以诸烦恼未尽故，先说阿罗汉。诸阿罗汉，智慧虽少，而已成熟。诸菩萨，智慧虽多，而烦恼未尽。是故先说阿罗汉。佛法有二种：一秘密，二现示。现示中，佛、辟支佛、阿罗汉皆是福田，以其烦恼尽无余故。秘密中，说诸菩萨得无生法忍，烦恼已断，具六神通，利益众生。”① 同论卷六十五亦云：“诸佛事有二种，一者密，二者现。”② 这里所谓的秘密与现示、密与现，跟后来所说的显教与密教并非一回事，它说的显示与现，是指为劣根的缘觉、阿罗汉而说的小乘教；所说的秘密与密，是指为大乘菩萨所说的深远的大乘教。公元5世纪初，南朝宋求那跋陀罗译《央掘魔罗经》云：“彼诸众生亦复如是。久习无我隐覆之教，如彼凡愚染诸邪说，去来现在不解密教。”③ 此处的“密教”指的只是深奥之教。其他如《大方广佛华严经》、《大般涅槃经》、《金光明最胜王经》等诸大乘经典中也多次出现“密教”一词，其义旨也是指如来所说的大乘广大甚深教法。唐初阿地瞿多译出的《陀罗尼集经》卷十二用“密藏”或“秘密法藏”一词，来指代由陀罗尼、印、坛法构成的一套通过仪轨与作法以获得超常神通或成就的秘密教法，即是后来所说的秘密佛教的滥觞。《陀罗尼集经》所宣讲的教法被称为“陀罗尼印坛法门”，是梵本《金刚大道场经》的节译，而后者是大明咒藏之少分。对大明咒藏的源流，公元7世纪中后期到印度求法的义净在其《大唐西域求法高僧传》卷下“道琳传”有记载：

> 明咒者，梵云毗睇陀罗必得家，毗睇译为明咒，陀罗是持，必得家是藏，应云持明咒藏。然相承云，此咒藏梵本有十万颂，唐译可成三百卷，现今求觅，多失少全。而大圣没后，阿离野那伽曷树那，即龙树菩萨，特精斯要。时彼弟子厥号难陀，聪明博识，渍意斯典，在西印度经十二年，专心持咒，遂便感应，每至食时，食从空下。又诵呪，求如意瓶，不久便获，乃于瓶中得经欢喜，不以咒结，其瓶遂去。于是，难陀法师恐咒明散失，遂便撮集，可十二千颂，成一家之言。每于一颂之内，离合咒印之文，虽复言同字同，实乃义别用别，

① 《大正藏》第25册，第84页下。

② 同上书，第517页上。

③ 《大正藏》第2册，第525页下。

自非口相传授，而实解悟无因。……故咒藏云：升天乘龙，役使百神，利生之道，唯咒是亲。①

由此可见，明咒教法在龙树时代即在大乘佛教徒中广泛流行，历代来华的印度与西域僧人，如康僧会、竺法护、帛尸梨密、佛图澄、波颇、那提等人多精于此道。如同大乘佛教徒把咒术或陀罗尼法作为一种附随，公元6世纪以前的陀罗尼密典也仅是作为诸大乘经典的附属或组成部分。公元六七世纪，这类经典得到空前的发展，其数量、规模与体系愈益繁复细密，并在公元7世纪发展出《大毗卢遮那成法神变加持经》与《金刚顶经》，学界通常把这两部经典的成立作为秘密佛教自觉与独立的标志。公元8世纪中期，不空在其《总释陀罗尼义赞》明确以“波罗蜜道”与“真言道”来区分大乘佛法与秘密佛法，以“显教”与“真言密教”来区分大小乘佛教与秘密佛教：“于大乘修菩萨道二种修行，证无上菩提道，所谓依诸波罗蜜修行成佛，依真言陀罗尼三密门修行成佛。……如上陀罗尼、真言、密言、明，义依梵文，复于显教修多罗中称说，或于真言密教中说。”② 此后秘密佛教作为与既往的大、小乘佛教迥异的教法体系迅速发展壮大，推陈出新，形成不同体系的秘密教法。

公元600年，是印度佛教发展史上的一个转折点，也是大乘佛教发展演变的新起点。中国的玄奘、印度的月称与法称于此年出生，此后，他们三人将印度佛教推向新的高潮，并见证了印度佛教的重大转折，尤其是玄奘，更通过其《大唐西域记》及其后学弟子据其口传所撰写的《大慈恩寺三藏法师传》为后代记录了这段历史。

---

① 《大正藏》第51册，第6—7页。

② 不空：《总释陀罗尼义赞》，《大正藏》第18册，第898页。

第一章 戒日王时代的佛教

第一节 公元7世纪印度佛教概况

在玄奘的笔下，不管是《大唐西域记》，还是《大慈恩寺三藏法师传》，都是在过了迦毕试国，到滥波国之后，才算进入了印度境内，因为在当时的印度人看来，“自斯以北境域，皆号蔑戾车”，即边鄙之地[①]。今依二书所载，略列五方印度各王国、地区与城邦的佛教概况，以观盛见衰，显示玄奘时代五天印度佛教的寺庙建筑、部派、信众，以及与外道的对比状况。

一 北印度佛教概况

《大唐西域记》卷二、卷三记载的北印度有二十国，约为今旁遮普、克什米尔、西北境州的印度西北地区。佛教发源于中天竺，很快就传至北印度诸地，出现了诸如健驮罗、迦湿弥罗、呾叉始罗等一类的佛教文化中心，尤其是在公元1—3世纪月支人建立的贵霜王朝时代，北印度更成为整个印度的佛教中心地区，出现了说一切有部诸多论师，以及后来创立唯识学派的无著、世亲兄弟。其后北印度虽不断遭受西北来的不同民族的侵袭与占领，但佛教在此地区的影响力经久不衰。佛教在不同国家地区的兴衰，除了受制于佛教自身及当地王公大臣的喜好与否之外，还时时受到不断兴起的外道势力的挑战。北印度各国的佛教概况可以通过表1—1反映出来。

---

① 慧立、彦悰：《大慈恩寺三藏法师传》卷二，《大正藏》第50册，第229页。

表 1—1 **北印度各国的佛教概况**

国名	佛教（伽蓝、僧徒、宗派）	外道
滥波国（Lampāka）	伽蓝十余所，僧徒寡少，多习大乘法教	天祠数十，异道甚多
那揭罗曷国（Nagrahāra）	崇敬佛法，少信异道。伽蓝虽多，僧徒寡少，窣堵波多荒芜	天祠五所，异道百余人
健驮罗国（Gandhāra）	僧伽蓝千余所，多荒废萧条，窣堵波多颓圮。布色羯逻伐底城，北故伽蓝，庭宇荒凉，僧徒寡少，然皆遵习小乘法教。跋虏沙城北有伽蓝，五十余僧，并小乘学；东门外有一伽蓝，僧徒五十余人，并大乘学	天祠百数，异道杂居
乌仗那国（Udyāna①）	崇重佛法，敬信大乘。旧有一千四百伽蓝，多已荒芜。昔僧徒一万八千，今渐减少。并学大乘，寂定为业，善诵其文，未究深义，戒行清洁，特闲禁咒。律仪传训，有五部焉：一法密部，二化地部，三饮光部，四说一切有部，五大众部	天祠十有余所，异道杂居
钵露罗国（Balūra②）	伽蓝数百所，僧徒数千人，学无专习，戒行多滥	
呾叉始罗国（Takṣasilā）	崇敬三宝。伽蓝虽多，荒芜已甚，僧徒寡少，并学大乘	
僧诃捕罗国（Siṃhapura）	城南伽蓝空无僧侣，城东南窣堵波久绝僧侣。石窣堵波东有伽蓝，僧徒百余人，并学大乘教。孤山伽蓝，僧徒二百余人，并学大乘法教	城东南窣堵波傍建天祠，其徒苦行，昼夜精勤
乌剌尸国（Uraśā）	城西南有窣堵波，高二百余尺，傍有伽蓝，僧徒寡少，并皆学大乘法教	
迦湿弥罗国（Kāśmīra）	伽蓝百余所，僧徒五千余人，有四窣堵波。大小乘兼有。城西行百四五十里，有大众部伽蓝，僧徒百余人	
半笯嗟国（Parṇotsa）	伽蓝五所，并多荒圮，少有僧徒	

① 或作 Uḍḍiyāna，Oḍiyāna，Oddiyāna 等。

② 或作 Balora，今之 Baltistan。

续表

国名	佛教(伽蓝、僧徒、宗派)	外道
遏罗阇补罗国(Rājapura)	伽蓝十所,僧徒寡少	天祠一所,外道甚多
磔迦国(Ṭakka)	少信佛法,伽蓝十所。奢羯罗故城伽蓝,僧徒百余人,并学小乘法	多事天神,天祠数百
至那仆底国(Cīnabhukti)	伽蓝十所。答秣苏伐那僧伽蓝,僧徒三百余人,学说一切有部,众仪肃穆,德行清高,小乘之学特为博究	天祠八所
阇烂达逻国(Jālaṃdhara)	伽蓝五十余所,僧徒二千余人,大小二乘,专门习学	天祠三所,涂灰外道五百余人
屈露多国(Kulūta)	伽蓝二十余所,僧徒千余人,多学大乘,少习诸部	天祠十五,异道杂居
设多图卢国(Śatadru)	王城内外,伽蓝十所,庭宇荒凉,僧徒甚少	
波理夜呾罗国(Pāriyātra)	伽蓝八所,倾毁已甚,僧徒寡少,习学小乘	天祠十余所,异道千余人
婆罗吸摩补罗国(Brahmapura)	伽蓝五所,僧徒寡少	天祠十余所,异道杂居
弗栗恃国(Vṛji)①	伽蓝十余所,僧徒减千人,大小二乘,兼功通学	天祠数十,外道寔众
钵伐多国(Parvata)	伽蓝十余所,僧徒千余人。大小二乘,兼功习学	天祠二十,异道杂居

如表1—1所列,北印度诸国的伽蓝,尤其是伽蓝旧迹颇多,最典型的是健驮罗国有伽蓝千余所,僧众上千人的国家更是不在少数,说明此地区的佛教势力依然兴盛,但从健驮罗国千余所伽蓝大多已经荒废的现象来看,佛教的发展已经表现出了衰微的趋势。就佛教部派而言,这一时期大小乘都曾存在,但因为此地曾是说一切有部的根据地,故仍以小乘僧徒居多。另外,外道各派的信徒亦颇为繁多,杂居不定。

在北印度诸国中,健驮罗(Gandhāra)是佛教史上的重要地区,其地

① 或作跋耆、跋阇、毗梨祇等,中印度北部的种族名,佛陀住世时印度十六大国之一。

位于今西北印度喀布尔河（Kabul）下游，五河流域之北。公元1世纪，贵霜王朝（Kushan）兴起于北方，渐次扩张版图，并有喀布尔河一带。迦腻色迦王在位时，定都布路沙布逻（Puruṣapura，丈夫城，即今巴基斯坦白沙瓦），使此地佛教空前兴盛，并发展出具有独特风格的佛教造像艺术，以说一切有部为主，大、小乘佛教在此地都有传播。不过，公元五六世纪以来，王室久绝，其国隶属于突厥王种统治下的迦毕试国。佛教由于失去王室的庇护，势力锐减，大不如前。因此，等玄奘到此地时，其颓败的状貌已呈现出无可挽回的态势。

与健驮罗国一同衰退的还有呾叉始罗国（Takṣaśilā）。此国为一城邦，最早曾是健驮罗国的首都，后来又是佛教和犍陀罗艺术的主要中心，玄奘途经此地时亦显萧条景象，此国由地方豪族统治，曾归属迦毕试国，近又归顺迦湿弥罗国。

迦湿弥罗（Kaśmīra）在健驮罗的东北方，喜马拉雅山麓，即今之克什米尔地方。《汉书》称为罽宾，不过后来的罽宾指西部的漕国或迦毕试国，所以《唐书》称为个失蜜或迦湿弥罗。迦湿弥罗是佛经第四次结集之地，向来是北印度佛教的中心之地，玄奘到时，此地的寺庙与僧众数量都颇为可观，它在后来的数个世纪内也一直是印度佛教的中心之地。

在上述北印度诸国中，最值得注意的是乌仗那国（Udyāna）。乌仗那在中国古书中或作乌苌、乌场、乌长那等，是玄奘途经北印度途中佛教最兴盛的地区，其伽蓝、僧徒、部派与修行方式的多样化，都居北印度之冠，是大乘佛教的中心地带。在公元5世纪初法显到此地时，这里还尽是小乘佛教的势力范围，大约百年之后，北魏宋云途经此处时，这里已经完全成为大乘佛教的天下。从公元5世纪吠哒人入侵印度以来，佛教颇受冲击。在健驮罗、呾叉始罗诸国的佛教渐趋衰退时，乌仗那国的佛教仍然勉力维持，保持其既有规模。据玄奘所载，此国僧徒多以寂定为业，戒行清洁，行五部律仪，且特闲禁咒，不过对经文未究深义。这也说明，这个地区的佛教僧徒比较注重信仰、注重禅定，坚持以修证为主的道风。[①] 或许是源于此地僧徒重视研习禁咒的风气，后来人们常把这里作为秘密佛教的四大圣地之一。

---

① 印顺：《初期大乘佛教之起源与开展》（上）第七章第三节。《印顺法师佛学著作全集》第16卷，中华书局2009年8月版，第386—388页。

二 中印度佛教概况

依玄奘《大唐西域记》卷四以下所载，当时中印度有三十余国，在五印度中，中印度的范围最广，包含现今拉贾斯坦（Rajasthan）的东半部、中央诸省、中央印度省、联合省及西孟加拉国省等地。中印度诸国的佛教与外道的发展状况，可从表1—2反映出来。

表1—2　　中印度诸国佛教与外道的发展状况

国名	佛教（伽蓝、僧徒、宗派）	外道
秣菟罗国(Mathurā)	伽蓝二十余所，僧徒二千余人，大小二乘，兼功习学	天祠五所，异道杂居
萨他泥湿伐罗国(Sthāneśvara)	伽蓝三所，僧徒七百余人，并皆习学小乘法教	天祠百余所，异道甚多
窣禄勤那国(Srughna)	伽蓝五所，僧徒千余人，多学小乘，少习余部	天祠百所，异道甚多
秣底补罗国(Matipura)	崇尚学艺，深闲咒术。伽蓝十余所，僧徒八百余人，多学小乘教说一切有部	王戍达罗种，不信佛法，敬事天神。天祠五十余所，异道杂居
瞿毗霜那国(Govisanā)	伽蓝二所，僧众百余人，并皆习学小乘法教	天祠三十余所，异道杂居
垩醯掣呾逻国(Ahicchattra)	伽蓝十余所，僧徒千余人，习学小乘正量部法	天祠九所，异道三百余人，事自在天，涂灰之侣也
毗罗那拏国(Viraṣna)	伽蓝二所，僧徒三百人，并皆习学大乘法教	崇信外道，少敬佛法。天祠五所，异道杂居
劫比他国(Kapitha)	伽蓝四所，僧徒千余人，并学小乘正量部法	天祠十所，异道杂居，同共遵事大自在天
羯若鞠阇国(Kanyākubja)	伽蓝百余所，僧徒万余人，大小二乘，兼功习学	天祠二百余所，异道数千余人
阿踰陀国(Ayudhā)	伽蓝百余所，僧徒三千余人，大乘、小乘，兼功习学	天祠十所，异道寡少
阿耶穆佉国(Ayamukha?)	伽蓝五所，僧徒千余人，习学小乘正量部法	天祠十余所，异道杂居
钵逻耶伽国(Prayāga)	伽蓝两所，僧徒寡少，并皆习学小乘法教	天祠数百，异道寔多

续表

国名	佛教（伽蓝、僧徒、宗派）	外道
憍赏弥国（Kauśāmbī）	伽蓝十余所，倾顿荒芜，僧徒三百余人，学小乘教	天祠五十余所，外道寔多
鞞索迦国（Viśaka）	伽蓝二十余所，僧众三千余人，并学小乘正量部法	天祠五十余所，外道甚多
室罗伐悉底国（Śrāvastī）	伽蓝数百，圮坏良多，僧徒寡少，学正量部	天祠百所，外道甚多
劫比罗伐窣堵国（Kapilavastu）	伽蓝故基千有余所，而宫城之侧有一伽蓝，僧徒三千余人，习学小乘正量部教	天祠两所，异道杂居
蓝摩国（Rāma）	一伽蓝，僧众尠矣	
婆罗痆斯国（Vārāṇasī）	伽蓝三十余所，僧徒三千余人，并学小乘正量部法	天祠百余所，外道万余人，并多宗事大自在天
战主国（Garjanapati）	伽蓝十余所，僧徒减千人。并皆遵习小乘教法	天祠二十，异道杂居
吠舍厘国（Vaiśālī）	伽蓝数百，多已圮坏，存者三五，僧徒稀少，习学小乘正量部法	天祠数十，异道杂居，露形之徒，寔繁其党
尼波罗国（Nepāla）	伽蓝、天祠接堵连隅。僧徒二千余人，大小二乘，兼功综习	外道异学，其数不详
摩揭陀国（Magadha）	崇重志学，尊敬佛法。伽蓝五十余所，僧徒万有余人，并多宗习大乘法教	天祠数十，异道寔多
伊烂拏国（Īraṇa-parvata）	伽蓝十余所，僧徒四千余人，多学小乘正量部法。近有邻王于此城中建二伽蓝，各减千僧，并学小乘教说一切有部	天祠二十余所，异道杂居
瞻波国（Campā）	伽蓝数十所，多有倾毁，僧徒二百余人，习小乘教	天祠二十余所，异道杂居
羯朱嗢祇罗国（Kajughira）	伽蓝六七所，僧徒三百余人	天祠十所，异道杂居
奔那伐弹那国（Puṇḍravardhana）	伽蓝二十余所，僧徒三千余人，大小二乘，兼功综习	天祠百所，异道杂居，露形尼乾，寔繁其党

续表

国名	佛教（伽蓝、僧徒、宗派）	外道
憍萨罗国（Kosala）	王，刹帝利也。崇敬佛法，仁慈深远。伽蓝百余所，僧徒减万人，并皆习学大乘法教	天祠七十余所，异道杂居
摩醯湿伐罗补罗国（Maheśvarapura）	宗敬外道，不信佛法	天祠数十，多是涂灰之侣。王，婆罗门种也，不甚敬信佛法

据玄奘所载，中印度诸国的佛教应该还是颇为兴盛的。在表1—2中列举的28个国家中，僧众人数超过一千人者就有十五个国家，其中又有九个国家僧众人数超三千余人，而且羯若鞠阇国、摩揭陀国、憍萨罗国三地的佛教僧徒都有万人之多，其兴盛局面可见一斑。就佛教部派而言，中印度各地以小乘正量部与大乘居首，其次便是小乘说一切有部，对其他小乘部派玄奘并没有点明。

此期外道在中印度的分布非常均衡，几乎每国都有他们的身影，其庙多则数百，少则数十，多达百余座天祠的地区就有七个，可以想见其势头与规模比佛教有过之而无不及。尤其是在外道的圣城婆罗痆斯国，即今瓦勒纳西（Varanasi，贝拿勒斯），崇奉大自在天湿婆神的信徒人数非常之多，显示出印度教正处于蒸蒸日上的发展阶段。

玄奘巡礼中印度诸国时，正当戒日王统治时期，羯若鞠阇国（Kanyākubja）即戒日王统治的核心地区，其首都为曲女城。受戒日王扶植，当地佛教非常兴盛。自佛陀时代起，摩揭陀即为佛教中心，佛教圣迹遍及此国各地，不仅吸引着印度大批佛教信徒，更成为印度以外的中国、中亚及东南亚诸国佛教信徒朝圣的中心。此国的那烂陀寺则是整个印度的佛学中心，其庙宇宏大，驻留着大批朝圣与求法的佛教僧徒。其他诸国的佛教也有不少是在戒日王的弘宣之下，快速发展起来的。如玄奘在伊烂拏国，就提及此国“近有邻王废其国君，以都城施僧，于中并建二寺，各有千僧”①。此处提及的邻王应该就是戒日王，他在攻占此国后，废除原来的君主，将其都城施给僧徒。

在中印度诸国中，憍萨罗国（Kosala）或称南憍萨罗国，毗邻南印

① 慧立、彦悰：《大唐大慈恩寺三藏法师传》卷三，《大正藏》第50册，第239页。

度，也是中印度佛教兴盛的地区之一，其僧众人数近万人，寺庙有百余所。据玄奘记载，此地是龙猛即龙树菩萨降帐招纳提婆为弟子的地方，而龙树、提婆又是大乘中观学派的创立者，故知此地僧徒习学大乘佛法，也是渊源有自。此国的国王为刹帝利人，崇信佛法。他是否归顺戒日王，抑或隶属于南印度的波罗瓦（Pallava）王朝，尚无从考知。

三　东印度佛教概况

与其他四方印度相比，东印度地区最为狭小，玄奘在《西域记》中只提及六个国家。这六个国家中佛教与外道的概况如表1—3所示。

表1—3　　东印度佛教与外道的概况

国名	佛教（伽蓝、僧徒、宗派）	外道
迦摩缕波国（Kāmarūpa）	宗事天神，不信佛法	天祠数百，异道数万
三摩呾吒国（Samataṭa）	伽蓝三十余所，僧徒二千余人，并皆遵习上座部学	天祠百所，异道杂居，露形尼乾，其徒甚盛
耽摩栗底国（Tamraliptī）	伽蓝十余所，僧众千余人	天祠五十余所，异道杂居
羯罗拏苏伐剌那国（Karṇasuvarṇa）	伽蓝十余所，僧徒二千余人，习小乘正量部法	天祠五十余所，异道寔多
乌荼国（Uḍra①）	好学不倦，多信佛法，伽蓝百余所，僧徒万余人，并皆习学大乘法教	天祠五十所，异道杂居
恭御陀国（Goṅgoda）	崇敬外道，不信佛法	天祠百余所，异道万余人

如表1—3所示，东印度诸国的伽蓝与僧众都颇具规模，即便是在不信佛法的迦摩缕波国，也在玄奘的教化之下，其王转依佛教。就其部派来看，东印诸国的佛教信徒主要以小乘的上座部与正量部居多，而在乌荼国则以大乘法教为主，其信徒有万余人，可视为东印度大乘佛教的中心，此地后来也被视为密教发源地或重心之一。不过，通过玄奘的记述，我们还发现东印度诸国的硕学名僧，通常会移住东北方的奔那伐弹那国的跋始婆（Vāśībhā）僧伽蓝，其地庭宇显敞，台阁崇高，僧徒七百余人，以大乘教

① 或作Oḍḍa，Oḍra。

法为主。奔那伐弹那国在《西域记》中被视为中印度国，在《慈恩传》中则被划属南印度。其实从其地理位置与玄奘的巡行路线来看，此国亦应属东印度地带。

三摩呾咤国（Samataṭa）是玄奘所到印度最靠东北部的国家，此地位于恒河与梅格纳河的三角洲，是东印度上座部佛学的集中地。公元7世纪中后期，在三摩呾咤国王曷罗社跋吒（Harṣabhaṭa/Rājabhaṭa）的赞助下，佛教得到进一步的发展，王城内的僧尼达四千之众。曷罗社跋吒王为虔诚的大居士，尝造模泥像十万躯，并通过读大般若十万颂，奉献鲜花十万充作供养，每次出行时，先以观自在（观音）像居前，幡旗鼓乐，涨日弥空，然后是佛像僧徒，后面才是国王及其侍臣。对境内僧尼的供养礼敬亦殷勤备至，每日上朝之前，先令使者至寺庙向僧众请安，僧众则报以“愿大王无病长寿，国祚安宁”，使者报知国王以后，才开始讨论国事。因此，五天聪明大德、广慧才人、博学十八部经、通解五明大论者，多汇集此国。唐代求法僧人僧哲及其弟子玄游即住于此国，备受礼敬。[①] 耽摩栗底国（Tāmraliptī）位于恒河河口，其地为海陆交汇处，商业繁盛，取海路来印度求法的中国与东南亚僧人大多由此登陆，然后西取中印度。大乘灯、道琳、义净等人即是把此地作为出入印度的门户。

尤其值得注意的是，在东印度为数不多的国家中，外道的势力非常之大，其宗教场所少则五十余，多则数百，其信徒更是万余人，甚或数万。

东印度这种佛教与印度教密集的地区，非常便于两种宗教的交流与融合，公元8世纪后半期波罗王朝治下秘密佛教的兴起，与佛教和印度教之间的融合趋势颇有关联，乌荼国很快成为秘密佛教的一处中心，就是典型的例子。乌荼国在今印度奥立萨邦的北部，其地公元7世纪后还是以大乘佛教为主。其国王吉祥自在清净师子曾手抄梵文《华严经》，于唐贞元十一年（795）献至唐朝。

四　南印度佛教概况

据玄奘的记载，公元7世纪南印度主要指纳巴达河与马哈那的河以南的广大地区，纳巴达河以北是西印度及中印度，马哈那的河以北则是东印度。南印度诸国佛教与外道的发展状况如表1—4所示。

---

① 义净：《大唐西域求法高僧传》卷下“僧哲”传，《大正藏》第51册，第8页。

表 1—4　　南印度诸国佛教与外道的发展状况

国名	佛教（伽蓝、僧徒、宗派）	外道
羯陵伽国（Kaliṅga）	伽蓝十余所，僧徒五百余人，习学大乘上座部法	天祠百余所，异道甚众，多是尼乾之徒
案达罗国（Āndhra）	伽蓝二十余所，僧徒三千余人	天祠三十余所，异道实多
驮那羯磔迦国（Dhānakaṭaka）	伽蓝鳞次，荒芜已甚，存者二十余所，僧徒千余人，并多习学大众部法	天祠百余所，异道实多
珠利耶国（Colya①）	伽蓝颓毁，粗有僧徒	崇信外道。天祠数十所，多露形外道
达罗毗荼国（Draviḍa）	伽蓝百余所，僧徒万余人，皆遵学上座部法	天祠八十余所，多露形外道也
秣罗矩咤国（Malakūṭa）	伽蓝故基多，存者既少，僧徒亦寡	天祠数百，外道甚众，多露形之徒
恭建那补罗国（Koṅkaṇapura）	伽蓝百余所，僧徒万余人，大小二乘，兼功综习	天祠数百，异道杂居
摩诃剌侘国（Mahārāṣṭra）	伽蓝百余所，僧徒五千余人，大小二乘，兼功综习	天祠百数，异道甚多
跋禄羯呫婆国（Bharukacchapa）	伽蓝十余所，僧徒三百余人，习学大乘上座部法	天祠十余所，异道杂居
摩腊婆国（Mālava）	伽蓝数百所，僧徒二万余人，习学小乘正量部法	天祠数百，异道寔众，多是涂灰之侣也
阿吒厘国（Aṭali）		祠馆十余所，异道杂居
契咤国（Kaccha）	伽蓝十余所，僧徒千余人，大小二乘，兼功习学	天祠数十，外道众多
伐腊毗国（Vallabhi）	伽蓝百余所，僧徒六千余人，多学小乘正量部法	天祠数百，异道寔多
邬阇衍那国（Ujjayanī）	伽蓝数十所，多以圮坏，存者三五。僧徒三百余人，大小二乘，兼功习学	天祠数十，异道杂居。王，婆罗门种也，博览邪书，不信正法
掷枳陀国（Jejākabhukti）	多信外道，少敬佛法。伽蓝数十，少有僧徒。王，婆罗门种也，笃信三宝，尊重有德，诸方博达之士，多集此国	天祠十余所，外道千余人

① 又作 Coḍa，Coḷa，Choḷa 等。

公元7世纪上半叶，当玄奘于印度求法巡礼时，在南印度西侧接近中印度遮娄其（Chalukya）治下的摩诃剌侘国，也是当时佛教兴盛之地。

遮娄其王朝建立于公元6世纪中期，立国后其势力不断增强，疆域也随之拓展。到公元7世纪上半叶玄奘经行此地时，在位的是第四代补罗稽舍二世（Pulakeshi Ⅱ，609/610—642），此时王朝的势力达到最盛状态。首都瓦达比（Vātāpi），相当于迈索尔的比遮普地方的巴达密（Badami），北以纳巴达河与中印度的戒日王国土相接，南至迦吠离河（Kaveri），包括了德干高原到案达罗的大片地区。同时，补罗稽舍还令北方的瞿折罗和摩腊婆表示臣服，挫败戒日王的扩张；又向东征服羯陵伽，打败了波罗瓦人，将军队推进至其首都建志附近。

从玄奘的记载，大致可以看出此国的国情民俗，以及其国王与军队的势力："土地沃壤，稼穑殷盛。气序温暑，风俗淳质。其形伟大，其性傲逸，有恩必报，有怨必复……国养勇士，有数百人，每将决战，饮酒酣醉，一人摧锋，万夫挫锐。……复饲暴象，凡数百头，将欲阵战，亦先饮酒，群驰蹈践，前无坚敌。其王恃此人象，轻陵邻国。王，刹帝利种也，名补罗稽舍，谋猷弘远，仁慈广被，臣下事之，尽其忠矣。今戒日大王东征西伐，远宾迩肃，唯此国人独不臣伏，屡率五印度甲兵，及募召诸国烈将，躬往讨伐，犹未克胜。其兵也如此，其俗也如彼。人知好学，邪正兼崇。伽蓝百余所，僧徒五千余人，大小二乘，兼功综习。天祠百数，异道甚多。"①

遮娄其国佛教圣地与遗迹颇多，据《西域记》载，此国都城内外有佛塔五座，规模较大，相传为阿育王所建，另外还有无数砖砌或石垒的佛塔。城南有一座伽蓝，供奉的观自在菩萨石像，颇有灵验。

摩诃剌侘国最有名的佛教胜迹便是著名的阿旃陀（Ajaṇṭa，无想）石窟寺。该寺位于此国东部的山区，其地有崇山峻岭，地势颇为险要。玄奘记载，此寺群最初由阿折罗（Ācāra 所行）阿罗汉为报母恩而兴建，后来陈那曾驻足此地。此寺是建在一处幽静的山谷之地，庙堂高敞，屋宇深邃。其佛堂高百余尺，中有石佛像，高七十余尺，上覆以七重石盖。佛堂四周石壁上雕刻着佛为菩萨时各种因缘本生故事，其雕刻技术精巧人微，巨细无遗，寺庙门外，南、北、左、右各一石像。据后代的考古学者研

① 《大唐西域记》卷十一，《大正藏》第51册，第935页。

究，阿旃陀石窟的开凿时间大约从公元前 2 或公元前 1 世纪至公元 6 或公元 7 世纪，营建达七百余年。这也就意味着，当玄奘巡礼此国时，其地仍在修建，仍然有居于此地的佛教僧徒。

案达罗国（Āndhra）位于今安得拉邦以海得拉巴为中心的一些地方，是南印度的古国，公元前 3 世纪至公元 3 世纪曾经出现过著名的娑多婆汉那王朝（Satavahana dynasty）。当时的大天即居于此国传布大众部的教义，是大众部佛教的中心。公元 4—6 世纪，此地区先为建志补罗的波罗瓦（Pallava）王朝控制，公元 7 世纪，此地区即为崛起的遮娄其王朝补罗稽舍二世控制，并于 611 年将此地封给其弟弟拘阇·毗湿奴伐弹那（Kubja Visnu-vardhana I）。615 年，拘阇即据瓶耆罗城而独立，成立遮娄其王朝，定都瓶耆罗（Veṅgīpura）。玄奘经历此国时，正是在此王朝治下。玄奘到达的下一站驮那羯磔迦国（Dhānakaṭaka）约在克里希那河河口两岸地区，也是在此王的辖域之内，因此玄奘亦把它称为大安达逻国。

上述达罗毗荼国（Draviḍa、Dramida，与 Taimil 同义，既指种族又指地域）也处于波罗瓦王朝治下。自公元 4 世纪初这里就在波罗瓦人的统治下。从公元 3 世纪后半期起，佛教已在此流行，公元 437 年即位的狮铠（Siṃhavarman）虔信佛教，当地出土的石柱铭文也说，建志城诸王中就有一位皈依佛教，并以 Buddha 为名的觉铠（Buddhavarman）。从公元 6 世纪中叶到 753 年，波罗瓦王朝与遮娄其王朝为争夺南印度的霸权，进行过二百余年的斗争。公元 7 世纪初，在位的波罗瓦国王摩亨佐跋摩一世（Mahendravarman I，约 600—630 年在位）被遮娄其王补罗稽舍二世击败，其子那罗辛哈跋摩一世（Narasiṃhavarman I，约 630—668）即位后，重整军队，击溃补罗稽舍军队，夺回北方失地，并曾一度占领遮娄其首都巴达米（Bādāmi），再次使波罗瓦成为南印度的地区性强国。

波罗瓦王朝治下的宗教学术文化事业颇为兴旺发达，其宗教建筑与雕刻艺术被视为印度艺术学派中最重要、最有意味的一派。在其治下的许多地方，诸如南北阿尔柯提（Arcot）、钦勒普特（Chīngleput）、特里奇诺玻利（Trichinopoly）等，均开凿了规模不一的石窟寺，建立了许多窣堵波。其中，最著名的便是玛摩勒普拉母（Māmallapuram）的七宝塔，此塔由一块巨大的圆石开凿成，雕刻繁复绚丽，精巧细腻。

波罗瓦王朝的文学艺术也较为繁荣，著有《野人与有修》（*Kirātārjunīya*）的诗人日辉（Bhāravi），以及梵文文艺理论家和作家檀丁

(Daṇḍin)皆为其王朝的宫廷文人（有说是那罗辛哈跋摩二世时期)。公元8世纪初的那罗辛哈跋摩二世曾与唐朝建立友好关系，并接受唐王朝的册封。

上列摩腊婆国与伐腊毗国是公元7世纪时小乘佛教的学术中心，可以与大乘佛教中心的那烂陀相提并论，义净《南海寄归内法传》卷四记载："致想因明，虔诚《俱舍》，寻《理门论》比量善成，习本生贯，清才秀发，然后函丈传授，经三二年，多在那烂陀寺（小字注：中天也)，或居跋腊毗国（小字注：西天也)。斯两处者，事等金马石渠，龙门阙里，英彦云聚，商榷是非。"由此可见，当时的佛教僧徒都把这两处作为印度最高级别的佛学殿堂。不过，摩腊婆国与伐腊毗国通常被视为西印度。

五　西印度佛教概况

玄奘所谓的西印度地区约当今印度古吉拉特邦、拉贾斯坦邦与巴基斯坦东南部的海德拉巴邦，属印度河中下游地区，此地曾是印度河文明的发源地。公元六七世纪以来，这里成为印度文化与阿拉伯文化交汇的地带，不同宗教的影响力相互交错，显示出一定的复杂性。西印度诸国的佛教与外道发展情况如表1—5所示。

表1—5　　西印度诸国佛教与外道发展概况

国名	佛教（伽蓝、僧徒、宗派）	外道
阿难陀补罗国(Ānandapura)	伽蓝十余所，僧徒减千人，习学小乘正量部法	天祠数十，异道杂居
苏剌侘国（Suraṭṭha)	伽蓝五十余所，僧徒三千余人，多学大乘上座部法	天祠百余所，异道杂居
瞿折罗国（Gūrjara)	多事外道，少信佛法。伽蓝一所，僧百余人，习学小乘教说一切有部	天祠数十，异道杂居
信度国（Sindhu)	学不好博，深信佛法。伽蓝数百所，僧徒万余人，并学小乘正量部法，多懈怠，少精勤。王，戍陀罗种也，性淳质，敬佛法	天祠三十余所，异道杂居
茂罗三部卢国(Mūlasthānapura)	伽蓝十余所，多已圮坏，少有僧徒，学无专习	天祠八所，异道杂居。有日天祠，庄严甚丽，五印度国诸王豪族，于此舍施珍宝，建立福舍

续表

国名	佛教（伽蓝、僧徒、宗派）	外道
阿点婆翅罗国（Audumabatira）	其俗淳质，敬崇三宝。伽蓝八十余所，僧徒五千余人，多学小乘正量部法	天祠十所，多是涂灰外道之所居止。城中有大自在天祠，涂灰外道游舍其中
狼揭罗国（Laṅghala）	伽蓝百余所，僧徒六千余人，大小二乘，兼功习学	天祠数百所，涂灰外道，其徒极众
臂多縶罗国（Pāṭāsila）	伽蓝五十余所，僧徒三千余人，并学小乘正量部法	天祠二十余所，并涂灰外道也
阿軬荼国（Avaṇḍa）	伽蓝二十余所，僧徒二千余人，多学小乘正量部法	天祠五所，并涂灰外道也
伐剌拏国（Varṇu）	伽蓝数十，荒圮已多，僧徒三百余人，并学大乘法教	天祠五所，多涂灰外道也

表1—5中所列西印度诸国多位于巴基斯坦东南与印度毗连的地区，如阿点婆翅罗国约为巴基斯坦南部的卡拉奇，狼揭罗国约在巴基斯坦俾路支东南部，臂多縶罗国约与今巴基斯坦海德拉巴相当。从玄奘的记载当中可以看出以信度为中心的西印度诸国，其佛教势力并不像其他地区那么强大，其僧众多属小乘正量部。

第二节　戒日王的武功文治及其对佛教的弘扬

公元7世纪以那烂陀寺为中心出现的印度佛学繁荣局面与戒日王统治下的布施耶菩地王朝在北印度的崛起密不可分。布施耶菩地王朝初建于公元6世纪阎牟那河上游的塔内萨。公元6世纪末，光增王（Prabhākara-vardhana，？—605）在位，据说他拥有后笈多王朝血统，是某位公主的儿子。在他的领导下，此王朝战胜㘚哒人和古吉拉特的瞿折罗人，逐渐强大起来，他把女儿罗阇室利（Rājyaśrī）许配给穆克里王朝（Maukhari Dynasty）的揭罗诃跋摩。通过这种政治联姻，此二国成为中天竺（恒河上游）最有势力的两个王朝。

公元7世纪初，新继位的罗阇伐弹那（Rajya-vardhana）为替其妹夫穆克里王迦罗诃跋摩（Grahavarman）复仇，出兵攻伐摩腊婆（Mālava）。在击败摩腊婆王后，却为摩腊婆的盟军高达王（Gauda）设赏迦（Śaśaṅka，月王）杀害。

公元606年，喜增王（Harasa-vardhana，喜增）接替其兄长，继承王位。很快又取得穆克里王国的统治权，移都曲女城（Kanyākubja，今卡瑙季），公元612年始称“戒日王”（Śīlāditya）。很快，他同迦摩缕波国（今阿萨姆、不丹和孟加拉国的一部分）的日胄王（Bhaskaravarman）结盟，使设赏迦腹背受敌。同时，他又与居住在马尔瓦和摩揭陀的后笈多王朝世系的摩塔婆笈多结成朋友，将被囚禁于曲女城的罗阇室利（Rājyaśrī）救出。又命令潘迪（Bhandi）进攻高达王，为其兄复仇。公元620年，戒日王灭掉高达王国，与迦摩缕波国王将其国瓜分。

公元634年，戒日王向南进军，远达内尔布达河，在那里受到德干境内瓦达比的遮娄其王朝补罗稽舍二世的阻挡。直至补罗稽舍二世于642年去世后，戒日王才于次年远征甘贾姆。

在西方，戒日王又击败了伐腊毗国王。641年，玄奘访问此地时，在位的国王德鲁婆跋陀通过联姻依附于戒日王。这一年，戒日王称摩揭陀王，并与中国交换使节。除此之外，戒日王还曾远征雪山索取贡品，到迦湿弥罗携回佛牙舍利，到信德夺取当地统治者的王室财富。

经过他的精心经营，戒日王统治下的帝国包括塔内萨尔（东旁遮普）、曲女城（恒河河间地带）、阿喜掣多罗（罗希尔坎德）、舍卫城（奥德）和钵罗耶伽（阿拉哈巴德）等地。从641年起，其领土还包括摩揭陀、奥里萨，贾兰塔尔的乌迪塔和东马尔瓦的摩塔婆·笈多为其藩属。这样，从北方的雪山到南方的纳巴达河，从东方的甘贾姆到西方的伐腊毗，都成为戒日王统治的疆域，戒日王成为当时北印度最强大的统治者。戒日王很快统一了除旁遮普与拉贾斯坦（Rajasthana）以外的北印度各地，南方以纳巴达河为境与补罗稽舍二世（Pulakeṣi II，609—642）统治的遮娄其王朝相拒。

在戒日王统治的四十余年中，北印度社会处于相对稳定的和平与发展状态，他又通过大量对教俗封建主颁赐土地，促进了印度封建制的发展。据玄奘记载，那烂陀寺首座戒贤的俗家弟子胜军因为学行殊异，受到戒日王的倚重，戒日王试图聘他为国师，并赐以乌荼国八十大邑。还有一位婆罗门从戒贤研习《瑜伽论》，学成后，戒贤把他推荐给戒日王，即被封以三邑之地。[1] 土地分封制度的实行促进了农业的发展，由此，北印度的生产力与贸易交通都有所发展与改善。这一点，从玄奘对其都城曲女城的社会生活状况的记述即可窥见一斑：

> 国大都城西临殑伽河，其长二十余里，广四五里。城隍坚峻，台阁相望，花林池沼，光鲜澄镜。异方奇货，多聚于此。居人丰乐，家室富饶。华果具繁，稼穑时播。气序和洽，风俗淳质。容貌妍雅，服饰鲜绮。笃学游艺，谈论清远。[2]

戒日王在拓展其势力范围的过程中，非常重视思想文化建设。戒日王本人既是一位富有学养与文采的梵语文学家，又是一位虔诚的宗教信徒，自然也就成为文学艺术与宗教学术的保护人。他把婆那（Bāṇa）、摩由罗（Mayura）、提婆伽罗（Divakara）、玄奘等一批宫廷诗人与宗教圣徒延致其麾下，崇信奖掖有加。戒日王的诸多丰功伟绩即是由他所扶植崇信的僧俗文士所记录的，其中最著名的即是婆那的《戒日王行传》（*Harṣacarita*）。

作为一位出色的诗人与剧作家，戒日王对古典梵语诗歌与戏剧具有很浓烈的兴趣与热情。在各种梵语诗体中，诗赞尤能展示一个人的文采辞笔，戒日王曾在其宫廷中公开征集各类赞词，最后得到五百余夹。他本人也创作了两篇赞佛诗《八大灵塔梵赞》（*Aṣṭamahā-sthānacaity-vandadanā-stava*）和《野朝赞》。[3] 就其戏剧而言，戒日王创作的三部戏剧在古典梵语文学史上亦有一定的地位。这三部戏剧分别是《钟情记》（*Priyadarś ikā*）、《璎珞传》（*Ratnāvalī*）、《龙喜记》（*Nāgānanda*）。其中，《龙喜记》取材于佛的本生故事，描写佛在修菩萨行时舍身为人的精神。故事说佛曾一度做过云乘太子，据印度传说，有一种金翅鸟，专门吃龙，云乘有一次看到金翅鸟要吃一条小龙，就要求用自身替代小龙，终于使金翅鸟

---

① 以上引文分别见于《大慈恩寺三藏法师传》卷四、卷三，《大正藏》第 50 册，第 244 页上、238 页下。

② 《大唐西域记》卷五，《大正藏》第 51 册，第 893 页下。

③ 义净：《南海寄归内法传》卷四“赞咏之礼”：“时戒日王极好文笔，乃下令曰：诸君但有好诗赞者，明日旦朝咸将示朕。及其总集，得五百夹，展而阅之，多是社得迦摩罗矣。方知赞咏之中，斯为美极。”《大正藏》第 54 册，第 228 页上。

受到感动，从此就不与龙为敌了，于是龙族皆大欢喜。[①]

在宗教信仰方面，戒日王本人敬贤爱法，倾力扶植他治下的各种宗教。他奉持宗教的戒杀与慈悲精神，戒日王令其臣民不得杀生食肉，并在其治下的五印度各地，如城邑、乡聚、达巷、交衢建立精庐，储藏饮食，扶危济困。戒日王还承续印度历代帝王的布施之道，向宗教信徒布施土地与钱财，每五年设一次无遮大会，竭府库之所有，惠及各色僧侣。"今戒日王亦继斯轨，五年积财，七十五日散施，上从三宝，下至孤穷，无不悉施。"[②] 同时，他还鼓励不同宗教间的相互争鸣，礼敬德行与学养兼擅的有道高僧。同时，戒日王还在宗教圣地兴建诸多塔庙寺院，供僧侣居住修行。在与邻国的邦交中，戒日王也把对方是否崇信正法作为交往的标准之一。

从玄奘的记载来看，在各种宗教中，戒日王对佛教扶植的力度最大。除上述各种举措外，戒日王还参与佛教之间的论辩，大力支持玄奘在印度的弘法活动。

戒日王最初信奉印度教湿婆派，后来可能受其妹妹罗阇室利影响而崇信佛教，尤其对以那烂陀寺为中心的大乘唯识学派独有偏赏。他曾在那烂陀寺旁建造了一处鍮石精舍，有十丈多高，在当时颇有影响。后来，戒日王率兵攻伐南方的恭御陀国，路经乌荼国，当地的小乘信徒就向他提出质疑，认为那烂陀寺僧不是真佛教徒，要求与那烂陀寺的大乘僧徒在他面前一决高下。戒日王即写信给那烂陀寺住持戒贤，让他派四名学通诸派的僧人来与当地小乘僧徒对决，戒贤即派玄奘等四人准备参与小乘僧徒的论辩。

戒日王对玄奘的青睐，固然和他与大唐王朝结好的政治企图有关，恐怕主要还在于他对大乘唯识学的推重与喜好。玄奘回国前，戒日王更为其举行声势浩大的无遮大会，使大乘佛学唯识学说在印度得到更为广泛的传播。缘于此，近人吕澂先生认为那烂陀寺大乘佛学在公元7世纪的振兴，与戒日王的大力支持密不可分。这一说法是很有道理的。

---

① 《南海寄归内法传》卷第四"赞咏之礼"："又戒日王取乘云菩萨以身代龙之事，缉为歌咏，奏谐弦管，令人作乐，舞之蹈之，流布于代。"《大正藏》第54册，第228页上。此剧本有藏译，汉语译本为吴晓铃译《龙喜记》，人民文学出版社1956年版。

② 《大唐大慈恩寺三藏法师传》卷三，《大正藏》第50册，第234页。

第三节　那烂陀佛学

一　建制与规模

摩揭陀是佛教的发源地，也是佛学传承的中心区域，自笈多王朝以来，摩揭陀的那烂陀寺就逐渐成为印度大乘佛学的中心。自陈那、护法以来，该寺即成为印度大乘佛学尤其是瑜伽唯识学的中心。到公元7世纪，在戒日王的支持下，在戒贤、玄奘、月称、法称等佛门龙象的鼓吹下，那烂陀寺更是迎来了一个辉煌的新时期。

那烂陀寺（Nālandā），意译施无厌寺，全称为那烂陀僧伽蓝（Nālandā saṃghārāma）。《大唐西域记》卷九非常详细地记载了那烂陀寺建寺的由来及其沿革。据称此地最初为庵摩罗园，佛陀曾于此说法三月，使五百商人得度。佛陀入灭后，帝日王即于此处创建伽蓝。又据义净《大唐西域求法高僧传》卷一记载，此伽蓝是帝日王（Śakrāditya）为北印度一位叫作曷罗社盘社的比丘修建的。之后，觉护王、如来王、幼日王、金刚王、中印度王，前后六代帝王先后布施，各自兴建一座伽蓝，规模渐增，到最后用围墙把它们围在一起，就成为一座规模很大的寺庙，这就是那烂陀寺。

关于寺名的由来，玄奘提及两种传说。一说伽蓝之南庵摩罗林有池，池中有龙，名那烂陀，故取为寺名。一说如来往昔修菩萨行时，为大国王，建都此地，遍行布施，德号施无厌，伽蓝即取其名号。玄奘还提及附近有如来三月说法的精舍、发爪塔、雀离浮图、观自在菩萨立像及精舍等诸多灵迹。

从地理位置上来看，那烂陀寺南望王城三十里，鹫岭、竹苑皆在城傍，西南向大觉寺，正南为尊足山，北至薛舍离（吠舍离）有二十五天的路程，西至鹿野苑有二十余天的路程，再加上东距入海口的耽摩立底国不远，因而交通亦非常便利。① 可以说，那烂陀寺处于佛教徒瞻礼圣迹的核心位置。

对那烂陀寺的规模与建制，义净记载得最为详细。除文字记载外，义净还专门绘制过一张详细的地图。根据义净的记述，那烂陀寺宛如一座方城，四周围匝长廊。寺高三层，高三到四丈，用砖建造，每层高一丈多。

① 《大唐西域域求法高僧传》卷一“慧轮师”，《大正藏》第54册，第5—6页。

横梁用木板搭造，房顶用砖平铺。每一寺的四边各有九间僧房，房呈四方形，宽约一丈多。僧房前方安有高门，开有窗洞，但不得安帘幕，以便互相瞻望，不容存在隐私。寺庙建筑的四角，各为砖堂，由多闻大德居住。僧房后壁是寺的外围墙，有窗通外。围墙高三四丈，上面排列人身大小的塑像，雕刻精细，美轮美奂。

寺的房顶、房檐和院落地面，都要用特制的材料覆盖，这种覆盖料是用核桃大小的碎砖和以黏土制成，覆盖碾平后，再用浸泡多日的石灰杂以麻筋麻滓烂皮涂上，盖上青草三五天，在完全干透之前，用滑石磨光，然后先涂上一道赤土汁，最后再涂上油漆，光亮如明镜一般。经过如此处理的寺院地面，坚实耐用，经得起人们践踏二三十年而不坏。像这样的寺庙有八座之多，其建筑布局基本相同。在寺的东面又有安置佛像的台观与佛殿。佛塔、塔幢、戒坛一类的建筑则建于西大门的南北两侧。

二　运营与管理

那烂陀寺建筑规模宏大，常住及来访的僧人亦为数众多。玄奘记述说，此寺僧徒主客常有万人。要维持众多僧众的日常生活与修习，不管是在日常供给上，还是在经营与管理方面，都需要充裕的物质基础与严密的管理运营体系。

玄奘在那烂陀寺学习的时候被视为上宾，享受非常优厚的待遇。他住的房子位于先前护法菩萨房北，每天所得的供养有赡步罗果一百二十枚、槟榔子二十颗、豆蔻二十颗、龙脑香一两、供大人米一升；每月给油三升，酥乳等随用随足；另外还配置净人一人、婆罗门一人；出门的时候行乘象舆，有专人侍候。享受玄奘这种待遇的人共有十人。此外的僧徒享受不同层次的待遇，倘有万余人的话，其给养也是数目庞大的。由此可以想见，戒日王对那烂陀寺的扶植力度。

除了帝王的布施之外，寺院自身还有专属的土地与役工。义净《大唐西域求法高僧传》卷一“慧轮师”条载，寺内僧众有三千五百人，属寺村庄二百零一所，都是历代君王封赐给的，其土地人户，永充寺庙供养。

在寺院的职事与管理方面，那烂陀寺有完备的体系与高效的制度。例如，僧徒纲轨、出纳之仪，寺内但以最老上座为尊主，不论其德。大小房间的钥匙，每晚封闭后，都交由他掌管。造寺之人名为寺主，典掌寺门、召集僧众与传达信息者，称为护寺。鸣犍稚及监食者，名为羯磨陀那，义为授事。僧众有事时，要召集众人评议，先让护寺巡行告白，征求各自的意见。若有不同意见，需共同商讨，直到达成一致，才能做出最后决议。在僧众财务的管理方面尤为严格，需要相应的开支时，需要征得值事众人的一致同意，杜绝那种独断专行的家主做法。

对寺内僧众的纪律与管理上，那烂陀寺亦采取严格的制度。每半月令典事僧值，巡房读制，众僧名字不论其世俗出身，凡有犯戒者依律处罚，概不宽容。这种严明的管理制虽看似有些苛刻，但它使那烂陀寺的声名远扬，各种供给因之倍加丰厚。

另外，寺院还置有漏水计时，夜分三分，初夜、晨朝僧众须行禅诵，中间一段时间才能各自休息。① 在每一个时间段的起止时刻，都会有负责此事的净人及户人鸣鼓来告知寺僧。

三　教学内容

《大唐大慈恩寺三藏法师传》卷三载，那烂陀寺的僧徒主客常有万人，并学大乘，兼十八部，还有俗典《吠陀》等书，以及因明、声明、医方、术数等世俗方面的知识。在寺内，通解经、论二十部者有一千余人，三十部者有五百余人，五十部者包括玄奘共有十人。寺内每天的各种讲座就有一百多场次。

从玄奘的记述可以看出，那烂陀寺的教学内容主要包括三个方面，首先是佛教经论，以大乘为主，兼及小乘经论；其次是婆罗门教或印度教的根本经典，其中又以吠陀类经典为代表；最后便是声明、因明、医方明、工巧明等世俗知识。如果把前两类分别看作佛教与印度教诸派的内明，那么整个那烂陀寺的教学体系，实际采用的是以五明为主的教学体系。

五明教学体系在那烂陀寺的僧伽教育中占有重要地位，而且对后来印度佛教的发展与走向都产生了至为关键的作用与影响。从玄奘、义净等人的记述，可以见出公元 7 世纪那烂陀寺五明教学的大致情形。

《大唐西域记》卷二述及印度当时的教育内容时，即把五明作为童子

---

① 《大唐西域求法高僧传》卷一“慧轮师”，《大正藏》第 51 册，第 6 页。这与义净在《南海寄归内法传》卷三所载有异：“夜有四时，与昼相似，总论一日一夜，成八时也。若初夜尽时，其知事人则于寺上阁，鸣鼓以警众。此是那烂陀寺漏法。”《大正藏》第 54 册，第 226 页。

七岁之后渐次学习的内容："开蒙诱进，先导十二章。七岁之后，渐授五明大论：一曰声明，释诂训字，诠目疏别。二工巧明，伎术机关，阴阳历数。三医方明，禁咒闲邪，药石针艾。四谓因明，考定正邪，研核真伪。五曰内明，究畅五乘因果妙理。"这里是按童子学习的次序来排列五明的，与《瑜伽师地论》中以内明居首，然后医方明、声明、因明、工业明的修学次序有些差异。

（一）声明学

《瑜伽师地论》卷十五"本地分中闻所成地第十之三"亦对声明学做了详细介绍：

> 云何声明处？当知此处略有六相：一法施设建立相，二义施设建立相，三补特伽罗施设建立相，四时施设建立相，五数施设建立相，六处所根栽施设建立相。嗢拕南曰：法义数取趣，时数与处所，若根栽所依，是略声明相。
>
> 云何法施设建立？谓名身、句身、文身，及五德相应声：一不鄙陋，二轻易，三雄朗，四相应，五义善。
>
> 云何义施设建立？当知略有十种：一根建立。二大种建立。三业建立。四寻求建立。五非法建立。六法建立。七兴盛建立。八衰损建立。九受用建立。十守护建立。……
>
> 云何补特伽罗施设建立？谓建立男、女、非男非女声相差别。或复建立初、中、上士声相差别。
>
> 云何时施设建立？谓有三时声相差别：一过去、过去殊胜。二未来、未来殊胜。三现在、现在殊胜。
>
> 云何数施设建立？谓有三数声相差别，一者一数，二者二数，三者多数。
>
> 云何处所根栽施设建立？当知处所略有五种：一相续，二名号，三总略，四彼益，五宣说。若界颂等，名为根栽。如是二种，总名处所根栽建立。[①]

---

① 《瑜伽师地论》卷十五"本地分中闻所成地第十之三"，《大正藏》第30册，第360—361页。

在这段文字中，弥勒把声明学分为六类，即所谓“六相”（ṣaḍā-kāra）或“六种施设建立”（ṣaḍ-prajñapti-vyavasthānataḥ）。其中，法施设建立是对字、词、句语言层面的分析，以及不同修辞风格的类别。义施设建立是关于词汇的分类与词义的解释，即词汇学。补特伽罗施设建立讨论梵语名词的阳、中、阴三性，以及动词第三、第二、第一的人称变化。时施设建立指的是梵语的时态变化，涉及过去、现在与将来的三种时态。数施设建立指的是单、双、复三数的变化。

上述“五相”所涉内容较容易理解，比较费解的是第六相即“处所根栽施设建立”。依据玄奘弟子窥基《瑜伽师地论略纂》的解释，处所根栽施设建立包括处所与根栽两个部分，处所即声明学成立的依据或出处，即声明学的根本典籍，主要包括如下几种：

> 谓劫初起，梵王创造一百万颂声明。后命慧减，帝释复略为十万颂。次有迦单没罗仙，略为一万二千颂。次次波腻尼仙，略为八千颂。此上四论总名处所。今现行者唯有后二，前之二论并已灭没。《字体根栽声明论》，有三百颂，波腻尼仙所造，略成《声明颂》，为一千颂，名为声明略本颂；后有《八界论》，有八百颂，名为因缘；又有《闻释迦论》，一千五百颂；又有《温那地论》，两千五百颂。此五声明并名根栽，能与根本处所声明，为生智解所依本故。①

根栽包括五项内容，即相续、名号、总略、彼益、宣说，窥基把它们解释为声明学的品名，即章节名称。除其中的相续为连声外，其余四章的解释都有些令人费解。查检《瑜伽师地论》的梵本，此五品相对应的梵语词汇分别是 sandhi（连声）、nāma（名词）、samāsaḥ（复合词）、taddhitam（间接后缀，即加在词干上的后缀）、ākhyātaṃ（动词、述词）。这样来看，此五品的内容就非常清楚明白了。至于根栽建立部分，讲的是梵语动词的词根，在梵语语法体系中常把动词置于最重要的位置，认为包括名词在内的其他词语都是由动词变化出来的，即所谓“名出于动”。波腻尼把词类分为名词（苏漫多）和动词（底彦多），名词又从动词变化而来，也就意味着，梵语中的所有词汇皆出于动词。

① 窥基：《瑜伽师地论略纂》卷六，《大正藏》第 43 册，第 95 页上、下。

自《瑜伽师地论》把声明作为菩萨应当修学的重要内容以来，大乘佛教僧徒着意于声明学研求，代有其人。公元6世纪中后期，那烂陀寺的护法即精于此道，曾著《杂宝声明论》二万五千颂，被时人称为“声明究竟之极论”而盛行于世。除护法的这部著作外，义净《南海寄归内法传》卷四还提到阇耶昳底（Jayayiti）著的《苾栗底苏呾罗》（*Vṛtti-sūtra*），据后人考证，阇耶昳底亦为佛门僧徒，他与另外一位叫跋摩纳（Vamana）的僧人合著完成《迦湿迦》（*Kāśikā*）一书，二人生活的时代约在公元7世纪40年代。在《大慈恩寺三藏法师传》卷三以及义净《南海寄归内法传》卷四，对声明学的源流与内容有较多的记述，尤其是义净介绍得更为详细。

在义净的记述中有两点值得注意，其一是他提到伐致柯利的两部著作，其二是“西方相承有学聪明法，一谓覆审生智，二则字母安神”。

公元7世纪在那烂陀寺活动过的月官与月称等人都对声明学有过精深的研究，尤其是月官，其声明学著作至今犹存。

（二）因明学

佛教中关于“因明”的系统叙述，始见于《瑜伽师地论》中“闻所成地”一段文字：“云何因明处？谓于观察义中诸所有事，此复云何？嗢拕南曰：论体论处所，论据论庄严，论负论出离，论多所作法。当知此中略有七种，一论体性，二论处所，三论所依，四论庄严，五论堕负，六论出离，七论多所作法。”① 可见在《瑜伽师地论》中所说的因明，事实上是辩论的方法与技术，所以书中以与辩论有关的七事来解因明。七事为论体、论所依、论处所、论庄严、论堕负、论出离、论多所作法。

公元6世纪初，佛教因明学者陈那出世，改因明学的五分为三支，著因明论典八部：《观三世论》、《观总相论》、《观境论》、《因门论》、《似因门论》、《因明正理门论》、《取因假设论》（又名《取事施设论》）、《集量论》。陈那的弟子有商羯罗主、护法和自在军，都在因明学方面很有建树。商羯罗主著有《因明入正理论》，护法关于因明的著作现在已不可考。护法和自在军的弟子为法称，著有《释量论》等七部因明著作，他把逻辑学与知识论更紧密地结合起来，使因明学摆脱辩论术的羁绊，具有更为稳固的基础。护法死后，那烂陀寺就由他的弟子戒贤主持。护法的另一个弟子胜军也是享有盛名的法相唯识学家。戒贤和胜军都是研究陈那因

① 《瑜伽师地论》卷第十五，《大正藏》第30册，第356页。

明学说的权威，玄奘曾从之受学。法称是陈那以后佛教中最著名的因明大师，也被认为是大乘佛教的集大成者。自法称以后，围绕他的七部因明学注释与阐发而展开的因明学构成了晚期印度佛学的重要议题之一。

（三）医方明

医方明（cikitsā-vidyā），又作医明、医方论，系古代印度解说有关疾病、医疗、药方的学科门类。佛教经律之中，有关医疗的记载甚多，尤其是在律典中，对于观察病情的方法所载甚详。佛陀世时有耆婆，任职于频婆娑罗王宫廷，以精通医术著称于世，曾多次治愈各种疑难病症。

到无著时，医方明已经成为佛教僧团教育的重要科目，且其体系甚为完整。《瑜伽师地论》："云何医方明处，当知此明略有四种，谓于病相善巧，于病因善巧，于已生病断灭善巧，于已断病后更不生方便善巧，如是善巧广分别义，如经应知，已说医方明处。"[①] 这里涉及诊断症状、察知病因、治愈疾病、后期保养四个方面。

义净《南海寄归传》卷三"先体病源"、"进药方法"、"除其弊药"诸条，即是他在那烂陀寺求学期间，对医方明相关知识与理论的记录。根据义净的记载，印度当时将各种诊察开药的方法归纳为八类，即后来流传甚广的"八医"或"八支"理论学说：①论所有诸疮，兼及体内外之疮毒；②论针刺及头部之疾病；③论身患，即咽喉以下的疾病；④论鬼瘴，即一般流行病及邪魅所引发之疾病；⑤论恶揭陀药，论述遍治诸毒之药；⑥论童子病，包括自胎内至十六岁各阶段所易患之疾病；⑦论长命之方法；⑧论体健力足，即一般保健强身之基础。后来西藏通行的《八支甘露心要》，即是对公元 7 世纪那烂陀寺医学的传承与发展。[②]

就汉文大藏经的记载来看，与医方明有关的典籍为数甚多，如《佛医经》一卷、《医喻经》一卷、《治禅病秘要经》二卷、《疗痔病经》一卷、《啰嚩拏说救疗小儿疾病经》二卷、《迦叶仙人说医女人经》一卷、《能净一切眼疾病陀罗尼经》一卷、《除一切疾病陀罗尼经》一卷、《咒齿经》一卷、《咒时气病经》一卷、《咒目经》一卷、《咒小儿经》一卷等。从这些经典可以看出，医方明在佛教学科体系中居于十分重要的地位。

---

① 《瑜伽师地论》卷第十五，《大正藏》第 30 册，第 356 页。

② 刘英华：《浅谈医学八支概念的演变》，载黄福开主编《藏医药研究文集》，中国藏学出版社 2013 年版，第 563—570 页。

（四）工巧明

工巧明（Śilpasthāna-vidya），又作世工业明、巧业明，指通达有关技术、工艺、音乐、美术、书术、占相、咒术等内容的艺能与学问。五明之中以工巧明的范围最广泛，照今天来看，它事实上涵盖了语言学、逻辑学、医学，以及佛教教理之外的自然、人文与社会科学。《瑜伽师地论》卷十五载，工业明处有十二种，营农工业，商估工业，事王工业，书、算、计度、数、印工业，占相工业，咒术工业，营造工业，生成工业（饲养六畜等），防那工业（织工），和合工业（调解诤讼的事务），成熟工业（饮食），音乐工业。[①] 工巧明成为那烂陀寺的教学内容一方面说明佛教所具有的世间特征，另一方面也足以证明那烂陀寺在当时已发展成为一所综合性的教育与科研中心。

（五）内明

内明，梵文作 adhyātma-vidyā，义谓关于"至上神我"的学问，指与声明、工巧等外在学艺相区别的、形上学的思索。佛教徒以佛教的所有经典、法相名数与理论学说，即诸佛的言教为内明，外道婆罗门教徒也自称其所宗为内明。《瑜伽师地论》卷十三"本地分中闻所成地"第十之一："云何内明处？当知略说由四种相，一由事施设建立相，二由想差别施设建立相，三由摄圣教义相，四由佛教所应知处相。"[②] 其中，事施设建立指由三种事，即佛教的经、律、论，总摄一切诸佛的言教。想施设建立的想，指名相，即佛教中一切专有名相的建立。摄圣教义的义，指佛教所说明解释的义理。佛教所应知处则指佛教所应当知道的法数。据《瑜伽师地论》"菩萨地力种姓品"载，内明论有两种相，即两个特征，一是显示正因果相，二是显示已作不失、未作不得相。

近人吕澂先生《奘净两师所传的五科佛学》把当时那烂陀寺传承的佛学概括为五科，即因明、对法、戒律、中观、唯识，是基于法相唯识学派的立场，不过这也在某种程度上反映出当时那烂陀寺唯识学的兴盛局面。[③] 吕澂先生所讲的五科佛学应该算得上是公元7世纪那烂陀寺之"内明"，其中把因明纳进去，也与当时因明已经与大乘唯识佛学交织在一

① 《瑜伽师地论》卷第十五，《大正藏》第30册，第361页。

② 《瑜伽师地论》卷第十三，《大正藏》第30册，第345页。

③ 《吕澂佛学论著选集》卷第三，齐鲁书社1991年版，第1381页。

起，与单纯的形式逻辑推理与论证大异其趣。

第四节　玄奘对唯识学的弘扬

公元7世纪那烂陀大乘佛学振兴的原因，一方面在于戒日王的支持，另一方面则缘于玄奘在那里的一系列弘法活动。因而，玄奘不仅是中国佛教史上的重要人物，也是公元7世纪印度佛教史上的关键人物，他对那个历史时段佛教事业的记述、参与及建树，是后人了解当时印度佛教、揭开诸多谜底的重要资料与线索，而他本人转益多师、遍参有道的求法经历，会通大乘与小乘、和会中观与唯识的融通视野，以及称扬大乘、雄视百家的宏大气魄，更成为当时印度佛学尤其是瑜伽唯识学兴盛的重要标志。

玄奘在印度佛学史上的位置，可以从以下几个方面来审视。

首先，玄奘遍历五天印度，转益多师，广泛学习佛教经论，其佛学根底与视野受到印度各地僧徒的称赏与礼敬。

在西行求法之前，玄奘在国内即已广参诸师，通达诸大乘经典与唯识学系的论典。在未出家之前，玄奘就已熟习《法华》、《维摩》等经论。出家为僧后，玄奘先后随景法师听《涅槃》，从严法师学《摄论》，后又至成都听宝暹讲《摄论》、道基讲《杂心》、惠振讲《八犍度论》。受具足戒后，又在赵州从道深学《成实》，到扬州听惠休讲《杂心》、《摄论》。唐贞观元年（627），玄奘再到长安，从道岳、法常、僧辩、玄会诸师钻研《俱舍》、《摄论》、《涅槃》，他很快就穷尽诸家学说，誉满京师。广研诸说之后，有感于诸家学说存在的差异，尤其是《摄论》、《地论》两家有关法相之说的矛盾，玄奘心生到印度求取总赅三乘学说的《瑜伽师地论》的想法。有人以为玄奘的这种想法很可能是受到当时来中国弘法的那烂陀寺僧波颇的影响。考虑到波颇到达长安的时间也是在贞观元年，而且他就是那烂陀寺座主戒贤的弟子，这种猜想并非没有可能。由于玄奘对佛教经典相当熟稔，而且在取经路上能够随听随学，在西行途中他就能够屡挫小乘僧徒。行至高昌时，玄奘在奇特寺遇见了专习小乘的木叉毱多。木叉曾留学印度二十余载，广涉众经，而以《声明》最善。玄奘与他就《俱舍》教义展开讨论，很快就使他赧服，并生敬畏之心。他给玄奘的评价是:“此支那僧非易酬对。若往印度,彼少年之俦未必出也。”[①] 在高昌王妹婿所在的活国,玄奘又碰见一位曾经游学印度、在葱岭以西颇有名望的僧人达摩僧伽。玄奘就小乘《婆沙》义申问,达摩僧伽皆不能酬对,使其生起崇敬之心。

在北印度佛学重镇迦湿弥罗国,玄奘于胜帝释寺(Jayendra)值遇年届七十的僧称法师,倾心求教,深受僧称看重,僧称专门为他讲授《俱舍论》、《顺正理论》,以及《因明》、《声明论》。当时此国的佛门诸大德如大乘学僧净师子、最胜亲,有部学僧如来友、世友,以及大众部学僧日天、最胜救等皆是当地颇负盛名的义解僧,见僧称对玄奘如此看重,即登门辩论,玄奘酬对应答,亦逐一使其惭服。

如是之类的事例不胜枚举,今依《大唐西域记》及《大慈恩寺三藏法师传》所载,将玄奘在印度诸国参学的情形逐一论列,以见其为学之广博(见表1—6)。

表1—6　　玄奘在印度诸国参学情形

时间地点	国家	师资	所学经论
贞观二年(628)月余	中亚缚喝国	般若羯罗(慧性)	《毗婆沙论》、《俱舍论》
贞观二年冬至贞观三年春(628—629)	北印度迦湿弥罗阇耶因陀罗寺(Jayendra)	僧称(659—629)	《俱舍》、《顺正理论》、《因明》、《声明》、《婆沙》等论
贞观三年(629)	北印度磔迦国大庵罗林	老婆罗门(龙猛弟子)	《经百论》、《广百论》
贞观三年(629)	北印度那仆底国突舍萨那寺	毗腻多钵腊婆(调伏光)	《对法论》、《显宗论》、《理门论》
贞观四年(630)四个月	北印度阇烂达罗国那伽罗驮那寺	旃达罗伐摩(月胄)	《众事分毗婆沙》
贞观四年至五年(630—631)一冬半春	中印度窣禄勒那国	阇耶毱多(胜护)	经部《毗婆沙》

① 慧立、彦悰:《大慈恩寺三藏法师传》卷第二,《大正藏》第50册,第227页。

续表

时间地点	国家	师资	所学经论
贞观五年（631）半春一夏	中印度秣底补罗国	蜜多斯那（德光弟子）	《辩真论》、《随发智论》
贞观五年（631）三个月	中印度羯若鞠阇国（曲女城）达罗毗诃罗寺	毗离耶犀那（雄军）	佛使《毗婆沙》、日胄《毗婆沙》
贞观五年至十年（631—636）先后五年	中印度摩揭陀国那烂陀寺	戒贤	《瑜伽论》、《顺正理》、《显扬》、《因明》、《声明》、《对法》、《集量》、《中百》等论
贞观十年至十一年（636—637）	中印度伊烂拿钵伐多国	怛他揭多毱多（如来密）、羼底僧诃（师子忍）	《毗婆沙》、《萨婆多部顺正理》
贞观十一年（637）一月余	中印度南憍萨罗国	某婆罗门	《集量论》
贞观十一年（637）数月	南印度驮那羯磔迦国	苏利耶、苏部底	大众部根本阿毗达磨等论
贞观十一年（637）	北印度钵伐多国	从二、三大德	正量部根本阿毗达磨论、《摄正法论》、《教实论》
贞观十三年（639）二个月	中印度摩揭陀国那烂陀寺西底罗择迦寺	般若跋陀罗	咨译《因明》、《声明》、《婆沙》等论
贞观十三年至十四年（639—640）	中印度摩揭陀那烂陀寺附近杖林山	胜军居士	《唯识抉择论》、《意义理论》、《不住涅槃》、《十二因缘论》、《成无畏论》、《庄严经论》，询问《瑜伽》、《因明》等论

从玄奘师法的对象来看，他们主要分布于南、北、中印度各国，其中又以中印度与北印度居多，由此也可以看出印度各地佛学的发展情况。从玄奘所学习的内容来看，涵盖了大小乘佛学以及声明、因明诸种门类，包括小乘说一切有部、经部、正量部、大众部等部派的论典，大乘中观学派的《中论》、《百论》，以及唯识学派的《瑜伽师地论》、《显扬圣教论》，还有当时印度各个宗教派别都要学习的声明与因明。

正是缘于对诸派经典的广泛学习，玄奘才能更深刻地领悟唯识学派的胜妙之处，因而在与外道，以及佛教内部不同部派的辩论中能够不囿于一宗派、一典一论。正是这种深厚广博的佛学根基，他才能高树法幢，把那烂陀寺的唯识学声势推至高潮。

其次，对外道与大小乘褊狭之见作有的放矢的破斥。

在五天印度巡礼求学之后，玄奘回到那烂陀寺继续向摩揭陀国诸大德如智贤、胜军问业。当时有一位顺世外道（Lokāyatika）登门论辩，立四十条教义，书写后悬在那烂陀寺的门口，并声称，如果能难破其中的一条他就斩首谢罪。奇怪的是数日之后，佛教僧徒并没有人做出回应，不知是此婆罗门立义高深，还是诸大德不屑回复。在这种情况下，玄奘命侍者取回悬书，审视之后，即将其毁破，派人将婆罗门带进寺庙，请戒贤等大德为证，与之辩论。在《大慈恩寺三藏法师传》中保存了一段文字，是玄奘针对此顺世外道所作的驳难，其内容如下：

> 如餔多外道、离系外道、髅鬘外道、殊征伽外道，四种形服不同；数论外道（旧曰僧佉）、胜论外道（旧曰卫世师也），二家立义有别。
>
> 餔多之辈以灰涂体，用为修道，遍身艾白，犹寝灶之猫狸。离系之徒则露质标奇，拔发为德，皮裂足皴，状临河之朽树。髅鬘之类，以髅骨为鬘，装头挂颈，陷枯魂磊，若塚侧之药叉。征伽之流披服粪衣，饮噉便秽，腥臊臭恶，譬溷中之狂豕。尔等以此为道，岂不愚哉！
>
> 至如数论外道，立二十五谛义，从自性生大，从大生我执，次生五唯量，次生五大，次生十一根，此二十四并供奉于我，我所受用；除离此已，则我得清净。
>
> 胜论师立六句义，谓实、德、业、有、同异性和合性，此六是我所受具，未解脱已来受用前六；若得解脱，与六相离，称为涅槃。
>
> 今破数论所立，如汝二十五谛中，我之一种是别性，余二十四展转同为一体，而自性一种以三法为体，谓萨埵、剌阇、答摩。此三展转合成，大等二十三谛，二十三谛一一皆以三法为体。若使大等一一皆揽三成，如众如林，即是其假，如何得言一切是实？又此大等各以三成，即一是一切。若一则一切，则应一一皆有一切作用。既不许

> 然，何因执三为一切体性？又若一则一切，应口眼等根即是大小便路。又一一根有一切作用，应口耳等根闻香见色。若不尔者，何得执三为一切法体？岂有智人而立此义？又自性既常，应如我体，何能转变作大等法？又所计我其性若常，应如自性，不应是我。若如自性，其体非我，不应受用二十四谛。是则我非能受，二十四谛非是所受，既能所俱无，则谛义不立。[①]

顺世外道或作顺世派（Lokāyata），是印度古代唯物论的一派，主张人的身心由地、水、火、风四元素即四大组成，四大离散，五官、五识皆归之虚空，所以人死后一切皆无，灵魂亦不存在，并由此否认轮回、业，否认祭祀、供仪、布施的意义。在认识论上主张感觉论，强调基于生活实践的快乐。同时，此派又将四大分析至“极微”，即最小的物质单位，除此极微外，便无他物。他们主张极微又可以分为三类，分别是极精虚，指心与心所；清净，指眼、耳、鼻、舌等诸根；非虚净，指色、声、香、味等之外法[②]。在上段文字中，玄奘在批驳顺世外道的同时，也兼及其他印度教派别。如其中的铺多外道指涂灰外道（Bhasman）为事奉大自在天的派别之一，他们以灰涂体，遍身艾白，形如在灶台旁卧着的猫狸，企图通过受持牛、狗戒修苦行而得升于大自在天。离系外道或称尼虔子外道（Nirgrantha-śrāvaka），即裸形外道，主张离一切系缚而修苦行。髅鬘外道也是修苦行的一派，他们取人之髅骨为鬘而悬于颈项，通常栖隐于枯木、石堆、冢侧等处。殊征伽外道（Juḍiṅga）是着恶衣餐恶食以期获得解脱的苦行派别，主张诸蕴皆有其自性。数论与胜论则是六派哲学中的两个派别，分别立二十五谛义与六德义，玄奘在这里简要介绍其根本思想之后，尤其针对数论二十五谛义的矛盾之处作了批判。

就这样，玄奘通过对外道诸派形貌的鄙陋以及根本思想中矛盾之处的评破，将这位婆罗门征服，命其随侍左右。

玄奘与小乘佛教的交锋，主要是针对经量部般若毱多的《破大乘义》而引发的。依《大唐西域记》所载，玄奘入印度时，正量部的势力仅次于说一切有部，盛行于北印度之外的十九国，僧徒合计六万多人。摩腊婆

---

① 《大正藏》第50册，第245页。

② 《佛光大辞典》“顺世外道”条。

国是西印度佛学的中心地，而正量部僧众就有两万人。当时，南印度老婆罗门般若毱多（Prajñāgupta，智护，慧藏）发挥正量部的说法，作《破大乘论》七百颂，为各派小乘师所一致推崇，并被乌荼国小乘僧徒作为向那烂陀大乘唯识学派挑战的"战书"。受戒贤委托，准备参加论战的海慧、智光、师子光三人都深怀戒虑，足见其学说的严密性。玄奘则基于大小乘经论的深入理解，并通过被他降伏的顺世论婆罗门了解其理论体系，找出其矛盾之处，利用大乘理论逐一破斥，用梵语写成一千六百颂的《破恶见论》，深受戒贤及其徒众的叹赏。与经量部的这次辩论最后并没有公开举行，据玄奘弟子窥基的记载，戒日王曾三次派人请般若毱多来论战，毱多三次都借故回绝了。①

与正量部的论战虽未如期举行，玄奘的《制恶见论》很快在印度传播开来。戒日王与玄奘相见时，首先就提出要读取此论。据戒日王转述，长于学问与义解的小乘论师提婆犀那（Devasena，天军），常攻击大乘，读了《制恶见论》之后，深怀戒惧，听说玄奘要来与戒日王相见，就望风而逃，找个借口跑到吠舍厘去了。戒日王阅后深生钦敬，又把此论送与精擅正量部义的妹妹，王妹亦赞叹不已。紧接着，戒日王就为玄奘在曲女城举办了一次盛大的法会，意在向印度的沙门、婆罗门及外道宣扬大乘的微妙之理。

这次法会的规模可谓盛况空前。参加者有五天印度的十八个国家，通解大小乘佛教的僧众三千余人，婆罗门及尼乾外道二千余人，那烂陀寺千余人。开讲当日，先举行声势浩大的游行供佛活动，戒日王扮成帝释的样子，手执白拂侍于右侧，鸠摩罗王扮作梵王的样子，执宝盖侍于左，佛像则置于中间，显示出对佛教的尊崇。到达法会场所，将佛像安置于宝座，戒日王与玄奘依次供养，然后才让十八国王、诸国高僧千余人、婆罗门五百余人、各国的大臣二百余人，依次进入会场，其余僧俗众人在会场外安置。经过施食、布施之后，玄奘才登宝座正式开讲，宣扬大乘教理，阐明制作《破恶见论》的意义。同时让那烂陀寺的明贤法师警示大众，如果提出的问题有一字无理被驳倒者，就要以头谢罪。在这种情形下，小乘僧

---

① 窥基：《成唯识论述记》卷四："后戒日王三度往唤般若毱多，欲令共我大师论议。辞不肯来，一度辞不能乘马，一度辞舆热，复将母象往迎，即辞年老。"《大正藏》第43册，第351页。

徒与外道没有一位敢于提出异见。后来，有一位外道气愤不过，试图要谋害玄奘，被戒日王制止。在戒日王的支持下，玄奘在为期十八日的法会内，没有遭遇一位持异见者，由是声名远播，大乘学说得到空前弘扬，玄奘也被冠以“大乘天”的美名。

玄奘《制恶见论》的具体内容，由于原文佚失，今天已不得而知。窥基《因明入正理论疏》卷中载：“且如大师周游西域，学满将还，时戒日王，王五印度，为设十八日无遮大会，令大师立义……大师立唯识比量云：真故极成色，不离于眼识，宗。自许初三摄，眼所不摄故，因。犹如眼识，喻。”① 根据这些记载，我们能够了解的是，玄奘的《制恶见论》是用因明学的辩论方法申述大乘唯识学说的义理。

玄奘对小乘诸论师的攻破与教化，还可以通过他与那烂陀寺慧天论师的交往见出。慧天对小乘十八部颇为精通，在那烂陀寺负有盛名，玄奘住寺时即曾与之切磋，并对其昧于大等方等经典的做法有所批判。在曲女城法集期间，还私下与之论辩，使其顺伏，以至于玄奘归国后，犹来信通好，申述其思念之情。

玄奘对大乘唯识学说的弘扬，还可以通过他对中观学僧师子光的破斥见出。师子光（Siṃha-raśmi）是那烂陀寺的大德，在那烂陀寺为僧众讲述《中论》与《百论》时，常驳斥《瑜伽》的教义。玄奘看出师子光的褊狭与局限，便与之论辩，使其无法应对。从他听讲的僧徒也转过来向玄奘问学。玄奘向僧众指出《中》、《百》论旨所攻破的“空无所得”，仅限于唯识三性中的遍计所执性，而不能兼及依他起性及圆成实性。师子光不能善悟，昧于此理，见《瑜伽论》中有“一切无所得”的字样，即声称《瑜伽论》也把圆成实性视为“空无所得”无自性存在。玄奘有感于此，即著《会宗论》三千颂，以会通中观与唯识教理。撰写完毕后，玄奘即把它送给戒贤等人，再次受到那烂陀僧众的叹服。师子光看后亦深生惭愧之心，即逃往菩提寺，同时让东印度的同学旃陀罗僧诃前来助阵，向玄奘问难。旃陀罗僧诃过来后，也惮于玄奘的声威，不敢上前论难。

除上述诸端外，玄奘在印度期间还破斥过东印度迦摩缕波国的外道婆罗门教，并教化其国王皈依佛教。鸠摩罗王是从玄奘降伏的顺世婆罗门那里了解到玄奘的，然后邀玄奘至其国，为此还不惜动用武力。玄奘应邀前

① 窥基：《因明入正理论疏》卷中，《大正藏》第44册，第115页。

往，诸外道婆罗门也云集王宫，要与玄奘展开辩论。经过几个回合的往复，玄奘即使诸外道婆罗门屈服，令鸠摩罗王心生敬重之心，非常虔诚地向玄奘请教诸佛功德。为教化此王，玄奘著《三身论》三百偈，讲述如来三身利物的功德，鸠摩罗王阅后，欢喜赞叹，即顶戴受持，从此与戒日王一起成为佛教的赞助者。当戒日王为玄奘举行法会时，鸠摩罗王也积极参与，并向僧众布施。玄奘对鸠摩罗王的教化也促进了佛教在东印度的进一步传播。

公元7世纪中叶大乘唯识学说在印度的振兴，除了戒日王的大力扶植外，还与玄奘在那里高建法幢弘宣唯识教理密不可分。倘结合上述玄奘在印度期间立佛法正道以祛外道邪教，树大乘义理以除小乘之弊，会通中观与唯识的诸种行迹，可以发现这种说法还是颇有道理的。特别值得一提的是，玄奘在与不同观点的僧徒论辩时，本着佛教的慈悲教化精神，在降伏论敌后，经常善加诱引，往往使其皈依佛教，转依大乘，系心唯识。

第五节　法相与法性——中观与唯识的判教之异

据唐高宗仪凤年间（676—678）来华的中印度僧人地婆诃罗所载，当其在中印度摩诃菩提寺、那烂陀寺游学期间，那烂陀寺最有影响的两种佛法分判体系分别出自戒贤与智光两位论师，两人“并神解超伦，声高五印，六师稽颡，异部归依，大乘学人，仰之日月如，天竺独步，轨范成规，遂各守一宗互为矛盾”①。考诸玄奘《大唐西域记》与《大慈恩寺三藏法师传》所载那烂陀寺前后两任住持戒贤与智光的情形，地婆诃罗的这种说法在时间上颇相吻合。

一　戒贤之三时教

戒贤（Śīlabhadra，音译尸罗跋陀罗，约528—651/529—645）是戒日王时代那烂陀寺的住持，是公元7世纪前期印度瑜伽唯识学派的核心人物，他见证了印度佛学最后的辉煌与灿烂。戒贤出身东印度三摩咤国王族，属婆罗门种姓，少好学，遍历诸师，求学访道。后至摩揭陀国那烂陀寺谒护法，从之出家，学有成就。戒贤深究瑜伽唯识论，精通因明、声明

---

① 法藏：《十二门论宗致义记》卷上，《大正藏》第42册，第213页上。

等学，声誉颇隆。30岁的时候，戒贤代表师护法与外道辩论获胜，为王嘉赏，为建伽蓝，享有盛誉。① 此后，戒贤担任那烂陀寺住持一职，讲授《瑜伽师地论》，弘传唯识教义。当时那烂陀寺常住僧人四千多，加上临时来往僧俗，常逾万人。玄奘访印时，戒贤年事最高，为那烂陀寺大长老，受人崇敬。玄奘拜他为师，从学多年，从之听受《瑜伽师地论》，前后共计三遍，历时九月。此外，又从之听受《顺正理论》、《显扬论》、《对法论》、《因明》、《声明》、《集量》、《中论》、《百论》等书。因此，他在佛学思想上对玄奘的启发与影响至深且巨。玄奘在印度期间屡挫诸外道、小乘与中观诸派，高扬唯识法幢，也是戒贤在印度佛教中巨大影响力的一个说明。玄奘归国后，在回复昔日那烂陀寺同门智光的信中，犹盛赞戒贤的学行、功德与成就，称他是"三乘半满之教，异道断常之书，莫不韫综胸怀，贯练心府。文盘节而克畅，理隐昧而必彰，故使内外归依，为印度之宗袖"，时人皆敬称其为"大正法藏"。②

戒贤的理论学说均被玄奘传至汉地，其学说主要来源于玄奘所译的《瑜伽师地论》，华严法藏曾述其思想学说：

> 戒贤则远承弥勒、无著，近踵护法、难陀，依《深密》等经、《瑜伽》等论，明法相大乘，广分名数，用三教开宗，显自所依为真了义。谓佛初鹿园转于四谛小乘法轮，虽说人空，翻诸外道，然于缘生定说实有。第二时中，虽依遍计所执，而说诸法自性皆空，翻彼小乘，然于依他圆成犹未说有。第三时中，就大乘正理，具说三性、三无性等，方为尽理，是故于因缘生法，初时唯说有则堕有边。次说于空，则堕空边。既各堕边，俱非了义。后时具说所执性空，余二为有，契会中道，方为了义。是故，依此所说，判《般若》等经多说空宗，是第二教摄，非为了义。此依《解深密经》判也。③

据此可知，戒贤依《解深密经》、《瑜伽师地论》等，把佛教判为有、空、中三时，即"三时教"。第一时教为"四阿含"等经。指佛成道最初

① 《大唐西域记》卷八，《大正藏》第51册，第914页下。

② 《大唐大慈恩寺三藏法师传》卷七，《大正藏》第50册，第261页中、下。

③ 法藏：《十二门论宗致义记》卷上《大正藏》第42册，第213页上。

在鹿野苑所说的小乘法，虽说人我空，还未说法空。第二时教为诸部《般若经》等。虽依偏计所执自性说诸法性空，但还未说依他起、圆成实唯识道理等。第三时教为《解深密经》等，就大乘正理，说三性、三无性等唯识二谛。从戒贤对三时教的判定可知，他认为只有第三时的唯识大乘才是真正的了义之教。

相传戒贤的著作有十余部，今多不存，仅有藏译的《圣佛地经解说》行世。① 即便是这仅有的一部也因为与亲光所著的《佛地经论》内容重合，容易令人滋生疑惑。又清代钱谦益钞《大佛顶首楞严经疏解蒙钞》卷十（之一）收录有一篇题名为“西域那烂陀寺戒贤论师”的《祈观音文》，其中有：“闻性空持妙无比，思修顿入三摩地。无缘慈力赴群机，明月影临千涧水。”恐系讹传。

二　智光之三时教

按地婆诃罗所述，智光“远承文殊、龙树，近禀青目（或作提婆）、清辩，依《般若》等经，《中观》等论，显无相大乘，广辨真空，亦以三教开宗，显自所依真为了义”，显然传承的是龙树、提婆的大乘中观之学，与前述戒贤所传弥勒、无著之瑜伽唯识学派迥异。所以，他在判教时是站在中观派的立场，认为：

> 佛初鹿园，为诸小根转于四谛小乘法轮，说心境俱有。次于第二时，为中根说法相大乘，境空心有，则唯识义等，以根犹劣，故未能全入平等真空，故作是说。于第三时，方为上根，说此无相大乘，显心境俱空，平等一味，为真了义。又初则为破外道自性等，故说因缘生法决定是有。次则为破小乘实有，说此缘生但是假有，以恐彼怖畏此真空，故犹存有而接引之。第三方就究竟大乘，说此缘生即是性空，平等一相，此亦是入法之渐次也。②

在这里，智光把《般若》等经视为真了义，而把包括法相唯识所说

① 《大唐西域记》卷九：“戒贤乃至德幽邃。若此上人，众所知识，德隆先达，学贯旧章，述作论释各十数部，并盛流通，见珍当世。”《大正藏》第51册，第924页上。

② 法藏：《十二门论宗致义记》卷上，《大正藏》第42册，第213页上。

的各种法相名数看作不了义，是方便说。地婆诃罗还补充说，这种判教方式出自智光《般若灯论释》引《大乘妙智经》所说。《大乘妙智经》是何经尚未清楚，或以为即是《般若经》之异称。至于《般若灯论释》，波罗颇蜜多罗译于唐贞观六年（632）的汉译本作分别明菩萨所撰，地婆诃罗以之为智光。

地婆诃罗所说的这位智光是否就是玄奘在印度时见到的智光呢？据《大慈恩寺三藏法师传》记载，“智光于大、小乘及彼外书、四韦陀、五明论等莫不洞达，即戒贤法师门人之上首，五印度学者咸共宗焉”，玄奘在给智光的信中说他“夙承雅训，早升堂室，攀恋之情当难可处，奈何奈何”，又说“今法将归真，法师次任其事，唯愿清词妙辩，共四海而恒流，福智庄严，与五山而永久”，由此可知，智光应是戒贤的弟子，戒贤殁后，智光“次任其事”，当是传承戒贤法脉。而根据地婆诃罗的记述，戒贤与智光一主中观，一倡唯识，从学理上看，这似乎与戒贤、智光师徒相承的身份不合。但是，对佛法的分判，或对唯识、中观的选择，抑或许并非非此即彼的选择，须知那烂陀寺在当时本就是一所兼容佛教与外道、大乘与小乘、唯识与中观的开放性寺院。[①]

三　亲光《佛地经论释》的“三身说”

汉译《佛地经论》七卷，题为“亲光菩萨等造”，系玄奘于唐永徽年间所译。因为《圣佛地经解说》与《佛地经论》内容相近，人们对戒贤与亲光（Bandhu-prabha/Prabhā-mitra）的关系有不同的揣测。或认为他与戒贤皆为护法弟子，二书的基本立场与思想皆承袭护法。又有人发现亲光似乎对护法、戒贤以来的佛果思想有所发展，由此认为亲光很可能是戒贤的弟子。[②]

《佛地经》首倡佛具三身说，即自性身、受用身和变化身。亲光在《佛地经论》卷七释经文“自性法受用，变化差别转”时说：“自性法者，即是如来初自性身，体常不变，故名自性；力、无畏等诸功德法所依止，故亦名法身。受用即是次受用身，能令自他受用种种大法乐故。变化即是

---

① 澄观：《大方广佛华严经随疏演义钞》卷七：“然案唐三藏传，似智光乃戒贤弟子，而今云同时者，或恐名同人异，或是师资，不妨立义所宗复异。”《大正藏》第36册，第52页下。

② 中国佛教协会：《中国佛教》第三辑“佛地经论”条，东方出版中心1982年版。

后变化身，为欲利益安乐众生，示现种种变化事故。体义、依义、众德聚义，总名为身。”① 此三身以五法为体，五法即佛果的境界。佛果在弥勒和无著的论著中是以断果和智果摄尽的。亲光承前人之说，以清净法界（真如异名）为断果，摄佛地的无为功德；分智果为四法，摄佛地的有为功德。此四法分别是：

（1）大圆镜智，由第八识转依所成，能任持佛地一切功德，穷未来际无有断尽。

（2）平等性智，由第六识转依所成，常与大慈大悲相应，无住涅槃即依此智而建立，受用身的影像也由此智所示现，是妙观察智的不共所依。

（3）妙观察智，由第六识转依所成，能任持一切陀罗尼门、三摩地门，在大众会中说法断疑。

（4）成所作智，由前五识转依所成，能在一切世界随应示现佛变化事，利乐一切有情，依这一智的业用成立如来化身。

把佛地的一切功德摄入五法加以阐明后，佛的三身的意义也就随之确定下来。

《佛地经》末尾的四颂总摄经义，《佛地经论》最后两卷详细解释了四颂之义，其中颇多精要，如真如义、二障义、断惑义、化业义、三身差别义、三身形量义、如来三身有别无别义、如来化缘共不共义等，都使异说杂陈的疑难得到很好的解释。

总之，《佛地经论》所涉及的内容可以说是本于护法，成于戒贤，最后在亲光这里得到更详细的阐发。而从大乘佛教的发展历史来看，它可以说是自龙树以来关于佛果问题的集成之作，佛的果德问题由此得到更为精密周详的阐明。

四　胜军的唯识种子说与种姓义

就瑜伽唯识学的传承而言，胜军是戒贤的弟子。不过，若就学识而言，胜军或许比戒贤更为广博。他与戒贤年岁相当，都是当时负有盛名的佛门巨擘。

据《大唐大慈恩寺三藏法师传》卷四载，胜军（Jayasena，阇耶犀

① 《大正藏》第26册，第325页下。

那）原为西印度苏剌佗国人，刹帝利种姓，“幼而好学，先于贤爱论师所学《因明》，又从安慧菩萨学《声明》、大小乘论，又从戒贤法师学《瑜伽论》，爰至外籍群言、四《吠陀》典、天文、地理、医方、术数，无不究览根源，穷尽枝叶。既学该内外，德为时尊”[1]。摩揭陀国主满胄王闻其学德，曾派遣使者迎请他为国师，并封赐二十大邑，胜军辞而不受。满胄王殁后，戒日王继位，又以乌荼国八十大邑为封邑，请他担任国师，胜军仍然坚辞不受。后于杖林山（Yaṣṭi）聚徒讲学，从其问学者常有数百人。除佛教徒外，婆罗门外道异学、国王大臣、长者豪右亦所在多有。胜军讲学的盛况，在玄奘《大唐西域记》卷九所记甚详：“志尚夷简，情悦山林，迹居幻境，心游真际。内外典籍，穷究幽微。词论清高，仪范闲雅。诸沙门婆罗门外道异学国王大臣长者豪右，相趣通谒，伏膺请益。受业门人，十室而六。年渐七十，耽读不倦。余艺捐废，惟习佛经。策励身心，不舍昼夜。”[2] 玄奘曾在其门下二年，学习《唯识决择论》、《成无畏论》、《不住涅槃论》、《十二因缘论》、《庄严经论》，以及瑜伽、因明等方面的义理。

70岁以后，胜军专意佛经的研习与修行，讲说大乘佛教经典，尝立“诸大乘经皆佛说宗”论，四十余年未曾遭遇对手。[3] 于讲经之余，胜军常以香泥作小塔，并置经文于其中，即当时人所谓的“法舍利”。胜军毕生造塔无数。

胜军虽没有著作传世，不过其思想与学说在玄奘及其弟子的经疏中时有引用。如窥基《因明入正理论疏》卷中云：“故有大名居士，声德独高，道颖五天，芳传四主，时贤不敢斥其尊德，号曰抱蹉迦，此云食邑。学艺超群，理当食邑，即胜军论师也。四十余年，立一比量云，诸大乘经皆佛说宗，两俱极成，非诸佛语所不摄故，因如增一等阿笈摩喻。”其说既出，很久都没有人敢对此提出反驳，玄奘到印度从其问道期间，即对此学说提出疑问，并矫正其说，认为如果将其改为“诸大乘经皆佛说宗，自许极成，非佛语所不摄故，简彼《发智》等非自许故”，就不会有

---

① 《大正藏》第50册，第244页上。

② 《大正藏》第51册，第920页上。

③ 窥基：《因明入正理论疏》卷中，《大正藏》第44册，第121页中。

瑕漏。[①]

窥基《瑜伽师地论略纂》、遁伦《瑜伽论记》等著述中，对胜军以唯识立场解释“种姓”、“种子”等相关名相皆有引述。窥基《成唯识论述记》列举印度注释《唯识三十颂》的十大论师时，指出胜军在解释“种子”义时所持的“新熏说”是祖述难陀之义。《瑜伽师地论》卷五十二“摄决择分中五识身相应地意地之二”云：“诸出世间法从真如所缘缘种子生，非彼习气积集种子所生。”对其中的“真如所缘缘种子”，印度当时有三家解释，包括胜军的“唯新熏宗”、护月的“本有宗”与戒贤的“新旧合”。胜军之说“自有两解：一云诸佛菩萨由证真如，展转流出十二分教。见道已前胜解行地缘彼经教作所缘生。从本为名名从真如所缘缘生。二云初地出世圣道。一从世第一法为增上，无间二缘而生。二从真如所缘缘生”。

遁伦《瑜伽论记》明“二种姓（性种姓或本性住种姓，习种姓或习所成种姓）义”，立五门分别，于第一辨体门，引胜军之说：“无别姓种姓体，但彼身中二种障，有可断义，云立本姓住种姓，后时值善知识闻法，发心求菩提等，地前熏成，有四闻熏。初从福分有漏善，渐修成道分，道分渐修增长，熏成无漏种子，名习种姓，即生无分别智等。”于第四门“为缘通塞”引胜军之说云：“性种性无体，是故不论。习种望初地无分别智有两解：一云有因缘，何以故？同是道谛故。一云唯有增上缘，如小乘苦忍无自分因。”第五门“对佛果别”复引胜军说云：“平等性智、妙观察智，熏成种子故，能生佛果八识四智。”[②]

玄奘及其后学在引述胜军之“种子说”与“种姓义”时，还将其说与护月论师、戒贤论师的相关解释做比较。护月（Candragupta）或译为月藏，事迹不详，亦为中印度那烂陀寺沙门，约与护法论师处同一时代，尝造《辩中边论释》，说赖耶缘起论，倡本有种子说。由此可以看出胜军虽为在家居士，而他关于唯识的诸种学说实可与那烂陀寺的前代名宿护月及当代住持戒贤比肩，因此成为印度当时三位最具影响力的唯识学派代表之一。

① 同上。

② 遁伦：《瑜伽论记》卷八，《大正藏》第43册，第486页下—487页中。

第六节　甘露与毒药——中观与唯识之争

月官（Candragomin，旃陀罗瞿民，620—680）是公元7世纪时的佛门居士，也是当时著名的学者，除传承世亲无著的瑜伽唯识之学外，他在声明学即印度古典文法学方面亦自成一家，而且还因为他的多罗菩萨（Tārā，度母）和观自在菩萨的信仰而被视为早期的密教论师。[①] 不过，传瑜伽唯识学的月官与修多罗、观自在信仰的月官是否为一人，尚不确定。

汉文中关于月官的记载很少，仅673—687年在印度求法的义净曾提及他的生平与著述。义净《南海寄归内法传》卷四“西方学法”条载，月官为东印度佛教居士，义净到东印度时，月官仍然在世。义净记载了当时盛传的一段月官关于毒药与毒境的问答：“毒境与毒药，为害谁重？月官应声答曰：毒药与毒境，相去实成遥。毒药餐方害，毒境念便烧。”[②] 除此之外，义净还提到月官的两部著作，一部是《毗输安呾啰太子歌》（*Vishvāntara*），受到五天词人的重视，尝被付之舞咏，影响遍及五天；另一部是月官为无著《金刚般若经七门义释》所作的注释。

藏文中关于月官的材料非常丰富，并把他置于非常高的位置。据多罗那他《印度佛教史》，月官生于东印度婆连陀罗（Varendha/Varendri）国，生而聪慧，7岁就能用偈颂破斥某位外道的辟佛诗颂，并在与这位外道的辩论中获胜，显示出在声明学与辩论术方面的殊异天赋。后来，月官皈依某位大乘阿阇梨，跟他学习五明诸论；又跟随瑜伽行派伐腊毗（Valabhi）学派的安慧（Sthiramati）阿阇梨听受经部与对法藏，能一闻即解；后月官又跟随持明阿阇梨阿育（Aśoka）受取经教口传，修持明咒，亲见本尊观自在与多罗母。此后，月官受东方跋舍王（Varśa）供养，造作了很多关于医药、诗韵、工艺等方面的论著，其中尤以讲声明的居多。后至印度东部恒河和大海交界处的一个海岛建造观自在像和多罗像，深受当地

① 多罗那他：《印度佛教史》，张建木译，四川民族出版社1988年版，第149—159页。

② 《南海寄归内法传》卷四，《大正藏》第54册，第229页下。这首诗颂出自月官所著《诫弟子书》，其梵本尚存。

土著敬重。① 据说此后月官又随商人到达僧伽罗岛，为当地人袪除疾病，因之建立圣狮子吼佛殿②，传播大乘佛法。寻又辗转至南印度，从婆罗流支听受声明之学，有感于当地流传的《波你尼经》注释字多义少，重复残缺，于是著《旃陀罗声明记论》等著述解释《波你尼经》，其内容简短明了、完整准确。

此后，月官便来到那烂陀寺，向当时住持该寺的月称发起挑战，要求辩论。当月称问月官知道什么法时，月官答以除《波你尼声明》、《一百五十佛赞》、《真实名经》③ 三部著作外，再一无所知。这种看似自谦的回答实际上表明了他对一切声明、经典赞颂、持明咒语无所不知的态度，月称也由此认识了月官。在辩论时，月官依从无著宗风，持唯识宗义，月称依佛护等所疏释的龙树论著，主张无自性说。据传这场辩论持续了七年，仍然没有分出高下。不过，后来流传的一首关于这场辩论的歌谣说："噫嘻龙树论，有药亦有毒，慈氏无著论，是群生甘露。"④ 据此判断，月官所持的唯识宗义似乎更胜一筹。除了中观与唯识的论争外，月官与月称的较量还体现在他们在声明学著述中。据多罗那他载，月称著有声明学类的著作《普贤颂》，月官看了之后，大为佩服，由此对自己的声明学著作失去信心，想丢到井中毁弃掉，后得观自在菩萨加持启示，才决定将自己的著作保存下来。

两人的辩论结束后，月官在那烂陀寺撰写了百余种著作，内容涉及工艺、声明、辩论、医药、诗韵、歌舞、词汇、诗歌、星象等五明之学的各个领域。除此之外，月官又为僧众讲说《十地》、《月灯》、《宝树庄严》、《华严经》、《入楞伽》、《般若经》等大乘经典，并造作总摄各部经义的论典。最后，月官到了檀那室利岛（Dhanaśrī），在那里建造了多罗殿与

---

① 月官在文学方面的成就及其多罗圣母崇拜，可以从11世纪阿底峡所译月官著《圣度母天女赞珍珠鬘》（*Arya-Taradevi-stotra-mukti-kamala-nama*）中见出，其跋文有云："此度母赞乃是由月官所作，或名'无死月'，他是具慧诗人之顶髻，精通五明。"另外，在藏文《丹珠尔》中保存有六首署名为月官所作的度母赞颂。参见刘国威《西藏佛教对印度论师月官的记载与看法》，《第三届两岸藏学研讨会论文集》（2009）。

② 在藏文《丹珠尔》中保存有署名为月官所作的《狮子吼成就法》（*Siṃhanāda-sādhana*）。

③ 《真实名经》指的是《文殊真实名义经》（*Mañjuśrīnāmasaṃgīti*），《丹珠尔》中存有署名月官所著的《文殊真实名义经广释》（*Arya-Mñjuśrīnāmasaṃgīti-nāma-mahāṭikā*）。另外，在藏文《丹珠尔》中存有署名为月官著《薄伽梵圣文殊师利具有加持赞》（*Bhagavad-Arya-Mñju-śrī-sādhiṣṭhāna-stuti*）。

④ 多罗那他：《印度佛教史》，张建木译，四川民族出版社1988年版，第156页。

观自在殿，最后逝于补普陀罗山。

月官学贯显密，精通内外五明，著述丰富，相传他著有世间的声明、工巧，佛家的赞颂、义理等四方面的著作各有108部，总计432部，然今存甚少。梵文本仅存《与弟子书》（*Śikṣalekha*），是为了调伏破戒的刹帝利比丘而作。汉译本全无。藏译本题名为月官的著作有四十余部，其中多半为有关密教的著作，它们是否出自月官之手尚无法确定。此外，月官在西藏主要是以文法学者而名彰后世。依《布顿佛教史》所载，他的声明学著作主要有如下四种，即《旃陀罗记论》（*Candravyākaraṇa-sūtra*）、《接头辞二十注》（*Viṃśatyupasargavṛtti*）、《字母经》（*Varṇa-sūtra*）、《语根经》（*Dhātu-sūtra*）。声明的根本经典是《波你尼经》，《旃陀罗记论》是对它的注释，其他三种则是构词法、字母与词根的小册子，是对《记论》的补充。

与月官进行辩论达七年之久的月称，传承的是龙树、提婆的中观无自性说。

相传月称（Candrakārti，约600—650/560—640），出生于南印度的萨曼多（Samanta），婆罗门族。舍世出家后，从佛护与清辩的弟子莲花觉（Kamalabudhi）学习龙树思想，精通佛家学说。月称尝任那烂陀寺住持，完成了多种中观学与因明方面的著作，如《中观本颂明句疏》、《入中论》、《菩萨瑜伽行四百广注》和《六十如理论疏》等。他在与月官就中观、唯识宗义进行的论争中，大弘佛护宗风。据说，月称在那烂陀寺期间曾经展示过多种神通，如从图画中的乳牛挤出牛奶，以乳糜满足一切僧众；可以把手伸入石柱；还可以毫无障碍地穿行墙壁。后来，月称又到南印度一带，在恭军那国破斥外道，与他们多次辩难，使大多数婆罗门和家主入于佛教，建立了众多的寺院。再往后，他在摩奴藩伽山（Manubhaṅga）打算依止真言道证得殊胜成就，其后不知所终。

月称的著述颇多，现存者约十部，以梵文、藏文为主，分属显、密两部类。其中，较有影响的著作有以下几部。

（1）《中观根本明句论》（*Mūlamadhyamakavṛttiprasannapadā*），又译作《明句论》，为龙树《中论》的注解。有颂文，有长行，此书第一品"观缘品"与最后的"观涅槃品"，经舍尔巴次基译为英文，吕澂先生认为此英译本颇为准确。又有日本译本两种，荻原云来译出六品，山口益译出十一品。

（2）《入中论》（*Madhyamakāvatāra*）。此论包括本颂三百二十九颂及作者自注。《入中论》受《十地经》启示，将菩萨的发心分为十阶位，分十品论述十波罗蜜，其后再加二品，叙说菩萨地及佛地的功德，共计十二品。其卷首赞叹大悲，以大悲心、智慧和菩提心为菩萨因，而大悲心是智慧和菩提心的根本，其次说出造论的目的，并进一步解说《中论》之精要。文中所引用的经论，有《般若经》、《中论》、《十地经》、《楞伽经》等三十多种。第六品详说中观归谬论证派的学说，约占全书的四分之三，是本论的中心内容。文中以《十地经》为经证，以龙树的《中论》为理证，论述缘起（般若波罗蜜）的修习，以及人法二无我、空性的差别。同时将人法二无我之理论，与唯识派、顺世派、数论学派、胜论学派、吠檀多学派及正量部等学说相比较，并加以批判。此外，《入中论》又述及二谛说、了义与未了义的抉择、无自性、假设有、归谬论法等中观派的主要论题。关于空性的差别，则依《般若经》解说十六空和四空。《入中论》对寂天的《入菩提论》等后期论书，以及12世纪以后的西藏佛教都有很大的影响。该书的注疏，除了月称本人的《入中论自注》（*Bhāsya*）外，还有胜喜（Jayānanda）的《入中观论注疏》（*Madhyamakavatāra-ṭīkā*，西藏所传），宗喀巴的《入中论善显密意疏》。《入中论》梵本已阙，仅存西藏译本。比利时学者普辛（Vallee Poussin）已将其校印出版。法尊则从藏译本译成汉语，分为十品。

（3）《菩萨瑜伽行四百论注疏》（*Bodhisattvayogācaryācatuтśatakaṭikā* ），本书为提婆《四百论》的注释。

除上述长篇论著外，月称另有小品之作，如《五蕴品类论释》（*Pañcaskandhaprakaraṇa*）、《七十空性论注》（*Śūnyatāsaptativṛtti*，注释龙树《七十空性论》）、《六十如理论疏》（*Yuktiṣaṣṭikāvṛtti*，注释龙树《六十如理论》）、《入中观慧》（*Madhyamaka-prajñāvatāra*）等。此外，西藏大藏经还收有题名为月称所作的、明显属于密教成就的著作，计有《六支瑜伽注》（*Śaḍaṅga-yoga-nāma-ṭīkā*）、《圣文殊师利名等诵注释》（*Āryamañjuśrī-nāma-saṅgīti-vṛtti*）、《金刚萨埵成就法》（*Vajrasattva-sādhana*）等书，恐出自同名作者之手。

月称师事的莲花觉是佛护与清辩的弟子。佛护与清辩同为公元6世纪中观学派的大家，佛护继承龙树、提婆破而不立的传统，以龙树之空"是遮非表"，即从各方面指摘论敌所说的矛盾，证明其不能成立，从而否定一切法之实有自性，而不是提出自己正面的、积极的主张，不肯定任何规定性的存在。与此相对，清辩则认为对空性要用因明的推论形式

（比量）积极地加以表述。由于佛护与清辩的这两种截然不同的态度，中观派分裂成两大派别。后世称属于佛护系统者为归谬论证派（具缘派），称属于清辩系统者为自立论证派（依自起派）。就思想体系与方法论的相似性而言，月称与佛护更为接近，或者说月称就是站在佛护的立场上，因而与清辩也就有了显著的差异。

在方法论上，月称支持佛护破而不立的方法，认为清辩援引因明学入中论是不能成立的。因为中观派的根本精神是认为一切事物都是无自性的，因明的因、喻也应该是无自性的。清辩要自立量，那就应该承认自因、自喻是实在的，只有先肯定了这点才能有立量，否则，如说无自性，便自相矛盾，因而不能成立。所以，运用因明的结果，就会形成自己理论上的混乱。在对二谛即胜义谛与俗义谛的有无方面，也可以看出月称与清辩的差异。按胜义谛说，一切都是无自性的，对此清辩与月称同为中观派的论师并没有异议，但在俗义谛是否有无自性则有显著的差异。清辩认为，如果从世俗谛讲，一切法都有自性，月称则不同意，认为俗谛（世间）看着像有自性，这是由于被无明所蔽的缘故，那是一种根本颠倒的“覆俗”，所以从俗谛讲也是一切法无自性。两家在这一点上有很大的分歧。

在对瑜伽行派的评破上，月称充分发挥其破而不立、直击论敌要害的论证方法。如在评破瑜伽行派依他起有自性时，月称指出，依他起是表示缘起的，而缘起的性质即是无自性。所以若承认缘起，便不能同时承认还有自性。瑜伽虽也讲空，但讲得不彻底，认为在依他起法上没有遍计执法便是空，并不是依他起本身就是空。如视绳为蛇，把蛇执去掉就是空，并不认为绳也是空。因此，瑜伽所说的空是他性空，而不是自性空。月称认为这样讲不合理，要空就是自性空。他说瑜伽行派依他法的根本性质是识，而一切识的根本是阿赖耶，月称认为阿赖耶是一种假立，并无其识，阿赖耶识是多余的，业由于自身的相续是不会消失的。业的现行虽然消失了，但它的性质、势力并不消失，这只是业的状态不同，明显时是现行，潜伏时是消灭，事实上还是相续的。只有等到受报以后，才会真正消失，因而并不需要有个阿赖耶识保存它。月称既反对阿赖耶识，便连带着也反对前七识。

对瑜伽行派的自证主张，月称亦予以反驳。瑜伽行派认为人有记忆，是因为当见闻觉知时，就自己对自己作过了解，这种了解就是自证。由于自证，就可证明自己是存在的，而不必经由其他理由才存在。月称批驳说，任何事物不能自为能、所，犹如刀不自割、手不自触。

瑜伽行派又有心外无境的唯识说，其说以梦为喻，论证有心无境，梦中所见，只是心的构想，醒后所见，同样也是心的构想，梦与非梦，仅是浅深程度不同而已，并无原则上的区别。只有到达真正的觉悟时，才能认识到所谓境界，不过如幻如化。月称认为心与境是平等的，如果梦中无境，同样也应无心，睡梦中不可能有心无境。

通过上述月称对瑜伽行派的批判，可以看出月称中观无自性的说法发展得还是比较彻底的。他发挥了中观无自性学说，反对瑜伽行派的阿赖耶识，不同意立自证分。月称承认有离心的名言外境，但认为无论是世俗谛、胜义谛外境都无自性，反对清辩的世俗谛有自性。他把龙树的缘起性空的理论发展成性空缘起，并发展了如何安立烦恼障和所知障的二障差别，以及佛果位的尽所有智如何观照世俗谛的理论。在方法论上，他发扬了佛护的传统，对论敌的观点采用归谬论证法，严格地只破不立，以破显宗。因此他与佛护被视为公元七世纪中观“随应破派”或“应成派”的代表性人物。①

除中观部注疏与论典外，藏文大藏经中还收了数部题名为月称所作的怛特罗类经典，从怛特罗经典成立史上来看，这些著作显系后人伪托，或出自同名密教成就师之手。

第七节　法称与佛教新因明

多罗那他在《印度佛教史》中说：“法称大阿阇梨以前，佛教像太阳那样的辉耀。在他以后清净的大教师一般说来对佛教所做的殊异事业固然是很多，但与过去一些阿阇梨相等的则不大出现，即使出现了，也由于时运关系，佛教不如以前光辉。”② 由此而言，在印度佛教史上，法称(Dharmakīrti)属于见证佛教盛极而衰的标志性人物。

对于公元7世纪前后的印度佛教，尽管有玄奘、义净的翔实记录，但其中关于法称的记载却少之又少。玄奘在其著述中未曾提及法称。义净《大唐西域求法高僧传》“无行禅师传”称，无行禅师曾经在离那烂陀寺

---

① 吕澂：《印度佛学源流略讲》第六章第三节。关于月称的研究概况，可参见释惠敏《梵本中论颂月称注研究序论》，《华冈佛学学报》1984年9月第七期，第329—354页；李学竹《月称及其人中论》，《中国藏学》2006年第2期。

② 多罗那他：《印度佛教史》，张建木译，四川民族出版社1988年版，第193页。

两驿远的羝罗荼寺，向一位善解因明的僧徒学习“陈那、法称之作”，可知公元7世纪七八十年代，陈那与法称被视为佛教因明学的代表人物。在其《南海寄归内法传》中，义净又将法称看作与陈那、护法、戒贤等人匹敌的大师，继陈那之后重显因明之学。根据义净的记载，可以推知法称主要活动于公元7世纪70年代以前，他生前似乎不太显赫，其著作在当时似乎流传亦不甚广。汉文大藏经中托名为法称所造的《大乘集菩萨学论》与《金刚针论》，实际分别出自寂天与马鸣之手。

相比之下，在藏传佛教中法称具有非常重要的地位，在藏传佛教史著作如布顿的《佛教史大宝藏论》与多罗那他的《印度佛教史》都把法称作为与陈那比肩的因明学论师。

法称出身于南印度睹梨摩罗耶（Triśmalaya，或作 Tirumalla）一个婆罗门家庭，早年学习婆罗门教各种学派的教理，后转学佛法，至中印度那烂陀寺从护法出家，修习唯识学。之后因对逻辑问题深感兴趣，法称又师事陈那的另一位弟子自在军（Iśvarasena），学习陈那的《集量论》，成绩优异。在自在军的赞同下，法称用便于记忆的偈颂体裁写成《释量论》一书，对陈那的《集量论》作了透彻而详尽的注解与阐释，并在此基础上发展了陈那的因明学。

其后，法称曾就金刚阿阇梨受灌顶，游历诸方，弘法宣化。法称力图振衰起弊，挽救佛教的颓势，相传他经常到正法未及之地建立道场，与外道论议辩难，度化比丘，因此法称的弟子满天下。至晚年，法称入羯陵伽国，建立伽蓝，入寂于该地。

法称对佛法的弘扬功莫大焉。然而，法称所处的时代，正是印度教复兴运动兴起的时期。法称与印度教复兴运动的巨匠鸠摩梨罗（Kumārila）和商羯罗阿阇梨（Śaṅkarācārya）正值同一时代，相传法称曾经和他们进行过公开辩论，并取得胜利。但是，从历史发展的结果来看，法称对佛法的大力弘扬仍未能挽回佛教的颓势。他与鸠摩梨罗、商羯罗阿阇梨论辩的胜利，也很可能只是法称的徒众们的设想与祈愿。

从学术上来看，法称的主要贡献在因明学，他的著作对后期佛家逻辑学的发展有较大的影响。其因明学著作有如下数种。

（1）《释量论》（*Pramāṇavārtika-kārikā/Pramāṇarārtika*），或译为《量评释论》，该书评破陈那的《集量论》，其中有许多他本人关于因明学的新见解。书的内容分为四品一千四百五十四颂，四品分别是“为自比量品”（Svārthānumāna，三百四十二颂），“量成就品”（Pramāṇa-siddhi，二百八十五颂），“现量品”（Pratyakṣa五百四十一颂），“为他比量品”（Parārtha-vākya，二百八十六颂），依次讨论推理、知识的实效、感官知觉和推论式四项内容。这是法称因明理论和哲学思想的总结，为法称著作中最重要的一部。①

法称在对现量的研究中，发展出一种实在论的观点，即承认客观的实际存在，显示出唯物论倾向，故后代论者往往把他划为主张外境实有的经量部。不过，就其哲学思想看，法称在哲学上与陈那一样，都是法相唯识论者。法称在《释量论》中对陈那的瑜伽现量（超验的存在）作过详细的论述，强调心识中存在一种超验的精神境界——瑜伽现量境界。按照瑜伽修习次，通过自我克制，禅修，瑜伽行者会从内心生起瑜伽智慧，直接觉知瑜伽现量境界，达到瑜伽现量与瑜伽智慧的统一。达此境界者，可以脱离一切缘虑分别，消除贪欲、恐惧、骄傲、梦想，如实觉知现实世间犹如梦境、虚妄不真，只有自我意识中的瑜伽现量和瑜伽智慧才真实不虚。②

（2）《量抉择论》（*Pramāna-viniścaya*），是《释量论》的略本。全书以诗体与散文体（长行）混合写成，其中半数以上的偈颂借自《释量论》。分三章，分别讨论感官知觉、推理和推论式三个项目。《量抉择论》目前有两种汉译本，一种是王森依据梵本文翻译而成，另一种是杨化群依据藏文本翻译而成。

（3）《正理滴论》（*Nyāya-bindu*），为《量抉择论》略本。亦分三品，即现量品、为自比量品及为他比量品，分别讨论感官知觉、推理和推论式三个问题。其理论的创新主要体现在以下几点：

其一，合并因、喻，改革陈那以来的宗、因、喻三支论式为宗、因二支论式。三支论式是陈那改革五支论式而成，其中“因”又有“三相”，

---

① 1936年，印度学者罗睺罗在西藏霞鲁寺发现颂文已经残缺的《释量论》梵文残本，除此之外，他还发现了《释量论》注本，其中包括法称自注和别人的注。1938年，罗睺罗把这些本子拼凑起来，参考藏译本，重新校印出版了梵文本《释量论》颂文。

② 法称著，僧成释，法称译：《释量论略解》释瑜珈现量去：“瑜珈智前说，彼等修所成。（释僧成大疏：现证如前所说彼等“四谛无常第十六行相”瑜伽师之智，即是瑜伽现量，以是修习真实义所成圣者身中离分别无错乱智故。）由除分别网，是明了显现。俗、怖、忧所恼，梦贼等所坏，如现前安住，见非真实事。分别相随属，义不明了现。……修习圆满时，其果当生觉，明了无分别。”另参巫白慧《中国大百科全书·哲学卷》“法称”条。

分别为遍是宗法性（中词必寓于小词）、同品定有性（中词必须寓于大词同类的事物）、异品偏无性（中词必不寓于与大词异类的事物）。法称认为，被归入喻支的同喻与异喻的意义已显示在因三相中，其中第二相实际上包括了喻支的同喻，第三相已包括了喻支的异喻。因此，在新因明论中，只要构成因三相的条件得到满足，这个因即可成为正确的能立。这就是说，把相当于喻体的一部分合并于因，从而构成因喻一体，使因的能立功能得到加强和扩大，如此一来，喻支就成为一个可有可无的形式。因此，法称认为不必再沿袭旧例，另立喻支。这一改革，是法称对因三相理论的重要发展。

其二，确立三种正因。因是推理的理由或依据，正因就是具备“三相”的正确理由或依据。法称对前代所立的诸种繁多而不确切的因进行整理、精简，认为能够具备因三相的因仅三个，分别是不可得比量因（非觉知或非现量）、自性比量因（同一性）、果比量因（因果关系）。不可得因，就是曾经认识的一物即使不在眼前，但据过去对它的认识和印象，可推知它的存在。三种正因中，不可得因是否定判断，自性因与果比量因是肯定判断，三者都要与所判断的“法”（大词）保持“相随不离”的关系，即中词必须属于大词。论式中有了正因，才能使宗（命题）成立，使比量论式更加符合因明的规则。

其三，取消“不共不定”和“相违决定”。只有因三相具足，才可成立所立的宗（命题），如因三相的后二相即同品定有、异品非有缺陷，这样的因称为不定因，即因不一定能够成立所立。法称认为，在通常情况下，推理思维不会出现这种谬误，所以将它从不定过中删去。相违决定就是两个相互对立的命题各具三相，以致使人无法决定何者正确。法称认为这是双方各按自宗立量，无视共同讨论的问题所造成的混乱，是不正常的推理现象，应该取消。①

《正理滴论》是法称学说的提要性著作，相当简略，但非常重要。印度耆那教也注意因明，因此对法称的学说很重视，《正理滴论》就是他们保存下来的。藏译本也早有流行，汉译本则出现很晚，目前有徐梵澄、王

① 详见巫白慧：《中国大百科全书·哲学卷》“法称”条；S. C. 维第耶布萨那（Satis Chandra Viyabhusana）：《印度逻辑史》（*A History of Inian Logic*, Motilal Banarsidass Publishers, Delhi, 2006）第二编第三章“法称”，第 303—318 页。

森、杨化群的三种译本。[①]

除上述三种著作之外，法称还著有《因一滴论》（*Hetubindu*，略述逻辑推理的分类，仅存藏文本）、《观相属论》（*Sambandha-pariksha*，考察各种关系，用诗体写成，内附作者自己的评语）、《成他相续论》（*Santanantara-siddhi*，讨论艺术的短文）以及《论议正理论》（*Condada-prakaraṇa*，讨论他心真实性并驳斥唯我论的文章）。此外，藏文大藏经中还收有传为法称的其他著述，如《本生广疏》、《律经疏》等，但其真伪尚难确定。

法称的上述七部著作合称“因明七论”或“七支论”。这七部著作似乎在仿效说一切有部（Sarvāstivāda）的阿毗达磨“一身六足”论。如果把法称的因明理论视为一具躯体，《释量论》则为其躯干，其余六论为其六足。由此逻辑结构可以看出，法称试图以逻辑学和认识论的研究来代替早期佛教的旧哲学，进而挽救佛教的颓势。不论当时的结果如何，法称的因明学说在印度逻辑史上都具有划时代的意义。在他之后，印度的逻辑学派大都受其影响，佛教学派、耆那教吸收了法称的思想，新正理派也接受法称的批判，放弃了许多旧的论点。除此之外，法称的学说对中国藏传佛教也产生了较大的影响。藏传佛教有解释因明的著作约17万颂的藏语译文，其中解释法称作品的约有13.7万颂，而《释量论》的注解独占10.5万颂。近世各国印度学家大多根据法称的著作，特别是《正理滴论》来研究因明。

法称之后，其弟子天主慧（Devendramati/Devendrabuddhi，630—690，或作帝释慧）传其学。据多罗那他《印度佛教史》载，法称在世时，曾为天主慧讲授七部量论，不过天主慧的天资与理解力好像并不能达到法称的期望。法称为自己的《释量论》作注，仅完成第一品，其余三品委托天主慧完成。天主慧三易其稿，完成《释量论细疏》（*Pramāṇavarttikapañjikā*），仍未令法称满意，他认为天主慧只把论文中的字句疏释讲清楚了，其中隐含的奥义还没有厘清，由此发出“有如江河之于海，没入自身而消失”的概叹。[②]

---

① 这三种汉译本中，前两种据梵本翻译，后一种从藏文转译。徐梵澄译本作《因明蠡勺论》，收录于孙波编《徐梵澄文集》第七卷，上海三联书店、华东师范大学出版社2006年版，第539—550页。王森、杨化群译本皆收录于蓝吉富编《大藏经补编》，华宇出版社1986年版，第9册，第463—498页。

② 多罗那他：《印度佛教史》，张建木译，第182页。

第二章　金刚乘的全面发展与大乘佛教的合流

第一节　公元8世纪印度的政治格局与势力更替

戒日王殁后，南北印度一直处于群雄割据的混乱局面。公元8世纪上叶，耶输跋摩王以曲女城（Kānyakudja）为中心立国，才使中印度出现了短暂的和平局面。耶输跋摩（Yasovarman，约690—740年在位），自称是月族的后裔，以曲女城为都，曾战胜孟加拉国的高达人（Gauda），杀死其国王，征服孟加拉国中部和东部的文加人，又转向南方，抵达内尔布达河。然后通过拉杰普塔纳沙漠和塔内萨尔平原，回到曲女城。瓦克帕提拉贾（Vakpatiraja，一作Vakpati，辞主或语主）用俗语写成的《高达征服记》（*Gauḍavaho*）记载其光辉业绩，称其兵威远达摩揭陀、孟加拉国和南印度。公元731年（唐开元十九年）十月，耶输跋摩派遣其大臣——大德僧觉军（Buddhasena）至唐王朝，并献方物。① 公元8世纪上半叶（723—727），来印度求法巡礼的新罗僧慧超记载耶输跋摩王“有九百头象，大首领各有二三百头”，慧超称耶输跋摩王敬信佛教：“其王首领等，甚敬信三宝，若对师僧前，王及首领等在地而坐，不肯坐床。”其房舍与寺庙建筑，“并皆三重作楼，从下第一重作库，上二重人住。诸大首领等亦然。屋皆平头，砖木所造”②。

慧超的《往五天竺国传》是这样记载当时中天佛教的情景的：

---

① 《册府元龟》第九七一卷。

② 慧超：《往五天竺国传》，《大正藏》第51册，第975页中、下。

> 此中天大小乘俱行。即此中天界内，有四大塔，恒河（在）北岸有三大塔，一舍卫国给孤园中，见有寺有僧。二毗耶离城庵罗园中，有塔见在，其寺荒废无僧。三迦毗耶罗国，即佛本生城，无忧树见在，彼城已废，有塔无僧，亦无百姓。此城最居北，林木荒多，道路足贼。往彼礼拜者，甚难方迷。四三道宝阶塔，在中天王住城西七日程，在两恒河间，佛当从刀利天变成三道宝阶，下阎浮提地处。左金右银，中吠瑠璃，佛于中道，梵王左路，帝释右阶，侍佛下来，即于此处置塔，见有寺有僧。①

耶输跋摩早年曾与北面克什米尔（迦湿弥罗）丽日王（Lālitāditya）结盟，后变为死敌，终为丽日王所灭。对他们之间的战争，诗人迦尔诃那（Kalhana）的长诗《王河》（*Rājatarangini*）第四章第144—146颂有载。丽日王在《新唐书》中有记载，音译为木多笔。唐开元二十一年（733）他曾遣使来华，唐朝册封其为“个失密国王”，其事见《册府元龟》卷964。

从公元8世纪中叶起，印度半岛上出现了三个比较有影响的王朝，分别是波罗王朝（Pāla Dynasty）、波罗提诃罗（Pratihāra Dynasty）和拉什特拉库塔王朝（Rashtrakuta Dynasty），这三个王国之间的活动范围与势力以曲女城为交会点，互相攻伐，进退起伏，成为公元8—10世纪南亚半岛上主要的政治势力。

公元725年，波罗提诃罗的首领那伽波陀一世（Nagabhata I）成功抵御来自信德的穆斯林侵略者，建立波罗提诃罗王朝（Pratihāra Dynasty，750—1000）。此王朝同波罗王朝和罗湿陀拘陀王朝长期角逐攻伐，逐渐将领土扩张至拉贾斯坦邦、旁遮普和瓜廖尔。

在波罗提诃罗王朝的碑文中，他们自称是《罗摩衍那》中罗摩的弟弟罗克什曼那（Lakshmana）的后裔，刹帝利种姓，其初祖名为诃梨旃陀罗（Haricandra）。究其实而言，他们属瞿折罗种族的支系，大约在公元8世纪中叶，某些瞿折罗酋长在邬阇衍那（Ujjiyana）举行的一次献祭中为拉什特拉库塔的君主充当波罗提诃罗（Pratihāra，守门人），此后即沿用此名。《罗摩衍那》记载，罗摩流放时，其兄弟罗克什曼那也曾为罗摩守

① 《大正藏》第51册，第976页上。

过门。

据耆那教《诃利世系》（*Harivaṃsa*）所载，在波罗提诃罗王朝中，有位弗少王（Vatsaraja，780—800）曾是环绕邬阇衍那的阿盘底的统治者，他是纳加巴塔一世的侄孙，他在位的时间约为公元8世纪后期。弗少王曾努力复兴瞿折罗人的势力，但时常受到来自信德的阿拉伯人、来自德干的遮娄其人和拉什特拉库塔人的威胁。不过，弗少王还是把征服的范围推进到孟加拉国的波罗王朝，很快他又被拉什特拉库塔国王德鲁瓦（Dhruva Dharavarsha，780—793）驱至荒无人烟之地。其子那伽波陀二世（Nagabhata Ⅱ）承其位，将势力扩张至从北方的信德到南方的安陀罗、从西方卡提阿瓦的阿那尔塔到东方的孟加拉国边境，曾成功击败了孟加拉国王达摩波罗，最后却又被拉什特拉库塔国王戈文达三世（Govinda Ⅲ，793—814）击败。

公元753年（一说750年），丹提·杜尔伽（Danti Durga）推翻遮娄其王朝，建立拉什特拉库塔王朝（Rāṣtrakūṭa，753—973，一说为750—975）。拉什特拉库塔王朝是公元8—10世纪存在于印度中部与南部的德干高原一带的重要王国。拉什特拉库塔人是拉其普特人，原为遮娄其王朝治下的世袭酋长。在此后的两个多世纪中，该王朝在南北印度政治舞台上非常活跃。在其鼎盛期，他们占据着北起马尔瓦、南到建志的大部分中印和南印土地。该王朝末期曾与朱罗人展开旷日持久的战争，最后为遮娄其王朝所取代。

从现存资料与证据来看，拉什特拉库塔诸王提倡宗教宽容，对所有宗教都采取比较宽容的态度。他们自己多属印度教徒，也有一些人倾向于耆那教。因此，在拉什特拉库塔王朝治下，印度教与耆那教的势力显著上升，佛教的影响力则趋于没落，这一点从他们开凿埃劳拉石窟群的宗教取向即可见出。

埃劳拉石窟群（Ellora Caves）位于今马哈拉斯特拉邦重镇奥兰加巴德西北29公里一座南北走向的月牙形山上，自南向北有34座石窟，南面的12座石窟为佛教石窟，主要开凿于公元6—8世纪，说明当时佛教在此地的兴盛。中间第13—29窟为印度教石窟，北侧30—34窟为耆那教石窟，开凿年代都是在公元7—9世纪，尤其以拉什特拉库塔王朝时期最多。

孟加拉国在戒日王殁后陷入混乱。公元8世纪初叶，孟加拉国东部和西部遭到曲女城的耶输跋摩王以及其他政治势力的蹂躏，高达王国陷于无政府状态。后来，人们选举瞿波罗（Gau-pala，730—770）为最高长官，这种局面才得以扭转。后来的文献记载，波罗王室被称为文加之主或高达之主，足征此王朝统辖着东、西孟加拉国部分。在其后半生，瞿波罗王又将摩揭陀并入其王国，在辖域内建立寺产，供养僧众。继瞿波罗之后，波罗王朝的十七代国王皆承续瞿波罗王的宗教政策，修建寺院，延请僧众，大力扶植佛教，使此地成为公元8—12世纪印度佛教的中心。

公元8世纪中叶，瞿波罗在那烂陀寺附近修建了飞行寺（Udaṇḍapura，欧丹多富梨寺），该寺后来成为非常著名的佛教寺院。飞行寺位于印度比哈尔（Bīhār）省附近，与附近的那烂陀寺以及后来建造的超戒寺都是金刚乘的中心。瞿波罗王在位的45年间，印度各地出现了许多有名的佛教僧徒。在东印度有智藏（Jñānagarbha，700—760），继承清辩中观学说，被视为中观自立论证派的代表人物之一，与其弟子寂护、再传弟子莲花戒，师弟相承。迦湿弥罗国处于纥梨曷舍提婆（Hariharṣadeva）统治之下。从活动于其地的诸多佛教徒来看，此王对佛教亦多所扶植。这时活动于迦湿弥罗国的僧徒计有释迦光、大檀那尸罗（Mahādānaśīla）、异友（Viśesamitra）、慧铠（Prajñavarman）与持律者毗罗（Vīra）等人。释迦光系寂光与福称的弟子，生于西印度，主要在迦湿弥罗国教化救度众生。其弟子为释迦友，主要活动于提婆波罗王时代。在此时代有释迦慧（Sākyamati）、本性贤（Nisargasīlabhadra）、称友（Yaśomitra）[①] 与地亲（Prithivībandhu）班智达等出世。此时亦有一些修习密法的成就者，其中西印度契咤国（Kacca）的小毗卢波（Cūlla-virūpa，Virūpa）名声甚著。

公元780年，瞿波罗的儿子达摩波罗（Dharmapāla）即位[②]，他是波罗王朝最伟大的国王之一，他把波罗王朝提升为北印度最主要的强国，并努力恢复古代帝都华氏城的面貌。他击败了因陀罗罗阇和其他敌人，征服曲女城，把查克拉尤达扶植为王，试图把政治重心转移到东方孔雀帝国和伟大笈多王朝的本土。有记载说，他是北自喜马拉雅山南至戈卡纳的征服者。不过，这种兴盛只是暂时的，德干的拉什特拉库塔王朝在772—794

---

① 称友著有《明了义疏》（*Sphuṭārthā Abhidharmakośa-vyākhyā*）注释《俱舍论》。

② 多罗那他《印度佛教史》第二十九章“提婆波罗王父子时代”认为继承瞿波罗王的不是达摩波罗，而是提婆波罗，达摩波罗王是提婆波罗王的孙子，是波罗王朝的第四代国王。

年，曾将高达国王逐出恒河与朱木拿河之间的地带。

达摩波罗王在扩大领土的同时，也重视对佛教的护持，最具历史影响力的事情，就是在公元 8 世纪末至公元 9 世纪初于恒河河畔创建超戒寺（Vikramaśilā，毗鸠摩尸罗寺）。超戒寺规模甚大，堪称波罗王朝治下的佛教中心。超戒寺的中央是建在小山顶上的大觉（佛成道像）身量的佛殿，周围建立内道密咒的小佛殿 53 座，普通佛殿 54 座，共计 108 座佛殿，外面墙垣围绕。供给 108 名班智达以及施食阿阇梨、开光阿阇梨、护摩阿阇梨、防鼠者、防鸽者、伽蓝民管理者共 114 名衣食之需，每人生活的殊异等于 4 人所需。凡是超戒寺的寺主都兼管那烂陀寺。超戒寺除佛教外，也传授形而上学、论理学、文法学等印度古典文化，海外留学僧皆云集于此。据西藏资料记载，超戒寺规模宏大，装饰华丽，藏有巨量财宝、文物。全寺共有一百余座僧院及六座研究院，中心为观自在殿，供奉男女诸尊塑像。寺有六门，每门置有守门者接受各方问答、辩论或挑战。印度佛教后期的著名学者多出身于此，超戒寺成为晚期大乘佛学的中心。达摩波罗王特别推重《般若经》，他对精通《般若经》和《现观庄严论》的师子贤颇为倚重，优渥有加。超戒寺又是公元 8 世纪兴起的密教根本道场，住有许多精进修行的瑜伽行者与成就师。

在以后的两个多世纪中，以这三个王朝为核心，不断上演着地区性王国的相互征战、攻伐与兴替，佛教也就在这种社会政治环境中获得了不断的发展。日本学者山田龙城曾对汉译密教经典的译出年代与数量作过统计与分析，他发现中国的佛经翻译与印度密教经典的形成与流行时间基本是平行的。他以《大正藏》第 18—21 册“秘密部”所收录的 573 部经卷为例，其中明记译者的有 495 部，大部分都是义净以后翻译的。他把翻译这些经的时间分为三个时期，其中隋代以前（618）的译本有 40 部，元代即 13 世纪以后有 15 部，其余的 440 部都是唐宋时期（7—12 世纪）翻译的，其中又以“开元三大士”善无畏、金刚智与不空译出的密典居多，由此也可以看出公元 8 世纪印度密教经典全面繁荣与蓬勃涌现的程度。[①]

从这个意义上讲，公元 8 世纪是秘密佛教全面发展的时代。其中，以

① ［日］山田龙城：《梵语佛典导论》，蓝吉富主编“世界佛学名著译丛”第 79 册，台北：华宇出版社 1989 年版，第 404 页。

《大日经》为根本经典的真言密法和以《金刚顶经》为根本经典的金刚乘密法的出现，是体系化的秘密佛教产生的标志。

第二节　《金刚大道场经》与秘密佛教的滥觞

佛教秘密教法及其经典在印度社会历史长河中的渊源甚为久远，抛开远古的吠陀教及由此而发展出的婆罗门教不论，就佛教自身的发展而言，它有一个渐次发展的过程，围绕着咒法与咒藏的不断丰富与集结，诸种外在因缘（佛教宗派的分立、地域文化的影响等）与内在因素（如手印、坛法、灌顶法等）不断聚集，使其体系与规模、形态与功能不断拓展，最终到公元7世纪前后，发展成与旧有的教派与教法可以分庭抗礼的新体系。

早在部派佛教发展过程中，大众部与法藏部已将他们的经藏立为五部，即在传统的经、律、论三藏之外，分立菩萨藏与咒藏。慧立、彦悰《大唐大慈恩寺三藏法师传》卷第三记大众部结集五种藏经的情形："诸学、无学数千人，大迦叶结集时不预者，共集此中，更相谓曰：如来在日，同一师学。世尊灭度，驱简我等，我等岂不能结集法藏报佛恩耶？复集素怛缆藏、毗奈耶藏、阿毗达磨藏、杂集藏、禁咒藏，别为五藏，此中凡、圣同会，因谓之大众部。"① 与以大迦叶为代表的上座部僧众不同，大众部的僧众是尚未达到"具三明、六通，总持如来一切法藏无错谬"者，他们修习的教法除了经、律、论三藏之外，还有杂藏与咒藏。由此可见，禁咒在佛陀在世时就应是僧众修习的内容，佛陀去世后，才被结集成部，成为大众部僧徒修习的重要类别与内容。

至于法藏部，北传的《异部宗轮论》与南传的《岛史》、《大史》，都把它看作从化地部分裂出来。化地部又是从上座部经过不同的分裂而出现的，其间的分裂情形，南北两传的记载并不一致。北传佛教是这样记载的：

> 三百年从萨婆多部复出一部，名正地部。有婆罗门是国师，名正地部，善解四韦陀，出家得罗汉，取四韦陀好语，庄严佛经，执义又

① 《大正藏》第50册，第238页中。

异。时人有信其所说，故别为一部。三百年中，从正地部又出一部，名法护部，其本是目连弟子，得罗汉，恒随目连往色界中，有所说法皆能诵持，自撰为五藏，三藏如常，四咒藏，五菩萨藏。有信其所说者，故别成一部也。①

由此可以看出，咒藏的成立与婆罗门教的四吠陀颇有关联，即以吠陀好语庄严佛经的结果。“好语”可以从两个方面来理解，其一是义善，其二是悦耳动听，咒藏应该兼具这两个特点。

除了这两个部派外，印度大乘佛教的奠基者龙树、难陀师徒对咒藏的传承与整理颇有其功。据义净记载，龙树菩萨“特精斯要”，并影响到其弟子难陀。难陀聪明博识，专意咒藏经典的研习，曾在西印度的某个地方专心持咒达十二年，最后获得成就，出现各种神迹：“每至食时，食从空下。又诵咒，求如意瓶，不久便获，乃于瓶中得经欢喜，不以咒结，其瓶遂去。”后来，难陀法师担心这种秘法失传，即简择其要法，将其编辑成册，约有一万二千颂的篇幅。难陀结集的明咒藏在形式与内容方面都极富匠心，义净称其“每于一颂之内，离合咒印之文，虽复言同字同，实乃义别用别，自非口相传授，而实解悟无因。后陈那论师见其制作，功殊人智，思极情端，抚经叹曰：向使此贤致意因明者，我复何颜之有乎”！这说明咒藏“文字功殊人智，思极情端”，文辞与义理兼美，因而受到陈那的赞叹。②

陈那生活的时代在公元五六世纪，其时持明咒藏已在原来基础上获得新的发展，其传承趋广，影响渐深，很快发展出在密教发展史具有里程碑意义的《金刚大道场经》。

《金刚大道场经》或称《金刚大道场神咒经》，是大明咒藏之少分，被称为“总持三昧神呪法印坛等秘密法藏”，（《陀罗尼集经》卷十二），是后来各系秘密成就法门的基础。它所宣说的内容被称为“陀罗尼印坛法门”，为“众经之心髓，引万行之导首。宗深秘密，非浅识之所知；义趣冲玄，匪思虑之能测。密中更密，无得称焉”③。

① 吉藏：《三论玄义》，《大正藏》第45册，第9页下。

② 义净：《大唐西域求法高僧传》卷下，《大正藏》第51册，第6页下—7页上。

③ 玄楷：《佛说陀罗尼集经翻译序》，《大正藏》第18册，第785页上。

一　《金刚大道场经》成书年代与传播

《金刚大道场经》（Vajra-mahābodhimaṇḍala－sūtra）的梵本早已亡佚，但是，根据公元6—8世纪来华印度僧人陆续译出的部分，可以推断它在印度的形成年代与传播情形。

北周武帝保定四年至建德元年间（564—572），中印度摩伽陀国僧人阇那耶舍（Jñānayaśa）与其弟子优婆国人耶舍崛多（Yasagupta）、犍陀罗国人阇那崛多（Jñānagupta）来至汉地，在长安旧城四天王寺译出许多密教佛典，其中就有出自《金刚大道场经》的多部。如《佛顶咒经并功能》一卷、《十一面观世音咒经并功能》一卷。在《十一面观世音咒经并功能》卷末，译者耶舍崛多、阇那崛多附注云："此经名《金刚大道场神咒经》十万偈，成部略出《十一面观世音》一品。"① 据道宣《大唐内典录》卷第五"隋朝传译佛经录"第十七载，阇那耶舍师徒来中国的时间，在北周明帝武成（559—560）年初。② 由此推测，至迟在公元6世纪上半叶，印度相传已经有十万偈本的《金刚大道场经》。

继阇那耶舍师徒译出《十一面观世音神咒经》之后，又有多种《金刚大道场经》的支分经被翻传至中土。入隋以后，阇那崛多又单独译出《金刚场陀罗尼经》一卷。

入唐之后，《金刚大道场经》支分经的翻译情况如下：

唐武德年间（618—626）有中天竺婆罗门僧瞿多提婆（Gutadeva）传《金刚大道场经》所载密法，曾于细氎上图画形质，以及与结坛手印相关的经本，献至唐王朝，后因不被朝廷重视，抑郁而返。

武德九年至贞观元年间（626—627），波颇密多罗（Babhamitra）传《金刚大道场经》中的"理趣般若陀罗尼"及像法于玄模。

贞观十八年（644），玄奘自印度回国后曾将《金刚大道场经》中的"随心咒印"传于智通，并译有《十一面神咒心经》一卷，《千啭陀罗尼咒》、《六字陀罗尼咒》、《七俱胝佛所说神咒》、《随一切如来意神咒》、

① 《大正藏》第26册，第152页上。

② 道宣：《大唐内典录》卷第五："北天竺犍达国三藏法师阇那崛多，隋言至德，又云佛德，周明帝世武成年初，共同学耶舍崛多，随本师主摩伽陀国三藏禅师阇那耶舍赍经入国。"《大正藏》第55册，第276页中。

《观自在菩萨随心咒》，以及五种陀罗尼咒。

贞观年间（627—649），有北天竺僧人携《千臂千眼陀罗尼》梵本奉进，太宗勅令大总持寺沙门智通与梵僧一起译为汉语。永徽四年（654），智通又译出《千啭陀罗尼观世音菩萨咒》一卷、《观自在菩萨随心咒》一卷、《清净观世音菩萨陀罗尼》一卷。

永徽四年至五年（653—654），中印度僧人阿地瞿多（Adikuta，无极高）从《金刚大道场经》中撮要翻译出十二卷本《陀罗尼集》。

神龙元年（705），中天竺沙门般剌蜜帝（Pramiti）在广州制止道场译《大佛顶如来密因修证了义诸菩萨万行首楞严经》十卷，有题注云："一名《中印度那兰陀大道场经》，于灌顶部录出别行。"又卷七有"中印度那兰陀曼荼罗灌顶金刚大道场神咒"，出自"大佛顶如来放光悉怛多钵怛啰菩萨万行品"。①

由上列诸经传译情形，可以看出公元6—8世纪，《金刚大道场经》在以中印度那烂陀寺为中心的印度各地流传颇广。倘结合此经在汉地流传的情况来看，它在传承过程中始终处于不断发展、完善的状态。比如相较于后来阿地瞿多译出的《陀罗尼集经》卷四所收《十一面观音神咒经》，北周时期阇那耶舍师徒译本所载各种咒法、像法与坛法都较为简略。这足以说明，这一百年间正是《金刚大道场经》所载各系密法在印度蓬勃发展的时期。

二　《金刚大道场经》的内容与体系

在上列诸种支分经中，阿地瞿多所译《陀罗尼集经》所涉内容最为广博，由此可以看出《金刚大道场经》的结构体系与基本内容。

《陀罗尼集经》有十二卷十六品，其品目依次如下：

（1）释迦佛顶三昧陀罗尼品；

（2）佛说作数珠法相品；

（3）佛说跋折啰功能法相品；

（4）观世音毗俱知菩萨三昧法印咒品；

（5）毗俱知菩萨降魔印咒法品；

（6）毗俱知菩萨使者法印品；

① 《大正藏》第19册，第133页下。

(7) 毗俱知救病法坛品;

(8) 何耶揭唎婆观世音菩萨法印咒品;

(9) 诸大菩萨法会印咒品;

(10) 佛说金刚藏大威神力三昧法印咒品;

(11) 金刚藏眷属法印咒品;

(12) 金刚阿蜜哩多军荼利菩萨自在神力咒印品;

(13) 金刚乌枢沙摩法印咒品;

(14) 乌枢沙摩金刚法印咒品;

(15) 诸天等献佛助成三昧法印咒品;

(16) 佛说诸佛大陀罗尼都会道场印品。

缘于卷帙与品目之间互有出入,我们无法确知各品目是否依据《金刚大道场经》所立,抑或在翻译成汉语时译者所加。

于卷帙、品目之外,《陀罗尼集经》更依据诸种行法的主尊及其眷属类别,将其分为五部,即佛部、般若部、菩萨部、金刚部与天部。其中,佛部两卷(1—2),收有《大神力陀罗尼经》、《阿弥陀佛大思惟经》;般若部一卷(3),收有与《般若波罗蜜多大心经》相关的咒法、印法与坛法;菩萨部三卷(4、5、6),收有《十一面观世音神咒经》、《毗俱知菩萨三昧法》、《毗俱知菩萨降魔法》、《毗俱知菩萨使者法》、《毗俱知菩萨救病法》、《何耶揭唎婆菩萨法》、《诸大菩萨法会》;金刚部三卷(7、8、9),收有《金刚藏大威神力三昧法》、《金刚藏大威神力眷属法》、《金刚藏大威神力随心法》、《金刚藏军荼利菩萨自在神力法》、《金刚乌枢沙摩法》;诸天部两卷(10、11卷),收有《摩利支天经》、《功德天法》、《诸天等献佛助成三昧法》。

继各部之后,最后一卷为道场部或普集会坛部,即把前十一卷各部所列佛、般若、菩萨、金刚、诸天等主尊及其眷属,分别部居,按顺序排列,组成完整而系统的道场或坛城。

三　《金刚大道场经》所载秘密法藏

《金刚大道场经》演说的法门被称为"秘密法藏",经文中反复提及这种秘密法藏,并就其内容作多方面的阐发。如在佛部将其称为"陀罗尼秘密法藏",其《阿弥陀佛大思惟经》说序分第一"佛说作数珠法相品"述之云:

尔时，佛告苾刍、苾刍尼、优婆塞迦、优婆斯迦：诸善男子，善女人等，当发心诵《阿弥陀经》，念阿弥陀佛，及诵持我三昧陀罗尼秘密法藏神印咒者，欲得成就往生彼国，及共护念一切众生，复能苦行至心受持，日日供养，一心专在，莫缘余境。①

又，《阿弥陀佛大思惟经》说序分第一“佛说跋折啰功能法相品”指出这种陀罗尼秘密法藏具有令诸天众鬼神战悚的威力：

尔时，佛在耆阇崛山大会演说诸陀罗尼秘密法藏，时金刚藏菩萨从座而起前白佛言：世尊，如来今会说此微妙可贵之法，我等心中甚大欢喜，得未曾有，是诸欲界天魔波旬及鬼神等莫不战悚。②

在金刚部中，金刚藏菩萨自称这种密法为“陀罗尼印秘密法藏”、“成就陀罗尼印神咒法门”，是大乘妙藏稀有之法：

如是我闻，一时佛在毗富罗山，与阿僧祇诸大菩萨摩诃萨众并及无数诸阿罗汉天龙八部，前后围绕俱共会，说陀罗尼印秘密法藏。……我（金刚藏菩萨）有密意具诸法相，佛已知之，助成印可，非是汝等所知境界，是故称云秘密法藏大陀啰尼神咒法印，利益无量，如佛所证。……我今上佛难思议深秘密法藏可贵教法，汝等皆当信受，共护是经，即是同于诸佛大乘妙藏希有之法，即是成就陀罗尼印神咒法门。③

在诸天部，佛世尊亲为诸天鬼神说这种密法：

一时佛在毗富罗山大众会中，说诸金刚陀罗尼印秘密法藏神咒坛

① 《大正藏》第18册，第802—803页。

② 同上书，第803页中。

③ 《佛说陀罗尼集经》卷七“佛说金刚藏大威神力三昧法印咒品第一”，《大正藏》第18册，第841页上、中。

法。于是会中，有梵天王及天帝释摩醯首罗，日天月天星天地天四天大王火天等俱，是诸天王各有无量诸眷属，俱共会说法，又有无量天龙八部诸大鬼神药叉罗刹诸眷属等。[1]

在“佛说诸佛大陀罗尼都会道场印品”，佛陀会集诸大阿罗汉、菩萨、金刚及诸眷属，以及天龙八部、六师外道、人非人等，详为演说置办诸佛大陀罗尼都会道场的步骤与细则，称为“诸陀罗尼三昧神咒法印坛等秘密法藏”。

从上面所列诸种称名可以看出，《金刚大道经》所载各系密法包括咒法、印法与坛法三项基本要素，即陀罗尼法、母陀罗法与曼荼罗法。可以说，正是此三种法门的相互结合，互为表里，才催生了秘密佛教的诞生。

陀罗尼法，或称咒法，是通过咒语的持念获得某种成就与功德的法门。陀罗尼，梵文作 dhāraṇī，来自梵文词根√dhṛ（执持、拿着），意译总持、能持、能遮。在早期的佛典中，与陀罗尼类似的词已出现。巴利藏《毗奈耶经》载：“学文字，学持（Dhāraṇa），为了守护而学护咒，不犯。”[2] 此处的“持”，或译执持、总持，梵语作 Dhāraṇa，是一种淬炼心智的修行法门。印度六派哲学中的瑜伽派把“持”视为瑜伽八支之一，把它与禅（dhyāna）、三昧（samādhi）视为八支中的内三支，即精神层面的修行法门。Dhāraṇa 是就其动作行为而言，Dhāraṇī 强调的是动作、行为的对象，即执持的对象。龙树《大智度论》卷五：“云何陀罗尼？答曰：陀罗尼，秦言能持，或言能遮。能持者，集种种善法，能持令不散不失，譬如完器盛水，水不漏散。能遮者，恶不善根心生，能遮令不生，若欲作恶罪，持令不作。是名陀罗尼。”[3] 根据龙树的解释，可以把陀罗尼理解为摄持佛教正法、遮持不善法的慧力。

在大乘佛典中，陀罗尼是最常见的经咒形式，许多大乘经典，诸如《般若经》、《法华经》、《大集经》都有“陀罗尼品”。到大乘佛教的中后期，陀罗尼的应用更为广泛，其功德与业力也不断拓展，并与具有同类性

---

① 《佛说陀罗尼集经》卷十一“诸天等献佛助成三昧法印咒品”，《大正藏》第18册，第877页中。

② *Vinaya*（《毗奈耶》），Vol. IV，p. 305。

③ 龙树：《大智度论》卷五，《大正藏》第25册，第95页下。

质的“护咒”（paritta）、真实语（satya-vacana）、明咒（vidyā）、真言（mantra）等合流，《金刚大道场经》中的各种秘密成就法就是以各种陀罗尼的念诵与奉持为基本要素而展开的。

印法即运用印契的各种法门。印契（mūdra，母陀罗）或称印相、契印、密印等，用手指或身体其他部位的动作、姿势或表情诠表不同的法义或功德，《大毗婆沙论》一百二十六卷云：“印名何法？答：谓如理转变身业及此所依诸巧便智。”此处所谓的印契是通过身业诠表诸巧便智，故可谓之“身印”。义净译《根本说一切有部毗奈耶杂事》卷一载：“佛言凡印有二种，一是大众，二是私物。若大众印可刻转法轮像，两边安鹿伏跪而住，其下应书元本造寺、施主名字。若私印者刻作骨锁像，或作髑髅形，欲令见时生厌离故。”[①] 由此可知印契在佛教僧团中的应用颇早，且有大众印与私印之别，都是用作觉悟众生的信物或标志。陀罗尼咒法门兴起后，通过声字诠表教义的做法也被视为印契的一种。不过，《金刚大道场经》以身手为主的各种印法应该是借鉴了此前印度戏剧与舞蹈中广泛应用的身姿与手势表演。

从身印在印度的发展与应用情况来看，它与印度戏剧和舞蹈表演中的形体表演有着密切的关系。公元纪元前后，婆罗多著《舞论》（*Nātya-śāstra*，或译《戏剧论》）第八章至第十三章即专门讨论各种形体表演，如手、胸、胁、腹、腰、大腿、小腿、脚、头、眼、眉、鼻、颊、唇、颏和颈的动作，以及各种站姿、步姿、坐姿和睡姿，内中详细记述了24种手印。公元2世纪的难敌自在（Nandikeshvara）在《舞台宝鉴》（*Abhinaya Darpana*）中给出28种手印，成为后来印度古典戏剧中最根本的手印，后来在印度影响较大的婆罗多舞即传承保持了这些基本的手印。

也就是说在公元1—5世纪，印度戏剧已将手印的运用发展到非常完美、高超的境地。除了佛教之外，印度的其他宗教如印度教、耆那教都广泛应用印契诠表法义教理，这在笈多时期各种宗教建筑中的人物雕塑造型中都有很好的体现。佛教显然也是受到这种宗教文化风习的影响，而发展出自己的印契应用与修习体系。如在南朝梁代失译的《牟梨曼拏罗咒经》中，佛世尊为金刚主说十九种印契法及其功用，《金刚大道场经》因为是诸种陀罗尼印坛法门的集成，所述各种印法更为复杂，仅阿地瞿多节译的

① 《根本说一切有部毗奈耶杂事》卷一，《大正藏》第24册，第209页上、中。

《陀罗尼集经》中就有三百多种。

坛法即曼荼罗法。曼荼罗（maṇḍala），或称曼陀罗、曼咤罗、漫荼罗等，意译坛城、道场、聚集等多种意义，它是由词根 maṇḍ(环绕、围绕；区分、分类）加语尾 - la 组成，合起来即具有道场、坛城、聚集、本质、章节等多种意义。早在吠陀时代，曼荼罗被用作吠陀原典章段区分的称谓，如《梨俱吠陀》中的赞歌分为十曼荼罗，即十段、十分、十章等。在《摩诃婆罗多》中，曼荼罗一词或取其聚集义，表示军队的队列与阵形，或取其区分义表示王国的不同区域或区划。在早期佛典，如巴利佛典《长部》及优波底沙之《解脱道论》中，则取其包围、环绕义，表示圆轮或环形的物体。

后来，曼荼罗被作为激发起神圣宗教情感的场所或区域，被赋予道场、聚集、本质等多种意义，如唐那提译《师子庄严王菩萨请问经》谓"道场之处，当作方坛，名曼荼罗"①，《根本说一切有部毗奈耶》第三称诵咒之坛为曼荼罗，《摩诃僧祇律》第十六称戒坛为"满陀罗"。《金刚大道场经》中的曼荼罗即是指施行诸种密法时的道场，其坛法也就是布置、施设整个道场的一系列行法与科仪，如其佛顶八肘坛法就包括治地、埋宝、絣绳、点位、五色界道、四方四门的布置，六十四尊的布列，以及供养灯明、饮食、香华、香水等供物的施设等。

如上所述，正是在《金刚大道场经》中，咒法、印法与坛法统一起来，互为诠表，共同构成了一系列秘密行法，如其《阿弥陀佛大思惟经》说序分第一述阿弥陀行法："佛告观世音菩萨言：若四部众欲生彼国者，应当受持阿弥陀佛印，并陀罗尼，及作坛法，供养礼拜，方得往生彼佛国土。"②

除了上述三种主要行法之外，《金刚大道场经》所载各系密法还包括像法、数珠法、造跋折罗（金刚杵）法，以及置办种种纷繁复杂的物料如鲜花、香料、蔬果等方面的具体事项。

所谓像法，即是图画本尊的方法，主要讲每一本尊及其眷属的身姿形像与布列。在各种秘密行法中，本尊像通常置于曼荼罗的中心，作为礼拜供奉的对象。以"金轮佛顶像法"为例，即可略知一二：

---

① 《大正藏》第14册，第697页下。

② 阿地瞿多译：《陀罗尼集经》卷二，《大正藏》第18册，第800页上。

取净白迭若净绢布，阔狭任意，不得截割，于其迭上画世尊像，身真金色，着赤袈裟。戴七宝冠，作通身光。手作母陀罗，结跏趺坐七宝庄严莲华座上。其华座下竖着金轮，其金轮下画作宝池。绕池四边作郁金华，及四天王各随方立。其下左边，画作文殊师利菩萨，身皆白色，顶背有光，七宝璎珞，宝冠天衣，种种庄严乘于师子。右边画作普贤菩萨，庄严如前，乘于白象于其师子。白象中间画大般若菩萨之像，面有三目，庄严如前，手把经匣端身而坐。于佛顶上空中，画作五色云盖，其盖左右有净居天，雨七宝华。[①]

从金轮佛顶像法可以看出，《金刚大道场经》所载各系秘密行法已经形成了非常显著的本尊崇拜。本尊，梵音娑也地提嚩多，对应的梵语词语或为Iṣṭa-devatā，它有两个方面的含义，其一谓本有而于出世间为最胜最尊，故名本尊；其二为于诸尊中以其尊为本而尊崇之，故名本尊。在《金刚大道场经》中立五部本尊，即佛、般若、菩萨、金刚、天，[②] 每一部又有不同的本尊，其重要者列之如下。

（1）佛部：佛顶佛、阿闳佛、无忧德佛、栴檀德佛、毗婆尸佛、相德佛、药师佛、弥陀佛等。

（2）般若部：般若菩萨。

（3）菩萨部：十一面观自在、千转观自在、白衣观自在、随心观自在、十二臂观自在、不空罥索观自在、毗俱胝观自在、马头观自在，以及大势至菩萨、文殊师利菩萨、弥勒菩萨、地藏菩萨、普贤菩萨、虚空藏菩萨。

（4）金刚部：金刚藏、金刚摩摩鸡（Vajra-māmāki）、金刚母瑟羝（Vajramuṣṭi，金刚拳）、金刚央俱施（Vajrāṅkuṣa，金刚钩）、金刚商迦罗（Vajra-śṛṅkhalā，金刚锁）、金刚阿蜜哩多军荼利（Vajrāmṛta-Kuṇḍali）、

① 《陀罗尼集经》卷一，《大正藏》第18册，第790页上。

② 《陀罗尼集经》卷四之“十一面观世音神咒经”：“次阿阇梨手印香炉水等，咒已，手执香炉，胡跪烧香，启白一切诸佛、般若、菩萨、金刚、天等，及与一切业道冥祇：今此地者是我之地，我今欲立七日七夜都大道场法坛之会，供养一切十方法界诸佛世尊，及般若波罗蜜多、诸菩萨众、金刚、天等，领诸徒众，决定一切秘密法藏难思议法门故，取诸证成，我欲护身结界法事。”《大正藏》第18册，第813页下。

金刚乌枢沙摩（Vajra-ucchuṣma）。

（5）诸天部：摩利支天、功德天、大梵摩天、帝释天、摩醯首罗天、四天王、日天、月天、星宿天、那罗延天、大辩天、地天、火天、水天、风天，以及阎罗王、一切龙王、乾闼婆、紧那罗（Kiṃnara，歌神，乐神）、摩呼啰伽（Mahoraga，大蟒神）、大孔雀王、狮子王、大辩天神天、阿修罗王、遮文荼天（Chamaṇḍa，起尸鬼）、毗那夜迦（Vināyaka，象鼻神）、药叉（Yakṣa）、罗刹（rākṣasa）等。

在五部之中，佛、菩萨部通常是大乘显教经典中崇拜供奉的对象，金刚部与诸天部作为本尊或主尊受到崇拜供奉应该是《金刚大道场经》各系秘密行法中新出现的，其金刚部的原型很可能是源自佛教的各系护法，如王公大臣、贵胄商旅等，而诸天部多系源自外道神明，他们作为崇拜供奉的对象，进入佛教，一方面说明新兴起的秘密佛教对外道的融摄，另一方面也是印度教各派开始崛起，其影响力不断向佛教渗透的标志。值得注意的是，《金刚大道场经》中金刚部与诸天部的本尊还只是相应部类的本尊，在都会大道场即五部诸尊同时出现的情况下，只能由佛、菩萨部的主尊作为都会法坛的座主：

> 当中心敷大莲花座，座主即是释迦如来顶上化佛，号佛顶佛。如其不以佛顶为主，随意所念诸佛、菩萨替位亦得。除其座主以外，诸佛及菩萨等，皆在本位而受供养。自非诸佛般若及十一面等菩萨相替，余皆不得而作都会法坛之主。①

由此可见，在《金刚大道场经》中的各系密法中，金刚部与诸天部尚不能凌驾于佛、菩萨之上，作为普集会坛的核心本尊，只有佛、菩萨才能居于众部之尊。非常有意思的是，在金刚部的第一主尊为金刚藏，他属于金刚部，但在经文中又被称为菩萨，他能否作为都会道场的各部座主就无法推知了。这也说明《金刚大道场经》所载各系秘密佛法尚处于初始阶段，其行法还存某些龃龉之处。

除上述诸种事项之外，秘密佛法的承事者还要募集众多的物料，诸如

① 《陀罗尼集经》卷十二“佛说诸佛大陀罗尼都会道场印品”，《大正藏》第18册，第888页中。

庄严道场种种金、银、铜、珍珠等各种质地的宝具，以及用作供具的种种丝织品、鲜花、香料、颜料、谷物、蔬果等。《陀罗尼集经》卷十二“佛说庄严道场及供养具支料度法”即粗列了承办普集会坛所需的各种物料。其中用以庄严道场用的种种宝具就有如下多种：

七尺金铜铃带，四十八道
六尺大佩、四尺小佩，各二十八道
一尺宽大镜，二十八面
小镜，四十面
一尺见方琉璃泡华，四百枚
一百尺或四十九尺长彩色大幡，二十四口
杂彩幡，二百二十口
五尺长真珠，二百条
四尺宽一丈长朱网，八扇
一升大小金银瓶，四十六枚
一尺五寸大铜楪，四百枚
七寸小铜楪，二百枚
二尺五寸银盘，四面
杂金银器，八十枚
金盘，四面
金银砂罗，四十八枚
金勺、银勺，各一枚
铜香炉宝子，六具
金香炉宝子，一具
一升大小金，银娑罗，各一枚
四尺高七宝金银莲华，五树
杂彩假华树，一百树
铜烛檠，十二枚
金银盏屈卮等，四十八枚
五色蜡烛，十条
铜澡罐，二十六枚
净布手巾，三

澡豆，一升
皂荚，四十枚
炭灰，一升
杨枝，一束①

如此众多的物料，如果没有来自诸如王公大臣、富商贵胄等经济上的支持或赞助，很难承办类似的普集会坛。针对施主与承办者不同的情形，曼荼罗的设置也有广、略之分，如果施主是国王、大臣、长者，能够提供各种上妙七宝供具及其他七宝器具，承办曼荼罗的阿阇梨又有较多聪明麻利的弟子，就可以建立广曼荼罗，即广坛。如果是普通的施主，缺少相应的资助与供具，阿阇梨又没有明敏弟子，就只好设置简易的曼荼罗即所谓略坛了。

总的来说，《金刚大道场经》是公元6—8世纪印度广泛流行且不断增广的一部丛书式教法集，它是陀罗尼秘密教法的集成，更是这一时期迅速发展的金刚顶系教法的基础。日僧安然认为《金刚大道场经》是陀罗尼密教经典中最完备的经典，它以金刚大道场为名，为金刚界密法的滥觞，不过日本近代密教学者大村西涯则认为其教法系统乃是胎藏界教法之源出。② 将《金刚大道场经》中所宣说的秘密教法与公元7世纪后半期兴起的胎藏界与金刚界密法相比，其中所涉事相如咒法、印法与坛法，以及诸本尊及其眷属的布列，多有相通或借鉴之处。按照后来四分怛特罗密典的划分原则来看，《金刚大道场经》各系密法属事部怛特罗，其后的行、瑜伽、无上瑜伽诸部怛特罗密法都是从此发展出来的。

第三节 《大毗卢遮那成佛神变加持经》与真言道密法

一 《大毗卢遮那成佛神变加持经》的成立与内容

公元七八世纪之交真言道根本经典《大日经》的出现与流传，标志着秘密教法的独立。它的出现是佛教发展史上的一个转折点。以此为始，佛教开始迅速朝着秘密化方向发展，秘密佛教正式成立。

① 《大正藏》第18册，第893页中。
② 安然：《真言宗教时义》卷四；大村西涯：《密教发达志》卷二“阿地瞿多传法译经”。

《大日经》全称《大毗卢遮那成佛神变加持经》（*Mahāvairocanābhisambodhi-vikurvita-adhiṣṭhāna-vaipulya-sūtra*），是阐述大毗卢遮那佛的成佛、觉悟，依神变加持众生的经典，它通过大日如来在金刚法界宫为金刚手、秘密主等说法的形式，论述了一切众生本有的如实自知的清净菩提心，以及修证悟入的“三密”法门。从其名称来看，汉译所据梵本《大日经》全名作《大毗卢遮那成佛神变加持方广经》，属于大乘方广类经典，后来的藏译本则题为《大毗卢遮那成佛神变加持方广经因陀罗王教法》（*Mahāvairocanābhisambodhi-vikurvita-adhiṣṭhāna-vaipulya-sūtra-indra-rāja-nāma-dharma-paryāya*）。其名称差异可能是传承派系有异，但更可能是后来的进一步发展与体系化的结果。

《大日经》梵本已经佚失，仅存少量的断篇，后人只能依据它的汉译本与藏译本探究其基本内容。此经的汉译本是唐开元十二年（724）由善无畏与一行等人翻译的。最初有六卷的篇幅。次年，善无畏又据其所携梵本译出一卷，附于前六卷之后，是为现存七卷本的汉译《大日经》。后来，又有菩提金刚译《大毗卢遮那佛说要略念诵经》一卷，与善无畏等人所译为同本异译。西藏译本是公元 9 世纪初印度僧人戒主慧（Śīlendrabodhi）与西藏僧人巴尔谢（Dpal-brtscgs）合译而成。全书分内外两篇。其中内编和汉译的前六卷相当，内容亦大同小异，但章品的开立及次第则不同，藏译本仅分二十九品；外编则分《寂静护摩仪轨品》等七品，合内外编亦为三十六品。但藏译外编，汉译全无，而汉译的第七卷，藏译以“供养仪轨”之名收在《丹珠尔》之中。

据一行转述善无畏口传，《毗卢遮那》大本有十万偈，以浩广难持故，传法者采其宗要，成三千余颂的略本。① 不过，海云《两部大法相承师资付法记》下则认为，此经梵夹有三本，广本十万偈，若依梵本具译可有三百余卷，广本在西国，不到此土。梵经略本四千偈经，是善无畏于唐开元七年奉诏译。更有略本，二千五百偈，中天竺国大阿阇梨集。海云所载的翻译时间及诸本卷帙都与通常所载不同，相比之下，一行所言似更可信。

在汉译本的七卷三十六品中，前六卷的三十一品为全经的主体，其内容涉及教相与事相两个方面。述教相者即第一品《入真言门住心品》，内

① 一行：《大毗卢遮那成佛经疏》卷一。

中对善心次第成熟的八个阶段——“八心”、凡夫由“我执”生起的六十种虚妄分别的妄心——“六十心”、密教修行者发菩提心之后所能获得的六种功德——“六无畏”、由因缘关系而产生的并无自性的十种现象——“十缘生”，以及三劫、十地等理论进行了阐述。说事相者为第二品《入曼荼罗具缘真言品》至第三十一品《嘱累品》，主要讲密教的各种仪轨和行法，内容包括择地造坛、灌顶护摩、念诵印契、供养诸尊、字轮观修、护持禁戒、无相三昧等，而其根本尽归于“阿”字门。它认为，阿字具有“一切法本不生”的意义，普摄世间、出世间的一切事物，是一切真言的本体即“一切真言心”，也是至高无上的统领即“真言王”，只要观想此“阿”字的字形和字义，就能成就佛果。末一卷五品，即《供养次第法中真言行学处品》、《增益守护清净行品》、《供养仪式品》、《持诵法则品》、《真言事业品》，主要论述供养曼荼罗海会诸尊的仪式、行法与戒法，是为实际修行而编纂的仪轨。①

《大日经》汉译七卷本各品内容略述如下：

住心品第一，此品统论全经大意，认为众生自心就是一切智智，如实了知，名为一切智者。修习此教法的诸菩萨以真语为门，自心发菩提，即心具万行，见心正等觉，证心大涅槃，发起心方便，严净心佛国，从因至果，皆以无所住而住其心，所以称为“入真言门住心品”。入真言门略有三事，一为身密门，二为语密门，三为心密门。修行者以此三方便，自净三业，为如来之三密加持，就能于此生证得诸地波罗蜜，而不需要经历数劫修习种种对治之行。之后依次阐述三句、八心、六十心、三劫、六无畏、十地、十喻（十缘生句）等名相句义。

入曼荼罗具缘真言品第二，入为趣向、游履、引入之义。曼荼罗意为修行的道场。具缘为具足因缘之义。广说胎藏大法，包括择地、警觉地神、治地、涂坛、香水洒净、白檀涂画曼荼罗、结护弟子、令弟子嚼齿木、结线系弟子臂、为弟子占梦、取水、絣线点位、画大悲胎藏生曼荼罗(包括诸尊位、身色、相貌、严身、印、持物、彩色、厢卫)、思惟真言字义、供养圣尊（依次为华鬘、涂香、烧香、饮食、灯烛、幡盖、铃铎、水瓶、瓶中盛药、华果严饰、结护、系衣诸事）、授印、覆弟子首、引入弟子、投华、护摩、令弟子嚫施、作灌顶坛、灌顶、供养弟子（含涂香、

① 陈士强：《纯正密典研究》，中国佛教协会编《佛学研究》（1997年卷）。

华、灯明、阏伽、幡盖、音乐与伽陀七步骤)、授金篦、明镜、法螺等事项，又说大力大护明妃、入佛三昧耶、法界生、金刚萨埵加持、金刚铠、如来眼、涂香、华、烧香、饮食、灯、阏伽、如来顶相、如来甲、如来圆光、如来舌相等真言。

息障品第三，阐述息除内外两种障难的方法。真言阿阇梨或弟子，在画曼荼罗或持诵真言时，容易生起种种障难。经文指出种种障难多是行者内心所生，其原因在于悭贪邪见等，只有菩提心最能对治此等障难。

普通真言藏品第四，普通意为遍通一切方便。此品为胎藏界诸尊各说其真言法句，前后共一百十九种，并指出阿字门为一切诸真言心，最为无上，是一切真言所住。

世间成就品第五，阐示世间之息灾、增益、敬爱、降伏等诸种成就。指出世间之甚深秘密宝藏，不能以言说示人，故借世间有为、有相事，喻示法界藏之甚深微妙意。

悉地出现品第六，世间名成就，出世间曰悉地，意指依靠心念愿力的成就。此品述悉地成就相、无所不至真言、三月念诵法、虚空藏转明妃、加持药物、降魔一切智智真言、五轮五字观等。

成就悉地品第七，解明心成就之相，明大菩萨之意处即是曼荼罗，示法之成就。叙阿字之妙体，为内心成就相，

转字轮曼荼罗行品第八，转，旋转义，即顺着陀罗尼旋转观诵，将此陀罗尼字轮旋转观诵，即曼荼罗行。观诵，指行者于心中见阿字，于口诵时，观菩提心之义。口诵伊等字时，如观三昧门。内中把阿字当作百光遍照王，其光明成百千万亿字门而显现，百千万亿字门归于阿字。

密印品第九，密是秘密，印为标帜，密印即法界曼荼罗之标帜。一切诸佛皆以法界标帜庄严自身，故能成如来之法界身。真言行者以此密印加持自身，能与如来之法界身同等。此品开示身密，所说之印数有一百三十九种。

字轮品第十，说一切字轮摄于三部、四处轮（包括顶至咽为风轮、咽至心为火轮、心至脐为水轮、脐以下为地轮），行者当住于此。字轮在经中称为遍一切处法门，真言行菩萨若住此字轮观，从初发净菩提心乃至成佛，在这期间的自利利他事业，由此法门加持，皆可成就。

秘密曼荼罗品第十一，说自体四轮（地、火、火、风）内外护摩、三种灌顶（离作业、起作众事、以心授）、五种三昧耶（包括初见曼陀

罗、入睹圣天会、具坛印、许传授、要誓随法灌顶)，以及心灌顶之秘密曼荼罗法。

入秘密曼荼罗法品第十二，说身分布字十二支句。真言大阿阇梨耶使受法弟子入此秘密曼荼罗，以字门法教弟子烧尽业障，入秘密曼荼罗。

入秘密曼荼罗位品第十三，明示弟子入坛后安住于法佛平等大空位的要旨，内心自证秘密曼荼罗中台八叶四佛（东宝幢、南开敷华王、西阿弥陀、北鼓音王）与四菩萨（东南普贤、西南妙吉祥、西北慈氏、东北观自在）。

秘密八印品第十四，说中台八尊印明。秘密八印是大威德生印、金刚不坏印、莲华藏印、万德庄严印、一切支分生印、世尊陀罗尼印、如来法住印、迅速持印。真言行菩萨入住秘密曼荼罗中，加持此八印及真言，本尊会依此加持妙力降临道场。

持明禁戒品第十五，持明指六个月的真言念诵，禁戒为持诵真言期间应护持制戒，以防非止恶。

阿阇梨真实智品第十六，真实智为阿字所生之智，即本有之妙智，又为自性清净内证真实之心（hṛdaya)。此品叙说由阿字出生之心，是阿阇梨真实智，将阿字视为遍一切处曼荼罗的真言种子。

布字品第十七，在真言行者自身之上、中、下布置种子字，即将诸佛之万德具于其身。行者住于阿字净菩提心地，将一切的字门布置于身体各部，行者之身即成为遍一切处普门法界曼荼罗。

受方便学处品第十八，揭示方便学处，为真言行人用心处。学处指作为大乘菩萨应学之处，梵文作式沙迦罗尼（Śikṣākāraṇī)，意译为应当学。其戒相是十善戒、十重禁戒、五戒、四重戒等。

说百字生品第十九，自暗字（aṃ）衍生二十五字，各自施予四转而成百字，故将暗字称为百光遍照王。暗字为成佛之要谛，三世十方诸佛观想此字能成正觉，为成佛之直道、现证之妙行。暗字是一切真言之心，于一切真言中，最为尊贵，故称为不空教真言。

百字果相应品第二十，揭示百字光明遍照果地之德，叙说三密及与暗字门相应诸事。

百字位成品第二十一，揭示百字成就相。依暗字加持，于意念中生八叶台上，安住于三三昧耶，证得金刚微妙之极位，为秘密中之最秘，难得中之最难得。

百字成就持诵品第二十二，阐述百光遍照王之暗字门的持诵法则。由暗字中揭示分别三十二字，是三十二相，仰等五字是八十种好。依百字成就持诵力，证成垢身及净身平等无异，染心与净心平等无二。

百字真言法品第二十三，此品揭示暗字（aṃ）之体、阿字（a）之德。阿字有本不生、不可得、空诸义，行者之心如与此阿字义相应，就能达到诸法之源极，具足众德而得通达一切佛法。

说菩提性品第二十四，此品说菩提性“如十方虚空相，常遍一切无所依，如是真言救世者，于一切法无所依”。真言救世者是指大日如来，为诸法所依，为一切根源，其本身无所依据，故称无所依。

三三昧耶品第二十五，三三昧即三平等之义。心、智、悲三者，平等为一，故名三三昧耶；佛、法、僧三者为一而平等，故曰三三昧耶；法身、报身、应身三者本来平等，故称三三昧耶；证悟心、佛、众生三者为无二无别，此亦为三三昧耶之义。三昧耶（samaya）即为平等，一致相应之义。

说如来品第二十六，述说菩提、佛、正觉、如来四者。住于如实菩提心，乐求菩提者，名为菩萨。满足十地，达至法之无性，上冥会于法身，下契合于六道，名为佛。觉法之无相，圆满十方者，名为正觉。脱离无明之域，安住于自性智者，名曰如来。

世出世护摩法品第二十七，揭示外道护摩四十四种，佛法外护摩有十三种，并列举内护摩、外护摩之众缘支分，以及内护摩作业。护摩主要涉及本尊、火炉及行者。

本尊三昧品第二十八，揭示本尊有字、印、形之别，字又有声及菩提心之别，印有无形及有形之别，形更有清净与非清净之别。字、印、形各有二别，亦即有相及无相之别。凝滞于有相之成就，为有相悉地；体达无相，为无相悉地，也就是成就佛果。

说无相三昧品第二十九，无相指自性清净的圆明法体，离有相是认清圆明实性之不可思议的实相。因不生不灭故，阿字成为契合于本不生际之深理。为使凡夫行者悟入无相法体，依有相三密行相，受无相阿字门诱导，使其归入平等绝对之圆明。真言行修有相三密之妙行，但心机一转，即入无相平等妙观。

世出世持诵品第三十，真言法中有世间、出世间之别。世间持诵意在世间福乐长寿，出世间持诵以断烦恼、得佛果为目的。行者作世间念诵时当心念专注于本尊，口诵本尊誓要的真言，作心意念诵与出入息念诵。心意念诵是将行者的心力专注于所念诵的真言，出入息念诵是顺应出入息节率，口诵本尊真言。

嘱累品第三十一，将真言妙法付嘱于弟子，使法脉传承不断。传授密法时需严择人、时、地，阿阇梨若怠忽松懈，会灾祸及其身。

除上述前六卷三十一品之外，第七卷载供养念诵仪轨，包括五品，依次为供养念诵三昧耶法门真言行学处品第一，广明真言行者用心及修行要点。增益守护清净行品第二，说九方便[①]、入佛三昧耶、法界生、金刚萨埵、金刚甲胄、蓝字观、无堪忍大护印明。供养仪式品第三，说布字、四字观、道场观、虚空藏转明妃，以及释迦、文殊种子，不动尊、召请方便、入佛三昧耶、阏伽、如来座诸真言，金刚种子心，金刚萨埵、降伏魔、无能堪忍真言，不动尊种子心，还有涂香、华、焚香、燃灯、施食五种供养真言。持诵法则品第四，说支分布字观法，如观佉（kha）字于其顶，思自身与虚空等同。次观暗字（aṃ）于颈内，持诵本尊真言，依法身加持力，可得成就诸愿；阿阇梨灌顶与持明灌顶；以及息灾、增益、降伏、召摄四种护摩法。真言事业品第五，说阏伽、启白以下印明、加持，以及诸种行法。

作为首部系统性的密教经典，《大毗卢遮那成佛神变加持经》把此前的中观、唯识、如来藏三大系统的思想综合起来。对其核心内容，有学者从五个方面做出总结：一是大日如来观的成立，二是依曼荼罗、真言、印契三密瑜伽的修行体系的成立，三是诸种思想的批判性综合与主体性实践之结合，四是世间道与出世间道之教理及实践的统一，五是解脱论与救济论的统一。[②]

二　胎藏界曼荼罗

在《大日经》所宣说的胎藏界密法中，曼陀罗的建立居于核心位置。胎藏界曼荼罗（garbhakoṣadhātu maṇḍala）全称大悲胎藏生曼荼罗，或称胎藏曼荼罗、大悲曼荼罗。它是自毗卢遮那如来之大悲胎藏平等心地中所生出，系据《大日经·具缘品》所建立，其曼荼罗的整体格局大致如图2—1所示。

---

① 依次包括作礼、出罪、归依、施身、发菩提心、随喜、劝请、奉请法身、回向。

② 详参《大毗卢遮那成佛神变加持经导论》，《文殊大藏经》密教部一。

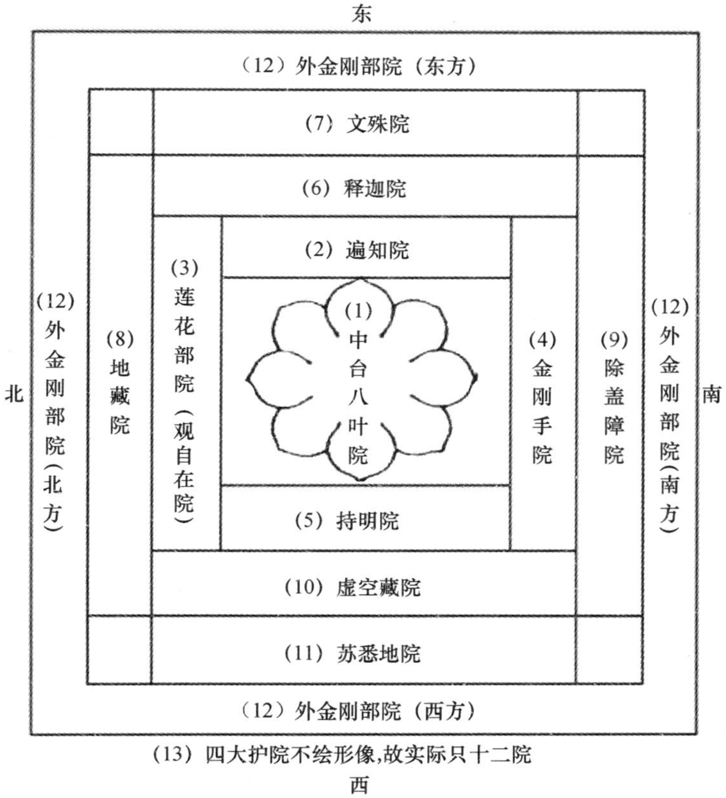

图 2—1　胎藏界曼荼罗平面图

在此曼荼罗中，以大日如来本尊居中，在其东西南北四方、四隅诸佛与菩萨分别部居，构成了一个层层环绕的法界，此法界由十二分院组成。

（1）中台八叶院。居于整个曼荼罗的中心，呈正方形，其内部为一敷开的八叶莲花，大日如来住莲花中心，宝幢、无量寿、开敷华、天鼓四佛住于东、西、南、北四方，普贤、文殊、弥勒、观自在四菩萨分别居于东南、西南、西北、东北四隅，四方四隅成八叶，加位于中心的大日如来佛，合有九尊。

从一行《大日经疏》卷四可以确知四佛诠表的意蕴，即东方宝幢佛是菩提心义，菩提心犹如大将幢旗，如来万行亦以一切智愿为幢旗。南方开敷花王佛是大悲万行开敷义。北方天鼓雷音佛是如来涅槃说法智，不同二乘涅槃永寂，故以天鼓为喻。西方无量寿佛，是如来方便智，以众生界无尽故，大悲方便亦无尽，故名无量寿。对四隅四菩萨的意旨，《大日经疏》卷二十也有明确的说明，东南普贤是菩提心，若无此妙因，终不能至大果。西南文殊是大智慧，断无始无明之根。西北弥勒是大悲，若慧而无悲，则方便不具不得菩提。东北观自在即是行愿成满。总体来看，中台八叶院的八叶莲华，表众生八瓣肉团心，示阿字本不生，显一切众生悉有佛性之理趣。此院为胎藏曼荼罗之总体，其他院为其别德。

胎藏界以中台八叶院为核心，取八叶莲花形状，表八瓣肉团心（hṛta），其状如莲花合而未开，佛心则如开敷莲花，其八叶表菩提心之德。这样，中台八叶院的义旨与功能，即是让修行者在自心中观八叶九尊之德，开发自己本有的菩提心。

（2）遍知院，又称佛母院。位于中台八叶院上方（东方），有佛眼佛母等七尊，表诸佛遍知之德与诸佛能生之德。其中央画三角形的遍知印，又名一切如来智印，象征大圆镜智一切遍知的功德。

（3）观自在院，位于中台八叶院北方，有大势至等三十七尊，以观自在为主尊，又称莲花部院，相当于妙观察智，表示如来的大悲下化之德。

（4）金刚手院，位于中台八叶院南方，有虚空无垢轮持金刚等三十三尊，以金刚萨埵为主尊，又称萨埵院，相当于成所作智，表示大智上求之德。

（5）持明院，又称五大院、忿怒院，位于中台八叶院之下方（西方），有五大尊忿怒明王，是大日如来所现的教令轮身，称为持明使者，教称持明院，相当于平等性智，表示净除自他的烦恼，入于平等实相，象征折伏、摄受二德。

（6）释迦院，位于遍知院之上方（东方），有释迦牟尼佛等三十九尊，以变化身的释迦牟尼为主尊，表方便摄化之德，以智、悲二德变现为释迦如来，济度众生。

（7）除盖障院（Sarvanīvaraṇaviṣkambhin），位于金刚手院之南方，有悲愍菩萨等九尊，表由金刚之智门除众生之盖障。

（8）地藏院，位于观自在院之北方，有地藏等九尊。此院表由观自在之悲门救九界之迷情。

（9）虚空藏院，位于持明院之下方，有虚空藏等二十八尊。此院表悲智合一，包藏万德，能从众生愿授一切宝，兼具智德，而以福德为本。

（10）文殊院，位于释迦院上方，有文殊菩萨等二十五尊。此院表大日之智慧能断一切戏论，兼福德而以智德为本。

（11）苏悉地院，位于虚空藏院之下方（西方）。苏悉地，意译妙成就。有十一面观自在等八尊。此院表自他二利成就之德。

（12）外金刚部院（Upa-vajra），围绕于胎藏界曼荼罗东西南北四方外层，合四方共有二百零五尊，表随类应化之德与圣凡不二之理。此院诸尊包括极广，凡一切经典中所说的诸天神等，乃至世人所信奉的外道五通仙围陀事火之类，都可列入。如《大日经疏》卷六所谓："凡此等诸尊若余经中具说形相者，亦可依彼图画入曼荼罗中……其山海河池、林树谷药、城邑道路等神，各以本名为标帜相，山神坐山，河神在河，其树药等或手执持，或依其上，当以义类推之，华严中更有足行神、身众神……当知毗卢遮那普门身中纯是杂类鬼神傍生等，图中无别名相者，多在其中，所摄最多也。"①

除上述十二院外，其四围尚有四大护院，通常略而不具。于十二院中，中台为佛部，观音院为莲华部，金刚手院为金刚部，遍、释、文、持、虚、苏六院属佛部，地藏院属莲华部，除盖障院属金刚部，外金刚属三部。《大日经》的中心教义，就是"菩提心为因"、"大悲为根"、"方便为究竟"三句，胎藏界曼荼罗的组织系统即是依据这三句的意旨，以中台八叶院为中心，构建出三重曼荼罗。对此，一行《大日经疏》卷三有明确的解释："从佛菩提自证之德现八叶中胎藏身，从金刚密印现第一重金刚手等诸内眷属，从大悲万行现第二重摩诃萨埵诸大眷属，从普门方便现第三重一切众生喜见随类之身。若以轮王灌顶方之，则第三重如万国君长，第二重如朝廷百揆，第一重如宗枝内弼，中胎如垂拱之君……若自本垂迹，则从中胎一一门各流出第一重种种门，从第一重一一门各流出第二重种种门，从第二重一一门各流出第三重种种门。若行因至果，则第三重之所引摄成就能通第二重，第二重之所引摄成就能通第一重，第一重之所引摄成就能见中胎藏。"②

① 一行：《大毗卢遮那成佛经疏》卷六，《大正藏》第39册，第642页上。

② 《大正藏》第39册，第610页中。

三　《大毗卢遮那成佛神变加持经》与真言乘的成立

在印度佛教史上，《大毗卢遮那成佛神变加持经》及其所弘宣的胎藏界密法具有至关重要的意义。此经的形成与出现被视为佛教秘密修行法门独立的标志。它以真言道为修证法门，有别于以往大乘显教的六度修证法门，故被称为真言道（Mantranāya）或真言乘（Mantrayāna）。因此，《大日经》所宣讲的胎藏界密法又称真言密教、真言乘，修行此法的人称为“真言行人”、“真言行者”、“真言门行者”、“真言门菩萨”等，故知真言密教、真言乘乃是因其修行方式而立名的。既然以修行方式立名，那么真言也就成为了解此种密法的关键所在。

《大日经》第一卷述本经义旨，包括“入真言门住心品”与“入曼陀罗具缘真言品”，亦以“真言”立名。何谓真言？一行在“入真言门住心品”解题中讲得很清楚：

> 入真言门住心品者，梵本具有二题，初云修真言行品，次云入真言门住心品。窃谓入住之义以兼修行语，故离烦文但着其一。真言，梵曰漫怛椤，即是真语、如语、不妄不异之音，龙树《释论》谓之秘密号，旧译云咒，非正翻也。此品统论经之大意，所谓众生自心，即是一切智智，如实了知，名为一切智者。是故，此教诸菩萨，真语为门，自心发菩提，即心具万行，见心正等觉，证心大涅槃，发起心方便，严净心佛国。从因至果，皆以无所住而住其心，故曰入真言门住心品也。入真言门略有三事：一者身密门，二者语密门，三者心密门。①

据一行释文可知，真言指的是真实而不虚妄的言辞，以此为法门，通过身、语、心的修行，可以发起修行者本具的菩提心，而达到速疾成佛的神奇功效。上文所说的“漫怛椤”，即梵语中的 mantra 一词，其词根为 √man，原意为思维、思想、思念，后缀 -tra，意为工具、器具，合起来意为“用来思维的工具”，正与现代语言学把语言定义为思维的工具契

---

① 《大毗卢遮那成佛经疏》卷一“入真言门住心品第一”，《大正藏》第39册，第579页中。

合。从一行的解释中还可以看出，真言与大乘经典的咒语、陀罗尼等在意思上有些接近，因为三者都是通过神秘、深奥言辞的念诵而获得某种业力，所以后来人们也常把真言称为咒陀罗尼。其次，真言法门包括三项内容的修习，即身密门、语密门与心密门。身密门即“身平等之密印”，语密门即“语平等之真言”，心密门即“心平等之妙观”，此处所说的“平等”实即暗含了真言行者与大毗卢遮那佛的平等无差别。在三事之中，仍然强调的是作为语密的真言。

在《大日经》中，真言的类别甚为繁杂，据作真言密语者的身份，可分为如来说、菩萨金刚说、二乘说、诸天说、地居天说五种；前三种为圣者真言，后两种为诸神真言。据修习、供奉的本尊类别，以及真言中涉及的名义境界，可分为佛部、莲华部、金刚部三部。除上述分类外，《大日经》卷二“入曼荼罗具缘真言品第二之余”则据真言中出现的关键词来区别其持诵者与功用：

> 若唵字吽字，及与泼磔迦，或颉唎媲等，是佛顶名号。
> 若揭嘌佷拏，佉陀耶畔阇，诃娜摩啰也，钵咤也等类，
> 是奉教使者，诸忿怒真言。若有纳么字，及莎缚诃等，
> 是修三摩地，寂行者标相。若有扇多字，微戍陀字等，
> 当知能满足，一切所希愿，此正觉佛子，救世者真言。①

以上述分类法为基础，《大日经》又承袭大乘显教经典中常用的借根本梵字诠表教理的方法，使每一个根本字都可以诠表相应的法门或义理，修行者以此根本字母为门，即可悟得诸法实相，是所谓“入字门”，经文中又称为“真言道”或“真言教法”：

> 秘密主！云何如来真言道？谓加持此书写文字。秘密主！如来无量百千俱胝那庾多华经劫积集修行真实谛语、四圣谛、四念处、四神足、十如来力、六波罗蜜、七菩提宝、四梵住、十八佛不共法。秘密主！以要言之，诸如来一切智智，一切如来自福智力、自愿智力，一

① 《大毗卢遮那成佛经》卷一“入曼荼罗具缘品第二之余”，《大正藏》第18册，第9页下。

切法界加持力，随顺众生，如其种类，开示真言教法。云何真言教法？

谓阿字门，一切诸法本不生故。

迦字门，一切诸法离作业故。

佉字门，一切诸法等虚空不可得故。

……

娑字门，一切诸法一切谛不可得故。

诃字门，一切诸法因不可得故。

秘密主！仰、若、拏、那、么于一切三昧自在，速能成辨诸事，所为义利皆悉成就。①

以上述二十九个根本字为门，即可以悟得不同的义理，而这些义理又都与四圣谛、四念处、四神足、十如来力、六波罗蜜、七菩提宝、四梵住、十八佛不共法等法门名相相通。

真言密教的修行法门包括三事，即身平等之密印、语平等之真言、心平等之妙观，是所谓身、口、意三密。非常有意思的是，其中的每一种修法都涉及梵字，不管是身作印契，还是口诵真言，乃至心作妙观，都把真言梵字作为其重要事项，使梵字在真言密法中兼具了不同的形态与功用。

（一）身密——布字于身

《大日经》卷五有“布字品”，所述法门是将根本字、增加字与加点字依次布列于身，其文云：

尔时，世尊复告金刚手言：

复次秘密主，诸佛所宣说，安布诸字门，佛子一心听。

迦字在咽下，佉字在腭上，誐字以为颈，伽字在喉中。

……

缢伊在二眦，坞乌为二唇，翳蔼为二耳，污奥为二颊，

暗字菩提句，恶字般涅槃，知是一切法，行者成正觉。

① 《大毗卢遮那成佛神变加持经》卷二“入曼荼罗具缘真言品”，《大正藏》第18册，第10页。

一切智资财，常在于其心，世号一切智，是谓萨婆若。①

布字于身实际上是基于《大日经》中宣扬的修行者与本尊平等无二、即身即佛的观念，也就是后来空海所说的“即身成佛义”。修行者将诠表诸法实相的梵字布列于身，也就意谓这些梵字诠表的诸法皆备于其身，从而具有了一切如来种种功德。如“阿”字表菩提心义，是一切真言法教之本，故将此字布于心上。其法为：

先观其心，八叶开敷，置阿字其上，此阿即有圆明之照也。将行者染欲之心与真实慧心而相和合，即同于真而共一味也。②

阿字表菩提心，把此菩提心同自心相和，即可使自心同如来的真实慧心相和合。其他字母亦准此法，最终达到自身与佛身等同，成就、具足一切功德。如前所述，三密法门的修行，相互之间并非孤立，因而布字于身并非仅关身密一事，在布字时，同样还要需口诵密语，心存妙观。

（二）语密——字轮真言

真言法教中，能诠表诸法实相的根本字称为字门，把诸字门逆次旋转布列，辗转相释，其意义即可通达无碍，此即为字轮。称为“轮”是取其旋转相生之义。与字门一样，字轮也是真言法教中的一项重要内容。《大日经》卷五有“字轮品”，专述字轮事。

从其功用来看，真言密教中的字轮是一种即身成佛的法门，被称为“遍一切处法门”。“于是中间所有一切自利利他种种事业，由入此法门故，一切皆得成就，无有罣碍。”③

真言密教中的字轮共有五种，第一种为“阿字轮”，“阿”字在《大日经》中被作为菩提心体，因而以它为中心的字轮又叫作“阿字菩提心轮”。“阿字菩提心轮”以“阿”字为中心，然后依次布列“阿”字之外的二十八个智慧字，这二十八个字皆是男声。从此“阿”字生出长阿（ā）、暗（aṃ）、恶（aḥ）、长恶（āḥ）四字，被称为大悲胎藏之叶，这

---

① 《大毗卢遮那成佛神变加持经》“布字品”，《大正藏》第18册，第38页下。

② 《大日经疏》卷十七，《大正藏》第39册，第755页中。

③ 《大日经疏》卷十四，《大正藏》第39册，第722页下。

四个字都是“阿”字的变体；又从此四字分别转生迦等其他字，由此成四种字轮，即“长阿字轮”、“暗字轮”、“恶字轮”、“长恶字轮”。

《大日经》把涉及字轮的内容称为观字轮，意谓字轮的修行方式是通过修行者的观想存念而完成的：

> 复次，世间持诵品中先观圆明中，有环绕真言字轮（头尾），念诵时，从初字，于口中入，流入身中，犹如入息，周遍身分，此是如来自在神力之所加持，如是念者，能除众生一切业垢也。如是遍身已，还从口出，入尊足下，遍至本处，如是一一字流入之时，以次字即相续不断，次第连环也。若初学人，恐心散乱，不能如是成者，当只观种子字，如前作之，乃至心串习渐加字也。①

字轮的修行既然是以观想的方式完成的，修行境界的高低自然也就与修行者观想入定的程度密切相关，因而，初学者只能先观想单个的种子字，待达到一定境界后，再观想字轮。由此看来字轮真言实际上是以语密为切入点，进而调动身密，以达致意密的真言法门，仍然是三密相互加持，互相成就。取其为轮，除了字义上旋转无碍，互入互即外，亦包含身、语、意三密之间的相互轮转，圆融无碍。

（三）意密——现字形

布字于身与观想字轮都是借梵字以明法门义理，在《大日经》中的修行法门中，还有一通过字义的观想而逆观字形，进而观想本尊形相及其功德，以速疾成佛的法门，即本经卷第六“百字成就持诵品”所讲的“现字形”：

> 秘密主，如是阿字住于种种庄严，布列图位，以一切法本不生故，显示自形。
>
> 或以不可得义，现嚩字形。
>
> 或诸法远离造作故，现迦字形。
>
> 或一切法等虚空故，现佉字形。
>
> 或行不可得故，现誐字形。

① 《大毗卢遮那成佛神变加持经》卷十一，《大正藏》第18册，第692页下。

……

秘密主，随入此等一一三昧门，秘密主，观是乃至三十二大人相等，皆从此中出。仰、壤、拏、曩、莽等于一切法，自在而转，此等随现成就三藐三佛陀随形好。①

此中所列字形有二十八个。另外据一行的释文还应有四个，但释文并未明言，未详所指。这样，把前后各字加起来就有三十二个，正可与佛陀的三十二相对应。从另一个角度考虑，对字形的观想其实是对一种文字曼荼罗的观想，在《大日经》中，这种法门又称为“转字成身法”。

在《大日经》所代表的真言密教中，真言梵字在胎藏界密法的修行中至关重要，它不仅是构成真言的基本要素，更是理解真言甚深秘义的关键，而且也是真言密教中身、口、意三密修行的内容与基础。这种密法中的梵字在承袭了大乘显教经典十四音、四十二字门等陀罗尼字门的基础上，更进一步立足于本宗的教义，将梵字分为根本字、增加字与加点字三类，每一类都隐含了本宗特有的深秘义，并在此基础上做更为繁复的演绎、密化。

《大日经》把胎藏界真言密法的根本要义概括为：“菩提心为因，大悲为根本，方便为究竟。”如果从真言的角度来考虑，它诠表的是一个以由真言声字构成的符号世界，菩提心即种子字阿字，代表大日如来本尊，也是指修行者心中的成佛种子。大悲为根本，是取其长养义，如同胎藏或生长发育的土地，即修行者所处的整个曼陀罗世界，此曼陀罗既可为本尊形相，亦可为由梵字组成的文字曼陀罗。方便为究竟意味着种种真言密语与表菩提心的阿字轮可以互即互入。换言之，在真言密教中，梵语声字不仅可以常住不灭，而且可以与大日如来互即一如，所谓声字即实相，是为真言乘成立的基础。

四　胎藏界密法的弘传

海云《两部大法相承师资付法记》下“略叙传大毗卢遮那成佛神变加持经大教相承付法次第记”载善无畏述胎藏秘法传承云，此法初从毗卢遮那佛付嘱金刚手菩萨，金刚手菩萨经数百年传付中印度那烂陀寺达磨

① 《大毗卢遮那成佛神变加持经》卷六，《大正藏》第18册，第41页。

掬多阿阇梨，达磨掬多阿阇梨次付善无畏。毗卢遮那佛与金刚手菩萨都是《大日经》中的主尊，未必实有其人。因此，将胎藏界密法公之于世者当是那烂陀寺的达磨掬多阿阇梨。达磨掬多（Dharmagupta，法护）其生平不详，《宋高僧传》卷二“善无畏传”称：“寺有达摩掬多者，掌定门之秘钥，佩如来之密印，颜如四十许，其实八百岁也。玄奘三藏昔曾见之。畏投身接足，奉为本师。”① 由此可见，《大日经》及胎藏界密法是从中印度那烂陀寺发源的。

（一）善无畏对胎藏界密法的传播

承达摩掬多之教，善无畏对《大日经》及其密法的弘传颇有其功。

善无畏（Śubhakarasiṃha，637—735）是中印度人，其祖先出自中天竺，因国难分封到乌荼国为王，其父曰佛手王。善无畏生而有神姿，德才兼具，10岁能统领军队，13继承王位，深得军民拥戴。后将国王之位让于兄长，自己出家修行佛道。先南至海滨，遇殊胜招提，得法华三昧。又寄身商船，游历海岛诸国，常密修禅诵，多见灵异，据说他曾讽诵真言，感得七俱胝尊（Sapta-koṭi-buddha-mātṛ）现身相。后来，善无畏又转至中天竺某国弘扬正法，使此国风习大变。此后，善无畏来到那烂陀寺，从该寺大德长老达摩掬多受教，学习总持瑜伽三密教，受诸种印契，得传法灌顶。从达摩掬多受持密法之后，善无畏曾在中印度一带弘宣佛教正法。当时印度五天之地，印度教等外道势力正处于蓬勃发展时期，善无畏依据其所学对诸外道多有摧伏。后来，他又到了迦湿弥罗国，受到小乘学僧的礼敬，又到过乌苌国，为突厥王庭讲授《大日经》教法，为可敦王授禅定密法。

在公元七八世纪之交，除了善无畏之外，弘扬《大日经》胎藏界密法者鲜有其人，故海云《两部大法相承师资付法记》上载：“时三藏金刚智知中天竺国无畏三藏解大毗卢遮那教，叹言此法甚深难逢难遇，昔于南天竺国闻有大毗卢遮那教名，遂游五天访求都无解者。今至大唐喜遇此教，遂请无畏三藏求授大毗卢遮那大教。”②

另外，《开元释教录》卷九载：“曩时沙门无行西游天竺，学毕言归回，至北天不幸而卒，所将梵本有敕迎归，比在西京华严寺收掌。无畏与

① 《大正藏》第50册，第714页下。

② 海云：《两部大法相承师资付法记》上，《大正藏》第51册，第784页上。

沙门一行，于彼简得数本梵经并总持妙门，先未曾译。至十二年随驾入洛，于大福先寺安置，遂为沙门一行译《大毗卢遮那经》。"[①] 后人或据此认为，《大日经》梵本是公元7世纪中期中国沙门无行于那烂陀寺所得。但细究起来，这一段文字记载得比较含混，并没有明确说《大日经》系无行所得还是善无畏亲自将来。结合《大日经》的实情来看，经文本身较为简略，善无畏如果不能对经中所涉及的教相与事相有精深的了解，很难准确地译出此经，更不能为一行讲述经文中涉及的诸种仪轨。

善无畏所译《大日经》梵本是否出自无行虽不能确定，不过无行对当时在中印度兴起的真言教法却颇为关注，《南荆州沙门无行在天竺国致于唐国书》有载云"近者新有真言教法，举国崇仰"[②]，可以如实地证明《大日经》所载真言教法在中印度蔚然兴起的情形。

值得一提的是，善无畏还擅长工巧艺术，相传他自制模型，铸造金铜灵塔，备极庄严。他所画的曼荼罗尤其精妙。他的这种能力与技巧也是印度密教修习者所具有的基本修养之一，是密教行者兼通教相与事相的明证。

（二）佛密对胎藏界密法的修持与传布

继善无畏之后，在印度传承《大毗卢遮那成佛神变加持经》及胎藏界密法者为佛密。

佛密（Buddhaguhya，佛陀瞿呬耶）为公元8世纪后半叶印度三大密教瑜伽部学僧，初从金刚手（Vajra-pāni）受教，精通事业、修行、瑜伽之三仪轨，并依瑜伽仪轨而得成就。多罗那他《印度佛教史》对佛密生平行迹的记载颇多神异之处，不过其中仍有真实的影子。相传佛密最初在婆罗奈斯（贝拿勒斯）以文殊师利（āryā-Mañjuśrī）为本尊修习密法，得其现身加持，身离一切疾病，行动轻便有力，智慧悦敏，具足神通。

又传佛密与佛寂（Buddhaśānti，觉寂）都是佛智足论师上半生的弟子，其时约在公元8世纪后半叶，正是怛特罗密法蓬勃兴起的时候。他们曾经共同修持，佛寂专意观修，并不置办各种法器与庄严之具，但他所获

① 《大正藏》第55册，第572页上。

② 《南荆州沙门无行在天竺国致于唐国书》一卷，日本入唐求法僧圆仁《入唐新求圣教目录》有载，圆仁曾将其写归日本，后日僧安然《教时义》卷三曾引用，惜其原稿已佚。转引自大村西崖《密教发达志》卷二"印度真言教法新兴"。

得的功德与佛密不相上下。

后来，他们同往普陀罗山（Potala）朝拜观自在，在山脚下见到一个老妇人在放牧大牛群，在山腰见到一个少女在放牧大羊群，在山顶也仅见到一尊观自在石像，此外再无灵异。佛寂依旧心怀虔敬，祈祷不止，获得能随意转变的无量神变和神通，了知此前所未学的法，证得本性等同虚空之义。佛密也如法祈祷，但心存疑虑，最终只得到足不触地而行的成就。当获知佛寂的成就后，佛密心生妒忌之念，连足不触地的成就也消失了，后经长时忏悔才得以恢复。后来，他们才知道老妇人牧牛实为多罗圣母（āryā-Tārā）对龙群说法，少女牧羊是毗俱胝佛母[①]为阿修罗与夜叉众宣教。到山下后，老妇人为佛密授记，让他到冈底斯雪山去修行。相传佛密承命赴冈底斯山，屡次亲见金刚界大曼陀罗，相传他能驱使一切非人为他做仆役，其业聚与各种成就都获得自在状态。

西藏的赞普赤松祖赞（Khri-srong-lde-bstan，742—797）听到佛密的名声，派人来迎请他，他没有应请赴藏弘法。至于其原因，或说是未获文殊许可，或说是年迈不能成行。不过，佛密曾为藏王派来的使者讲说事、行、瑜伽三部，其著作与所传教法得以在藏地流布。

据日本《东北目录》与《大谷目录》，藏文大藏经中的佛密著作有二十四种，包括疏释、论书与书翰三类，其中与胎藏界密法相关的著作有《毗卢遮那成道经疏》（*Vairocanābhisaṃ-bodhi-tantra-vṛtti*）、《毗卢遮那成道经集义》（*Vairocanābhisaṃbodhi-tantra-piṇḍārtha*）、《入怛特罗义》（*Tantrārthāvatāra*）。

从佛密的著述来看，他对当时流传的胎藏界与金刚界两种密法都做过修习与研究，尤其侧重于《大毗卢遮成佛神变加持经》及其教法的传承与修持。

《青史》认为西藏前弘期流传的密教经疏多出自佛密之手："事续部和行续部的诸密续，在西藏佛教前弘期中，是以阿阇黎桑杰桑哇佛密的释论为主要。其他班智达也根据佛密的释论来对于《妙臂》、《秘密总续》、《禅定后续》等，及行续部中的《毗卢遮那现证菩提续》等作讲解；诸译

① 毗俱胝佛母，又称毗俱胝观自在、毗俱胝天女等，胎藏界观自在院三十七尊中之一，以三目四手忿怒天女示现，毗俱胝（Bhṛkuṭi），义为皱纹，译曰瞋目，意指此菩萨从观音额上皱纹中生出。

师也都是掌握阿阇黎佛密的《摄义释论》和其说法来作著述；而且翻译出一部《金刚手灌顶续释》。"[①] 从《青史》所载，一方面可以看出佛密对前弘期藏传佛教影响之大；另一方面也可以看出，佛密所传密法与同时期汉地所译密典基本一致，都是以事、行两部密法为主。

另外，佛密又基于当时流传的各种秘密教法，将其分判为作部、行部与瑜伽三部，说明当时无上瑜伽部密法尚未独立，不过，从佛密著作中的称名来看，"怛特罗"一词已经出现在他的著作，这应该是密教经典开始怛特罗化的一个征兆或信号。

第四节　《金刚顶经》与金刚界密法的兴起

一　《金刚顶经》文献源流

约与《大日经》成立及传播的时间同时，在印度秘密佛教发展史上具有重要地位的《金刚顶经》也在公元七八世纪之交开始在南印度流传。根据目前现有的史料来看，《金刚顶经》最早是由唐开元年间（713—741）来华的南印度僧人金刚智传承的。海云《两部大法相承师资付法记》上"略叙《金刚界大教王经》师资相承付法次第记"记载其传承颇为详细：

> 三藏金刚智云：我从南竺国，亲于龙智阿阇梨边，传得此金刚界百千颂经。龙智阿阇梨自云：从毗卢遮那如来（小字注：即释迦如来是，此约法性身为名）在世，以此金刚界最上乘法，付属普贤金刚萨埵，普贤金刚萨埵付妙吉祥菩萨，妙吉祥菩萨复经十二代，以法付嘱龙猛菩萨（小字注：龙猛菩萨即龙树菩萨也。菩萨生时，于龙树下生，故名龙树也），龙猛菩萨又经数百年，以法付嘱龙智阿阇梨，龙智阿阇梨又经百余年（小字注：此二圣者道果成就，皆寿数百岁），以法付金刚智三藏。[②]

---

① 廓诺·迅鲁伯：《青史》，郭和卿译，西藏人民出版社2003年版，第七辑"密续部说规如何而来的情况"，第217页。

② 海云：《两部大法相承师资付法记》上"略叙《金刚界大教王经》师资相承付法次第记"，《大正藏》第51册，第783页下。

由此可见《金刚顶经》的最初传承是与几位大乘菩萨与阿阇梨相关的。推溯其源，金刚智认为此教法出自释迦牟尼之法性身毗卢遮那如来，其传承者普贤金刚萨埵、妙吉祥菩萨即普贤与文殊菩萨的密教化身，龙猛（Nāgārjuna）即大乘佛教最重要的论师龙树，龙智（Nāgabodhi）则是金刚智的师父，又是龙树的亲传弟子。通过这段记述，可以看出《金刚顶》的传承法系是：毗卢遮那如来（释迦牟尼佛法性身）—普贤金刚萨埵—妙吉祥菩萨—（中经十二代）—龙树—龙智—金刚智。这一法系的历史真实性自不待言，不过由此可以看出此教派认为金刚顶系密法亦出自释迦牟尼佛。在此教法的形成史上金刚智的付法师龙智应该是一个非常关键的人物，然因史料缺乏，其生平行迹难以稽考。

《金刚顶经》所传的教法称为金刚界法，其殊胜性与具体内容亦可从海云《两部大法相承师资付法记》卷上的记述中见出：

> 其有得传金刚界法者，顿见菩提，入曼荼罗，得授阿阇梨灌顶，如授法轮王位。此大教王名金刚界者，金刚者，坚固义也，以表一切如来法身，坚固不坏、无生无灭、无始无终、坚固常存，不坏也。界者，性也，明一切如来金刚性遍一切有想身中，本来具足圆满普贤毗卢遮那大用自性身海性功德。故修瑜伽者又以大乐普贤金刚欲箭三摩地，破彼无明住地二障种现及二乘种，摧碎无余，于一念顷证大日毗卢遮那位。此经又名金刚顶者，如人之身，顶最为胜，此教于一切大乘法中最为尊上，故名金刚顶。① 又，是金刚界光明遍照如来现等觉身，示现三密、五智，令一切有情证大圆镜智，成大菩提也。②

在传持《金刚顶经》之金刚界密法的僧徒看来，其教法于一切大乘法中最为尊上，功德最为殊胜。就其属性而言，此教法所述之金刚界或称金刚性，为毗卢遮那之自性身，亦遍于一切有想即有情身中，本来具足，常驻不变。其修习者入曼荼罗，得授阿阇梨灌顶，观想身、语、意三密，照见

① 原文中有小字注云："梵云嚩日噜（二合）瑟抳（二合）沙，此云金刚顶"，即梵文 Vajroṣṇīṣa，不过在《金刚顶经》的经题中通常作 Vajrasekhara，ūṣṇīṣa与 sekhara 皆有顶峰、高耸义。

② 海云：《两部大法相承师资付法记》上，《大正藏》第 51 册，第 784 页中。

五智，即大圆镜智、平等性智、妙观察智、成所作智、法界体性智，即可顿见菩提，成就自身所具之金刚法性。

依据金刚智所述，《金刚顶经》的梵文有广、中、略三本。其广本有无量百千数偈，不可称数，藏于南天竺国大铁塔内，抄录此广本的梵夹，广八九尺，高下五六尺。其真实性无可稽考。其中本则有十万偈，海云《付法记》称金刚智乘船来华时即携带此本，因在海上遭遇风暴，被迫投诸海中。后来，金刚智的弟子不空到锡兰求法时，又从南天竺普贤阿阇梨求得十万偈本，并携至中土。但从不空所传译的经典及不空的传记中，并没有明确说他曾将此十万偈本携至中土。海云的说法恐不足信。不空在赴锡兰、印度求法之后，曾著有《金刚顶经瑜伽十八会指归》对十万偈本的内容作了提要性的概述，内中依据十八处说法的地方，将《金刚顶经》分为十八会，每一会的说法地点有异，所述的内容亦各有不同。

从金刚智与不空师徒所传密法来看，公元8世纪印度流传的《金刚顶经》只是其十八会中的第一会之第一分，即《金刚顶经》"一切如来真实摄大乘见证大教王会"之"金刚界大曼拏罗广大仪轨分"。这一部分是整个《金刚顶经》的基础，是金刚界秘密佛法成立的根本经典，因此受到金刚智、不空师徒的重视，先后译出此经本。

金刚智译《金刚顶瑜伽中略出念诵经》四卷，或称《金刚顶瑜伽中略出念诵法》、《金刚顶略出念诵经》、《略出念诵经》、《略出经》，开元十一年癸亥（723）于资圣寺译出，系由《金刚顶经》中略出瑜伽秘要而成，故卷一开篇继归敬颂后，述云："我今于百千颂中，金刚顶大瑜伽教主中，为修瑜伽者，成就瑜伽法故，略说一切如来所摄真实最胜秘密之法。"[①] 经文分为序分及正宗分，卷一首揭归敬序，次明受法者资格、对入坛者之慰谕、作坛场所之选定、阿阇梨之所作及入三摩地法（诸作法、道场观、三十七尊出生等）。卷二明五相成身观及灌顶法。卷三述制作曼荼罗法、诸作法及三十七尊、一切成就三摩耶契法，以及总供养等。卷四述赞颂、念诵、别供养、入坛受法（受法者誓愿、阿阇梨劝谕、灌顶等），以及护摩（护摩坛及炉、供物、护摩木、诸作法及慰谕等）。总体来看，此译本对于灌顶等作法有较详细的记述。

① 金刚智译：《金刚顶瑜伽中略出念诵经》卷一，《大正藏》第18册，第223页下。

不空译《金刚顶一切如来真实摄大乘现证大教王经》（*Vajraśekharasarva-tathāgata-satya-saṃgraha-mahāyāna-pratyutpannābhisambuddha-mahā-tantra-raja-sūtra*）三卷本，又称《金刚顶大教王经》、《金刚顶经》、《教王经》等，译出时间在唐开元十二年（753）。此本是十八会初会——“一切如来真实摄大乘见证大教王会”的初品即金刚界品的翻译。略述金刚界如来入金刚三摩地、出生金刚界三十七尊、礼赞如来、建立金刚界大曼荼罗之仪则、引弟子入曼荼罗之法，以及羯磨曼荼罗、三昧耶曼荼罗、法曼荼罗等。此种译本因译文完备，通常作为金刚界密法的根本经典。

除此三卷本《金刚顶经》初品之初分外，不空译还译有多部与金刚界密法相关的经典与仪规。

（1）《金刚顶一切如来真实摄大乘现证大教王经》二卷四品，依次演述大曼陀罗、羯磨、三昧耶及供养四会，故分为四品。第一品深妙秘密金刚界大三昧耶修习瑜伽仪，述与承办大曼荼罗有关的事项与仪则，依次为净地、净三业、观佛、警觉、四礼、遍礼、发胜心、辟除结界、金刚掌、金刚缚、开户、入藏识、坚固、观普贤、极喜三昧耶、降三世、莲花三昧耶、法轮、大欲、大乐不空身、召罪、摧罪、净业障、成菩提心、五相成身、诸佛加持、四佛三昧耶、五佛灌顶、五佛系鬘、被甲、拍掌、现智身、见智身、四明、陈三昧耶、道场观、金刚轮、启请、开门、启白、弹指、赞叹百八名、四明、金刚拍、阏伽（argha，功德水）、振铃、八十九印诸事，这些事项构成了一个完整的构建大曼荼罗的过程。第二品金刚界大曼拏啰毗卢遮那一切如来族秘密心地印真言羯磨部，述五如来、四波罗蜜、十六尊、贤劫位、十六大名称等四十二印咒。第三品金刚界大曼拏啰毗卢遮那一切如来族秘密心地印真言三昧耶部，包括五佛、四波罗蜜、十六尊、八供、四摄等三十七印咒。第四品金刚界大曼拏啰毗卢遮那一切如来族秘密心地印真言供养部，说大日、金刚萨埵、金刚宝、金刚法、金刚业、心上金刚缚，以及右胁、额上、口上、右耳、左耳、顶后、香顶上、华右肩等身体部位，散花、烧香、灯诸事项，三昧耶宝、羯摩三昧耶、达摩三昧耶、宝幢三昧耶诸三昧耶，百字明、珠鬘加持、千转加持、羯磨拳、奉送、甲胄、被甲等总共四十一印咒。

除所涉真言外，《金刚顶一切如来真实摄大乘现证大教王经》通篇皆为偈颂体，讲诵修习金刚界瑜伽密法的修习与供养仪轨，广说行法、印咒，是一套比较完整的金刚界法仪轨则。

（2）《金刚顶莲华部心念诵仪轨》一卷，或作《金刚界仪轨》、《莲华部心念诵仪轨》、《莲华部心仪轨》、《莲华部心轨》、《莲华部仪轨》等，主要记述金刚界曼荼罗诸尊的念诵供养法，依照金刚界大曼荼罗的顺序，明示成身会、羯磨会、三昧耶会、供养会等诸尊的印契与真言。此仪轨与上述二卷四会的仪轨大致相通，只是在观想中，金刚以莲花的面目出现。

（3）《略述金刚顶瑜伽分别圣位修证法门》一卷，又作《金刚顶三十七尊分别圣位法门》、《金刚顶分别圣位经》、《分别圣位经》、《圣位经》，主要阐明密教金刚界五佛、四波罗蜜、十六大菩萨、四摄、内、外四供养等三十七尊出现之相，以及由其加持而证成之义。经中指出如来有四种法身，即自性身、受用身、变化身与等流身。其受用身具四智，包括大圆镜智、平等性智、妙观察智与成所作智。由此四智流出四方四佛，乃至种种三摩地流出十六大菩萨、四波罗蜜、四摄、八供，此三十六尊皆同自性身。发菩提心由阿闳佛加持，证菩提心由宝生佛加持，受法王位由观自在王加持，能说法门由不空成就加持，又有金刚波罗蜜等加持，而证得大圆镜智等四智。如来原以三十七内证无上金刚界分智加持，顿证佛身，因此大日如来与三十六尊可互为能所、因果，大日光明又流出贤劫十六尊及八方等内外大护，以为窣堵波阶级，乃成如来全身。文中明确指出，三十七尊与显教之三十七菩提分法相应，故知三十七尊之教理与名数乃出自显教。

（4）《金刚顶经金刚界大道场毗卢遮那如来自受用身内证智眷属法身异名佛最上乘秘密三摩地礼忏文》一卷，又名《金刚顶瑜伽三十七尊礼》、《三十七尊礼忏文》，内容为归命三十七尊，然后是至心忏悔颂、至心欢喜颂、至心劝请颂、至心回向颂，最后为归命大日如来佛。

二　金刚界密法与金刚界曼荼罗

结合金刚智、不空翻译的相关经典与不空《金刚顶经瑜伽十八会指归》来看，公元8世纪流行与传承的金刚界密法是基于《金刚顶经》之初会“一切如来真实摄教王”（Sarva-tathāgata-tattva-saṃgraha-nāma-Mahāyāna-sūtra）的初品——金刚界品而成立的。此法门称为金刚界密法，是取金刚之坚固义，表示此如来法身坚固不坏、无生无灭、无始无终、坚固常存不坏。界(dhātu)即性，明一切如来金刚性遍一切有，观想自身本来具足圆满毗卢遮那功德。因此，修瑜伽者以大乐普贤金刚欲箭三摩地，破彼无明住地二障种现及二乘种，于一念顷证大毗卢遮那位。

金刚界法门，又称瑜伽教，或被冠以“极无有上者”(anuttara)、“大教王”(Mahā-kalpa-rāja/Mahā-rāja-tantra)等名目，这是因为“显教心地唯明理观，今此瑜伽教通理、事二门，住金刚界，一念相应，便登正觉”①。凡传金刚界法者，能顿见菩提，入曼荼罗，得授阿阇梨灌顶，如授法轮王位。

日本学者山田龙城认为，以菩提心为核心，趋向五阶段成佛之道的“五相成身”是此经的主旨，为完成此种修行而宣说诸尊大曼陀罗，诸尊三昧耶真言，诸尊的名号、真言、种子，以及诸尊利他活动的四种曼荼罗等事项是此经的特色。② 其中，金刚界曼荼罗居于其核心位置。

金刚界曼荼罗(Vajra-dhātu-maṇḍala)由九个小型曼荼罗组成，故又称九会曼荼罗、金刚界九会曼荼罗，即九种曼荼罗的集合(parṣad)。金刚界曼荼罗是金刚界的大日如来最初为金刚手、观自在等十地菩萨在色究竟天宫示现。为了摄取此会所遗漏的根机，又下降到须弥顶重为示现，其构造完全等于色究竟天和须弥顶的式样，完整地再现了当时集会的情形。

在九会曼荼罗中，前七会对应于《金刚顶经》初会四大品中的“金刚界品”所说的六种曼荼罗，即金刚界曼荼罗、金刚秘密曼荼罗、金刚微妙曼荼罗、金刚事业曼荼罗、最上四印曼荼罗、最上萨埵曼荼罗，最上萨埵曼荼罗又分为两种，即一印会与理趣会，成第六、七两会。前六会为大日如来之自性轮身，第七会属于以正法化人的正法轮身曼荼罗。后二会对应于上述四大品中的降三世品，此品也分为两种，成九会的第八、九会，为大日如来之教令轮身。

金刚界曼荼罗以上端为西方，下端为东方，左南右北，纵横等分为三，共有九会。以居于中央的成身会为始，向下至第二三昧耶会，然后呈顺时针旋转，至东北隅的第九会。从其所代表的法轮身来看，就是按照自性轮身、正法轮身与教令轮身的顺序，表示大日如来为化济众生，以三种

① 海云:《两部大法相承师资付法记》上，《大正藏》第51册，第784页上。

② 山田龙城:《梵语佛典导论》“行瑜伽类”，张曼涛主编《世界佛学名著译丛》第79册，台北:华宇出版社1989年版，第451页。

轮身示现，按照从果向因的顺序，构建出此九会曼荼罗。如果相反的顺序，从东北隅的第九会开始，就成了从因向果的上转门，表示菩萨修行成佛的次第与过程（见图2—2）。

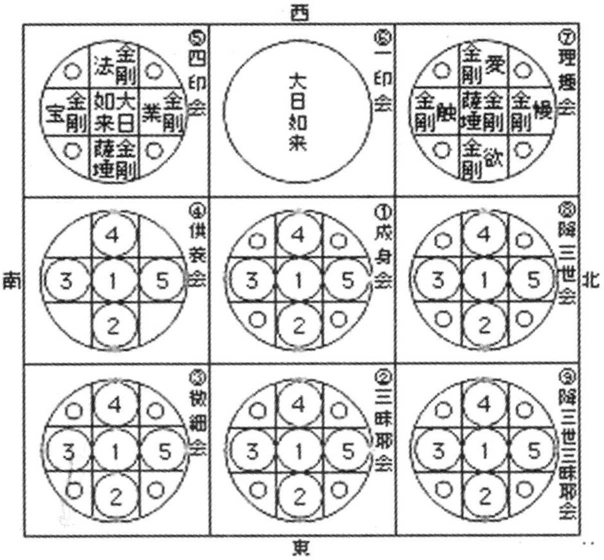

图2—2　金刚界九会曼荼罗示意图

在金刚界九会曼荼罗中，第一为成身会（Kāya - sāddhana - parṣad），又叫羯磨会，位于九会曼荼罗的中央，是经文中所说的六种曼荼罗中的第一金刚界曼荼罗，为金刚界九会曼荼罗的根本，属四种曼荼罗中的大曼荼罗。真言行者观想这里面所画的本尊容貌相状，可以成就自身的佛果，所以叫成身会。又因为此会所表示诸尊的威仪事业与相互供养事业，故又称为羯磨会。

成身会的中央是大金刚轮，表示五佛所住的宝楼阁。四方四佛的两侧以金刚杵间隔，共有八根，表示楼阁的八柱。八柱围绕的内侧有五个月轮，表五佛的解脱地，称为五解脱轮。五解脱轮中又各有五月轮，内各有莲花，表本有功德。莲花上住有五佛、四波罗蜜、十六尊等。大金刚轮四隅的外侧支撑宝楼阁的是地、水、火、风四大天神。在大金刚轮与四大天神之外的四围为贤劫千佛等，集于宝楼阁的廊庑。此会的最外一重是外金刚部，其四围各有五部天尊，加起来共有二十，成二十护世天。

成身会曼荼罗的诸尊有一千零六十一之多，但一般只讲其中的三十七尊，称为金刚界三十七尊。此三十七尊的关系始于中央的大日如来，即中央法界体性智的大日如来，由四智流出四方四佛，大圆镜智现东方阿閦佛，平等性智现南方宝生佛，妙观察智现西方弥陀佛，成所作智现北方不空成就佛。此四佛又流出各自四方的四亲侍，共有十六大菩萨，称为慧门（男形）十六尊。同时，四方四佛为供养（puja）中央大日如来，于大日如来四方现出四波罗蜜女菩萨围绕，表示四智摄归总体。大日如来为酬答四佛的供养，又于四方四佛之侧，现出嬉、鬘、歌、舞四天女，表示心王翼赞四智。四佛更欲酬答大日，故于第二重四隅示现香、花、灯、涂四天女，表四智胜妙精进。大日如来为增加威光，又于四方四门示现钩、索、锁、铃四摄天女，表摄召一切众生。此四摄、八供及四波罗蜜，称为定门（女形）十六尊。定慧各十六尊，加五佛，共称三十七尊，此三十七尊，本为金刚界如来一法界身所现，所以相互供养者，表示佛作佛业，所以称为羯磨会。

第二三昧耶会（Samaya-parṣad），在九会的东方，属四种曼荼罗中的三昧耶曼荼罗，它以塔、杵、珠、刀、剑等标帜，象征成身会的本尊形象。其中央月轮中安置由璎珞、风轮等庄严而成的多宝塔，象征大日如来之三昧耶身，塔身下横置五股金刚杵，代表五智显现之三昧耶形。四方四佛之三昧耶形依次为，东方阿闳佛为竖金刚杵，南方宝生佛为宝珠，西方阿弥陀佛为莲花，北方不空成就佛为羯磨杵。其余十六大菩萨、八供养菩萨、四摄菩萨等，亦各皆以三昧耶形表示，也有三十七尊，位置大致与成身会相同。

第三微细会，又称金刚微细会（Vajra-sūkṣma-parṣad），在东南方，属于四种曼荼罗中的法曼荼罗，其结构形制与成身会基本相同，不过各尊都画在三股金刚杵里面，三股表事业成就义，故曰羯磨。其相微细，无心佛众生差别，且一尊具足诸尊之德，表示诸尊各具五智无际智等重重微细之智用。

第四供养会，又称大供养会（Mahā-puja-parṣad），在南方，属四种曼荼罗中之羯磨曼荼罗，因诸尊呈现供养义，所以叫供养会。在三十七尊中，除五佛外，其余诸尊皆左手作拳，右手持莲花，其上安置三昧耶形，即诸尊皆捧其三昧耶形于莲花，供养心王大日如来。

第五为四印会（Catur-mūdra-parṣad），在西南方，综合上面四种曼荼罗，使不相离，所以叫四印会。其中央为大日如来，东西南北四方各安置金刚萨埵、观自在、虚空藏、毗首羯磨四尊，大圆轮四隅安置四波罗蜜菩萨之三昧耶形（五股杵、宝珠、莲花、羯磨），及金刚嬉、鬘、歌、舞四菩萨之三昧耶形（三股杵、花鬘、箜篌、羯磨）。图中之大日如来象征四曼之所依，四波罗蜜菩萨则依次象征四曼，共有十三尊。

第六一印会（Eka-mūdra-parṣad），在西方正中央，仅有大日如来法身一位本尊，表四曼会归一实之义。大日如来安坐于大月轮，头戴五佛宝冠，身着白色天衣，住于智拳印中，象征五智圆满独一法身之义。

第七理趣会（Naya-parṣad），亦名正法轮身曼荼罗，在西北方，大日如来现金刚萨埵之身，以正法广济众生，是名正法轮身。其中央为头戴五智宝冠的金刚萨埵，四方安置欲、触、爱、慢四金刚，四隅安置意生、计里吉罗、爱乐、意气四金刚女。外院安置四摄菩萨及金刚嬉、鬘、歌、舞内四供养菩萨。不过，此会内外四供养菩萨的位置与其他诸会相反，表示内外无碍融会贯通义。此会有十七尊。

第八降三世会（Trailokya-vijaya-parṣad），又称降三世羯磨会，在北方中央，属四种曼荼罗中的大曼荼罗，内中诸尊皆现忿怒相，表示降伏三界（欲界、色界、无色界）三毒（贪、瞋、痴），祛除迷妄、烦恼，使成正觉，故名降三世。此会表示大日如来现忿怒身以降伏刚强难化众生，如大自在天之流。会中中央大日如来住于智拳印，示现降伏四魔之形，四方四佛及十六大菩萨亦交拳现忿怒相。其金刚萨埵呈现三面八臂的降三世忿怒明王相，足踏大自在天（Maheśvara）与乌摩妃（Umà），二者象征有碍涅槃的烦恼障与有碍菩提的所知障。外金刚部的四隅安置金刚夜叉、军荼利、大威德、不动四大明王，或有说是安置色、声、香、味四明妃。此会共有七十七尊。

第九降三世三昧耶会（Trailokya-vijaya-samaya-parṣad），在东北方，与降三世会同。但此会画降三世的三昧耶形，表大日如来降伏大自在天的本誓（Samaya，三昧耶）之义。大自在天象征根本无明，故此会表示，以自性清净之智光，驱除行者心内尘垢。

按照汉地所传金刚智、不空等人的解释，金刚界曼荼罗是始觉上转的法门，它可以转因位之九识，成果上之五智，所以建立五部：中央法界体性智，以大日为主，属于佛部；南方平等性智，以宝生为主，属宝部；西方妙观察智，以弥陀为主，属莲花部；北方成所作智，以不空成就为主，属羯磨部；东方大圆镜智，以阿闳为主，属金刚部。按照由因向果的顺序，第一莲花部是众生本有清净菩提心，在生死泥中不染，犹如莲花出在污泥，故名莲花部。第二金刚部是众生在自心之理的处所，同时又具有坚固不坏的智慧、能破烦恼，犹如金刚不坏，能坏一切。第三佛部上面的理智二德，在凡夫时作用未显，入佛果后理智显现，觉道圆成，故名佛部。第四宝部在佛的万德圆满中，福聚无边，故名宝部。第五羯磨部，佛为众生成办一切慈悲事业，故名羯磨部。[①]

三　金刚界密法的传承

按照海云《两部大法相承师资付法记》的记载，《金刚顶》的传承法系是毗卢遮那如来（释迦牟尼佛法性身）—普贤金刚萨埵—妙吉祥菩萨—（中经十二代）—龙树—龙智—金刚智。但作为真实的历史人物，最早传承金刚界密法者当从金刚智开始。

（一）金刚智

最早传习金刚界密法者是公元8世纪初来华的金刚智（Vajrajñāna，661—732），他是南印度摩赖耶国（Malaya，光明国）人，属婆罗门种，相传其国距观自在宫殿补陀落山很近。据其及门弟子吕向记载，金刚智本为中天竺国刹帝利王伊舍那鞢摩第三子，来中国后，因为南天国将军米准那推荐，才自称为南天竺人。10岁时（671），金刚智于那烂陀寺出家，依寂静智（Santa-jñāna）学声明论。15岁时（676），往西天竺国，学法称论；四年后（681），又回到那烂陀寺。20岁，受具足戒，学大小乘律六年。后来又学习南宗[②]《般若灯论》、《百论》、《十二门论》。28岁时，金刚智于迦毗罗卫城，就胜贤论师学《瑜伽论》、《唯识论》、《辩中边论》三年（689—692）。从其早年求学经历来看，金刚智对大乘中观学与唯识学皆做过精深的研求。

31岁时，金刚智至南天竺，相传他师事龙树弟子龙智，学习《金刚顶瑜伽经》及毗卢遮那总持陀罗尼法门，诸大乘经典并五明论，受五部

① 中国佛教协会编：《中国佛教》（四）“金胎两部”条。

② 此处所讲的“南宗”不知何意，待考。

灌顶。按时代计算，假若其时龙智果真在世，当已有七百岁高龄。无论如何，南天竺之行，金刚智得以通达诸佛秘要之藏。七年后（698），金刚智回到中天竺，巡礼如来八相灵塔。

后来南天竺大旱三年，波罗瓦国（Pallava）国王捺罗僧伽补多靺摩（Narasimha-pota-varman）遣使迎请金刚智，在王宫中建立灌顶道场请雨。很快，天降甘霖，国王及诸臣深受鼓舞，为其营造寺庙。金刚智驻锡此地三年，弘宣其密法。在此期间，金刚智屡示神通，深受当地信众推许。相传此国南毗邻大海处有观自在菩萨寺，寺院旁边有尼枸陀树，先已枯萎。金刚智七日断食行道，使此树重新吐绿，并感观自在菩萨示现，令其至师子国瞻礼佛牙，登楞伽山礼拜佛迹，然后往中国礼谒文殊师利菩萨。

从金刚智在南天竺的这段传奇记载，可以推知当时师子国应为一重要的佛教中心，而且其秘密佛教颇为发达，所以才有后来金刚智嘱不空来师子国重新求取密法的事情发生。金刚智弟子道俗八人，往师子国至楞伽城，深受王臣四众礼敬，寻往无畏王寺顶礼佛牙，当其持香花供养时，感得佛牙放光。在无畏山寺住半年，金刚智即巡礼当地的佛眼塔，经七宝山城，取道东南，往楞伽山。其时楞伽山属噜呵那国，国王先信小乘，金刚智为其讲解大乘性理，使其改宗大乘。相传楞伽山多猛兽，师子、毒龙、野人、罗刹、黑风、苦雾，常守护此山上珍宝，金刚智焚香顶礼，发弘誓愿，辗转多日，始至山顶，得见佛足灵迹。

一年后，金刚智返至南天竺，再受国王奉养。不久之后，金刚智即发愿赴中国礼拜文殊，国王即遣将军米准那奉大般若波罗蜜多梵夹、七宝绳床、七宝金钏、宝钿耳珰、杂物衣甲、彩绁、沈水、龙脑、诸物香药等南天竺方物，取海道赴中国。

唐开元八年（720），金刚智初到东都洛阳，十一年（723）始从事佛经翻译，先在资圣寺译出《金刚顶瑜伽中略出念诵法》四卷及《七俱胝陀罗尼》一卷。

开元十八年（730），金刚智又于大荐福寺译出《观自在如意轮菩萨瑜伽法要》、《金刚顶经曼殊室利菩萨五字心陀罗尼品》各一卷，次年又译出《金刚顶经瑜伽修习毗卢遮那三么地法》、《千手千眼观世音（观自在）菩萨大身咒本》、《千手千眼观自在菩萨广大圆满无碍大悲心陀罗尼咒本》、《不动使者陀罗尼秘密经》。

另有两部题为金刚智翻译的经典，即《千臂千钵曼殊室利经》十卷与《金刚峰楼阁一切瑜伽瑜祇经》。唐圆照《大唐贞元续开元释教录》卷下、《贞元新定释教目录》卷一都把《千臂千钵曼殊室利经》十卷作为金刚智所译经，且此经前的序言也称金刚智曾于开元二十八年译出《大乘瑜伽千臂千钵曼殊室利经》法教，并于天宝一年二月十九日“将此经梵本及五天竺阿阇梨书，并总分付与梵僧目叉难陀婆伽。令送此经梵本并书，将与五印度南天竺师子国本师宝觉阿阇梨”①，然其时金刚智已经圆寂，其说尚须作进一步探讨。

《金刚峰楼阁一切瑜伽瑜祇经》（*Vajra-śekhara-vimāna-sarva-yegayogi-sūtra*）二卷，经题金刚智译，或作不空译，从其体例与内容来看，此经更像出自不空之手。

全经分十二品。第一序品，叙述金刚界遍照如来与自性所成眷属三十六尊，共住于光明心殿，各说一字心真言。

第二，一切如来金刚最胜王义利坚固染爱王心品，述大日如来入马阴藏三摩地，说金刚染爱王之根本印及心真言，此真言为一切瑜伽中最尊最胜者，能令速获悉地。

第三，摄一切如来大阿阇梨位品，述如来复入一切如来眼色妙明照三摩地，说摄一切阿阇梨行位真言，诵此明言一日乃至一月，即可通达一切阿阇梨所修行法，得法性大日身。

第四，金刚萨埵冒地心品，说金刚萨埵菩提心明，每日持此真言七遍，即于现世代替诸佛救度有情，可亲近诸曼荼罗王。

第五，爱染王品，金刚手以偈颂说爱染王（Rāga-rāja）画像法、五修法密印，以及一字心印等。

第六，一切佛顶最上遍照王胜义难摧邪一切处瑜伽四行摄法品，金刚手说一切处无不相应真言，以四摄法（起慈、钩悲、引喜、嚩舍）广作利乐一切有情，坏二乘心。

第七，瑜伽成就品，金刚手说成就金刚萨埵，一字心大胜心相应真言，会中诸地菩萨各以神力、福德威光赞叹金刚手，时有一障者忽然而现，不久即作金刚萨埵形，遍身放光，照烛会中诸大菩萨，表障者即是菩

① 《大乘瑜伽金刚性海曼殊室利千臂千钵大教王经》卷一并序，《大正藏》第24册，第724页中。

提心之义。

第八，大胜金刚品，叙述遍照如来于顶上放金刚威怒光明，复现身手，具十二臂，持智拳印及十二大印，身住千叶大白莲华，即说大胜金刚顶最胜真实大三昧耶真言及根本印，其次说明四摄等八明，及五种瑜伽行相。

第九，金刚吉祥大成就品述佛眼尊真言（大咒），欲教授秘密法印，先当诵此真言一千遍，令一切诸佛菩萨金刚萨埵皆悉欢喜，又说其根本大印（五眼印），及一百八名赞、佛眼曼荼罗之图位等，又说大悲胎藏八字真言及印相，五大金刚虚空藏真言、画法，所用之珠、金刚线等。

第十，内护摩品，广明大阿阇梨所行内护摩法。

第十一，内作业灌顶品，说五部灌顶法，列举内护摩法及外护摩法所用的黑盐、黑沉香、黑华等护摩物。

第十二，金刚焰口品，述大焰口金刚夜叉法及其曼荼罗画法。

除了译出上述秘密佛教经典外，金刚智还在所栖止的寺院依法创建金刚界大曼荼罗灌顶道场，自作阿阇梨为诸信众及弟子灌顶。也就是说金刚智所传密法多系《金刚顶经》的节译。

唐开元二十九年（741），金刚智因病示寂于洛阳广福寺，时年71岁，敕葬于龙门。唐永泰元年（761）敕赠开府仪同三司，谥号“大弘教三藏”。

从金刚智的行迹来看，他在印度期间主要活动于南印度与斯里兰卡，传持的金刚界密法也是从南印度龙智阿阇梨处获得。

（二）不空对金刚界密法的传承

如同研究公元7世纪的印度佛教史离不开玄奘、义净等人的记载与佛经传译，探究公元8世纪的印度佛教状况，同样离不开到印度求取经法，回国后又大量翻译佛典的密教僧人不空。通过不空所译密教经典，可以看出公元8世纪中叶印度，尤其是南印度秘密佛教的发展情形。

公元742年，不空（Amoghavajra，705—774）率弟子含光等人以大唐使者身份到狮子国。狮子国王殊礼接待，安置于佛牙寺。自公元742—746年，不空在斯里兰卡与南印度一带，广求密教经典、仪轨与成就法，《宋高僧传》“不空传”载：“既达师子国。……空始见普贤阿阇梨，遂奉献金宝锦绣之属。请开十八会金刚顶瑜伽法门、毗卢遮那大悲胎藏建立坛法，并许含光、慧辩等同受五部灌顶。空自尔学无常师，广求密藏及诸经论五百余部，本三昧耶，诸尊密印，仪形色像，坛法幖帜，文义性相，无不尽源。”此后，不空广事搜求密藏和各种经论，获得陀罗尼教《金刚顶瑜伽经》等八十部，大小乘经论二十部，共计一千二百卷。[1] 回国时，狮子国王尸罗迷伽（Sīla-megha，戒云，719—759）请附表，并托献方物，不空即同使者弥陀携带献物和梵夹等返回唐朝。天宝五年（746），不空一行到达长安，初居于长安净影寺，从事翻译和开坛灌顶。在此后的二十余年中，不空的经历虽屡有浮沉，但其主要精力还是在于金刚界密法的弘传与佛典的翻译。唐肃宗乾元元年（758），不空上表搜求、整理梵文经夹，并翻译传授。蒙敕许可后，不空携众弟子始将长安慈恩、荐福等寺，洛阳圣善、长寿等寺，以及各县的寺舍、村坊所藏，前代玄奘、义净、善无畏、菩提流支、宝胜等人带来的梵夹集中起来，对其做了一次集中的整理与有选择的翻译。

据统计，不空前后翻译佛经有111部合140卷。其中，显教经典有13部合20卷，密教经典88部合120卷。在其所译密教经典中，属于金刚顶系统的有29部合33卷，胎藏系的有3部合3卷，持明系的有23部合31卷，以瑜伽密法改编的经法系有14部合14卷，陀罗尼系密典有12部15卷。[2] 就不空所译密教经典整体而言，其种类繁多，内容丰富，文体多样，涵括了胎藏界、金刚界、苏悉地、陀罗尼等不同教法的经典、仪轨与念诵法。不空的佛典翻译经可以概括为以下几点：其一，数量多、类型广；其二，把握秘密佛教发展中出现的新趋势，集中系统介绍大部《金刚顶经》中的教法；其三，全面、完整的翻译少，有选择的编译多，具有明显的实用性。

（三）因陀罗部底王

据藏文藏料记载，于公元8世纪上半叶传持密教法门的东印度因陀罗菩提也是较早接触到金刚界密法者。智友（Jñāna-mitra）《百五十偈之圣般若波罗蜜多理趣疏》（*Ārya-prajñāpāramitā-naya-śatapañcāśatikā-tikā*）载：“佛入涅槃后，一切佛集会瑜伽（Sarva-Buddha-samāja-yoga）等十八会之《金刚顶经》，于萨诃罗国（Sahor）出现，此国国王因陀罗部底，一见此

---

① 圆照集：《代宗朝赠司空大辨正广智三藏和上表制集》卷一，《大正藏》第52册，第829页上。

② 吕建福：《中国密教史》，中国社会科学出版社1995年版，第264页。

经，不能领解。此时摩腊婆国的库库喇阿阇梨，通于密教，王遣使者邀请阿阇梨，为他讲说十八会的《金刚顶经》。可是库库喇也未见过十八会的《金刚顶经》，首先借去通览之后，仍不能解释。因而祈之于佛天的加被，终于金刚萨埵影现，亲自指授。后再向王解说，并且基以此经法，授王灌顶。"①

这里提到的萨诃罗国又名札诃罗（Zahor），位于东印度达卡（Dacca）省的萨巴尔（Sabbhar）。因陀罗部底王（Indra-bhūti），是乌地耶那国（Uḍḍiyana）的国王，主要活动于公元8世纪中叶。目前人们普遍认为，乌地耶那国指的是东印度奥利萨。这里说因陀罗部底为萨诃罗国国王，可能是此地在他的势力范围之内。由此可以看出，因陀罗部底王时，金刚界密法已传至东印度，但通解者甚少，他向来自西印度摩腊婆的库库喇（Kukura，Kukurāja，Kukurarāja）咨询此密法，库库喇未曾听闻此教法。公元8世纪后半叶，因陀罗部底王的弟子释迦友（Śākya-mitra），在达克耶（Takkya）随坚慧穷究《金刚顶经》的奥蕴，造了《金刚顶经》初会《真实摄经疏》。或以为达克耶即萨诃罗国所在之地，与今之达卡（Dacca）相当。由此可以推知，当时东印度流传的《金刚顶经》也只是其初会部分。

（四）般若

公元8世纪后半叶，赤松德赞王时（742—797年在位），有法称入藏传金刚界法，因史料所限无从考知其详。不过，唐德宗建中二年（781）来华的印度僧人般若曾在南天竺师事一位名叫法称的僧人学瑜伽教，受五部灌顶，即金刚界灌顶。② 借此可以推想，法称、般若师徒都极有可能是金刚界密法的传承者。

般若（Prajñā，733—798）姓乔答摩，北印度迦毕试国人。7岁（738）出家，投大德调伏军（Vinītasena）之门，诵四阿含及阿毗达磨。14岁（745）随师入迦湿弥罗，诵习研究有部律、《俱舍》及《婆沙》，前后达七年。20岁（751）受具足戒。23岁（754），至中印度那烂陀寺，从智护（Jñānarakṣita）、进友、智友（Jñāna-mitra）三大论师，学《唯识》、

---

① 北京版丹珠尔部，本续解第六三函上，第二九五页以下，转引自栂尾祥云著，圣严法师译：《密教史》第一章第五节"《金刚顶经》与南天铁塔"注十二。

② 五部灌顶，指金刚界佛部、莲华部、金刚部、宝部、羯磨部五部灌顶法。

《瑜伽》、《中边》诸论，后来他又瞻礼双林八塔等佛教圣迹，前后达十八年。在游行期间，般若听说南天崇尚持明密法，即取道南天竺访求，得从灌顶师法称（Dharmayaśa）[①] 受瑜伽教，入曼荼罗三密护身五部契印，学习密教经典达一年，诵满三千五百余颂。

唐德宗建中二年（781）般若抵达广州，次年至长安。贞元十二年（796）六月，般若奉命于崇福寺宣译乌荼国进贡的《华严经》，所谓《四十华严经》。后来又译有《守护国界主陀罗尼经》十卷、《大乘本生心地观经》八卷。般若于公元811年译的《大乘本生心地观经》八卷通常被认为是金刚界密法之先声，首倡五部佛说，与胎藏界密法所重的三部佛说有别。其梵本系唐高宗时师子国即斯里兰卡所进。[②]

般若所译《诸佛境界摄真实经》三卷，或称《诸佛境界大瑜伽大乘对法诸佛秘密摄真实经》，通常被认为是《金刚顶经》初会初品之异出。[③]此译本分作九品，序品叙大日如来住妙高山顶帝释天宫宝楼阁，有十六大菩萨、四金刚女、四金刚天及诸天集会，如来为诸会众说“诸佛境界真实瑜伽秘密心地法”，或称“一切如来真实境界大乘瑜伽微妙对法”。第二出生品，说从如来心生普贤菩萨，如来与之灌顶，授印命名为金刚手。第三金刚界大道场品，述金刚手菩萨生大悲心，启请大毗卢遮那如来说金刚界大曼陀罗无上大法，如来即承其请，详说诸佛境界金刚界瑜伽大曼陀罗法。第四金刚外界品，依次说三十七尊真实契印秘密观行法。第五金刚界外供养品，说金刚嬉等十二菩萨外院供养法。第六修行仪轨品，说建立曼陀罗道场法。第七建立道场发愿品，述瑜伽行者发愿利乐众生，使其速证无上菩提。第八持念品，说修习曼陀罗成佛之法，先作金刚降伏半跏趺坐，端身正念，口习真言，心中观想梵字等。第九护摩品说真实内护摩法，包括成就、调伏、爱敬与增益四种。从其内容来看，此经所说金刚界密法非常简易，与金刚智、不空所传承的《金刚顶经》初品相去甚远。

---

① 赞宁《宋高僧传》卷二“唐洛京智慧传”作达摩耶舍（Dharmayaśa），《两部大教传来要文》引般若三藏《译经图记》作达磨枳栗底（Dharmakirti）。此法称与入藏弘扬金刚界密法的法称前后差不多同时，不知是否为同一人。

② 赞宁:《宋高僧传》卷二“唐醴泉寺般若传”，《大正藏》第50册，第722页。

③ 有学者推测此经可能出自《金刚顶经》第十会大三昧耶瑜伽（Mahāsamaya）。

第五节　《金刚顶经》与金刚乘密法的成立

足本的《金刚顶经》是否存在一直是个谜，其完整面目究竟如何无从考知，不过，从公元8世纪中期赴印度求取密法的不空译述来看，在当时的南印度与斯里兰卡至少有一个传承或体系化的纲要。通过不空编译的《金刚顶十八会指归》，可以推测十万颂的《金刚顶经》是一部体系庞大的密教丛书。结合后来产生的怛特罗无上瑜伽密教来看，十八会《金刚顶经》应该是一部开放的丛书体系，其中每一会的内容都处于不断增益之中。各会所涉及的内容在公元9世纪后分别发展成独立的怛特罗教法体系，从这个意义上讲，《金刚顶经》应该是后世所谓的金刚乘密法的根本经典，由它进一步发展，衍生出无上怛特罗密法。

一　《金刚顶经》十八会述要

从不空编译的《金刚顶十八会指归》可以对《金刚顶经》各会的内容有相对清晰的了解。

《金刚顶经》初会名“一切如来真实摄教王”（*Sarvatathāgata-tattva-saṃgraha*），有四大品，一名金刚界，二名降三世，三名遍调伏，四名一切义成就，表四智印。

初品包括六种曼荼罗仪轨：①金刚界大曼荼罗，说毗卢遮那佛受用身以五相[①]现成等正觉成佛后，以金刚三摩地，生三十七智，广说曼荼罗仪则，为弟子授速证菩萨地、佛地法。②陀罗尼曼荼罗，三十七圣众住波罗蜜形[②]，广说入曼荼罗仪轨，为弟子授四种眼即法眼、炽盛眼、忿怒眼与慈眼，说敬爱法、钩召法、降伏法与息灾法。③微细金刚曼荼罗，三十七圣众住金刚杵中，各持定印，广说入曼荼罗仪轨。为弟子令心堪任、调柔与自在，说微细金刚三摩地，修四静虑法，修四无量心及三解脱门。[③]④一切如来广大供养羯磨曼荼罗，三十七圣众各持本幖帜，供养而住，广

---

① 五相分别为通达本心、修菩提心、成金刚心、证金刚身、佛身圆满。

② 波罗蜜形又称三昧耶形，指标示诸尊本誓的器杖、印契等形相。

③ 三解脱门（trīṇi-vimokṣa-mukhāni），通往解脱之道的三种法门，分别是空门（śūnyatā）、无相门（animitta）与无愿门（apranihita）。

说入曼荼罗法，为弟子讲授十六大供养法与四种秘密供养法。⑤四印曼荼罗，弟子受四种速成就法，以此曼荼罗求悉地成就，像法如前。⑥一印曼荼罗，持毗卢遮那真言及金刚萨埵菩萨，具十七尊，余皆具十三，说入曼荼罗仪，为弟子授先行法，修集本尊三摩地。

第二降三世（Trailokya-vijaya）大品，也包括六种曼荼罗。述如来成等正觉后，于须弥顶转金刚界轮，为诸菩萨授名号与职责后，因摩醯首罗（Maheśvara）等刚强难化，不能用寂静法，一切如来以一百八名赞礼金刚萨埵（金刚手菩萨）。金刚手菩萨应请入悲怒金刚三摩地，现大威德身，以种种方便调伏摩醯首罗，致其命终。摩醯首罗死后，于灰庄严世界成等正觉，名怖畏自在王如来。执金刚菩萨以脚按之，诵金刚寿命真言，使其复苏并接受教化。金刚萨埵说大曼荼罗，引之入诸天，受金刚名号。为说建立十曼荼罗仪则，除前述大、秘密、法、羯磨、四印、一印六曼荼罗外，又有教勅大曼荼罗、教勅三昧耶曼荼罗、教勅法曼荼罗、教勅羯磨曼荼罗。

第三遍调伏大品，亦说六种曼荼罗法，内中诸尊皆观自在菩萨化身，其前四种有三十七尊，第五、六种分别有二十一、十三尊。每种曼荼罗皆先说引入弟子仪，次说种种仪法。第一大曼荼罗说十六种成就、速疾神通、三摩地仪。第二三昧耶曼荼罗说钩召、敬爱十六种三摩地。第三法曼荼罗说修心及求智慧、辩才法十六种。第四羯磨曼荼罗说莲花部供养仪及转罪障报、障盖缠业障法。第五莲花部四印曼荼罗说成就先行法。第六莲花部中一印曼荼罗说修本尊法、通修世间出世间法。

第四说一切义成就大品中，说六种曼荼罗法，各曼荼罗诸尊之数与遍调伏品完全相同，唯其功能有异，每种曼荼罗先述引入弟子仪，然后说种种仪轨。第一大曼荼罗，入此曼荼罗，除贫匮业，说求丰财，求佛菩萨位及世间荣位。第二秘密三昧耶曼荼罗说求伏藏法，速满檀波罗蜜福德聚法。第三法曼荼罗说宝部修三摩地法，令心安住、堪任、调柔与自在，以及见虚空藏菩萨法。第四羯磨曼荼罗说加持掘伏藏事业法、宝部广大供养诸佛仪。第五四印曼荼罗说修先行法，以及前四种曼荼罗的悉地法。第六一印曼荼罗说修一尊法、修诸药等三摩地。

第二会名“一切如来秘密王瑜伽”（Sarva-tathā-gata-guhya-rāja-yoga），广说微细实相理、降摩醯首罗天，以偈与金刚菩萨酬答。

第三会名“一切教集瑜伽”（Sarva-tantra-samaya-yoga），说大曼荼罗五部，一一部中五曼荼罗，各具三十七，都成一大曼荼罗。一一尊各说四印，所谓大印、三昧耶印、法印、羯磨印，各说成就法。又说一百二十五种护摩炉法及其功能。

第四会名“降三世金刚瑜伽”（Trailokya-vijaya-mahā-kalpa-rāja），金刚藏等八大菩萨各说四种曼荼罗。初说降伏摩醯首罗、诸天入曼荼罗授职位、授名号，次说大、三昧耶、法、羯磨四曼荼罗，引入弟子仪及成就法，又说诸尊三昧耶结印次第、秘密禁戒及秘密修行。①

第五会名“世间出世间金刚瑜伽”（Loka-lokottara-vajrayoga），略说五佛、诸菩萨、诸外金刚部曼荼罗，各部曼荼罗皆具四种，各说引入弟子仪及求悉地法。

第六会名“大安乐不空三昧耶真实瑜伽”（Śrīparamādya），依次说普贤菩萨、毗卢遮那、金刚藏、金刚拳菩萨及外金刚部曼荼罗。又说般若理趣，一一尊各具四种曼荼罗，每一曼荼罗都包括引入弟子仪、授理趣般若波罗蜜多法、受四种印法、求世间与出世间悉地法。②

第七会名“普贤瑜伽”（Śrīparamādya），普贤菩萨、金刚拳菩萨及外金刚部诸尊各说四种曼荼罗，引入弟子仪，受四种印，修世间、出世间悉地。又说密法修行者不依世间禁戒，以菩提心为先，以无为戒为本。③

第八会名“胜初瑜伽”（Śrīparamādya），普贤菩萨等至外金刚部，各说四种曼荼罗，说实相理，分别诸曼荼罗仪则，稍广于第七会说。④

第九会名“一切佛集会拏吉尼戒网瑜伽”（Sarvabuddhasamāyogaḍākinījālasaṃvara），说立自身为本尊瑜伽，诃身外主形像瑜伽者，又广说实相理及五部根源，并说瑜伽法具九味，所谓华丽（金刚萨埵）、勇健（毗卢遮那）、大悲（持金刚）、喜笑（观自在）、瞋怒（金刚光）、恐怖（降三

---

① 不空译《金刚顶降三世大仪轨法王教中观自在菩萨心真言一切如来莲花大曼拏攞品》一卷即属此会。

② 与此会相应的显密教经典有菩提流志译《实相般若波罗蜜经》一卷，玄奘译《大般若波罗蜜多经》卷五七八“般若理趣分”，金刚智译《金刚顶瑜伽理趣般若经》（又称《圣般若波罗蜜多理趣百五十颂》、《金刚顶理趣经》）一卷，不空译《大乐金刚不空真实三么耶经》一卷，施护译《遍照般若波罗蜜经》一卷，法贤译《佛说最上根本大乐金刚不空三昧大教王经》七卷，以上诸经为同本异译，唯广略不同。

③ 汉文大藏经中收录佚名《金刚顶普贤瑜伽大教王经大乐不空金刚萨埵一切时方成就仪》一卷为此会的节译本。

④ 宋法贤译《佛说最上根本大乐金刚不空三昧大教王经》七卷系此会节译。

世）、厌患（释迦牟尼佛）、奇特（金刚笑）、寂静（瑜伽中毗卢遮那），说普贤菩萨等，至金刚拳，各说四种曼荼罗，及引入弟子仪，及受四种印，并说五部中歌赞舞仪。①

第十“大三昧耶瑜伽会”（Mahāsamaya）普贤菩萨等至金刚拳菩萨十六大菩萨，各说四种曼荼罗，引入弟子仪，受四种印法。内中所说偈语有“心自为等觉，余处不说佛”，颇有汉地禅宗所说的“即心是佛”的意味。②

第十一“大乘现证瑜伽会”，说毗卢遮那佛等至金刚毗首羯磨菩萨，及八大供养、四摄出生次第，同真实摄瑜伽，一一尊具四种曼荼罗、四种印，广说实相理、心建立曼荼罗仪则。

第十二“三昧耶最胜瑜伽会”（Samaya-parama-yoga），毗卢遮那等四部中的上首菩萨，金刚拳等八菩萨及外金刚部，各说四种曼荼罗、四印等，于自身上建立曼荼罗，说自身本尊瑜伽。广说阿字门通达于染净，有为无为无碍。

第十三“大三昧耶真实瑜伽会”（Mahā-samaya-tattva-yoga），说普贤菩萨十七字真言，适悦不空曼荼罗，一百八道契，世间出世间悉地。③

第十四会名“如来三昧耶真实瑜伽”（Tatha-gatta-samaya-tattva-yoga）说四种曼荼罗、四印，广说五部互圆融，如来部即金刚部，莲花部即宝部，互相涉入，法界即真如，般若即实际。诸菩萨及外金刚部诸尊各说其真言、曼荼罗与印契。

第十五会名“秘密集会瑜伽”（Guhyasamāja-tantra），说教法坛、印契、真言，住禁戒，明确提出以粗言杂染相应语入佛道，广说实相三摩地，诸菩萨各说四种曼荼罗、四印。④

第十六会名“无二平等瑜伽”（Advayasamatākalparājā），毗卢遮那佛及诸菩萨并外金刚部等各说四种曼荼罗，具四印。承上会之说，也主张生

---

① 唐不空译《修习般若波罗蜜菩萨观行念诵仪轨》一卷，宋施护译《佛说佛母般若波罗蜜多大明观想仪轨》一卷约与此会内容相当。

② 此会或与般若译《诸佛境界摄真实经》三卷相当。

③ 宋施护译《佛说秘密三昧大教王经》四卷约与此会相当。

④ 宋施护译《佛说一切如来金刚三业最上秘密大教王经》七卷略与此会内容相当。

死涅槃、世间出世间、自他平等无二，皆成一切佛身。[①]

第十七会名“如虚空瑜伽”，说虚空三摩地相应法。毗卢遮那佛、普贤菩萨及外金刚部各说四种曼荼罗，具四种印。修行者与一一尊相应，皆量同虚空，法身相应，离一切万物，法体光明，量同虚空，无来无去。

第十八会名“金刚宝冠瑜伽”，金刚萨埵菩萨请佛为大梵天娑诃世界主，说五部瑜伽曼荼罗，引入弟子仪，具三十七，亦说四种曼荼罗，具四印。又说心念诵法，即于月轮上右旋布列真言梵字，注心于一一字，与实相理相应，周而复始，成就世间、出世间悉地。此法门不假持珠遍数，但证理门，心不散动，住本尊瑜伽为限。

上述十八会，其篇幅长短不一，或四千颂，或五千颂，或七千颂，总共有十万颂，每一会都讲五部、四种曼荼罗、四种印契[②]，三十七尊。修行者如果能领悟各会所宣说的瑜伽大意，住于果位，即可圆证四身，即所谓自性身（dharma-kāya）、受用身（saṃbhoga-kāya）、变化身（nirmāṇa-kāya）、等流身（niṣyanda-kāya），能成办利乐一切有情、诸菩萨、声闻、缘觉及诸外道的事业，是为此经所宣扬的“瑜伽金刚乘教法”。

二 《一切如来真实摄大乘现证三昧大教王经》对《金刚顶经》初会的发展

尽管不空对《金刚顶经》十八会的内容皆做了介绍，又翻译出各会的部分经典，但他是否在印度见过十万颂的大本《金刚顶经》仍无法确定。另外，金刚智、不空与般若等人传承的初会《金刚顶经》仅是初会的金刚界品，此会的完整面目——《一切如来真实摄大乘现证三昧大教王经》，则迟至10—11世纪才问世。

---

① 宋代施护译《佛说无二平等最上瑜伽大教王经》六卷，即与此会相当，现有范慕尤《梵文写本〈无二平等经〉的对勘与研究》（中西书局2011年版）利用此经的梵、藏、汉三种文本对经文做精细的对勘研究。

② 四种印契，或简称四印（caturmudrā），分别为大印（mahā-mudrā），表示曼荼罗诸尊的形像；三摩耶印（samaya-mudrā），手所结的印契，或所持的标帜，如刀、剑、轮宝、金刚、莲华等；法印（dharma-mudrā），诸尊的种子，或以种子所画的曼荼罗乃至经典文义等；羯磨印（karma-mudrā），诸佛菩萨等的威仪事业。

《一切如来真实摄大乘现证三昧大教王经》(*Sarvatathā gata-mahāyānābhisamayān-mahā-kalpa-rājād*）或简称《真实摄大教王经》，目前有梵、藏、汉三种传本。梵文写本所用的字体近似于婆罗谜体，这种字体源自公元9—10世纪的印度比哈尔邦，该梵本的抄写时间当在此之后。[①] 梵文写本的保存较为完整，包括二十六分。《真实摄大教王经》的汉文译本作《一切如来真实摄大乘现证三昧大教王经》，由北印度乌填曩国僧人施护于宋代大中祥符五年至八年（1012—1015）译出，二十六分，析作三十卷。藏文译本由信作铠（Śraddhākaravarma）与宝贤（Rin chen bzam po，958—1055）于11世纪初译出，约与施护翻译的时间相近，其内容与篇幅也同梵、汉两本相当。为对其内容与结构有清晰的了解，今将各会的汉、梵题名列之如下：

（1）金刚界大曼拏罗广大仪轨分（Vajra-dhātu-mahā-maṇḍala-vidhi-vistaraḥ)

（2）金刚秘密曼拏罗广大仪轨分（Vajra-guhya-vajra-maṇḍala-vidhi-vistaraḥ),

（3）金刚智法曼拏罗广大仪轨分（Vajra-jñāna-dhamrma-maṇ ḍala-vidhi-vistaraḥ)

（4）金刚事业曼拏罗广大仪轨分（Vajra-kārya-karma-maṇḍala-vidhi-vistaraḥ)

（5）现证三昧大仪轨分（abhisamayo-nāma Mahā-kalpa-rājā)

（6）降三世曼拏罗广大仪轨分（Tri-loka-vijaya-mahā-maṇḍala-vidhi-vistaraḥ)

（7）忿怒秘密印曼拏罗广大仪轨分（Krodha-guhya-mudrā-maṇḍala-vidhi-vistaraḥ)

（8）金刚部法智三昧曼拏罗广大仪轨分（Vajra-kula-dharma-jñāna-samaya-maṇḍala-vidhi-vistaraḥ)

（9）金刚部羯磨曼拏罗广大仪轨分（Vajra-kula-karma-maṇḍala-vidhi-

---

① 《真实摄大教王经》的梵文写本由约翰·布拉夫（John Blough）与大卫·斯耐尔格鲁夫（David Snellgrove）于1956在尼泊尔加德满都发现，后经日本学者山田龙城（Isshi Yamada）参照汉藏译文，整理转写成《一切如来真实摄名大乘经：基于梵文写本与汉、藏译本的精编本》(*sarvatathāgata-satya-saṃgraha-nāma-mahāyāna-sūtra*)，收于拉怙·维拉主编的《百藏丛书》(*Sat-apitaka Series*，New Delhi：Sharada Rani，1981)。

vistaraḥ)

（10）金刚部广大仪轨分（Vajra-kula-mahā-kalpa-vidhi-vistaraḥ)

（11）三世轮大曼拏罗广大仪轨分（Tri-loka-cakra-mahā-maṇḍala-vidhi-vistaraḥ)

（12）一切金刚部金刚曼拏罗广大仪轨分（Sarva-vajra-kula-vajra-maṇḍala-vidhi-vistaraḥ)

（13）一切金刚部法三昧曼拏罗广大仪轨分（Sarva-vajra-kula-dharma-samaya-maṇḍala-vidhi-vistaraḥ)

（14）一切金刚部羯磨曼拏罗广大仪轨分（Sarva-vajra-kula-karma-maṇ-ḍala-vidhi-vistaraḥ)

（15）调伏一切世间大曼拏罗广大仪轨分 Sakala-jagad-vinaya-mahā-maṇḍala-vidhi-vistaraḥ)

（16）莲华秘密印曼拏罗广大仪轨分（Padma-guhya-mudrā-maṇ ḍala-vidhi-vistaraḥ)

（17）智曼拏罗广大仪轨分（Jṅāna-maṇḍala-vidhi-vistaraḥ)

（18）大曼拏罗广大仪轨分（Mahā-maṇḍala-vidhi-vistaraḥ)

（19）一切义成就大曼拏罗广大仪轨分（Sarvārtha-siddhi-mahā-maṇḍ-ala-vidhi-vistaraḥ)

（20）宝秘密印曼拏罗广大仪轨分（Ratna-guhya-mudrā – maṇ ḍala-vidhi-vistaraḥ)

（21）智曼拏罗广大仪轨分（Jñāna-maṇḍala-vidhi-vistaraḥ)

（22）羯磨曼拏罗广大仪轨分（Karma-maṇḍala-vidhi-vistaraḥ)

（23）一切如来真实摄一切仪轨随应方便广大教理分（Sarva-tathāgata-tatva-saṃgrahāt-Sarva-kalpopāya-siddhi-viddhi-vistara-tantraṃ)

（24）一切如来真实摄诸部仪轨秘密法用广大教理分（Sarva-tathāgata-tatva-saṃgrahāt-Sarva-kula-kalpa-guhya-viddhi-vistara-tantraṃ)

（25）一切如来真实摄一切仪轨最上秘密广大教理分（Sarva-tathāgata-tatva-saṃgrahāt-Sarva-kula-guhyottara-tantra-viddhi-vistaraḥ)

（26）一切如来真实摄一切仪轨胜上教理分（Sarva-tathāgata-tatva-saṃgrahāt-Sarva-kalpānuttara-tantraṃ)

上列二十六分可分作五个部分，第一至五分属大乘现证三昧（Mahāyānābhisamaya nāma mahā-kalpa-rāja），第六至十四分属金刚三昧

(Vajra-samaya nāmaMahā-kalpa-rāja)，第十五至十八分属法三昧（Dharma-samaya nāmaMahā-kalpa-rāja)，第十九至二十二分属羯磨三昧（Karma-samaya nāmaMahā-kalpa-rāja)，后四分属诸部秘密教理所摄（Tatva-saṃgrahāt nāma Mahāyāna-sūtra)。

从《一切如来真实摄大乘现证三昧大教王经》汉、藏、梵三种文本的流传来看，各本都是《金刚顶》十万颂本的第一会，其内容几乎完全相同。① 公元8世纪的两种汉译本，即金刚智译的四卷本与不空译三卷本，仅是第一分的第一品——金刚界品。这就使得后人对《金刚顶经》的文本源流产生诸多疑问，比如金刚智、不空时代是否真的有十八会的十万颂偈本？第一会的全本为什么迟至10世纪之后才出现？后代学者对这些问题持论不一，如日本学者大村西崖《密教发达志》认为十八会十万颂的本子是不存在的，“盖《指归》(《十八会指归》)者，即不过豫定编述目录而已”②。小野玄妙《佛教美术史》则认为是可能的。倘结合梵本来看，晚出的二十六分本差别还是相当明显的，其中的后三分专门讨论诸部秘密教理所摄，各分的题名在“广大仪轨”(viddhi-vistaraṃ）基础上发展为“广大仪轨怛特罗”（Viddhi-vistara-tantraṃ)，而且在第二十五、二十六标题中出现“上怛特罗”（Uttara-tantra）与“无上怛特罗”（Anuttara-tantra）字样。从怛特罗经典的出现时间来看，这一部分应该是在无上瑜伽密法发展起来之后，在原经的基础上不断增补而成。由此说明，《金刚顶经》是随着秘密佛教的发展，其经典有一个不断增益的过程。

三　《金刚顶经》与金刚乘的成立

从陀罗尼密教的集成之作《金刚大道场经》开始，金刚即具有越来越突出的地位，其义旨也越来越丰富。经题取金刚大道场当取其金刚不坏义。其中以金刚藏菩萨为代表的金刚部主尊与眷属如金刚母摩么鸡菩萨、金刚军荼利菩萨、金刚童子、金刚儿等即是早期金刚部的代表神尊。相应的修习方法也占有很大的篇幅，如《佛说金刚藏大威神力三昧法印咒品》

① 《一切如来真实摄大乘现证三昧大教王经》的梵文写本与汉译本基本相当，只不过梵本在各总分的后面，即第十四、第十八分、第二十二分、第二十六分后面附有对前面各总分的后叙，汉译分别作为十五、十九、二十三、二十五分之余（一)，其内容几乎全同。

② ［日］大村西崖:《密教发达志》卷三“盛唐卷”之“金刚智译经传法”，中国书籍出版社2013年版，第306、307页。

讲金刚藏菩萨像法、作法及十几种金刚印咒等，咒印有金刚印、金刚轮印、金刚王印、金刚陀罗尼等，法器有金刚叉、金刚杵等。在佛顶部密法中，立于佛顶像左右两侧的胁侍者分别是金刚藏菩萨与观自在菩萨。

在《大日经》中，金刚有了更为丰富的内涵，经文初始即将说法的场所定位于金刚法界宫，参加集会的皆是执金刚者，其中又以金刚手秘密主为上首，与毗卢遮那佛展开经义的对答。一行承善无畏之教，在《大日经疏》卷一释金刚法界宫之“金刚”义云：“金刚喻实相智，过一切语言心行道，适无所依，不示诸法，无初中后，不尽不坏，离诸过罪，不可变易，不可破毁，故名金刚。如世间金刚宝有三事最胜，一者不可坏故，二者宝中之上故，三者战具中胜故。”①

《金刚顶经》出现后，金刚被赋予特定的含义与指称，由此发展出独具特色的修行解脱之道——金刚乘。

《金刚顶经》初会“一切如来真实摄”宣说的教法名为金刚界法，依之建立的曼陀罗法称为金刚界曼陀罗，《金刚顶经》宣扬的教法称为金刚乘。金刚智译《金刚顶经瑜伽修习毗卢遮那三摩地法》中有云：“归命毗卢遮那佛，身口意业遍虚空。演说如来三密门，金刚一乘甚深教。我依瑜伽最胜法，开示如实修行处。为令众生显真实，顿证无上正等觉。”②

此后，不空译《金刚顶瑜伽三十七尊出生义》亦综述此派教法大义，指出：“此教门既异诸大乘故，难其授受，传法阿阇梨纵择得其器，必授以菩萨性戒，入以大会法坛，取金刚界贤圣，摄持金刚乘甘露灌顶，然后示以入佛心阃阈焉。”③ 这里将金刚乘与其他诸大乘教法并提，以显示此教法的殊胜。

另外，不空还在《仁王般若陀罗尼释》中，对金刚乘的含义作了解释：“金刚波罗蜜多菩萨者……此菩萨请如来转金刚乘法轮，由乘此法轮般若船，从此岸运载无量无边有情，至无住涅槃岸。”④

金刚乘教法或称瑜伽金刚乘教法，其修习者称为金刚乘人或金刚萨

---

① 一行：《大毗卢遮那成佛经疏》卷一，《大正藏》第39册，第580页上。

② 《大正藏》第18册，第327页上。

③ 同上书，第299页上。

④ 《大正藏》第19册，第522页中。

埵。金刚萨埵在修习此教法前需受菩提心戒，念诵三归依偈："弟子某甲等，从今日以往，归依诸如来，五智三身佛。归依金刚乘，自性真如法。归依不退转，大悲菩萨僧。归依三宝竟，终不更归依。自利邪见道，我今至心礼。"① 此三归依偈仍然沿用显教归依佛、法、僧三宝的旧例，不过其佛变成了五智三身佛，法变成了金刚乘真如法，僧变成了大悲菩萨僧。

由此可见，人们后来所说的金刚乘事实上是源自十八会《金刚顶经》，公元9世纪兴起的无上瑜伽密法亦出自此经，虽然这类经典亦多在经题中冠以"怛特罗"，研究者将其教法称为怛特罗乘，但从源头上讲，它们应该是金刚乘教法进一步发展的结果。由此而言，《金刚顶经》可以说是公元7世纪末之后印度最为重要的密教经典，它上承《金刚大道场经》，下启诸种怛特罗经典。从教法体系来看，《金刚顶经》宣说的瑜伽部密法或称金刚乘秘密教法，上承持明密法，下启无上瑜伽密法，在印度秘密佛教发展史上具有至为关键的地位。

第六节　密教行法的整合与科判

在不空所译密教经典中，有两部通论性的密教译述颇值得关注，其一为《总释陀罗尼义赞》，其二为《都部陀罗尼目》。二者篇幅不大，大致反映出公元8世纪上半叶印度秘密佛法的概貌。

《总释陀罗尼义赞》一卷，题"三藏沙门大广智不空奉诏解释"，显系不空撰述。从其内容来看，应该是不空综合印度佛教的发展态势，尤其是印度秘密佛教异军突起，与大乘显教分张并立的局面，对秘密佛法中语密形态与功用的综述，属秘密佛教身语意三密中的语密通则。其开篇即以陀罗尼真言文字乃是如来于无量劫以来所积聚的菩提资粮，是顿悟菩萨的福德智慧，是大乘菩萨道修行成佛的两种法门之一，明确将"依真言陀罗尼三密门修行成佛"秘密佛教与"依诸波罗蜜修行成佛"的大乘显教并列，即所谓真言道（Mantranaya）与波罗蜜道（Paramitanaya）。兹篇主要列举了陀罗尼（Dharaṇī）、真言（Mantra）、秘密语（Guhyavāc）与明（Vidya）四种语密的类别与功用，以及它们在秘密佛教中的共通之处。今

① 不空译：《受菩提心戒仪》，《大正藏》第18册，第941页上。

依其所述，将它们的类别与相应功德列为表2—1。

表2—1　陀罗尼异名、类型与释义

语密之形式	类型	释义与功德
陀罗尼	法持	摧灭一切杂染之法，证得清净法界等流教法
	义持	于一字义中悟百千无量修多罗行，演说逆顺自在
	三摩地	心不散动三昧现前，悟无量百千三摩地门，悲增菩萨，故于六趣以愿受生，不被烦恼随烦恼坏其三昧，由此三摩地证五神通，成就利乐无边有情
	文持	受持陀罗尼成就所闻，所谓一切契经，于一切如来诸菩萨所，闻百千无量修多罗永不忘失
真言	法真言	清净法界以为真言
	义真言	胜义相应，一一字中，有实相义
	三摩地真言	瑜伽者于心镜智月轮上布列真言文字，专注心不散动，速疾证三摩地
	文持真言	从唵字至娑嚩贺，于其中间所有文字，一一字皆名为真言
秘密语	法密言	修真言行菩萨所闻、所持轨则、印契、曼荼罗，修行所求悉地
	义密言	真言中一一字，唯佛与佛大威德菩萨乃能究尽其义
	三摩地密言	由此中真言文字三摩地相应威力，遍布真言者身支分，变麁重身易得微妙色身，获得五神通，威德自在，寿量无尽
	闻持密言	从师密受三密轨则，唯师及弟子自知，不得令余人知之。其本尊形像印契观门，皆秘密受持，获得心所希望三摩地，闻持不忘、天眼、天耳、他心，上中下悉地
明	法明	修行者称诵一一字中光明，遍照十方世界，使沉溺生死苦海一切有情，破除无明烦恼，获得解脱
	义明	由瑜伽者与真言义相应，通达明了般若波罗蜜，远离无义道理
	三摩地明	于心月轮中观想真言种子，获得大光明，作自他照明三摩地成就
	闻持明	证得闻持法，能破废忘之惑，证得菩提心成就

从不空对陀罗尼、真言、秘密语、明等语密的整合与类别划分，可以看出公元8世纪印度密教僧徒的语文与语用观念。一方面他们认为语密的形态、类型与渊源存在差异，但它们的功能则是一致的，即“能转定业，速疾成佛之道”；另一方面，不空的语密四分法或源出无著《瑜伽师地

论》卷四十五中的陀罗尼四分法："当知如是妙陀罗尼略有四种，一者法陀罗尼，二者义陀罗尼，三者咒陀罗尼，四者能得菩萨忍陀罗尼。"① 秘密佛教不仅在教理上承袭了唯识学派的思想体系，也在语密等事相方面承袭其制。至于真言、陀罗尼、明，从其概念的源头上来看，它们分别来自吠陀教派、瑜伽学派与印度教派，也就是说，秘密佛教中的语密实际上整合了印度宗教史上包括佛教与其他印度宗教在内的语言文字观念及其应用，才发展出其内容丰富、应用广泛、功德殊异的语文形态。

不空译《都部陀罗尼目》一卷，是关于密教经典的解题或叙录，兹篇举《金刚顶经》、《大日经》、《苏悉地经》、《蕤呬耶经》、《苏婆呼童子经》、《怛唎三昧耶经》等印度当时流行的密教经典，略述其要目与事相。《金刚顶经》与《大日经》是印度当时最有影响的秘密教法，其他各经多是通论性的秘密行法，其侧重点或着眼点虽有差别，但都显示出对当时流行的各种秘密行法的整合与统一倾向。②

一 苏悉地密法

公元七八世纪之交，苏悉地法是印度流行颇广的一部秘密教法。如果说前述《金刚大道场经》的秘密教法意在赅罗诸尊行法；《大日经》中的胎藏界密法着眼于诸尊曼荼罗之建立，立即身成佛法门；则苏悉地法就是试图对各种秘密行法做统一整理。

苏悉地（Susiddhi），意为妙成就，也主张通过修持"三密"，达到与本尊的身、口、意三业相应，即身成佛。苏悉地法的主要经典是《苏悉地经》、《苏悉地羯罗供养法》、《苏婆呼童子请问经》三部，都是由善无畏传至汉地，并翻译完成的。

《苏悉地羯罗经》（*Susiddhikara-mahā-tantra-sādhana-upāyika-paṭala*），又名《苏悉地经》、《妙成就法》、《妙成就作业经》，三卷三十八品，善无畏于唐开元十四年（726）译。此经第一品"请问品"始以忿怒军荼利菩萨的请问开篇，军荼利菩萨告诉尊者执金刚足说，自己已经听闻过一切明

---

① 无著：《瑜伽师地论》本地分中菩萨地第十五初持瑜伽处菩提分品第十七之二，《大正藏》第30册，第542页下。

② 多罗那他将《苏悉地经》、《蕤呬耶经》、《苏婆呼童子经》三经科判为事部怛特罗的总怛特罗，具有总结各种行法与仪轨的特点。参见多罗那他《金刚乘密法概论》，许得存译，《觉囊派教法史》附录二，西藏人民出版社1993年版。

王曼荼罗法与次第，以及明王与其眷属的神验之德，希望执金刚足能为有情众生解说持诵真言速得成就的法则。这三种差异也正可以说明《大日经》、《金刚大道场经》与《苏悉地经》编辑宗旨的差别。

在经文中，忿怒军荼利菩萨围绕成就真言教法的修习步骤与环节，提出许多问题，由此构成其他三十七品的内容。这些内容依次为：

云何真言相，及阿阇梨相？
云何成就者，并说伴侣相？
方所何为胜，何处速易成？
云何调伏相，及应不应作？
云何诵真言，方便及次第？
何花得易成，云何用涂香？
云何供养食，复烧何等香？
云何然灯相，云何扇底迦？
云何增益相，云何降伏怨？
于此三种中，各成何等事？
云何上中下，次第成就相？
以何法请召，云何供养之？
云何作护身，云何广持诵？
何相诵真言，云何作灌顶？
真言试何相，云何当受持？
云何字得圆，云何得增益？
云何作护摩，及以次第法？
复用何等物，能令速成就？
云何成就诸药相，云何而受诸药相？
云何能净诸药法，云何药量及多少？
彼诸药等并相貌，唯愿尊者具慈悲？
一一分明为我说，云何护诸成就物？
及以分别为分数，云何受用成就物？
唯垂分别说彼相，云何失物令却得？
云何被破令着彼，云何先知作碍相？

云何成就曼荼罗，云何事相曼荼罗？云何灌顶曼荼罗？①

着眼于各种行法的仪轨与功用，《苏悉地经》将各种成就法分为息灾法、增益法与调伏法三种，并以此来统摄各种成就的事项，分判其类别(见表2—2)。

表2—2　　成就法类别与事项

成就法类别	息灾（śāntika）	增益（puṣṭika）	调伏（abhicāraka）
品类	上品	中品	下品
部类	佛部	莲花部	金刚部
部主	佛	观自在	执金刚
部母	佛眼	白衣	忙莽鸡
明王	最胜佛顶	马头	苏嚩
忿怒	无能胜	施婆嚩诃	军荼利
真言关键字	吉祥、除、极净、更除	增益、具相、与、威德、力、增、聪、财、藏、金、村、城、堡、主	击、破、摧、打破、用力勿放、消枯、杀、食、钉、断坏
真言句式	唵……莎诃		鉡……泮吒/嚩普
真言句义	慈善	不慈不猛	猛怒
三等真言	圣者真言（佛菩萨声闻缘觉说）	诸天真言（从净居天乃至三十三天中间诸天说）	地居天真言（诸龙、夜叉、罗刹、阿修罗、迦楼罗、乾闼婆、紧那罗、摩护罗、部多、卑舍遮、鸠盘荼等说）
身印	从腋至顶	从脐至腋	从足至脐
成就相	光焰	烟气	温暖
悉地相	乘空自在	藏形匿迹	成就世间诸事
花类	白花有香	水中所生白花	种种香花
花色	白	黄	紫
花味	甘	淡	辛

① 《苏悉地羯罗经》卷一“请问品”，《大正藏》第18册，第633—634页。

除上述种种差别外，于涂香、烧香、燃灯、献食，以及结发、漱口、饮水、洒净、献水，还有净珠、持珠、五净等事项，《苏悉地经》亦别为三类，供息灾、增益、调伏差别为用。

与胎藏界真言教法相类，苏悉地教法也把成办曼荼罗作为整个行法的核心事项，《苏悉地经》所说的曼荼罗有十种，分别是成就、佛部、莲花部、金刚部、成就诸物、通三部秘密、盗物却征、通三部秘密、成办诸事、灌顶、光物[①]共十种曼荼罗。

《苏悉地经》自称其法具五种庄严，即大精进、明王、除障、成就诸勇猛事、成就一切真言。[②] 于诸种真言教法中，当持诵其他真言之法不能成就时，应同时持诵此经，日僧圆仁称此经为“绪统真言之秘旨，该贯大经之要妙……且通诸部而成阶位”[③]。不过，由于该经详细阐明真言行者之威仪法则等，又通常被称为咒毗奈耶，智昇《开元释教录》卷九：“苏悉地羯罗经三卷，唐言妙成就法，此与苏婆呼并是咒毗奈耶，不曾入大曼荼罗，不合辄读。同未受具人盗听戒律，便成盗法。”[④]

除《苏悉地经》作为苏悉地法的根本经典法，又有《苏悉地羯罗供养法》（*Susiddhikara-Pūjavidhi*）三卷[⑤]，主要阐述《苏悉地经》的供养法，由善无畏于开元十五年（727）至开元二十三年（735）译为汉语。不过，日本学者大村西崖以其未载于《开元》、《贞元》二录，认为系善无畏自撰，即便如此，它仍然是善无畏据印度所承，可以反映此密法在印度流行的状况。

此供养法起首归命三部本尊及眷属竟，即以偈诵总叙其供养法诸事项：

我今依教说，供养持诵法。省略通三部，次第及相应。

先见神室处，复明其事法。对受得真言，及作手印法。

---

① 光物，光显诸物之义。行此法者可使其物增多，其身清净，故称光显之法或一切成就秘密之法。

② 《苏悉地羯罗经》“请问品”，《大正藏》第 18 册，第 663 页下。

③ 圆仁：《苏悉地羯罗经疏》卷一。

④ 《大正藏》第 55 册，第 571 页下。

⑤ 除三卷本外，又有二卷本，前半部分内容全同，至运心供养作赞叹、忏悔事后，二卷本有残缺，唯内中所有真言皆以悉昙字写出，似后出补缀而未全。

于外出入处，分土洗净法。洒扫神室处，除萎花等法。
澡浴自灌顶，献三掬水法。往于神室门，换衣洒身法。
入室便礼拜，办诸供具法。数珠及神线，茅草镮等法。
奉献阏伽水，及置宝座法。复示三么耶，去身障难法。
辟除及泻垢，清净光泽法。护身及结界，八方上下法。
初应想神座，观念本尊法。随所在方处，奉请于尊法。
以其本真言，启请本尊已，即除遣从魔，奉座令坐法。
复示三摩耶，即奉阏伽水，浴尊奉衣法。
次献涂香花，烧香及饮食，燃灯供养法。
真言并手印，运心供养法，赞叹忏悔等。
护身及已身，并护其处所，便结大界法。
备具嚩日罗，及数珠等法。充满真言分，次坐持诵法。
求请本所愿，及护所念诵，回施功德法，起广大发愿。
又奉阏伽水，涂烧香等法。
复视三摩耶，护身及已身，解所结方界，然后发遣法。
护摩支分等，谓炉神及地，烧祀之具法。
转读方广经，及作制底法。次作慈等观，思惟六念法。

继此段偈颂之后，经文便依次详细解说各种事项与行法的步骤与方法。从其过程来看，此供养法包括了整个密教行法的所有事项与方法，即先以入曼荼罗，从师受真言及印法为起点，开始净身、礼拜、供养、除障、结界等前期准备工作，其次为启请本尊、浴尊，以及用香花、花食、燃灯供养本尊，然后持诵发愿，请本尊加持护佑，然后再作供奉、解界、发遣、护摩，从而完成了一整套启请、供养、发愿、遣送本尊的完整过程。

二　苏婆呼密法

与《苏悉地经》所述秘法相类，《苏婆呼童子请问经》也试图对各种秘密行法中的通用仪轨进行讨论。《苏婆呼童子请问经》（*Suvāhu-paripṛcchā-śūtra*），又名《苏婆呼童子经》、《苏婆呼经》，原本作十二品，善无畏于开元十四年（726）译成汉文合为三卷。此经起首以执金刚菩萨大药叉将应答苏婆呼童子之问为缘起，解答世间与出世间众生修行陀罗尼秘密成就法屡不获验的疑问，依次讲述三昧耶戒律、处所、除障、作五股金刚杵、药验、成就悉地，看事、遮难、成就八法等通则。其造作初衷也在于统一各种秘密行法，与苏悉地法颇有相通之处，不过《苏悉地经》成于中天，此经或出于南天①，系善无畏于公元7世纪末在南天所承习。

全经分为十二品，各品内容具列如下：

律分品一，述行密法者当入各种曼荼罗，如大三昧耶曼荼罗、事法妙曼荼罗、最胜明王大曼荼罗、真言大曼荼罗等，发起慈悲心及菩提心。

分别处所分品二，讲述择地、设坛、洒净、画像、供养、礼拜、赞叹、念诵等各种行法中应注意的事项。

除障分品三，讲述执取数珠，使身心清净，祛除各种障碍的净法。

分别金刚杵及药证验分品四，讲述金刚杵的形制与质地、十七种药物、四部毗那夜迦，以及择地设除障坛的行法。

分别成就相分品五，述护摩法，列述外道真言行法的不同要素，计有十种（行人、真言、伴侣、所成就物、精勤、处所、净地、时节、本尊、财物）、五种（真言、所成就物、处所、本尊、财物）、四种（处所、精勤、时节、依法）、三种（真言、行人、伴侣）说，指出佛教的基本要素乃在于行人与真言两种。其行人当具行戒律，正勤精进，于他利养不起贪嫉，于身命财常无恋着。真言文字不得脱漏错讹，随意加减，念诵时声相须圆满分明。

念诵真言轨则观像印等梦证分品六，讲述念诵真言、观像本尊身相与身印的规则，以及真言行人获得成就的各种梦相。

悉地相分品七，明真言行人当持八戒、断饮食二三日，然后依法修习成就法，得上中下三种悉地相，即火光悉地、烟悉地、温悉地。

下钵私那分品八，讲述召请钵私那天的行法。钵私那，北宋法天译《妙臂菩萨所问经》作“钵天”，其梵名不详，其行法与《速疾立验魔醯首罗天说阿尾奢法》之行法略同。

分别遮难分品九，述真言行人当诚心忏悔过往罪恶，祛除获得成就法的业障。

分别道分品十，说真言行人的八正道法，护摩炉的形制与用途差别，

---

① ［日］大村西崖：《密教发达志》卷三“善无畏传法译经”条，中国书籍出版社2013年版，第265页。

护摩过程中出现成就时火焰与烟气，以及不成就相的补救方法。还有召请诸天尊及其眷属作食供养的次第。

分别诸部分品十一，说佛、莲华、广大金刚、般支迦与摩尼[①]五部真言的数量、名称、部主及其眷属。除五部之外，魔醯首罗天、那罗延天、梵天、日天等天众于佛世尊前所说真言数量不等，并与佛教义旨相符者，分属五部。在念诵各部真言时，大致依照归命三宝、归命部主、念诵真言的三个步骤进行。值得注意的是，此分还述及外道真言之教的部类与数量，如大自在天说十俱胝真言，那罗延天说三十千真言，大梵天说六十千真言等，诸种外道的种种真言都与相应的印契、曼拏罗仪轨相应，成为体系化的秘密修习法门。由此可以看出公元7世纪后半叶南印度佛教持明藏，以及诸外道真言之教的基本状况。

分别八法分品十二，说八种成就法，即成真言法、入阿修罗宫法、成长年法、成无价宝法、土成金法、出伏藏法、合成金法、成金水法，其中前三种为上成就，次三种为中成就，后两种为下成就。成上品者可以升空而去，中品者获得贱财乃至自在富贵，举意从心，下品者能令人相憎，摄来令去。又说世间数十种毒虫及袪除之法。

到北宋时法天又重译此经，成《妙臂菩萨所问经》四卷，这说明《苏悉地经》在印度一直有流传。

三　《蕤呬耶经》与秘密曼荼罗行法

《蕤呬耶经》（*Sarva-maṇḍala-sāmānya-vidhāna-guhyatantra*），又称《瞿醯经》、《瞿醯坛哆罗经》、《玉呬耶经》、《玉呬怛跢罗经》，全经凡十一品。其序品称此经的主旨在于"通摄一切作曼荼罗秘密次第"，并依据当时的各种秘密佛教经典，参稽三千五百种曼荼罗作法，归纳总结出曼荼罗的作法次第的通则。同时指出，无能胜明王曼荼罗（Aparājita-vidyā-rāja maṇḍala）、善住明王曼荼罗（Su-pratiṣṭhita-guhya-vidyā-rāja maṇḍala）、除避明王曼荼罗（Prāsamana-vidyā-rāja maṇḍala）分别居于诸佛部、莲华部与金刚部曼荼罗之上首。

无能胜明王或称无能胜菩萨，为密教八大菩萨之一，密号胜妙金刚，

① 般支迦（pañcika）或译散支、半祇迦，密主、密身义，为八大夜叉之一。摩尼（mani）部即宝部。

相传在释迦佛于菩提树下成道时，他曾以其明咒威力降伏魔军，在汉译密教典籍中曾多次出现，比如在《大日经》所述胎藏界曼荼罗中，他居于释迦院释迦牟尼佛左边，身呈青色，四面四臂，四面皆颦眉嗔怒而有火发。右第一手竖拳，舒食指置于胸前，第二手之中指、无名指压于拇指上，食指伸直，屈肘向上；左第一手持三戟叉，第二手持钺斧。

善住明王与除避明王仅见于《蕤呬耶经》，不见于其他汉译经典，其详情待考。

第二阿阇梨相品述密教传法阿阇梨的各种条件；第三拣择地相品，详述选择成办曼荼罗的场所；第四净地品，说净地之法；第五召请品，述召请诸本尊之法；第六拣择弟子品述正式作法前一日带领弟子如法召请及占其梦相的办法；第七摩诃曼荼罗品，详细解说成办大曼荼罗步骤与方法；第八奉请供养品，说奉请及供养法；第九分别相品，说判断成就与否的相状与方法；第十护摩品，说息灾、增益及降伏三种护摩法的差别；第十一补阙品，补充说明建立曼荼罗之法。

第七节　秘密经法的出现、应用与流传

公元 8 世纪是印度佛教密教化趋势全面展开的时代，各系密法蓬勃发展，其中以早期陀罗尼密典为经典依据，以相应本尊为崇拜中心，具有增益、降伏、呼召等特定功用的秘密经法，即是其重要类型。这类经法将佛教早期的陀罗尼经典与新兴的密教行法结合起来，形成特定的密教仪轨。仪轨（kalpa、vidhi），或称秘密仪轨、密轨、供养法等。自古吠陀时代起，印度人即将礼拜诸神的方法称为 kalpa，如六吠陀支中即有《劫波经》（kalpa - sūtra），专述种种仪轨。秘密佛教沿袭这一传统，将有关佛、菩萨、诸天之造像、念诵、迎请、灌顶、供养、遣散等系列行法与轨则称为仪轨。公元七八世纪之交，除了《大日经》、《金刚顶经》所代表的胎藏界与金刚界两部密法之外，先前在佛教内部流传的各种陀罗尼经典也发展出系统化的修习体系，出现了配合这类经典的仪轨、念诵法与陀罗尼释，形成经典与仪轨相结合的秘密修行法门。通过不空等译经僧传译的这类密教经法，即可看出它们在印度的传习状况与兴盛态势。

一　孔雀明王经法

孔雀明王经法，或略称孔雀经法，是依《大孔雀明王经》（*Mahāmayūrīvidyā-rājñī*）为典据，以佛母孔雀明王为本尊而修习的秘密行法。

至迟在公元4世纪初，《大孔雀明王经》已经开始在印度流传，东晋时期龟兹僧人帛尸梨蜜善持咒术，首次将此经译为汉文。继帛尸梨蜜之后，又有十六国时期秦鸠摩罗什译《孔雀王咒经》一卷，以及两种失译附秦录的译本，即《大金色孔雀王咒经》一卷、《佛说大金色孔雀王咒经》一卷。南朝梁扶南国僧伽婆罗（460—524）译《孔雀王咒经》二卷，唐义净译《佛说大孔雀咒王经》三卷，还有唐不空翻译的《佛母大孔雀明王经》三卷，附《佛说大孔雀明王画像坛场仪轨》一卷。

从上述汉译情况可以看出，孔雀明王经在印度成立早，流传广，历时久，故义净称此经在“五天之地，南海十洲及北方土货罗等二十余国，无问道俗，大乘小乘，皆共尊敬”①。从其内容来看，各译本之间有显著的差别，即早期的译本较为简略，后出的本子渐趋繁复细密，其经文也有一个前行未密、后出转精的过程。

《佛母大孔雀明王经》或称《佛母大金曜孔雀明王经》、《孔雀明王经》、《大孔雀明王经》、《孔雀经》等。经文述世尊居室罗伐城（Srāvasti，舍卫城）逝多林给孤独园时，有一名为莎底（Svati）的比丘，出家后执掌砍柴、澡浴之事。有大黑蛇自朽木出，螫其右足拇指，毒气遍行全身，倒地闷绝。阿难以其事白佛，佛告阿难有大孔雀佛母明王陀罗尼能灭一切诸毒、怖畏、灾恼，摄受一切有情，乃命阿难诵此神咒，救护莎底比丘，并述往昔金曜孔雀王以此神咒获救的故事，以及持诵此陀罗尼的功德。金曜孔雀王（Suvarṇā-vabhāsa）以诵咒自护的故事在印度颇有渊源，巴利藏《生经》有依之而编撰的《孔雀生经》（*Morajātaka*）、《大孔雀生经》（*Mahāmorajātaka*）二经，其孔雀咒名曰“护咒”（paritta），与梵文的保护、救助（rākṣā）相当。孔雀在印度为毒蛇的天敌，大孔雀咒就成为灭除蛇毒、救助灾难的咒语。

继佛说佛母大孔雀明王陀罗尼、佛母大孔雀明王心陀罗尼与明王陀罗尼之后，经文又历述包括佛教诸尊在内的印度宗教诸神众各说其明咒、陀

① 义净译：《佛说大孔雀咒王经》卷上，《大正藏》第19册，第459页下。

罗尼或真言，以及他们随喜大孔雀明王咒时所说真言。其中所涉佛、天王等诸天鬼为数甚众。依经文次序，计有七佛世尊、四大天王（Mahārāja）、矩吠罗（Kuvera）长子珊逝耶（Naravahana）、大药叉（Yakṣa）及二十八药叉大将（Mahāyaksasenāpati）、薜室罗末拏天王（Vaiśravaṇa）并诸法弟（dharmabhrātṛ）、十二大毕舍遮女（Mahāpiśācī）、八大女鬼、七大女鬼、五大女鬼、八大罗刹女（Mahārāksasī）、十大罗刹女、十二大罗刹女、十二天母（Mātṛ）、一髻大毕舍支女（Ekajaṭāmahāpiśācī）、七十七大罗刹女、一百零八龙王（Nāgarāja）、大梵天王（Brahmā Sahāpati）、帝释天王（Sakra）、三十九河王（Nadīrajñī）、五十八山王（Parvatarāja）、二十八星神（Nakṣatra）、六十七仙人（Ṛṣi）、十三大毒药（Mahāprajāpati）。经文中对诸神的列举一方面说明此护咒威力之大，另一方面说明佛教与印度其他宗教的互动与相互渗透。经文结尾，佛嘱阿难当令世间人受持、宣说、书写此经，并建立坛场，以香花饮食供养，使其远离忧恼、获福无量，寿命百年。

以此经而修的密法称为“孔雀明王经法”，略称“孔雀经法”，修法时所用的曼荼罗称为“孔雀明王经曼荼罗”，不空译《佛说大孔雀明王画像坛场仪轨》专述其法。

建立孔雀明王曼荼罗第一步为择地及净地，选择王宫、胜地、清净伽蓝、所居宅舍等处，掘地深一肘，除去瓦砾及土中秽物，填满净土，令其平正。然后，在此地基上作五肘方坛，高四指，以彩画或五色粉，自内向外，依次为内院、二院与三院，于其中分别布列大孔雀明王菩萨及诸尊。

其内院为佛母大孔雀明王菩萨及诸佛尊菩萨。八叶莲华中心为佛母大孔雀明王菩萨，有四臂，住莲胎上，面向东方，白色。着白缯轻衣，有头冠、璎珞、耳珰、臂钏等种种庄严。乘金色孔雀王，结跏趺坐白莲华或青绿花上，示慈悲相。八叶莲花上，从佛母右边右旋，依次为七佛世尊及慈氏菩萨，皆头向外坐，各住定相。西北角第八叶上，为慈氏菩萨，左手执军持，右手扬掌向外，作施无畏势。莲华四方为四辟支佛，顶有肉髻，住定相。四隅画四大声闻，从东北隅起，依次为阿难陀、罗睺罗、舍利弗、大目犍连，皆着犍陀袈裟，偏袒右臂。

第二院为八方天王并诸眷属。东方帝释天王，执金刚杵，与诸天众围绕。东南方火天，左手执军持，右手施无畏，与五通苦行仙众围绕。南方焰摩天王，执焰摩幢，与焰摩界鬼众围绕。西南方罗刹王，执刀，与诸罗刹众围绕。西方水天，持罥索，与诸龙众围绕。西北方风天王，执幢幡，与诸持明仙众围绕。北方多闻天王，执宝棒，与诸药叉众围绕。东北方伊舍那天，执三戟叉，与诸步多鬼众围绕。

第三院从东北隅右旋布列二十八大药叉将，各与诸鬼神众围绕，以及宿曜十二宫神。此院外用香泥涂饰，布以荷叶，叶上安置供养食品，诸如乳糜酪饭食果子等，皆以真言加持，香水散洒，布列四边供养，并以诸浆、沙糖、石蜜、石榴、蜜浆等奉献。

曼荼罗坛上散白色花，四角置酥灯四盏。四门各置二净器，满盛香水。坛东安佛母大孔雀明王像。中院圣众，烧沉香、和香等供养。东方天众，烧白胶香供养。南方天众，以紫矿芥子及盐相和，烧之供养。西方天众，以酥和安悉香，烧之供养。北方天众，烧熏陆香供养。

建立曼荼罗之后，开始如法行持。先有持诵者于坛西面，敷茅荐或卑脚床子为座，所用经案以香花供养，置于坛前。转读经者三、五、七人均可，更替相续，昼夜不间断，至心读诵，遍数多多益善。其中一人须明闲教法，按咒师指挥，作法结印，启请贤圣，殷重发愿，依三十七尊礼忏，三时或六时。其作法时间一日至七日不等。转经者在家、出家均可，须每日澡浴，着新净衣。

起首时，行者对道场前，礼诸圣众。次以印契真言，召请一切佛菩萨及诸天众，如法供养。述所求事，殷勤启告，为一切苦难众生广发大愿。后结跏趺坐，以香涂手。然后依次结三昧耶印，诵三昧耶真言七遍，以印加持自身心、额、喉、顶，于顶上散印。次结金刚钩菩萨印，不间断诵真言七遍，普召诸佛菩萨诸天鬼神一切圣众。次结阿波罗尔多明王印，用结地界与方隅界，以印顶上右旋三匝，随心远近便成结界，诵七遍真言。次结普供养一切贤圣印，当心诵七遍，于顶上散印真言。次结佛母大孔雀明王印，诵真言七遍，如前以印加持四处，顶上散印。次捧香炉，奉献启请，告白圣众，述所求事。然后起悲悯心，为拔济众生苦难，转读此经。

从其曼荼罗的布置来看，大孔雀明王曼荼罗的布置与胎藏界曼荼罗的布置颇有相通之处，其中心皆以八叶莲花为中心，其本尊佛母大孔雀明王菩萨居中，由八佛围绕，足见此孔雀明王地位之尊崇。另外，大孔雀明王被冠以佛母之称，也显示出当时秘密佛教中女性本尊地位的崛起。

除汉译本之外，《佛母大孔雀明王经》还有藏文译本以及梵文钞本，其时代相对较晚，说明此经在不空所处的公元8世纪之后，依旧继续在印度传布不断。[①]

二　出生无边门陀罗尼经法

无边门经法是以《出生无边门陀罗尼经》为经典依据，以羯磨波罗密菩萨（Karma-vajrī）为本尊的秘密行法，修习此法可得八大药叉与八大菩萨护持。

《出生无边门陀罗尼经》是一部篇幅较短小的陀罗尼经典，在印度成立的时间很早，自中国三国时期即经支谦译为汉文，译作《无量门微密持经》。此后，此经在汉地屡有传译，又出现过东晋佛陀跋陀罗译《出生无量门持经》、南朝宋求那跋陀罗（394—468）译《出无量门持经》、同为南朝宋时期功德直与玄畅合译《无量门破魔陀罗尼经》、南朝梁僧伽婆罗译《舍利弗陀罗尼经》、北朝北魏佛陀扇多译《阿难陀目佉尼诃离陀邻尼经》、隋阇那崛多等译《一向出生菩萨经》、唐智严译《出生无边门陀罗尼经》、唐不空译《出生无边门陀罗尼经》，足见此经法在印度流传之久远。不过，作为一套完整的秘密行法，出生无边门陀罗尼经法到不空时代始告完备。

不空译《出生无边门陀罗尼经》（*Anantamukha-nirhāra-dhāraṇī*，*anantamukha-sādhaka-nāma-dhāraṇī*）一卷，与其他译本的内容与篇幅基本相同。此经揭示菩萨行要义，叙述佛陀世尊薄伽梵住毗舍离大林（Mahā-vana）重楼阁，对舍利弗等宣说，菩萨若欲得无边门总持，须具备四种清净行法、四种悦意法。得彼法已，能入四陀罗尼门，所谓入出生无尽陀罗尼门，入众生根善巧陀罗尼门，入业报善巧无为陀罗尼门，入甚深法忍陀罗尼门。佛即说真言陀罗尼句，并说此无边门陀罗尼义。又说菩萨四法成就、四法得陀罗尼、入八字义得四法成就、四种功德，以及此无边门陀罗因缘。修习此无边门陀罗尼可得八大药叉与八大菩萨护持。

除经文之外，不空又译出《佛说出生无边门陀罗尼仪轨》一卷，以偈颂体讲述修习此陀罗尼法门的仪轨，修习此法须运用身、语、意三种业，称为三秘密门或三金刚，观羯磨波罗密菩萨，住出生相，示少女形，

① 近人在中亚地区曾发现此经法的两种梵文残卷，已经德国学者奥登堡（Serge d'Oldenbour）辨识整理，刊于《俄国帝立考古学会东方部记录》（*Zapiski Vostocnago otdyeleniyaimp. Ruask. Arkheol. Obstchestva*，*t.* 1897－1898，Petersburg，1899，p. 218）中。

为大慈母，结跏趺坐于莲台上。现大印威仪，手结定羽金刚拳，当心持莲华，慧羽说法相，扬掌申五轮。头着五如来冠，身草绿色。又于其身支分安布八字门，观其字相，转成字轮。又有八十俱胝佛围绕此尊而住，八菩萨、八药叉安住八方，作四摄八供养。

从其经文内容与供养仪轨来看，《无边门陀罗尼经》所述秘密行法颇为简易，它运用身、语、意三秘密门，通过观想本尊、安布字门、观想字轮，作种种身印，与胎藏界密法中的瑜伽修习观想较为接近。值得注意的是，此经法的本尊羯磨波罗密菩萨以少年女形示现，被称为大慈母，显示出公元8世纪中后期秘密行法中显著的女性崇拜趋向。

三　守护经法

守护经法是依据《守护国界主陀罗尼经》而成立的秘密行法，它具有满众愿、增寿命、除鬼病、灭逆罪、拔无间苦、祈雨止雨等多种功德。

《守护国界主陀罗尼经》（*Āryadhāraṇīśvararāja-sūtra*）又作《守护国界主经》、《守护国界经》、《守护经》，它最初在印度流传的时间尚不清楚，今存汉文译本系唐贞元六年（790）天竺僧人般若（Prajñā）与牟尼室利（Muniśrī）合译，其在印度流行的时间当在公元8世纪前后。

《守护国界主陀罗尼经》分十一品，其序品述佛在菩提树下与诸比丘、天龙八部众集会，文殊师利菩萨以伽陀赞佛。陀罗尼品第二，述一切法自在王菩萨请问诸佛境界三昧，佛言此甚深三昧，以菩提心为因，大慈悲为根本，方便修习无上菩提以为究竟。并指出此菩提心性虚空，与陀罗尼性无分别。又有观想此身，次第成就五如来身，以及八种陀罗尼。大悲胎藏出生品第三，述大悲以众生受苦为本，菩萨起十六大悲之心，入涅槃门，住是十六大悲，即能建立三十二种不共事业。入如来大悲不思议品第四，佛为文殊说如来大悲海门一滴之相，乃至二乘之悲。入如来不思议甚深事业品第五，广明三十二种正觉甚深事业，即十力，四无所畏，十八不共法。菩萨璎珞庄严品第六，为文殊师利说菩萨四种璎珞，即戒、定、慧与四陀罗尼。大光普照庄严品第七，说八种大光普照，一念，二意，三解，四法，五智，六谛，七神通，八修行。般若根本事业庄严品第八，为般若峰菩萨说般若母以及般若所生事业，为无畏辩才菩萨说般若峰得名往因。陀罗尼功德轨仪品第九，为金刚手菩萨说唵字三和合义，金刚城大曼荼罗轨仪法则，还有陀罗尼供养及念诵法，是守护经法的核心部分。阿阇世王受记品第十，述阿阇世王与佛陀的问答，后决定皈依佛法僧三宝，誓持五戒，以菩提心，回向众生。如来嘱累品第十一，文殊师利广叹此陀罗尼法门，佛又之为说持经功德。

守护经法的行法主要见于此经“陀罗尼功德轨仪品”，此品述释迦佛住菩提树下金刚道场，为金刚手及诸国王说守护国界主陀罗尼为一切陀罗尼母：

> 善男子，陀罗尼母所谓唵（oṃ）字，所以者何？三字和合，为唵字故，谓婀（a），乌（u），莽（ma），婀字者，是菩提心义，是诸法门义，亦无二义，亦诸法果义，亦是性义，是自在义，犹如国王，黑白善恶，随心自在，又法身义。二乌字者，即报身义。三莽字者，是化身义。以合三字，共为唵字，摄义无边，故为一切陀罗尼首，与诸字义而作先导，即一切法所生之处。三世诸佛皆观此字而得菩提，故为一切陀罗尼母。一切菩萨从此而生，一切诸佛从此出现，即是诸佛一切菩萨诸陀罗尼集会之处。①

众所周知，在婆罗门教中，唵字被当作宇宙之中最神圣的声音，与大梵等同，是一切真言之始。在《守护国界主陀罗尼经》中，唵由真言变成了陀罗尼，它诠表的婆罗门教义理变成了佛教正法，集佛之法身、报身、化身于一体，具有殊异的护国功能。

守护经法的坛法被称为金刚城大曼荼罗轨仪法则，第一步择地、净地，其曼荼罗大小高广皆无定规，可依其财力或意愿而设。其坛城作四方，各开四门，上安阀阅。四周栏楯围绕，成三重共十二角。坛中心设毗卢遮那如来像，又设四波罗蜜菩萨，四方四佛，各有四菩萨，菩萨各有眷属。中院安十二供养菩萨，最外一院安置十天。上述诸尊各有真言。坛城布置已，阿阇梨为入坛者，先授三昧耶戒以为先导，然后灌顶，再教其如法如仪念诵真言。念诵时用念珠记数，其念珠有一百零八颗，其质地依佛、金刚、宝、莲花、羯磨五部之别，分别用菩提子、金刚子、金银等宝、莲子、和合串成。

除上述灌顶仪规外，此品又说念诵轨仪法则与持念仪规，前者为祈

---

① 《守护国界主陀罗尼经》卷九“陀罗尼功德轨仪品”，《大正藏》第19册，第565页下。

雨、退敌、除灾、祛魅法，后者为祛病之法。此品最后又说唵字月轮观，以之为成等正觉的独有法门：

> 当于鼻端想净月轮，于月轮中作唵字观。作是观已，于夜后分，得成阿耨多罗三藐三菩提。善男子，十方世界如恒河沙三世诸佛，不于月轮作唵字观，得成佛者，无有是处。何以故？唵字即是一切法门，亦是八万四千法门宝炬关钥，唵字即是毗卢遮那佛之真身，唵字即是一切陀罗尼母，从此能生一切如来，从如来生一切菩萨，从菩萨生一切众生，乃至少分所有善根。①

从经文所谈法相义理来看，《守护国界主陀罗尼经》或与《大集经》第二“陀罗尼自在王菩萨品”有相通之处，唯次第稍异。不过此经陀罗尼品述诸佛境界三昧以“以菩提心而为其因，以大慈悲而为根本，方便修习无上菩提以为究竟”的理念②，其大悲胎藏出生品的大悲思想，其陀罗尼功德轨仪品的月轮文字观，又都与《大日经》的义趣多有相涉之处。

四　宝楼阁经法

宝楼阁经法，又称大宝楼阁法、宝楼阁法，是以《大宝广博楼阁善住秘密陀罗尼经》为经典依据，以释迦如来为本尊，为灭除罪愆及令亡者得解脱而修习的密法。修习此法时，当于道场绘制宝楼阁曼荼罗，在曼荼罗前设大坛，亦设护摩坛，并诵广大善住秘密楼阁陀罗尼。

从佛经汉译史的角度来看，宝楼阁经法是印度成立较早的一部教法，早在中国南北朝时的梁代（502—557），此经法已被节译成汉文，题作《牟梨曼陀罗咒经》（*Muli-mantra-sūtra*，根本咒经）。它首次将陀罗尼、印、坛城、画像法结合起来，是印度秘密佛教渐趋成形的标志性经典。具体言之，此经法首次确立根本（Muli，牟梨）、心（Hṛd，于㗚）、随心（Utpala）三种印咒，即与秘密本尊对应的三种印咒。根本印咒是将诸尊的内证本誓功德作详细宣说的印咒，心印咒显示本尊内证秘密的真实精要，随心印咒又称心中心印咒，是宣说诸尊内证本誓秘密的核心精奥。其

---

① 《守护国界主陀罗尼经》卷九“陀罗尼功德轨仪品”，《大正藏》第19册，第997页下。

② 《守护国界主陀罗尼经》卷一“陀罗尼品第二之一”，《大正藏》第19册，第527页下。

次，《牟梨曼陀罗咒经》首次将秘密行法的诸支分基本配置完备，即将印、咒、坛城与画像结合起来，使秘密行法的程序与基本环节初具规模，经中列出三十种咒、十六种印、坛城的置办步骤，以及通过画像展示本尊及其眷属的空间方位布置。另外，此经列大（四方，一肘）、中（四方，二十指）、小（三角、九指）三种形制的护摩炉，又通过火相与柴相判定其成就与否，初步奠定了后世秘密佛教的护摩法。

除了梁代失译《牟梨曼陀罗咒经》之外，唐代又先后有南天竺菩提流志与不空两种译本，说明此经法在印度尤其是在南印度颇有其传。从三种译本之间的内容差异来看，它也有一个不断趋于细密、繁复的秘密化过程。

不空译《大宝广博楼阁善住秘密陀罗尼经》（*Mahā-maṇi-vipula-vimāna-viś va-supra-ti ṣ ṭ hita-guhya-parama-rahasya-kalpa-rāja-dhāraṇī*）①，略称《宝楼阁经》，分九品合三卷。其序品述薄伽梵住王舍大城，于初会时降伏俱知魔军及调伏一切外道，于王舍城现大瑞相，花中出警觉陀罗尼音，佛为金刚手秘密主菩萨说此大么尼广博楼阁善住秘密陀罗尼威德及往昔种种因缘与功德，佛又以净妙梵音，说警觉心陀罗尼，现种种庄严瑞相，佛即应请为诸会众说大宝广博楼阁陀罗尼，或称陀罗尼大教王法、大陀罗尼王曼荼罗印法画像法。

根本陀罗尼品二，世尊告诸大众说，此陀罗尼教王能成就无上菩提，除一切罪业，身得清净，即说其根本陀罗尼，并将其付嘱执金刚手菩萨及四大天王。

心及随心心陀罗尼品三，先出心及随心两种陀罗尼，又详说诵持根本陀罗尼法，即根本陀罗尼的具体行法或成就法。

成就心陀罗尼品四，述心陀罗尼受持法与种种成就验方。如经中说诵此心陀罗尼十万遍即见一切如来，诵二十万遍得见一切佛土，三十万遍得成入一切曼荼罗，一切真言法悉得成就，诵四十万遍得持明仙中转轮王。

成就随心陀罗尼品五，略述随心陀罗尼诵持法与成就验方。

诸仪轨陀罗尼品六，说诸种真言及相应行法，包括坐坛、结坛界、结

① ［日］冢本启祥、松长有庆、照田矶文编著：《梵语佛典之研究》Ⅳ“密教经典篇”将此经视作“所作类”（kariya）之“如来部族”陀罗尼密典。平乐寺书店（京都）1989年版，第68、69页。

十方界、辟毗那夜迦、顶髻、加持衣、洗漱、洗浴、护、神线、献花(散华)、涂香、烧香、灯、献食、献阏伽、奉献供养物及食等、护摩、加持念珠、念诵、结跏坐、警觉一切如来、请一切如来、求愿、求菩萨愿、请一切天龙、请四天王等、加持弟子、令弟子入坛、献一切佛一切菩萨诸天等食、献一切香花饮食、护身、奉送诸圣众等真言。

建立曼荼罗品七，说建立曼荼罗仪规，其法为先择胜地，作四肘四门坛，于坛中心作二肘小方坛，先后以白檀香、郁金香涂抹，小坛中画七宝楼阁，内中画说法佛像。左边金刚手菩萨，作忿怒形，右手执金刚杵，左手执白拂。右边摩尼金刚菩萨，种种璎珞庄严其身，左手执持宝珠，右手执白拂。四角各画四天大王，身着甲胄，手执器仗，作瞋怒形。小坛中画七宝界道，坛上悬伞盖，四面周匝悬幡。大坛东门悬五色缯幡，四角置四金瓶，四隅安四银瓶。中坛南门中画大吉祥天女，北门中画饷弃尼天女，西门金刚使者天女。中坛四边，以香料、鲜花、饮食、燃灯，随力供养，各种花果散其坛上。并在佛及眷属前置香炉，烧种种香，备种种饮食供养。中坛四门外，各立吉祥标门。大坛东门中画诃利帝母，七子围绕。南门中画大自在天王，西门中画花齿罗刹女，北门中画毗摩天女。坛上四边插三十二只箭，各以五色加持线缠。于大坛外食界道上，安置种种香花饮食灯，种类繁杂，为数亦众。诸事项承办之后，阿阇梨引弟子入坛门，为弟子作入坛仪轨，为其灌顶，诵灌顶真言。

画像品八，说画像法，与建立曼荼罗品之内坛布置释迦如来及眷属的做法基本一致，持诵者于如来像前虔心念诵，即可得种种成就与功德。

护摩品九说护摩法，先须清净身心，然后作护摩法供养。先说护摩真言，以之加持护摩物品如白芥子、安悉香、白胶香、天木、酥、饮食、粳米、胡椒等，然后护摩一千八百遍，即可得息灾、安乐、财利等种种成就。此品末尾又重述此教法之威德，据自身财力如法供养可得种种功德成就。

与菩提流志译本相比，不空译本缺少印法品。此品专说种种印法，即在佛坛中作四佛心与四圣金刚心印咒，以此二印启请诸佛。持印咒者应净洗浴，着鲜洁衣，以五种牛净物，用护其身，以涂香遍拭其体，以白檀香涂其手掌，以郁金香再涂其上，以五色咒索交结其身，观想自身为本圣尊，面向东坐，端意寂静，发慈悲心，念根本咒、心咒、随心咒。并常以香花供养诸佛，礼十方诸佛贤圣，启请白佛，依次说宝莲花、普光明宝清净一切如来心、一切如来心、一切如来普光大宝会秘密等种种印咒法。

五　菩提场经法

菩提场经法是以《菩提场庄严陀罗尼经》为典据发展出的秘密行法，其情形可据不空译《菩提场庄严陀罗尼经》（*Bodhi-maṇḍāla-laṃkāra-dhāraṇī-sūtra*）见出。此经述薄伽梵住筏罗痆斯大城广博大园，与诸僧众、菩萨、外道、天众等人集会，应波吒离子城毗钮达多之请，为说“菩提场庄严陀罗尼大教王”（Bodhi-maṇḍāla-laṃkāra-mahātantra-rāja）往昔因缘。世尊即应众请，说其善根法，也就是此陀罗尼的日常供养法与流通法。其供养法是作方曼荼罗，以五净洒，随财力作散花、烧香供养。将此菩提场庄严陀罗尼书于桦皮上，置金刚杵、佛像、画像、印塔、窣堵波中，即为其流通法，又能使行者得种种福聚。

其次，佛为文殊师利童真菩萨、金刚手秘密主菩萨及四大天王说其行法，即置白芥子于熟铜器中，诵此陀罗尼千遍加持已，以白芥子掷于相应之处，即获种种成就，如掷空中可止风暴，掷四方可止毒虫，入河中水为不流等。

其像法是在中央宝树下画释迦牟尼佛，坐师子座，宝树上画佛陀说法像，其右侧为文殊师利菩萨，以二手捧钵，作献佛之势。其左边为金刚手菩萨，右手持金刚杵，瞻仰如来。文殊师利后安置宝幢，幢中有如来坐师子座，作安慰相，其下有吉祥天女。金刚手之后置菩提场陀罗尼箧，宝箧四面有化佛围绕，其下画金刚使者。佛下方配持国、增长、广目、多闻四天王。

其曼荼罗坛法是先择一清净地，作十六肘坛，先以牛粪和土涂抹坛周围，然后由画坛人于四角画四天王，中央画佛形像，于门中画宝树，于东门画吉祥天女，南门画辩才天女，西门商弃尼天女，北门花齿天女。以稻谷花和白芥子散于坛上，兼散时花涂香末香。四角安四香水瓶，以四器盛食饮供养。四门安四香炉，兼诸饮食种种花鬘及三白食。四角安四盏灯。念诵者面东坐，后夜入曼荼罗护身结界。入此曼荼罗即得种种成就，一切罪障悉皆消灭。一切悉地皆得成就，一切福聚皆得生长。

入此曼荼罗得不退转地，佛世尊即依次说心陀罗尼、心中心陀罗尼、澡浴洒净陀罗尼、结界陀罗尼、结曼荼罗界陀罗尼、供养食陀罗尼、迎请陀罗尼、供养花陀罗尼、供养烧香陀罗尼、灌顶陀罗尼、结顶髻陀罗尼、加持衣服陀罗尼、护弟子身加持陀罗尼、奉送圣众陀罗尼、加持念珠陀罗尼、献座陀罗尼、缚毗那夜迦陀罗尼、迎请一切如来陀罗尼、护身陀罗尼、供养灯陀罗尼、护摩陀罗尼、请一切如来陀罗尼等。次说修行心陀罗尼、心中心陀罗尼功能，如诵心陀罗尼百千遍，得为持明仙，加持千遍取点额得飞腾虚空，诵一万遍得见一切如来等。

又说其印法，即以二手平展，以右手押左手，仰掌安心上，名为菩提场庄严陀罗尼根本印，才结此印即灭一切罪。

总体看来，菩提场庄严陀罗尼法较为丰富，但陀罗尼行法、像法、坛法与印法也都非常简易，具有显著的早期陀罗尼密教的特点，以四部怛特罗密法来衡量，它应属早期的事部陀罗尼。不过，从经文中出现的种种关于此教法的名称来看，如菩提场庄严陀罗尼大教王、菩提场庄严陀罗尼教王、大陀罗尼教王、菩提场庄严陀罗尼法要大教王仪轨等，此中所云大教王、教王，或即 mahā-kalpa-rāja、mahā-tantra-rāja 与 rāja-tantra 的意译。事实上，也就是从不空所处的公元8世纪中期开始，怛特罗类的秘密教法开始集中出现。

六 请雨经法

请雨经法是以《大云轮请雨经》为典据，以释迦牟尼佛为本尊，以诸龙王为眷属，通过佛陀与龙王对话的形式，讲述与请雨有关的陀罗尼与种种修法与仪礼。

《大云轮请雨经》（*Mahā-megha-sūtra*）又作《大云请雨经》、《大云轮经》、《请雨经》，主要叙述请雨时应受持的陀罗尼。初举难陀龙王等百六十五龙王名，请诸龙王发愿供养尊重一切诸佛，次述无边庄严海云威德轮盖龙王代表诸龙王，请佛陀说除灭一切苦恼，以及普降甘雨，利乐赡部洲一切众生的法门。佛即告以施一切乐陀罗尼，忆念受持毗卢遮那藏大云如来等五十四如来名号，除灭请雨、止雨及降雨五障的两种陀罗尼。

中国自南北朝末期开始有《大云轮请雨经》传至，先有北周天和五年（570）阇那耶舍译出《大云请雨经》一卷，隋开皇五年（585）那连提耶舍译《大云轮请雨经》二卷，以及《大方等大云请雨经》一卷。到唐代，不空译出《大云轮请雨经》二卷、《大云经祈雨坛法》一卷，请雨经法始告完备。除了译出经法外，不空还先后于唐天宝五年（746）、大历六年（771），应用此经法，作祈雨坛法，所行皆验。从此经的汉译情形，可以看出公元6—8世纪，此经在印度广泛流行的情形。从此经的藏语译本以及种种梵语写本来看，此经在公元9世纪以后仍然颇有其传。[①]

依不空《大云经祈雨坛法》所载，若遭逢天旱时，请雨者应于露地作坛，坛中画七宝水池，池中画海龙王宫，宫中有释迦牟尼如来住说法相。佛右画观自在菩萨，左画金刚手菩萨，佛前右画三千大千世界主轮盖龙王，佛前左画难陀、跋难陀二龙王。坛四方各画一龙王，东方龙王一身三头，南方龙王一身五头，西方龙王一身七头，北方龙王一身九头，各有眷属围绕，皆住青黑云中，半身以下如蛇形，尾在池中，半身以上如菩萨形，皆合掌从池涌出。坛四角置四清水瓶，并随其财力供养饮食果子。烧香散青色华，道场中所用皆作青色。祈雨之人若是出家者应具律仪，若为俗士应受八戒。作法时，吃三白食，每日香汤沐浴，着新净青衣。以青物为座坐于坛西面，以香涂手。先应三密加持自身，守护坛场，案上置此《大云经》。于一切有情起大慈悲心，启请一切佛菩萨加持，二人至七人不等，昼夜虔诚诵读此经，不应间断。经一日二日乃至七日即普降甘霖。

第八节　秘密佛教中的观自在信仰与行法

自大乘佛教兴起以来，观自在菩萨（Avalokiteśvara）或称观音菩萨（Avalokiteśvara）即以其大慈大悲、救人苦难的淑世情怀深入人心，成为大乘佛教最受崇敬的信仰对象，其神格属性与功德从其多种名号中即可显示出来，如救苦救难者（Duḥkharakṣaka）、施无畏者（Abhayaṃdada）、莲华手（Padmapāṇi）、普门（Samanta-mukha）、大悲圣者（Mahā-kāruṇika-muni）等。同样，在秘密佛教的各部密法中，莲华部中的观自在类秘密教法也居于非常突出的位置，其教典多，功用大，流布广，身形众，影响深，是密教菩萨信仰中最为显赫的一系。以《大正藏》收录汉译密典中的诸菩萨仪轨为例，在总共168部菩萨密典中，观自在菩萨仪规有88种，占了1/2强。就其功用而言，北宋印度来华的译经僧施护所译、西方贤圣即印度诸大德所集《圣观自在菩萨功德赞》，称颂观自在菩萨的种种功德，集中体现出此菩萨“常以大悲方便力，救度一切苦众生”，“以最上

---

① 详参［日］冢本启祥、松长有庆、熙田矶文编著《梵语佛典之研究》IV“密教经典篇”，平乐寺书店（京都）1989年版，第111—114页。第一章所作类如来部族对《大云轮请雨经》诸种传本的记述。

法施众生，普令有情证菩提”，以及其“悲智方便力，能入一切趣类”的种种善行功德。就密教观自在菩萨的身形来看，除了其法身之外，更有各种秘密化身，其中影响较大、为人们所熟知者就有千手千眼观自在、十一面观自在、马头观自在、毗俱胝观自在、如意轮观自在、不空罥索观自在与圣多罗观自在等。大致说来，这些密教观自在菩萨大多以忿怒、威猛身相示现，让人生起大敬畏心，其面孔身形变化多端，所执法器亦富于变幻，各具特色，诠表不同的神格属性，这些神格属性都或多或少地与印度教诸神，尤其是湿婆神，存在某种对应关系。可以说，观自在菩萨与湿婆（Maheśvara，大自在天）除了名称上的对应外，观自在（观音）菩萨及其化身的种种神格属性总能在湿婆及其种种化身中找到源头或对应关系，秘密佛教观自在信仰在特定时代与地域的兴起与流布也反映出湿婆信仰已经在彼时彼地广泛传布的事实。

就其传布与影响而言，种种观自在密法仪轨来自五天印度的不同地区，跨越了公元6—13世纪的数百年，且对印度以外的其他佛教国家与地区产生了深远的影响，至今还具有鲜活的生命力。

一　千手千眼观自在密法

千手千眼观自在（Avalokiteśvara-sahasrabhuja-locana），又作千手圣观自在（Sahasra-bhujāryāvalokiteśvara）、千光观自在等，另外，据千手千眼观自在的根本陀罗尼所载，它还被称为千眼千首千足千舌千臂观自在菩提萨埵等。

关于此尊的来源，诸经所载不一。《千眼千臂观世音菩萨陀罗尼神咒经序》称：“千手千眼菩萨者，即观世音之变现，伏魔怨之神迹也。”此处所说的魔怨为大力鬼神毗那翼迦（Vināyaka），象鼻人身，约与印度教中的象鼻神（Ganeśa）相当，它经常毁坏善法，增长恶业，对佛教正法构成严重威胁，观自在（观音）菩萨即现作千臂千眼之形，运用相应的神咒与印法，降伏此魔。①

除了伏魔怨之外，伽梵达摩译《千手千眼观世音菩萨广大圆满无碍大悲心陀罗尼经》则认为，此尊系观自在菩萨闻广大圆满无碍大悲心陀罗尼，为利益众生，发愿具足千手千眼所成形像：

---

① 《千眼千臂观世音菩萨陀罗尼神咒经序》，《大正藏》第20册，第83页下。

观世音菩萨重白佛言：世尊！我念过去无量亿劫，有佛出世，名曰“千光王静住如来”。彼佛世尊怜念我故，及为一切诸众生故，说此“广大圆满无碍大悲心陀罗尼”。以金色手摩我顶上作如是言：善男子！汝当持此心咒，普为未来恶世一切众生，作大利乐。我于是时，始住初地，一闻此咒故，超第八地。我时心欢喜故，即发誓言：若我当来，堪能利益、安乐一切众生者，令我实时，身生千手、千眼具足。发是愿已，应时身上，千手千眼，悉皆具足。①

不管是伏魔怨，还是利众生，千手千眼尊都是观自在菩萨的变化身，其形像变化与观自在菩萨寻声救难、慈悲济世的情怀相应。

近代学者考察千手千眼菩萨在印度宗教文化传统中的原型，发现它的神格属性，尤其是千手千眼特征，与印度早期诸神尊如楼陀罗（Rudra）、原人（Puruṣa）、湿婆（Śiva）、毗湿奴（Viṣṇu）等多有相通之处，是集取众神的不同特征而成。如《白骡奥义书》第十三章第十四颂称楼陀罗（原人）“有千头、千眼和千足，覆盖整个大地，还超出十指”。② 在《摩诃婆罗多》“教诫篇”第十四章，湿婆被描述为千眼、千首、千足形象③。可以说楼陀罗与湿婆的这些属性都是佛教中千手千眼观自在的原型。

关于千手千眼菩萨的形像，诸经所载不一。智通译《千眼千臂观世音菩萨陀罗尼神咒经》卷上，以及南天竺菩提流志译《千手千眼观世音菩萨姥陀罗尼身经》“千手千眼观世音菩萨画坛法”，皆作檀金色，一面三眼，身有千臂，千臂之掌中各有一眼，手中各执种种器仗等印。此二经本为同本异译，所述千手千眼菩萨详略有异，但都指出，在实际行法中，此尊或不作千眼千臂，仅在额上更安一眼，即一面三眼亦可。智通所据梵本系北天竺僧人所进，菩提流志梵本当系南天竺所传，由此也可以看出千手千眼菩萨行法在公元七八世纪广泛流行的情形。

不空译《摄无碍大悲心大陀罗尼经计一法中出无量义南方满愿补陀落海会五部诸尊等弘誓力方位及威仪形色执持三摩耶幖帜曼荼罗仪轨》“五部

① 《大正藏》第20册，第106页中、下。

② 黄宝生译：《奥义书》“白骡奥义书”，商务印书馆2010年版，第321页。

③ 黄宝生等译：《摩诃婆罗多》（六），中国社会科学出版社2005年版，第501—502页。

尊法”所载千手千眼菩萨的形像是另一番样子：“中有本尊像，号千手千眼，妙色超三界，金色具晖曜。首持发髻冠，宝冠绀发垂。顶上五百面，具足眼一千。诸头宝冠中，安住化佛身。身相十百臂，其中采杂宝。”① 此处的千眼指菩萨顶上的五百面，面各二眼，成千眼。

另据唐三昧苏嚩罗译《千光眼观自在菩萨秘密法经》所载，观自在菩萨于千光王静住如来处受大悲心陀罗尼，心得欢喜，发大誓愿，应时具足千手千眼，即入三昧名无所畏。于三昧光中，涌出二十五菩萨。此诸菩萨身皆金色，具诸相好如观自在，亦于顶上具十一面。各于身上具足四十手，每手掌中有一慈眼。二十五菩萨各具四十手目，合为千手千眼。② 这种千手千眼的造型又与前述两种不同。

千手千眼菩萨佛典在公元七八世纪的汉译情况如下：

唐武德年间（618—626），先有中天竺婆罗门僧瞿多提婆（Gupta-deva），曾于细氎上图画千手千眼形象，以及相应的结坛、手印经本，献给唐王朝，惜不被唐高祖重视。

唐贞观年间（627—649），北天竺僧人赍《千臂千眼陀罗尼》梵本奉进，唐太宗敕令大总持寺法师智通与梵僧翻出咒经并手印等，成《千眼千臂观世音菩萨陀罗尼神咒经》二卷。另外，智通还曾从某位印度来的僧人中获得另外一种梵文本子。其时，又有北印度乌伐那国婆罗门僧达摩战陀（Dharma-candra），善明悉陀罗尼咒句，曾画千臂菩萨像，将其与该经咒进献给朝廷。

唐永徽、显庆年间（650—660），西天竺僧人伽梵达摩（Bhagavat-dharma，尊法）译出《千手千眼观世音菩萨治病合药经》与《千手千眼观世音菩萨广大圆满无碍大悲心陀罗尼经》各一卷。

景龙三年（709）夏，南天竺菩提流志（Bodhi-ruci）于西崇福寺译出《千手千眼观世音菩萨姥陀罗尼身经》一卷。

开元、天宝年间（713—755），大力弘扬秘密佛法的开元三大士分别译有与千手千眼观世音菩萨行法相关的经典。如金刚智于开元十一年至二

① 《大正藏》第20册，第130页。又有善无畏译《千手观音造次第法仪轨》：“其尊之正面天冠上有三重，诸头面之数有五百，当面之左右造两面，右名莲华面，左名金刚面也。右者青碧貌，左绀白色也。正面者表佛部，是大士有大身故，三部海会备具也。”《大正藏》第20册，第138页上。此处所述千手千眼观音（观自在）造型与不空译本所载相类。

② 《大正藏》第20册，第120页上、中。

十四年间（723—736）译出《千手千眼观自在菩萨广大圆满无碍大悲心陀罗尼咒本》、《千手千眼观世音菩萨大身咒本》各一卷，通篇采用音译的方式，但两本篇幅长短有异。善无畏译有《千手观音造次第法仪轨》一卷不载于各家目录，首尾不全，或节译自其他仪轨。

不空于天宝五年至大历九年间（746—774）译出三种千手千眼菩萨的仪轨，分别是《大悲心陀罗尼修行念诵略仪》一卷、《摄无碍大悲心大陀罗尼经计一法中出无量义南方满愿补陀落海会五部诸尊等弘誓力方位及威仪形色执持三摩耶幖帜曼荼罗仪轨》一卷，以及《金刚顶瑜伽千手千眼观自在菩萨修行仪轨经》二卷。

除上述译本外，还有题为三昧苏嚩罗所译《千光眼观自在菩萨秘密法经》一卷，未详其年代。

根据千手千眼观世菩萨佛典的汉译情况，可以推知这一时期千手千眼观世菩萨经典、咒语与行法在五天印度流布甚广。

千手千眼观自在经典基本上是以千手千眼大悲陀罗尼，即大悲咒而展开的，到公元8世纪中后期，形成多种与之相关的念诵略仪与修行仪轨。

大悲心陀罗尼（Mahā-kāruṇika-citta-dhāraṇī），又称千手千眼观自在大悲心陀罗尼、千手千眼观世音菩萨大身咒、广大圆满无碍大悲心陀罗尼，俗称大悲咒，系千手千眼观世音菩萨内证功德之根本咒。唐代伽梵达磨所译《千手千眼观世音菩萨广大圆满无碍大悲心陀罗尼经》所载其咒文为84句，声称诵此咒得十五种善生，不受十五种恶死。其咒文有多种音写或传译，章句依各经本而异，智通译《千眼千臂观世音菩萨陀罗尼神咒经》卷上与菩提流志译《千手千眼观世音菩萨姥陀罗尼身经》相同，皆作94句。金刚智译《千手千眼观自在菩萨广大圆满无碍大悲心陀罗尼咒》作113句，不空译《千手千眼观世音菩萨大悲心陀罗尼》所载则为82句。而在不空所译《金刚顶瑜伽千手千眼观自在菩萨修行仪轨经》卷下简为40句，并称诵此咒可得息灾、增益、降伏、敬爱钩召四种成就。[①]

值得一提的是，大悲咒虽然是千手千眼观自在大悲心陀罗尼的简称，但它并非仅见于千手千眼观自在菩萨的经典行法中，也出现在青颈观自在

---

① 林光明《大悲咒研究》（佶茂出版社1996年版）依据不同经典所载大悲咒的篇幅，将其分为四种类型，即三百字、四百字、六百字、九百字。

的行法与经典中。青颈观自在菩萨（nīla-kaṇṭha），是观自在菩萨的另一化身，不空译《青颈观自在菩萨心陀罗尼经》称："其像三面，当前正面作慈悲熙怡貌，右边作师子面，左边作猪面。首戴宝冠，冠中有化无量寿佛。又有四臂，右第一臂执杖，第二臂执把莲花，左第一执轮，左第二执螺。以虎皮为裙，以黑鹿皮于左膊角络，被黑蛇以为神线。于八叶莲花上立，璎珞臂钏，镮佩光焰，庄严其身。"①南天竺菩提流志译《不空罥索神变真言经》载其形像为左手执莲华，右手扬掌，结跏趺坐，为观自在种族母。结合其名称及诸经对其形像的记述，可以很明显地看出，青颈观自在的体貌特征与湿婆的青颈造型颇有相通之处。

汉译有关青颈观自在密法的经典主要出自金刚智、不空师徒，包括金刚智译《金刚顶瑜伽青颈大悲王观自在念诵仪轨》一卷，不空译《青颈观自在菩萨心陀罗尼经》、《大慈大悲救苦观世音自在王菩萨广大圆满无碍自在青颈大悲心陀罗尼》各一卷，其流行地区与梵本来源都应是出自南印度地区。

二　十一面观自在密法

十一面观自在菩萨（Ekadaśa-mukha），汉译多作十一面观自在菩萨、大光普照观世音菩萨，其原型当源自印度教中的十一位大荒神（Ekādaśa-rudra，鲁特拉），是大自在天湿婆神在吠陀时代的原型。②大约在公元五六世纪被佛教吸纳，成为观自在菩萨的化身之一。此菩萨的标志性特征即为其十一面，依据唐不空译《十一面观自在菩萨心密言念诵仪轨经》所载，其各面造型如下：

> 十一头四臂，右边第一手把念珠，第二手施无畏，左第一手持莲花，第二手执君持。其十一面，当前三面作寂静相，左三面威怒相，右三面利牙出现相，后一面作笑怒容，最上一面作如来相。头冠中各

---

① 《大正藏》第20册，第490页中。

② 十一面观自在，也是湿婆神的化身之一，在吠陀时代其原型为暴恶神鲁特拉，传说有十一位，从吠陀原典开始，梵书、奥义书与往世书中都有关于他们的记载。参见婆数提婆·S.阿格拉瓦拉（Vasu S. Agra-wala）《大天湿婆：伟大的主》第十三章"十一鲁特拉神"（*Śiva Mahādeva*, *The Great God*, XIII Eleven Rudras）。吠陀学院1966年版，第29—33页。

有化佛。①

这种左、中、右各三，后、上各一的头面排列方式在十一面观自在经典中基本相同，在后出的其他秘密经典中，十一面观自在菩萨造型又有所变化与发展，通常在本面之上安置其余十面，如在《大日经》所代表的胎藏界曼荼罗之苏悉地院中，十一面观自在是在本面两侧各一面，其上具五面，其上又有三面，成十一面。依慧沼《十一面神咒心经义疏》载，十一面各诠表不同的意旨："前三面，慈相见善众生，而生慈心，大慈与乐。左三面，瞋面见恶众生，而生悲心，大悲救苦。右三面，白牙上出，面见净业者，发希有赞，劝进佛道。最后一面，暴大笑面，见善恶杂秽众生，而生怪咲，改恶向道。顶上佛面，或对习行大乘机者，而说诸法究竟佛道，故现佛面。"②

十一面观自在类的秘密经典出现甚早，公元五六世纪之交出现的《金刚大道场经》已经有"十一面观自在品"，后出的相关经典都是由此衍生而来，其详略各有不同。比较公元6—8世纪的各种汉语译本，即可看出十一面观自在密法的传承与发展。

首先是北周时代印度耶舍崛多译《十一面观世音神咒经》（*Avalokiteśvaraikādāsamukha-dhāranī*）一卷，其经末题云："此经名金刚大道场神咒经，十万偈成部，略出一品。"此后又有玄奘译《十一面神咒心经》（*Mukhadaśaikavidyā-mantra-hṛdaya*）一卷。阿地瞿多译《十一面观世音神咒经》一卷，载于他撮要抄译的《陀罗尼集经》第四卷。最后是不空译《十一面观自在菩萨心密言念诵仪轨经》三卷，篇幅较长，内容丰富，相对完整，堪为十一面观自在密法的集成之作。

《十一面观自在菩萨心密言念诵仪轨经》述佛在王舍城耆阇崛山中，观自在菩萨为诸会众说十一面观自在心咒因缘，称此咒为十一面心密语，系十一俱胝如来同共宣说，若有信众持是心密语能得十种胜利、四种功德，得一切诸佛大慈悲喜舍诵慧藏法门等功德。然后依次叙说此根本密言

① 不空译：《十一面观自在菩萨心密言念诵仪轨经》卷一，《大正藏》第20册，第154页上。

② 《大正藏》第39册，第1004页中、下。值得注意的是，在慧沼的义疏中，十一面被作为观自在菩萨的方便之面，合其本面当有十二面。

(咒)，澡浴灌洒净衣密言，献焚香密言，献花密言，奉献饮食密言，护摩密言，结方隅界密言，奉送圣众还宫密言等。次说造十一面观自在像法，除病、降敌、息灾、净论等种种成就法。次说十一面观自在念诵仪轨，包括各种真言法、印法与观想法等。最后附“护摩仪轨品”，说护摩仪轨中的种种行法，如护摩坛法，迎请诸尊念诵真言法，种种密印法，以及判定护摩相法。

三　马头观自在法

马头观自在（Haya-grīva；Hayaśirṣa），汉译多作马头观世音（自在），又作马头大士、马头明王、马头金刚明王，俗称马头尊，密号为啖食金刚、迅速金刚等，音译作何耶揭唎婆。作为观自在菩萨的化身，马头观自在通常以大忿怒形示现，或三面八臂，或四面八臂，或三面二臂，或一面四臂等，顶部的马头是其身份标志。在秘密佛法中，马头观自在通常被视为莲华部主，[①] 在印度教传统中，马头明王是毗湿奴的化身之一，马头人身，全身洁白，坐白莲花，代表智慧与知识，大约在公元五六世纪，它被吸收到佛教中，成为密教观自在菩萨的化身之一。

《金刚大道场经》“观世音等诸菩萨部”有“何耶揭唎婆观世音菩萨法印咒品”，收录与马头观自在（观世音）相关的印咒成就法门，包括护身结界法印咒、大法身印咒、法心印咒、头法印咒、顶法印咒、口法印咒、牙法印咒、乞食法印咒、解禁刀法印咒、疗病法印咒，另外还有马头观世音菩萨大咒（一百二十五）与别大咒（九十一句）、发遣马头观世音印咒、画作像法、作何耶揭唎婆像法、马头观世音菩萨受法坛等，印、咒、像、坛构成其密法的基本因素。

除其大咒外，上列种种印咒法皆有其独特的功用，如头法印咒、顶法印咒可治头疼，口法印咒可除一切鬼病，牙法印咒可破斥种种邪法。

“画作像法”述马头观自在的形像，称其像身高一肘长，有四面，正

① 不空译《都部陀罗尼目》：“若《苏悉地经》教中依三部，所谓佛部（小字注：五佛顶等）、莲花部（小字注：种类甚多）、金刚部（小字注：金刚萨埵等）……部主有三种，金轮王佛顶佛部主，莲花部主马头观自在，金刚部主三世胜金刚。”

面三面，顶上一面，皆作欢喜状。其左边一面作黑色，绿眼狗牙；右边一面作赤色，名吃咒面；当中一面如菩萨面，相貌端正，作白色；顶上一面作青色，口吐宝珠。四面各戴宝冠，冠有化佛。左手持莲花，右臂下垂，作施无畏手状。整体来看，这种身形并没有将顶部的马头造型凸显出来，在“作何耶揭唎婆像法”顶上一面作合口碧马头造型，是马头观自在的典型造像。

坛法的设置是以马头观自在菩萨为中心，北面置八臂观自在，东面十一面菩萨，南面为八龙王，坛西安护摩炉，依法念咒作印、散华烧香，作种种供养，即可得观自在菩萨忆念、加持，得种种成就。

在胎藏界密法中，马头观自在菩萨化身为莲华部忿怒持明王，其身非黄非赤，佩戴白色莲华璎珞，指甲长利，双牙上出，头发如师子顶毛，光焰猛盛，作吼怒状。

在金刚界密法中，马头观自在密法得到更为系统的发展。一方面其身、语、意的配合更为紧密，秘密观想法得到前所未有的发展；另一方面整个秘密行法的各个环节与事项更为缜密、复杂。这两种特点在《圣贺野纥哩缚大威怒王立成大神验供养念诵仪轨法品》（不空译）中有非常显著的体现，如修习此法的瑜伽行者在礼拜诸佛菩萨时，即是通过观想或意念完成的。瑜伽者先结诵定中礼佛印与真言，想自身遍礼一切如来及菩萨足，通过这种方式，他就能够不起于座而遍至十方，敬礼诸佛如来。礼拜之后，瑜伽行者端身正坐，俨然不动，想自身在一切如来海会，观一一佛身微细如胡麻，相好具足，了了分明，更通过反复观想，渐次进入自身与主尊一如不二的三昧境界：

> 即入观自在菩萨智，作是思惟：一切法本来清净，我亦清净。于世间贪爱清净故，则瞋恚清净；于世间尘垢清净故，则一切罪清净；于世间一切法清净故，则一切有情清净；于世间般若波罗蜜多清净故，则萨婆若清净。瑜伽者作是观已，身心豁然清净，即诵通达心真言，由此证二无我，显现如来藏，证圆满菩提心，即诵菩提心真言。闭目澄心，观自身中，正当胸间，有圆满清凉洁白满月，一心专注，更不易缘。于圆明上，想有八叶莲花，胎中观纥哩字，如红颇梨色，……如是观已，即诵自身成本尊瑜伽真言，瑜伽者自身与本尊无

有异。[①]

这一过程包括了对佛法义理的思惟与分别、月轮观、声字观等种种观法，是瑜伽秘密行法中常见的观行法门。

整个供养念诵仪轨的次第与程序非常烦琐，仅起始的几个环节，依次就有结诵警觉印咒，礼四方如来并结诵相应的印咒，作四无量心观结诵相应身印与真言，结诵如来部、莲华部、金刚部三摩耶契与真言，结诵金刚甲胄印咒，结诵金刚轮菩萨印与真言等，种种仪则与程序非常繁杂、琐细。其中，最关键的一点是种种密行与仪法都是在观想状态下进行的，当这种观想进入高潮阶段，马头观自在及其眷属的面貌与情态即在瑜伽者意念中映现出来：

> 又观楼阁中有莲花胎，于莲花胎中想纥哩字，流出大光明，……从此大光明中，涌出马头大威怒王，有四面皆忿怒，虎牙上下出现，八臂各执器杖，安坐宝盘石上莲花台上。中面顶上有碧马头，发如螺焰，身色赫奕如日轮，遍身火焰炯燃逾劫灾火，焚烧内外人天业障。[②]

伴随马头大忿怒王出现的，还有无量忿怒众、十波罗蜜菩萨、八供养菩萨、四大童子、八大龙王、十二大天王、诸天八部等及各自眷属。

与上述种种烦琐的程序与种种细密的观想形成对比，《圣贺野纥哩缚大威怒王立成大神验供养念诵仪轨法品》所记载的坛法较为简易，选择一处清净之地作为坛场，先以瞿摩夷（牛粪）涂拭，次以白檀泥涂其道场。坛场周匝悬挂幡盖。坛西安置马头本尊像，瑜伽者于坛东对像，坐于茅草垫上或小床上，然后分布曼荼罗，列诸圣位。置二阏伽瓶满盛香水，安四贤瓶于坛四角。每日取种种时花散坛上，又以烧香、涂香、灯明、饮食及果子，加持分布，作种种供养。

---

① 不空译：《圣贺野纥哩缚大威怒王立成大神验供养念诵仪轨法品》，《大正藏》第20册，第158页中—159页上。

② 不空译：《圣贺野纥哩缚大威怒王立成大神验供养念诵仪轨法品》，《大正藏》第20册，第160页上、中。

这种简易的坛法形式在《何耶揭唎婆观世音菩萨受法坛》中也有所体现，其受法坛纵广四肘，坛开四门，中心作莲华座，安置马头观世音（自在）像，东门作华座安十一面菩萨，北门作莲华座安八臂观世音，南方安八龙王。以粳米、乳糜供养八龙王，其余诸尊，随取供物，无特别限制。燃四十五灯以为供养。[①] 这种简于坛法与像法、详于印咒与观想的修习法门也是瑜伽密法共有的特征。

四 如意轮观自在密法

如意轮观自在（Cintā-mani-cakra-lokeśvara）是以手持如意宝珠与轮宝而得名的观自在菩萨化身，其如意宝珠表满足众生祈愿，轮宝表转法轮，故此菩萨的密号为持宝金刚。以如意轮观自在为本尊，为了增益福德、减除罪愆、救拔苦难等目的所修习的密法，称为如意轮观自在法，或如意宝珠法。依《如意轮陀罗尼经》所载，久远世时观自在菩萨得到世尊加持，宣说如意轮陀罗尼，能满足一切有情世间、出世间的各种胜愿，由此化生出如意轮观自在。

如意轮观自在的形像种类甚多，计有二臂、四臂、六臂、八臂、十臂、十二臂等，比较常见的是六臂像，右第二手持宝珠置胸前。如《观自在如意轮菩萨瑜伽》所载的如意轮观自在的形像即是："手持如意宝，六臂身金色，顶髻宝庄严，冠坐自在王，住于说法相。第一手思惟，愍念有情故。第二手持意宝，能满众生愿。第三手持念珠，为度傍生苦。左按光明山，成就无倾动。第二持莲手，能净诸非法。第三手持轮，能转无上法。六臂广博体，能游于六道。"[②] 从其形像可以看出，如意轮观自在的形成是观自在信仰传播过程中，其法具（法器）或神通人格化的结果。

如音轮观自在菩萨密法的根本典据是《如意轮陀罗尼经》（*Cintāmanicakra-lokeśvara-dhāraṇi*）[③]，据唐代菩提流志的汉语译本，此经

---

① 失译：《何耶揭唎婆观世音菩萨受法坛》一卷，《大正藏》第20册，第171—172页。

② 不空译：《观自在菩萨如意轮瑜伽》，《大正藏》第20册，第208页下。

③ 《如意轮陀罗尼经》的汉译本有多种，先后有唐代久视元年（700）实叉难陀所译《观世音菩萨秘密藏神咒经》一卷，嗣圣九年至神龙二年（693—706）宝思惟译《观世音菩萨如意摩尼陀罗尼经》一卷，景龙四年（710）前义净《观自在菩萨如意心陀罗尼咒经》一卷，景龙三年（709）南天竺菩提流志译《如意轮陀罗尼经》一卷。上述四种译本以菩提流志译本最接近梵本。

出自《大莲华金刚三昧耶加持秘密无障碍经》，包括十品，合为一卷。

其序品叙观自在菩萨于佛说“大莲华峰金刚秘密无障碍如意轮陀罗尼明三昧耶”之根本陀罗尼明、大心陀罗尼明与小心陀罗尼明。

第二破业障品，说修持如意轮陀罗尼咒成就法。行者于净室中，面东趺坐，想观自在坐莲花上，身相姣好圆满，如日初出，放大光明。次烧沉水香，运心供养，恭敬礼拜，香花供献不绝。通过这种瑜伽观法与念诵，行者得观自在加护，种种疾病与罪障、自然灾害、军阵斗战、官事诤讼等皆被除灭，得见极乐世界或观自在菩萨所住补陀落山七宝宫殿。

第三诵念法品，说秘密如意轮陀罗尼有二法，即世间法与出世间法。行者欲成就此陀罗尼法，当一心观想观自在菩萨相好圆满，如日初出，光明晃曜。诵持陀罗尼无有间断，即得圣观自在现金色身，证成各种成就，如安怛陀那法、多闻持法、如意珠法、住年药法、雨宝雨法、见伏藏法、入阿修罗窟法、随意形法、种种药法、杵法、瓶法等种种世、出世间法。

第四法印品述如意轮陀罗尼法中的印法，每一印通常包括印法、明与行法三项内容。依次列述大莲花三昧耶印、明与行法，解脱印、明与行法等五十种印法。

第五坛法品说秘密如意轮陀罗尼大曼荼罗印三昧耶法，此法能成就世间三种药法。此曼荼罗有四肘、五肘或八肘坛等不同形制，依次用瞿摩夷、黄土、香泥涂饰。坛分二院，其内院当心画三十二叶开敷莲花，于花台上安置如意轮观自在菩萨，面西结跏趺坐，颜貌熙怡，身金色相。首戴宝冠，冠有化佛。菩萨左手执开莲花，当其台上画如意宝珠，右手作说法相。如意轮观自在菩萨东面画圆满意愿明王与白衣观自在母菩萨，北面画大势至菩萨与多罗菩萨，西面画马头观自在明王与一髻罗刹女，南面画四面观自在明王与毗俱胝菩萨。

外院东面画天帝释，左右画诸天众围绕；南面画焰魔王（或云阎罗王），左右画诸鬼母众围绕；西面画水天王，左右画难陀龙王乌波难驮龙王及诸龙王众围绕；北面画多闻天王，左右画诸药叉众围绕。其四隅自东南起按顺时针方向，依次为火天神、罗刹王、风天王、大自在天王及其眷属。此外又有日天子、月天子、地天神、大梵天王、阿素落王等诸天明王。倘因财力所限，也可仅设座位，题写诸尊名字，作法供养，也能获得成就。

承上品坛法，第六、七、八三品依次说佩药、含药与眼药的成就法，即三类药物的合成法。佩药是佩戴在身上或涂抹在身上的药即外用药，含药则是指口服药即内用药，眼药指主治眼疾的各种药物。第六品说佩药合成法，系用等量的牛黄、白栴檀香、郁金香、龙脑香、麝香、丁香、白豆蔻、红莲花须、青莲花叶、肉豆蔻、素鞢啰拏钵怛啰（唐人翻为曼陀罗叶，或译云金薄，未详孰是）、石蜜等原料，然后依法造坛结界，念诵真言，将种种药物捣碎，和合成丸。次将合成的药丸盛入容器内，置坛内观自在像前，诵根本明、大心明、小心明加持其药，时日既久，药物即现种种成就相，如光明相、烟相、暖相、增相等，标明此药法炼成，以之熏烧、佩戴、涂抹身上，不为外在的业障所侵害。第七品说含药合成法，基本程序大致相当，仅所用原料有别，即以等量龙脑香、麝香、郁金香、牛黄为原料，以天雨水和合成丸，亦置于坛内观自在像前，诵根本陀罗尼明、大心明、小心明，待种种成就相显现，行者即依成就相判定其药用。第八品说眼药成就亦大致如此，唯所用原料有别。

第九护摩品，述与此如意轮法相关的护摩法，以及如意轮陀罗尼明的种种功德。

第十嘱累品述世尊称赞观自在菩萨，指出读诵受持如意轮陀罗尼明，能于此生证见“色寂圆照神通游戏智三昧耶”。

除《如意轮陀罗尼经》外，与如意轮观自在密法相关的仪轨亦有多种。唐宋年间译为汉语的如意轮观自在密法仪轨计有《观自在如意轮菩萨瑜伽法要》一卷（金刚智译）、《观自在菩萨如意轮瑜伽》一卷（不空译）、《都表如意摩尼转轮圣王次第念诵秘密最要略法》一卷（解脱师子译）、《佛说如意轮莲华心如来修行观门仪》一卷（宋慈贤译）。这些法要或仪轨都是以《如意轮陀罗尼经》为根本典据，以如意轮观自在菩萨为本尊的秘密修习法门，其念诵、观想的内容都包括如意轮观自在菩萨的根本陀罗尼、大心陀罗尼（oṃ-padma-cintā-maṇi-jvala-hūṃ）与小心陀罗尼（oṃ-varada-padme-hūṃ）。不过，在具体的行法中，又依据不同的修习法门或派别对其作了改编。如不空译《观自在菩萨如意轮念诵仪轨》是依《灌顶道场经》所说修陀罗尼法门，对原始经典进行的改编。金刚智译《观自在如意轮菩萨瑜伽法要》一卷、不空译《观自在菩萨如意轮瑜伽》为同本异译，是《金刚顶经》所说摩尼莲花部如意念诵法的节译①，更是

① 智昇《开元释教录》卷九称此经出梵本《金刚顶经》，撮要抄译，非全译，参见《大正藏》第55册，第571页中。

依据瑜伽秘密法门对《如意轮陀罗尼经》所做的修订与改编，其中夹杂了瑜伽秘密行法特有的观想，如本尊观、声字观、月轮观等：

所在诸如来，皆入为一体，犹如于明镜，能现于万像。法界自性体，住于金刚莲。即变其宝莲，为真多菩萨[①]，手持如意宝，六臂身金色。皆想于自身，顶髻宝庄严，冠坐自在王，住于说法相。第一手思惟，愍念有情故；第二持意宝，能满一切愿；第三持念珠，为度傍生苦。左按光明山，成就无倾动；第二持莲手，能净诸非法；第三挈轮手，能转无上法。六臂广博体，能游于六道，以大悲方便，断诸有情苦。行者如是观，坐于月轮中，身流千光明，项背皆圆光。复想心月轮，亦有宝莲花，以是能坚固，无动观已身。[②]

继不空所译瑜伽密法（Yoga-tantra）的如意轮观自在菩萨秘密行法之后，解脱师子所译《都表如意摩尼转轮圣王次第念诵秘密最要略法》，是基于秘密成就法的四种功用（息灾、增益、爱念、降伏）而出现的如意轮观自在密法。宋代慈贤所译《佛说如意轮莲华心如来修行观门仪》在身语意三密门的结合与应用，以及观想法门、仪行次第等方面更趋缜密、复杂，是晚期如意轮观自在密法的代表性仪轨。上述种种变化与发展显示出公元8—13世纪如意轮观自在密法在印度传承演变的大致情形。

第九节　《不空罥索神变真言经》所载不空罥索菩萨密法

不空罥索菩萨密法是以《不空罥索神变真言经》（*Amogha-pāśa-vikurvaṇa-kalpa-rāja*）为根本经典，以不空罥索观自在菩萨为本尊，以不空罥索心王母陀罗尼为根本真言，通过真言、密印、曼拏罗、像法、护摩、瑜伽观行等各种行法的修习，而达致成就与解脱的秘密法门。

① 真多菩萨（Cintā-bodhi-sattva），即如意菩萨。

② 不空译：《观自在菩萨如意轮瑜伽》，《大正藏》第20册，第208—209页。

一　不空羂索菩萨密法的经典文本

从不空羂索菩萨密法的汉译情形来看，它出现并流行于公元6—10世纪的南北印度，其文本始终处在一个不断变化、发展的过程中。唐阿地瞿多译《陀罗尼集经》卷五收观世音菩萨不空羂索之身印咒、口法印、牙法印、心中心咒四种，云出《不空羂索经》，系《金刚大道场经》菩萨部中的支分经。这说明在《金刚大道场经》最晚成书的公元6世纪二三十年代，不空羂索菩萨密法即已出现。现存与不空羂索菩萨密法相关的经典可分为如下三类。

其一为根本经典，此本的汉、藏、梵三种文本皆存世，其汉译本较早。先后有四种译本，即隋开皇七年（587）北印度犍陀罗国僧阇那崛多译出《不空羂索咒经》一卷，唐高宗显庆四年（659），玄奘在大慈恩寺弘法院译出《不空羂索神咒心经》一卷，武后大周长寿二年（692），菩提流志译《不空羂索咒心经》一卷，宋施护译《圣观自在菩萨不空王秘密心陀罗尼经》一卷。

其二为大本不空羂索经典，即《不空羂索神变真言经》（*Amogha-pāśa-vikurvaṇa-kalpa-rāja*）。此本的汉、藏、梵皆存世，汉译本为唐菩提流志译《不空羂索神变真言经》七十八品，合三十卷。藏译本为《不空羂索详细仪轨王》五十六品，合二十四卷。其梵语写本是近代印度僧人罗睺罗在西藏所得梵语写本，其内容结构与藏译本相同。

其三为不空羂索密法的别传本，仅存汉译本。除了唐阿地瞿多译《陀罗尼集经》卷五收《不空羂索经》外，又有大周圣历三年（700）岚婆国婆罗门李无谄于洛阳佛授记寺译《不空羂索陀罗尼经》十六品，合一卷；唐长寿二年（692），天竺宝思惟译《不空羂索陀罗尼自在王咒经》（或称《不空羂索心咒王经》）十六品，合三卷。

在上述三类经典中，唐神龙三年（707）至景龙三年（709），南天竺菩提流志译出的《不空羂索神变真言经》，是观世菩萨密法或称莲华部密法中篇幅最长的一部密教经典，标志着不空羂索密法已达到一个非常成熟的阶段。由此可以看出公元七八世纪之交不空羂索菩萨密法在印度尤其是南印度传习的盛况。

二　《不空罥索神变真言经》的结构与内容

从其结构上看，《不空罥索神变真言经》各品之间并非逐次递进、前后连贯、完整如一，而是将各种观自在菩萨密法采用平行或支属的方式连缀为一体。因此，准确而言，《不空罥索神变真言经》更像是关于不空罥索密法的丛书。其中的每种秘密行法都包括陀罗尼真言法、印法、坛法、像法，以及药法、宝瓶法等种种成就法。统观全经，基本内容可分为以下几部分：

（1）广大解脱莲华曼拏罗印三昧耶（1—19品），说广大解脱莲华曼拏罗印三昧耶法。其中，“母陀罗尼真言序品”，叙述佛在布呾洛迦山观世音菩萨宫殿中，观自在菩萨为佛陀说过去劫中从世间自在王如来所得不空罥索心王陀罗尼真言三昧耶法，称修习此法于现世可得二十种功德，命终时现八种瑞相。从《不空罥索神变真言经》的流传与各品间的内容来看，此品出现最早、流传最广、影响最大，是其他各品成立的基础。序品所说长达278句的不空罥索心王母陀罗尼是统摄全经的核心，也是不空罥索密法成立的基础。

第二、三品说与广大解脱莲华曼拏罗印三昧耶相关的八十余种真言法，第四、五品说与之相关的三十七种曼拏罗印法。第六至十八品分别说“最胜广大解脱莲华曼拏罗”中的种种成就法，如罥索成就、像法成就，护摩成就，灌顶成就，以及不空悉地王成就等。其中的不空悉地王成就法即占了四品的篇幅，自成一体，包括真言，像法，以及不空摩尼香王、金刚摩尼药与如意摩尼瓶等种种三昧耶成就法。

（2）第二十—二十九品是“广大莲华解脱曼拏罗三昧耶”的三种附属或支分秘密行法。其中第二十、二十一品说溥遍心印真言三昧耶法，隶属于广大解脱莲花坛印三昧耶法，其溥遍心印真言（18句）具大神通，依法持诵，可示现不空千手千臂观自在菩萨种种形好神变，且能成就一切出世间、出世间成就。第二十二—二十六品说不思议观陀罗尼真言密法，说不思议观陀罗尼真言密法，包括真言、真言观法、曼拏罗法、护摩法与像法。此法全称“一切不空如来出世最上广大解脱莲花秘密心王神通坛印三昧耶中不思议观陀罗尼真言三昧耶”。第二十七—二十九品说一切菩萨敬礼解脱三昧耶真言密法，包括真言法、印法与曼拏罗法三部分。

（3）根本莲华顶陀罗尼真言三昧耶（第三十一四十品）。根本莲华顶陀罗尼真言三昧耶法，全称“不空罥索心王陀罗尼真言三昧耶中根本莲华顶陀罗尼真言秘密心印溥遍幻化观大曼拏罗广大神变最上三昧耶”，是与前述“广大解脱莲花坛印三昧耶法”并列的秘密法门，依次包括真言法、成就法（世间成就法、药成就法与护摩成就法）、印法、曼拏罗法与像法等。①

（4）不空王神通解脱心陀罗尼真言曼拏罗印三昧耶法（第四十一—四十六品）。

说不空王神通解脱心陀罗尼真言曼拏罗印三昧耶，依次出其真言、本尊、观行法、供养法、灌顶法、药法、香法、摩尼法、坛法种种像法。从其名称上推断，此密法或与前述根本莲花顶陀罗尼真言三昧耶法、广大解脱莲花坛印三昧耶法并列，经文称此法能大成显广大解脱莲华曼拏罗印三昧耶。

（5）不空大奋怒王真言三昧耶法（第四十七—五十一品），说不空大奋怒王真言种种三昧耶法，包括真言法、曼拏罗法与印法。

（6）央俱舍真言三昧耶法（第五十二—七十七品），说三种央俱舍真言密法，经文虽称其为广大解脱莲华曼拏罗三昧耶法之支分，但从其内容来看，应该是与之并行的密法。央俱舍（aṅkuśa），意译钩、钩召，是与罥索相类似的法具。

其中，第五十二—五十七品说不空广大明王央俱舍真言三昧耶法，包括不空广大明王央俱舍真言、行法与功德，广大明王摩尼曼拏罗法，广大明王央俱舍真言三昧耶用于息灾、增益、调伏时的观行法，以广大明王央俱舍真言加持成就种种药物法，不空广大莲华央俱舍曼拏罗印三昧耶法，以及不空广大明王观自在像法。

第五十八—六十六品说不空大可畏明王央俱舍真言三昧耶法，包括不空大可畏明王央俱舍真言、曼拏罗印三昧耶成就法、燃顶香王三昧耶、神通阿伽陀药（agada，不死之药）三昧耶、护摩安稳三昧耶、斫刍阿伽陀药三昧耶、神变阿伽陀药三昧耶等种种成就法，大可畏明王观自在菩萨像法，以及曼拏罗三昧耶。

---

① 在顶髻密法中，常见的有佛顶密法、金刚顶密法，菩萨顶或莲花顶密法尚未见载于其他密教经典，根本莲花顶陀罗尼真言三昧耶堪为莲花顶密法的特例，值得做进一步探讨。

第六十七—七十七品说不空清净莲华明王央俱舍真言三昧耶法，内中有真言法、灌顶法、摩尼供养法、祈雨法，还有清净莲华明王像法、曼拏罗法、瑜伽观法与供养念诵法等。

(6) 第七十八嘱累品总结全经，称该经为观自在菩萨最极甚深秘密法藏，是一切如来种族通用秘密大曼拏罗印藏三昧耶处，一切有情趣大菩提出生死处，由此勉励行者受持读诵恭敬供养此《不空罥索神变真言经》。

三　《不空罥索神变真言经》的思想基础

《不空罥索神变真言经》七十八品所宣说的各类密法约有几十种，每一种密法都被冠以三昧耶之名，如上文所列广大解脱莲华曼拏罗印三昧耶、根本莲华顶陀罗尼真言三昧耶、央俱舍真言三昧耶法等几部体系庞杂的秘密行法，还有罥索三昧耶、轮罥索三昧耶、莲华罥索三昧耶、金刚杵罥索三昧耶、摩尼宝索三昧耶、剑罥索三昧耶、龙罥索三昧耶等具体的秘密行法。其他，诸如真言法、曼拏罗法、印法、成就法、像法等都被称为三昧耶。三昧耶（samaya）一词，意义甚多，仅常见的就有时（一时佛在）、会（大曾经）、宗（显宗论）、平等、誓愿、惊觉、除垢障等，结合三昧耶在该经中出现的情况，其诠表的意义应该是不二平等、如如义，即不管是体系庞杂的三昧耶，还是具体而微的三昧耶，它们都是表示理事相即，真实不虚的成就法门。

从称名上来看，《不空罥索神变真言经》与《大毗卢遮那成佛神变加持经》都是神变（vikurvita）或神变加持（vikurvita-adhiṣṭhāna）类的密典，二者都属真言类密教经典，所宣说的都是真言教法。就其渊源看，二者都是形成于公元七八世纪之交的南印度地区，分别由两位在此游学甚久的菩提流志与善无畏传译至汉地。如果更进一步比较两部密典的思想内容，其相通之处更为明显。

《不空罥索神变真言经》卷二十三“陀罗尼真言辩解脱品”：

> 一切法本，无色无行，离诸染着，心不住内外，不在两间，内外两间亦不可得。本自清净，平等无二，舍无我心，……何以故？心前中后际不可得故。①

---

①《大正藏》第20册，第299页中。

《大日经》卷一“入真言门住心品”：

自心寻求菩提及一切智，何以故？本性清净故，心不在内，不在外及两中间，心不可得。[①]

上列两段文句有不少相同之处，这种法本清净、不住内外、平等无二的思想都是来自《大般若经》，与玄奘译《大般若波罗蜜多经卷第五百七十》第六分“现相品”第八所述颇为一致：

如是菩萨行深般若波罗蜜多，方便善巧，心无所缘，亦无所住。……心不在内，亦不在外，不在两间；心不缘法，亦不缘智，不住三世，不住离三世。[②]

另外，《不空罥索神变真言经》卷三十“根本莲华顶陀罗尼真言品”说种种法数：

自如实观一切法性无所执着，亦劝他观一切法性无所执着，亦复不住自性自相，若动若住不可得故。所修四正断时，于诸未生恶不善法，为不生故，于诸已生恶不善法，为永断故，未生善法为令生故，已生善法为令安住，不忘增广倍修满故。所修四神足，修欲三摩地时，断行离依成就神足，修勤三摩地时，断行离依成就神足，修心三摩地时，断行离依成就神足。修观三摩地时，断行离依成就神足。以无所得为方便。[③]

此段以下说修四正断、四神足、五根、五力、七觉支、八圣道、三解脱、三摩地、十一智、四无畏、四无碍解、十八不共法等，与《大品般若经》卷十九“广乘品”所说诸法数相类。

① 《大正藏》第18册，第1页下。

② 《大正藏》第7册，第946—947页。

③ 《大正藏》第20册，第313页中。

要之，就其思想渊源言之，《不空罥索神变真言经》与《大毗卢遮那成佛神变加持经》一样，都与《大品般若经》所宣说的诸法性空思想相通。[①]

四　不空罥索菩萨密法与湿婆悉昙多派的“罥索”思想

罥索（paśa）本义为古代印度人在战争中或狩猎时捕捉人马或猎物的绳索，这没有什么疑义。但不空罥索菩萨密法为何以罥索命名，“罥索”一词在佛教语境中有什么特殊的含义？检索大藏经可以看出，罥索在佛典中通常是作为一种系缚、摄取敌人或众生的武器。

（1）佛陀耶舍共竺佛念译《佛说长阿含经》卷第二十一“第四分”《世记经》“战斗品”：“时帝释……自出天宫与阿须伦往斗，所谓严兵仗、刀剑、鉾矟、弓矢、斲釿、钺斧、旋轮、罥索，兵仗铠器以七宝成。”[②]

（2）罽宾国三藏般若奉诏译《大方广佛华严经》卷第三十三“入不思议解脱境界普贤行愿品”：“善知识者，犹如罥索，能摄众生入佛智故。”[③]

（3）罽宾国三藏般若奉诏译《大方广佛华严经》卷第三十五“入不思议解脱境界普贤行愿品”：“菩提心者，犹如罥索，摄取一切所应化故。”[④]

（4）善无畏共沙门一行译《大毗卢遮那成佛神变加持经》卷第一“入真言门住心品”：“云何罥索心，谓一切处住于我缚为性。”一行注云：“罥索是菩提心中四摄方便，以此执系不降伏者，以利慧刃，断其业寿无穷之命，令得大空生也。”[⑤]

在《不空罥索真言神变经》中罥索尤其受到特别的关注，此密法的本尊称为不空罥索观自在菩萨，第五罥索品专门讲修治不空王八种罥索三昧耶，如罥索三昧耶、轮罥索三昧耶、莲华罥索三昧耶、金刚杵罥索三昧耶、摩尼宝索三昧耶、剑罥索三昧耶、龙罥索三昧耶，以及大自在天三叉戟罥索三昧耶，此八种罥索密法中都谈及不同的罥索合成方法

---

① 高观如：《不空罥索神变真言经》，载中国佛教协会编《中国佛教》第二辑，知识出版社1980年版。

② 《大正藏》第21册，第144页上。

③ 《大正藏》第10册，第812页上。

④ 同上书，第826页上。

⑤ 一行：《大毗卢遮那成佛经疏》卷第五“入曼荼罗具缘品之余”，《大正藏》第39册，第633页中。

（见表2—3）。

表2—3　八罥索合成法

八罥索名称	罥索合成法
罥索	用莲荷茎丝、杜仲木丝、素迦木丝、树皮丝、蚕丝，如法治练……诵母陀罗尼真言秘密心真言，加持五丝一百八遍。……合持索股长为一条，勿别为股，覆迭八股，长十六肘，合成罥索
轮罥索	取莲荷茎丝、杜仲木丝、蚕丝，如法治练。……诵母陀罗尼真言秘密心真言，加持三丝一百八遍。……合持索股，长为一条，勿别为股，覆迭三股，长三十六肘，合成罥索
莲华罥索	取莲荷茎丝、蚕丝，清净治练……加持其丝，合持罥索，股长一条，勿别为股，覆迭三股，长二十一肘，合成罥索，染作青色
金刚杵罥索	取树皮丝、白氎线、蚕丝，清洁治练，作曼拏罗，作法加持丝。合持罥索，股长一条，勿别为股，覆迭三股，合成罥索
摩尼宝索	红线罥索，准前作法，建曼拏罗，加持其线，合持索股，长为一条，勿别为股，覆迭三股，长二十一肘，合成罥索
剑罥索	用杜仲木丝、蚕丝、树皮丝，精洁治练，作曼拏罗，加持于丝，合持索股，长为一条，勿别为股，覆迭三股，长十六肘，合成罥索
龙罥索	用五种丝，染作五色，建曼拏罗三昧耶，真言持丝，合持索股，长为一条，勿别为股，覆迭三股，长十六肘，合成罥索
大自在天三叉戟罥索	取生牦牛尾，生童男头发，五净净治，建曼拏罗，真言加持索股，长为一条，勿别为股，覆迭三股，长十六肘，合成罥索

由此可见，罥索在不空罥索菩萨密法中具有非常殊胜的位置，它为何受到如此重视呢？其思想渊源何在？倘对产生不空罥菩萨密法的时代与地域作深一步的探究，会发现不空罥索密法中的罥索应该与彼时彼地流行的湿婆悉昙陀教义密切相关。换言之，不空罥索密法中罥索之宗教蕴含，极有可能是受了公元五六世纪以来流行于泰米尔地区的湿婆悉昙多教义的影响。

湿婆悉昙多派是流行于泰米尔语地区的湿婆教支派，除了承认二十八部湿婆阿含的权威，他们也承认大量的泰米尔语钞本，称其为“泰米尔语吠陀”。在其神学思想中，湿婆悉昙多派认为有三种终极实在，或称常住不灭的真实，即主尊、众生与物质世界。这三种真实分别被冠以 Pati、Paśu 与 Pāśa 之名。简·恭达（Jan Gonda）在其《中世纪宗教文献》中，曾这样解释他们之间的关系：“世界是主尊（Pati）以其意念之力（Śakti）为工具因，以摩耶（Māyā）为质料因，创造和合而成，是真实不虚的。他创造世界的主要目的在于解放无始以来的众多灵魂，他们被视为罥索（Pāśa）系缚的牲畜（Paśu），因为染浊（mala）或称精神上的无知，而挣扎于各种业行之中。”①

在湿婆悉昙多的根本经典中曾专门对三者的本质与相互关系作过讨论，如麦堪达尔（Meikaṇḍār）所著《湿婆智慧证悟》（*Śivajñāna Bodham*）中即对 Pati、Paśu 与 Pāśa 之存在给予逻辑上的论证，并揭示其本质与相互关系。麦堪达尔的弟子湿婆师阿鲁哩难敌（Aruḷnandi Śivācāriyār）也在其《湿婆智慧成就》（*Śivajñāna Siddhiyār*）中指出，要想把握关于 Pati、Paśu 与 Pāśa 的真知，修行者首先要了解关于理性的规则与定律。湿婆悉昙多派不仅把 Pati、Paśu 与 Pāśa 作为最高的真实存在，还把与他们相关的知识称为最高的智慧与学识，掌握了他们就能获得解脱。

由此可见，不空罥索密法中的罥索应该是借鉴或承袭了湿婆悉昙多教派教义中“罥索”之宗教意义，除了时间与地域上的便利之外，观自在与湿婆之间的诸多相通之处，也容易让人将二者联系起来，上面所列举的“大自在天三叉戟罥索三昧耶”即是很好的例证。②

五　《不空罥索真言经》中的“药成就法”

在七十八品之巨的《不空罥索神变真言经》中，讲药成就法的就有八品，依次为金刚摩尼药品、莲华顶阿伽陀药品、溥遍轮转轮王阿伽陀药

---

①［荷］简·恭达（Jan Gonda）：《印度文献史》卷二《史诗与梵语宗教文献》（*Epics and Sanskrit Religious Literature*）第一分册《中古梵语宗教文献》（*Medieval Religious Literature in Sanskrit*. Wiesbaden：Otto Harrassowitz，1977）第十章“湿婆教”，第 159 页。

② 黄柏棋：《自在，大自在与观自在：印度教与佛教之相互影响》（*Īsvara*，*Mahesvara and Avalokitesvara*：*Hinduism and Buddhism in Interaction*），《第六届印度学研讨会论文集》，南华大学，2013 年 12 月。

品、如意阿伽陀药品、广大明王阿加陀药品、点药成就品、斫刍眼药成就品、神变阿伽陀药品，其篇幅占了1/10多，各品的具体内容不一，不过都是讲药物的合成与功效。那么，不空罥索菩萨密法中的药成就法何以如此重要呢？

检讨印度古代药学史，其传统药学通常分为三大派系，即阿尤吠陀派、希腊—罗马派，以及悉陀派。

阿尤吠陀派（Āyurveda），或称生命吠陀派，此派医学是最具本土特色的药物学流派，其时代可以推溯到公元前数个世纪，在阿尤吠陀中，仙人们具有强烈的信念，即认为他们拥有不死的肉身，自我是可以常住不灭的。相传其经典为《遮罗迦本集》（*Caraka Saṃhitā*）与《妙闻本集》（*Su-śruta Saṃhitā*），大约出现于公元三四世纪。据说他们的医学理念是基于数论派与正理—胜论派而形成的，比如他们的五大说（Pañca-bhūtas，地、水、火、风、空）、六味说（ṣaḍ-rasa）、三病说（Tri-doṣa，三垢）等。

希腊—罗马派（Greco-Roman）或称为Unāni药学，相传源自希腊，于12—13世纪传至印度，繁荣于莫卧尔王朝，是综合希腊药学与印度药学相结合的产物。

悉陀派（Siddhas），或称悉陀医学，是由南印度的泰米尔仙人成就者（Sdiddhas，悉陀师）发展出的医学理念与实践。他们以植物、水银、硫黄、金属、矿物与盐等为原料，通过其缜密的瑜伽行法，发展出不同的药物合成体系。与吠陀时代的仙人们不同，悉陀师并不认为他们拥有不死的肉身与常住不灭的自我，他们认为肉身的坏灭不可避免，他们通过各种成就法的修行，即通过炼取各种长生之药，使自己能暂时克服死亡，延长生命的寿限。

据目前保存的文献与后人的研究，悉陀药学主要流行于泰米尔语地区。根据泰米尔传统，悉陀药学的发端与发展应当归功于十八位悉陀师，这十八悉陀师的名字是有记载的，他们的名字在不同的传承与记载中略有差异，但所有的记载都把阿格斯地亚尔（Agastyār）、提鲁牟拉尔（Tirumūlar）与朴葛尔（Bhogar）作为三位最早的悉陀师。三位悉陀师生活的具体年代无法确定，后人综合多方面的因素，认为阿格斯地亚尔与提鲁牟拉尔活动于公元4—5世纪，朴葛尔可能是公元5—6世纪的悉陀师，其余的十五位就更晚一些。

朴葛尔是一位非常值得关注的悉陀师，传说他是一位来自中国的佛教徒，约于公元6世纪前后到达印度，曾参访过佛陀伽耶与华氏城，后来终老于印度。值得关注的是，朴葛尔把中国的炼金术，包括炼丹理论与实践带到印度。公元5—7世纪，正是印度的密教或称怛特罗教形成的时期，朴葛尔所传的炼丹术在怛特罗教的形成过程中产生了重要的影响。

朴葛尔是一位精于《真言论》(*Mantraśāstra*) 的怛特罗师，又是精于医药的医方悉陀师，他定居于泰米尔纳都 (Tamil Nadu) 的巴尔尼山 (Pālṇi Hill)，创立了崇拜湿婆之子木卢迦 (Muruga，或称妙梵 Subrahmaṇyā) 像的崇拜仪式。在这种仪式中，修行者要利用包括砒礵在内的九种毒物 (Pāṣāṇas)，合成冶炼新的药物。巴尔尼是泰米尔地区朝拜者的中心之地，当地的木卢迦信仰非常兴盛，且颇有神力。据说朴葛尔本人已获得长生不老之术，由此被后代的悉陀师崇拜。

在泰米尔地区有一句格言：医者，丹家之子也。由此可以看出悉陀药学与炼丹术之间的关系。据相关研究，泰米尔的悉陀医学吸收中医的阴阳理论，汞、硫黄及其合成朱砂 (cinnabar，硫化汞) 术，以及采择长生不死药草的技术。在中医理论与技术向印度传播的过程中，印度的译经僧人与中国的求法僧人发挥了关键性的作用。约在后笈多王朝时代，即6世纪之后的三四个世纪里，也是印度秘密佛教蓬勃发展的历史时段，中医理论与实践不断被悉陀医学吸收融合，比如水银被视作湿婆之男性创造力的源泉，硫黄则被视为其配偶夏克蒂 (Śakti) 或天女 (Devī) 之力量源泉。除外，在怛特罗教 (Tāntrika) 画像法中，还有通过阴阳交合获得八种神圣力量的说法，即所谓“微细等八成就法” (aṇimādi aṣṭasiddhis)，包括微细 (aṇimā)、宏大 (mahimā)、御风 (laghimā)、舒展 (garimā)、如意得 (prāpti)、离欲 (prākāmyam)、驭众 (Īśitvam) 与降伏 (vaśitvam)。

在对悉陀药学有了如许的了解之后，再来看不空罥索密法中的诸种药成就法，很容易发现二者在内容上的相通之处，如《不空罥索神变真言经》卷第二“秘密心真言品”：“如是真言 (眼药真言) 三昧耶，雄黄、牛黄各一分。青优钵啰花、海末，二物各数十二分。精治研之石蜜和，清水和研加持用。点眼眼眵医瞙除，诸佛观音皆欢喜。诸恶鬼神不相障，梦恒吉善眼根净。”① 这里的眼药合成术以雄黄与牛黄为主要原料，二者都是中医常见的药物。

① 《大正藏》第20册，第238页中。

《不空罥索神变真言经》卷第七“护摩增益品”载成就光焰药法，是以雌黄、雄黄为点身药，精治别盛容器内，置于曼荼罗坛内。持诵母陀罗尼真言广大明王央俱舍真言，加持其药，令其现暖烟光相，名成就光焰药法。用这种药点额点眼，点两肩上、二手掌上，便证不空光焰药神通三昧耶，可寿增千岁。雄黄与雌黄都是丹家常用的原料，其成分以硫化物为主，它们在不空罥索密法中的频繁出现，也足以证明不空罥索密法中的药成就法与悉陀医学间的密切关系。

最后，还可以通过《不空罥索真言加持经》“祈雨法品”中的长生观念看出不空罥索菩萨密法与悉陀药法之间的关系：“又法于龙湫泬作四肘坛，如法泥涂，置像坛中，像前加持七枚欢喜团（mahotikā，欢喜丸，和众味而成）一千八遍，掷置湫中。准前称龙王名，诵念真言一千八遍，则得龙王变作童子，半身出现……重复告言：为我溥遍赡部洲中降大甘雨，令诸苗稼溥大滋泽，一切众生得大安乐！是时，童子白真言者：与我延年甘露上药！真言者语：汝当受取延年七药。”[①] 这段文字中所说的“延年甘露药”正是悉陀药学派追求长生观念的体现，二者在相同时空的交汇出现，正说明不空罥索密法对悉陀药学的借鉴与发展。

由《不空罥索神变真言经》所载种种不空罥索菩萨密法可以看出，公元七八世纪之交印度尤其是南印度地区不空罥索菩萨信仰全面繁荣的盛况。作为观自在菩萨的重要化身之一，不空罥索菩萨当是在佛教与南印度流行的湿婆悉丹多教派相互影响的结果，其中还夹杂有中国道教的炼丹术与长生观念。因此，《不空罥索神变真言经》对研究南印度佛教史、研究佛教与湿婆教之关系，以及中印宗教文化交流，都有非常重要的史料价值。

第十节　文殊密法与《文殊师利根本仪轨经》

文殊师利（Mañjuśrī），或作曼殊师利、妙吉祥，是大乘佛教中以智慧著称的菩萨，与普贤菩萨同为释迦牟尼佛的左右两大胁侍，一表智、证与般若，一表理、行与三昧。在大乘佛典中，文殊菩萨是智慧的象征，他在过去世曾为七佛之师。晋代失译《佛说放钵经》载，佛陀曾告诉诸菩萨、阿罗汉说，他能成佛得道，皆蒙文殊师利之恩，故以文殊为本师，并

① 《大正藏》第20册，第388—389页。

称："过去无央数诸佛，皆是文殊师利弟子，当来者亦是其威神恩力所致。譬如世间小儿有父母，文殊者，佛道中父母也。"[①]《首楞严三昧经》记载说，文殊师利在久远过去世早已成佛，号称龙种上如来。[②] 在各种大乘佛典中，文殊常以反诘、否定、突兀的言语或行动警醒众生，代表不拘常法、重视第一义谛的善巧法门。

在秘密佛教中，文殊师利密法是除观自在密法之外最为盛行的菩萨道密法，与之相关的秘密仪轨在公元6—13世纪的印度非常流行，此期流传的种种汉、藏、梵等各种文本的文殊师利密法仪轨即是很好的证明。通过这些文殊类密教经典的谱系，可以看出这六百年间文殊密法在印度的发展与源流。

一　文殊密法源流

检讨文殊密法可以从多个角度展开，比如文殊持诵的陀罗尼或真言，可以分为一字文殊、五字文殊、六字文殊、八字文殊等不同类型；按文殊造型尤其是顶髻数目有一髻文殊、五髻文殊、八髻文殊；如果按后来秘密佛教的四部怛特罗分类法，文殊密法则跨越了事、行、瑜伽、无上瑜伽四个阶段。今依汉译文殊密教经典为主要典据，同时结合相应的藏译本与梵语写本，粗略勾勒公元6—13世纪文殊密法演变的基本轮廓。

（一）《金刚大道场经》中的文殊密法

早在公元6世纪前后文殊密法即已在印度出现，此期结集的《金刚大道场经》即收录其法。其详情由唐阿地瞿多译《陀罗尼集经》卷六"诸大菩萨法会印咒品"中的文殊师利印咒法门见出。唐长寿二年（694）南天竺菩提流志所译《六字神咒经》与上述文殊师利印咒内容基本相同，是文殊密法的单行本。又有唐代失译《文殊师利菩萨六字咒功能法经》一卷，或称《六字神咒经》、《六字咒经》，与上述两种译本基本相同。除此之外，隋代费长房《历代三宝记》与法经《众经目录》皆注录有《六字神咒经》，系节译大本经。其经本已佚，无从考知其具体内容，但从经题来看，很可能也是早期文殊密法的经本，与阿地瞿多、菩提流志译本同。

从今天传世的三个本子来看，公元六七世纪流行的文殊师利密法还比

① 《大正藏》第15册，第451页上。

② 同上书，第644页上。

较简单，主要包括六字咒、像法、供养法、护摩法与种种成就法。其六字咒为：唵、婆、鸡、陀、那、么，莎诃（Om-va-ci-dha-na-ma，Svaha），去掉后面的莎诃，正好有六字（音节）组成。在其像法中，文殊身作童子形，黄金色，衣作白色，遮脐以下，身佩璎珞，臂印钏等，左为观自在菩萨，右为普贤菩萨，又在文殊下方画持咒人，瞻仰文殊。在其种种成就法中，画像通常置于舍利塔旁，在布置好道场，作种种香花、饮食、果子、香灯供养，咒师即诵咒作种种护摩供养，即可感得文殊师利现身，所求皆得满足。除此种根本成就法外，又以六字咒与像法为基础，以神咒加持种种药物、器具，依法行持，即能获得种种呼召、增益、降伏、祛病、掘藏等成就。如其以五种香料和合作丸治恶疮恶病事：

> 复次，是法印咒若有人患，取龙脑香、沈香、甘松香、多伽罗香、苦楝树皮，是五种物总捣为末，以牛胆和而作团已竟，然后阴干。欲用之时，日中暴干，仍以净布覆其药上，勿令见日。当以前印印其药上，亦以前咒咒药，满足一百八遍，更作小丸如弹丸大，于大盘中盛水和竟，用涂疮上，二十一遍涂之即差。①

从其行法来看，此一时期的文殊密法还只是着眼于外在的行事（kariya），按后来的四部怛特罗分类法来看，属事部怛特罗密法，或称陀罗尼密法。

除文殊六字咒法外，在公元六七世纪印度还流传文殊一字咒法，公元七八世纪之后，先后有南印度菩提流志、北印度迦湿蜜罗国宝思惟与唐求法僧义净译出此种密教经典。唐长寿二年（694）菩提流志于佛授记寺译出《文殊师利咒法藏经》（或称《一字咒王经》一卷），长安二年（702）北印度迦湿蜜罗国宝思惟译《大方广菩萨藏经中文殊师利根本一字陀罗尼经》，次年十月义净又重译此经，题作《曼殊室利菩萨咒藏中一字咒王经》。② 从三种译本的译者与梵本来源推测，此法当流传于南北印度各地。

一字文殊密法或称文殊师利童子行轮咒法，是一切如来所有秘密心大

① 《陀罗尼集》卷六，《大正藏》第18册，第839页中。

② 藏译本作《文殊一字咒仪轨》，系从汉文翻译。德格版藏文大藏经编为550号，北京版171号。

神咒王。修习持诵者即得文殊师利拥护，能消灾障、除噩梦、去怨敌、灭罪业等功效，还能成办各种善事，是一种简便易行、功用广泛的陀罗尼密法。

比如行者只要以五色线结咒索系其顶上，即可护其身，诵其根本咒“唵齿嚂”（Om Kḷlhīṁ），可以成办种种除障袪恶消罪，增益生善起悲等种种事业。再如有人患一切鬼病，行者以咒咒右手一百八遍，烧安息香熏之，左手作本生印，右手磨病人头，患即除愈。如有因怨敌及噩梦令人身心不安者，行者以七色线结咒索作莲花形，或作轮形，或作金刚杵形，咒之一百八遍，烧安息香熏之，系其身项上七日，可袪除一切厄难。一字咒法并没有对坛场、画像与印契有特殊的要求，应该是出现较早的陀罗尼密法。

（二）胎藏界密法中的文殊师利

在胎藏曼荼罗中，文殊首先作为八大菩萨之一被安置于中台八叶院的西南叶上，密号吉祥金刚，另外，胎藏曼荼罗又有文殊院，以文殊菩萨为主尊，表大日之智慧能断一切戏论，兼福德而以智德为本。在胎藏界曼荼罗中，文殊师利的身形基本上是一致的，即“身郁金色，顶有五髻，皆作童子形，左持泥卢钵罗①，是细叶青莲花，花上有金刚印。极熙怡微笑，坐白莲花台”。② 按照善无畏的解释，其身形的每处都是一种秘密符号，即所谓“秘密标帜”，其身作郁金色是用表金刚深慧，顶上的五髻表示久已成就如来五智，他以童子形示现是为了表示其本愿因缘，左手持青莲表示不染着诸法三昧，以无所住故得见实相，其金刚印表能以常寂之光遍照法界，所坐白莲意表胎藏之意。

（三）金刚顶系的文殊密法

在金刚界曼荼罗中，文殊菩萨为贤劫十六尊之一，即金刚界曼荼罗九会中，列于羯磨会、三昧耶会、供养会、降三世会等各轮坛外四方的十六尊菩萨，与无尽意、金刚藏、普贤为北方四尊。受金刚顶系瑜伽怛特罗密法影响，在印度还出现了文殊五字瑜伽密法，公元8世纪初金刚智汉译的《金刚顶经曼殊室利菩萨五字心陀罗尼品》一卷即是关于此种密法的经典。公元8世纪中叶，不空重译与文殊五字瑜伽密法相关的经典，计有如下数种：

---

① 泥卢钵罗（Nīla-utpal），《大日经疏》十五：“泥卢钵罗，此华从牛粪种生，极香，是文殊所执者，目如青莲，亦是此色。”

② 一行：《大毗卢遮那成佛经疏》卷五，《大正藏》第39册，第635页上。

（1）《金刚顶经瑜伽文殊师利菩萨法》一卷，包括文殊师利菩萨法与供养仪轨两部分。

（2）《金刚顶经瑜伽文殊师利菩萨供养仪轨》一卷，与《金刚顶经瑜伽文殊师利菩萨法》后半部分同，讲文殊五字瑜伽密法的供养仪轨。

（3）《金刚顶超胜三界经说文殊五字真言胜相》一卷，说文殊五字真言的殊胜之字相、字义与功德。

（4）《五字陀罗尼颂》一卷，以偈颂体形式略述文殊五字瑜伽真言密法，除中间夹杂的三十余种真言外，通篇皆为五言偈颂体。

（5）《曼殊室利童子菩萨五字瑜伽法》一卷，列文殊瑜伽密法中的真言与文殊赞，其真言包括一字真言、二字真言、五字真言（五种）、六字真言（六种）、加持灌顶瓶真言、菩提庄严成就真言，其真言与文殊赞都以梵字（悉昙体）与汉字（音译）的对照的形式。

文殊五字瑜伽密法，或称五字陀罗尼法，是文殊师利菩萨在毗卢遮那大会中为佛世尊及其他集会大众所说，包括真言、四种曼陀罗法与画像法，其奉请、供养与承事仪轨见于不空所译《金刚顶经瑜伽文殊师利菩萨供养仪轨》。

文殊密法中的真言，或称五字陀罗尼，即阿啰跛者曩（arapacana）五字，是四十二字门的前五字。四十二字门始见于大乘般若类经典，后在佛传类、《华严经》“入法界品”出现，是释迦牟尼太子入学堂学书、善知众艺童子传持的法门，其前五字如何转变为文殊真言，其间的历史细节值得探讨。

如同金刚顶系其他瑜伽密法中的曼荼罗一样，文殊五字瑜伽密法曼荼罗也有四种曼荼罗，即大曼荼罗、三昧耶曼荼罗、法曼荼罗、羯磨曼荼罗。大曼荼罗或称尊形曼荼罗，即以种种色彩显示诸尊相好具足之身的曼荼罗。其具体做法为，选择每月的十四、十五日，择清净之地作曼荼罗，大小随意，并以瞿摩夷（牛粪）、白檀香泥涂之。在曼荼罗中，画文殊师利，作五髻童子形状，身郁金色，以种种璎珞庄严其身，右手把金刚剑，左手把梵夹，坐月轮中。绕月轮，书五字陀罗尼。造作完毕后，阿阇梨对曼荼陀，结金刚剑印，念诵真言，即感得文殊师利加持、现身，得无碍辩才，悟得此五字陀罗尼甚深义理。阿阇梨即礼拜，出道场外，为弟子授菩萨戒，以绯帛覆其眼，引之入坛场。阿阇梨即为弟子授记付法，传授此陀罗尼密义：“此陀罗尼极应秘密，阿啰跛者曩者，是满一切愿义。何以故？阿字者，乐欲菩提义（?）。啰字者，深着不舍众生义（ra-sattva）。跛字者，第一义谛义（paramārtha-satya）。者字者，妙行义（su-carita）。曩字者，无自性义（na-svabhāva）。乐欲菩提，不舍众生，深入第一义谛中行行，修习诸法，无有自性。"① 在此种密法修习中，行者获得文殊的加持，了悟其第一义谛。

其契印曼荼罗即在中心画代表文殊的金刚剑，其四方画八供养印契与四摄印契。三摩耶曼荼罗系在坛中书五字，以及八供养、四摄种子字。其羯磨曼荼罗系在坛中安般若波罗蜜经卷，日日读诵、念诵，作种种供养。

在具体的行法方面，不空所译《金刚顶经瑜伽文殊师利菩萨供养仪轨》所言非常细致，由此可以看出此种密法的种种特点。要略言之，可从以下三个方面来看。

其一，供养程序繁复，事相众多，意象变化多端。除了上述曼荼罗的布置与像法的描绘外，文殊五字瑜伽供养法的前后程序或事项非常复杂，行者先从观想金刚杵加持自身、诵警觉真言始，依次要经过敬礼四方佛与十方诸佛，开闭心户入于佛智，谛观本心作月轮观、菩提心月观、昙字观、智剑观、文殊观等观想，自灌顶成本尊坚固体，修四摄得般若智、作八供养，本尊供养，奉送诸尊等十余种程序。

其二，身语意三密结合，行者与诸佛本尊当体不二。金刚顶系密法属瑜伽怛特罗（Yoga-tantra）密法，之所以瑜伽命名乃在于此种密法强调种种行法的彼此呼应与结合，着眼于修习者本人与所奉本尊的一体不二境界。

在举行供养法时，行者须念归敬诵，诵文中即强调此种密法身、口、意三密结合的特点，如"归命童真妙吉祥，我依瑜伽说念诵。身口意业金刚念，如来甚深三密门"②。在如法如仪设置好曼荼罗坛城与本尊之后，阿阇梨须遍观十方诸佛，礼敬供养诸如来足，"为成三业金刚故，当于二手舌心中，应想五智金刚杵，由此加持皆悉地"，观想的同时，结警觉印契，二手作金刚拳，诵警觉言。③ 然后阿阇梨即顶礼四方佛，身作礼拜，手结金刚合掌印，口念诵真言，心作观想。首先礼东方阿閦佛，舍身求请不退转位，全身着地，以心礼拜，金刚合掌舒顶上，同时诵舍身求请加持

① 不空译：《金刚顶经瑜伽文殊师利菩萨法》，《大正藏》第20册，第705页中。

② 同上书，第705页下。

③ 不空译：《金刚顶经瑜伽文殊师利菩萨法》，《大正藏》第20册，第705页下。

真言，心想吽字青色。次礼宝生佛，舍身求请灌顶位，行者作金刚合掌当于心，以额着地虔诚礼拜，诵舍身求请灌顶真言，额想黄色。再礼观自在王佛（阿弥陀佛），舍身求请三么地，作金刚合掌，置顶上，以口着地，口想赤色。最后礼不空成就佛，舍身求请善巧智，作金刚合掌安于心，以顶着地稽首礼，诵舍身求请方便真言，顶想绿色。

瑜伽密法中将修习者与本尊观想为一体不二的观行法门在文殊五字瑜伽密法中时有体现。如行者在行法过程中，要先后结诵金刚智剑印咒、灌顶结宝印、智拳印咒、宝剑自灌顶印咒、甲胄印咒等，置于上至心、额、喉、顶，下至脐下、腰及两膝等身体部位，使其身得诸印咒加持，获得本尊坚固之体。其次，修习者须结诵文殊三么耶印真言，想身同等妙吉祥，继之以结诵喜三昧印咒；结诵金刚降三世印真言，想自身与本尊无差别，以悲心示现威怒形；结诵莲花三么耶印真言，令观行成就。此后，修习者还要在金刚利（Vajra-tiṭkṣṇa）菩萨结诵金刚钩、索、锁、铃四摄印与真言，即作金刚钩（Vajrāṅkuśaḥ）印真言，召请菩萨入自身，想自身与菩萨等同；结诵金刚索（Vajra-pāśa）印真言，观想自身与金刚索菩萨一体不二；结诵金刚锁（Vajra-sphoṭā/Vajra-śṛṅkhalā）印真言，使全身坚固不变；结诵金刚铃（Vajrghaṇṭa/Vajrāveśa，遍入义）印真言，令速得妙成就。金刚利菩萨或称文殊师利萨，系文殊的密教化身之一，此尊身形与文殊颇有相通之处，身作金色，示佛智成满之相，一手持梵箧，一手执剑，表示能以佛智斩除惑障，行者与金刚利菩萨的结合，也就意味着与文殊师利的一体不二。

其三，以文殊为本尊的观想法门细密，重在佛智的修习与获得。

在整个供养仪轨中，观想法居于重要的位置，诸多环节的进行，诸如诸佛、菩萨的召请、礼拜、供养、赞颂、遣送等环节都是在观想状态通过意念或神智的转换来带动的。外在事相的布置与运作都是浅显的，其表征的密意以及整个密法蕴含的深层次意蕴或思理，都是由内在的观想来实现的。比如以行者谛观本心，以照见清净菩提心的过程中，就涉及月轮观、文字观、智剑观、文殊本尊观等种种意象与转换，其目的在于佛智或曰文殊智慧的获得。如在行法过程中，修习者就有开心户入佛智的观想过程，即于两乳想怛啰（tra）、吒（Ta）两字，如两扇窗户，字皆白色，两手结金刚缚印，三拍其二处，诵开心真言。次观妙莲阿字门，以金刚缚印召之入心殿，想入其字。然后再结闭心户印，诵金刚拳真言，意味佛智进入其身心。再如，行者在金刚利菩萨前作内外八供养的目的，在于获得六波罗蜜与方便、誓愿波罗蜜。就修习者主体而言，是以般若甚深智即佛智的获得为最高境界。另外，修习者在作三摩地念诵时，在当心观大圆镜智(ādarśa-jñāna)，即如实映现一切法之佛智，在心中布五字门，了了谛观，随义相应，使自心与般若波罗蜜义结合。

除上述不空传译的文殊五字瑜伽密法外，唐上元元年（760）印度婆罗门金刚福寿于秦州开元寺所译《一髻文殊师利童子陀罗尼念诵仪轨》(或称《一髻文殊童子速成就无尽宝藏经》）一卷，也是与文殊五字瑜伽密法相关的经典，其坛场布置法具如文殊五字瑜伽法所言，内中有十七尊，如法供养、念诵、观想可得种种金钱、摩尼宝、五谷等无尽宝藏。不过，其像法稍有不同，即文殊师利童子首作一髻之形。从其行法的功能与成就来看，此种密法与事部怛特罗密法相类。

（四）八字文殊密法

除了上述提及的文殊五字瑜伽密法外，公元八九世纪时印度还流行八字文殊密法。其根本经典《佛说文殊师利法宝藏陀罗尼经》，或作《文殊师利宝藏陀罗尼经》、《文殊师利菩萨八字三昧法》，唐景龙四年(710）曾由南印度沙门菩提流志在长安西崇福寺译为汉文。经文叙佛在净居天，光照文殊顶，文殊又以光照金刚密迹主顶，金刚请问法灭之后，文殊为何及如何广利众生？佛称于东北方大振那国有五顶山，文殊师利于此游行居住，以秘密心咒，并画像、坛印等法门教化众生。经文先说十八大陀罗尼，次说八字秘密心陀罗尼，或称大威德秘密心陀罗尼：唵，阿末啰吽却㖿啰（Oṁ āḥ dhī ra hūṁ kha ca raḥ），次说画像法，坛法与印法。其像法以释迦牟尼佛为中心，文殊师利、观自在等五菩萨居其右，弥勒、无垢称等五菩萨居其左，此外又有说法七佛、二龙王、梵天王、魔醯首罗天、那罗延天、帝释天等。曼荼罗作三重界院，坛中诸尊皆以羯磨印标示，其印法亦颇为细密。总体来看，文殊在这种密法中并非以本尊或主尊的面目出现，而是以弘传此种密法的真言行者出现的。

唐长庆四年（824），中天竺那烂陀寺戒行沙门菩提仙净智金刚在中土翻译的《大圣妙吉祥菩萨秘密八字陀罗尼修行曼荼罗次第仪轨法》，始将文殊作为八字陀罗尼密法的本尊供养。《大圣妙吉祥菩萨秘密八字陀罗尼修行曼荼罗次第仪轨法》一卷，题云“出《文殊菩萨普集会经》除灾救难息障品”，经文初说八字大威德心真言及其功德，此真言或诵，或书写，且与文殊师利童子像合用，具有疗病、祛害、降伏等功用，命终时得普门三昧，亲见文殊菩萨。

八字文殊密法的曼荼罗以文殊为中心，其形象作童子形，顶上八髻为其标志性特征，即在通常的五髻顶上作一髻，顶后两髻，八髻之上皆有佛身。整个曼荼罗作圆形，中心的文殊师利常用梵字或种子字代替，因为作法功用或所求成就有别，内坛中心所书梵字会有所调整，如求福禄吉祥事，其中心书胄室利（śrī）字，若求息灾中心书满（maṃ）字，降伏事则用淡（dhaṃ）字，摧破事则用瑟置唎（ṣṭri）字。在安布好中心的文殊师利或种子字之后，行者须在本尊周围书写八字真言，即在北面书唵（oṃ）字，东北角书阿（āḥ）字，东方书味（vī）字，东南角书罗（ra）字，南方书缽（hūṃ）字，西南角书佉（kha）字，西方书左（ca）字，西北角书洛（raḥ）字。这是内院的布置，也是曼荼罗的中心。曼荼罗的第二院为八吉祥童子与四忿怒明王，第三院为十六大天外护。

（五）后期文殊密法勾陈

公元8世纪中期以后，印度的文殊秘密信仰与密法修持日益兴盛，旧有的经典不断发展，并被分类编辑，新出的经典日益繁复，层出不穷，由此使文殊密法成为法门众多、事项繁杂、成就殊异的菩萨信仰。就其经典与仪轨而言，公元9世纪以后除了文殊密法信仰的集成经典《文殊师利根本仪轨》不断被编订增广外，新出的文殊密教经典与仪轨不断踵事增华，代有新变，使文殊信仰在印度佛教史上的地位不断巩固增强，其影响力也日趋深入。总体来看，公元9世纪以后印度佛教中的文殊信仰与密法显示出两个突出的特征。

其一，文殊密法不断朝着细密化、整饬化的方向发展，这种倾向在公元9—11世纪流行的两部重要的文殊密典中都有明确体现。如《佛说最胜妙吉祥根本智最上秘密一切名义三摩地分》（*Śākyamuni-bhāṣitā-bhagavato-Mañjuśrījñāna-sattvasya-advaya-para mārthā-Nāmasaṃgīti*），[①] 通篇包括四部分内容，即序分、诸种曼陀罗赞及其诠法义名目、五轮功德、流

① 《佛说最胜妙吉祥根本智最上秘密一切名义三摩地分》的梵语写本与汉、藏译本均存；其汉译本有四种，除宋代北天竺僧人施护的译本外，又有金总持等译《文殊所说最胜名义经》（2卷）、元沙啰巴译《佛说文殊菩萨最胜真实名义经》（1卷）、元代释智译《圣妙吉祥真实名经》（1卷）。

通分。中间的两部分内容是此经的主体，都按照先分述、次总述的结构谋篇，如第二部分说五佛、五智，依次包括三十七菩提曼荼罗赞，金刚菩提心86名，计24颂；毗卢遮那佛曼荼罗赞，清净法界智108名，计24颂3句；不动佛曼荼罗赞，大圆镜智71名，计10颂；无量寿佛曼荼罗赞，妙观察智275名，计42颂；宝生佛曼荼罗赞，平等性智104名，计24颂；有义成就佛曼荼罗赞，成所作智95名，计15颂。又结赞大圆镜智、清净法界智、妙观察智、平等性智、成所作智，各一颂。第三部分说五轮功德亦是如此，使得经文在形式与内容方面都鲜明统一。

文殊密法中细密化、整饬化的倾向在《妙吉祥平等秘密最上观门大教王经》（五卷）体现得尤为明显。此经述世尊在舍卫国，弥勒菩萨等请问三乘妙法门外更有何法，佛言有摩诃三昧耶秘密内法，行者如法修习可速得成佛。佛即入金刚定，眉间放五色光（青、白、黄、红、绿），由此化生五佛（青光化阿閦佛，白光化毗卢遮那佛，黄光化宝生佛，红光化无量寿佛，绿光化不空成就佛）。又依次化出五眼菩萨（佛、天、法、智、禅），八金刚藏菩萨（眼、耳、鼻、舌、身、心、智、慧），十二供养菩萨（灯、声、香、甘露、衣、幢、舞、涂香、散花、贯花、宝盖、善哉），四金刚菩萨（钩、索、锁、铃），十大明王（大慈、大悲、大喜、大舍、大爱、大威怒、大力、无动、降三世、顶轮）。次说求授灌顶法，加持五瓶（中方水精宝瓶、东方玛瑙宝瓶、南方摩尼宝瓶、西方珊瑚宝瓶、北方瑠璃宝瓶），四宝末（金银铜铁），五河水（蘖誐河、琰母娜河、信度河、缚刍河、泥连缮那河），五香末（白栴檀香、红栴檀香、牛头香、工骨摩香、龙脑香），五谷（稻、谷、青芝麻、大麦、绿豆），五种子（白芥子、紫芥子、黄芥子、蔓菁子、莳萝子），其他还有五藏物、五色彩、五菩提叶、五时华、五吉祥草、五色线、五伞盖等。如是种种事项，倍加繁杂，皆以五为基准数。尤其值得注意的是，主持此种密法的阿阇梨也有五位，即东门金刚阿阇黎、南门宝金刚阿阇黎、西门法金刚阿阇黎、北门办事金刚阿阇黎、中方轮王阿阇黎。

除了以五基准数的种种繁杂的事项外，《妙吉祥平等秘密最上观门大教王经》又详说曼荼罗观想印咒法，大曼荼罗法建造细则与功德，大曼荼罗坛场圣众真言、行法与功德等种种行法与仪规，如是等等皆备极细密、繁复，标志着后期文殊密法的烦琐化倾向。

其二，后期文殊密法的另一个特征是作为文殊秘密化身的阎曼得迦密法得到空前发展。阎曼德迦（Yamāntaka，意为降伏阎魔者，或阎魔终结者）又称降阎摩尊、六足尊、大威德明王等，其身形呈青黑色，现忿怒形，有六头、六臂、六足，密号大威德金刚。一行《大日经疏》卷六载："降阎摩尊是文殊眷属，具大威势，其身六面、六臂、六足，水牛为座，面有三目，色如玄云，作极忿怒之状。"① 此后阎曼德迦在秘密佛教中的地位中不断加强，成为五大明王之一。尤其是在金刚界密法的"三轮身说"中，阿弥陀佛、文殊师利和阎曼德迦分别代表西方佛土的自性轮身、正法轮身和教令轮身。因此在多部文殊密教经典中，文殊师利与阎曼德迦的身形常相互转换。如《大乘方广曼殊室利菩萨华严本教阎曼德迦忿怒王真言大威德仪轨品第三十》有大威德以曼殊室利童子形而说法的记载，《大方广菩萨藏文殊师利根本仪轨经》序品则称妙吉祥童子化为大忿怒明王名焰曼德迦，有时二者还相互对论，弘扬佛法。② 文殊师利化身为阎曼德迦明王弘宣密法的情形在《佛说妙吉祥最胜根本大教经》最具典型性，此经开篇即称："尔时妙吉祥，化身大明王，名焰鬘得迦，遍身炽盛光，甚恶大怖畏。"③ 据宋西天译经僧法贤的汉译本，《佛说妙吉祥最胜根本大教经》分为十品合三卷，依次说成就仪轨、曼荼罗法、供养仪轨、印成就与印修习等多密法。此部密法因产生时代较晚，故其中夹杂了不少后期无上瑜伽密法的成分，如其曼荼罗的粉画多用骨灰，各种成就法或以人体骨髅、尸体、动物血毛等，其中的幻化之法，即是持明者用尸灰与兔血合和，然后将其塞入一髑髅内，在护摩时则用尸灰与酥和合以为供养。这些做法显然与传统佛教中的戒荤腥、远杀害的主旨相去甚远，夹杂了许多左道密教的成分。

二　文殊密法的集成——《文殊师利根本仪轨经》

《大方广菩萨藏文殊师利根本仪轨经》（*Āryamañjuśrīmūlakalpa*）或称《文殊师利根本仪轨》，是文殊师利密法的分类汇编，约形成于公元 8 世

① 《大正藏》第 39 册，第 642 页上。

② 《大方广菩萨藏文殊师利根本仪轨经》序品第一之三："尔时，妙吉祥童子知此无数夜叉之众，勇猛强力，互有憎嫉，告焰曼德迦忿怒明王言：汝大忿怒相，唯佛菩萨可以化为。"《大正藏》第 2 册，第 847 页下。

③ 《大正藏》第 21 册，第 81 页上。

纪中期之后[①]，其内容广博，篇幅宏大，形成时段跨度大，流播地域范围广，是印度公元9—13世纪文殊信仰中的根本经典，经文中所述秘密集会涉及数千位密教诸尊，详述各种曼陀罗的建造法、护摩法、灌顶法、画像法、成就法等各种仪轨，又有记载不同时期印度的地名、山川、河谷、风俗、名物、言语、数字、单位、星占、王统世系，堪称百科全书式的典籍，除其宗教价值外，更具有多方面的文化史料价值。

（一）文献综述

《文殊师利根本仪轨》是一部集成式的著作，经文所载各种文殊密法成形或出现的时间并不一致，比如其中的六字文殊、八字文殊密法在公元8世纪初即由南印度沙门菩提流志传至中土译成汉文经典流传，对中国的文殊信仰产生了至为关键的影响，[②] 经文中所载的各种成就法，如阎曼德迦忿怒明王法、起尸法、大自在天法与那罗延天法被吸纳入佛教密法的时间则相对较迟。经文中所载各品内容形成的时间与被编订入册的时间并不一致，如“诸王受记品”（Rāja-vyākaraṇā-parivarta）记载中、东印度王统世系（公元前700—公元700年，即前释迦牟尼时代至波罗王朝初期），可以确定其编订成书的时间应在公元8世纪初，而且在公元9世纪前后，曾被译为藏文，但在10世纪末的《文殊师利根本仪轨》汉语译本中尚未收录这一部分内容。由此可见，这部经典在传播过程中不断被编辑修订，其篇次、品目，乃至其篇幅始终处在变化中，目前保存的汉、藏译本与梵文写本即互有出入。如北宋雍熙三年（986），天息灾所译《大方广菩萨藏文殊师利根本仪轨经》有二十八品合二十卷，11世纪初由古玛尔·迦尔萨（Kumāra-kalasa）完成的藏文译本《圣文殊根本怛特罗》（*Ārya-mañjuśrī-mūla-kalpa*）分为三十六品，20世纪初才问世的梵语写本篇目增广至五十五品。就具体内容而论，汉译本内容最少，藏译本次之，梵语写本晚出，内容最为丰富。今将梵、藏、汉各品对应关系，以及相应的支分经（单品流通的本子）胪列于下，以见其发展（见表2—4）。

---

① ［日］松长有庆：《Mañjuśrīmūlakalpaの成立年代について》，《印度学仏教学论集：金仓博士古稀记念》，平乐寺书店1966年版。

② 吕建福《千钵文殊的产生及其影响》（《五台山研究》1994年第3期，第8—9页）认为菩提流志所译陀罗尼密典《文殊师利法宝藏陀罗尼》为确定五台山为文殊道场提供了直接的经典依据。

表 2—4　《文殊师利根本仪轨经》梵藏汉本品次对照表

品次	梵本整理本①	藏译本	汉译本
1	Samnipāta--parivartaḥ	集会品	序品第一
2	Maṇḍala-vidhāna-parivartaḥ	设曼陀罗仪轨品	菩萨变化仪轨品第二
3	Maṇḍala-vidhāna-parivartaḥ	三曼陀罗品	曼拏罗仪则品第三
4	Prathamapaṭa-vidhāna-visaraḥ	上品幡像仪则品	上品幡像仪则品第四
5	Dvitīyaḥ-paṭa-vidhāna-isaraḥ	中品幡像仪则品	中品幡像仪则品第五
6	Kanyasa-paṭa-vidhāna-visaraḥ	下品幡像仪则品	下品幡像仪则品第六
7	Caturthaḥ-paṭa-vidhāna-visaraḥ	第四幡像仪则品	第四幡像仪则品第七
8	Uttama-sādhana-upayika-karma-paṭala-visaraḥ	第一成就最上法品	第一成就最上法品第八
9	Dvitīya-uttama-sādhana-upayika karma-paṭala-visaraḥ	第二成就最上法品	第二成就最上法品第九②
10	Uttama-paṭa-vidhāna-paṭala-visaraḥ	第三成就最上法品	第三成就最上法品第十
11	Sarva-karmavidhi-sādhana-paṭala-visaraḥ	净行观想护摩成就法品	第四净行观想护摩成就法品第十一
12	Akṣasūtra-vidhipaṭala-visaraḥ	数珠仪则品	数珠仪则品第十二
13	Trayo-daśamat-paṭala-visaraḥ	护摩品	第十三
14	Cakra-varti-paṭala –（vidhāna-maṇḍala-sād-hanopayika）– visaraḥ	曼拏罗成就法大轮一字明王画像仪则品	曼拏罗成就法大轮一字明王画像仪则品第十四
15	Sarva-karma-triyārthaḥ-paṭala-visaraḥ	一切法行义品	一切法行义品第十五
16	Gāthā-paṭaḷa-nirdeśa-visaraḥ	法义品	法义品第十六
17	Karma-svaka-pratyaya paṭala-visaraḥ	随业因果品	随业因果品第十七
18	Grahanakṣatrādilakṣana		
19	Jyotisa-jñāna-		
20	Mimitta-jñāna-mahotpāda paṭala-visaraḥ		
21	Grahotpādaniyamādi-nirdeśa-paṭala		

① 参见［日］饭冢秀誉《Āryamañjuśrīmūlakalpaの基本数据基本资料》，《智山学报》（*Journal of Chizan studies*）第 25 辑，A1 - A19，1976 - 07 - 30；［日］森口俊光《文殊师利根本仪轨贝叶写本》（On the Manjusri mulakalpa Palm. MS），《智山学报》第 46 辑，第 358—343 页，1997 - 03 - 31。

② 宝思惟译《大方广菩萨藏经中文殊师利根本一字陀罗尼法》（702）、义净译《曼殊室利菩萨咒藏中一字咒王经》（703 年译）与此品前半部分“治病法说示分”相当。

续表

品次	梵本整理本	藏译本	汉译本
22	Sarva-bhūtaruta-jñānādi-paṭala		
23	Śabda-jñāna-gana-nāma-nirdeśa-paṭalaḥ		
24	Nimittajnanajyotisa-paṭala-visaraḥ	阴阳善恶征应品	阴阳善恶征应品第十八
25	Ekākṣara-cakṛavarty-udbhava-paṭala-visaraḥ	略说大轮一字品	略说大轮一字品第十九
26	Ekakṣara-cakravarti-karma-vidhipaṭa-nirdeśa-paṭala-visaraḥ	略说一字大轮明王画像成就品	说一字大轮明王画像成就品第二十
27	Ekākṣara-mūla-mantra-hṛdaya-kalpaḥ	一字根本心真言仪则第二十一品	一字根本心真言仪则品第二十一
28	Karmavidhānārtha-paṭala-visaraḥ	妙吉祥么字唵字成就法仪则品绘画仪轨第二十二品	妙吉祥心么字唵字成就法仪则品第二十二
29	Mañjuśrī-paṭa-vidhāna-parivarta-karma-vidhiḥ-saptamaka-paṭala-visaraḥ	妙吉祥六字心真言第二十三品	妙吉祥六字心真言品第二十三
30	Kṣetra-kāla-vidhi-niyamapaṭala-visaraḥ	修行地位时节仪则品	修行地位时节仪则品第二十四
31	Āviṣṭaceṣṭavidhi-parivarta-paṭa-visaraḥ	执魅者仪则品	执魅者仪则品第二十五
32	Vidhiniyavidhinimitta-jñana-nirdeshaḥ	生无量功德果报品	如来藏大法宝法界相无数功德祥瑞品第二十六
33	Karma-kriya-vidhi-nimitta-jnana-nirdesaḥ	如来藏大法宝法界相无数功德祥瑞品	生无量功德果报品第二十七
34	Mudrācodana-vidhi-mañjuśri-paripṛccha-nirdeśa-parivartaḥ Paṭala-visaraḥ	说印仪则品	说印仪则品第二十八
35	Śabdajñāna-ga Mudrā-vidhi-paṭala-visaraḥ		
36	Dvitīya-mudrā-vidhi-paṭala-visaraḥ		
37	Mantra-mudrā-paṭala-visaraḥ		
38	Mudrā-maṇḍala-sarvakarma		
39	Dhyāna-paṭala-visaraḥ		
40	Sarvakarma-dhyāna-paṭala-visaraḥ		
41	Garuda-paṭala-visaraḥ		不空译《文殊师利菩萨根本大教王经金翅鸟王品》一卷

续表

品次	梵本整理本	藏译本	汉译本
42	Sarvakarma-sadhanaupikah-paṭala-visaraḥ		
43	Mahamudra-paṭala-visaraḥ		
44	Mahamudra-paṭala-visaraḥ		
45	Sarva-tathāgatacintya-dharmadhātu-mudrā paṭ-ala-visaraḥ		
46	Mahamudra-paṭala-visaraḥ		
47	Catur-bhāgini-maṇḍala-manu-praveśa-samay-aguhyatama paṭala-visaraḥ		
48	Catuh-kumarya-paṭala-visaraḥ		
49	Japaniyamādi-sarva-karma-paṭala-visaraḥ		
50	Yamāntaka-krodharājā parivarṇanam	藏译第三十三品	失译《大乘方广曼殊室利菩萨华严本教》“阎曼德迦忿怒王真言大威德仪轨品”第三十
51	Yamāntaka-krodharājābhicāruka paṭala visaraḥ	藏译第三十四品，说诸种调伏之法	不空译《大方广曼殊室利童真菩萨华严本教》“赞阎曼德迦忿怒王真言阿毗遮噜迦仪轨品“第三十一
52	Yamāntaka-krodharājā sarva-vidhiniyama-paṭala-visaraḥ	藏译第三十五品前半部分相当	不空译《大方广曼殊室利童真菩萨华严本教》“阎曼德迦忿怒王品”第三十二
53	Rāja-vyākaraṇa-parivartaḥ	第三十六品	
54	Anusamsavigarhana-prabhāva-paṭala-visaraḥ	第三十六品	
55	Hema-sadhana paṭala-visaraḥ		

（二）内容介绍

《文殊师利根本仪轨》序品叙述说法缘起与会众。释迦牟尼佛住净光天未曾有、不思议、清净菩萨众集会菩提道场，为净光天子说菩萨行最上三摩地事，入“清净境界破暗光明三摩地”（Viśuddha-viṣaya-jyotir-vikaraṇa-vidhvaṁsinī-Samādhi），眉间发光明，照耀至东北方开华世界。居于此佛土的妙吉祥童子感其光明，刹那间至于净光天，住大摩尼宝地，入“明珠庄严照三摩地”（Jyoti-ratna-pratimaṇḍanoddyotanī-Samādhi），以种种庄严与神通敬礼释迦如来。佛为其说真言行仪轨法藏（Mantra-caryā-vidhi-ni-dharma-pitaka），妙吉祥入“一切佛威德明珠庄严照三摩地”（Sarva-buddhādhiṣṭhāna-jyoti-raśmi-vyūhālaṅkāra sa ~ codanī-Samādhi），以光明照诸佛刹，佛、菩萨、明王、天王等圣众及眷属皆来听受如来“无能胜教真言仪轨最上三摩地”。来预此会者计有佛部、菩萨部、明王部、陀罗尼部、辟支佛部、大声闻部及其眷属，还有无量天龙八部、诸天天王、空居大曜、星宿、三十六宫等无量圣众及其眷属。前后列出列举的诸众圣有千余名，其中又以明王部属居多。

第二，“菩萨变化仪轨品”说种种真言行仪轨与曼拏罗法品仪轨，其真言包括大忿怒明王心真言、外心真言、内心微妙真言，一切佛心大无畏八字真言等本尊真言，以及召请众圣真言（Ahvānana-mantra）、献香真言、献水真言、焚香真言（Gandha-mantra）、献华真言（Puśpa-mantra）、燃灯真言（Pradīpa-mantra）、燃火真言（Agnikārikā mantrā）等行事真言，每一种真言都有相应的密印。曼荼罗仪轨依次包括选择吉日与清净之地，设计形制大小，准备种种庄严器物、事项如香、花、灯、食等。诸种事项准备完毕，阿阇梨即根据供养人财力、身份与目的，依法建造种种规模、风格、功用不同的曼荼罗，布列坛中诸尊与各种庄严之具。又说曼荼罗供养仪轨与灌顶仪轨。

第三，“曼拏罗仪则品”（Tritīyo maṇḍala-vidhāna-parivartaḥ）承上品内容，说与一字真言最上秘密法相应的曼荼罗仪轨，如地点与时间的选择、坛内神尊的布置、印相的粉画，等等。

第四，“上品幢像仪则品”（Caturthaḥ prathamapaṭa-vidhāna-visaraḥ）说造上品幢像仪则，此幢像以释迦牟尼佛为中心，十六菩萨、八辟支佛、八佛世尊、八大声闻、净光天子、焰曼德迦忿怒明王、大海龙王等种种神尊，又饰以大海、高山、楼阁、花树等，倍极细致奢华，是专为国王、大臣及大财主求成就而设。

第五，“中品幢像仪则品”（Pañcamaḥ paṭalavisaraḥ, dvitīyaḥ paṭa-vidhāna）说中等幢像法则。中等幢像的尺寸，佛、菩萨、声闻、天王等神尊仪形与布置略有不同，不过，其主尊仍然是释迦牟尼佛，观自在与文殊分别居其左右。中等幢像能成就世间中等增益、利乐之事。

第六，“下品幢像仪则品”（Ṣaṣṭhaḥ paṭala-vīsarah-trtīyaḥ-kanyasa-paṭa-vidhānaḥ）说下等幢像秘密仪则，是专为懒堕懈怠，不勤修习众生而设，具有息灾、增益、降伏等功德。此种幢像与前两种幢像的最大差别即在于它是以妙吉祥为主尊，普贤居其左，观自在居其右，又有焰曼德迦忿怒明王、开华王如来、净光天子等。

第七，“第四幢像仪则品”（Saptamaḥ paṭala-visarāṭ-caturthaḥpaṭa-vidhāna-paṭala-visaraḥ），述六字真言微妙心（Parama-hṛdayā）真言及其幢像仪则。其幢像以妙吉祥童子为主尊，右普贤，左观自在，三菩萨皆坐白莲上，莲花出于池水一大绿宝色茎干上。池水有二龙王，举头瞻视妙吉祥菩萨，又有二散花天子及持诵者。

第八，“第一成就最上法品”（Aṣṭama uttama-sādhana-upayika-karma-paṭala-visarāt prathamaḥ），释迦牟尼佛为众生解说幢像法则之福德业报。

第九，“第二成就最上法品”（Navamaḥ paṭala-visarāddvitīyaḥ uttama-sādhanopayika-karma paṭala-visaraḥ），世尊释迦牟尼佛于大众中说一字真言法（一字明王）密法，尤其是建坛法与成就法。

第十，“第三成就最上法品”（Daśamaḥ uttama-paṭa-vidhāna-paṭala-visaraḥ）说种种成就法。

第十一，“第四净行观想护摩成就法品”（Ekādaśama-paṭala-visarāccat-urthaṭ-sādhanopayika-karma-sthāna-japa-niyama-homā-dhyāna-ś ancācāra-sarva-karma-vidhi-sādhana-paṭala-visaraḥ）说中品幢像仪则事，尤其详说七种曼陀罗法，第一曼拏罗献释迦牟尼佛，第二曼拏罗献菩萨，第三曼拏罗献本尊真言，第四曼拏罗献辟支佛，第五曼拏罗献三宝，第六曼拏罗献一切贤圣，第七曼拏罗献一切众生。

第十二，“数珠仪则品”（Dvādaśamaḥ akṣasūtra-vidhipaṭala-visaraḥ），说择取、造作、贯串、打磨、供养、安放数珠的仪规与方法，以及通过梦占判断密法成就与否的方法。

第十三，“护摩品”（Trayo-daśamat-paṭala-visaraḥ），广说妙真言句护摩等事最上仪则。

第十四，“曼拏罗成就法大轮一字明王画像仪则品”（Caturdaśamaḥ ca-kra-vartti-paṭala-vidhāna-maṇḍala-sādhanopayika-visaraḥ），说大轮一字明王持诵仪轨。

第十五，“一切法行义品”（sarva-karma-triyārthaḥ-paṭala-visaraḥ），说

通过梦境的吉凶，以及真言行人出生时节所属的星相、宫属，以推测所作行法的成就与否。

第十六，“法义品”（Gāthā-paṭaḷa-nirdeśa-visaraḥ）说真言行者为世间利益而求成就，当诚谛专注，慈心悲愍，发大誓愿清净之心，又说文殊根仪轨与文殊名号皆具殊胜功德与威力，行者倘能如法修行定获成就。

第十七，“随业因果品”（Karma-svaka-pratyaya-paṭala-visaraḥ）说业感因果法，因种种业行差别，遂有外道、小乘、大乘等因果差别，只有于真言法中求成就始得最上果，真言行者须了知成就相，识别一切障难诸不吉相及恶梦寐诸星宿天。

第十八，“阴阳善恶征应品”（Graha-nakṣatra-lakṣaṇa-kṣetra-jyotiṣa-jñāna-parivarta-paṭala-visaraḥ）述文殊密法与宿曜运行之间的关系。详说阴阳宿曜法，二十八宿，十二宫分法，有情众生处于不同的宫分与时节，遂有善恶顺逆等差异，因此识别宿曜运行的善恶、时节与变化规律，所作秘密行法才能获得成就。

第十九，“略说大轮一字品”（Ekākṣara-cakṛa-varty-udbhava-paṭala-visaraḥ）述佛顶大轮一字明王法的种种成就法。经文以佛顶大轮一字明“部林“（bhrum）为诸佛世尊一切智智真言之相，住大悲行一切众生之师，为吉祥真言之主，真言行者专心持诵即不为诸恶宿曜所侵，不为诸恶障所害。

第二十，“略说一字大轮明王画像成就品”（Ekakṣara-cakravarti-karma-vidhi-paṭa-nirdeśa-paṭala-visaraḥ）承上品内容说一字大轮明王画像法及种种成就法。其像法以宝幢如来为主尊，左金刚手、梵王，右持鬘天人、持诵行人。其成就法有多种，如轮成就、伞盖成就、佛顶成就、如意宝成就、金刚杵成就、剑成就、雄黄成就、三戟叉成就、尸成就、钩成就、幢成就、大自在天（那罗延天、梵天）成就、降夜叉女成就、求见金刚手成就等。

第二十一，“一字根本心真言仪则品”（Ekākṣara-mūla-mantra-ārya-mañjuśrī-hṛdaya-kalpa-paṭa-vidhana-visaraḥ）说一字根本心真言相应的种种仪则，如画像法、供养法与占验吉凶法。

第二十二，“妙吉祥心么字唵字成就法仪则品”（Karma-vidhānārya-mañjuśāya-parivartta-paṭala-visaraḥ.）说一字心真言、六字根本么字真言、六字心与唵字真言行法仪则，包括七种真言仪则，依次为画像仪则最上法，第二求成就仪则，第三求爱重仪则，第四得文殊童子加持获种种成就仪则，第五妙吉祥菩萨造像供养成就法，第六调伏仪则。

第二十三，“妙吉祥六字心真言品”（Mañjuśrī-paṭa-vidhāna-parivarta-karma-vidhiḥ saptamaka-paṭala-visaraḥ.），说第七仪则不空成就法——六字心真言种种成就法。

第二十四，“修行地位时节仪则品”（Kṣetra-kāla-vidhi-niyama-paṭala-visaraḥ），佛为妙吉祥说众明王得成就处，记录诸天明王、夜叉鬼神的区域分布，可视作明王鬼魅信仰的地理分布图。据其所载，妙吉祥菩萨真言在支那国、大支那国易得成就；佛顶王真言在龟兹国、乌尼也曩国、迦湿弥罗、西印度并雪山四面等印度北方地区能得成就；莲华族、金刚族及宝族等真言在雪山及中国人间易得成就；半支迦药叉、诃利帝药叉女、巘达哩嚩等真言在迦微国、摩伽陀国、迦摩噜播国、路呬你也适悦河岸等地域易得成就。金毗罗神、宝贤大将真言流行于东印度，贤多啰、毗俱胝、大吉祥白伞盖等真言流行于海岸洲、师子国等地。阎魔真言、金刚手说作恶真言在南方流行，日天、伊舍那天所说真言也流行于南方。大力药叉王真言流行于西方，能成就一切财主。再如佛所说真言北方、东方易得成就，莲华族所说真言南方得成就，金刚族所说真言于西方得成就。宝贤族于西北方得成就，一切药叉族于西南方得成就。一切声闻大德族于东南方得成就，辟支佛族于东北方得成就等。

第二十五，“执魅者仪则品”（Āviṣṭaceṣṭa-vidhi-parivarta-paṭṭa-visaraḥ），说五印度诸国土种种鬼魅作恶者的本形、言语、幖帜、种种心行、生地与时节，指出欲执持降伏种种鬼魅，须用妙吉祥童子六字心真言、五髻大印，作种种仪法以为拥护，使众生等获得无量、最上快乐。其中最值得注意的是记述了各种圣人、天人、乾闼婆、夜叉、罗刹、毗舍左、摩睺罗伽、部多、人非人类等分布的国家与地域，以及其语言特点。

第二十六，“如来藏大法宝法界相无数功德祥瑞品”（Vidhi-niyavidhi-nimitta-jnana-nirdeshah），说真言的类型（一字、二字、三字，乃至百字；又如来所说上品，佛子所说为中品，人天所说为下品）、持诵法则（依法、义、声三原则默诵，），以及“真言相”即不同真言中的关键字。次说智算数（1—10^{21}）、量算数（10^{22}—10^{29}）、勇猛智算数（10^{30}—10^{45}），以及息灾增益之处功德算数（10^{46}—10^{70}）。进而指出佛为教化诸众生，说种种世间、出世间工巧技艺，化作种种身形。显示出秘密佛教仪轨中蕴含的丰富知识与技艺。

第二十七，“生无量功德果报品”（Karma-kriya-vidhi-nimitta-jnana-nirdesah），释迦牟尼佛为妙吉祥童子说一切真言广大仪轨与秘密明获得功德果报的种种条件与注意事项，指出依次第修习秘密明法者能得最上修行，诵真言者须默诵才能获得成就，另外还要饮食如法，安静无恼，心神专注等。又指出，佛在时真言行者得最上成就，像法之世得中品成就，末法之世得下品成就。佛在世时，如来族真言教法常得成就；佛灭后，莲华族真言教法能得成就；末法时，金刚族易得成就。

第二十八，“说印仪则品”（Mudrācodana-vidhi-mañjuśri-paripṛccha-nirdeśa-parivartaḥ Paṭala-visaraḥ），初述传承此最上秘密真言及印法的条件，列举不适宜与适宜传法的人群，其次，指出真言法与印法的关系，认为要想获得成就，真言与印契须相互为用，相互依侍，互为因果，真言中须有印契，印契中须有真言。最后是释迦牟尼为妙吉祥付法，嘱其当于末法时代现童子形教化众生，于大野、雪地、适悦地、跋提河岸、佛涅槃等地弘传此密法仪轨。

（三）密法特色及影响

《文殊师利根本仪轨》是文殊密法的分类集成本，汇集了公元6—13世纪不同时代的文殊秘密修习法门，既显示出事、行、瑜伽与无上瑜伽等不同阶段的密法属性与特点，具有层累的构造特征，又代表文殊密法发展的最高阶段，其事项与秘密仪则复杂而又自具系统。统观《文殊师利根本仪轨》全书，内中的文殊密法具有以下三个方面的突出特点：

其一，密教事相备极繁多、复杂，相互关联更为紧密。除了密教常用的真言、身印、画像（幢像）、曼荼罗、护摩、观想之外，《文殊师利根本仪轨》所载密法又汇集了天文、星占、舆地、数学、语言等新的事项与行仪。

以秘密行法中最基本的真言而论，其类别、功用与念诵仪则更为丰富多样，与其他事项的关联也更为紧密。在《文殊师利根本仪轨》中，真言或称真言行、真言成就，意谓它是一个以真言为中心的系统性仪则结构。就其种类而言，它包括本尊真言与行事真言两大类别，本尊真言是属于特定本尊的秘密真言，如与文殊师相关的真言有根本真言（Mūla-mantra）、内心真言（Parama-hṛdaya）、外心真言（Upahṛdaya）、一字心根本真言、三字真言、六字心真言、一切佛心大无畏八字真言等，以及大忿怒明王的心真言、外心真言、内心微妙真言等。行事真言则是贯穿于秘密行仪中的真言，如召请众圣真言（Ahvānana-mantra）、焚香真言（Gandha-mantra）、献华真言（Puśpa-mantra）、燃灯真言（Pradīpa-mantra）、燃火真言（Agnikārikā mantrā）、发遣贤圣真言（Visarjana-mantra）等，此经的序品与第二品即详列种种本尊真言与行事真言。值得注意的是，在第二品所列种种真言有时亦称作明、句、密语、陀罗尼等，显示出种种真言名称的地域、时代与派别差异。

《文殊师利根本仪轨》所载种种真言不是孤立的存在，它与其他事项之间的关联在经文不断被反复强调，如第二品列述种种真言时，同时指出与之相应的印法，“结诵”即结印契诵真言成为秘密行仪中不可或缺的环节。第二十八说印仪则品在详解种种印契仪则时，即把真言与印契相互为用的情形作为最为重要的仪则。

除真言之外，最能代表《文殊师利根本仪轨》所载事项之繁复、细密者当以其幢像法为最。第四、五、六、七，释迦牟尼佛为妙吉祥童子说上、中、下、四，前后共四种幢像仪则。如经文所载，欲成就一切真言行，须依仪则具幢像功德，所作所求才能获得成就。幢像有三品差别，上品幢像有上品福利，中品幢像有中品福利，下品幢像有下品福利。从形制上讲，上品幢阔四肘长八肘，中品幢阔二肘长五肘，下品幢阔佛尺一尺长三肘半。佛尺者即身长八尺者一肘为佛尺也。上品幢能成就最上入圣事等；中品幢佛灭度后求最上位，求最上福德俱获成就；下品幢求人天快乐、财帛珍宝及降伏事。除此三品幢像，更于第七品说第四幢像。经文对各品幢像的功德、形制、布局与作法皆不避烦琐，巨细无遗，完整细致地记述了种种幢像的做法。有学者认为藏传佛教艺术中以细密烦琐著称的唐卡艺术即是在《文殊师利根本仪轨》的幢像仪则影响下发展出来的。①

其二，融摄印度不同教派的秘密行仪，具有广泛的包容性。按密教最常用的四部分类法，《文殊师利根本仪轨》通常被视为所作（kariya）或称事部密法，不过就其形成时段与实际内容来看，它实际上融摄了事、行、瑜伽与无上瑜伽四部密法的不同特征。准确而言，它是以事部密法为基础，融合吸收了后代新出的种种密法仪则与特点，如其所述种种成就法

① ［日］田中公明：《唐卡的起源》与《文殊师利根本仪轨经》，《中国社会科学报》2011年2月15日第12版。

中，就包括了尸成就、大自在天成就等后期秘密佛教才有的内容。

《文殊师利根本仪轨》所载密法的包容性特点在经文中也有明确的交代：“又有菩萨摩诃萨行无量义，变身为女人形，以世间法引导一切众生，令心坚固不退道意，得不思议明句陀罗尼。或变种种飞禽形，夜叉形，罗刹形，摩尼宝形，人非人等形，如是所作殊异色相，随意教化一切众生，令入菩萨行。”① 通过种种变化身，原属于印度教的种种神祇与主尊被吸收进来，成为秘密佛法中的一部分。另外本经第十八阴阳善恶征应品也有类似记载：“我于尔时身为菩萨，见彼众生有如是已，心悲愍故而现异身，所谓现作仙人之身，或现梵王之身、大自在天身、那罗延身、迦楼罗身、乃至夜叉、罗刹、毗舍左等种种之身，于生生中为一切众生恒常解说菩提行义。”② 除此之外，第二十四修行地位时节仪则品、第二十五执魅者仪则品，详述诸天明王、夜叉鬼神的区域分布，以及种种鬼魅的本形、言语、幖帜、种种心行、生地与时节，显示出对印度种种秘密仪行的包容与吸收。

其三，内容丰富，所涉学科门类众多，是一部百科全书式的著作。《文殊师利根本仪轨经》编订、传承的年代跨越公元6—13世纪，约七百余年的时段，它记载了不同历史时期的文殊密法仪则，其丰富繁杂的事项涉及不同的学科门类，举凡神祇、天文、舆地、风俗、言语、数字、星占、王统、艺术、经典等皆有所涉及。如第十八“阴阳善恶征应品”说文殊密法与宿曜运行之间的关系，详述印度的天文历法与星占术；藏文译本与梵语写本的“诸王受记品”（Rāja-vyākaraṇa-parivarta）以悬记（预言）形式讲说释迦牟尼以前至波罗王朝初期印度各地的王统史，是研究印度佛教史的珍贵史料，深受布顿、多罗那他等西藏佛教史家的重视与引用。第二十五执魅者仪则品品说种种鬼魅言语差异与特征为了解印度当时不同地区的方言差异提供了第一手材料：“所有言语一一辩察，可知真实：……若摩睺罗伽、若紧曩罗等者，皆作东印度语，彼大力迦楼罗生东印度，亦作东印度语，彼紧曩罗亦作东印度语。若是圣人、天人及辟支迦，乃至诸五通仙等，皆作满城语。所有舍里摩多河边言语，及贺里计罗城言语，不分明及不正，多以罗字为言，以捺字为语末，此是毗舍左语。

---

① 《文殊师利根本仪轨经》序品，《大正藏》第20册，第838页中。

② 《大正藏》第20册，第884页中。

若有作曩尼计罗州、嵪噜沙州裸形外道，及海中舍婆国，及诸洲国住者众生言语不正，多以罗字为言，语涩及不分明，此为瞋怒鬼语。若有作南印度阿捺啰国、迦啰拏咤国、捺啰弭拏国、俱萨罗国等，及师子国及别海洲所生众生，多以拏字为言，此为罗刹语。”① 继东印度、南印度诸方鬼魅神祇言语及其语音特征外，此品又细数西印度、北印度、中印度等地的语言及特征，虽稍嫌烦琐，但较为清晰地勾勒出五天印度的宗教语言地图。

略如上述，《文殊师利根本仪轨经》作为文殊密法的集成类编，其繁富细密的事项，对印度诸宗教秘密行仪的融摄，以及百科全书式的知识储备，使这部经典不仅具有宗教研究价值，更对印度古代的天文、星占、历史、舆地、语言等多个领域的研究具有重要的参考意义，值得做深入的探究。

第十一节　中观学派的新变与发展

公元8世纪时中观学派代有其人，名家辈出，一改公元7世纪受制于唯识学派的窘况，观誓、寂天、智藏、寂护、莲花戒、师子贤等诸位中观论师，在祖述前代诸家学说的同时，又颇多己说，显示出全新的风格与特色。中观学派不仅实现了与唯识学派的融合，更为公元八九世之交发展起来的无上瑜教怛特罗密法奠定了理论基础。寂护师徒融合中观唯识学说，促进了大乘佛教两大阵营的融合与互摄，寂天的《入菩提行论》与因师子贤而昌明的《现观庄严论》成为后来传承不辍、注家纷出的重要论典。可以说，公元8世纪的中观学与此期勃然兴起的金刚乘密法是此期印度佛教最夺人心目的亮点。

观誓（Avalokitavrata）生平不详，主要活动于公元700年前后，著有《般若灯论释疏》（*Prajñāpradīpaṭikā*，或称《般若灯论复注》），因疏释清辩（Bhāvaviveka）的《般若灯论释》（*Prajñā-pradīpa-mūla-madhyamaka-vṛtti*），故被后人视为清辩以后自立量派（Svātantrika，或称依自起派）的代表人物。该书以传为龙树自作的《无畏注》（*Mūla-madhyamaka-vṛtti Akutobhayā*）② 为始，列举了佛护的《根本中论注》（*Buddhapālita-mūla-*

① 《大正藏》第20册，第899页中、下。

② 《无畏注》二千一百偈，其作者是否为龙树犹存疑。

madhyamaka-vṛtti）、月称（Candrakīrti）的《中论注》（*Madhyamaka-vṛtti*）、安慧（Sthiramati）之《大乘中观释论》（*Mūla-madhyamakasandhi-nirmocana-vyākhyā*），以及提婆设摩（Devasarma）、求那师利（Gunaśrī）、德慧（Gunamati）等多家关于《中论》的注释，还有佛教以外的相关学说，内容比较丰富，其篇幅约当清辩原书的4倍。由于所引各家著述多已亡佚，故其价值尤可珍贵。另外，观誓在此书中还提及属于案达罗大众部的东山住部及西山住部，以普拉克利特语（Prākrit，俗语）传持大乘《般若经》，证明了后期大小乘佛教的混合情形，出现诸如大乘大众部或大乘上座部的特殊部派。

一　寂天及其《入菩提行论》

寂天（Śāntideva，约650—750），公元七八世纪之交中观派著名的论师，其学行中亦夹杂着秘密成就法的因素。其生卒年代尚不能确定。班达尔（C. Bendall）认为是公元7世纪中叶至公元9世纪。巴达查里雅（B. Bhattacharyya）因为义净的著作中未曾提及寂天之名，而寂护（Śāntarakṣita）的《真性成就》（*Tattva-siddhi*）中又引用了他的《入菩提行论》，故认为他主要活动于义净离开印度后至寂护入藏前的时段内，应是公元695年至公元743年的人。

《布敦佛教史》述及寂天的生平时，引用了四句颂文："本尊喜住那烂陀，示迹圆满破诤辩，事迹奇异度乞丐，降伏国王外道师。"大致概括了他的主要行迹。寂天原名寂铠（Śānti-varman），是南印度梭罗修多罗（Saurāṣṭra）国德铠王（Kalyāṇavarman）之子。幼学五明及诸艺，又从上师古苏鲁修习文殊师利成就法，时有灵验。后舍王位，至那烂陀寺从胜天（Jayadeva）出家，取名寂天。在那烂陀寺，寂天内勤修学，外示放逸，密著《集学论》、《集经论》及《入菩提行论》三种。因为寂天行为放逸懒散，颇受寺众同侪诟病，戏称他为"三行者"或"三想僧"，意谓他只会贪吃、贪睡与大小便，此外便无所事事。直到后来，他当众诵出《入菩提行》后，才引起人们的重视。不久，寂天离开那烂陀寺，赴南印度为僧众讲说其著述。

后来，寂天主要从事平息僧诤、降伏外道、弘扬佛法的活动。传说他曾在东印度以神变平息争端，使诸派和解，大家相安无事。在摩揭陀国西部不远的某地出现饥荒，寂天向五百外道及数千饥民施食，最终使其改宗佛教。为了获取财施，寂天又曾至东印度阿梨毗夏那国王处任职，并示现神通，使国王心生恭敬而皈依佛法。最后，寂天又到南印度斯利巴尔瓦德（śriparvata）修乌枢瑟摩（Ucchuṣman）法时，婆罗门商羯罗天（Śaṅkaradeva）企图以神变欲逼（Khatavihāra）王信奉其教派，寂天应请以神通摧毁其神变，使其皈依佛门。此处的外道或即吠坛多派之商羯罗，亦未可知。

从寂天留传下来的三部著述中，可以看出其思想的根基是以中观派为主。其中，最能代表其佛学思想的是《入菩提行论》（*Bodhisattvacaryāvatāra*）。

《入菩提行论》为偈颂体，有九百多颂，分成十品，主要讲述达到菩提、证得最高智慧、成就无上正等觉的修行方式。各品内容分别为：第一，“赞菩提心品”赞颂菩提心，鼓励众生发起、实行菩提心。第二，“忏悔品”指出虔诚皈依三宝，真心忏悔，才能涤除以往的罪业。第三，“受持菩提心品”讲述实行菩提心，应将自己的一切乃至生命奉献给众生。第四，“菩提心不放逸品”讲述实行菩提心，应该遵循菩萨学，修习善法，断除一切烦恼。第五，“守护正知品”讲述实行菩提心，奥秘在于守护心，就是要努力守护忆念和正知。守护住心门，也就能守护和履行菩萨学。第六，“忍辱波罗蜜品”讲述实行菩提心，必须克服憎恨和愤怒，忍受一切痛苦和屈辱，善待众生，为众生造福。第七，“精进波罗蜜品”讲述实行菩提心，须精进努力，摒弃懒惰和消沉，排除一切障碍，行善积德。第八，“禅定波罗蜜品”讲述实行菩提心，要保持身心清净，修习禅定，摒弃贪欲和烦恼，注重人我平等。第九，“般若波罗蜜品”讲述实行菩提心是为了获得最高智慧，即中观的“空性”，包括“人无我”、“法无我”与“万法皆空”。本品依据空论，还批判了佛教内外种种错误见解，确认唯有空论能消除烦恼，灭寂痛苦，获得解脱。第十，“回向品”讲述将自己修习菩提心获得的一切功德，回向奉献给众生及佛和菩萨。

与其《入菩提行论》思想主旨与品目的划分基本相同，寂天的《大乘集菩萨学论》与《诸经要集》可视为前一书的两种资料类编，仅有广略之别。

《大乘集菩萨学论》（*Śikṣāsamuccaya*），或称《学处要集》、《集菩萨学论》。它以二十七首“本颂”（Kārikā）为纲要，引述排列一百余种经典，阐述以中观派为主的大乘教理。宋代法护翻译的汉译本分为二十五卷，十八品，其内容如下：第一，“集布施学品”，发菩提心，住大悲心，广行布施，除灭众生切苦恼。第二，“护持正法戒品”，不舍善知识，不吝身命，尊重护持正法。第三，“护法师品”，行者护持正法所遭遇的各种法难。第四，“空品”，远离十恶等诸罪难。第五，“集离难戒学品”，叙述当远离之诸过难。第六，“护身品”，述护持身心之诸戒行。第七，“护受用福品”，为利益众生应护持的清净福业。第八，“清净品”，令身心清净之法。第九，“忍辱品”，长养戒行的忍辱行。第十，“精进波罗蜜多品”，精进之功德。第十一，“说阿兰若品”，可止住的阿兰若处。第十二，“治心品”，依禅定治诸烦恼。第十三，“念处品”，示四念处之相。第十四，“自性清净品”，离毁犯时，知法自性清净空寂。第十五，“正命受用品”，远离非法邪恶之活命，可受用正命平等。第十六，“增长胜力品”，增长殊胜坚固力的方法。第十七，“恭敬作礼品”，恭敬诸佛增长福行。第十八，“念三宝品”，念三宝之相。从其内容来看，本论主要依据契经中有关菩萨行的伦理部分，在不了义层面上探讨世俗生活的伦理。

《诸经要集》（*Sūtra-samuccaya*），体裁与《学处要集论》相似，也是提纲式地点一下，然后引经。不过比《学集》更为简略，引经也比较少。[①]

后人通常根据寂天的这三部著作把他看成是中观应成派的代表人物，他曾对唯识派的思想提出批判。在《入菩提心论》“般若品”的前二十几颂，就特别批判了瑜伽行派的唯心之说。唯心说证明心的存在最主要的理由是自证，而有关自证的作用中又特别提到记忆，寂天对于自证、记忆等说都一一给予了有力的驳斥，可见他是站在中观无自性立场上的。[②]

除上述三书外，《西藏大藏经》另收有寂天所著《俱生歌》（*Sahaja-gātā*）、《圣命终智经注》（*Āryātyaya-jñāna-nāmahāyānasūtra-vṛtti*）二书。从寂天屡次示现神通降伏外道的行迹来看，他极有可能有密教方面的修行与成就。与他同出胜天门下的毗卢波即是著名的瑜伽成就者，且他修行的成就法可能受当时兴起的易行乘的影响，所以才有《俱生歌》一类的著述。不过，这两部著作是否出自此寂天之手尚不确定。近人吕澂总结寂天的学风有两点，其第一点是“由博返约”的简洁之风，即入乎经院之学，

① 这部著作的梵本不存，藏译本题龙树著，汉译本题《大乘宝要义论》，宋法护译。

② 吕澂：《印度佛学源流略讲》第六讲第三节。

学养深厚，尽萃其精，而又能不流于烦琐，以清新简洁的文字阐发深奥的义理；第二点是学行相应，注重学理与智慧的开发，也强调实际的宗教修持与体验。

寂天的这种解行相应的学风在当时及以后都颇受重视。布顿的《佛教史大宝藏论》中提到，关于《入行论》的释论，在印度有百余种之多，在西藏译成藏文的释论只有八种。在藏译中，《入菩提行论》通常被称为《入菩萨行论》（*Bodhisattvacaryāvatāra*）。《佛教史大宝藏论》所附的《关于菩萨行的论著目录》中，列有《入菩萨行论》以及智作慧（Prajñākaramati）的《入菩萨行详解》、格尾拉（Govīra）的《入菩萨行释》和纳波色的《入菩萨行难义释》等多种注释本的藏译本。[①] 这些记载说明《入菩提行论》当时在印度很流行，传入西藏地区后也备受推崇。

与在藏地的情形不同，寂天的三部著作在汉地都有翻译，但因为译笔拙劣，并没有产生什么影响。20 世纪以来，受藏传佛教影响，寂天的《入菩提心论》在汉地流传渐广，先后有隆莲法师、如石法师据藏文翻译的汉译本。近年来，黄宝生先生又据梵文原本翻出现代汉语译本，成《梵汉对勘入菩提心论》，甚便于读者使用。

二　东方自立量派三大家与瑜伽行中观派

公元 8 世纪，中观派论师中的智藏、寂护、莲花戒先后师师相授，传承、弘扬清辩之中观学说，故被称为东方自立量派三大家，寂护、莲花戒又因融会中观、瑜伽行两派的学说，故又被称瑜伽行中观派的代表人物。

智藏（Jñānagarbha，700/705—760/764）是后期中观谛说的代表人物，又受法称认识论的影响，成为后期中观思想家寂护等人的先驱。对继承自立论证派之祖清辩的二法系，西藏学者的看法颇不一致，札巴贤赞（Grags pa rgyal mtshan）以之为世间极成行中观派，布顿（Bu ston）以为是瑜伽行中观派，格鲁派（dGe lugs pa）则以为是经量中观派。智藏的主要著作有《二谛分别论》（*Satyadvayavibhaṅga*），后来寂护作《二谛分别论细疏》注释此书。原本已不存，只有题名寂护注释的藏译本。论有颂有释，从中可以了解到智藏的学说。另外，智藏还著有《瑜伽修习道》（*Yogabhāvanāmārga*）、《圣无边门成就陀罗尼释偈》（*Aryānanta-*

① 布顿：《佛教史大宝藏论》，郭和卿译，民族出版社 1986 年版，第 152、260、261 页。

mukha-nirā-hāradhāraṇā-vyākhyānakā-rikā）等。

寂护（Śāntarakṣita，725—784/788/790），在藏传佛教中，寂护又被尊称为阿遮利耶菩提萨埵（ācārya-bodhisattva），是印度后期中观派的代表性论师。寂护原为东印度查贺（Zāhor）王室的贵族，后依智藏出家，学德兼备，曾任那烂陀寺的主讲（住持）。763 年，应西藏国王赤松德赞的邀请，寂护经由尼泊尔入藏，然因逢藏地政治纷争，四个月之后即返回尼泊尔，于当地停留四年。其间，寂护向藏王推荐深谙法术的莲花生入藏弘法。775 年，寂护再度入藏，仿印度飞行寺兴建桑耶寺，使之成为西藏佛教史上第一座剃度僧人出家的寺院。最后，寂护又将自己的学生莲花戒（Kāmalaśīla）召至西藏。经由他们的努力，印度的中观佛学思想终于在西藏奠定了坚实的基础。

寂护的学说，既承继清辩之自立论证派系统，同时也深受法称的认识论及论理学的影响，故将唯识派理论导入中观教义之中，而形成瑜伽行中观派思想。其主要著作有《中观庄严论》（*Madhyamakālaṃkāra*）及自注、《摄真实论》（*Tattvasaṃgraha*）、《二十律仪注》（*Saṃvara-vimśaka-vṛtti*）、《世尊赞吉祥执金刚歌广释》（*Śrī-vajradhara-saṃgīti-bhagavata-stotraṭikā*）、《八如来赞》（*Aṣṭa-tathāgata-stotra*）、《二谛分别难语释》（*Satya-dvaya-vibhaṅga-pañjikā*）等多种。

寂护的《中观庄严论》有一百颂，或说有九十七颂。首颂强调一切法无自性，犹如影像。第二至六十二颂，依据第一颂的理念，通过对诸学派的批判而明示正理。其批判的对象，除胜论学派、有部的极微说之外，重心仍在驳斥唯识论者的有相说与无相说。通过对这些学说的批判，显示一切存在皆无单一性。第六十三颂以下，论述一切法无自性的论理学方法如何得以存立，以及世俗谛与胜义谛之关系，以揭示瑜伽行中观派的学说。

寂护在《中观庄严论》中清晰地突出其哲学主张，他继承以清辩为首的自立论证派的中观学说，同时运用月称的因明学及认识论体系下的因明学方法，在偏重中观思想的基础上，努力综合中观与唯识思想，把瑜伽行派学说采入中观，由此提出了中观无自性的看法。当时各家学说对所谓自性的执着，不外乎是一或多，他认为应离一离多，方成无自性，主张应从唯心无境的观点出发，才能真正理解到法无我，并且认为这是瑜伽、中观两家都应该掌握的，因而两家可以合二为一。

需要注意的是寂护的吸收唯心说，只限制在观行①方面。瑜伽行派的唯心说也是从观行开始，后来才扩大到去解释宇宙一切现象的缘起，才把宇宙现象解释为心里显现的影像。他们首先说唯心无境，肯定了心，否定了境；后来再进一层，心亦不可得，把心也否定了。所以从瑜伽方面来看，在观行中，唯心说乃是达到说明心亦不可得的桥梁。清辩反对瑜伽行派的这种说法，认为与其这样转弯抹角地说，不如干脆说二者皆无。但寂护吸收了这种观点，即认为在世俗谛，是唯心无境，在胜义谛，心境俱无。

除本论外，寂护又作《中观庄严论注》六百颂。后来其弟子莲花戒又在其注释上作更详细的复注。这两种注释都保存于藏文大藏经中。

《摄真实论》（*Tattvasaṃgraha*），或名《真性要集》，计有 26 品，3646 颂，作于寂护入藏前，即公元 770 年之前。该书评破外道诸派思想，以及佛教内部不属于瑜伽行中观派的学说，同时阐述本宗观点。文中所评破或介绍的论师为数颇多，包括顺世、正理、弥曼差、数论、耆那及裸形耆那六派的哲学家，还有修辞家巴摩诃（Bhāmaha），印度教的巴那（Bāṇa），以及佛教学者世友、法救、瞿沙、众贤、世亲、陈那、法称等人。该书对寂护自身的中观哲学并没有特别强调，而是更注重对印度哲学思辨的整体概括，如书中对二十六种“真性”（tattva）如至高实体、第一因、范畴等的批判。准确地说，它更像一部印度哲学的百科全书。

《摄真实论》在语义、现量、比量、破外境等各品中，多祖述承袭法称的观点，因而此书也是了解法称逻辑学与认识论的入门书。另外，寂护曾注释法称七书中的最后一部《论议正理论》（*Vādanyāya*，或译作《摄真实颂》），对法称的学说也有所发展。

《摄真实论》梵文原典系布赫勒（G. Buhler）于 1873 年在耆那教寺院所发现，其后与弟子莲花戒的注疏合刊为一书。

寂护的学说混合中观、瑜伽学两派，征引广博，具有较高的参考价值。经过其后学弟子如莲花戒等人在印、藏等地的弘传，寂护成为印度佛教史上很有影响力的人物。②

莲花戒（Kamalasīla，740—795）初为那烂陀寺学僧，寂护的传法弟

① 观行或称观照，指怎样去看待诸法实相。

② 吕澂：《印度佛学源流略讲》，上海人民出版社 1979 年版，第六讲第三节。

子。寂护卒后，莲花戒应赞普赤松德赞之请入吐蕃，参与汉印僧人顿渐之争。汉僧大乘和尚立顿悟说，莲花戒主渐悟说，认为修行必须经过不同的阶段，通过个人的长期精勤努力，修习六度，才能达到正智或无分别智的境界。此次争论的内容在敦煌出土的汉文卷子《顿悟大乘正理决要》和西藏的《五部遗教》中都有详细的记载。莲花戒在争论中取胜后，备受赞普和吐蕃佛教界的推崇，但遭到苯教的嫉妒，传说他后来被苯教徒杀害。

在佛学思想方面，莲华戒追随寂护的中观瑜伽行见，从中观派缘起性空的立场出发，融合瑜伽行派的思想，在世界观上主张无相唯识，在方法上受到清辩、法称的强烈影响，对佛教说一切有部、经量部及前期中观派和瑜伽行派进行了批评；并对婆罗门教弥曼差派的学说、顺世论的断灭论和时论等进行了批判。他的佛学思想对藏传佛教显宗的发展有相当大的影响。①

藏文大藏经中保存的莲花戒的著作颇多，《布顿目录》中收录其三种般若类经典的注疏，分别是《七百般若释》（*Arya-sapta-ś atika-prajñā-pāramitā-ṭīkā*）六卷；《能断金刚般若释》（*Ārya-vajra-chedikā-prajñā-pāramitā-ṛīkā*，即《金刚经释》）五卷；《般若心经释》（*Prajñā-pāramitā-hṛdaya-nāma-ṭīkā*）。

莲花戒的中观学思想主要是通过疏释寂护的论著体现出来，他的《中观庄严颂详释解》（*Madhyamaka-alaṃkāra-pañjikā*）五卷、《中观光明论》（*Madhyamaka-ālokanāma*）两千七百颂约合九卷，均为疏释寂护的《中观庄严论》而作，其《摄真实论难语释》（*Tattvasaṃgraha-pañjikā*）是寂护《摄真实论》的重要注疏，流传颇广。另外，他的《成一切法无自性论》（*Sarva-dharma-abhāva-siddhi*）一卷半、《显真实性品类论》（*Tat-tava-āloka-prakaraṇa*）二卷，也是对中观学说中的“法无自性”、“真实”等重要命题的探讨与阐发。

莲花戒的《修习次第》（*Bhāvanā-krama*）是阐述其佛教修行论的根本著作，内中宣说的思想体系与修习法门，于公元8世纪末叶中印佛教修行论在藏地交锋时明显处于优势，从而奠定了瑜伽中观派在藏地广泛传承的根基。《修习次第》分上、中、下三篇，皆收录于德格版《西藏文大藏

---

①　黄心川：《中国大百科全书》“莲花戒”条。

经》，下篇有宋施护汉译本，题为《广释菩提心论》。这部著作广泛引征契经，综述中观波罗蜜多的渐修训练课程，同时批判唯识宗和顿悟派。书中指出，习禅需将“止”（śamatha，奢摩他）与“观”（vipasyanā 或 vidarsana）两者结合起来，如《修习次第》中篇所谓“于彼，若瑜伽行者，凡先一时速得安乐，入于止、观，当愈益依止止、观之资粮”[①]。布顿目录还收录了莲花戒的《入瑜伽修习颂》（*Bhāvanā-yoga-avatāra*，三十颂），应该也是关于修行论的著作。

莲花戒能在与汉地大乘和尚的辩论中获胜的技术原因乃在于他承续了清辩以来印度中观自立量派的传统，擅长因明论辩之术。他的《正理一滴前宗略论》（*Nyāya-bindu-pūrvapakṣa-saṃkṣīpti*）一百颂、《量真实性略颂释》（又名《一万八千颂量释》）足以显示出他在因明学方面的成就。

另外，藏文大藏经中还收录了莲花戒的《稻秆经注疏》（*Ārya-śāli-stambaka-ṭīka*）一卷半、《入无分别陀罗尼释》（*Ārya-avikalpa-praveśa-dhāraṇī-ṭīka*）二卷、《与妥萨谟·昌比央说八苦分别开示录》（*Aṣṭa-duḥkha-viśeṣa-nideśa*）、《沙门五十颂释八义论》（*Śramaṇa-pañcāśataka-kārikā-pada-abhismaraṇa*）等，由此可以看出莲花戒严守渐教的笃实学风与修习特点。

除上述寂护师徒的传承与授受外，这一时期印度还有一位室利笈多，在思想上与寂护颇为近似，或与之有思想渊源。室利笈多（Śrīgupta），主要活动于公元 7 世纪后期，多罗那他《印度佛教史》称他是东方大阿阇梨中观师，又说他与法称同时，受毗摩罗旃陀罗王的供养。据《布顿佛教史》记载，他是瑜伽行中观派（Yogāċāramadhyamika）的思想家之一。著有《入真实论注》（*Tattvāvatāravṛtti*）。此书是一部以“离一多性”为证因，而证明一切法无自性的著作。有些学者认为此书和寂护的《中观庄严论》在思想上非常近似，因为书中引用了不少法称《量评释》的文句。在藏传佛教传统中，一般以为室利笈多是寂护之前的学者，尤其在《了义解明》与多罗那他《印度佛教史》中，更说室利笈多是寂护的老师。如果上情属实，那么首创以“离一多性”证明一切法无自性者应是室利笈多，而非寂护。不过也有人持相反意见，说室到笈多是寂护之后的思想家。

---

① 周拉：《莲花戒名著〈修习次第论〉研究》，宗教文化出版社 2010 年版。

三 师子贤对《现观庄严论》的弘传

师子贤是公元八九世纪间印度佛教界的一位重要人物，他是大乘般若经学与中观学派的集大成人物，正是从他开始，印度后期及西藏佛教传承的弥勒《现观庄严论》才被世人了解。

师子贤（Haribhadra）生卒年不详[①]，主要活动于公元8世纪末至公元9世纪上半叶，印度大乘佛教瑜伽中观派学者。师子贤出身于刹帝力族，出家为佛教僧徒后，广习各家宗义，布敦《佛教史大宝庄严论》与多罗那他《印度佛教史》记载，他曾从寂护听受中观论等及其教授（阿婆陀那），从亲教师遍照贤（Vairocanabhadra）听受《般若经》、《现观庄严论》及其优婆提舍。后来，师子贤在东方法萨波尼（Khasarpaṇi）森林中修持无能胜佛（Jina-Ajita，弥勒），于梦中见到弥勒圣容，从其启请解说般若义的论典宗义纷纭应从何说的疑惑，获得弥勒答复说，应综合合理部分。不久，师子贤被达摩波罗王所迎请至都城，住在苏摩普里（Somapuri，三辛寺），以弘扬般若经学为要务，从他听法的人达到数千人。

在讲授般若经学的过程中，师子贤先后完成了四种关于般若学的著作，即《二万五千颂》释、《八千颂》释、《般若摄颂》释，以及未结合经的《现观明义释》。这四部著作都是结合弥勒《现观庄严论》学说体系而造的，被后人视为四部《现观》注释，也就是说师子贤的著作与学说都是以《现观庄严论》为中心而展开的。

其中，《二万五千颂释》（*Pañcaviṃśati-sāhasrikā-prajñāpāramitā*）或称《八品释》，据说属于师子贤早期的作品，是根据圣解脱军的二万五千颂注释，逐段罗列《二万五千颂般若经》，略加调整和增删，以“如是（iti）……”标明每一段相应于《现观》的内容，没有多少自己的发挥，在性质上类似佛经的“会集本”。目前流行的梵文本《二万五千颂般若经》即从师子贤《八品书》中节出。

《八千颂般若波罗蜜多释·现观庄严光明》（*Aṣṭa-sāhasrikā-prajñāpāramitā-vyākhya-abhisamaya-alaṅkārāloka*），是《八千颂般若》的第一部注释，被称为《大疏》，因为它不仅解释《八千颂》中的难词，而且将《八千颂》与《现观》配合解释其义理，是后人学习《现观庄严论》的基本典

① 日本学者真野龙海《现观庄严论之研究》，推算他的生卒年在730—795年。

籍。在这部著作的开头，师子贤即指出：“《现观庄严论偈》是为了疏导流转中的困惫的有情，弥勒为明了般若波罗蜜理趣所造之著，无著为其作谛抉择之释论，世亲造本疏，圣解脱军造疏，大德解脱军造大疏，经此传统，师子贤本人新造注解。”除此之外，师子贤还对无著等人的注释提出批评：“无著、世亲虽作《现观庄严论颂》之注释，然未对般若经的正文及现观道的相应进行注释，且所作的又是与瑜伽唯识的教理一致的注释，故其犯过失多。进一步说，虽圣解脱军和大德解脱军等二先觉亦注解《现观庄严》，但并没有满意明了地提出问题，故自新造注释，且是从中观派立场进行的。”①

《般若波罗蜜多教授现观庄严论释》（*Abhisamayālaṅkāra-nāma-prajñāpāramita-upadeśa-śāstra-vṛtti*）又称《明义释》（*Sphuṭārthā*），或以为这部注释的观点与其《八品释》有较大差别，能代表师子贤后期的理论学说。

《薄伽梵功德宝集偈难处释》（*Bhagavadratnaguṇasañcayagāthā-nāma-pañjikā*），《薄伽梵功德宝集偈》藏传佛教俗称《般若摄颂》，相当于汉译宋代法贤译《佛说佛母宝德藏般若波罗蜜经》。

现存《现观庄严论》虽题为弥勒所著，师子贤本人也提及无著、世亲、解脱军与大德解脱军的疏释，但近世学人对其作者与产生的时代颇存疑虑。据多罗那他《印度佛教史》所载，从世亲学习般若的解脱军对经文与《现观庄严论》间的不符之处存有疑问，后来见到从南印度布咀洛迦山请来的《般若二万颂》分七品，正好与论相合，才据以作释。据此，此论似乎在公元五六世纪之交已经流行。然而唐代以前来华传译无著、世亲、陈那之学的印度译师都未提到这一部论，唐代入印求法的玄奘、义净、不空等也未提及这一部论，终唐之世来华的印度译师也未说到这一部论。尤其是与不空同时代的寂护，虽然是师子贤的老师，在其著作中也没有提及这部论书。种种迹象显示，《现观庄严论》是从师子贤开始才进入人们视野的。

《现观庄严论》（*Abhisamayalaṃkāra-śāstra*）是解释《大般若经》的，它用论议（Upadeśa，优婆提舍）的体裁，将经文逐段的大意写成提纲，

① 转引自［日］山口益《般若思想史》，肖平、杨金萍译，上海古籍出版社2006年版，第74—75页。

归纳在各种句义之内，并不拘于字句的解释。现观义为亲证，即亲切明了地认识真理。讲现观的书很多，原始佛学和部派佛学时期就有这一名称。庄严是一种文体，以颂来解释义理的，此论即以这种文体来发挥现观的意义，贯通全部《般若经》。整部论著分八品，二百七十四颂，每品又各有若干要义，总计为七十个句义（padārtha，概念、范畴）。此八品分别为：

一切相智品（七十三颂），依发心、教授、抉择支、行依持、所缘、所期、所作、资粮、成办等，证入佛果之次第，说明佛之一切相智性。

道相智品（三十一颂），阐明道智之所依、二乘菩萨及佛境界之差别、声闻缘觉之道、菩萨之见道修道等。

一切智品（十六颂），示声闻独觉之取相、佛母之远近、有所得及无所得之所对治能对治、菩萨加行、所观之见道等。

现证一切相品（六十三颂），阐述顺解脱分之善根生起、胜加行诸行相、顺决择分之过程等，示摄一切之相与道，修第三的一切智性之现证一切相品。

顶现观品（四十二颂），说四善根自性之表相、增进、确实，及心安住、能、所执之二种分别、所对治能对治、无间三摩地等，以示由胜进道殊胜边际所证之顶现观。

渐次现观品（一颂），明六波罗蜜多、六随念，及一切法无性自性觉等十三品性之次第现观。

一刹那现观品（五颂），说由一切法非异无漏之一刹那相等之四差别相，一刹那现起所证之法。

法身品（四十颂），分别法身、自性身、受用身及化身。在八品前有归敬颂一颂，最后有总结两颂。前三品说遍知一切智性即境，次四品说使一切智性得自在的加行，终品阐说由加行可达到佛果，显示出境、行、果合一的完整结构。①

关于师子贤与《现观庄严论》的因缘，布敦《佛教史大宝庄严论》的记载颇有意味，大意谓师子贤从其师遍照贤，请求传授修弥勒的成就法。他如法观修后，梦见一位身着红色僧装，威仪庄严的比丘，对他授记说：速往东方喀萨巴梨（观自在菩萨立像）那里去。师子贤醒来后，即刻前往，修了三天“观自在斋戒法”，并注意观察梦相，在即将黎明时的

① 吕澂：《印度佛学源流略讲》，上海人民出版社 1979 年版，第六讲第三节。

梦境中，梦见乌仗延那补梨寺的毗哈梨根洛山顶虚空中，现起浓厚的云层，透出菩萨的上半身像，并供有各种供物。因而问道：这是在做什么？回答说：这是为至尊弥勒讲说《八千般若》而作的供养。他经过长时间的细心观察后，只看见至尊弥勒的金色容颜，顶上有佛塔为庄严，右手作说法印。师子贤当即礼拜而作供养，并向弥勒申问：慈尊的论著，如今已有多种论释，我当以何种为指南呢？弥勒回答说：你当很好地去通晓一切论释，将合理的总摄起来，综合在一起来著作论述。师子贤得到弥勒的嘱咐，醒后作了供养，后来寻求达摩波罗王为施主，全力完成其著述。在这一段叙述中，师子贤“总摄诸家论释的方法”，居然是通过梦中授记的方式直接从弥勒那里获得。

师子贤对《现观庄严论》的结构体系，即八品之间的次第关系，有非常清晰的解释：希求佛果的菩萨应普遍知道一切法相，故初举果位的一切相智性来做目标。一切相智须遍知声闻等道才成就，所以其次说道智。道智须遍知一切事才成就，故又说一切智。为修习前三类智，须把握相、道、事的一切相现等觉。其次精进修习达于最胜的边际，得至顶现观。又次对已知道的义理或分或合，整理、巩固来修习，是为次第现观。再加以充分修习，最后证得一刹那现观，此一刹那即证得究竟的法身。①

从对其结构的熟稔来看，师子贤似乎远过于注解《现观庄严论》的前辈如无著、世亲与二位解脱军，他指出无著、世亲“未对般若经的正文及现观道的相应进行注释”，两位解脱军“没有满意明了地提出问题”，换言之，师子贤的意思是说，无著、世亲没有把《般若经》与现观道（Abhisamaya-marga）结合起来，两位解脱军更是没有提出什么问题，只有他本人才从中观派立场新造注释。如是种种信息都暗示出师子贤与《现观庄严论》不可分割的关系：没有师子贤，就没有《现观庄严论》的传承。

在其四部注疏中，师子贤以般若为基础，融通中观、瑜伽的理论，认为般若是能够得到大菩提的最胜方便，瑜伽也同样是为了得到菩提，故般若即瑜伽，瑜伽即般若。在师子贤的《现观庄严论》四部注释中，以《明义释》与《现观庄严明》两种最为重要，后代注解《现观庄严论》者大都以二者为据。在师子贤殁后，他的弟子觉智足（Buddhajñānapala）

---

① 王森：《现观庄严论》，中国佛教协会编《中国佛教》第二辑。

承其遗志，继续弘扬《现观庄严论》。

第十二节　瑜伽唯识学之异说

公元8世纪的瑜伽唯识学派，不管从其影响力，还是从其代表人物来看，都远不如公元7世纪风光，与此期的中观唯识学派相比也逊色不少。此期的瑜伽唯识学基本上继承法称的学说，侧重于其著作的注疏与阐释，于认识论颇多发明。谢尔巴茨基曾将注释法称著作的学者分为释文派、阐义派、明教派，分别代表不同的风格与学术取向。

一　释文派

此期释文派的代表人物是释迦慧与调伏天。释迦慧（Śākyabuddhi/Śākyamati）生平不详，多罗那他认为他与天主慧都是法称的弟子，但从其著作来看，释迦慧作为天主慧弟子的可能性更大一些。释迦慧所著的《释量论注疏》（*Prāmāṇavārttikaṭīkā*）包括两部分，其一是对法称《释量论》"为自比量章"自注的注疏，其二是对天主慧《释量论细疏》的注释，其注释风格也是采取逐字逐句的解释，思想立场也基本同于天主慧，均取有相唯识说的立场。

调伏天（Vinītadeva），或称律天，是公元700年左右唯识派的思想家，也是著名的因明学者，广释世亲、陈那、法称有关因明唯识的著作，被后人作为无相唯识派的代表人物之一。多罗那他《印度佛教史》说他生活在师子贤之前，因为他曾为法称的著作做过注释，后来又被法上批判，由此推定其生存年代应为公元7世纪后末至公元8世纪上半叶，成书于公元824年的西藏《登噶尔玛目录》收录其五部论理学著作。

调伏天的著作可分为三类，在律典方面有《律赞句解说论》（*Vinaya-stotra-pada-vyākhyāna*）、《律分别句解说论》（*Vinaya-vibhaṅga-pada-vyākhyāna*）。

第二类为注解世亲唯识典籍的著述，有《二十论广注》（*Prakaraṇaviṃśakaṭīkā*）。另外，他还对安慧的《唯识三十颂释论》（*Triṃśikā-vijñapti-bhāṣya*）作了注释，完成《唯识三十颂解说论》（*Triṃṣata-kārikā-vyākhyāna*）。调伏天对于有相唯识派代表人物护法的学说不尽满意，且在其著作中时有流露，因此被后人视为传承德慧—安慧派的无相唯识学代表人物。

最后一类是因明学著作，主要是对法称著作的注释，计有《成他相续论证论广注》（*San-tānāntarasiddhiṭīkā*）、《正理一滴论广注》（*Nyāyabindu-ṭīkā*）、《因一滴论广注》（*Hetubindu ṭīkā*）、《观相续论广注》（*Sam-bandhaparī-kṣāṭīkā*）、《诤正理论广注》（*Vādanyāyaṭīkā*）、《观所缘论广注》（*Ālambanaparīkṣāṭī-kā*）。其中，前五部是法称论理学著作的注释；《观所缘论广注》则是陈那著作之注释。

调伏天之注解十分简明、平实，并且是逐字逐句注释，因此，俄国学者谢尔巴斯基以为他是注解法称著作中的“释文派”。值得注意的是，调伏天与前述天主慧、释迦慧在传承法称之学上同属释文派，但在唯识学思想的有相与无相的分判上并不相同。

藏文大藏经丹珠尔内还收有失译的调伏天《异部宗轮论中异部说集》，系依据《异部宗轮论》抄辑而成，其中时或杂以个人的意见，故与原论有些差异。如他将分别说部作为从说一切有部分出的最后一个支派，指出此支派的特有主张包括：其一，有胜义（paramārtha）补特伽罗（pudgala）。这是犊子部特有的根本见解。其二，非异熟果以外之过去（atīta）是没有的；果（phala）以外之未来是没有的。这是饮光部特有之根本见解。其三，不同类（不相应之类）之现在是没有的。此点意义不明。其四，法不能成为无间因（samanantarahetu）。其五，色（rūpa）之同类因（sabhāgahetu）亦无。调伏天的这些说法颇具调和色彩，因为其中兼有犊子部及化地部的基本主张，还有一项与譬喻者（Darstāntika）的主张相同，因此颇受后人的质疑。不过，他清楚地区别分别说部及说假部（Prajñāptivādin），将前者置于说一切有部，将后者置于大众部集团内。[①]

二 阐义派

善护与法上师徒是明义派的代表人物。善护（Śubhagupta，720—780）生平不详。他有五篇因明学方面的著述，包括《成一切智颂》（*Sarvajñāsiddhikārikā*）二百五十偈、《成外境颂》（*Bāhyārthasi-ddhikārikā*）一卷、《观闻颂》（*Śrutiparīkṣākārikā*）、《观破他颂》（*Anyāpo-havicārakārikā*），

① 安德莱·巴瑞欧（Andre Bareau）：《分别说部之思想》，郭忠生译，转引自《中华佛教百科全书》“分别说部”条。

《大自在坏灭颂》（*Īśvarabhaṅgakārikā*）。其中一篇是建立外境的实在性（反唯识），另有两篇是批判弥曼差和正理派神学的文章。

法上（Dharmottara，约750—810）是公元8世纪后半期至公元9世纪初瑜伽唯识派的代表人物，以注释法称学说而著名，被后人视为传承、注释法称后学阐义派的代表人物。据克什米尔《王统记》（*Rājatarangini*）所载，公元800年左右，法上应阇夜毗陀（Jayāpīda）王邀请抵达克什米尔，并活跃于当地。据《布顿佛教史》记载，法上主要师承善护及法源施之学，对法称著作的微言大义予以阐发，其重要者有如下两种。

《量决择注疏》（*Pramāṇaviniścaya-ṭīkā*），或称《大疏》。此书在克什米尔颇有影响，当地著名诗学理论家、著有《韵光》一书的欢增，曾为之作疏释（Vivṛtti），惜其书至今未见存本。另外克什米尔的婆罗门智吉祥（Jñānasrī）亦曾为该书作疏释，其藏译本保存在藏文大藏经丹珠尔中。

《正理一滴论注疏》（*Nyāyabindu-ṭīkā*），或称小疏。在此书中，法上对追寻天主慧、释迦慧的调伏天（律天）予以批驳，反对他们拘泥于法称著作中的字句，而昧于其义理。其言辞犀利，富有自己的独立见解。该书已有梵文本刊行，在近代印度学史上，被视为研究法称论理学的入门书。

另外，法上还著有《量考察论》（*Pramāṇa-parīkśā*）、《离论》（*Apoha-nāma-prakaraṇa*）、《他世间论证论》（*Paraloka-siddhi*）、《刹那灭论证论》（*Kṣaṇabhaṅgasiddhi*）等书。法上在其著作中对若干重要因明理论问题做出深入的阐释与批判，后人因其能阐述法称深义，称其为阐义派的代表人物。其后学有阿难陀、声主会（Vācaspati-misra）①、释迦吉祥贤。后人对法上思想立场的判定颇多争议，如有人认为法上是以法称《释量论》的立场为主，即属于有相唯识论，在当时及后来的藏传佛教中都有较大的影响。

三　明教派

智作护（Prajñākaragupta，约700—750），或作慧生护，是明教派的代表人物，生于孟加拉国，属于经量部有相唯识论者。他在陈那、法称的

---

① ［俄］舍尔巴茨基（Th. Stcherbatsky）：《法称的逻辑著述及其流派》，景行译，《现代佛教学术丛刊》42卷。

论理学著作中领悟出佛陀的本质，进而解明佛之法身、自性身、智身的意义。他撰有《量评释论庄严疏》，系法称《量评释论》的注释书。除了“为自比量品”外，智作护对其余各品皆作了阐发，对成量品与现量品的解释尤为详细，且多发挥自己的见解。他认为法称的这部著作不仅是一部因明著作，而且也是一部佛教哲学的著作。后来又有日护（Ravigupta）、夜摩梨（Yamari）二人先后为智作护的《量评释论庄严疏》作进一步的疏释，均谓得智作护本意，后人将他们称为庄严派或明教派。

第三章　怛特罗佛教——无上瑜伽密法的兴起与繁荣

公元9世纪40年代以前印度佛教的发展情形，可以从中国求法僧与印度译经僧的传述与所译经典推知，这是因为公元7世纪以来，包括汉地与藏地在内的中国佛教与印度佛教之间的交流开展得如火如荼，印度僧人来中国弘法传道、传经献宝、归化附随者代有其人，中国的求法僧到印度求法巡礼者更是络绎不绝，为数众多，中国佛教也由此成为与印度佛教相颉颃的中心，印度佛教的基本风貌与不同时期的发展态势总能从中国佛教的佛典与各种载籍中推知。不过，公元9世纪40年代发生在藏地与汉地的两次法难，使得中国佛教的兴盛局面急转直下，我们无法再依据中国佛教烛照印度佛教的情形与动态。这两次法难就是发生在藏地的朗达玛王毁佛与发生在汉地的会昌法难。

朗达玛王（Glaṅ dar-ma）是藏王赤德松赞（俗称为赛那累）的第四子，继其弟赤祖德赞（816—838年在位）之后，于838—842年居藏地赞普之位。赤祖德赞在位期间大力保护佛教，招致苯教徒的反感，将其杀害。赤祖德赞死后，藏地贵族大臣拥立朗达玛为赞普，朗达玛即位后以苯教徒自居，利用多种手段，严厉打击佛教。比如其他下令停建、封闭佛教寺院，在赤祖德赞时期开工修建的寺院一律下令停工；封闭桑耶寺、大昭寺等著名寺院，小昭寺废为牛圈，其他佛教活动的场所也一概封锁。其二是破坏寺庙设施，涂毁寺院内的壁画，在上面构画僧人饮酒作乐图，将佛像钉上钉子，丢弃河中。其三是焚毁佛教经卷，使僧人夹带经籍远逃，或将其埋藏于岩洞中。还有一点是镇压佛教僧人，僧人或被迫逃亡，或被杀害，幸存者须改信苯教或还俗。这些措施彻底摧毁了佛教在西藏的势力与影响。842年，朗达玛在大昭寺前遭佛教僧人暗杀，藏地王室分裂，交相混战，各地将领更拥兵自重。其后，赞普的继承问题也悬而未决，使西藏佛教在其后的70—100年间，成为藏传佛教史上的黑暗时代。这种情形直到10世纪后半叶才得以改变。

会昌法难指的是汉地唐王朝武宗会昌年间（841—846）的排佛运动。唐武宗即位后，崇信道术，诏令赵归真等八十一位道士入宫，亲受法箓。赵归真等人恃宠而骄，每有进言，必诋毁佛教，相互结纳以厚其势，宰相李德裕亦顺势襄助。会昌五年（845），唐武宗应道士之请，下敕废佛。除长安、洛阳各四寺，地方诸州各一寺外，悉皆毁坏之。僧徒则上寺二十人、中寺十人、下寺五人，其余僧众悉令归俗。毁弃寺庙的建材，用于兴建校舍与驿站。寺庙中的金银财物由各地财政部门收缴，寺庙内的铁像用于制造农具，铜像、铜器用来铸钱。遣返由印度与西域来华的传法僧人，以及朝鲜、日本的求法巡礼僧人。此次毁佛，大约有五十余万僧众被勒令还俗，废毁了六万余区佛教殿堂庙舍。汉地的佛教因此遭受巨大打击，除禅宗之外的各种佛教宗派也由此一蹶不振，与印度佛教的交通更是因之被阻断。因此，公元9世纪中期以后的印度佛教，只能借10世纪后期在藏地重新兴起的后宏期佛教所传承弘扬的经典与教法来推溯其支派源流。

在公元843年即唐武宗会昌灭佛之前，汉地所译密教经典鲜有怛特罗类经典，偶或有之也是极例外，只在日本入唐求法僧的求法录中提及一二。就藏地情形而言，公元8世纪中后期弘扬佛教的赤松德赞（742—797）去世时，西藏的佛教已初具规模，其经典“密教方面除无上瑜伽部，显教方面除《阿含经》类及一部分《中观》、《因明论》外，其余的显密经论，大体上都具备了”①，据说唯一的例外是，印度论师无垢友曾传译过无上瑜伽部经论，但并未收入当时的经录。这种情形也说明怛特罗类经典在印度本土还没有大批量地出现。从热巴巾王（815—838年在位）时编成的《丹噶目录》来看，藏译显教经论基本译全，密教方面缺少瑜伽部和无上瑜伽部经典。有学者根据佛教史籍记载，说吐蕃时期已经翻译了一部分瑜伽部及无上瑜伽部经怛特罗，由于受赤热巴巾的禁令，未能收进《丹噶目录》中。由此可以看出，在公元9世纪初期，无上瑜伽部密典，也就是后来所谓的怛特罗经典尚处于初始阶段，其教法尚未大规模地传播。这类经典大规模地出现，并且得到广泛传播，应该是公元9世纪40年代以

① 法尊：《前弘期佛教》，中国佛教协会编《中国佛教》。

后，即汉地的会昌灭佛、藏地的朗达玛灭法之后。

由于受到全面兴起的印度教与步步进逼的伊斯兰教的打压，印度佛教的社会生存空间越来越小，主要限于东印度、北印度与西北印度的特定区域。为了应对这种社会空间的逼仄，佛教徒一方面加大了与某些印度教派的融合，另一方面不断借助瑜伽、禅定与冥想构造广阔的精神世界，由此使得其内省的法门与空间越来越丰富，反映在经典与修行法门中，其仪轨越来越繁复，通过瑜伽禅观反映的现实世界也越来越丰富。公元九、十世纪之交全面兴起的怛特罗密法即是在这种背景下产生的。

第一节　怛特罗经典的成立及其密法体系

与佛教成住坏灭的四劫说相通，印度教同样把往复循环不断的历史分为四个时代，即圆满期（Kritnyuga/Satyayuga）、三分期（Tretayuga）、二分期（Dvaparayuga）、争斗期（Kaliyuga）。相对于这四个大的历史时期，印度古代的经典亦可以依据传承、性质与功能分为四类，且可以与上述四个时代相对应：

（1）天启经典（Śruti），属于圆满期。天启类经典包括《四吠陀本诵》（*Caturvedasamhitas*）及其所属之《梵书》（*Brāhmana*）、《森林书》（*Aranyaka*）、《奥义书》（*Upanisad*）等。

（2）圣传经典（Smṛti），属于三分期。圣传类经典包括各种副吠陀（upa-vedas）、吠陀支（Vedāṅgas），以及《家庭经》（*Grihasūtra*）、《法经》（*Dharmasūtra*）等。

（3）往世书经典（Purāṇa）与经疏类经典（Sūtra）属于二分期。往世书（Purāṇa）包括大、小各十八种的往世书经典。除此之外，还应包括六派哲学与佛教、耆那教等各种经疏类文献。

（4）怛特罗经典（Tantra）。属于争斗期的怛特罗（Tantra）经典，指中世纪印度教、佛教等宗教派别的密教经典。这是从印度教立场对印度教经典之更替所做的分判。①

由此可以看出，从印度教立场上来看，怛特罗是继往世书之后形成的经典类型，这同佛教经典的发展、演变情形基本一致。从印度古代文献对

① 参《中华佛及百科全书》“怛特罗教”条。

“怛特罗”一词的应用与解释，大致可以看出这类经典形成的年代。

一 怛特罗释义

怛特罗，是梵语 tantra 一词的音译，有经丝、织物、织机、网、体系、组织等含义，作为晚期印度佛教出现的密教经典类型，人们通常沿用藏传佛教的传统，将其译为“续”，进而将怛特罗类经典称为密续或续部经典。不过，就怛特罗的应用情形而言，它隐含了多个方面的意义，对它的解释也是众说纷纭。

印度古代最著名的寓言故事集《五卷书》，梵语作 Pañca-tantra，其中的 tantra 有寓言之义。《五卷书》在公元 6 世纪即结集流传，同一时期的佛教瑜伽行派所说的“依他起性”，梵语作 para-tantra，其中的 tantra，即有“依属”之义。

值得注意的是，梁僧佑《出三藏记集》卷二注录东晋安帝年间（382—419）由高昌郡沙门释法众译出过一部《方等檀特陀罗尼经》（或云《大方等陀罗尼》）四卷。《贞元新定释教录》卷六亦注录《大方等陀罗尼经》为四卷，并附注云：“或无大字，一名《方等檀特陀罗尼经》，或直云《檀特陀罗尼经》，见竺道祖《晋世杂录》及《僧佑录》。”① 此檀特陀罗尼，在智顗《摩诃止观》卷二讲止观时亦曾应用：“意止观者，经令思惟，思惟摩诃袒持陀罗尼，翻为大秘要，遮恶持善，秘要只是实相，中道正空。”② 此中的摩诃袒持陀罗尼，即 Mahātantradhāraṇi，亦可证 tantra 在当时即有甚深、秘要之义，用以指大乘佛教的中道实相义，或空义。

公元 6 世纪，弥曼差派的沙巴罗斯瓦明（Śabarasvāmin）在注释《弥曼差经》（*Mīmaṃsāsūtra*）的《沙巴罗疏》（*Śabarabhāsya*）中指出：“所作之事能予众人利益者，称为怛特罗。”公元 7 世纪印度声明学著作《迦湿迦注》（*Kāśikāvṛtti*）认为，tantra 一词是由扩展义的动词词根√tan 衍生出来的。后来，tantra 又被认为是出自含有创造或知识意义的√tatri 或√tantri派生出的，具有知识因之而广阔的意思。现代印度哲学家达斯笈多（Das Gupta）即取此义，认为 tantra 是由√tan（弘布、宣传义），加上 trāṇa（救护义）的语根 tra，所组成的合成词，义为宣传救护者。

---

① 《大正藏》第 55 册，第 816 页中。

② 《大正藏》第 46 册，第 13 页中。

湿婆派的经典《迦弥迦阿笈摩》（*Kāmika-āgama*）在承继前代各种解释的基础上，总结出 tantra 是宣扬、救护与真实（tattva）、真言（mantra）有关的广大智，并表述其目的。

再后来的怛特罗佛教中的《秘密集会仪轨》第十八品谓怛特罗有相续义，其相续有三种，即依持、自性与不夺。自性者无作之因，与不夺同为果，依持者为方便。也就是说 tantra 是由具持续义的√tan，加上使其成为名词的后接语 tra 所构成，意为持续者，或相续、连续。

基于上述诸说，世友（Visvamitra）给出了四种 tantra 的定义：

（1）以连续不断的文字来叙述本有菩提心的真相。

（2）显示如纲目那样有相互关联的种种方便相。

（3）纠正经文的杂乱，使上下有关联，并阐明其意义。

（4）如同缝合布料，制成衣服，将种种相关的部分辑合，而成就佛果。

如上所述，对于 tantra 的解释，印度教与佛教的解释有所不同，但两者皆认为向一般大众广泛宣扬本教真理且师资相承的教派就是 tantra。

从对怛特罗的多样性理解，即可以想见这类经典为不同的印度宗教派别广泛应用的情形。不过，怛特罗何时被广泛应用于指称印度秘密佛教的经典，或佛教怛特罗经典何时成为独立的类别，仍是颇有争议的问题。

就汉译佛教经典而言，虽然智顗已将怛特罗译为秘要，但用它作为经典名或经典类别却鲜有其例，仅不空译《蕤呬耶经》卷下列第十品为“瞿醯坛怛啰经分别护摩品”，可知其经名为 *Guhyatantraśūtra*。在入唐求法僧所著求法目录中，此经或作《玉呬怛跢罗经》[①]，tantra 音译坛怛啰或怛跢罗。除此经之外，笔者尚未在汉译密教经典中找到类似情形。由此可见，在不空（705—744）时代，甚或更早以前，怛特罗虽然已经出现于佛典题名中，但汉译佛典此类用例甚少的事实，足以说明怛特罗尚未成为一种特定的密教经典类型。不过，在不空所译密教经典中，有几种称为“大教王经”的经典值得关注：

（1）《金刚顶一切如来真实摄大乘现证大教王经》三卷，系《金刚顶经》初会“一切如来真实摄教王”的第一品“金刚界大曼荼罗广大仪轨品”的节译。

（2）《金刚顶一切如来真实摄大乘现证大教王经》二卷四品。

---

① 安然：《诸阿阇梨真言密教部类总录》“三灌顶部第一”。

(3)《文殊师利菩萨根本大教王经金翅鸟王品》一卷。

这类经典题名中的“大教王”很可能是 Mahātantrarāja 或 Mahārājatantra 的意译，此中所谓“教”者，即指怛特罗经典，它具有教法、教习、教轨诸义，是可付诸行事、付诸实践的佛教经典。不过，此处所谓的“大教王”也有可能是 Mahākalparāja，如宋代施护所译《一切如来真实摄大乘现证三昧大教王经》(*Sarvatathāgata-mahāyānābhisamayān-mahā-kalpa-rājād*) 中的大教王即是如此。究其实如何，还需要有更多梵本文献依据。

除上述经题之外，不空所译其他经典中，也多次提及这种可付诸实践的“大教王法”：

(1) 不空译《菩提场所说一字顶轮王经》：“我为略说真言明王佛顶转轮王功德。……于无量劫不能说此大教王无量百俱胝劫不能尽其功德边际，我今少分而说。”

(2) 不空译《一字奇特佛顶经》(*Ekākṣara-uṣṇīṣacakra-varti-tantra*) 卷上：“善男子，此转轮王佛顶一切真言王中为上上，如是先事仪轨，即成成就仪。先当说画像仪，由才见此像，修一切真言于一切教，成就堪任。……由才见此，十八大教王安乐易得成就。”

(3) 不空译《金刚顶经一字顶轮王瑜伽一切时处念诵成佛仪轨》：“我依金刚顶，瑜伽大教王，为修瑜伽者，纂集此微妙，成佛理趣门。”

(4) 不空译《成就妙法莲华经王瑜伽观智仪轨》(*Saddharmapuṇdarīka-sūtra-rāja-yoga-abhisamaya-jñāna-kalpa*)：“归命释迦牟尼佛，宣说方广大乘典。为诸菩萨而开示，甚深最胜真实教。我今依于大教王，遍照如来成道法。若能依此胜义修，现世得成无上觉。”

(5) 不空译《大宝广博楼阁善住秘密陀罗尼经》(*Mahā-maṇi-vipula-vimāna-viśva-supra-tiṣṭhita-guhya-parama-rahasya-kalpa-rāja-dhāraṇī*) 卷上：“尔时，世尊闻大众虔诚请已，即为广说此陀罗尼大教王法。”

(6) 不空译《菩提场庄严陀罗尼经》(*Bodhi-maṇḍāla-laṃkāra-dhāraṇī-sūtra*)：“大婆罗门，有菩提场庄严陀罗尼大教王，由此陀罗尼，种植一切善根，能满一切意愿。”

从不空所译密教经典所涉大教王事可以看出，不空时代怛特罗类经典已经显示出风起云涌的状态，以金刚顶瑜伽密法为核心，发展出各种大教王法或大怛特罗王教法。不过，从不空对大怛特罗王教法采取意译而非音译的翻译方式，可以看出怛特罗类经典尚未形成一个独特的类别，怛特罗所蕴含的意义也相对确定，指可付诸实践的教法，与公元9世纪以后怛特罗经典独立后所融摄的丰富义旨还有显著的差别。

在藏传佛教传统中，怛特罗经典通常被称为续（gyu）或密续，他们认为怛特罗有恒常不变、相续不断之义，怛特罗经典所宣说的方便智慧法门，圆融常住，无覆无障，相续不绝，故称之密续。

二　密教经典的分判与四部怛特罗

公元8世纪以后密教经典与密教行法、修法全面繁荣，体系众多，相互之间盘根错节，为人们修习与理解密教法门带来甚多不便。后来的修习者往往根据其思想渊源、传承派别与修习方法，将密教经典分作不同的部类，比较有影响的就有二、三、四、五、六、七部说，其中又以四部分类法最为流行。

公元8世纪末期的佛密论师持二部说，他把一切密典归纳为事部和瑜伽部，《三三昧耶庄严经》、《大日经》等属于事部，《真实摄略经》（《金刚顶经》）等属于瑜伽部。[①] 在主张二分说的同时，佛密在其《大日经要义释》又提出三部分类说，即将密教经典分为作部、行部与瑜伽部，这一主张得到后来的游戏金刚与庆喜藏的认同。五部说见于11世纪宝积静的《三乘建立》（或称《三乘差别论》），认为怛特罗经典可以分为作、行、瑜伽、大瑜伽、无上瑜伽五种。六部怛特罗说出自10世纪末的那若巴，他根据《胜乐根本怛特罗》提出了事、行、瑜伽、无上父、无上母与秘密六种。阿底峡《菩提道灯论本注》主七部怛特罗说，分为事、行、思惟、二者、瑜伽、大瑜伽及无上瑜伽。

如前所述，怛特罗作为经题，如“××怛特罗”，集中出现的时间首先是从无上瑜伽密典开始的，怛特罗经典最初应该是专指这类经题中有怛特罗字样的无上瑜伽密教经典。四部分类法是在怛特罗经典全面发展之后出现的，其出现时间不会早于公元9世纪中叶，甚或更晚，它是基于无上瑜伽密教经典对所有密教经典所做的分判。密教经典的四部分类法究系何人首倡，我们尚不清楚，14世纪西藏佛教史家布顿在《佛教史大宝藏论》

---

① ［日］越智淳仁：《佛密的怛特罗分类法》（Buddhaguhya の Tantra 分类法），文载《印度学佛教学研究》Vol. 21，No. 2（1973—03）：55—59。

中即采取这种四分法，将密教经典分为事、行、瑜伽、无上瑜伽。

（一）事怛特罗

事怛特罗（kriyā-tantra），或译作怛特罗，指陀罗尼及经之口诵、印契法、观佛、诸尊供养等法式，即通过外在的作为所修行的密仪。属于此部的怛特罗经典主要有《秘密总怛特罗》、《苏悉地怛特罗》、《妙臂问怛特罗》和《后静虑怛特罗》。《秘密总怛特罗》讲述佛说曼荼罗。《苏悉地怛特罗》讲述修习明咒的仪轨、事业成就法、防护法和应守的三昧耶。《妙臂问怛特罗》补充说明《秘密总怛特罗》和《苏悉地怛特罗》遗漏的曼荼罗和明咒法，详细叙述修炼息灾、增益、敬爱、降伏四事业的成就法。《后静虑怛特罗》讲述修行处相、我空性、明咒空性、本尊空性、住火静虑、住声静虑、解脱静虑、修明咒的仪轨、护摩仪轨和灌顶仪轨十事。不过，就其实而言，汉译佛典中的《摩登伽经》、《华积陀罗尼经》、《持句陀罗尼经》、《无量门陀罗尼经》等陀罗尼经典，以及其他各种成就法和赞歌，都属于这一类。这种经典产生较早，像其中的《摩登伽经》、《无量门陀罗尼经》等经典产生的时间非常早。

事怛特罗之修法，先灌顶、授戒，其次正修。在其修法之中，又包括有念诵静虑、不观待念诵静虑、善承侍已修悉地法三种。

（二）行怛特罗

行怛特罗（caryā-tantra）不仅注重洁净等外事，双取世出世行，外事与内修瑜伽，交相为重，如此之教，故称行怛特罗。行怛特罗之修法，亦先灌顶，次学戒，再次正修。

行部怛特罗经典，相传是佛在须弥山顶的两座石窟中为色界的天、龙讲的，由马头金刚萨结集，共有七类，流传于世的只有三类，即吉祥日光怛特罗、持明藏怛特罗和后静虑怛特罗，该怛特罗为《毗卢遮那现证菩提怛特罗》，即汉译的《大毗卢遮那成佛神变加持经》，注释怛特罗《三昧耶庄严王密怛特罗》等属如来部。莲华部藏中未译，金刚部有《金刚手灌顶经》等。

（三）瑜伽怛特罗

瑜伽怛特罗（yoga-tantra）专示修内瑜伽三摩地法，以《金刚顶经》之初会《真实摄经》与《理趣经》（《最胜本初》）为代表经典。瑜伽怛特罗的修习方法，可分为灌顶、授戒与正修三步。灌顶法有多种，初为水、冠、杵、铃、名五种灌顶，名弟子五灌顶。在此基础上，又有不退转金刚阿阇黎、秘密、随许、授记、安慰、赞誉六种灌顶，前后共十一种。授戒者，指菩萨戒、密咒十四根本戒，以及五部三昧耶戒。正修法分有相三摩地及无相三摩地两种。

（四）无上瑜伽怛特罗

无上瑜伽怛特罗（anūttarayoga-tantra）是怛特罗经典成立的依据与主体，指专显内瑜伽最胜三摩地之修法，除此更无过者。无上瑜伽怛特罗依其性质，通常可分为三部分，即方便（upāya）、般若（prajñā）、双入（yuganaddha）三大部类的怛特罗。

方便怛特罗以主张方便空而得名，又名为大瑜伽怛特罗（mahā-yoga-tantra）或父怛特罗，有阿閦、毗卢遮那、宝生、无量光、不空成就、持金刚六族，即五部如来加入持金刚。其代表经典有《密集》、《阎曼德迦》、《毗卢幻网》等。

般若怛特罗以主张般若大乐而得名，又名母怛特罗或瑜伽母怛特罗（Yoginī），有六族平等、毗卢遮那、金刚日、莲华舞自在、上马、持金刚七族。其代表经典有《欢喜金刚》、《摩耶》、《佛顶》、《四座》、《佛平等合》等。

双入怛特罗，又名不二（advaya）怛特罗，它是在方便父与般若母两种怛特罗基础发展起来的。事实上，方便父与般若母二类怛特罗相互对照，更可以显示出其各自的特点，如藏传佛教中的格鲁派认为，方便为俱生大乐智，诠乐；智慧悟法无自性智，属空。再如父怛特罗具有很强的毗湿奴派倾向，与当时印度教中的王瑜伽（rājayoga）相当，母怛特罗具有很强的性力色彩，与印度教中的诃特瑜伽（haṭhayoga）相当。除了代表瑜伽修习的方式与风格之外，后来的密教师还以方便父怛特罗象征人类，以般若母象征时间，由此发展出代表人类小宇宙的 cakara，以及连接天文和历法的大宇宙 kāla，将二者结合形成的 kālacakara 即将大宇宙与小宇宙结合，形成常驻不变与生生不息的相即不二关系。双入怛特罗的代表经典《时轮怛特罗》（*Kālacakratantra*）即是在此基础上发展出来的。

近人印顺法师立足于四部密法的主尊与印度教之关系，对四部密法作了颇为精准的概括①，其说如图3－1所示：

① 印顺：《印度之佛教》，《印顺法师佛学著作全集》第十三卷，中华书局2009年版，第222页。

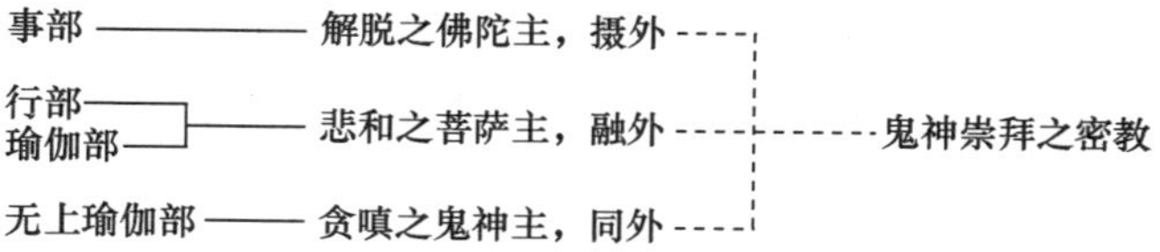

图3-1　四部怛特罗主尊及义旨

第二节　密集教法的形成与传播

一　密集教法的兴起

密集教法是在《金刚顶经》第十五会"秘密集会瑜伽"（Guhyasamājatantra）基础上发展出来的，其基本教义与仪轨自公元8世纪上半叶的不空时代或已存在，不空在《金刚顶瑜伽经十八会指归》中介绍此教法的义旨："秘密集会瑜伽，于秘密处说，所谓喻师婆伽处说，号般若波罗蜜宫。此中说教法坛、印契、真言，住禁戒，似如世间贪染相应语。会中，除盖障菩萨等从座而起，礼佛白言：世尊大人，不应出粗言杂染相应语！佛言：汝等清净相应语，有何相状？我之此语，加持文字，应化缘方便，引入佛道，亦无相状，成大利益。汝等不应生疑！从此广说实相三摩地，诸菩萨各各说四种曼荼罗四印。"① 这种教法的最大特色或在于以世间贪染相应语为清净，作杀、盗、淫、妄语、饮酒五种恶业者皆可获得成就，其根本经典《佛说一切如来金刚三业最上秘密大教王经》"一切如来金刚三业最上甚深秘密中秘密诸佛大集会一切明句行分第五"就明确指出："若有众生造杀生业，行不与取，受诸邪染，起大妄语，造如是等诸恶业者，若能起净信解，修秘密法，如是等人亦得成就。何以故？诸大士，当知秘密法中，若染，若净，若怨，若亲，皆悉平等。若了知者，乃能安住最上大乘秘密法要，是即成就诸佛自性，以如是故于一切法得离疑惑，唯除毁谤阿阇梨者。如是等人，设使勤求于秘密法，不能成就。"② 在此种密法中染净、怨亲是平等无二的，但有一点是不可违反的，即要对此密法起净信解，不得毁谤阿阇梨。与这种旨趣相类，此种教法还主张用象肉、马肉、狗肉，甚至人肉等作为供品，与此前佛教主张的非杀原则大异其

① 《大正藏》第18册，第287页上。

② 同上书，第474页上。

趣，这些特点成为无上瑜伽密法即怛特罗乘佛教的显著特色。

虽然不空已经提及密集教法，但与这种教法相应的根本经典在当时尚不见流传。现存密集教法的各种经典，包括其根本怛特罗经典与相应的注释都是公元9世纪以后才出现的，密集教法的成熟时间也应该在这一时期。密集教法是最早的一种无上瑜伽密法，其根本经典《秘密集会怛特罗》是怛特罗佛教成立的标志。

二　密集教法的经典

《秘密集会怛特罗》（*Guhyasamāja-tantra*）全名作《吉祥一切如来身语意秘密不退转吉祥秘密集会大怛陀罗王前分》（*Śrī-sarva-tathāgata-kāya-vāk-citta-rahasyād-vinirgama śrī-guhya-samājasya-mahā-tantra-rājasya-pūrvārd-dhaḥ*），属于方便（父）怛特罗中的阿閦族，为其根本怛特罗，也是在怛特罗佛教演变史上最受关注的经典。《密集怛特罗》是产生最早且最为重要的怛特罗，主要讨论瑜伽的修习、仪轨与禅定，包含大量的真言，以及构建曼怛罗及观想众本尊的细致描述，它通过持金刚追求解脱开悟的过程，论述现象界诸有的本质，对空性的觉悟，揭示出独特的解脱方便法门、概念及修习方法。

《密集怛特罗》的成立年代争议颇大，如巴特查尔亚耶（B. Bhattacharyya）、韦曼（Alex Wayman）等人认为此经成立于公元4世纪。温特尼兹（M. Winternitz）等人认为它与《如来秘密经》（*Tathāgataguhyasūtra*）属同本异传，而寂天的《大乘集菩萨学论》（*Sikṣāsamuccaya*）中曾引用《如来秘密经》的经文，故将此经的成立年代推定为公元7世纪前，温德尼兹后来发现两者并不相同，曾修正其观点。图齐（G. Tucci）认为它出现于公元7世纪到公元8世纪初期；羽田野伯猷认为是在公元800年前后；松长有庆则认为在8世纪中期《秘密集会》中的思想开始萌芽，在公元800年左右它发展成为独立的经典。从怛特罗经典的成立史来看，松长有庆的观点似乎更稳妥一些。《密集怛特罗》作为独立经典出现的时期也是怛特罗类经典逐步成规模出现的时期。

《秘密集会怛特罗》的梵文写本现存颇多，其抄写的年代多不可考。在英国博物馆、剑桥大学博物馆及印度、日本的某些图书馆都有保存，如日本东京大学图书馆所收的梵文写本就有六种。从日本保存的写本来看，此怛特罗的梵文写本大抵可分为前分（pūrvārdha）与后分（parārdha）。

其中只有前半部的有两种（No. 435，No. 436），只有后半部的也有两种（No. 120，No. 438），前后两部皆齐全的也有两种（No. 437，No. 439）。前分即通常流行的十八分本，与汉译及藏译本相对应。后分则有三十五品，其内容较为驳杂，是相当晚期的作品。因此，一般认为前分为《密集怛特罗》的原型，称为根本怛特罗。①

相比而言，11 世纪初翻译的汉、藏译本比现存梵文本的时间可能要早。北宋施护于 1002 年完成的汉译本题作《佛说一切如来金刚三业最上秘密大教王经》，略称《教王经》、《金刚三业经》、《秘密大教王经》等，析为十八分。此经初叙大毗卢遮那如来住于清净境界，同住一处之阿閦如来加持大三昧耶时，从大毗卢遮那如来次第出现诸佛之曼荼罗。次述诸佛菩提心义。自实践层面言之，大毗卢遮那如来为表现一切如来身、语、意之主，诸佛之菩提心亦须具有菩萨实践原理的内在性质，故谓菩提心乃透过身、语而可具现者，皆由大毗卢遮那如来统摄之。复次阐述欲达此境，须借种种瑜伽行，包括须具备特殊技艺之诃特瑜伽，而以大三昧耶曼荼罗之大毗卢遮那为观想对象，以达到最高阶段的微细瑜伽或最上观想。其各分内容依次如下：

安住一切如来三摩地大曼拏罗分第一（Sarva-tathāgata-sam-ādhi-maṇḍ-alādhiṣṭhānaṁ nāma prathamaḥ paṭataḥ），菩提心分第二（Bodhicittannāma dvitīyaḥ paṭalaḥ），金刚庄严三摩地分第三（Vajra-vyūha-nāma-samādhiḥ tṛtīyaḥ paṭalaḥ），一切如来心曼拏罗分第四（Sarva-tathāgata-citta-maṇḍala-caturtha paṭalaḥ），一切明句行分第五（Samanta-caryāgra-pañcamaḥ paṭalaḥ），身语心加持分第六（Kāya-vāk-cittādhiṣṭhāna-ṣaṣṭhaḥ paṭalaḥ），秘密精妙行分第七（Mantra-caryāgra-saptamaḥ paṭalaḥ），甘露三昧分第八（Mantra-samaya-aṣṭhamaḥpaṭalaḥ），最上清净真实三昧分第九（paramārtha-śuddhatvārtha-samayo nāma navamaḥ paṭalaḥ），观察一切如来心分第十（sar-

① 此部怛特罗的梵文本整理本有印度学者巴特查尔雅耶（Benoytosh Bhattacharyya）《秘密集会怛特罗》（*Guhyasamāja tantra or Tathāgataguhyaka*, Baroda, Oriental Institute, 1931）、［印］师觉月（S. Bagchi）《秘密集会怛特罗》（*Guhyasamāja tantra*, *or tathagataguhyaka*, Darbhanga, Mithila Institute of Post-Graduate Studies and Research in Sanskrit Learning, 1965）、［日］松长有庆（Yukei Matsunaga）《秘密集会怛特罗：精校本》（*The Guhyasamāja Tantra*, A New Critical Edition, Osak, 1978），英译本有 F. 弗瑞曼都（Francesca Fremantle）《密集怛特罗研究》（*A Critical Study of the Guhyasamaja Tantra*, London, 1971）。

va-tathāgata-hṛdaya-saṁvādano nāma daśamaḥ paṭalaḥ)，一切如来真实三昧最上持明大士分第十一（sarva-tathāgata-mantra-samaya-tattvavidyā-puruṣottama ekadaśaḥ paṭalaḥ)，一切如来金刚相应三昧最上成就分第十二（vajra-yoga-samaya-sādhanā-gratir-deśa-dvādaśaḥ paṭalaḥ)，金刚相应庄严三昧真实观想正智三摩地分第十三（sarva-vajra-samaya-vyūtha-tattvārtha-bhāvanā-sambodhi-trayo-daśaḥ paṭalaḥ)，身语心未曾有大明句召尾日林毗多王最胜三摩地分第十四（Kāya-vāk-cittāt bhuta mantrā karṣaṇa-vijrimbhita-rajo nāma caturdaśaḥ paṭal aḥ)，一切心真实金刚出生三昧分第十五（Sarva-citta-samaya-sāravajra saṁbhūtir nāma pañcadaśaḥ paṭalaḥ)，一切曼拏罗成就金刚现证菩提分第十六（sarva siddhi-maṇḍala vajrābhi-saṁbodhirṣoḍaśaḥ paṭalaḥ），一切如来三昧法金刚加持王分第十七（sarva-tathāgata-samaya-sa ṁ vara-vajrādhiṣṭhāna-vajro saptadaśaḥ paṭlaḥ)，宣说一切秘密行金刚加持分第十八(Mahā-tantra-rāje sarva-guhya-nirdeśa-vajra-jñānādhiṣṭhā-nāmāṣṭādaśaḥ paṭalaḥ)。其中，最值得注意的是第十八分，它通过偈颂问答的形式对密集教法的教义与修行方法作了总述。

大约与汉译本完成的时间一致，《密集怛特罗》的藏文译本也由信作铠(Śraddhākaravarma）与宝贤（Rin chen bzam po）于11世纪初译出。后来，在大金刚持至尊日自在（Nyimadbangpo，尼玛旺波）的指导下，由恰译师吉祥法王校订。其中最后一分被认作根本怛特罗的后怛特罗，共二百零八颂。

如上所述，无论是梵本，或藏译、汉译的《秘密集会怛特罗》，都分为十八分（paṭala，或作品）。藏译本的第十八分名为“上怛特罗”（uttaratantra)，前十七分则为“根本怛特罗”（mūlatantra)。对这十七分的内容，后来的注释家将其科判为四部分，其中第五、九、十三、十七分述佛及众菩萨的大成就法（Mahāsādhana)，第四、八、十二、十六分述阿阇黎之业、成就禁戒律，第二、六、十、十四分随贪忿怒行，是近修律仪，第三、七、十一、十五分成就田及相，是念修律仪。宝作寂则在其注释中把第一分视为目的怛特罗（Upeyatantra)，第二至十七分看作方便怛特罗(Upāyatantra)①。不过，也有很多学者从此各分出现的时代着眼，将前十

① ［美］艾莱克思·韦曼（Alex Wayman)：《密集怛特罗中的瑜伽：秘密主四十偈，佛教怛特罗注释》(*Yoga of The Guhyasamjatantra*: *The arcane Lore of Froty Verse*, *A Buddhist Tantra Commentary*, Motilal Banarsidass, Delhi. Vernasi. Patna, 1980, pp. 140 – 141)。

二分看作此怛特罗经典的原始部分，第十三至十七分是晚出的解释性内容，第十八分出现得更晚，是对前十七分的注释。

按照藏传佛教的传统，无上瑜伽部的怛特罗通常以根本怛特罗为中心，另附随有《怛特罗之怛特罗》或《注释怛特罗》（*Vyākhyātantra*），这一传统在藏传佛教传承中保存得比较完整。据布顿《佛教史大宝藏论》所载，《秘密集会怛特罗》的注释怛特罗有多种，其中影响较大的有四部：

（1）《智慧金刚集》（*Vajrajñāna-samuccya-nāma-tantra*）一万颂，解释《根本怛特罗》的六边、四理等。

（2）《密集密意悬记》（*Sandhivyākaraṇa-nāma-tantra*）一千零四颂，重点解释词句。

（3）《四天女所问怛特罗》（*Caturdevīparipṛcchā*）四品，通过佛眼天女、白衣天女、玛玛格天女和度母请问的形式，介绍身曼荼罗和二十四地等，涉及许多胜乐思想。

（4）《金刚鬘》（Vajramāla）。

上述四种密集注释怛特罗的梵本皆已亡佚，不过在后出的怛特罗论师所著《略集次第》与《五次第》中时有引用，目前研究者只能依据它们的藏文译本。这四部注释怛特罗与密集根本怛特罗构成了密集教法的思想框架，缺乏其中的任何一部，都难以全面理解和掌握口诀六边、四种方法和生圆二次第教法的实践方法。在藏传佛教传统中，除了上述四部注释怛特罗，《密集注释怛特罗》尚有五部、六部、八部、九部和十部等不同的说法。① 这些注释怛特罗一方面详细解释密集根本怛特罗中的基本教义与仪轨，另一方面也在不断的实践与探索中发展与丰富密集教法的思想体系与各种行法。

在上述四部注释怛特罗著作中，《金刚鬘》是较重要的一种。它全面系统地讲述了密集教法的基本思想与修行规则，尤其对以身体气脉瑜伽为中心的内瑜伽理论与行法做了多方面的探讨，颇受后人关注。《金刚鬘》全名《吉祥金刚鬘现说大瑜伽怛特罗一切怛特罗秘密心要分别名释》（*Śrīvajra-mālābhidhāna-mahāyoga-tantra-sarva-tantra-hṛdaya-rahasya-vibhaṅga-nāma*），全文共六十八品，由印度妙吉祥慧（Sudhānaśrījñāyana）

① 许得存：《西藏密教史》第二章第一节，中国社会科学出版社 1998 年版，第 45—49 页。

和寂光在托林寺初译成藏文，其各品内容依次为：第一品为绪论部分，内容涉及祈祷、问难、弟子之业。第二品讲述观察阿阇梨、弟子之相与灌顶。第三品为金刚鬘词句分别。第四品解释《密集根本怛特罗》中的关键词句。第五品讲空性义。第六品讲明点差别以及所修殊胜瑜伽。第七品解释“那”（nā）、“答”（dā）二字之义。第八品讲大密资粮。第九品陈述决定律仪。第十品为决定三昧耶义。第十一品决定声音义。第十二品讲气息空性。第十三品解释大乐词句。第十四品解释大乐莲花正加行。第十五品讲真言之空性义。

第十六品论气息的标准。第十七品讲身体脉轮。第十八品讲摄集瑜伽行者的身根本。第十九品广释刹那相。第二十品为分别喜相。第二十一品分别三明点。第二十二品解释三身。第二十三品决定三空性的三昧耶。第二十四品决定三鼻顶。第二十五品解释空性词句。第二十六品讲身本尊智慧相。第二十七品分别四轮的四本尊次第。第二十八品升降品。第二十九品生喜相。第三十品脉流行品。第三十一品决定分界三脉。第三十二品气息所生士夫生。第三十三品解释气息次第尽命。第三十四品讲摄集空行母。第三十五品决断观察气相。第三十六品讲无观察相。第三十七品讲诸脉降落的加行。第三十八品修炼六轮之法。

第三十九品广释时及时节。第四十品释秘密果。第四十一品明法界义。第四十二品释金刚。第四十三品摄集部种差别。第四十四品讲手印差别。第四十五品讲蕴及生处相。第四十六品述大手印义。第四十七品释相状差别。第四十八品释“阿”（ā）、“哈”（hā）二字。第四十九品述空性相。第五十品讲空性金刚鬘生起次第相。第五十一品广释昼夜。第五十二品释“阿鬘”（āli）、“迦鬘”（kali）。第五十三品明分际相。

第五十四品广说二十仪轨。第五十五品讲二十仪轨的因果。第五十六品介绍供养四我的仪轨差别。第五十七品述天女相。第五十八品述方便与智慧。第五十九品为方便、智慧双运释。第六十品讲内我护摩仪轨。第六十一品为五甘露饮食仪轨。第六十二品讲会供仪轨及瑜伽母。第六十三品讲秘密语。第六十四品讲身、语、意三种曼荼罗。第六十五品讲佛、法、僧三宝相。第六十六品讲弟子正行自息业果。第六十七品为忿怒咒及寂等八成就。第六十八品为摄集一切成就。①

---

① 许得存：《西藏密教史》第三章第一节，中国社会科学出版社1998年版，第43—45页。

三　密集教法在印度的流传

密集教法在印度兴起以后，很快得到了传播和发展，后人依据传习者的思想源流与师承将其分为多个派别，其中智足派与圣者派是影响较大的两个派别，智足派出现最早，而圣者派则影响最大。

（一）智足派

智足派得名于此派的创立者智足论师，他是密集怛特罗教法传承史上第一位论师。智足（Jñānapāda），本名佛吉祥智（Buddhaśrījñāna），是师子贤的弟子，师子贤是波罗王朝达摩波罗王（Dharmapāla，780—815）时期大力弘扬般若学的著名论师，由于他的大力倡导，研求与传承《现观庄严论》成为此后印度佛学的一门显学。从这种师承关系上来推定，佛智足活动的年代在公元8世纪末至公元9世纪上半叶。

佛智足论师早年从师子贤学习般若学，贯通中观、唯识两大学派宗义，在那烂陀寺向五百班智达讲授《般若经》，引起强烈反响。此后，他在这里师事俱密，开始接触密集教法，随后他转至邬仗那从游戏金刚（Lalitavajra）学习事部和瑜伽部密法，并从当地一位名叫鸠尼茹（Guneru）的女瑜伽师听受无上瑜伽部密法。在阇烂达罗（Jalandara）的拘尼奢（Konedze）城镇，从小童足（Kumara-pāda）修习智慧怛特罗，后又辗转至南印度寻访名师，修炼生起次第教法，成就显著。

据多罗那他《印度佛教史》载，觉智足在师子贤去世后获得成就，开始说法度人，成为达摩波罗王的上师，主持超戒寺的开光等事，升为该寺的金刚阿阇梨，受到非常丰赡的供养。相传他曾向吉祥密集十九尊供奉如车轮般大小的灯各七盏，八菩萨与六明王各三盏，十五护方神各供二人肩荷的施食十五抬。以此为例，他还使一切听法弟子、出家人、种种乞求者都得到满足。

佛智足曾告诫达摩波罗王，声称在其孙子时代，国家有毁灭的征兆，只有作大护摩仪式，才可以长久存在。达磨波罗王即承其教，奉献出价值达九十万二千银多拉的资具，请佛智足等人施行长达数年的护摩仪，以护持其王朝。

又相传金刚座（Vajrāsana）佛殿中有一尊银制的亥鲁迦大佛像和很多真言经卷，来自斯里兰卡等地的小乘佛教徒说这些都是魔王所造，即将经卷烧毁，把佛像破为碎片，随人分取。此举遭到达磨波罗王的惩治，佛智足则采取比较宽厚的态度，设计将他们救出来，显示出他对不同教派的包容。

智足说事瑜伽三部，更对密集（Guhyasamāja）、幻化网（Māyāja）、诸佛瑜伽（Buddha-samayoga）、月密明点（Candra-guhya-tilaka）与忿怒文殊（Mañjuśrī-krodha）五部内怛特罗教法多所研求，尤其致力于密集教法的修习与弘扬。因为受到达磨波罗的支持，密集教法在当时特别盛行。

智足晚年隐居金刚座附近大灌顶宝岩洞，根据《密集根本怛特罗》、《密集后怛特罗》和《金刚藏庄严怛特罗》，著成《妙吉祥教语》、《妙吉祥教语略义》、《成就法普妙论》（*Samanta-bhadra-nāma-sādhana*）、《普贤母成就法》、《自入成就法》（*Mukhāgama*）、《解脱明点论》（*Mukti-tila-ka*）、《呬噜迦忿怒尊成就法》（*Heruka-sādhana*）等多部论著，系统解释《密集》生起与圆满两种次第法的仪轨和修行方法，以及方便父部和智慧母部之间的相互关系。他认为，父怛特罗反映法的体性，其生起次第法强调念修、近修、修和大修，圆满次第着眼于解脱的明点，针对人体四轮修炼明点，产生四喜和俱生分别智。《布顿目录》还收录了智足所著的《四支依法》，以及关于此修法的《四支修法释具住论》和《四支配合普贤修法》，此三种也是关于密集教法的著作。

佛智足的弟子有十八位，其中继承法位的有燃灯贤、极寂友、罗睺罗贤和大乐金刚四人。其后学人数更多，他们都围绕着智足的论著作进一步的探讨与注释。

燃灯贤（Dīpaṅkara-bhadra，或作燃灯智）是超戒寺的一位学者，他以佛智论师的思想为基础，研求密集曼荼罗涉及的四百五十种仪轨，著有《密集曼荼罗仪轨》（*Guhyasamṇja-maṇḍalopāyikā*）。在《布顿目录中》，燃灯贤的《曼荼罗仪轨》有四百五十颂，后来无垢祥论师作《曼荼罗仪轨释》，为他的这部著作作注。[①] 这两部著作都由仁钦桑布译为藏文。

燃灯贤又把教法传授给妙吉祥友、吉祥军、庆喜藏、妙吉祥称、药足等人，他们都是密集教法的重要传承者，并形成不同的法系。

妙吉祥友把密集教法传给游戏金刚。游戏金刚又名“那措苏”或

① 郭和卿译《布顿目录》把这两部著作都当成燃灯贤的著作，且将燃灯贤作燃灯智。蒲文成新译本作了修订，今从蒲译。今人刘立千先生以此燃灯贤（燃灯智）为阿底峡，从时间上来看恐未妥。

“胜菩提”、“诺布尔”（宝洲），这都是根据他所做的事业和出生地命名的。游戏金刚是北印度人，曾在文殊息怒坛城中受妙吉祥友灌顶，随其修习《密集》、《文殊根本怛特罗》和《幻网经》等，著有《密集序分解说》等，他首次把胜乐教法的某些方法和思想纳入密集教法中。

吉祥军一系的法位继承人有无垢隐、宝金刚（Ratna-vajra）、宝称、普贤、智祥、宝称（Ratna-kirti）、福祥（Punyaśrī）等人。

无垢隐著有《密集十七品释》，其弟子月光（达沃）著有《密集第十八品释》、《开光仪轨》，宝金刚著《不动金刚修行法》，普贤著《密集金刚修法解脱》。普贤的《心要释论》为佛智足《普贤母成就法》的释论。另外，尚有一种题为吉祥普贤足（Śrīsamantabhadra-pāda）所著的《四支成就释》（*Sāramañjarī nāma-caturaṅgasādhanasya ṭīkāṛ*）或亦出自普贤之手，系注释佛智足之《四支依法》的著作。

极寂友（Praśāntamitra）是佛智足的四大弟子之一，他精通对法、波罗蜜多、三部事瑜伽，常随遇而住，是一位大具缘者。从佛智足受密教灌顶后，极寂友依教修持，亲见降阎魔梨尊（Yamāri），修成“夜叉婆罗主”，获得特殊的受用，能随愿立取，施予寻求资具的人们，相传他能以夜叉为仆役，在那烂陀的南方建立甘露源寺（Amṛtākara），最后获得即身成就持明位（Vidyādhara）。

智足的另一弟子罗睺罗贤（Rāhulabhadra）出身于刹帝力种，出家后修习各种知识，获得班智达称号，后接受智足灌顶，在西方信度国附近某条河岸边长期修持密集教法，最后亲见五部如来圣容，现证秘密主（Guhyapati）成就，此后便在印度各地弘扬密集教法。他曾在南印度的达罗毗罗国（Draviḍa）传授秘密怛特罗教法与咒语。传说罗睺罗贤能从龙处获得财宝，雇用工匠五百人，建成一座大型的密集佛寺，获得即身成就持明身，后来为调伏诸龙而移居大海之中，住世甚久。

除了其弟子之外，佛智足的后学亦为数甚众，他们大多致力于对佛智足相关著述的解释与阐发。如医足（曼贝夏）著《妙花庄严论》为《妙吉祥教语》的释论，其《解脱明点释论》和《成就法悉地生源宝藏》注释《解脱明点论》。除此之外，他还著有《密集十八品释正明论》。医足或作药足，《七系付法传》说他生于边境婆罗门家，后皈依佛教，至中印度那烂陀寺从阿阇梨燃灯贤及其师佛智足学般若及怛特罗教法，于密集教法渐有成就，即与一低种姓旃陀罗女行双修法，亲见吉祥呬噜迦等一切曼陀罗现前，得大成就。此后即收授门徒，造作论典，专力弘扬密集教法。其受业弟子为阿嵝都底波，阿嵝都底波传宝生寂，宝生寂传大金刚座，大金刚座传俱萨梨波。又有一说，药足传乌仗那国阿阇黎佛吉祥寂，吉祥寂传大金刚座，大金刚座传金刚座。金刚座亦名扫梨波、宝生密，或中金刚座。

佛智足后学弟子的阐释著作，除了医足的相关著作之外，祥果多杰《成就法普妙释论》与塔嘎纳《成就法普妙释论》两书专门解释佛智足的《成就法普妙论》。医足之子佛施的《密集难义释》、遍照金刚的《加行六支显现次第》、《呬噜迦成就法释》，也都是注释、阐发佛智足著作的。

（二）圣者派

圣者派，又称父子派或密集龙树派。此派以缘起性空理论为指导，运用中观教理解释密集怛特罗教法。相传自在慧王得到灌顶后，依教刻苦修炼获得持明身，把教法传给龙变瑜伽女，瑜伽女传婆薮迦波王（Vasukabha），沙罗诃从学于婆薮迦波王，摄收中观学派龙树为徒，龙树广为著述，提出了二十仪轨和灌顶教诫，使中观思想和密法实践相互结合。其后又有释迦友、提婆、龙菩提、罗睺罗吉祥友和月称论师传承其法统。显然，这一法系的龙树、提婆、月称等人与大乘中观学派的创始人龙树、提婆师徒与公元7世纪的中观派论师月称非同一人，他们应当都是在《密集怛特罗》出现的公元9世纪至10世纪的密教论师。他们将中观派理论与方法同密集教法结合起来，是中观学与怛特罗教合流的代表人物。

龙树作有《五次第》、《菩提心释》等著作，论述生圆次第。其弟子提婆又造《密集道次大全修行明灯论》（*Caryamelapakapradipa*）、《净心垢论》、《加持我论》、《现菩提论》四论。又有龙菩提著《建立次第论》、《曼陀罗二十仪轨》等。罗睺罗吉祥友作《显明双运曼陀罗仪轨》，月称论师作《根本怛特罗明释》（*Pradīpodyotana*）。后来又有毗补底旃陀罗、黑誓句金刚、嬉金刚等人均曾为《五次第》作过注释。

1. 沙罗诃对怛特罗密教的传承

在密集教法圣者派传承中，摄受龙树的沙罗诃是一位关键人物。不少西藏史籍都把传承密集教法的龙树等同于公元1世纪大乘中观派论师龙树，由此认为沙罗诃是生活于公元前后。不过，倘若结合无上瑜伽密法出现的时代，以及圣者派所传承的密集教法特点，此龙树应该是公元9世纪中期以后的密教论师，因此，沙罗诃生活的时代应该在公元9世纪前后。

沙罗诃（Saraha）或作萨罗诃、萨日哈、萨惹哈等，相传是东印度拉吉腻（Rājñī）人。其父为婆罗门种，母为拏吉你种（Ḍākinā），初名罗睺罗跋陀罗（Rahulabhadra）。他虽然出身于婆罗门种姓，但自幼就对大乘佛教有特殊的兴趣，因此他白天穿婆罗门的衣服，晚上穿佛教徒的衣服。后来，罗睺罗跋陀罗来到中印度，在那烂陀寺成为佛教比丘，并通过努力成为上座阿阇梨。受佛教平等思想的影响，他反对婆罗门教的种姓制度，并在生活中实践这一理念，他曾从卖酒种姓的妇女手中取酒喝，又与低种姓的土著女孩结为瑜伽修行伙伴，并娶她为妻。此瑜伽女出身于制箭种姓，罗睺罗跋陀罗也将自己的名字改称“萨罗诃”，意思是“做箭人”。

萨罗诃曾经在拉特纳哈拉王（Ratnaphala）及其婆罗门宰相前现神变，令他们皈信佛教。他在奥利萨（Orissa）学真言乘后，又到摩诃剌佗（Mahārāstra）修习大手印法，故以成就者沙罗诃（Siddha-saraha）著称于世。后人把他作为印度八十四成就者之一，称其为萨罗诃巴（Sarahapa），“巴”为“巴多”（Pada）之简称，有行脚义。沙罗诃常持诵朵哈赞歌（Dohā，或称证道歌），教化国王及五千民众。

沙罗诃倡导的修行法门被后人称为 sahajayoga，意译易行瑜伽或俱生瑜伽，指一种随顺自然的双修瑜伽（yuganaddha）形式。在萨罗诃巴看来，双修是秘密修炼的最高阶段，通过这个途径，才能从“二”（dvaita）融合为“不二”（advaita）。物质世界都表现为两重特征，法与我、佛与我、悲与空、智与行、男与女，等等。只有这种成双成对的紧密结合，才是正确道路和法门，才能实现解脱的愿望。如他曾经在歌中吟唱道：“莲花宝石中间，交合之乐隐含。享受世间快乐，愿望得以实现。”①

沙罗诃通常被视为早期的怛特罗佛教阿阇梨，多罗那他《印度佛教史》第四十三章将他作为把根本怛特罗介绍于世俗的诸成就师之首，为佛顶盖怛特罗之介绍者，从他的这一身份来看，他活动的时间应该是在公元八九世纪之交，甚或更晚一些。

除了朵哈证道歌之外，沙罗诃还著有多种著作，包括《吉祥佛顶盖怛特罗难语释具慧》（*Śrī-buddhakapāla-tantra-pañjikā-jñānavatā*）、《吉祥佛顶盖成就法》（*Śrā-buddhakapāla-sādhana*）、《一切部多供物仪轨》（*Sarva-bhāta-bah-vidhi*）、《吉祥佛顶盖曼荼罗仪轨次第明》（*Śrī-buddhakapāla-maṇ-ḍala-*

① 薛克翘：《印度密教大师萨罗诃及其证道歌》，《南亚研究》2011 年第 3 期。

vidhi-krama-pradyotana)、《三世间征服世自在成就法》(*Trailokya-vaśaṃkara-lokeśvara-sādhana*)等。其嗣法弟子为龙树(Nāgārjuna),即圣者派密集怛特罗教法的开创者。

2. 圣者龙树《五次第论》

根据藏文资料记载,圣者龙树从沙罗诃受学密集教法,运用中观方法,以缘起性空思想为指导,对《密集》作详尽解释。龙树生平不详,从他与沙罗诃的师承关系上来看,他应该主要活动于公元9—10世纪。《布顿目录》中题名为龙树的密集论著有如下八种,即《密集金刚怛特罗释》(*Śrī-guhyasamajā-tantrasya-tantra-tīka*)、《密集成就法摄要》、《密集经合释》(*Śrī-guhyasamaja-mahāyogatantra-utpadakram-sādhana-sūtra-melāpaka*)、《密集曼荼罗仪轨》(*Śrī-guhyasamaja-maṇḍala-vidhi*)二十颂、《密集第十八品释》(*Aṣṭādāśa-paṭalaṣvitara-vyākhyā*)、《五次第论》(*Pañcakrama*)、《菩提心释颂》、《菩提心释散文体》。其中的《密集修法摄要》和《密集合经义释》着重讲述生起次第法,后者是前者的补充。《密集五次第论》和《菩提心释颂》主要讲圆满次第法,这四部重点讲解脱道。《密集曼荼罗仪轨》二十颂讲成熟灌顶的各种差别,不过这部著作的真伪还存在较大的争议。

在圣者龙树的著作中,影响最大的是《五次第论》,它奠定了密集龙树派的思想基础。关于本书的成书时间,学者多有争议,从其思想体系来看,它大约成书于10世纪。本书问世后,相关的注疏非常多,由此形成密集龙树派蔚为壮观的声势。

《五次第论》主要讲修习究竟次第的方法与步骤,全书计由五部分构成:

第一,金刚念诵次第(Vajrajāpakrama),又称语净化次第(vāgvi-veka-krama),是以呼吸法为基础的念诵法,主要讨论语寂。语寂,首先要身寂,身寂是补特伽罗究竟生起次第法,住修初业禅定。龙树认为,诸法皆空,唯名安立,蕴、界、处也不例外,它们之所以成立是佛陀说法的需要,是假立的名言概念,空无实体。身寂包括色身寂、自性身寂、识身寂和禅定身寂。身寂则语寂,语寂则心不散乱,身、语二寂的究竟者,是咒语空性,它比意寂表现得更加明显,又叫手印空性。语寂着重修心轮的真言明点,面部的光明点和秘密轮的体明点。

第二,无上密意次第(Anuttarasaṃdhi),又称心净化次第(cittavi-veka-krama）、心清净次第（cittaviśudhi-krama），主要阐明心的净化过程。

第三，自加持次第（Svādhiṣṭhānakrama），又称幻身次第，以受阿阇梨灌顶，加持行者之身为其主题。幻身次第是为了掌握诸法空性的道理，了解世俗谛与幻身的关系，它包括等引幻化和后得幻化。修等引幻化时，瑜伽行者跏趺于垫，脊直肩张，双目微闭，调息平稳，静心不语，手结定印，右足压左，二拇指相拄，舌抵上腭。坐定后清除三时一切戏论杂念，不著有无、空与非空，心静不起分别，最终观见以幻身十二喻为首的各种形象。后得幻化的修持，包括光明幻化、梦幻化、中有幻化。

第四，乐现等觉次第（Paramarahasyasukhābhisambodhi/Prabhāsvara-padakrama），以三智和合为因，经由幻身次第而入一切空之观法。此品提出胜义谛光明，光明即空性，由具相轨范师传授不同灌顶，尽除无明习气，一切皆空。光明如阳焰，能观见五种资粮。光明禅定包括等引光明、睡眠光明、死亡光明。等引光明又分法性光明、道光明和智慧光明。

第五，双入次第（Yuganaddhakrama），旨在阐明轮回与涅槃、有相与无相、生起次第与圆满次第等，皆为不二及究竟大乐不二智，观佛与众生为不二之一体。双入次第重点在证菩提心，使生死涅槃、世俗谛胜义谛、生圆二次第等诸法融为一体，通过双修，求得解脱。双运分有学双运及无学双运，获得双运果后，满足现状而不学他道，不除弃障覆烦恼，获得无学双运；学习他道而究竟三行，用金刚诵等方法利益他人，叫作有学双运。

总的来说，《密集五次第论》主要从语寂、意寂、幻身、光明、双运五个方面来讨论修行的五种次第与方法。① 在现存梵本《五次第》中，其作者题为龙树足（Nāgārjuna-pāda）。这一称名似乎亦透露了出自智足派的痕迹。

与论述究竟次第的《五次第论》相对应，圣者派论述生起次第的《和合次第》（*Piṇḍīkrama*）亦题为龙树所作。此论又称《和合成就作法》（*Piṇḍīkṛta-sādhana*），专门讨论初始瑜伽、曼荼罗王、业王三种三摩地的构成。近代印度学者罗睺罗在西藏还发现了它的梵语写本，题作龙树巴（Nāgārjuna-pāda）。另外，还有另外一种梵语写本，则题为指足（Aṅguri-

---

① 许德存：《西藏密教史》第二章第一节“龙树及其《密集五次第论》”，中国社会科学出版社 1998 年版，第 62—65 页。

pāda）作。其详情如何，尚待进一步考察。

《布顿目录》中收录的龙智（鲁洛）所著《生起次第建立次第论》或为《和合次第》的注释著作，龙智或译龙慧，其生平无考，《布顿目录》还著录了他的《业边际分别论》、《五次第内容摄要》。

3. 圣提婆《行合集灯》

依《布顿目录》所载，继密集师龙树之后，托名为提婆的著作亦有多种，分别为《行合集灯》，主要讲述圆满次第法；《心障清净论》（*Cittāvar-aṇaviś odha-prakaraṇa Cittaratṇa-viś odhana*），或称《心清净论》（*Cittaś udhiprakaraṇa*），讲述心寂或意寂法；《自我加持次第》（*Svādhiṣṭ hānakramaprabheda*），讲述幻身法；《现证菩提次第》（*Abhisambodhikrama*）讲述光明语。后面这三部著作是对《五次第》中二、三、四次第的注释。另外，题名为提婆的著作，还有《密集法中荼毗仪轨》和《雅、惹、那、哇四义解说》。

在圣提婆的著作中，影响最大的是《行合集灯》（*Caryāmelāpakapr-adīpa*，或称《摄行灯论》）。这本书与题名龙树著的《五次第》同为怛特罗密集教法圣者派的重要著作，被认为是此派成立的标志。《行合集灯》有十一品，主要阐明《五次第》包含的观念，它采用金刚弟子与金刚上师的问答形式，把《密集怛特罗》中的神秘教法用浅显易懂的话表述出来，是从诸《秘密集会怛特罗》中探求五次第的经典依据。

《行合集灯》面世后，流传颇广，并出现了相应的注释，其著名者有释迦友《摄行灯论释》、龙菩提《曼荼罗仪轨》等。

承圣提婆之业者为摩腾枳（Mātaṅgī-pa），他出身下层的旃荼罗（Caṇ ḍāla）家族，受圣提婆加持后，通晓究竟法义，观修获得成就，精通圣龙树师徒的一切真言教典，随宜讲说，大弘其道。

4. 龙菩提《曼荼罗二十仪轨》

与《五次第》一样，龙菩提的《曼荼罗二十仪轨》（*Samāja-maṇḍ alopāyikā*）也是密集圣者派的特有法门。龙菩提或作龙菩提巴（Nāgabuddhi-pāda），多罗那他《印度佛教史》说他是东印度藩伽罗国人，出身于婆罗门种族，也是龙树的弟子。《布顿目录》载其关于密集教法的论著有《密集曼荼罗二十仪轨》、《五次第释摩尼鬘论》、《五次第释难义明论》（此著作的真实性尚存疑），共计四部。

龙菩提《曼荼罗二十仪轨》所讲的二十仪轨，指净地仪轨、持地仪轨、消除外部障害仪轨、用石粉打线仪轨、加行仪轨、祈祷本尊仪轨、外部弟子加行仪轨、向天空打线仪轨、五色颜料仪轨、仰料仪轨、迎请本尊仪轨、弟子人坛仪轨，洗濯曼荼罗仪轨、灌顶仪轨、手相灌顶仪轨、向本尊献供仪轨、向上师献供仪轨、摄授仪轨、离坛祈祷仪轨或近摄仪轨、摄集金刚橛仪轨等，这些仪轨反映了从建造曼荼罗到迎请本尊入坛、灌顶及离坛的全部过程。灌顶仪式开始时，弟子向轨范师呈献学费和曼荼罗，然后右膝跪地，向上师祈祷三次，轨范师则口诵羯磨咒语，双手捧白芥子，左旋两周，诵咒，接着右旋两周，再诵咒。二十仪轨讲修行前设置曼荼罗和灌顶仪式。

龙菩提的这部著作与龙树所著的《曼陀罗仪轨二十颂》题名相近，但在内容上并没有关联，后来的学者如布顿等人对这两部著作的真实性都有怀疑。曾经到印度专门学习密集教法的西藏桂译师则认为，《曼荼罗仪轨二十颂》或称《曼荼罗二十仪轨》，就是龙树的著作。这种意见又把龙菩提的著作权否定了。围绕着《曼荼罗二十仪轨》的争议虽然很多，但它一直被视为密集圣者学派的代表性作品，针对此书的注释很多，罗睺罗吉祥友所著《曼荼罗仪轨双运显明论》，就是其中较重要的一种。多罗那他《印度佛教史》提及一位师事龙菩提的班智达罗睺罗（Rāhula），或即罗睺罗吉祥友。在这一时期，密集圣者派教法已经开始流行。

5. 月称《释明灯论》

在密集圣者派的传承中，月称也是一位很有影响的人物。其生平无考，约活动于公元9—10世纪，在藏传佛教传统中，他被当成圣龙树的亲传弟子。据藏文资料记载，月称共有九部密教论著，其中《密集金刚怛特罗释明灯论》（*Pradīpodyotana-ṭīkā*）注释密集根本怛特罗，是密集圣者学派最重要的著作之一。① 本书依据六边和四理，详细阐述龙树所传密集生、圆二次第教法，并补充说明龙树师徒著作中含混不清的曼荼罗问题。在密集圣者学派传承史上，通常把此书与圣提婆的《行合集灯》相提并论，称为“天上两日月，地上两光明”。

据多罗那他记载，月称的这部最著作最早是由其弟子护足传布的。护足（Rakṣita-pāda）在恭建那（Koṅkana）亲从月称闻法，听受其《密集

① 参见［印］C. 车克勒跋尔蒂（C. Chakravarti）《秘密集会怛特罗释明灯论六俱胝注释》（Guhyasamāja-tantra-pradīpodyotana-ṭīkā-ṣaṭkoṭi – vyākhyā，Patna，1984）。

金刚怛特罗释明灯论》，并向世人宣讲其法。印度巴罗达东方丛书第五十三卷收有题名为利他护足（Parahitarakṣita-pāda）所著《五次第略集》（*Pañcakram-ṭippaṇī*）梵语写本，或与护足为同一人。[①] 月称的另一位弟子有学金刚著《五次第明灯释》是《明灯论》较早的一部注释。后来又有一位清辨写过《明灯论难义解说》。

《金刚萨埵成就法》（*Vajrasattva-sādhana*），或称《金刚萨埵成就经》（*Vajrasattva-niṣpādanasūtra*），后记中有“月称”（Candakirti）字样。游戏金刚（Līlāvajra）和如作护（Tatararak ṣata）二人曾为其书作过注释，游戏金刚的注释也题作《金刚萨埵成就法》（*Vajrasattva-sādhana*）。[②]

另外，《布顿目录》中还著录了月称的《密集现观庄严释》，同时又指出此书尚有不少可疑之点。

月称把教法传授给有学金刚，有学金刚又传给黑行者。黑行者，或称小黑行，是密集圣者派中较有影响的后学。黑行者关于密集方面的著述有《金刚萨捶供养仪轨》、《密集曼荼罗仪轨》、《密集朵玛仪轨》、《密集开光仪轨》、《密集五次第论释》等，对密集教法的各种仪轨作出详尽的解释，成就斐然。

黑行者又把密集教法传给无垢慧和萨阇波。无垢慧传授给西印度的智藏论师，萨阇波则传给毗罗耶巴阁、欧协犍（现证者）、孟加拉国的天首月（Devakaratcandra）、宝作寂（Ratākara ś anti）、无垢隐及燃灯。至此，集集教法已经在印度十分盛行，修学大乘显学的许多学者纷纷改修密集教法。

（三）念智称对密集教法的传播

公元9—10世纪是密集教法在印度全面发展与弘扬的时期，到10世纪末，密集教法的经典开始传至西藏。其时有念智称法师应邀赴藏弘法译经，他运用中观与瑜伽学派理论解释、弘扬密集怛特罗教法，对藏传佛教影响甚大。

---

① ［日］冢本启祥、松长有庆、熙田矶文编著：《梵语佛典之研究》IV“密教经典篇”，第237页。

② 印度学者罗睺罗在西藏发现了月称原书与游戏金刚注的梵本，详参冢本启祥、松长有庆、熙田矶文编著《梵语佛典之研究》IV“密教经典篇”，第240页。中国学者罗鸿与苦米地等流合作校勘整理了月称的《金刚萨埵成就法》，收入中国藏学研究中心与奥地利科学院合作出版的“西藏自治区梵文文本系列丛书”，中国藏学出版社、奥地利科学院出版社2009年版。

念智称（Smṛtijñānakārti），或称弥底（Smriti）论师，生卒不详，约为10—11世纪人。念智称自幼勤学苦读，知识渊博，且善于辩论，曾师事那罗巴，为其八大弟子之一。10世纪后半叶，应尼泊尔译师莲花光（Padmaruci）邀请至西藏。莲花光病逝后，念智称流落至后藏达纳（Rtanag）地方，以牧羊为生。时遇译师赛匝索南坚赞，始应邀至曼垄（Sman-lung）学法。其后，又转赴西康、李曲色喀等地讲述《俱舍论》、《四座》等显密经论，并将所撰《四座释》（*Catuḥ-pīṭha-ṭikā*）、《文殊师利名等诵具秘密成就法释慧明》（*Ārya-Mañjuśrī-nāmāsamgīti-guhyavadvidhi-vṛtti-jñānadīpa*）、《真言义胜观》（*Mantrārtha-vipaśyinī*）等书译成藏文。

除此之外，念智称还撰有如下著述：《六真性安立》（*Saṭ-tattva-vyavasthāna*）、《菩提心注疏》（*Bodhicitta-vivaraṇa-ṭīkā*）、《瑜伽六支释名》（*Saḍaṅga-yoga-nāma-ṭīkā*）、《吉祥秘密集会怛特罗王释》（*Śrīguhy-asamāja-tantra-rāja-vṛtti*）、《四天女请问释优波提舍增益》（*Catur-devata-paripṛcchā-vyākhyāna-upadeśa-pauṣṭika*）、《开眼仪轨》（*Pratiṣṭhā-vidhi*）、《金刚摧破陀罗尼名释》（*Vajra-vidāraṇā-nāma-dhāraṇī-vṛtti*）、《金刚摧破陀罗尼名优波提舍》（*Vajra-vidāranā-nāma-dhāraṇy-upadeśa*），以及《语言门论》等。

上述著述皆收录于《西藏大藏经》"丹珠尔"中，其中《语言门论》为一部藏文文法书。另外，相传辞典《语义》亦为念智称所译。念智称站在中观学派的立场上，以缘起性空思想为理论，解释《密集》，同时运用了瑜伽行派的一些方法。他在印度佛教史上的地位尚不明确，但在藏传佛教史上具有举足轻重的地位。

11世纪中后期，随着时轮怛特罗教法在印度的兴起，密集教法的传承者又吸收时轮教法对密集教法进行了新的发展。以密集曼荼罗为例，当时流行的密集曼荼罗仪轨有六种之多：密集九尊佛母是《密集》五部、四父母的曼荼罗；十三尊曼荼罗出自《密集根本怛特罗》，也有说是智慧成就的创造；密集十九尊曼荼罗，是在十三尊基础上，增加六金刚佛母，由佛智论师首倡；密集二十六尊曼荼罗，是在十九尊上面增加慈氏和地藏六菩萨的，此说出自庆喜藏；密集三十二尊是在二十六位本尊的基础上，增加五尊忿怒顶髻和一尊忿怒佛母，此说由龙树提出；之后出现的密集三十四尊曼荼罗，即在三十二尊上面增加逊婆明王和善蓝佛母，就是依据时轮教法，尤其是时轮坛城，进行重新解释或构建而成的。

第三节　阎曼德迦教法的兴起与传承

一　阎曼德迦教法的缘起

阎曼德迦（Yamāntaka），又称大威德尊、大威德忿怒明王、金刚大威德或能怖金刚等，其字面意思为摧杀阎魔者，故别号降阎魔尊。在早期秘密佛教文献中，大威德金刚通常作为文殊菩萨的眷属或化身出现。一行《大日经疏》卷六云："降阎摩尊是文殊眷属，具大威势，其身六面、六臂、六足，水牛为座，面有三目，色如玄云，作极忿怒之状。"① 八世纪中期不空译《圣阎曼德迦威怒王立成大神验念诵法》中把阎曼德迦威怒王作为文殊师利菩萨的化身："尔时，释迦牟尼佛观净居天宫诸菩萨天龙八部，告文殊师利言：……今正是时汝当宣说！圣阎曼德威怒王身乘青水牛，持种种器仗，以髑髅为璎珞，头冠虎皮为裙，其身长，大无量由旬，遍身火焰洞然，如劫烧焰，顾视四方，如师子奋迅。"除此之外，不空还翻译出《大乘方广曼殊室利菩萨华严本教赞阎曼德迦忿怒王真言大威德仪轨品第三十》、《大方广曼殊室利童真菩萨华严本教赞阎曼德迦忿怒王真言阿毗遮噜迦仪轨品第三十一》（小字注云：六足本尊品第二）两种，以阎曼德迦为本尊的密教仪轨。又有题为"一行撰译"的《曼殊室利焰曼德迦万爱秘术如意法》，以及未详译者与出处的《文殊师利耶曼德迦咒法》。

唐长庆四年（824），中天竺那烂陀僧人菩提仙等译出的《大圣妙吉祥菩萨秘密八字陀罗尼修行曼荼罗次第仪轨法》，述最胜大威德八字曼荼罗坛法，也将阎曼德迦金刚作为文殊的眷属，述其形像为"青黑色，六头、六臂、六足，各执器仗，左上手执戟，次下手执弓，次下手执索，右上手执剑，次下手执箭，次下手执棒。乘青水牛为座"②。此《八字仪轨》出《文殊菩萨普集会经》"除灾救难息障品"。

从汉译佛典来看，公元9世纪初期以前，阎曼德迦还只是作为文殊菩萨的眷属或化身，尚没有在印度发展出独立的教法体系。不过，依据藏传佛教传统来看，自公元9世纪以后，随着怛特罗佛教的兴起，阎曼德迦教

① 《大正藏》第39册，第642页下。

② 《大正藏》第20册，第785页下。

法很快成为蔚为壮观的秘密教法体系。

依据藏传佛教传统，阎曼德迦法和密集教法一样，同属于无上瑜伽部父怛特罗教法。密集教法是佛陀为调伏具贪弟子讲的，阎曼德迦法是为调伏具瞋弟子讲的，贪、瞠、痴三毒系缚众生不得解脱。大威德金刚是无上瑜伽部最高的本尊之一。与此尊有关的密法很多，主要作用是在除魔与对治阎罗死魔等，是父怛特罗中即身成就的主尊。

在无上瑜伽密法中，阎曼德迦是由文殊童子化现的，一面二臂。不过，他又应机化现多种身形，通常是獠牙暴齿，头发蓬乱，眼露威光，嘴能吞食三界，气息如毒蛇，牙齿如雪山。双手作期克印，能迅速赐予修行者以成就。足腿伸张时世界振动，其脚踵或指头就能镇压梵天。且以期克印使东方大自在天、南方帝释天、西方大梵天、东方遍入天、东南他化自在天、西南象鼻天、西北镇格迪天、东北六面童子和众阎罗王之间的异生恐惧，消除修行者遇到的一切障碍，成就其果位。

二　阎曼德迦教法的经典

与其他无上瑜伽怛特罗教典一样，传说《阎曼德迦怛特罗》分广、中、略三种传本，黑色与红色两种教法。广本是化身佛文殊菩萨为消除诸相和分别，立足于空性理论而说的，有十二万一千颂；中本是受用身或称报身为十地自在、大天等数十万空行众讲的；略本是由化身佛说的。广本与中本仅存于传说中，真正流传于世的是略本。

《阎曼德迦怛特罗》略本由五部经典组成，包括《一切如来身语意黑阎曼德迦怛特罗》、《黑色大威德轮成就一切事业六面童子怛特罗》、《吉祥金刚大威德怛特罗》、《吉祥红阎曼德迦怛特罗王》，以及《红阎曼德迦怛特罗》二十品。前三部属于黑阎曼德迦教法，后两部属于红阎曼德迦教法。

《一切如来身语意黑阎曼德迦怛特罗》（*Sarva-tathāgata-kāvya-vāk-citta-kṛṣṇa-yamāri-*（*mahā*）*-tantra*），或略称《黑阎摩梨怛特罗》（*Kṛṣṇa-yamāri-tantra*）通常被视作黑阎曼德迦教法的根本怛特罗，共十八品，于11世纪初翻译成藏文，后来又经过进一步校订。全经十八品，全面系统地叙述阎曼德迦的名称、菩提心、羯磨、幻轮、护摩仪轨及文殊金刚、呬噜迦的修持方法等。第一现观次第品，讲述金刚持生起次第仪轨、十六字咒、十七位本尊的现证、曼荼罗诸本尊的真言和现观次第。第二大曼荼罗次第品，讲述生处加持及曼荼罗。第三羯磨次第品，讲择地仪轨、受用甘露法、五本尊座、四羯磨本尊修法及眼药等成就的修持方法、功能等。第四次第分别品，讲预备、寂静、广博、灌顶、召引、坚定、诅咒、杀害八业。第五幻轮画法品，讲述幻轮的差别及驱逐法。第六绘轮品，讲述祈祷、部主、三昧耶、灌顶种类及施食仪轨，以及幻轮咒语。第七加行品，讲四本尊母的业加行、灌顶语及勾召加行。第八护摩仪轨品，讲述进行护摩仪式的准备、寂静、广博、灌顶、召引、坚定、诅咒、杀害八业。第九曼曼德迦名称品，介绍阎曼德迦称大威德的原因，以及降雨、海浪、观见本尊、幻执、消除头部疾病、嗾使杀害、敌魔游荡七种微业。第十随念品，讲述修持诈尸法，现证四护门、空中曼荼罗、本尊母座及如何修炼随念的方法。第十一净冶品，讲述九本尊、秘密曼荼罗生起、手印相、明禁戒行和手印法，以及持棒阎曼德迦、三昧耶、能依甘露修持法。第十二所为业品，讲四本尊母赞歌、念诵、数珠、惩治恶魔、念诵的标准、施食、献食和供奉等。第十三决定成就品，首先讲十三尊金刚空行佛母像的曼荼罗、仪轨，然后讲述逊婆明王所修地下法，以及十三尊马头明王所修空行法的方法仪轨。第十四文殊金刚修行法品，介绍曼荼罗安置、标准、用料及本尊的标准，以及十三尊独髻天母、十三尊文殊金刚佛母的修行方法等。第十五无身金刚修行法品，介绍十三尊除毒佛母拘鲁拘勒八手和十三尊无身金刚修行法。第十六呬噜迦修行法品，针对殊胜成就，讲述十三尊呬噜迦修行法。第十七菩提心品，讲述生起次第法的祈请、四瑜伽定持、十四根本堕罪及圆满次第胜义菩提心。第十八品述佛陀委托金刚手菩萨讲授阎曼德迦法的全部过程，以及阎曼德迦、空行佛母、逊婆明王、马头金刚、独髻佛母、文殊金刚、除毒佛母、无身金刚、呬噜迦八曼荼罗教授。一般认为，此怛特罗前十七品是正文，第十八品为后记。[①]

《黑阎曼德迦轮成就一切业怛特罗王》(*Yamāri - kṛṣṇa - karma - sarvacakra - Siddhakara - nāma - tantrarāja*)，又称《黑色大威德轮成就一切业六面童子怛特罗》，简称《六面童子怛特罗》通常被看作《一切如来身

---

① 许德存：《西藏密教史》第二章第一节“阎曼德迦本尊法”，第73—75页。Shastri，*Hara Prasad*：*a descriptive catalogue of Sanskrit manuscripts in the government collection under the care of the asiatic Society of Bengal*，vol I，Buddhist Manuscripts，(Calcutta，1917) 对此经的梵文写本及各品内容作过介绍。

语意黑阎曼德迦怛特罗》的注释，重点介绍施食和坛城仪轨，以及大、中、小三种律仪，并对幻轮作了补充说明。关于六面童子的来源，此怛特罗记载说，佛薄伽梵的身、语、意金刚，同痴金刚、悭金刚、贪金刚、嫉金刚、地金刚、水金刚、火金刚、风金刚、菩提心大乐女、功德髻女、心续能满女、精进本性女、熏香女、花女、燃灯女、看水女，齐住于后妃之生殖器。毗多罗天女起座合掌白佛，问以避免侵袭大乘及众有情的法门。佛薄伽梵从自我身、语、意金刚取出此心，化成六面童子六臂六足形象。六面童子的形象由此产生出来，相应的教法被整理成《六面童子怛特罗》。

除此之外，六面童子还有印度教湿婆派即大自在天派的背景。11 世纪去印度与尼泊尔求法的热译师在其《吉祥金刚大威德广疏黑释》记载，在南赡部洲形成时，大自在天和乌玛合欢时，被一位前来化缘的仙人看见，乌玛非常生气，责备仙人不该这时来化缘，即取出一颗热种子放进仙人嘴中。仙人立时觉得口中灼热，至海边漱口，冷热结合，种子变成一位童子。此时，海边有六位沐浴的少女，发现了这位童子，争着说孩子是自己的。当她们争执未决时，孩子化出六面，同时满足了六位少女的心愿，故名六面童子。童子化现六面之际，大自在天委任象鼻神为赡部洲主人，引起摩多罗摩神的嫉恨，双方刀戈相见。结果，象鼻神战败，大自在天又派象鼻神联合六面童子与摩多罗摩战斗，再遭遇惨败。大自在天大怒之下，又联合三十三天的神鬼八部再战摩多罗摩。摩多罗摩因寡不敌众，遁至佛薄伽梵文殊金刚跟前求援。文殊金刚为调伏三十三天的鬼神八部与大自在天化现三十四臂，为调伏马头金刚化现水牛相。另外，文殊金刚为对治地上八病与八害化现十六足，为对治大自在天，又生起坚固相。调伏一切后，文殊金刚宣讲《佛薄伽梵吉祥金刚大威德》十万颂，并将其法密封，授予胜佛母金刚起尸女和秘密主金刚手菩萨。他们预见到净劫的徒众无人修此法，便将其埋藏在邬仗那空行地法库中。之后，这种密法被游戏金刚等人发掘弘传，是为大威德教法，也是六面童子法的来源。显然，这个故事带有藏地的伏藏传统，不过由此可以看出大威德金刚密法掺杂了不少大自在天（湿婆）教派的因素与影响。

《六面童子怛特罗》还记载了阎曼德迦教法的缘起，内中说佛陀调伏忿怒羯摩阎曼德迦后，始讲《阎曼德伽怛特罗》，为调伏天子讲授《阎曼德迦黑敌怛特罗》，为调伏业阎摩而讲授《六面童子怛特罗》，为调伏大自在天，讲授《九尊大威德怛特罗》。通过这种方式，就把阎曼德迦教法的起源溯至佛陀时代，虽然其中掺杂有太多的虚构成分，但由此也进一步证实了此秘密教法与印度教大自在天（湿婆）派的相互影响与借用。

黑阎曼德迦教法的第三部经典是《吉祥金刚大威德怛特罗》（*Śrī - vajra - mahābhairava - māma tantra*），又称《吉祥金刚大威德大瑜伽怛特罗》，全经共七品，分别是曼荼罗品、一切成就品、咒语拾品、修行品、画像品、护摩业仪轨品和禅定业修行品。此经也通常被看成《一切如来身语意黑阎曼德迦怛特罗》的注释，主要解释忿怒羯摩部分。在藏传佛教传统中，此经被视为《吉祥金刚大威德轮十万怛特罗》的节本，是游戏金刚从邬仗那掘出。如此而言，此经与《六面童子怛特罗》一样都是出自邬仗那。①

《吉祥红阎曼德迦怛特罗王》（*Śrī - rakta - Yamāni - tantrarāja*）是红阎曼德迦法的主要经典，共有十九品，依次为现观次第品、幻轮品、真言加行品、大威德品、五修行品、胜敌军品、修行非有眼药精华品、修梦魔品、修诈尸和夜叉女品、护摩仪轨品、护摩品、大曼荼罗品、灌顶品、三昧耶修行品、修一切方便品、决定成就品、无身品、菩提品、双运品。在这十九品中，第一品主要讲述五本尊的现观，附带介绍圆满次第法。第六、七、八、九品，先讲提炼精华的方法和使役修行，然后介绍业资粮及各种成就。第十一品以后各品详细介绍施食仪轨。第十九品讲双运法，其余各品讲述曼荼罗的设置方法和规则。

于上述十九品本外，此部怛特罗还有一部二十二品本，相传是毗畦巴从邬仗那请出的，也被翻译成藏文，布顿曾依据梵文本作过校订。但因为这个本子结构错乱，又有残缺，所以并不怎么流行。

《红阎曼德迦怛特罗》（*Raktayamaritantra*）二十品是也讲红阎曼德迦教，不过它通常被视为母怛特罗部。

除上述五部根本经典外，藏文大藏经中还有多种关于阎曼德迦怛特罗的经典，如被称为能怖三法的《吉祥能怖金刚怛特罗》第七品、《厥宗能怖金刚》第三品、《厥宗能怖金刚》第一品。《独髻母怛特罗品类》，印度金刚吉祥降服天和妙吉祥的译名是《佛薄伽梵独髻品类怛特罗王》，不分

① 许德存：《西藏密教史》第二章第一节“阎曼德迦本尊法”，西藏人民出版社1998年版，第76页。

品次，主要讲述佛薄伽梵独髻的修行仪则，因此有人认为它应属事部密典。

藏地还流传一部《花阎曼德迦尊胜怛特罗》，全经有二十三品，前八品被称为根本怛特罗，第九品为后部怛特罗，第十品为再后部，第十一品至第十八品为补足怛特罗，第十九品至第二十三品为秘密怛特罗。整部经典运用念修四支解释成就修行的方法，介绍了棍子、标杆、短枪、人尸、持髅、尸林六种曼荼罗。其内容同《黑部怛特罗》七品相类似。多罗那他指出，这部经的两部梵文释著都有藏文译本，哇日·曲扎译师注释过。或以为《花阎曼德迦尊胜怛特罗》与《布顿目录》行怛特罗部中的《忿怒阎摩内现尊胜根本怛特罗》、《忿怒自摩内现尊胜后怛特罗》、《忿怒自摩内现尊胜再后怛特罗》相当。[①] 布顿解释说："这三部密典，日惹论师说是藏人所著，但不确实，因为可靠的注疏中曾引据过三种密典的语句。"[②]

除上述藏译阎曼德迦密教经典外，在同一时期的汉传佛教中也有一部关于阎曼德迦密法的经典，即北宋成平四年（1001）由中天竺那烂陀寺僧法贤译出的《妙吉祥最胜根本大教经》。此经又名《妙吉祥大教王经》，有三卷十分，即焰鬘得迦忿怒明王成就仪轨分、焰鬘得迦必隶睹得羯咤曼拏罗成就仪轨分、忿怒明王必隶睹得羯咤曼拏罗大明成就仪轨分、忿怒明王必隶睹得羯咤宝杖印曼拏罗秘密供养仪轨分、忿怒明王必隶多曩毗宝杖印曼拏罗秘密供养仪轨分、吠多梨印成就句召仪轨分、焰鬘得迦吠多梨印修行仪轨分、焰鬘得迦明王本法仪轨分、焰鬘得迦明王最上仪轨分、妙吉祥化身焰鬘得迦明王仪轨略出分，主要记述文殊师利化身大威德明王（焰鬘得迦忿怒明王）所说的秘密法门。此怛特罗是否与藏地所传诸种阎曼德迦教法同出一源尚不清楚。

三　阎曼德迦教法的流传

按藏地所传阎曼德迦教法的记载，释迦牟尼觉悟成佛之时，忽然有许多妖魔前来作障，释迦牟尼自心间化现忿怒黑敌王，让金刚手化成阎曼德

---

① 许德存：《西藏密教史》第二章第一节"阎曼德迦本尊法"，第 79 页。

② 布顿：《佛教史大宝藏论》，郭和卿译，"民族出版社 1986 年版行续部各种密经的目录"，第 323 页。

迦形象，降伏天龙夜叉等诸妖魔，金刚手领受佛命，又化成许多黑敌调伏诸魔，讲授《阎曼德伽黑怛特罗》十八品、《注释怛特罗六面童子》、《七品怛特罗》和《阎曼德迦红怛特罗》四部。一种说法是文殊菩萨显示大威德形象调状众魔，讲授经怛特罗，此教法便开始流传。

后来，这种教法在五天印度不同王国间流行，多有灵验。据说在东印度的札娑萨弥城，猛利圆满王念诵阎曼德迦陀罗尼，消除了各种恶摩的侵扰，以法摄政。西印度的诃罗波罗舍摩罗札城，许多人修得持明身，往生文殊刹土。北印度耶波那的某一位王执政百年，遇见一位曾亲眼看见文殊菩萨现身的比丘，向他学习阎曼德迦法，经过一段时间的修炼，精神焕发，再活百年。在西北印度的迦湿弥罗国，狮子天王通过阎曼德迦法力，征服了周边地区，扩展了疆土，城池近百座。从这些传说中，可以看出阎曼德迦法由于降伏恶魔的威力，因而受到五天印度诸多王国的皈信、修习与弘扬。

又相传许多修习阎曼德迦法的成就者，住修阎曼德迦坛城，获得大手印成就。其中，较有影响的是南印度商人之子怨敌（ra）和大海（Sara）兄弟二人。后来，阎曼德迦法的修习者与成就者越来越多，分别在南、北印度各地，如南印度欧提毗舍国的月隐王（月藏）当政期间，有位名叫一切种源的人精通三藏，从世光学习阎曼德迦教法，六个月修得成就。

相传又有廓日的婆罗门阇那迦曾修炼阎曼德迦密法。摩腊波（mallava）的婆罗门善成就（Susādhana）阿阇黎著《阎曼德迦八千一百仪轨》，传给三位弟子，被他们藏在岩洞里。西印度的轨范师狮子网（Harijāla/Singhajāla）与莲作（Kāmalakara）等人在阎曼德迦法方面很有成就。莲作生于首陀罗族，曾从一位瑜伽师学习阎曼德迦法，苦修几年，获得成就，在西印度邬仗那的十三座城镇边缘行善，引导众人皈依佛门。

再后来，阎曼德迦经怛特罗开始出现，以游戏金刚师徒为首的一大批学者积极宣讲阎曼德迦教法。揆诸怛特罗类经典出现的时间，阎曼德迦经怛特罗出现的时间应该在公元9世纪中后期。到10世纪中后期，超岩寺六贤门出世，阎曼德迦教法发展达到鼎盛，大部分人重视学习红、黑《阎曼德迦怛特罗》，成绩显著。其中比较著名的有游戏金刚、不空金刚（Amoghavajra）、寂智、妙吉祥智等人，在他们的努力下，阎曼德迦教法在印度广大地区流传，且远播至尼泊尔。

晚出的时轮教法认为，佛陀在南印度的吉祥米积山化现成大威德形象及黑敌坛城，向金刚手菩萨及无数受用身、化身讲授阎曼德迦教法。从这一传说可以看出阎曼德迦教法对时轮教法的影响与融合。

（一）黑阎曼德迦教法的传承

佛智论师被视为第一个传讲阎曼德迦教法的人，他把此教法传给燃灯贤，由燃灯贤传给游戏金刚。阎曼德迦教法总分为红、黑两大类，黑教法方面大体上有以下几派。

1. 游戏金刚

在阎曼德迦法承中，公元9世纪的游戏金刚（Līlavajra）是一位关键人物，相传他是最早获取阎曼德迦经怛特罗的人。

据多罗那他《印度佛教史》等文献记载，游戏金刚生于悉舍罗国（Śaṃṣa），又有说他是南印度欧提毗舍人，婆罗门种姓。游戏金刚天资聪慧，不到两岁便能背诵有关妙吉祥和大威德方面的咒语。10岁时，他向父亲表达了从一位精通《妙吉祥名号》的上师出家习法的愿望，得到父亲的同意，于是前往中印度的金刚座从无忧吉祥（Asokaśrī）受戒，随学因明、诗律及大乘佛教义理。在那烂陀寺学习和后来的巡回辩经过程中，游戏金刚接触到了许多陀罗尼，并得到《幻网经》灌顶。

为了求取密法，游戏金刚历经艰险，赴乌仗那从金刚瑜伽母受灌顶，苦修三月，掌握了生、圆二次第教法，最后从邬仗那的佛法宝库（Dharmakoṣa）获取大威德经怛特罗三部，也就是后来的三部黑阎曼德迦教法。他按照空行母的要求，于七日内熟记《一切如来身语意黑阎曼德迦怛特罗》、《六面童子怛特罗》、《吉祥金刚大威德大瑜伽怛特罗》和部分陀罗尼，又在乌仗那的摩提摩岛上修持《圣文殊真实名经》（*Ārya-mañjuśri-nāma-saṃgiti-siddhi*）。经过一段时间的修习，在他接近成就圣文殊时，文殊画像的圣容大放光明，长期照耀那个岛，因此他被人们称为“如日”。有几个邪见者需要佛教班智达的五根作为修行的材料，想来谋杀他。游戏金刚即变化为牛、马、童女、幼儿等种种现象，使行凶者不能辨识，只好退去，由此他又被称为“具种种形”。在其后半生，游戏金刚主要在乌仗那教化众生，最后获得虹化身金刚体。他出家之名为“吉祥最胜菩提具缘”（Śrīvarabhodi-bhagavant），密号为游戏金刚，因此他所造的论著都题有游戏金刚、如日、具种种形、吉祥最胜菩提具经造。

游戏金刚曾在那烂陀寺栖止过十年，广说真言乘教法，著有《真实名经注疏》（*Ārya-mañjuśri-nāma-saṃgiti*，圣文殊名义如实赞）、《黑敌阎曼德迦荼罗仪轨》、《阎曼德迦生源论》、《吉祥金刚大威德修行法》、《大威德四十九尊母修法》、《吉祥金刚大威德怛特罗王初品修法》、《四门论》和《八起尸广论》等。相传，游戏金刚后来离开那烂陀，又到中印度的摩揭陀、东印度的潘伽罗和南印度的欧提毗舍等印度大部分地区进行传教活动。在其晚年，游戏金刚第二次赴乌仗那传法，受到自在慧王的热情接待，再后来，他又赴迦湿弥罗国传教，是一位非常有影响的人物。

游戏金刚对阎曼德迦教法的弘扬功莫大焉。他首创阎曼德迦四十九尊曼荼罗仪轨及灌顶教授，以及大威德八起尸灌顶法门，并广泛传播阎曼德迦教法。四十九尊大威德曼荼罗修持法，是游戏金刚根据《吉祥金刚大威德怛特罗王》提出的，主张在无量宫、幻轮和尸林中以佛薄伽梵为本尊观想修行。具体方法是在金刚和天衣、旗幡等装饰的宝座上供置执持各种标帜的本尊大威德，金刚阿阇黎居本尊像前，为弟子灌顶，指导修炼起尸法。这种修行方法在他的《金刚大威德四十九尊修法》有详细的陈述。

传说他在世时，有一支突厥军队入侵中印度，游戏金刚勾画了降阎魔尊坛城以压制入侵军队，突厥士兵才到摩揭陀，全部出现长时瘖哑、身体僵直等现象，最后不得不退兵。

游戏金刚承法弟子甚众，皆各有所成。如僧伽罗主修金刚空行母法，婆罗门赛孜主修逊婆明王法（Sumbha-vidya-rāja），增上慢（Abhiman）修炼马头明王法，札迦奢多达以独尊佛母为本尊修炼夜叉女法，长胜友专修虹身金刚法，婆罗门法使（Dharmadaśa）主修除毒女法[①]，导胜主修无身。

从游戏金刚传承阎曼德迦教法的是南印度的施乐足。施乐足（Dana-ananda-pāda）通晓大瑜伽怛特罗，他把法传授给精通经论的赛那巴（Sena-pa），赛那巴传给迦湿弥罗人阿波梨那波。阿波梨那波经过刻苦修炼，获得捷足成就，传法给跋烂陀罗波的德尊贤。德尊贤是南印人还是东印人尚有争议，他把法传超戒寺六贤门之一的语自在称。语自在称传法给提婆阿伽罗旃陀罗。阿伽罗旃陀罗（Akaracandra）是中印度摩揭陀人，对时轮、密集、阎曼德迦等教法研究颇深，尤其在阎曼德迦方面成绩显著，被

① 近代印度学者罗睺罗曾在西藏发现题名为“吉祥法使”著《黑阎魔梨怛特罗释论》（*Kṛṣṇa-yamāri-tantra-pañjikā*），当出自此法使之手。参见［日］冢本启祥、松长有庆、熙田矶文编著《梵语佛典之研究》IV“密教经典篇”，第240页。

称为白班智达。

与上述传承谱系颇有出入的是，热译师认为《黑怛特罗》的传承法系是，游戏金刚传佛智论师，佛智论师传吉祥持，他们三人被称为"大曼荼罗金刚阿阇黎"。但从其活动的时间来看，这种说法很值得怀疑。

2. 吉祥持

吉祥持（Śrīdharana/Śrīdhara），印度摩揭陀人，婆罗门种姓，据多罗那他《印度佛教史》载，他曾经担任过超戒寺的首座，从他的师承及传授的教法来看，他似应活动于公元9世纪中叶。

吉祥持自幼学习语言和逻辑学，于超岩寺受出家戒和具足戒，钻研三藏，跟随佛智论师的几位上首弟子黑行等人学习密集和阎曼德迦密法，取得了显著成就。多罗那他《印度佛教史》说他曾跟随黑行修习妙音天女真言念诵教诫，很快就亲见住于坛城西北的妙音天女，获得大手印最胜成就。此后，吉祥持前往南印度弘法，在南方毗陀婆国时，信奉外道的国王要将三藏比丘大说法师斩首，吉祥持请求国王不要这么做。国王提出条件，要以吉祥持的头颅来置换。吉祥持即自断其头献于王前，并以水牛头安置于自己的头上，于是被人们称为牛首阿阇梨。[①] 后来，吉祥持在南印度毗达罗和一些外道僧人辩论，险遭毒害，被迫返回中印度，住于超戒寺，专心修持与著述。不过，多罗那他则记载说，他是在南方示现神通，名声显赫，因而被迎请至超戒寺担任首座。[②]。

在超戒寺期间，吉祥持专意著述，有多种著作传世，由于他对黑、红两种阎曼德迦教法都有修习，与之相应的著述也特别突出。在黑阎曼德迦教法方面，吉祥持著有《一切如来身语意黑阎曼德迦怛特罗释俱生光明论》（*Sarva-tathāgata-kāvya-vāk-citta-kṛṣṇa- yamāri-mahā-tantra-Sahajāloka-pañjikā*）[③]、《黑阎曼德迦修法明句论》、《黑阎曼德迦修法》、《黑色十三尊大威德修法仪轨》。

在红阎曼德迦教授方面，吉祥持亦有显著的成就，著有《红阎曼德迦十三尊曼荼罗圆满修法》、《独雄大威德修法》、《曼荼罗仪轨》、《忿怒

① 多罗那他：《七系付法传》"辞句传承"。

② 多罗那他：《印度佛教史》第三十八章"超戒寺首座传承"。

③ ［日］冢本启祥、松长有庆、熙田矶文编著：《梵语佛典之研究》Ⅳ"密教经典篇"，第246页。

火神供养仪轨》、《红大威德共同供养仪轨》。其中《十三尊红阎曼德迦母修行仪轨》是吉祥持根据《吉祥红阎曼德迦怛特罗王》十九品所作，这种十三尊曼荼罗四灌顶教授法门后由毗若奢波继承法位继续弘传，使红怛特罗教法一直盛传不衰。

除了关于黑、红两种大威德教法的著作之外，吉祥持的《根本怛特罗广疏》、《亥母供养仪轨》、《妙音母供养仪轨》、《四天女修法》主要论述生起次第教法，他的《四瑜伽加持》、《四瑜伽七言句论》、《往生加持》、《往生口诀》、《幻轮及回遮口诀》、《持光女加持》、《修行法》、《三摩地仪轨》八部著作则主要讨论圆满次第法。

从吉祥持派分出了以大不空金刚、智尊、吉祥金刚、波罗达阿陀罗阇耶、大成就者那罗巴、班智达佛护为代表的六派，通称“印度班智达六宗”。加上尼泊尔智慧断手派，共七派。他们之间的差别，主要表现在对大威德曼荼罗的认识上，代表了大威德生起次第法方面的七种修持方法。

大不空金刚（Mahāmogha-vajra）是10世纪时人，以修持与传承忿怒佛母四轮、大威德八忿怒佛母法和八起尸法等著称。他的《十七尊大威德曼荼罗修法文殊摄论》首次开创大威德十七尊曼荼罗灌顶法门。这种法门是大不空金刚根据《吉祥金刚大威德怛特罗王》和其他几部经典提出来的。具体修持方法把无量宫、幻轮、护轮、寒林作为曼坛城，主供佛薄伽梵金刚大威德，手持各种法器，以八位夜叉母替代八起尸法，八办外莲换成八位阎曼德迦本尊，共十七尊。阿阇黎居坛城中央传授灌顶，亲自指导修炼。大不空金刚弟子有自在慧和寂生慧。寂生慧传承幻轮、护摩等教法，莲花金刚继承其法位。

莲花金刚（Padma-vajra），北印度乌仗那人，不过也有人说他是南印度欧提毗舍人，原名罗摩波罗（Ramapala），法号吉祥护（Śrīgupta），莲花金刚是他入修密法以后的名号，又或因其为乌仗那人，称为乌那巴。莲花金刚晚年依止自在意专修密法，对十三尊大威德教法很有研究。

莲花金刚的弟子智慧断手是尼泊尔人，婆罗门种族，初学吠陀法，担任过国王的侍从，后来前往乌仗那从莲花金刚接受灌顶，修炼大威德法。由于他刻苦修炼，得到了智者文殊的称呼，创立了一面二臂、一面四臂和三面六臂三种大威德曼荼罗法门。

莲花金刚的另一位弟子燃灯作护（Dīpakararakṣita），也是尼泊尔人，曾就学于慧源、金寂祥、法尊和莲花金刚门下，全面掌握了鲁伊巴所传

《胜乐》教授和十三尊大威德法，被誉为尼泊尔观自在。燃灯作护晚年进藏传法，培养出了许多有名学者。

还有一位未详其生平行迹的胜祥创立独雄大威德本尊法门，将大威德教法与胜乐教法结合起来。据说修炼此教法时能同时出现能依、所依两种相状，如同鳖状。此前吉祥持的《黑色大威德修法明句论》、妙音的《独雄大威德修法》与不空金刚的《阎曼德迦修法及曼荼罗仪轨》已经也提及这种修持方法，不过没有作详细的论述，胜祥结合鲁伊巴所传胜乐教法，将独雄大威德本尊法进一步系统化，其《独雄大威德摄论》即专门陈述这种教法。

（二）红阎曼德迦教法的传承

相传红阎曼德迦教法最初由毗哇巴和毗卢波分别从乌仗那的《阎曼德迦广怛特罗》十万颂中整理出《红怛特罗二十二品》和《红怛特罗十九品》加以传播。又有人说是游戏金刚从乌仗那的一座法库中请来的。多罗那他《印度佛教史》记载："若依照圣地最著称的传说，瑜伽自在毗卢波观修降阎摩尊之道而为金刚亥母加持，获得成就。成为与降阎摩尊不二的大瑜伽自在固然可以开示一切怛特罗，但是成就者们适应现实所教化者的缘分而作教示那是自然的，因此请出《红色降阎摩尊怛特罗》，并依照世尊所说将修法与教诫（upadeśa，优婆提舍）笔录成文。"如果按多罗那他的这种记载，红阎曼德迦教法很有可能就是由毗卢波所创，宗喀巴依据教法传承关系判定毗卢波与毗哇巴为同一人，这种说法进一步凸显出毗哇巴在红阎曼德迦教法传承中的关键性角色。

毗哇巴，全名"瑜伽自在吉祥毗哇巴"，意为"吉祥护法"，印度密教八十四位成就师之一。他是东印度苏摩补梨寺的一位上师，曾经受过胜乐灌顶，苦修二十四年，获得大手印成就。由于他性格怪异，嗜好酒肉，宰食了寺中的鸽子，被发现后棒打出寺。在离寺渡海过程中，毗哇巴乘坐一片莲叶，显示出高超的神通，寺院长老们目睹这一情景，追悔莫及，立即派人重新召回毗哇巴。重返寺院后，毗哇巴说明了宰食鸽子的缘由，并施法使鸽子起死回生，然后抛弃比丘的装束，做了一名瑜伽行者，来到恒河岸边行乞。在因陀罗城，他和外道僧比试法力辩经，取得胜利，又在东印度的提毗俱咤战胜外道僧徒，使其信徒全部皈入佛道。

毗哇巴建立了"五尊红阎曼德迦曼荼罗灌顶"和"无戏论"两种教

授法门。《布顿目录》中署名毗哇巴的著作有四部，即《红色大威德修法》、《光明显现次第论》、《红色大威德幻化轮蔓论》、《红色大威德圆满次第极无戏论真实性密要论》。

不过，毗哇巴与毗卢波是否真的如宗喀巴所言为同一人的不同名号，仍有较大的争议，许多藏传佛教中的各家目录在列出毗哇巴的著作后，通常又列出毗卢波关于红阎曼德迦教法的撰述——《红色大威德修法》和《供施朵玛仪轨》。

毗哇巴之后，吉祥持根据《吉祥红阎曼德迦怛特罗王》十九品，撰著《十三尊红阎曼德迦母修行仪轨》，建立了十三尊曼荼罗四灌顶教授法门。吉祥持去世后，由毗若奢波继承法位继续弘传，使红怛特罗教法一直盛传不衰。

智藏也是传承红阎曼德迦教法的阿阇梨，其生平不可考，据说他依据《大威德广怛特罗》十万颂创立五本尊曼荼罗灌顶法门，其具体行法在他的《红色大威德现观修法》与《自我加持次第论》中有详细的陈述与解释。

在阎曼德迦教法传承史上，纳波巴是晚出的一位大家，他在各种怛特罗教法的传承谱系上都出现过，据相关的史料记载，他似乎是将阎曼教法与时轮教法结合起来的一位密教成就者。其时代应该是在各种无上瑜伽密法全面繁荣之后，《时轮根本怛特罗》中说："喀扎木江是持酒器，生为黑色著名瑜伽师。"《大黑天怙主现生怛特罗》也记载说："在欧提毗夏地方，士夫具有精进心，以对待罗摩衍那教诫之人一般应该努力扶持。这位优胜者获得剑等八种成就，于世间未曾出现，也不可出现。弟子中六人获得了舍身法大印成就。"① 从这些信息判断，纳波巴活动的时代应该是在11世纪中期之后。

据多罗那他《金刚乘密法概论》载，纳波巴论师生于东印度欧提毗舍，早年跟从阇兰达拉巴（Jalendra-pa）修习密法，成为那烂陀寺的大学者。后来，他又到北印度阇兰达拉，修习生起次第法，获得不动地和飞岩走壁的成就，后来还修成剑等八种共同悉地，修成中期佛果。相传他曾从空行母贤动手中请来桑布扎怛特罗，教化鬼魅，降服危害世人的罗刹女。

---

① 转引自多罗那他《金刚乘密法概论》，文见阿旺洛追扎巴著《觉囊派教法史》附录，许德存译，西藏人民出版社1993年版，第284—285页。

纳波巴曾在十三个地区教授金刚乘法，承业弟子甚多，据说追随他的随明轮弟子七百人，不明轮弟子人七百名，成就者有一千四百人。他在大威德教法与胜乐教法方面都有自己独有的成就，《布顿目录》中著录其多种关于阎曼德迦教法的著作：《黑色大威德怛特罗广释现观道灯论》、《修塔仪轨》、《荼毗仪轨》、《会供轮仪轨》、《供养仪轨次第》、《大威德修法》、《修塔仪轨》、《十大忿怒明王垛玛食子供养仪轨并实修法》、《六面大威德修法》。从这些著作可以看出，纳波巴对阎曼德迦教法的各种仪轨与修习方法有较为深入的研求。此外，他还在胜乐教法方面也有相应的著作传世，如《胜乐修法灌项》、《胜乐修法仪轨》、《胜乐修法护摩》、《明点》、《四次第》、《秘密真实性》六部大论，其中的前三部是生起次第法方面的论著，后三部是圆满次第法方面的论著。相传纳波巴曾经在二十四处与八大寒林中调伏教化了外道成就师止夏纳布玛和噶杂王等人，又运用胜乐教法显示神通，使东印度邦迦拉王等人改信佛教，使胜乐教法在当地广为流行，形成当时最有影响的胜乐流派。其嗣法弟子其众，其中有六位上首弟子，即艾雅罗、玛诃罗、达玛罗、德玛巴、贤足、沙弥切布巴。①

第四节　呼金刚教法的经典与传承

在无上瑜伽怛特罗方便父部兴起的同时，与之相应的智慧母部也继之而起。智慧母是相对于方便父说的，智慧即母，母就是智慧，是同类法的不同称呼。关于智慧母怛特罗教法，印度黑行者认为，凡直接讲生起次第法，间接讲圆满次第法者属父怛特罗；凡直接讲圆满次第法，间接讲生起次第法者属母怛特罗。承黑行者之说，西藏的佛教论师也认同方便父怛特罗讲生起次第法，智慧母怛特罗讲圆满次第法，方便是慈悲，智慧是空性。不过，多罗那他指出，方便父和智慧母的区分标准不是慈悲与空性，或生起与圆满二次第，也不应是幻身光明、福德智慧、乐空明空等，因为父部与母部都涉及这些内容，所不同的是修习方法、侧重点以及追求的境界。具体言之，智慧母部包括六个部族的法门，呬噜迦族、毗卢遮那族、宝生族、无量光族、不空罥索族、金刚菩萨族，布顿将其概括为呼金刚

① 多罗那他：《金刚乘密教概论》，阿旺洛追扎巴著《觉囊派教法史》附录，许得存译，西藏人出版社 1993 年版。

族、胜乐金刚族、胜乐金刚惹里族和大手印明点族，其中公元9世纪以后兴起的呼金刚怛特罗教法在母部怛特罗教法中具有非常突出的地位与影响。

一　呼金刚教法的基本典籍

呼金刚（Hevajra），又称喜金刚、饮血喜金刚。呼金刚（Hevajra）一词，He在梵文语法中是呼格，象征慈悲，即方便；金刚（vajra）象征智慧即空性，因此呼金刚就兼具慈悲方便与智慧空性两方面的含义。① 作为呼金刚教法中的本尊，呼金刚被塑造为五面四足、十六臂，每只手托着白色骷髅碗，内盛神物，白象、青鹿、青驴、红牛、灰驼、红人、青狮、赤猫，黄天地、白水神、红火神、青风神、白日天、青狱帝、黄施财等立在上面。主臂拥抱明妃，脚踩被降服的伏魔，骷髅头冠顶饰一尊忿怒明王像。《喜金刚空行母幻网律仪怛特罗》记载呼金刚的形象，称其“八面有八足，十六只手臂，足踩四妖魔，怖畏又怖畏。头髻作璎珞，住日而乐声，色黑极怖畏，金刚当顶持。口中发吽音，全身涂满灰，无我俱等合，等引四欢喜。顺利得快乐，无慢心本性；本面是黑色，右面为黑色，左红而惧畏，顶饰忿怒相，二十四只眼，其余面黑色”②。

呼金刚教法的基本典籍为《呼金刚怛特罗》，其全名题为《三十二仪轨分中择出二无我仪轨吉祥呼金刚达吉女网威仪大怛特罗王》（*Dvātriṃśat-kalpoddhṛta-kalpa-dvayātmaka-śrī-hevajra-ḍākinī-jāla-saṃvara-mahā-tantra-rāja*），因为它包括两部仪轨，即《金刚藏现等觉仪轨》与《大怛特罗王幻化仪轨》，因此它又被称为《二仪轨》（*Dvikalpa*）。

从其称名来看，《呼金刚怛特罗》可能有篇幅更大的本子，所以梵本经题中说它是从三十二仪轨中简择出的两种无我仪轨，汉译本于经题旁亦附加小注云：“大幻化普通仪轨三十一分中略出二无我法”，这里的三十一分或为三十二分之误。藏译本的翻译者卓弥·释迦益西指出，呼金刚的广本怛特罗有七十万颂，后来有人从中摄集出五十万颂三十二分本，现存的两部怛特罗仪轨即是此三十二分的第一、二分。梵、藏两种本子依旧保持了原来的二分法，在内容上亦几乎完全相同。汉译本则将其合并为五卷二十

① 李南：《略论喜金刚本续》，《南亚研究》2012年第4期。

② 许德存：《西藏密教史》第二章第二节“胜乐注释续”，第105页。

品，而且在涉及男女双修等有悖于中国道德伦理的内容时用了比较隐晦的言辞。

（1）《呼金刚怛特罗》第一分为“金刚藏现等觉”或“金刚藏现三菩提”（Vajra-garbhābhisaṃbodhiḥ），包括十一品，其各品内容如下。

一切如来身语意呼金刚金刚仪轨品第一（Sarva-tathāgata-kāya-vāk-citta-hevajra-vajra-kulpa-paṭalaḥ-prathamaḥ），述世尊住金刚明妃阴门形法生中之宫殿，出生妙三摩地，由此三摩地起，对金刚藏菩萨明示金刚萨埵、大萨埵、三昧耶萨埵，且谓此悉从大悲智金刚大菩提心所开示。次说空智金刚之三十二血脉相，表三十二菩提心，此三十二相总摄于罗罗拿（lalanā，左脉，即胜慧自性）、辣娑拿（rasanā，右脉，善巧方便）、阿嚩底（avadhūtī，中脉，即离能取所取的中说）三相。三十二脉行于流通三十二种菩提心的大乐处，通过修脉断除对三界的执着。次述说法因缘，即为欲成熟三有，远离一切能取所取，以诸方便了别性相，为持戒者分别解说诸佛贤圣智慧方便、三身三业及四佛母菩萨等，依四圣谛、四真实、四欢喜、四种律、四种明妃建四身轮。

真言品第二（Mantrapaṭalo dvitīyaḥ），列述诸种真言咒语，由此悟解我空、真言空、本尊空和智慧空性的道理，日月和合，方便智慧双修产生四喜。

一切如来身语意呼金刚诸天品第三（Sarva-tathāgata-kāya-vāk-citta-hevajra-devatā-paṭalas-tṛtīyaḥ），讲述修本尊的方法，先修慈，次修悲，后修喜，最后等至修。或者初修空菩提，次摄种，后修成形体，最后安排咒字。

灌顶品第四（Abhiṣekapaṭalaś caturthaḥ），述灌顶之方法，具体方法是先于自心及自种子出生黑色炽然光焰，左手执钩，右手作期克印，如佛住三界中。钩召八大明妃，随其供养本尊。先以唵字得一切如来灌顶，即以彼佛成空智明王相，持五甘露成办五如来贤瓶，作五种灌顶。当灌顶时，散众名华及郁金香，击鼓歌咏，供养金刚部、佛眼母等，成办空智三界，加持于四威仪如彼圣贤。

真实品第五（Tattva-paṭalaḥ pañcamaḥ），讲空性。佛教认为，五蕴及心、心所法都是假立的名言概念，空无实体。

行品第六（Caryā-paṭalaḥṣaṣṭaḥ）介绍成就金刚空智的观行方法与仪轨，尤其是诸种庄严事相中隐含的甚深义旨。如修观者当顶想宝轮，耳带宝镮，手串宝钏，腰垂宝带，足系宝铎及妙臂钏，颈严宝鬘，其中轮表阿閦如来，镮表无量寿如来，颈上鬘者宝生如来，手宝钏者大毗卢遮那如来，腰宝带者不空成就如来。

密行品第七（Chomā-paṭalaḥ saptamaḥ），列举各种身印与修行处所，以及金刚空智仪轨。身印即身体的各个部位与举手投足间诠表的意旨，修习瑜伽者应知各种密印。修习密法于远离魔事之处，具体而言有十二处，一者惹蓝驮曩国（Jālaṁdhara）、歌摩噜国（Kāmarūpa），或酤罗山（Molava/maurva）清净园林。二者摩罗鳣国，或信度河城（Sindhu）。三者蒙牟尼国、俱摩罗钵咤国（Kamārapātaka），及天后城（Devīkoṭā）。四者酤罗城（Kulata）、阿哩母城、虞那哩河，及呬末河。五者诃梨国（Hari）、蓝婆国（Lampāka）、韶国、金色城，或咸海（Lavana-sāgara）中。六者迦陵誐国（Kaliṅga）、洲子国、弥佉罗国（Mīkara）、矜羯那国（Kokaśa）……九者鼙罗嵝城（Pīlava）广大聚落。十者善行城（Caritra）、憍萨罗城（Kosala）、泯陀城（Vindhya）、俱摩罗布哩城（Komārapura）。十一者众所乐处，或大海边。十二者华果园林清净池沼。上述所列诸国当是呼金刚怛特罗教法形成时的佛法行盛之地或佛法修习中心。在修习金刚空智仪轨中，所有真言印契，皆住吉祥呬噜迦（Srī-Heruka）义，吉祥谓不二智，呬空性本因故，噜谓离染胜庄严，迦者无所住故。

摄集瑜伽母轮第八品（Yoginīcakro-nāma-mahā-yoginīnāṃ-melāpakapa-ṭalo'ṣṭamaḥ），讲四喜的修持法。修行时，意想虚空界如女性生殖器，是智慧的象征，专心于虚空界，证得大乐轮，如同阿鬘代表智慧，迦鬘代表方便，两者融合，产生白光五蕴。在修行所得的四种欢喜中，喜相当于瑜伽行者，胜喜相当于瑜伽母，两者决定极乐喜，离喜脱离贪欲。从世俗层面讲，第一步双方希望接触，第二步希望欢乐，第三步一切欲望破灭，第四步开始修炼，两者融为一体，产生俱生欢喜。

清净品第九（Viśuddhi-paṭalo navamaḥ），佛为金刚藏菩萨释清净义，即于色等境观想远离能取所取，所谓眼取色耳取声，鼻取香舌取味，身取触意取妙乐。又知金刚明妃即色蕴清净，遨哩明妃即受蕴清净，嵝哩明妃即想蕴清净，金刚拏吉尼明妃即行蕴清净，无我明妃即识蕴清净，五明妃即五蕴，五蕴清净即心清净，心清净则一切清净。

灌顶品第十（Abhiṣeka-paṭalao daśamaḥ），详细介绍灌顶曼荼罗的安置法和弟子受灌顶后如何实践的具体方法和途径。灌顶曼荼罗法包括择清净地，以吽字义作仪轨，以五宝末或米粉末画最上大曼荼罗，然后作坛。弟子入坛后先以帛覆面，为其说各种希有之相，劝发其生起诸种想，然后在灌顶师的指导下诵真言、作身印与观想。又说五大种为菩提心之所容受，坚硬法即是地大，湿润性即是水大，温热性即是火大，动转性即是风大，说妙乐性即是空大。若于妙乐发俱生喜，说是自性，一切所作即是持戒，与大悲方便之所相应。

第十一品无名目亦无标号。

（2）《呼金刚怛特罗》第二分名为“大怛特罗王幻化仪轨”（Mahātantra-rāja-māyā-kalpa），有十二品，其内容依次如下。

护摩决定处所品第一（Homa-nirṇaya-praṭiṣṭhā-paṭalaḥ-prathamaḥ）说护摩之法，即息灾用圆炉，白色，广一肘半，深等半。增益用四方炉，黄色，广二肘，深一肘。降伏用三角炉，黑色，广十指，深五指。信爱红色，钩召如信爱同，忿怒与降伏同。息灾用脂麻，增益用酪，降伏用羯诺迦木，忿怒用棘木，信爱钩召并用红优钵罗华。

成就决定品第二（Siddhi-nirṇaya-paṭalo dvitīyaḥ）介绍各种成就法的具体仪式与行法。

呼金刚一切怛特罗缘起和合秘语品第三（Hevajra-sarva-tantra-nidāna-sandhy-ābhāṣa-paṭalas tṛtīyaḥ），介绍呼金刚密法仪轨中各种事相隐含的义旨，相当于此秘密法中专用术语及诠表的佛法义旨的汇集。

呼金刚一切怛特罗手印摄义品第四（Hevajra-sarvatantra-mudra-ṇapīṇḍārtha-paṭalas tṛtīyaḥ），介绍金刚身印的仪轨如供养、观想等事项的步骤与义旨。

呼金刚现生品第五（Ābhyudaya-paṭalaḥ pañcamaḥ），述大悲空智金刚王示现忿怒相与柔软相。其忿怒相为身放青色炽盛光焰，八面一十六臂，足踏四魔，现忿怒相，带髑髅鬘及妙璎珞，得大无畏，住日轮中立如舞势，顶戴善巧金刚杵，黑色忿怒，以灰涂身，口诵吽发咤字，入乐寂静，离烦恼缚，妙三摩地。正面大黑色，右面如白色俱那华，左面红色大忿怒相，上面笑容，余四面并青黑色，共二十四目。

呼金刚画像仪轨品第六（Hevjra-paṭavidhāna-paṭalaḥṣaṣṭaḥ），述画像时画师所应行持的仪轨与戒律。与求成就者一样，画师也应受三昧耶戒，画像所用缯帛须清净细密，择去发毛。然后以莲华器成五彩色，于像幨下画自师尊。或先以丝线加持供养，如其大小织作幨样，又以广大三昧耶相应加持。作画的时间要安排在黑月分十四日，或空寂舍中日分时，画师起勇悍心，以上味法食，服妙缯彩，众宝严饰。然后求一具相童子，性行调柔，众所爱敬，住于左边，散妙香华。

饮食品第七（Bhojana-paṭalaḥ saptamaḥ），介绍在住曼荼罗修习期间的饮食安排仪轨，包括设置饮食的处所、布局与装饰等，如修习者用一莲华器盛奶酪，作莲华印契，手奉自师尊，作大礼敬，待师取已，然后自食，就可获大福报。

调伏品第八（Vineya-paṭalo'ṣṭamaḥ），或称教授品，述选择弟子的身相与德相，教授弟子的内容，介绍调伏法仪轨。受法弟子须先布萨，净住律仪，教授经法、《瑜伽》、《观行》、《大毗婆沙》及《中论》等。待一切真言理趣如实知已，然后才为其说吉祥金刚空智。

集咒品第九（Mantroddhāra-paṭalo-navamaḥ），汇集各种咒语。

念诵品第十（Jāpa-paṭalo daśamaḥ）或称持念品，介绍各种念诵仪轨，如用于不同功能的念珠所用材料也不同，禁止法用乳汁，以水精为念珠。信爱法用璨拏摩药，以赤栴檀为念珠。二种降伏法并用悉罗诃香，以木槵子或水牛角为念珠。忿怒法用白米饭，以真珠为念珠。钩召法用四种妙香，以末啰多木为念珠。发遣用麝香或自止出入息，以玛瑙为念珠。又求雨法及忿怒法，并真珠为念珠。

俱生义品第十一（Sahajārtha-paṭala ekādaśaḥ），述诸本尊颜色、手相与灌顶四种伽陀，以及加持金刚莲花真言。各部本尊颜色及手相依次为，阿闷如来部黑色，手如轮相；毗卢遮那如来部大白色，手如莲华文；无量寿如来部红色，手如宝剑相；不空成就如来部大绿色，手如妙宝珠；宝生如来部金色相，金刚萨埵部淡黄色，修瑜伽者当应具如是知见，慈心相应，不生悔慢。

呼金刚怛特罗的汉译本作《佛说大悲空智金刚大教王仪轨经》题注云“大幻化普通仪轨三十一分中略出二无我法”，由迦湿弥罗僧人法护译。全经共五卷二十品，因内容涉及男女双修，故译笔隐晦，不过从目前保存的各种文本的《呼金刚怛特罗》来看，汉译本在某些地方比梵语原本与藏语译本内容更为完整。

在藏传佛教传统中，喜金刚经怛特罗分《根本怛特罗》、《注释怛特罗》和《后怛特罗》。《布顿目录》认为分别对应于《呼金刚根本怛特罗第二分》、《空行母不共金刚歌注释怛特罗》、《吉祥桑布札后怛特罗》三部经典。不过，布顿的这种说法尚存在争议。有学者认为第一分相当于广本怛特罗，第二分相当于略怛特罗或注释怛特罗。[①]《呼金刚根本怛特罗王》第一分初由藏族翻译家卓弥·释迦益西于印度犍耶陀罗（Ghayathara）座下译为藏文，后来郭译师又作了补充翻译，成《金刚心要释》。在《布顿目录》中，《呼金刚根本怛特罗王》第二分又称《呼金刚空行母网律仪怛特罗》，被置于胜乐金刚“惹里续部”中。

从《呼金刚怛特罗》各品内容来看，呼金刚教法具有显著的性力崇拜、身体瑜伽与借破戒以求解脱的特点。

呼金刚教法中的性力崇拜体现在多个方面，比如宣说此教法的地点是在金刚明妃生殖器化现的宫殿，本尊呼金刚是以怀抱其明妃的面貌示现，曼陀罗修习与禅定冥想中始终有多位明妃伴随在本尊左右，而通过修行达致解脱的各种次第与性相，更是隐喻在莲花与金刚的结合即男女性爱之中。在呼金刚教法的瑜伽观行中，瑜伽行者当作轮坛观想，其内院有五位瑜伽女，是为五蕴，东边是金刚明妃，南边是遨哩（Gaurī），西边是嚩哩明妃（Vāriyoginī），北边是金刚荼吉尼（Vajradākinī），中央是无我天女。外院有遨哩、唧哩（Caurī）、尾多梨（Vetalī）、渴三摩哩（Ghasmarī）、卜葛西（Pukkasī）、设嚩哩（Savarī）、赞拏哩（Candālī）、努弭哩（Dombinī）八位天女，顶部有空行明妃（Khecarī），底部有地居明妃（Bhucarī），分别代表轮回与涅槃。诸天女皆黑色，面现忿怒相，手执宝刀、髑髅与髑髅杖，以宝钏、宝鬘、宝带为庄严，立于尸首之上。通过这些观想，修习者可以悟得空性、方便，达致解脱圆满境地。

呼金刚教法的另一特色乃在于其独特的身体瑜伽观想。作为无上瑜伽母部的重要法门，呼金刚教法主要讲述圆满次第的身体瑜伽修持，明确指出人体内有三脉和三十二条脉道。在《大悲空智金刚大教王仪轨经》卷一“金刚部序品”中，佛回答金刚藏菩萨的相关问题时指出，血脉相有三十二种，是名三十二菩提之心。又此法于大乐处总有三种，谓左脉、右脉与中脉，此三种即是住持不动清净智月。[②] 修持身体瑜伽时，血脉之相自大悲空智现起，并与菩提心相应。从中衍生出的左脉为般若，右脉为方便，阿嚩底即是中脉，左脉与右脉在此结合，是大乐之居所。三脉皆远离能取所取，为住持不动的清净智月自性，体现了该部的中道之说。左脉为

① 许德存：《西藏密教史》第二章第二节“呼金刚部经典”，第107页。

② 《大正藏》第18册，第588页。

女脉，代表女性创造力（sakti）、母、卵（rakta，红），元音系列（ali），与月对应，最后升华为空（śūnyata）和般若（prajñā）。右脉为男脉，代表着男性创造力（puruṣa）、父、精（sukra），辅音系列（kali），与日对应，最终升华为悲（karuṇā）和方便（upāya）。左脉与右脉结合后，使菩提心沿着中脉上行，最终达致解脱成佛之大乐境界。在具体行法方法，这部教法还记述喜金刚修持法中的四灌顶（阿阇梨、秘密、智慧、第四灌顶）、四喜（欢喜、至上欢喜、止灭欢喜、俱生欢喜）与四刹那（各种、异熟、圆满、无相），皆与性体验有关。①

呼金刚教法中借破戒以求解脱的方式亦非常明显，除了前述贪图女色与淫欲之外，呼金刚怛特罗中更突破佛教传统中的五戒，公开倡导杀、盗、淫、妄语与饮酒。梵本呼金刚第二分第三品第二十九颂指出，当金刚藏请问世尊应遵从何种习俗仪轨时，世尊即答以："你应杀生，你应说谎，你应取所不予，你应常追逐他人之妻。"以此为始，世尊还进一步开导说，不应避开任何事物，不要试图了解它们是否适宜。智者不放弃睡眠，也不控制感官。他食用一切肉类，与各色人等交往。他与一切妇女亲热，他的心从不惊慌。他不喜爱朋友，也不憎恨任何敌人。他不应顶礼膜拜神像，因为瑜伽行者永远住于自己本尊神之中。智者随时准备接触一切种姓的人，一如接触自己的身体，无论是婆罗门、刹帝力、吠舍和首陀罗，还是种姓之外的董巴（doṃba）、詹陀罗（candāla）、迦摩罗（carmara）与呵迪迦（haddika）等。在吃喝饮食上他无任何禁忌，因为他的心识无分别。

上述呼金刚教教法的诸种特点在其他母部怛特罗教法如胜乐教法、四座教法等都有显著的体现，这类怛特罗经典大约定型于公元9世纪以后，其教法在后来几个世纪的印度佛教中居于非常重要的位置。这一点通过各系教法的传承即可见出。

二　呼金刚教法的传承

据藏传佛教资料记载，《呼金刚怛特罗》在印度最初是由腊瓦巴（Lvava-pa）、海生金刚（Saroruha）等传出，后传黑誓愿金刚（Kṛṣṇā-samaya-vajra）、难胜月（Durjaya-candra）、那若巴（Naropā）、麦哲巴

① 李南：《略论喜金刚本续》，《南亚研究》2012年第4期。

(Maitripā) 等成为七派。后来又有《金刚心释》、《难释》等，共有十二派。[①]

《根本经》二《现观怛特罗》有六曼陀罗，解释经《金刚幕怛特罗》有六十二曼陀罗，怛特罗后分有《大手印点怛特罗》，后又分出《智藏怛特罗》，二者各有一曼陀罗。又讲怛特罗《智点》有五曼陀罗，果怛特罗《真谛灯》有一曼陀罗，他如《外曼陀罗》、《身曼陀罗》、《十五无我母》，以及桑补扎所说《寂静金刚萨埵法》、《钺刀五尊、八尊、十二尊、十七尊》和《谷棍十忿怒》随许等，其派别纷繁，体系庞杂，很难梳理清楚，由此也可以看出，呼金刚怛特罗教法传承之兴盛。

毗汝巴 (Virūpa) 为胜天 (Jayadeva) 的弟子，亲入十五无我母曼陀罗中，传其灌顶，得神通自在，相传他从乌杖那请出《红阎曼德迦怛特罗》，造《道果金刚句》、《无分别阎曼德迦》等金刚乘论，收伏外道，教化众生甚多。

毗汝巴弟子为卓毗黑汝迦，初为皮匠，得道后度斯那日王，后与此王及城廓、鸡犬一齐飞升。他又从乌仗那请出《古汝古烈笃巴》、《阿若里》两种怛特罗，还造立各种密部论典，得空行母讲授了悟《欢喜金刚》心义，遂造《无我母修法》、《俱生成就法》等，为弟子普灌顶。后以綦地传罗瓦巴 (Lvava-pa)。[②]

鲁伊巴得毗汝巴灌顶及其根本怛特罗，经十二年而得成就。从邬伏延那请出《呼金刚本怛特罗》，又造作多种论典，为众生宣示圆满次第之法，备受邬伏延那王因陀罗菩提 (indra-bhuti) 所崇敬。后来，他又度化因陀罗菩提王，使其也获得成就。

莲花金刚 (Padama-vajra) 相传是佛吉祥智的弟子。不过，从呼金刚教法传播的历史发展来看，莲花金刚似乎应是佛吉祥智的后学。他著有多种与呼金刚教法相关的著作，如《呼金刚成就教示》、《会供轮第五三昧耶》、《呼金刚如灯焰端秘要》、《呼金刚曼遮及护摩仪轨》、《呼金刚海岛曼荼罗仪轨》、《呼金刚赞二十颂》。另外据《布顿目录》所载，他还与一位亨遮菩提王合著《呼金刚根本现观广略二论》。莲花金刚的《呼金刚成就教示》(*Hevajra-sādhanopāyika*) 有梵文写本，内题为莲 (Saroruha)、莲

① 刘立千编译：《印藏佛教史》第十一章，民族出版社 2000 年版。

② 刘立千：《印藏佛教史》，民族出版社 2000 年版，第 31—33 页第五章“密乘之弘扬”。

花金刚（Padma-vajra）、莲花（Kambala）等，《布顿目录》注录为《呼金刚修法》。这本书的注释书有阇兰达里巴（Jālandharī-pa）的《呼金刚修法释清净金刚明灯论》（*Vajrapradīpa*），阇兰达里巴是鲁伊巴弟子黑行的老师，由此可以判断，莲花金刚应与鲁伊巴同时。

黑誓愿金刚（Kṛṣṇācārya）或称黑誓句金刚、黑三昧耶金刚，是觉智足法统的奉持者，在罗罗地方一个寂静处陈设一个呼金刚的画像，专一修持。经历好多年，一次，在他专注于自身坛城的显现时，其明妃看到画像前面有个颤动的东西，告诉黑誓愿金刚，先前显现的坛城消失。用手抓住颤动的东西，发现是一具尸体。黑誓愿金刚知道这是成就的物料，就毫不犹豫地受用了，由此进入大乐空寂的状态，七天后亲见呼金刚坛城，由此获得无量能力，得《呼金刚法》成就。他认为呼金刚法门超越菩萨所修的六圆满行的波罗蜜法门，因为波罗蜜法门须经累世精进修行，耗时无限，方有可能证得佛果，臻至胜境；而呼金刚法门则可使合格的禅修者在现世中证觉成佛。

难胜月（Durjaya-candra），相传他最初从屠女出身的瑜伽母僧伽罗（Saṅgara）请法，后至乌苌国专心修观，在此期间，遇到钟毗巴及其明母，遂从其受诀要。后来，难胜月至墓地间，用死人的前颅骨搭建起居所，与一瑜伽女专精修行，感呬噜迦示现，得共同悉地。修行获得成就之后，难胜月至超戒寺，被推举为住持。难胜月的著作主要有如下数种：《曼荼罗美妙全摄仪轨》（*Suparigraha-nāma-maṇḍala-upāyikā-vidhi*）、《六支修法》（*Ṣaḍaṅga-nāma-sādhana*）、《七字成就法》（*Saptākṣara-sādhana*）、《无我母十五尊赞》（*Nairātmya-devī-pañca-daśa-stotra*）、《无我成就法》（*Nairātmya-sādhana*）、《供施一切部多垛玛食子仪轨》（*Sarva-bhūta-bali*）、《金刚幕空行母五尊修法》（*ḍākinī-vajra-pañjara-pañcaḍāka-sādhana*）、《宝难义释》（*Ratna-cchaṭā-nāma-pañjikā*）、《胜乐轮成就法甘露字论》（*Cakra-samvara-sādhana-amṛtākṣara-nāma*）《月光难义释》（*Kaumudī-nāma-pañjikā*）、《摩诃摩耶难义释具幻化论》（*Mahā-māyā-tantaasya-pañjikā-māyāvatī-nāma*）。难胜月传法于其明妃苏部伽，苏部伽传于陀耶室利，陀耶室利传于中金刚座，中金刚座传于俱萨黎。

游戏金刚（Kelikuliśa）在传承黑阎曼德教法的同时，也是呼金刚教法的主要传承者。他著有《呼金刚达吉女刚金刚宝鬘》（*Hevajra-ḍākinījāla-mahāntantra-ṭīkā Vajraratnāvalī*）。

金刚藏（Vajragarbha）著有《呼金刚摄义广注》（*Hevajra-piṇḍārtha-ṭīka*）、《六千颂呼金刚广注》（*ṣaḍsāhasrikā Hevajra-ṭīkā*）两种，后一种是现存注释呼金刚怛特罗最大部头的著作。

吉祥莲花怙（śrīkamalanātha）著有《喜金刚怛特罗注释》（*Hevajra-tantra-pañjika*）。

超戒寺六贤门中的那若巴（Naropa）著《金刚句真髓集细疏》（*Vajrapadasāra-saṃgoaha-pañjika*），另有《吉祥呼金刚细疏真珠鬘》（*Śrī-hevajra-pañjikā-muktāvalī*），经内题为"大阿阇梨吉祥宝作寂"（Ratnākara śānti）著。故知呼金刚教法在超戒寺传承颇为兴盛。同时代又有罗睺罗护足（Maṇḍalācāryya-śrīrāhulagupta-pāda）为阿底峡（982—1054）的上师之一，著有《无上五次第呼金刚明解》（*Pañcakramānuttara-Hevajra-prakāśa*）将密集教法与呼金刚教法结合起来。阿底侠尊者著《呼金刚法中供施一切部多垛玛食子仪轨》。

约与超戒寺六贤门同时，于超戒寺出家受戒的法护法师在北宋王朝译传呼金刚教法。法护（Dharmapāla，980—1058）姓憍尸迦，为北天竺迦湿弥罗国人，出身于当地的婆罗门种姓。自幼学习吠陀及其他印度教经典，后至中天竺摩揭陀国，于超戒寺出家归信佛教。受具足戒之后，先后从希有乘、妙意尊、施铠学习律藏、声明与三乘之学，复访求名师学习大乘经论。25 岁时，即北宋真宗景德元年（1004），法护与法兄觉吉祥智结伴来到宋代都城汴梁，向朝廷进献佛舍利与贝叶梵经，受到宋真宗的召见与礼遇，受赐紫衣束帛，敕住译经院从事译经。景德三年（1006）受诏担任译场证梵文一职，赐为普明惠觉、传梵大师。从真宗朝至仁宗朝，法护先后拜封朝散大夫、试鸿胪少卿、试鸿胪卿，终至试光禄卿。仁宗嘉祐三年（1058）示寂，年 79 岁。

11 世纪中后期的纳波巴为诸种怛特罗教法的集大成者，他除了精于阎曼德迦、胜乐等教法外，在呼金刚教法的传承方面也很有成就。《布顿目录》中收录了他的《呼金刚独勇修法》、《会供轮仪轨》、《护摩修法》、《曼荼罗仪轨释》、《无我母修法》、《呼金刚修法真实性显明论》、《度亡仪轨》、《唉、榜、玛、雅解说明灯次第》。又有枳布巴著《呼金刚独勇修法》或是承纳波巴之法系者。

《布顿目录》还著录了多种呼金刚教法的论著，如达惹西的《二臂呼金刚修法》、宝月（Ratna-candra）的《呼金刚净瓶修法》、嘎巴日的《呼金刚一念修法》、勇金刚（Vira-vajra）的《呼金刚仪轨宝焰论》等。这些著作重在探讨呼金刚教法中的某种具体法门。又有略纳巴的《呼金刚密灌顶解说》、《大灌顶第三次第》，岗巴那的《呼金刚修法真实性四次第》，菩提藏（Bodhigarbha）的《呼金刚护摩略修仪轨》、《呼金刚修法》等，则对呼金刚教法的次第与各种仪轨做专门性研究。

第五节　胜乐教法的兴起与传承

一　胜乐教法的兴起

关于胜乐教法的起源与具体时间，相关的记载与传说颇有分歧。其中，比较有影响力的说法主要有以下几种。

第一，胜乐教法源于释迦牟尼生前说。此说认为，早在拘留孙佛出世的圆满劫时，拘那牟尼佛出现的三分时，迦叶佛出现的二分时，胜乐教法就开始宣讲，有二十四个地区的勇士和瑜伽母依教修持。诤劫开始时，众生相互杀戮，将尸体送往八方，形成八大寒林，寒林之气形成八大云，降雨形成八水，水中生长八种树，树中出现八方护神，八水中又出现八龙。这时大自在天以神通到达须弥山和赡部洲，化现出二十四个地方，由大自在变化的二十四位金刚大威德富女守护。大自在天是金刚手所化，调伏教化他们的本尊是呬噜迦胜乐金刚，这样二十四个地方成了胜乐金刚等修行胜乐教法的主要场所，二十四个地方也成为佛教的二十四圣地。

第二，释迦牟尼宣讲胜乐法。自在慧王《随顺胜乐本怛特罗意趣总母怛特罗释》中记载，释迦牟尼最初在色究竟天宣讲胜乐怛特罗，然后来到须弥山继怛特罗宣讲，最后在南赡部洲示现十二行，三转法轮。为了有缘徒众在南印度的米积山修胜乐轮禅定，变化曼荼罗轮，向数千万瑜伽母讲《胜乐根本怛特罗》。

第三，释迦佛于诤劫宣讲胜乐教法。《金刚空行海怛特罗》认为，佛释迦狮子在诤劫宣讲《胜乐怛特罗》三十六万颂，为此经的广本。

第四，胜乐教法源于具二时。莲花金刚认为，佛为了凋伏威猛大自在天讲授胜乐教法。①

上列诸说皆杂有很多神话传说，虚实相生，真假莫辨，都是后出的怛

① 许得存《西藏密教史》第二章第二节之“胜乐金刚部”，第89—92页。

特罗注释家为了证明其教法渊源有自，不断推演所致。不过推演中都或多或少地包含了一定的历史真实性。事实上，胜乐教法的相关咒语与仪轨源自公元七八世纪不断发展的印度宗教的各系密法，尤其是受到湿婆派教义的影响①，胜乐经典则是在密集、大威德诸父系无上瑜伽怛特罗教法之后出现的，其时代当在公元 9 世纪中叶以后。按照西藏的说法，《胜乐根本怛特罗》等胜乐类经典形成于乌仗那，在向外传播过程中，自在慧王起了非常关键的传承作用。这种说法与密集教法颇为相似。从另一方面讲，乌仗那成为一个异军突起的无上瑜伽密法中心也是在公元八九世纪之交以后。

二　胜乐教法经典序说

继父部的密集教法与大威德教法之后，金刚乘无上瑜伽母部的重要经典《胜乐轮经》问世，标志着胜乐教法的正式成立。《胜乐轮经》(*Cakrasaṃvara*)，或称《如意轮怛特罗》，梵文经题作《吉祥亥如伽论怛特罗》(*Śriheruka-abhidhānatantra*)。

这一部怛特罗描绘的是以吉祥亥如伽与金刚亥母为中心的众神住所，其主尊为胜乐金刚。胜乐金刚，又称上乐金刚，是密教五大本尊之一，其面色灰蓝，和蔼慈祥，四头呈现白、绿、红色，每头三只眼，两条腿，十二只手，其中两手在胸前作法印状，其余十只手分列两侧，持斧、月刀、三股戟、骷髅、金刚索、金刚钩、人头等，腰系虎皮裙，怀抱明妃金刚亥母。

与其他怛特罗教法相类，相传胜乐教法的经典体系与篇幅也非常庞

---

① 从其经典、教义与仪轨上来看，胜乐教法具有非常显著的湿婆派倾向，胜乐轮怛特罗经典的最早传本篇幅短小，杂有显著的湿婆仪轨，与湿婆派之支派“迦巴里迦派”（kāpālikas）的根本典籍《胜车阎摩怛特罗》（*Jayadrathayāmala-tantra*）、《成就瑜伽大自在天女理趣》（*Siddhayogesvarīmata*）如出一辙，内容颇多相通之处。对此英国学者爱利克斯·桑德森（Alexis Sanderson）在其《金刚乘：起源与功用》（*Vajrayāna*: *Origin and Function*, In: Buddhism into the Year 2000. International Conference Proceedings, Bangkok and Los Angeles: Dhammakāya Foundation, 1995, pp. 89－102），以及《湿婆教史考证，五夜派与佛教瑜母怛特罗》（*History through Textual Criticism in the study of Śaivism*, *the Pañcarātra and the Buddhist Yoginītantras*, In: Les Sources et le temps. Sources and Time: A Colloquium, Pondicherry, 11－13 January 1997, edited by François Grimal. Publications du département d'Indologie 91. Pondicherry: Institut Français de Pondichéry/École Française d'Extrême-Orient, 2001, pp. 1－47）中已做过非常翔实的研究。

大，如《吉祥亥如伽论怛特罗》于末尾附记此经典系“从总数为十万的《大怛特罗王》中选出的胜中之胜，为一切圣典之王，是修成吉祥亥如伽大英雄的一切宣说之最胜光辉，是殊胜怛特罗之第一悉地”①。布顿《佛教史大宝藏论》云：“在此动摇不定的世界中……有十万品的《胜乐广怛特罗》，有十万颂的胜乐后怛特罗。”日本学者津田真一经过考证，指出胜乐教法的根本经典有三种，其一为传说中的十万品根本怛特罗。其二为胜乐论怛特罗，有三十万颂或十万颂。其三为现存的五十一品根本怛特罗，有七百颂。不过，从现存文献来看，前两种大部头的怛特罗从来没有人见过，更没有人引述过相关的文字。② 因此可以说，目前存世的五十一品《吉祥亥如伽论怛特罗》是胜乐怛特罗教法的根本经典。

（一）胜乐根本怛特罗

《吉祥亥如伽论怛特罗》（*Śriheruka-abhidhānatantra*），又称《吉祥胜乐本怛特罗王略要》，或简称《小本胜乐》（*Laghusaṃvara*），称为略本或小本当是相对于传说中的大本而言。此怛特罗仅有梵文本与藏文译本传世，没有汉译本。其梵文本除了两种整理本外，还有一种写本系用尼瓦里（Nevārī）的菩吉旎拉（Bhujiṃmola）字体书写。藏译本是11世初由宝贤翻译成文。

《吉祥亥如伽论怛特罗》着重讲气、脉、明点、猛厉火和菩提心的具体修炼方法，共五十一品，各品名目与内容依次如下。

第一入曼荼罗仪轨品（Maṇḍalāvatāra-vidhi-paṭalaḥ prathamaḥ）。相当于此根本怛特罗的总论，内容涉及秘密道果和曼荼罗的设置方法。秘密道包括生起次第道和圆满次第道，对于修行者来说，生起次第道是共同道，即一般道，圆满次第道是不共道，即特殊道。通过修行证得诸法性空的俱生智慧，叫作空性俱生智慧，它是佛所现知的行境，故为秘密果。《胜乐根本怛特罗》所说曼荼罗种类繁多，规格不一。

第二供轮供养仪轨品（Cakra-pūjā-vidhi-paṭalo dvitīyaḥ），强调主持献供的阿阇梨须详细观察寒林各处，掌握供祭的各种仪轨。

---

① 转引自李南《胜乐轮经及其注疏解读》“前言”。

② ［日］山田真一（Shinichi Tsuda）：《胜乐怛特罗节选》（*The Sam varodayatantra Selected Chapters*），东京北星堂书店1974年版，第28—33页。

第三品功德灌顶仪轨（Dakṣīṇābhiṣeka-paṭalastṛtīyaḥ），介绍灌顶之前授受双方点燃香料，陈设鲜花，敲锣击鼓；灌顶时，用旗帜覆盖弟子的面部，手持鲜花，按照规定等住；灌顶结束后，向曼荼罗撒放鲜花。

第四品勇士与瑜伽母无二仪轨（Vīra-yoginyadvayaṃ nāma-vidhi-paṭ-alaścatūrthaḥ）讲述胜乐金刚与瑜伽母无二修炼方法。

第五品根本真言声字抉择仪轨（Mūlamantrasyākṣaroddhāra-vidhi-paṭalaḥ pañcamaḥ），汇集根本真言的仪轨。根本真言咒语是 ālikali，通过咒语体会道秘和四灌顶，证达八大空性。生起次第四大空性包括曼荼罗空性、本尊空性、真言空性和智慧空性，圆满次第四大空性的曼荼罗空性是各位瑜伽母，本尊空性是精进，真言空性是所说本名，智慧空性是脉道菩提心。

第六品六勇士甲胄抉择仪轨（Ṣaḍ-vīrakavacoddhāra-vidhi-paṭalaḥ ṣaṣṭhaḥ），汇集六种胜乐的甲胄真言。

第七品真言抉择仪轨，（Mantroddhāra-vidhi-paṭalaḥ saptamaḥ），讲述六位瑜伽女的甲胄真言。

第八品颠倒心及六瑜伽母真言抉择仪轨（Viparīta-hṛdayaṣaḍ-yoginī-mantroddhāra-vidhi-paṭalo-aṣṭamaḥ）。

第九品根本真言羯磨仪轨（Mūlamantrasya karma-vidhi-paṭalo-navamaḥ），以真言为基础，在手印的配合下，能迅速获得一切成就。

第十品成就三身心咒羯磨仪轨（Kāyatraya-siddha-hṛdya-mantrasya-karma-viddhi-paṭalo-daśamaḥ），三身即化身、受用身与法身，分道三身和果三身。

第十一品七生性相仪轨（Saptajanmanaḥ lakṣaṇa-vidhi-paṭalo-ekādaśamaḥ），指出修习者通过修炼三身现心的业聚与相应密法，念诵胜乐心咒，就会获得悉地。

第十二品近心羯磨仪轨（Upahṛdayasya karma-viddhi-paṭalo-dvadaśamaḥ），为修本尊心咒的业仪轨，指出本尊心咒能完成业资粮的一切成就。

第十三品甲胄真言加行仪轨（Kavaca-mantrasya prayoga-viddhi-paṭalaḥ trayodaśamaḥ），讲甲胄真言的业仪轨，即依靠轮修业资粮的方法。

第十四品吉祥呬噜迦母驴相成就仪轨（Gardabhāra-yoga-śrīherukī-karaṇa-vidhi-paṭalaḥ caturdaśamaḥ），说呬噜迦显现驴相仪轨，即通过驴瑜伽观见七生相。

第十五品声字密印仪轨（Akṣarachoma-vidhi-paṭalaḥ pañcadaśamaḥ），通过念诵咒语，加强修炼，能成就世间、出世间的一切成就。

第十六品七瑜伽母相观察仪轨（Sapta-yoginī-lakṣaṇa-parīkṣā-vidhi-paṭ-alaḥ ṣoḍaḍamaḥ），为观察瑜伽母身相的方法。瑜伽母，指七空行母，或具种女，其肤色白如莲根，形若莲瓣，眼睛竖长，喜着白衣，全身散发檀香味，供养佛像塔。

第十七品开示一切瑜伽母身形互易与手印仪轨（Sarva-yoginī-rūpa-par-ivartecihna-mūdra-vidhi-paṭalaḥ-sapta-daśamaḥ），讲手印仪轨。三十七位空行者在世间和出世间被当作本尊供养。

第十八品一切瑜伽母色相标帜仪轨（Sarva-yoginī-varṇa-lakṣaṇa-cihna-vidhi-paṭalo aṣṭādaśamaḥ），为一切瑜伽母色相、相决定仪轨。

第十九品一切瑜伽母手印分别仪轨（Sarva-yoginī-mudrā-nirdeśa-vidhi-paṭala ūnaviṃśatiṃaḥ），述一切瑜伽母的手印。瑜伽母的手印分莲花手印、龟手印、剑手印、铃手印、轮手印和螺手印，各种手印皆有不同的修炼方法与旨趣。

第二十品一切瑜伽母持印施设仪轨（Sarva-yogīnya hasta-mudrā-saṃketa-vidhi-paṭalo viṃśatiṃaḥ），为一切瑜伽母的手印诀咒仪轨。

第二十一品观见支分印相仪轨（Darśanāṇga-mudrālakṣaṇa-vidhi-paṭala ekaviṃśatimaḥ），说支相仪轨，介绍向他人显示手印的方法。

第二十二品分别印相仪轨（Viśeṣamudrā-lakṣaṇa-vidhi-paṭalo dvāviṃsa-timaḥ）讲述手印相仪轨，手印指手的标帜，也包括舌、头、眼等一些支手印。

第二十三品空行母分别标帜印相仪轨（Ḍākinī-viśeṣa-cihna-mudrā-lakṣ-aṇa-vidhi-paṭalas-trayo-viṃśatiṃaḥ），为空行母殊相手印的性相仪轨。

第二十四品四部一切施设语仪轨（Catur-varga-sarva-saṅketabhāṣā-vidhi paṭalascatur-viṃśatimaḥ），为四部相仪轨，补充说明第十五品提出的摄集字咒的标记。

第二十五品根本真言一切守护仪轨（Mūla-mantra sarva gopya-vidhi-paṭalaḥ pañca-viṃśatimaḥ），讲众弟子及律仪仪轨，叙述所要持守的八种三昧耶。

第二十六品弟子分别胜乐仪轨（Śiṣyaparīkṣā-samvara-vidhi-paṭalaḥ-ṣaḍ-viṃśatimaḥ）述与弟子修行有关的仪轨

第二十七品行、茶行、供养、施食仪轨（Carya-vrata-pūjā-bali-vidhir-nāma-paṭalaḥ sapta-viṃśatimaḥ），讲述行、禁行、供奉、朵玛仪轨。

第二十八品内护摩与同种仪轨（Adhyātmahomavarṇaktva-vidhi-paṭalo aṣṭāviṃśatimaḥ），是使者相与能力位仪轨，讲述女友修炼俱生智慧的具体方法。

第二十九品女使相爱染安住仪轨（Dūtī-lakṣaṇa-sakty-avasthā-vidhi paṭala ekonatriṃśatimaḥ），讲内护摩及同种仪轨，重在戏论行的所依补特伽罗的所作、非所作的区别。

第三十品集结鼓咒抉择仪轨（Marajabandha-mantroddhāra-vidhi-paṭalastriṃśatimaḥ），采集鼓咒。结合第五、七两品所说的本咒成就，讲述采集婆娑明王真言的过程。

第三十一品秘密恭敬供养仪轨（Guhya-pūjā-satkāra-vidhi-paṭalas-trayas-triṃsatimaḥ），介绍实践啖食、护摩、施食的仪轨。

第三十二品畜生起尸成就法生起次第仪轨（Tiryak-paśu-vetāla-sādhan-otpattikrama-vidhi-paṭalo dvātriṃśatimaḥ），介绍修炼畜牲、起尸和生起次第法的仪轨。

第三十三品秘密供养、承事仪轨（Guhya-pūjāsatkāravidhi-paṭalas triṃś-atimaḥ），叙述秘密供和承事供。

第三十四品（Advayadūtīhomākarṣaṇa-vidhi-paṭalaś catustriṃsatimaḥ），密友护摩及羯磨仪轨。

第三十五品不二羯磨与非时死救赎仪轨（Advaya-karma-kālamṛtyuvan-cana vidhi-paṭalaḥ pañcātriṃśātimaḥ），主要叙述在前品修法基础上进一步修持四次第业的方法。

第三十六品真实供养与承事仪轨（Tattva-pūjākarṣaṇa-vidhi-paṭalaḥ ṣaḍ-triṃśatimaḥ），空性供和羯磨仪轨，低根人依羯磨手印修行，中根人依三昧耶手印光明妃即右脉修行。

第三十七品内自在供养仪轨（Adhyātmavaśyādhikāravidhi-paṭalaḥ sap-tatriṃśatimaḥ），着重介绍手印修炼法，从羯磨手印讲右脉修持法，从本咒修炼讲三种方便和护摩手印的修持方法。

第三十八品瑜伽母修行地及秘密勇士仪轨（Yoginīsādhya（sthāna）pradeśaguhyavīrālaya-vidhi paṭalo'ṣṭatriṃśatimaḥ），重点讲道秘和自利行中的无戏论及极无戏论法。

第三十九品观笑仪轨（Darśanāṭṭahāsa vidhi paṭala ūnacālīśatimaḥ），介绍瑜伽师在尸寒林等修行圣地修炼八笑的方法。

第四十品五种姓及依止大手印的仪轨（Pañcavarṇavaśīkaraṇamahāmudrāsevana-vidhi paṭalaḥ cālīśatimaḥ），讲述五种羯磨手印。

第四十一品安排二十四字咒曼荼罗仪轨（Utpannasāmarthasyayoginaḥ karmasiddhasvarūpa varṇaṃ caturviśati yoginīnāmtāvatsaṃkhyāka gopyākṣareṣu nyāsaviddhinaṃca），通过业资粮讲成就相。

第四十二品笑咒和空行母形象的幻化仪轨（Hāsamantrasya yoginīrūpamāyāyāśca vidhivarṇanam），介绍依止瑜伽母修行果秘密成就方法。

第四十三品内心羯磨成就仪轨（Upahṛdayakarmasiddhi vidhi-paṭalaḥ tricālīśatimaḥ），介绍果秘密七字羯磨资粮。

第四十四品六瑜伽母七字羯磨仪轨（Ṣaḍyoginīnāṃ saptākṣarakarma-vidhi-paṭalaḥ catuścālīśatimaḥ），讲秘密果中六位瑜伽行者的特殊业七字幻轮业资粮。

第四十五品六瑜伽母羯磨语成就与勾召仪轨（Ṣaḍyoginīnāṃ karmavāksiddhyākarṣaṇa-vidhi paṭalaḥ pañcacālīśatimaḥ），向六位瑜伽母授记及字成就仪轨，重点介绍修炼果秘密法时涉及的六位瑜伽母的甲胄咒业资粮。

第四十六品诃等五字羯磨仪轨（Pañcahakārakarmavidhi paṭalaḥ-ṣaṭcālīśatimaḥ），为诃（ha）等五字的业仪轨。

第四十七品一切佛母荼吉尼真言诸羯磨仪轨（Sarvabuddhaḍākinīmantrasya sarvakarma-vidhipaṭalaḥ saptacālīśatimaḥ），述空行母咒的一切业仪轨。

第四十八品一切勇士及荼及尼守护藏曼荼罗仪轨（Sarvavīrāḍākinyālayagopyamaṇḍala-vidhipaṭalaḥ aṣṭacālīśatimaḥ），瑜伽师与空行母的地秘密坛城仪轨，重点讲述业资粮真言的特殊功能。

第四十九品七生所成相转变仪轨（Saptajanmasādhyarupaparivartana-vidhipaṭala ūnapañcāśatimaḥ），修炼七生相的仪轨。

第五十自在护摩初地场所分别仪轨（Vaśyahomapīṭhādibhūminirdeśa-vidhi paṭalaḥ pañcāśatimaḥ），主要讲术用金刚瑜伽母的心咒修业的方法。

第五十一品吉祥呬噜迦怛特罗王十万颂中集出一切怛特罗最上吉祥呬噜迦大勇士念诵成就一切无能胜本来成就后怛特罗（Mahātantrarājaṃ lakṣānta āḥpāti cottarottaraṃ rājā sarvaśāstrāṇāṃ śrīherukamahāvīrapaṭhitasiddhisarvajñāparājita-ādisiddhi cottaratantraṃ śrīcakrasaṃvaraṃ nāma mahāyoginītantrarāja ekapañcāśatimaḥ paṭalaḥ samāptaḥ)，全面总结第一品提出的道秘和果秘，运用卵生原理解析十四种空性，认为法衣对修行生起次第法大有裨益，五手印是修定时瑜伽行者和瑜伽母的身体所有的装饰。[①]

（二）《胜乐》注释怛特罗

胜乐教法自产生就在印度甚为流行，从其根本怛特罗问世后，它在10—13 世纪广为流传。胜乐教法不仅曾在北印度流行，它还远播斯里兰卡。1400 年前后，天护编纂的《集异门论》（*Nikāya-saṃgraha*）列出无畏山寺派研习的三十四部怛特罗[②]，其中就有《胜乐根本怛特罗》。以胜乐根本怛特罗为基础，又出现了多种胜乐注释怛特罗，以补充完善根本怛特罗的内容，并对其义理、词义作阐发与详解。宗喀巴认为，注释怛特罗主要解释根本怛特罗的圆满次第法，强调气、脉、明点、猛厉火及菩提心。

胜乐教法的注释怛特罗为数颇多，当时的修习与传承者对这类著作的分判也各有差别，如金刚阿阇梨认为有三十二部之多。星王月提及六部，其中《金刚空行怛特罗》、《桑布札怛特罗》、《阿毗达那怛特罗》属注释怛特罗，《呬噜迦现生怛特罗》、《金刚亥母现生怛特罗》、《胜乐生律精要怛特罗》属于生源类。[③] 超戒寺北门守护师那若巴（Naropa）认为胜乐教法的注释怛特罗有五部，即《金刚呬噜迦现生》、《空刚空行》、《瑜伽母现行》、《四瑜伽全怛特罗》与《胜乐金刚注释阿毗达那》。又有班智达持满在其基础上增加了两部，持七部说。

在西藏佛教传统中，胜乐教法的注释怛特罗为数更多，通常认为有九部。《布顿目录》中列出胜乐注释怛特罗多达十二种，分别是《胜乐金刚注释怛特罗阿毗达那》、《金刚空行现行法》、《瑜伽母现行法》、《金刚空行海》、《胜乐生律精要怛特罗》、《胜乐饮血现生怛特罗》、《胜乐金刚等虚空怛特罗》、《金刚亥母现生根本怛特罗》、《金刚亥母现生后怛特罗》、《金刚亥母现生注释怛特罗》、《四瑜伽母合怛特罗》、《三俱胝中所出发髻

① 许德存：《西藏密教史》第二章第二节之“胜乐根本续的内容”，第 92—101 页。Pandey，Janardan Shastri：*Śrīherukābhidhānaṃ Cakrasaṃvaratantram with the Vivṛti Commentary of Bhavabhaṭṭa*，Vol. 1-2，Sarnath：Central Institute of Higher Tibetan Studies，2002.

② 无畏山寺派，又名法味派，是斯里兰卡大小乘兼习的上座部派。

③ 星王月：《胜乐根本怛特罗难义释大宝资粮论》，转引自许德存《西藏密教史》第二章第二节，第 101—102 页。

上竖大幻化母密怛特罗》。

《胜乐金刚注释怛特罗阿毗达那》(*Abhidhāna – uttara – tantra – nāma*),又名《决定说上师怛特罗之上师怛特罗王》,简称《阿毗达那》,是胜乐根本怛特罗的最早注释本。全书分六十九品,分两部分详细解释生、圆两种次第法的主要内容,提出三十八种曼荼罗法,通过转寿、隐父、隐母、摄种等六百七十一尊寿曼荼罗,对《胜乐根本怛特罗》所说的生起次第法作了补充、说明和解析。

《大怛特罗王吉祥金刚空行怛特罗》(*Śri-vajradāka-māma-mahātantrarāja*),简称《金刚空行》,共五十品,从实有、咒语、禅定、幻轮等方面解释根本怛特罗提出的业资粮。其中第一、二、十二、十四品讲生起次第业,第十一品讲猛厉火的修炼方法,第十五品讲顶轮、喉轮、心轮及脐轮以及依止四轮修气人中脉,依运气修生起猛厉火的圆满次第法的方法,其余诸品讲述方便、智慧无二法及根本咒、四手印等。

《瑜伽母遍行怛特罗》(*Yoginisamcārya*)共十七品,注释根本怛特罗所说的各种仪轨。前十品讲生起次第法的俱生智慧及修炼俱生智慧所依据的各种咒语,尤其对三十七菩提分法、无二行仪轨及呬噜迦成就解释颇为详细。

《金刚亥母现生怛特罗》(*Khyāvajra – vārāhi-abhidhanāta-tantrattara-vārāhi-abhibodhiya-nāma*)由《根本怛特罗》、《后怛特罗》、《注释怛特罗》三部分组成。《根本怛特罗》全名《一切空行母无二意不可思议慧亥母现生根本怛特罗》共十品,据译后记声称,此经是由佛薄伽梵大威德呬噜迦宣讲。《后怛特罗》有两品。《注释怛特罗》全名《亥母现生注释怛特罗》,或《亥母现证》,共四十五品,从采集金刚亥母本咒及其他根本咒语方面解析业资粮和三摩地,建立三曼荼罗灌顶法门。

《吉祥大胜乐出生怛特罗王》(*Śrī-mahāsaṃvarodaya-tantrarāja*),又名《胜乐生律精要怛特罗》,共三十三品。[①] 这部书一向被认为是注释根本怛特罗王的著作,从其内容来看,它对胜乐教法已有了很显著的发展,具有晚出的时轮教法的影子,在胜乐教法的传承史上具有突出的地位,因而备受重视。

---

① [日] 津田真一 (Shinichi Tsuda):《胜乐怛特罗选》(*The Samvarodaya Tantra, Selected Chapters*,北星堂书店1974年版),为此部怛特罗部分章节的注释与英译。

《吉祥大胜乐出生怛特罗王》第一品为绪论，金刚手请世尊开示胜乐教法，声称此怛特罗仅为一种略本。第二品讲生起次第法（Utpattinirdeshapaṭala），提出胜乐的本源问题，即胚胎发育过程。经文指出，人体全身有一千零七十二条脉，其中以左、右、中三脉为主干脉，精血住中脉，是明点产生的地方。精、血结合后第一个七日，凝结如酪，尚未成肉，称阿部昙（arbuda）。羯罗蓝位状如凝酥，开始浮动。到了第三个星期闭尸位，成肉而稀。第四周成肉坚硬，始被气所动，成肉形。五个月时，四肢形成。七个月毛发长出，始有声音，指甲成形。八个月根和身体的支节出现。九个月全部成熟。十月分娩。前五位相当于不动佛、宝生佛、无量光佛、不空罥索佛和毗卢遮那佛。左脉主管精液，右脉主管经血，两相结合，为法体性。水界为父，从父的精液形成筋脉、足、精液。火界为母，从母血形成皮、肉、血。这是即人体胚胎发育过程来隐喻佛法的根本义旨与修习次第。

第三品讲述圆满次第教法（Utpannakramanirdeshapaṭala），依止身曼荼罗，成就法身、受用身和化身，以慈悲为方便。第四品，讲四大种、五蕴、五部佛、六境的差别。风是命气，火是生活相，水是甘露，地是居住田，地、水、火、风成为构成自然界和人体的四大元素。第五品讲日月的口诀。日月是脐轮的两条脉，月脉在下，日脉在上，阿鬘、迦鬘分别流通于月脉和日脉上，两脉流动之相，左脉是进入道，右脉是生源道。第六品讲身体的气。第七品讲脉轮方便。身体的一千七十二条脉中，主脉一百二十余条，其中二十四条中的左、右、中三脉支配身体的各个部分，是生命的支柱，气通则脉顺，脉顺则明点足，明点足则脐火旺盛，最终产生俱生智慧。

第八品讲三昧耶的名号仪轨。第九品讲修行之地的特点与择法。第十品讲业的差别和曼荼罗的设置方法。第十一品讲述所诵的咒语。第十二品讲念珠的形制、数目与颜色。第十三、十四、十五品，讲呬噜迦的生起次第法、供奉仪轨和所使用的器皿，要求向本尊献供的器具必须是金、银、铜器，或海螺和泥制品。一般分为龟器、摩纳器和石器。第十六品讲五种甘露的修持法。第十七品讲曼荼罗线相。第十八品讲灌顶的程序。

第十九品，讲死亡预兆和往生瑜伽。往生瑜伽是一种比较特殊的修行方法，当血脉流至口、两耳、两鼻孔、两目、肛门、尿道时，在中枢神经的领导下，依靠心脏控制。血脉压制呼吸，意识被夺，面临死亡，这时必须加强修炼往生瑜伽。

第二十、二十一品讲四时及行。第二十二品讲本尊，瑜伽怛特罗瑜伽母怛特罗的本尊有数十万，运用方便智慧双运瑜伽修炼大乐。第二十三品讲护摩。第二十四品至第二十八品讲业、护摩、真言咒语等。第二十九品讲空性，胜乐的体性是俱生智慧，脉是空行母，生处支是曼荼罗，三者一如，即无碍无住。第三十品讲画像的方法。第三十一品讲菩提心的转变。第三十二品讲食子供。

第三十三品总结全书，指出身体是修证佛法的根本，如果无色就无其他一切，没有常住之法，根本谈不上取舍。因此，诸法若如梦境，喜果和菩提心无二无别，欢喜大乐和智慧慈悲犹如灯和光，智慧和方便双运修，能成就菩提心。

《四瑜伽母相合怛特罗》（*Catur - yogini - saṃputa - tantra*）七品，重点介绍金刚亥母法。第一品讲在众瑜伽母所生大怛特罗中四瑜伽母相合，讲八位金刚亥母和八种手印。八手印，指趋入手印、发心手印、愚弄手印、堕落手印、舞女手印、能杀女手印、能尽手印和取上手印。第二品讲述曼荼罗。第三品讲三昧耶的五种甘露法。第四品讲空性口诀加行法，以及胎生与五大的关系。第五品讲护摩仪式。第六品讲中观空性。

《金刚空行海怛特罗》，全名《吉祥空行海瑜伽母怛特罗大王》（*Śrī-dākārṇava-mahāyogini-tantrarāja*），共五十一品，第一品讲灌顶。第二品讲坛城。第三品讲灌顶本性。第四品讲灌顶的意义，提出修炼生、圆二次第法的静虑和咒语。第五品至第八品讲咒语。第九品至第十四品讲修行成就究竟业的方法。第十五品至第二十四品从字号、六部差别、名差别、空行部相、罗玛部相、手记、观手印、支手印、性相手印、语记十方面讲述使者俱生成就法。第二十五品讲根本咒。第二十六品讲女伴喜守的三昧耶。第二十七品讲所得手印。第二十八品、第二十九品，讲有戏论行。第三十品至第三十三品，讲诸行三昧耶，包括手供、名号及食物仪轨。第三十四品，讲大手印法。第三十五品至第三十七品分别讲法手印、讲业手印和三昧耶手印。其余各品讲述三瑜伽的共同成就等。①

① 参见许德存《西藏密教史》第二章第二节之“胜乐注释续”，第 101—107 页。

三　胜乐教法的传承

胜乐教法在密教中占据非常重要的地位，处于密集教法向时轮金刚乘教法的过渡阶段，在印度怛特罗佛教发展史上占有重要地位。从9世纪到11世纪，胜乐教法在超戒寺堪称显学，其数任住持都是以传承胜乐教法而著称的成就师。

超戒寺第三任住持——来自斯里兰卡的胜贤法师，致力于胜乐教法的修习与传承，其法脉非常兴盛。胜贤或称楞伽胜贤（Laṅka-jayabhadra），主要活动于摩须罗祇多王（Masurakṣita）时代，其时约当公元9世纪中期。胜贤生于楞伽国即斯里兰卡，在本国时他就是精习一切声闻教藏的比丘班智达，后来又到摩揭陀精研大乘教法，特别擅长秘密真言。相传他曾到南方恭建那（Koṅkana）国，住在一个叫作摩诃频婆（Mahābiṃba）的地方，此地又称无触塔，相传是在天空生成的塔形。楞伽胜贤住于塔中为诸弟子教授真言乘教法。又传说林中水牛要来伤害他时，他运用期克印指向狂怒的水牛，水牛即就地死去。后来，胜贤曾经在超戒寺担任第三任住持，修持总摄轮（Cakrasambara），即胜乐轮，亲见本尊，并著有《秘密胜乐轮怛特罗疏》（*Cakrasaṃvara-vivṛti*）等著作。胜贤的《秘密胜乐轮怛特罗疏》是较早的一部胜乐根本怛特罗注疏，其书中尚缺少对根本怛特罗第五十品下半部分与五十一品的注释，其时胜乐根本怛特罗仍处于发展阶段，这些内容是后来补充进去的。① 承胜贤之法者为金刚笑（Vajrahāsa）。金刚笑在胜乐轮的修持方面负有盛名，超戒寺六贤门之西门守护者语自在称（Vāgīśvarakīrti）即出其门下。语自在称传胜乐教法，获得语自在悉地，故得名语自在称。

超戒寺第五任住持是有贤（Bhavabhadra），多罗那他《印度佛教史》说他精通一切法，特别熟习唯识宗义，通晓怛特罗经典达五十种。相传他是在睡梦中接受胜乐轮加持，亲见多罗母，修持丸成就。此外他还修持采炼之术等多种法门，也都获得成就，获得丰厚的供养，利益教化众生。据考证，有贤又名婆和婆咤（Bhavabhaṭṭa）②，曾以“班智达阿阇梨

---

① ［美］大卫·B. 格雷（David B. Gray）：《〈胜乐轮〉怛特罗：它在印度与西藏的历史、阐释与修习》，《宗教指南》（*Religious compass*），2007年第1期，第695—710页。

② 同上。

婆和婆咤足”（Paṇḍitācārya-Bhava-bhaṭṭa-pāda）之名著《吉祥胜乐轮详注》（*Śrī-cakra-saṃvara-vivṛti/pañjika*）一书，是现存胜乐根本怛特罗最早的完整注本。与前述胜贤的胜乐注相比，婆和婆咤的注释晚出二三十年，正是胜乐根本怛特罗最后写定的时期，所以他对全部五十一品都作了详细的注释。① 婆和婆咤的这部著作有数种梵语写本及藏文译本，《布顿目录》注录此书，题作《胜乐轮难义释》（*Śrī-cakra-saṃvara-pañjika*）。

超戒寺第六任住持是具缘称，或译作福称（Bhavya-kīrti），也精于胜乐教法，著有《胜乐根本怛特罗难义释勇士悦意论》（*Śrī-cakra-saṃvara-pañjikā-śūramanojñā-nāma*）。多罗那他说他具足无碍神通，是到达真言论海彼岸者。

超戒寺第十任住持为善逝护（Tatha-gata-rakṣita，如来护），他精通降阎魔尊和胜乐教法，由此获得声誉与权威。相传他具有观缘每一内脉处，就能知道不同地域和种种动物的语言，没学过的论典能自然了知。② 据《布顿目录》所载，他著有《胜乐根本怛特罗二种合解》，即《双俱解构》（*Ubhaya-nibandha*）、《瑜伽母平等行解构》（*Yoginīsaṃcārya-nibandha*）。

以超戒寺为中心，胜乐教法在佛教兴盛的北印度地区传习之风颇为兴盛，修炼胜乐教法获得成就的人很多，他们为《胜乐怛特罗》作注，阐发其义旨，补充、修订其仪轨，形成了不同的学派和传承关系。据循奴贝《青史》与宗喀巴《显明论》所载，胜乐教法的传承依次为金刚持（Vajradhara）传金刚手（Vajrapāṇi），以后依次为沙罗诃（Saraḥ）、山隐自在（Śabareśvara）、鲁伊巴（Lūipa）、陀梨迦波（Dārika-pa）、金刚铃（Vajra-ghaṇṭa）、龟足（Kurma-pāda）、持燃（Jayandhara）、黑行者（Kṛṣṇācārya）、尊胜（Vijaya-pāda）、谛洛巴（Tillipa）、那若巴（Nāropa）、扇底巴（Śāntipa，宝作寂）、阿底峡（Atīśa）等。除此之外，11世纪到印度亲从那若巴听闻胜乐教法的玛尔巴译师传承了另外一种法系。

在胜乐教法各系传承中，金刚持与金刚手似乎是传说中的人物，有一种题为金刚手（Vajrapāṇi）所著的《胜乐根本怛特罗上部释》（*Lakṣābhi-*

---

① 李南：《〈胜乐轮经〉及其注疏解读》（中国社会科学出版社2005年版）即是对婆和婆咤胜乐注疏前五品的转写、对勘与翻译。

② 多罗那他：《印度佛教史》第三十八章“超戒寺首座传承”。

dhānāduddhṛta –/Lakṣābhidhānataṃtroddhṛta-laghvabhidhāne Piṇḍārthavivaraṇaṃ nāma prathamaḥ-nāma-prathamaḥ ṭīkā-paricchedaḥ）仍存有梵语写本，其生平行迹尚不清楚。

依据藏传佛教传统，在胜乐教法传承史上影响比较大的是鲁伊巴、金刚铃、黑行者、那若巴，他们都建立了独特的修持方法，颇受后世密教僧徒的重视。

（一）鲁伊巴的生平与修持法

鲁伊巴（Lūyīpā，或译鲁俄巴），意为食鱼肠者。相传他在修行期间，曾以鱼肠为食，故得此名。鲁伊巴原名为庆喜贤（Anandabhadra），于公元八九世纪之交出生于印度西北部的乌仗那国。自幼学习语言文字、数学和其他技艺，后偶遇山隐自在（《竹巴教史》说是沙罗诃），通过承事供养，被摄授为徒，山隐自在在吉祥轮律仪曼荼罗中传授灌顶，讲解经怛特罗口诀，亲自指导实践。

山隐自在（Śabareśvara），意为狩猎者或居山修行者。相传他长期在旃陀罗毗陀罗摩罗山以狩猎为生，被观自在菩萨照见后，化成一位同样的狩猎者来到他跟前讲解杀生的罪过，引导他步入佛道。山隐自在遵循观自在教导，来到达德日山苦修十二年，获得殊胜成就。

鲁伊巴从山隐自在学得胜乐教法后，从西印度远涉来到东印度的藩伽罗传教，经常以树叶当衣，鱼肠为食，不追求享乐，因其成就显著，被誉为“大瑜伽自在鲁伊巴”（Mahāyogeśvara-Lūyīpāda），达摩波罗王奉他为上师。晚年，鲁伊巴从东北印度经中印度行化来到南印度的欧提毗舍城，教化了无垢旃檀王及其众臣，调伏了外道僧。

与上述记载不同，多罗那他《八十四位成就者传》记述说，鲁伊巴是僧伽罗洲的一位王子，父王驾崩后被众臣拥立为王，但他厌烦政治，虔诚佛法。为了达到削发为僧的目的，他用金银贿赂侍从，换成粗布衣服趁黑夜逃离王宫来到罗摩纳（Ramana）王所辖的罗麦舍罗（Rameshavra）行乞。由于他天资聪慧，相貌庄严，因而赢得当地人的青睐和布施。不久，鲁伊巴前往中印度的金刚座，夜宿尸林，昼出行化，受空行母的指点舍弃分别相，苦心修炼胜乐教法十二年，得大手印成就。但相比之下，更多的资料证明鲁伊巴是乌仗那人，为山隐自在的直传弟子。

据《布顿目录》所载，鲁伊巴在胜乐教法方面的撰述有《胜乐金刚修持法》（*Śrīcakrasaṃvarābhisamaya*），或作《吉祥佛薄伽梵现观论》、

《胜乐独雄修法摄略论》[1]。此书在当时及后来都有很大影响，后来的陀梨迦波、腊哇巴（或腊瓦巴）、如来金刚、慧护（Prajñārakṣita）、阿底峡、童觉（Kumarabodhi）、猛金刚（Viravajra）等人均曾为其书做过注释。如慧护著有《吉祥现观名义详注》（*Śrī-abhisamaya-nāma-pañjikā*），阿底峡作《现观分别名论》（*Ābhisamaya-vibhaṅga-nāma*），猛金刚著有《吉祥胜紧凑乐轮现观详注》（*Śrī-cakra-saṃvara-abhisamaya-pañjikā*）等。

鲁伊巴所传的胜乐教法被称为"胜乐根本教法"。它以缘起性空为思想基础，目的在于证达性空。胜乐空性分住空、升腾空、供养空、趋人空、圆满空、加持空、灌顶空、三摩地空、摄集空以及清净空。鲁伊巴认为，胜乐教法中所说的呼气，包括如来呼气和持金刚呼气两种。世俗谛是如来呼气，世俗谛者，趋入空慧及一乘智慧所成就的相好正圆满幻身，光明智慧用"翳"（e）字表示，为般若、空性；正圆满幻身用"旺"（vam）字表，为大悲、方便。两者无二无别，相互结合。胜义谛是金刚呼气，从道方面讲，包括生起次第道和圆满次第道；从果方面讲，为色身和法身。

鲁伊巴认为，方便为乐，智慧为空性，要认识体悟其道理，须依靠手印女和其他加行。手印女并非真正的女性，而是智慧。离开手印而单独修行，难以得到光明身与佛果。心住空性，修菩提心，引导左右二脉之气进入中脉，产生明点，猛厉火燃炽，熔化菩提心，达到俱生欢喜的感受。其中菩提心包括白菩提心和红菩提心两种。

鲁伊巴所讲的圆满次第法着重探讨消除烦恼罪过、修金刚心、证悟诸法性空的道理和行道方法。圆满现观法涉及咒生、田生和俱生，被称为三使者。咒生，亦名"胎生"，是从真言念诵声中出现的瑜伽师。田生指住于赡部洲的化身。俱生指受用身住于无色界的大乐轮五本尊。从观想的本尊角度来看，胎生指瑜伽师所想象的三十七位本尊，田生指能摄、所摄赡部洲三十七位本尊，俱生指住于五色界的各位本尊，相当于凡夫心行境上的三位使者。鲁伊巴认为，曼荼罗轮也有胎生、田生和俱生之别，分指护守曼荼罗八角门的瑜伽母，二十四位男女勇士和五位大乐本尊。咒生、田生、俱生和法身相互关联。气入中脉后，出现身、气、心、见和梦境五种相状，身相为汇聚于眉间的气息，缓慢上行到顶轮消化。气相是修行至极

---

① ［日］樱井宗信：《Cakrasaṃvarābhisamaya 原典研究》，《智山学报》1998年3月第61卷。

高境界时从两鼻道缓慢流动的气息。心相与明空无别。见相如烟焰。梦境相为梦见自身腾飞和身子浮起，或乘车、疾驰的相状。

咒修是鲁伊巴所传生起次第法的重要法门，它包括三步，首先是修炼根本五喻，包括磁铁动铁喻、重摄银水喻、龟支缩喻、流星相互溶入喻与盐溶入水喻。其次是字咒修持法。生起次第法修行圆满后，刹那忆念本尊呬噜迦父母，意想脐间四瓣莲花之东地气为黄色，左边水气为白色，背面火气为红色，右边风气为绿色，中央天空之风气明点为蓝色。依次通过出、入息观想，修炼心、生、人、气瑜伽，观见酥油灯燃烧的相状，是气归入气之相。观见绿色“伊”（yi）字融入中央的蓝色明点中散发光芒。最后是明点修。在字咒的基础上修炼明点，东修黄色明点，左修白色明点，后修红色明点，右修绿色明点，按照同样的方法修炼光明线的生、人、气瑜伽，获得俱生智慧，证达空性。

在鲁伊巴所传教法中，化、受用、法三身被视为修道的方法。自心曼荼罗是田生所化，田生又是俱生所化，两者都是化身。俱生运用无住、寿转两种方法享受无漏之乐，叫作圆满受用身。法身是法之身。从坛城轮三身讲，大乐轮是法身，三轮是受用身，八边门是化身。从现观三身讲，外曼荼罗是化身作道的修持法，身曼荼罗咒加持是圆满受用身作道修持法，圆满次第行是法身作道修持法。

供养分真言供、外供、甘露供、欢喜供、意些供、赞颂供和秘密供。修行结束后，举行施食仪式，抛撒食品、酒肉等以供养本尊。时间一般选在下弦月初十及仲冬初十。施食时，瑜伽师坐北朝南，立坛供养。①

鲁伊巴一生重在传法灌顶，无暇撰述，故流传著作不多，但从其受法弟子甚众，上到君臣权贵，下及缁素百姓，随学徒众甚多，其中陀梨迦波和阇格巴堪为其衣钵传人。

陀梨迦波（Dārika-pa），意为“服待娼妓”或“女儿者”，本名因陀罗或无垢旃陀罗，是萨勒毗陀罗（Saliputra）的国王。一次，他率领众臣出宫去狩猎，返途中受到庶民百姓的恭敬叩拜，唯独鲁伊巴视而不拜。当其遭到侍者的斥责时，鲁伊巴不为所惧，并施展法术，使在场众人归服。鲁伊巴又以佛陀胜义说服陀梨迦波王禅位王子，与大臣阇格巴一起皈依佛门。随后，陀梨迦波王与阇格巴入曼荼罗坛城，从鲁伊巴受胜乐灌顶。此

① 详参许德存《西藏密教史》第二章第二节之“鲁俄巴的生平和思想”，第119—122页。

后，陀梨迦波游学欧提毗舍、毗达毗罗等地区，经过十二年的苦行修炼，获得大手印成就，度化了几百名娼妓，引导其趋入佛门。

大成就者阇格巴（Jaga-pa），意为“舂米者”，初为陀梨迦波王的大臣，后被鲁伊巴摄服，与其君王同时皈依佛门。相传，鲁伊巴为消除他的轻慢之心，以三百多罗黄金的价格将他卖给阇亨那达毗罗一家酒店的女老板，让他舂米酿酒。在酒店的十二年中，他白天舂米，夜晚修炼密法，最后获得大手印成就，在当地度化七百人。相传他和陀梨迦波王合著有《吉祥佛薄伽梵现观论释》，并把胜乐教法传授给金刚铃，使鲁伊巴的法嗣不断。

（二）金刚铃及其胜乐修持法

金刚铃（Vajraghaṇṭā-pāda），是东印度罗那陀罗王子，父王谢世后嗣继王位。后因好佛厌政，他便舍弃王位进入那烂陀寺，从胜天（Jayadeva）论师受出家戒，法名智藏（Jñāna-garbha）。智藏聪明好学，善于思考，经数年苦心钻研，掌握了内外各派的教理。相传他曾代表那烂陀寺与一位学识渊博的外道僧辩论，获得胜利，赢得“阿阇黎胜敌”的美称，被萨勒毗陀罗王提婆波罗奉为上师，随他修习三藏。此后，他拜陀梨迦波王为师，在胜乐坛城中接受灌顶，一边钻研经义，一边修行体验。他遵照上师的教导，来到藩伽罗的一片密林深处静心修炼，不久又赴乌仗那，从学于一位女瑜伽师，再受胜乐灌顶，研求胜乐五次第教法。

获得成就后，智藏奉师命赴南印度欧提毗舍，在密林中继续修炼，被狩猎的国王发现，其时他正修炼五次第法中的第三次等三昧耶手印法。国王邀请他赴城中做应供上师，被智藏严词拒绝。国王大怒，向全国发出通告，募集能毁坏其修行者，有酒店女老板受命前往。她先向智藏供养食物，又派自己16岁的女儿前去服侍，结果其女儿被智藏作为修炼五次第法的手印明妃，一年后生下一男一女。这成为国王追杀智藏的借口。为了躲避国王的追杀，智藏施展法术，将男孩变成金刚，把女孩变成铃，把明妃变成金刚亥母，把自己变成胜乐轮，以此躲过劫难。此后他便被世人称为金刚铃尊者。

在其后半生中，金刚铃主要活动于当时印度的密教中心欧提毗舍等地。他恪守戒律，弘法授业，教授不辍，从学弟子甚多。金刚铃在无上瑜伽密法的修习与教授，尤其是在密集教法与胜乐教法方面颇有成就。《布顿目录》著录了他的多种著作，包括《长呼金刚独勇修法》（*śrī-eka-vīra-*

sadhana，亦称《吉祥独雄修法》)、《吉祥胜乐灌顶作业略论》（*śrī-cakra-saṃvara-seka-prakriyopadeśa-nāma*)、《吉祥胜乐轮五次第论》（*pañcakramo-padeśa*)、《吉祥胜乐轮身曼荼罗现观论》、《吉祥胜乐轮五次第释》、《佛薄伽梵吉祥胜乐修法如意宝》、《会供轮仪轨》、《胜乐轮曼荼罗本尊颂》、《宝幻施论》、《胜乐俱生修法》、《吉祥二臂胜乐俱生修法》、《亥母五尊修法》等。

金刚铃的思想主要反映在胜乐五次第法方面。第一步是修身寂和语寂；第二次第针对中脉的上端或下端，修金刚身；第三次第依止四手印中的任一手印，修炼宝满法；第四步依止脐轮、生殖轮或顶部修中脉。此前四次第是行道次第；第五次第修心寂，断除一切戏论，证达光明智。从实践层面言之，此五次第法又可以概括为两种，即外曼荼罗五本尊生起次第法和身曼荼罗二次第。

外曼荼罗五本尊生起次第法的修行分两步。第一步准备阶段，刹那顿悟后，通过金刚铃和内供求得加持，念诵金刚菩萨修行咒。然后修炼其他瑜伽，清净身、语、意三门，积累福德资粮，引导死者转入法身道。然后积累智慧资粮，于中有位修炼受用身。其次为破除不顺缘，修炼护轮，护轮中央修无量宫，意想本尊显现。中有识住于红、白界中间，修大圆镜智和平等性智。化身和中有识住胎期间，身体逐渐发育成熟，这时着重修炼妙观察智和成所作智，二智是后瑜伽。刹那成就出胎和顺法所依、能依的曼荼罗，从法界智到生起次第仪轨圆满之间是极瑜伽。

生起次第法的准备阶段着重修身喜、语喜和意喜。把利他之心和一切有当作本尊法修炼是身喜。口诵八反咒是语喜。常思梵行而舍弃粗分别是意喜。修炼三喜标志着已经进入圆满次第法的修炼阶段，即第二步修，它包括睡瑜伽、跃瑜伽、浴洗瑜伽、食物瑜伽、朵玛瑜伽等。

身曼荼罗二次第包括五个方面的内容：第一，修慈悲心；第二，金刚阿阇黎相及四羯摩灌顶；第三，受灌顶守持三昧耶及律仪；第四，能熟生起次第支；第五，解脱除障。

其中最为关键的是第四能熟生起次第支，它分为加行、正行和后次第。加行，重点讲刹那顿生、金刚铃加持、先行供及朵玛加持、空行朵玛、自生供加持、金刚菩萨修咒等。正行，主要讲瑜伽支和正瑜伽。

瑜伽支的具体修行方法和外曼荼罗五本尊生起次第法的修持法相同，最后修护轮，祛除不顺缘，在护轮火山中央有四大、须弥山、各种莲花、各种金刚，从莲花至红白月之间相当于瑜伽，之后经过后瑜伽、极瑜伽的修炼，证得空乐双运和明空双运的智慧。①

藏文史籍把金刚铃的这两种传法叫作“五尊大灌顶传承法”和“胜乐身曼荼罗灌顶法”，罗贝娑坚（Radpalshacan）是其法位继承人。

（三）黑行者的生平和著述

黑行者（Kṛṣṇācārya）是东印度藩伽罗所辖欧提毗舍人，出身于刹帝力种姓，初从鸠须罗（Kusula）的某位上师学习呼金刚教法，后从持燃（Jayandhara）法师受胜乐灌顶，听讲口诀教法，并付诸实践，修成四种观法，由此滋长起骄慢之心。相传他曾在磐石上施法，使足入石中，并为自己的成就而得意洋洋。又有一次，他离地一尺行走，能听到空中的各种声音。再后来，黑行者意欲赴楞伽毗惹传法，可因为自己的骄慢之心太重，法力全失，掉入水中。经其上师指点，黑行者开始去除骄慢之心，赴萨勒毗陀罗，从织者阿阇梨学习佛法，修炼各种法术。得其真传后，黑行者赴东印度苏摩普梨（Somapuri）和藩伽罗等地传法，教化许多外道僧人与王臣权贵。最后，他在东印度的提毗俱咤（Devi-kuṭa）与一位女咒师比赛法力时染病身亡。其弟子尊胜足承其衣钵，弘扬密法。

在藏传佛教传统中，归入黑行者名下的著作甚多，计有《大怛特罗部王喜金刚二品释难忆源》、《喜金刚烧施仪轨》、《呼金刚真实性分别论》、《呼金刚注疏怛特罗合论》、《吉祥喜金刚独雄修法》、《吉祥喜金刚经义释曼荼罗仪轨》、《开光仪轨法》、《会供轮供养次第》、《供养仪轨次第》、《修塔仪轨》、《荼毗仪轨》、《度亡仪轨》、《一切种之朵玛仪轨》、《唉、榜、玛、雅解明灯次第》、《吉祥胜乐轮护摩仪轨》、《吉祥佛空行修法》、《大幻化曼荼罗仪轨次第明论》、《总法行论》、《五部空行颂》、《吉祥咽噜迦轮颂》、《七偈仪轨》、《看明点》、《密集曼荼罗及开光仪轨》、《金刚萨埵供养仪轨》、《现观次第论》、《六十四杖论》、《金刚空行根本品论》、《圣空行母金刚帐大怛特罗部王第一品王论》、《七字修法》、《一髻母加持仪轨》、《黑色大威德怛特罗广释现观道灯论》、《大威德修法》等。

黑行者的著作涉及密集、大威德、胜乐等密教的各种仪轨，其主要成

---

① 详参许德存《西藏密教史》第二章第二节之“金刚铃的生平及其胜乐修持法”，第123—126页。

就在胜乐教法，尤以其胜乐四灌顶法影响最大，其代表性著作为《吉祥胜乐轮成就法》（*Śrīcakra-saṃvara-sādhana*）。

黑行者认为修炼密法须以般若乘的理论为基础，敬信根本上师，接受灌顶，恪守戒律，守护三昧耶，受用三昧耶，不离三昧耶，修行三昧耶。修行的场所当以园林、海边，或者能伸展两腿两臂禅定房为宜，确定场所后，要喷洒五种甘露水。修行时间一般在初夜、黎明、正午。

正式修持阶段分为四步，即修本尊、修咒、修果和除障。修本尊法是在持戒的基础上，积累两种资粮，意想自己的身、语、意和胜乐本尊的身、语、意融为一体，无二无别。同时，意想从心间发光，迎请五色界的受用身所化现的六十二尊曼荼罗现前，八大狮子支撑的宝座上有莲日曼荼罗，其上有根本上师的金刚法身，红色，一面两臂，执持金刚和铃交错于胸前，跏趺静坐，周身以珠宝相饰，面带微笑，用智慧加持自我修行。金刚法身的左侧有蓝色金刚手菩萨，右侧有各种金刚。继修本尊之后的咒、果与除障的修习也都有其独特的理论与仪轨，在当时流传很广。

在胜乐教法的传承中尚有一大批成绩突出的学者，如谛洛巴、那若巴等，他们建立了各自的学说和修持方法，有继承，也有发展。

第六节　诸部怛特罗教法拾遗

一　庆喜藏对瑜伽部密法的传承

庆喜藏（Anandagarbha）主要活动于公元 9 世纪中后期，其弟子慧护主要活动于 10 世纪上半叶。庆喜藏出身于摩揭陀的吠舍家族，初从大众部出家，习唯识、中观之学，后至超戒寺精研五明之学。当时，王子出身的成就者极明月（Prakāśacandra）的众弟子正在藩伽罗国讲说一切瑜伽怛特罗教法，颇有声势。庆喜藏慕名往学，师事善现护（Sūbhūtipālita）等阿阇梨，接受诸种瑜伽怛特罗灌顶。此后，他住于十二头陀功德，在林中修行，亲见金刚界大曼陀罗，获得造论的授记，能够随时与其本尊交流，又能借明咒之力获得各种业聚无碍成就，其名声亦随之远扬。中印度僧人慧护（Prajñāpālita）企慕他的名声，前来问道求法。庆喜藏为之灌顶，讲解《摄真实性》，并为之作《金刚界大曼陀罗仪轨一切金刚出现》（*Vajradhatumahamaṇḍalavidhisarvavajradaya*）。慧护学成后，返回中印度讲说其教法。摩酰波罗王（Mahīpāla）听到后，向他咨询此法的传承与出处，慧护向他称颂庆喜藏的学行与成就。摩醯波罗王听后，生敬重之心，遂将庆喜藏请到摩揭陀南方炽燃岩洞（Jvālāguhā）附近的欧遮衍顶宝寺（Ocayanacūdāmaṇi）供养。庆喜藏于此地作《摄真实性》的大疏《真实性显现》等众多论典。后来，摩醯波罗王的同父兄弟毗罗阇梨耶（Virācārya）王又将他延致欧提毗舍国的一座寺院，庆喜藏于此地撰写了《密集》、《吉祥最上本初注释》（*Śrīparamādivivaraṇa*）等多种密教经典的注解。

《布顿目录》中著录了庆喜藏的十余种著作。其中属于瑜伽部的有十种，即《瑜伽怛特罗摄义广释显现真实性》一万八千颂、《金刚界曼荼罗金刚现生仪轨》（*Śrīmahāryasarvatathāgatatattvasaṃgrahād mahāyānābhisamayād mahātantrād uddhṛto Vajradhātumahāmaṇḍalopāyikā Sarvavajrodaya nāma*，经题“大金刚阿阇梨庆喜藏”著)、《吉祥最胜第一品类广释》二万四千颂、《吉祥最胜智慧品类摄义释》、《吉祥最胜般若波罗蜜多曼荼罗仪轨》、《净治恶趣后怛特罗等义释明灯论》、《净治恶趣曼荼罗仪轨》（属紧凑九髻法门，其真伪有争议)、《三世间尊胜曼荼罗仪轨》（*Ārya-tattva-saṃgraham-tantra-uddhṛta-śri-trailokya-vijaya-maṇ ḍala-upāyikā*)、《佛眼开眼仪轨》，属于普明类密法的著作有三种，包括《普明曼荼罗仪轨》（*Paramādi-maṇḍala-vidhi-nāma*)、《开光仪轨》（*Pratiṣṭhā-vidhi*)、《金刚萨埵生源广略释论》（*Vajra-sattva-udaya-nāma-sādhand-upāyikā*)。另外还有《幻化网广释》（*Māyājāla-mahātantra-rāja-ṭikā*)、《密集难义释》（*Śrī-guhya-samāja-pañjikā.*）与《佛陀等住合修释智慧光明论》。

基于对当时流通的各种密典的全面把握，庆喜藏把各种秘密教法分判为事部、行部与秘密部三种。由此可以看出，庆喜藏的时代，无上瑜伽密法尚未作为独立的部类。照西藏传统的说法，庆喜藏曾经造作过一百零八种瑜伽怛特罗的注释。不过多罗那他认为，当时在印度各地传承的各种瑜伽部秘典加起来也不过二十余种，一百零八种注释的说法显然有夸张的成分。

庆喜藏在当时印度密教经典的传承上颇有影响，他晚年曾经应邀到东印度传法，其承法弟子有佛尊、信铠、莲花作、慧护等人。

继庆喜藏之后，慧护在中印度传承其教法，声誉颇著。在西藏后弘期佛教开始时，西藏阿里的智光王遣二十一位藏人至印度求法，临出发前即叮嘱他们要到中印度从般若缚黎论师学二部摄怛特罗，包括《密集》、

《摄真实经》、《摄真实经庆喜藏摄论》。庆喜藏的大部分著作都是由仁钦桑布译师译为藏文，在西藏流传甚广。

二　金刚甘露怛特罗教法与传承

公元9世纪中叶，金刚甘露密法的教授与修习相继在西北印度的迦湿弥罗、乌仗那，南印度的摩腊婆，以及中印度的摩揭陀一带兴起。

相传金刚甘露密法（Vajrāmṛtatantra）最初由迦湿弥罗国的甚深金刚首倡。甚深金刚（Gambhīravajra）身世不详，相传是迦湿弥罗国的一位班智达，他曾在尸陀塞林（Śītavana）依《吉祥诸佛平等瑜伽续》（*Śrī-sarva-buddha-samayoga-tantra*）修持金刚太阳法（Vajrasūrya），亲见金刚甘露大曼陀罗，又得到相续加持，获得共通成就。甚深金刚祈求本尊赐予其殊胜成就，本尊即为其示现，让他到乌仗那的达摩史提罗（Dharmasthira）去寻求一位空行母，此空行母身如青莲花，额头上有子母绿宝石般的纹理，可以向他教授殊胜成就法。甚深金刚依言而行，找到这位空行母，向她学习秘法。空行母于四甘露坛城中为甚深金刚灌顶，讲授密教怛特罗并付与经卷，观修其中的醯鲁迦（Heruka），获得大手印悉地。获得成就后，甚深金刚住于摩腊婆（Mālava），度化八位有缘的乞丐，为其灌顶，向他们传授观修的方法，还把他在尸陀林修成的八个起尸（vetāla）送给他们，使这八个人都获得大成就。甚深金刚又曾向四位弟子传授甘露秘法，让他们各自观修一座四甘露坛城，为其开示圆满次第，据说这四位弟子因而证得金刚身，隐身而去。

将甘露秘法进一步弘扬的是甚深金刚的弟子甘露密（Amṛtaguhya）。甘露密应该是甚深金刚晚年的弟子，他从甚深金刚接受秘法灌顶后，学习怛特罗经典及相关的论疏。甚深金刚殁后，甘露密努力修习，很快也成为一位有成就的大瑜伽师。相传他曾修成八个宝藏瓶，向一切穷人布施财产，还能从天神之处获得资财，支持八大法产，即八个大的佛法中心。

甚深金刚与甘露密活动的年代大致在公元8世纪后半叶至公元9世纪初。承甘露密之法的是婆瞿（Bhago）。婆瞿的生卒年代不详，主要活动于公元9世纪中叶，他从甘露密灌顶，修习秘法，在起尸法与甘露法上都获得成就。他修习起尸法，依之修成众多妙宝藏瓶，供给四方人众。婆瞿又在多处修建法产，传授甘露秘法。他曾在钵罗耶迦城（Prayāga）附近建立五部如来的大庙，在南印度羯拏咤（Karṇāṭa）建立金刚甘露大寺，还向无垢贤（Vimalabhadra）等众多班智达讲说此怛特罗部秘法。经过其弟子的广泛教授与讲说，甘露秘法在印度的多个地方兴盛起来，尤其在摩揭陀特别盛行。1934年4—10月，印度学者罗睺罗比丘在西藏的霞鲁寺收集到用瓦尔土拉（vartula）字体抄写的梵文《金刚甘露怛特罗》，计有八片贝叶，此经或即甘露密法的根本经典。①

① ［印］罗睺罗：《西藏现存之梵文贝叶经》，西藏学丛书编委会《西藏佛教经论研究》，文殊出版社1987年版，第79页。

第四章　六贤门时代之佛教

第一节　汉藏求法、传译活动所见印度佛教之新变

汉藏两地在公元9世纪40年代前后都遭遇到佛教发展史上的法难，佛经的传译与佛法的传播几乎处于终止状态，经过百余年，到10世纪六七十年代，汉藏两地又同时迎来赴印度求法与佛典传译的兴盛期，通过这些求法活动与佛经传译活动，可以勾勒出九、十世纪及此后印度佛教发展的概貌。

一　北宋王朝的佛经翻译

汉地的北宋王朝自建立起即大力扶植佛教，宋太祖乾德二年（964），朝廷派僧人继业等300人前往天竺求取舍利与佛经。同时，前代往印度求法的汉地僧人也有携梵夹返回者，如宋太祖乾德三年（965），僧人道圆自天竺携佛舍利、贝叶经等返汴京。《宋史》卷四百九十《外国传》六“天竺国”条载其事云：

> 乾德三年（965），沧州僧道圆自西域还，得佛舍利一水晶器、贝叶梵经四十夹来献。道圆晋天福中（936—942）诣西域，在途十二年，住五印度凡六年，五印度即天竺也；还经于阗，与其使偕至。太祖召问所历风俗山川道里，一一能记。四年，僧行勤等一百五十七人诣阙上言，愿至西域求佛书，许之。以其所历甘、沙、伊、肃等州，焉耆、龟兹、于阗、割禄等国，又历布路沙、加湿弥罗等国，并诏谕其国令人引导之。

除了汉地的求法僧外，还有携梵本佛典慕名归化的印度僧人。宋太祖乾德八年（970），沙门法遇自天竺取经回，声称天竺僧弥摩罗失黎愿至汉地译经，其事在《宋史》卷四百九十《外国传》有载：

（乾德）八年，僧法遇自天竺取经回，至三佛齐，遇天竺僧语不多令，附表愿至中国译经，上优诏召之。法遇后募缘制龙宝盖袈裟，将复往天竺。

宋太祖开宝后，天竺僧持梵夹来献者不绝。开宝四年（971），有僧人建盛偕中天竺王子曼珠室利入华献贝叶经。四年后，即开宝八年（975），有东印度王子曼殊室利（穰结说罗）来朝贡。[①] 宋朝开宝六年（973），那烂陀寺僧法天和兄法护携带梵本经典至鄜（漉）州蒲津。宋太宗太平兴国五年（980），印度僧法天、法贤、施护等携带梵本经典相继来华。汉地与天竺僧人间的交通往来为宋代的佛经翻译提供了条件，北宋王朝很快就兴起了声势浩大的佛经翻译活动。根据这些从印度来华僧人所携梵夹及所译经典，可以推知10世纪中后期印度佛教的大致情形。

宋太宗太平兴国七年（982），朝廷命法天、法护兄弟与天息灾、施护兄弟等人于太平兴国寺译经院从事佛经翻译。

法天是中印度摩伽陀国那烂陀寺僧，原出刹帝利族，通达三藏。当时印度佛教徒受伊斯兰教的入侵，四处奔散，寻找出路，法天和兄法护也携带梵本经典来到汉地的鄜州，与河中府梵学僧法进合作，翻译《大乘圣无量寿决定光明如来陀罗尼经》、《最胜佛顶陀罗尼经》和《七佛赞呗伽陀》。其译文委婉简约，受到宋太祖的称赞。

天息灾生于北印度迦湿弥罗国，是中印度惹烂驮罗国密林寺僧，施护是北印度乌填曩国帝释官寺僧。太平兴国五年（980），二人一同携带梵本来宋，也受到优待。朝廷命法天、法护弟兄与天息灾、施护弟兄审查宫廷收藏的各种梵本，筹备佛经的翻译工作，到太平兴国七年开始从事佛典翻译。

天息灾等参酌密教仪轨，布置了译场。场内设金刚界的曼陀罗，分布诸尊的种子梵字，称为大法曼拏罗。每天用香华灯水果品等按时供养，礼

① 《宋史》卷四百九十《外国传》，中华书局校点本。

拜旋绕，恭心祈祷。坛外安排了译场各种职事的座位，在宋初较长的一个时期里，天息灾等便是在这种组织下进行翻译的。由此可以看出，无上瑜伽密教的大曼拏罗法已经在印度本土的各种佛教科仪活动中得到广泛应用。

太平兴国七年（982）七月，天息灾、法天和施护等人分别试译《圣佛母小字般若波罗蜜多经》、《大乘圣吉祥持世陀罗尼经》、《无能胜幡王如来庄严陀罗尼经》各一卷。法天之兄法护，最初也曾参加译事，在太平兴国八年译出《大力明王经》二卷后便回印度去了。其后，宋王朝的佛典翻译事业即正式拉开帷幕。

天息灾等新译的经典在雍熙元年（984）九月刻版流通。雍熙四年（987），天息灾奉诏改名法贤，其翻译工作一直持续，直到真宗咸平三年（1000），法贤病死。次年，法天也病殁，剩施护一人主持译业。景德三年（1006）又有北印度僧人法护（Dharmapāla）加入，担任证梵义一职。其译经事业一直继续到天禧元年（1017）施护病死时为止。

太平兴国七年天息灾等试译新经成功以后，译经院的东西两边更扩建了殿堂，分别安置佛像和经藏；宋代宫廷所藏梵本都取了出来，供给翻译之用。当时太宗诏令用新刻的大藏经目录对勘，拣取先前未有的经典翻译，避免重复。因此，印度新流行的密教经典译出最多，在天息灾等翻译的252部合481卷佛典中，大乘秘密部经就有126部240卷，整整占了一半。再就其内容看，大部《金刚顶经》十八会的初会（《一切如来真实摄大乘现证三昧大教王经》三十卷，施护译）、六会（《最上根本大乐金刚不空三昧大教王经》七卷，法贤译）、十五会（《一切如来金刚三业最上秘密大教王经》七卷，施护译），都有了新译。另外像观自在六字明咒信仰的根本经典《大乘庄严宝王经》也翻译了过来（天息灾译）。

淳化五年（994），法贤译的《频那夜迦成就仪轨经》记述种种与毗那夜迦（vināyaka）即象鼻神有关的成就法，有非常显著的湿婆派倾向，其中杂有很多印度后期佛教密法中的荤血之祀与厌诅之词，如此经曾讲一种成就法即以牛肉、人肉、鸡肉等作为供奉："复次成就法，持明者用牛肉、人肉同和为第一分，鸡肉、羖羊、猫儿、馲驼等肉为第二分，象、马、驴、狗、鹫、狐、狼、鼠、牛、肉等为第三分，弩摩赞拏搒哩、摩迦罗肉等为第四分，如是等肉得周备已。持明者观想自身即作五如来之体，或四亲近菩萨身。若依频那夜迦天法，我身即是一切如来之体，心离二相，如虚空界，持明者无复疑惑，如是观想真实空法。人法俱无，绝诸戏论，是名善作法者。"①

10—11世纪，正是印度佛教无上瑜伽密法高度发达期，以超戒寺六贤门为代表的印度僧人，早已完成了大乘显教理论与密乘成就法门的融摄，其经典教法体系与中断了一百五十余年的汉传佛教有着显著的差别，因此天息灾、施护等人翻译的佛典中即有多种无上瑜伽部怛特罗经典。

天息灾、施护等人新译佛典中，也有几种是中观、瑜伽学派的重要论著，如施护所翻译的龙树《六十颂如理论》、《大乘二十颂论》，陈那《佛母般若圆集要义论》与三宝尊《佛母般若圆集要义论之释论》，天息灾翻译的寂天《菩提行经》等，由此可以看出当时印度大乘中观学派仍然作为重要的部派而传承。

天息灾等所译经典包括为数较多的梵赞，如法天初到汉地在鄜州所译的《七佛赞呗伽陀》，后来更有法天译的《文殊师利一百八名梵赞》、《圣观自在菩萨梵赞》，法贤译的《三身梵赞》、《八大灵塔梵赞》、《犍椎梵赞》、《圣金刚手菩萨一百八名梵赞》、《曼殊室利菩萨吉祥伽陀》，施护译的《圣多罗菩萨梵赞》。从其篇幅看，这类梵赞都不是太长，就其用途而言，应该是各种密教仪规中对本尊唱颂的赞辞，其内容多为盛赞本尊与上师的功德，以及念诵者的虔诚皈依之情，堪为后来在南印度兴起的巴克提（bhakti）即虔信运动的先声。

二　藏地后弘期的入印求法僧

约与汉地重启佛典翻译的时间相当，藏地的求法活动与佛典翻译事业在中止了百余年之后，也进入了新的历史时代，藏传佛教由此进入后弘期的高度繁荣阶段。

978年（宋太宗太平兴国三年），佛教从青海、阿里两路传入西藏，佛教在西藏再度弘兴，藏传佛教后弘期开始。也有说后弘期佛教始于913年或918年。不过，求诸佛法传播与佛典翻译的史实，以始于10世纪六七十年代似更合理。

10世纪中后期，藏地阿里地区的统治者智光力谋复兴佛法，选派沙

① 法贤译：《金刚萨埵说频那夜迦天成就仪轨经》卷第四，《大正藏》第21册，第318页上。

门宝贤等赴印学习《密集》、《时轮》等经部怛特罗、注释与仪轨等，并迎请印度僧人信作铠、莲作密、佛详静、佛护、莲花密等入藏，从事显密经论的翻译，而以瑜伽密部尤其是密集教法为重点。又有东印度僧人法护和他的弟子等在藏地译出许多前所未有的密乘典籍，使密教在藏地盛行弘通。超岩寺僧人阿底峡也于11世纪应请入藏，宣扬显密观行具备的教法，使密乘获得相应发展。

阿底峡弟子仲敦巴（1005—1064）续其法灯，奉四尊（释迦、观自在、救度母、不动明王）法，分别四密（事、行、瑜伽、无上瑜伽）次第，以上乐、密集为最胜，奠定了西藏无上瑜伽部弘通的基础，首开西藏佛教的迦当一派。而迦举派起自玛尔巴译师，传承东印度弥勒巴之学，弘密集、呼金刚等法，尤注重于空智不二解脱的大印教授。萨迦派以卓弥译师为始，注重道果教授，以清辩系中观学为密乘解释。觉囊派创自不动金刚，以时轮、密集等教法为主。此外，又有宁玛派传承前弘期莲花生、无垢友、遍照护等所传旧派密法，注重大圆满教授，为藏地密教中最古老的一派。

上述派别的开创者多为南行印度求法多年，亲从印度佛教诸名僧大德授受教法，返至藏地后又将所学教法与经典转梵为藏的高僧。因此，从他们的求法经历与佛典翻译亦可以推知10世纪中后期印度佛教发展情形。缘于后弘期藏人援佛入藏的运动远过于同一时期的汉地，因而借后弘期印藏佛教的互动更能真切、翔实地把握印度佛教发展的脉络。

朗达玛灭法后不久就遇害了，其后代分据藏区各地，居于阿里的为其曾孙日怙，日怙有三子，幼子得祖滚住漾绒。得祖滚有两个儿子阔惹、松内。阔惹传位松内，出家事佛，法名智光，他曾迎请达摩波罗（法护）论师与慧护论师等到阿里传比丘戒。有胜慧者，从法护受戒，往尼泊尔从枳达迦学律，并且在尼泊尔和迦湿弥罗等地亲近诸持律大师，精通律藏，且持戒精严。可见当时的尼泊尔与迦湿弥罗之律学颇有其传。

智光在阿里弘扬佛法，觉得前弘期留下的教法多不完整，尤其一般咒师没有通达真空法性，妄行诛法等邪行严重违反了佛教的意旨。为挽救这种弊害，弘扬纯正的佛法，智光选派阿里三区的青年二十一人，先让他们学习声明和佛教基本知识，然后使其携重金前往印度求法，临行前，他依据自己所掌握的印度佛教概况，嘱咐各位求法僧：第一，迎请迦湿弥罗国宝金刚（Ratnavajra）论师、东印达摩波罗（Dharmapāla）论师、西方迦鲁国摩尼洲（Mani-vīpa）论师。第二，从中印度般若缚黎（Prajñāvali）论师学二部摄怛特罗，其一为《密集》，其二为《摄真实经》和《摄真实经庆喜藏摄论》；从摩尼洲与达摩波罗学《断除业障怛特罗》及注释，并学胜天造《曼陀罗三百四十尊》、佛智足及龙猛菩萨造《密集曼陀罗仪轨》；从宝金刚（Ratna-vajra）论师学时轮教法，以及四金刚座怛特罗释论。第三，超戒寺有名论师一百零八位，大论师七十二位，无可比者三十七位，如顶珠者一位，如瞻部庄严者八位，如三界眼目者两位。对这些论师，最好的办法是迎请他们来藏地弘法，其次是从他们问学，最次的结果也应当访知他通达善巧什么教法，进而求得他的传承，迎请他的经书。上述论师、密法、经典与寺院都是当时蜚声印度佛教界的代表，反映出印度佛教发展的真实状况。

智光派去的二十一位入印求法僧最后只有宝贤和善慧学成返藏，其余都病殁于印度。

宝贤译师（Rin-chen-bzaṅ-po，仁钦桑布，958—1055），13岁依智贤出家，曾往印度及迦湿弥罗留学三次，亲近那若巴等七十五位大论师，学习一切显密教义。又迎请作信铠、作莲密、佛祥静、佛护、莲花密等到藏，从事翻译显密经论，尤其注重翻译瑜伽部和密集怛特罗，广事弘扬。后来又迎请法护、慧护两位论师弘传戒法。据统计，宝贤一生共翻译十七种经，三十三种论，一百零八种怛特罗，另外还有医药、文法、工艺等方面的一些书。宝贤译经的特点，一是数量多，二是以密宗为主。

西藏佛教史上，通常把宝贤和他以后所翻译的密宗经典称为新译密典，而将在他之前所译出的称为旧译密典。有人认为西藏后弘期密法之盛和宝贤翻译大量密宗经典有直接的关系，不过，这也说明秘密佛教在当时的印度佛教中居于主流地位。

其时藏王光护长子吉祥积（扎西泽巴）占据拉朵地区，大力弘扬佛法，延请释迦童和智精进在此地弘扬佛法（《青史》、《伦主史》说是十人）。这两位法师在拉朵两百多名僧众中，选拔出卓弥·释迦益西（994—1078，释迦智）和达诺·宣奴准珠（童精进）等人，派他们去印度求取佛法。临行之前，上师叮嘱他们，戒律是佛陀圣教的根本，般若波罗蜜多是佛陀的心要，密法是佛陀圣教的心髓，因此要在印度学习这三种教法。

卓弥等人离开藏地后，先在尼泊尔住了一年，在静贤论师（辛哈班遮）座前听受密法。静贤是超戒寺辛底巴（寂静）和那若巴大师的弟子，向卓弥等人介绍超戒寺佛学之发达，首次提及超戒寺的“六庄严”，说印度超戒寺有六位善巧师，号为六庄严，即东门辛底巴（寂静论师）、南门阿根旺秋札巴（语自在称）、西门的协饶穹勒洛卓（智慧生）、北门的伦若班钦（那若巴）、中央仁钦多杰（宝金刚）及莲纳西（吉祥智）等人。

承静贤之教，卓弥等人便前往印度超戒寺，在东门辛底巴（Śānti-pa）座前受教。辛底巴曾在恒河施放不动明王大食子，由此击沉了背叛摩诃波罗王的伽那派出的军船，因而声名鹊起。卓弥先后在超戒寺学习了八年，在超戒寺诸法师座下听受戒律，听讲般若波罗蜜多，并听习密法，得怛特罗要义，成为大善巧师。此后卓弥又来到南印度的底威扣提，得到自生观自在菩萨（喀萨巴里）的授记。

继此之后，卓弥又转道东印度，师事毗瓦巴的三传弟子般若因札如箕，专门学习密法，得其秘密灌顶，听受秘密怛特罗要诀的种种教授，尤其是无上瑜伽部的“道果”教授。据说般若因札如箕所传诸法，使卓弥生起更为广大的信心，“道果”教授后来也成为卓弥后学所创萨迦派的重要法门。

继卓弥译师之后，到印度求法的西藏僧人又有噶举派的始祖玛尔巴译师。玛尔巴（Marpa，1012—1097）译师，本名却吉罗追（Chos-kyi blo-gros），出生于洛扎（Lho-brag，前藏南部）的富足人家。15岁（1026），从父命到萨迦寺附近的女古垄寺，跟随卓弥译师学习梵文，后募集资产，先后三次赴印度、四次去尼泊尔求取佛法。玛尔巴在印度师事的法师有十几位，比较有名的有那若巴、弥勒巴、寂贤、智藏、瑜伽女乳必坚金、噶索日瓦、日日巴（森格岭巴兄弟）、泽达日巴、古苏鲁切瓦、扎加惹恰达、基特瓦、本达瓦（尼婆罗弟兄）、尊者阿底峡等，广学密集、胜乐、欢喜金刚、摩诃摩耶、四座等种种密法。除玛尔巴之外，卓弥译师的另一位弟子廓枯巴拉则译师也曾三次赴印度求法，师承静贤等七十二位得成就的大论师，学习密集龙猛派教法，翻译《胜乐金刚空行怛特罗》、《四座怛特罗》、《摩诃摩耶怛特罗》、《欢喜金刚怛特罗》等密教经典。

这一时期，藏地僧人罗敦协饶、跋曹日称两位译者曾往迦湿弥罗求学，说明迦湿弥罗依旧保持其佛教重要中心的地位。罗敦协饶（1059—1109）在迦湿弥罗求学十七年，从利他贤、善根王学因明，从廓弥其梅等学慈氏五论等显密诸法，返回西藏后广弘因明、般若、入行论等。跋曹日称译师在迦湿弥罗留学二十三年，迎请迦那迦嚩玛（Ganaka Varma）论师到藏地，翻译中观宗月称派诸论。

此后又有玛尔巴的再传弟子即米拉日巴的弟子热穹到印度求法。热穹（Ras-chung，1083—1161），本名多吉扎（Rdo-rjegrags），初从米拉日巴学法，15岁时（1097）因癞病被三个印度人带至印度，从颇罗旃陀罗论师学金翅鸟法，其病随之痊愈，归藏途中经尼泊尔，从无等使（Atulyadāsa）学胜乐等数种怛特罗口传教法。后来，他又应米拉日巴派遣，再次到印度，从那若巴和弥勒巴的弟子底布巴（Tipupa，主要活动于12世纪上半期）学习玛尔巴所未学得九种无身空行母法的另外四种。

12世纪初期，藏人琼波南交在印度的求法经历尤其能反映出当时印度佛教发展的状况。琼波南交（Khyung-po Rnal-'byor，1086—?），意为琼波族的瑜伽士。他出生时，适逢印度成就者不空（Amogha）给他送上吉祥的祝福，他10岁时掌握了梵藏两种文字，并接触到时轮教法。13岁时（1098），琼波从一位苯教师习苯教，成为较有影响的苯教师。后来琼波改习宁玛派的大圆满法，未获满足，遂携黄金至尼泊尔求法，从世慧（Vasumati）进修梵文，并学密法。又得到不可称金刚（Atulya-vajra）与不空金刚（Amogha-vajra，rDo-rje-gdan-pa）的善待，从他们那里学得不少教义，还从密教师跋陀罗·舍阇那（śrī-bhadra-sajjana）、遍照（Vairocana）学得诸多秘密教法，然后返回藏地。数年之后，琼波南交又返回尼泊尔，从潘提巴（Pham-mthiṅ-pa）学习胜乐根本怛特罗与四座教法。此后，琼波继续南行至印度，向不空金刚献上黄金，得到他的指教并在印度转益多师，求法不辍。琼波在那烂陀从戒施（Dāna-śīla，那若巴的弟子）、妙慧称（Sumati-kīrti）、罗摩波罗（Rāma-pāla）、那得迦罗（Natekara）等人问学，在迦摩迦他（Kaṃ-ka-ta）师从著名的宝天女（Ratna-devī），又从古古梨巴（Kukuri-pā）的弟子成就者日藏（Sūrya-garbha）受业。此后，他又有幸拜见弥勒巴（Maitrī-pā），奉上黄金之后，从他那里学得诸多怛特罗教法。相传琼波南交还师事那若巴的妹妹宁古玛（Ni-hu-mā），得其六种教授。琼波在印度师事的论师还有游戏金刚（Lalita-vajra）、圣提婆（Ārya-deva）、空行妙意（ḍāki Sumati）、空行母极乐成就（ḍākinī Sukhasiddhi，毗卢巴的弟子）、恒伽陀罗·普贤女（Gaṅgādharā Samantabhadrī）、极乐金刚（Sukhavajra）、不二金刚（Advaya-vajra）等。据说，琼波在印度期间先后拜访或师承一百五十位教师。回到藏地后，琼波南交携带的梵语写本经典有些残损，适逢阿底峡携大量梵本经典来至藏地弘法，琼波即依其经典，对自己的残本作了补充。此后，琼波南交才从朗日塘巴（噶丹派博德哇弟子）受比丘戒，正式出家为僧，他先在前藏盆域（'Phan-rul，拉萨以北）建寺，又到后藏的香地方（Shangs）去，相传他在那里三年之间建立了一百零八座寺，有很多弟子。此派僧徒在香地有很大势力，被称为香巴噶举。

1196 年（藏历第三饶迥木兔年，宋宁宗庆元四年），又有卓浦译师前往尼泊尔、印度求法迎请印度高僧，见证了佛教在印度的消亡。卓浦译师（1173—1225），原名楚臣喜饶，法名强必贝，初学显密经论，解经义，善辩论。1196 年，卓浦至尼泊尔，迎请弥遮卓根大师，翻译《独髻胜乐法门》、《息心法要》和《教法舟揖》等。此后，他又迎请喀什米尔的班智达布达西遮那（Buddhaśrījñāna），翻译了《现观庄严论慧灯释》、《入胜者道》、《大悲观音成就百法》等。最后他迎请了克什米尔的释迦吉祥贤（Śākyaśrībhadra）及其随从。卓浦译师的《百种要门》收有释迦吉祥贤为大众开示的散论，以及金刚座寺主腻迦楞伽提婆所传《解缚论》。

由此可以看出，自 10 世纪中后期开始，一直到佛教在印度趋于消亡的 13 世纪初，藏地赴印求法的僧人络绎不绝，从这些求法与译师的情况可以看出，当时印度的佛教中心主要集中于中印度那烂陀寺、东印度的超戒寺以及迦湿弥罗与尼泊尔等地。①

第二节　时轮教法的兴起与传承

继无上瑜伽父部与母部怛特罗之后，整合父部与母部特质的双入或称不二怛特罗的时轮教法约于 10 世纪后半叶至 11 世纪初于印度开始传播，并很快发展出颇具声势的教派与传承，被后世佛教史家视为秘密佛教发展的最高阶段。如果从修习仪式的繁复程度、从瑜伽禅定的精神层次与空间拓展、从佛教对印度教的融摄与吸收等方面来看，时轮怛特罗教法也的确代表了秘密佛教发展的最高阶段，其传播之广、影响力之深、生命力之强，是其他怛特罗教法无法比拟与超越的。时至今日，时轮教法仍在中国

① 法尊：《西藏后弘期佛教》，载《法尊法师佛学论文集》，中国佛教文化研究所 1990 年印行。

的蒙、藏佛教中占据核心地位。

与其他怛特罗教法相似，时轮怛特罗教法的确立或形成也是以时轮怛特罗经典的面世为标志或起点。时轮怛特罗经典成形或出现的时代异说颇多，中间还时常杂有历史与神话传说，因此很难对此种教法的历史，诸如其怛特罗经典的形成年代、创作者与地点等，作出清晰、翔实的描述。从其根本经典传承来看，一般认为11世纪上半叶活跃于印度摩揭陀国的大时足（Kālamahāpāda）与小时足（Kālahinapāda），是《时轮怛特罗略》与《无垢光》的作者，所以《时轮怛特罗》成立的年代在10世纪末至11世纪初。①

一　香巴拉与时轮怛特罗经典

据时轮教法自身传承，时轮怛特罗经典的出现与传承都跟时轮教法的传承地——香巴拉国有着密切的关系。相传佛陀涅槃前两年，金刚手（Vajrapāṇi）菩萨的化身——香巴拉国的妙月王（Sucandra）向佛陀请问将要流行于香巴拉等国的经典，佛陀即为其说《时轮根本怛特罗》（*Mūlakālacakratantra*）一万二千颂。妙月王得到这部经典后，将其携至香巴拉国。

据后代时轮教法的注释家描述，香巴拉（Śambhala），又称香格里拉，意为持安乐，是时轮教法的发源地，也是此教法所宣扬的理想佛国。据说此地位于雪山中央的西端，周围被雪山环抱，整体呈圆形，如同盛开的莲花，从白雪皑皑的山顶到绿地中间有岩石山、泥土山、草山和森林，生长着各种鲜花和药草，大小湖泊星罗棋布，青草茂盛，绿树成荫，有许多修行圣地。其中央耸立着迦罗波王宫殿，宫殿中央是国王的寝宫宝座，富丽堂皇，宫殿周围分布着大小池塘。此国王拥有很多大臣和军队，可以乘骑

---

① ［美］纽曼（Newman）认为时轮教法的根本经典源自11世纪初期的十余年间，而《吉祥时轮》（《小时轮怛特罗》）与《无垢光疏》的完成年代应该在1025—1040年（Newman 1998：343）。德国汉堡大学春永·艾萨克森（Herunaga Isaacson）指出活跃于11世纪初的宝作寂精于当时流行的各种怛特罗教法，如密集、阎曼德迦、呼金刚、胜乐等教法皆有疏释，但对时轮教法与经典了无所知，由此也可以佐证时轮教法在11世纪初期尚处于萌芽状态，还未广泛传布。参见春永·艾萨克森（Herunaga Isaacson）《宝作寂之呼金刚俱生妙瑜伽：宝作寂怛特罗著作研究之一》注释一（Ratnakarasanti's *Hevjrasahasadyoga*, Studies in Ratnakarasanti; Stantric Works I, le Paprole E I Marmi, Stude in Onore DI Raniero Gnoli nel SUO 70° Compleanno, Ramo: Istituto Italiano Per l' Africa e l 'Oriente, 2001, p. 457）。

的狮子、大象、骏马无数；物产丰富，百姓安居乐业。宫殿南面的玛拉雅园林亦有十二踰缮那，中央是妙月王用五种珠宝建成的时轮坛城，高四百一十二尺，诠表身、语、意三密，周围分布着历代具种王建造的坛城。花园东面有如意湖，如初八的月亮，西面有白莲湖，月牙形。房舍多为两层建筑，呈典型的印度风格。此地修炼密法的人较多，很少有疾病发生。国王头发盘顶，为五部佛相，头戴班智达帽，如转轮王形象。男性以巾缠头，着红白或纯白色粗布衣。王臣权贵与庶民百姓都虔信佛法，供养三宝。出家人身着法衣，手持乞化钵和锡杖。其安乐、祥和、富足的场面俨然一个世外桃源般的佛国世界。①

妙月王是香巴拉国的首任法王，是日光和尊胜天女之子，他在南印度吉祥米积大佛塔从佛陀听闻《时轮根本怛特罗》（*Paramādibuddhoddhṛta-śrīkālacakra-nāmatantrarāja*，或称 *Kālacakra-māla-tantra* 略作 *Kālacakra-tantra*）。相传妙月王得到这部怛特罗之后，曾为其作注，完成六万颂的注疏，被后代称为《时轮怛特罗广释》。此后，这两部经典即由香巴拉国国王世代相传。

从妙月王开始，香巴拉国共传三十四代法王，被称为香巴拉三十四代具种王（Kalki）。六百年后，传至第八代，即文殊化身的香巴拉国具称王（śrī-Mañjuśrī-yaśa），他为了对抗将于两百年后兴起于麦加（Makkah）而可能灭亡香巴拉国的回教，纠集梵天、湿婆、毗湿奴教徒，将他们召入时轮曼荼罗内，给予时轮大密法灌顶，严禁杀生，并宣说《时轮怛特罗要略》（*Śrī-laghukālacakra-tantra-rāja*）一千零三十颂，即现在通行的时轮怛特罗。据说《时轮怛特罗要略》是具称王依据妙月王的《广释》，并摄取《根本怛特罗》的中心思想而完成的。

继具称王之后，第九代香巴拉国王——相传为观世音菩萨化身的白莲王（Puṇóarīka），蒙佛授记，随顺根本怛特罗，著十二千颂的《时轮根本略怛特罗无垢光疏》（*Kālacakra-tantra-ṭīkā Vimalaprabhā/śrī-Mūlatantra-anusāriṇī-dvādaśa-sāhasrikā/śrī-Mahādibuddha-uddhṛta-laghu-kāla-cakra-tantra-rāja-ṭīkā Vimalaprabhā*），简称《无垢光疏》（*Vimālaprabhā-ṭīkā*）。

从时轮怛特罗教法传承史来看，《时轮根本怛特罗》（*Mūla-kālacakra-tantra*）或称《本初佛怛特罗》（*Ādibuddhatantra*）、《最胜本初佛怛特罗》

---

① 参见许德存《西藏密教史》第二章第三节，第134—135页。

(*Paramādibuddhatantra*)。此书似乎只存在于传说中，尚不见有任何语言文字的传本。

妙月（Sucandra）的《时轮根本怛特罗广释》亦不见有传本，据藏文资料记载，《时轮根本怛特罗广释》共两品，内容概括为七点：第一，讲三门四谛；第二，讲集谛；第三，讲转轮王和车粟之乱，以及时轮本尊；第四，讲死相和脉；第五，讲世俗的生灭变化和刹那相、决定时轮义；第六，讲修炼方法及童怛特罗；第七，讲本派和他派的见解。[①]

具称王（Śrīyaśa）的《时轮怛特罗王要略》（*Laghu-kālacakra-tantra-rāja*），或名《最上本初佛后怛特罗王吉祥时轮》、《吉祥本初佛所说时轮略怛特罗王》，影印北京版《西藏大藏经》作《从月出初佛出现吉祥时轮本怛特罗王》，是对《时轮根本怛特罗》内容的概括和总结。从其内容可以见出《时轮根本怛特罗》的内容与要旨。

《时轮根本怛特罗要略》共分五品。[②] 第一，初世界庄严品（Lokadhātu-paṭala），一百六十九颂，叙世界形成，主要叙述微尘堆积之宇宙世界的形成、日月星辰的变化、昼夜的更替以及须弥山的形状等，用佛教特有的宇宙生成论详细地阐述人们赖以生存的世界。它指出宇宙最初是微尘堆积的空的世界，由空产生出四大，即风微尘相互粘连、结合，形成轻漂而流动的风；由火微尘相互黏合，形成具风之电——火；由水微尘相互结合形成具有风、火之雨——水；地微尘互相黏合，于虚空出现帝释弓（彩虹），形成地。由于风的吹动搅和，逐渐形成了地基四大洲，其上有七小洲（岛）、七山、七海、二十七宿等。七星之日、月、星辰组成了星曜群。七仙居住的星宿称为七痣。在此宇宙生活的有天、饿鬼、龙、畜生等。大鹏蛋所生是风的生处，牛、象根等胎所生是火的生处，小虫、蝴蝶、蚂蚁等湿温所生是水的生处，树等幻生是地的生处。整个宇宙生成最

---

① 许德存：《西藏密教史》第二章第三节，139页。

② 时轮怛特罗的梵文原典，由 Raghu Vira 及 Chandra 出版（1965），但不完整。1985年，B. Banerjee 又参照藏译本重新出版。此外，有干足（Nāḍapāda，那若巴）的《灌顶略说广注》（*Sekoddeśañāka*）系叙述此种怛特罗的灌顶法门，其梵文原典已于1941年由 M. E. Carelli 出版。本经的汉文本系崔忠镇译《时轮本续注》据英译本转译（载《吉祥狮子》杂志第一至十二期）。另外，日本羽田野伯猷（Hadano，Hakuyu）对此经做过较系统的研究，其主要成果有《时轮タタントラ立に关する基本的课题》、《タントラ佛教に于けるヵ丨ラチャクラ（时轮）の位置》、《インド教佛教交涉の一断面——回教对策を目的とせる时轮の形成に于ける》等。

初是由卵所生。在提出宇宙形成过程后，此品又从身、语、意三方面解释所生成的世界，即从金刚咒（诵）之体所生的十种世界，从牢固命气所生的星宿等世界，从智慧与方便相交合所生的空乐世界。《时轮根本摄怛特罗》在论及世界的大小时，指出从胜义方面讲，世界无所谓大小量制，犹如梦境空无实有，量制只是就世俗人的主观认识而言，世界约有四十万逾缮那大小。①

第二，内自品（Adhyātma-paṭala），或称定病品，一百八十颂。与佛教五明中医方明的内容颇为相近，讲述身体的生理机能和疾病产生的原因以及治疗方法。身体是成就之因，需要用咒语护持，无身体即无所谓成就，也就无快乐的感受。因此，须昼夜修炼使血脉畅通、身体健康。其具体方法包括两个方面，一是瑜伽修习，二是药物治疗。此品对人体的生理形成、胚胎发育、病理病因、医药医疗、气功疗法等方面作了详细的说明。相对于大宇宙而言，人体可以称为小宇宙。小宇宙人体是由精液与经血交合形成的，精液相当于密宗所说的三十元音之我，经血是三十辅音之我。一月圆满后，父亲精液之元音虚空界阿字（a），趋入母亲经血迦（ka）等三十辅音之中，两者相互结合。第二个月的上弦由精液之风界俄字（ṅa），加持入经血之三十辅音；下弦经血之水界吾字保护入三十辅音。第三个月上弦精液之火界日字保护入三十辅音；下弦经血之火界由字保护入三十辅音。第四个月上弦精液水界吾字保护入三十辅音；下弦经血风界俄字保护入三十辅音。第五个月是地界勒。精液是胎儿骨头、足生成的主要因素，加上母亲赤分作助缘，使骨头等逐渐生长成熟。月经是肉、皮等生成的主要因素，由精液帮助逐渐发育成熟。男子12岁成熟，具有方便——精液；女子16岁成熟，具有智慧——月经。精液与经血在胎中交合后，首月形成胎儿的血液及种子甘露之味、十种细微脉，形成手、足、面的因素具备。第二个月手、足、面成形。第三个月手足颈头平齐。第四个月手、足、颈、面之脉流通。第五个月内脏、血、骨头等各关节成熟。第六个月有一定的触觉与苦乐之感，皮毛结实。其后几个月眼睛眨动，吸

① ［美］J. R. 纽曼（Newman）：《外时轮：时轮怛特罗中的金刚乘佛教之宇宙观》，威斯康辛大学（*The Outer Wheel of Time*：*Vajrayāna Buddhist Cosmology in the Kālacakra Tantra*，Madison：The University of Wisconsin，1987）。是为作者的博士论文，文后附有对《时轮经》第一章主体部分及相应《无垢光疏》的英译。

收营养，消化功能开始工作。另外，本品还提出了生病之因与除病之法。身体是一切成就之因，如果没有身体就不会有成就，亦不会有殊胜快乐。若要使身体健康必须昼夜修炼气功，使心脉调和，脉波流通。生病除了用气功治疗外，也可以用各种植物、动物、矿物等配制成的药物调服。具体的治疗方法在经文中有专门介绍。①

第三，灌顶品（Abhiśeka-paṭala），二百零三颂。此品指出灌顶是一种非常重要的仪式，授灌顶的阿阇黎必须具备一定的佛学知识，了解世间、出世间的一切道理，谨慎行事，布施众人，以身语意三业护佑僧众。其步骤是，先在选择好的清净地方，按照一定的规定尺寸设置坛城。一般坛城的形状为圆形，周围作五幅画，中间设立五相装饰的八瓣莲花，莲花中间供奉本尊、本尊母、佛像，以防妖魔邪气的侵入。灌顶仪式开始时，先用双手拇指护祭火，待到跏趺地烟火熄灭，心定诵咒，一切准备工作完成后，开始授灌顶，传授知识。然后用五甘露珠胜金刚加持，诵咒火祭，散放颜料石粉，设置咒相，相角用五根白线系缚宝瓶。金刚阿阇黎东面供奉金刚莲花所生忿怒本尊。之后用三金刚护佑僧徒的头、心、脐、喉等，使气脉畅通。身着黄衣、眼被障覆的僧徒坐在其中，接受阿阇黎的灌顶。灌顶仪式结束后，再次进行护摩，使菩萨智慧进入自己的心莲。此品还提出了瑜伽师应供奉的十母。

第四，修法品（Sādhana-paṭala），二百三十四颂。主要讲述修行的姿势、应修的几种金刚母、修行达到的目的，以及瑜伽师所修之事相等，同时介绍了几种不同的禅定。修行姿势右足（腿）弯曲立地，左腿伸直；左边交合使右腿伸直，两腿平等，功德力使双膝伸直。为了修成手印快乐之成就，瑜伽师须不分昼夜专心修炼。②

第五，智慧品（Jñāna-paṭala），二百六十一颂，讲述智慧与方便合修得到的俱生快乐，以及用各种矿物质配药的方法和医治疾病的功能。所执

① ［美］卫斯娜·A. 沃蕾斯（Vesna A. Wallace）：《时轮怛特罗：内自品与无垢光疏》，哥伦比亚大学美国佛教研究院，2004（*The Kalacakra Tantra*：*The Chapter on the Individual together with the Vimalaprabha*，New York：American Institute of Buddhist Studies Columbia University）。本书首次把《时轮怛特罗》第二品及相应的无垢光疏译为英文。

② ［美］卫斯娜·A. 沃蕾斯（Vesna A. wallace）：《时轮坦特罗：修法品与无垢光疏》，美国佛教研究院，2011（*The Kalacakra Tantra*：*The Chapteron Sadhana*，*Together with the Vimalaprabha Comentary*，New Yord：Amenican Institate of Buddhist Studits. 2011）。

境是智慧，能执根是方便，二者各有身体。如果从昼夜的变化去区分认识，夜晚（短元音）思想的区分即是智慧，身体的区分为方便；白昼（长元音）思想的区分为方便，身体的区分为智慧。当两者相互交合时，方便思想进入智慧之中，而智慧思想则进入方便之中，相互融为一体。时轮教法把方便比喻成月亮，以及显教的理论；把智慧比喻成太阳，以及密宗的实践，当理论与实践相结合，就会产生空乐。身体与思想都有地、水、火、风等味与大味，味是虚空界之名，大味是智慧之名。从方便有三现与非三现之区分，水风味之三界是从精液出现，其余三界非从精液出现。从月经亦有三现与非三现，地火大味之三界是从月经出现，其余三界非从智慧月经出现。非从两者单独出现者是从两者交合之助缘出现。从智慧、方便出现的三界逐渐成为胎生之身、语、意。佛之俱生快乐，为了增益首先依赖业印（三昧耶手印），然后日色身体、面、足、顶一切支圆满，随顺电的挥舞生起不变快乐，使一切相圆满。三昧耶手印、法手印、羯磨手印及大手印（内分实住大手印、空乐大手印、光明大手印）可于任何地方修炼。修炼到一定程度，使身脉气心调和，即“身调则脉调，脉调则气调，气调则心调”，最后达到一种快乐的境界。俱生快乐是法界施予的。在论述智慧方便与几种佛身的关系时说，非智慧非方便是俱生身或法身；智慧方便之自性脱离黑暗是受用圆满身，犹如身影，众生之义即是作者，众生为了成熟又成为佛之变化身。欢喜是受用圆满身，语意俱生与欢喜亦可生快乐。此品对佛的三十二种相也作了详细的说明。

二　时轮教法的教义与修习

时轮教法宣说的核心义旨为时轮（kālacakra），主张被过去、现在、未来三世所限制的迷界，能依宇宙本源之本初佛（Ādi-buddha）而得解脱。此教法十分重视时间的作用，认为时间循环往复，转流不息，构成岁月的时轮，具有无穷的威力，天地万物皆由时轮创造，又被时轮碾碎而灰飞烟灭，一切众生都在过去、现在、未来“三时”的迷界之中，宇宙间的成、住、坏、空规律，春夏秋冬、季节月令的变化，乃至各种生命形态、人的生老病死等皆包括在时轮内。它把由时空构成的大宇宙与人体构造的小宇宙联系起来，通过本初佛宣说的教义，将空性与世间万有结合起来，形成一个体系，提出外时轮、内时轮与他时轮构成的三时轮之说。

外时轮或外世界，指包括四洲、须弥山及日月星辰在内的大宇宙器世间。时轮教法认为，微尘堆积的世界并非真实存在，而是一个空的世界。由此依次出现风、火、水、地四大，然后在虚空中出现帝释天，最后形成虚空。经风的吹动搅和逐渐形成了四大洲，上面有七小洲、七山、七海、二十七宿，七曜日月星辰组成星曜群。须弥山，意为妙高山，原为印度神话传说中的神山，在时轮教法中，它是宇宙器世间的基础——金轮山上形成的高山，高八万四千由旬，山顶为帝释天，四面山腰为四大天王天，东面银质，南面琉璃，西面赤晶，北面黄金，周围有七香海、七金山，七金山外有铁围，环绕咸海，四周有四大部洲。东胜神洲形如半月或扇形，三面各长二千由旬，一面长三百五十由旬，居住这里的人身体高大。南赡部洲形如车，南边长三由旬半，其余三边各长两千由旬。西牛货洲圆形，周长七千五百由旬，直径二千五百由旬。北俱卢洲，正方形，周长八千由旬，四边各长二千由旬。另有提诃洲、毗提诃洲、遮未罗洲、筏罗遮未罗洲、舍摭洲、温怛罗漫怛里拿洲、矩拉婆洲。大鹏与八蛋所生是风的生处，牛象根等胎生是火的生处，蝴蝶、蚂蚁等温湿所生是水的生处，树等幻生是天地的生处，宇宙属于卵生，生活在这里的有天、龙、饿鬼和畜生等。

从佛教名相法数角度来看，外时轮是由地、水、火、风、空五大元素构成，须弥山是虚空，须弥山之东和东洲为风界，须弥山南及南洲为火界，须弥山北及北洲为水界，须弥山西及西洲为地界，须弥山的法性为智慧界。从方隅划分，东南为风界，西南为火界，东北为水界，西北为地界，须弥山上为虚空界，须弥山下为智慧界，香、色、味、触、声音、六法，依次和地、水、火、风、空结合。香，一般指麝香、莲花、旃檀、大小便、骨肉之香；色，分颜色和形状两大类，包括黄、白、红、黑、绿、蓝六色和四方形、白圆形、三角形、半月形、绿圆形、齿圆形等；味有甜味、酸味、咸味、苦味、涩味、辣味等；触，指重、柔软、粗、轻、昏、死；声音，包括悦耳非悦耳声、执受非执受声、半执受半非执受声。

内时轮指小宇宙，即人的身体，人体脉道、轮、明点以及气息的流动都展示在内时轮中。从生理学角度讲，人身是由精液与经血结合形成的，精液相当于三十元音之“我”，经血相当于三十辅音之“我”，二我结合后，生命开始形成。经十余年后，生命长成后，即靠身体的气、脉、明点来维持、长养。内时轮的内部也区分为五欲界、六欲天、十六色界和四无色处边。金、木、水、火、土五曜上增加日月、罗睺星、罗睺尾星、计都星，共十曜。东七曜、南七曜、北七曜、西七曜，共二十八宿。胎生、卵生、化生、幻生和温湿生，通称五生。布顿说，内时轮是智慧身，出现于头顶的三十二个元音本性，月色相饰为顶轮；下面的八十个辅音，由日色随好相饰，成为金刚宝莲花，其本性是三界众生，或具有身、语、意三相上师，即讲授者和殊胜不变的智金刚。

如果把内外时轮结合起来讲，地、水、火、风、空、智配合六十花甲子和十二月的南行六月与北行六月，把所作圆满的六十刹那叫作一腊缚，三十腊缚为一须臾，三十须臾为一昼夜。健康男子的六折呼吸为一两水，一两水为三昼夜。地、水、火、风、空、智配合十六元音、三十辅音、六脉轮和十气息，持命气虚空为不动佛，下泻气智慧为金刚菩萨，等住气和龟气为不空罥索佛，上行气和蜥蜴气火为宝生佛，能遍施气水为无量光佛，龙气和胜宝气地界为毗卢遮那佛。六界与根本心、随伺察心、伺察心、定持心、断除心、愿菩提心结合，产生贪心、瞠心、痴心、慢心、嫉妒心和吝啬心。

他时轮，讲的是对治方法，因有别于内外时轮，故称别时轮，即是针对内、外时轮相对应而提出的对策。具体来说，就是通过一系列的灌顶，以及在时轮坛城中修持时轮金刚本尊法的仪轨等，修炼时轮教法，进行生起次第和圆满次第所组成的修观，运用这种方式成就空慧形象的佛身。它包括生、圆二次第灌顶和能依、所依、气、脉、明点等。

他时轮主要讲地、水、火、风、空、智六界与生圆二次第的关系，生起次第重点介绍六界与人体十六部分、俱生十六喜、十六灌顶、十六供、十六三昧耶、十二谛义、三身、三语、三意、三智的对应关系。从圆满次第讲，顶轮有四空四脉叶，额轮有风十六脉叶，喉轮有火三十二脉叶，心轮有水八脉叶，脐轮有地六十四脉叶，生殖轮有智十六脉叶，经过不间断的修炼，各脉畅通，气聚脐轮产生明点。

三种时轮的圆满叫作果时轮。内、外、他三时轮修行圆满后，进入果时轮的修炼阶段。根据六界讲，瞠绿不动佛相当于空界，嫉黑不空罥索为风界，贪红宝生佛为火界，吝蓝金刚菩萨为识界（智界），六部佛通过瑜伽师的修炼获得。如上所述，阻止额轮、顶轮的半圆满、圆满脉轮上的业气，成就时轮千色大手印父母身，最后证得四智和时轮大乐。

时轮坛城的主尊为时轮金刚，一尊双身像，四头，每头三只眼，主体蓝色，左边一面红色，右边两面一白一黄，上肢繁多，层层叠叠向四周伸张，形成圆形，最上四臂白色，中间四臂红色，最下四臂蓝色，其中两臂拥抱金黄色双臂与其平等的明妃，手持金刚杵。明妃的上下两面，颜色不同。两者合起来的三十二只手持战斧、棒、轮、月刀、戟、短剑、弓箭、骷髅鼓、海螺、莲花、钩、索、骷髅碗等法器，各有象征义。时轮金刚的脚下莲台上横卧着处于挣扎状态的欲望神与妖魔，其身后有火焰背光。除此之外，时轮金刚还具有很多的形象，不同形象有不同的象征。如金刚乘中所有的双身佛，时轮金刚代表大悲方便，为阳性；明妃为阴性，代表般若智慧，双身即表示阴阳和合，须臾不可分离，表明宇宙间与世间形成的一切规律，因此在时轮教法中，需在修观时观想时轮金刚与明妃的合身。

上师对弟子施予时轮教法的灌顶和修持，必须在时轮坛城中进行，时轮灌顶总共有十一次。灌顶的主要目的就是通过灌顶，使弟子获得修持生起次第和圆满次第瑜伽的资格，身、语、意清净，达到心灵体悟的高层次，以期为达到终极目标做好充分准备。①

总体而言，时轮教法在哲学上肯定本初佛的教义，认为能依宇宙本源本初佛（Adi-buddha）而获解脱；并极其重视身体瑜伽的修炼法，其修行仪轨十分繁复，主要目的是通过观察宇宙的结构与活动，即日月星辰的运行及其迁流变化，以主动控制与此对应的人体脉管、轮、气息之迁流变化，以达到究极合一之境界。时轮教法以般若与方便的双入不二，实现真实智慧为目的，其修持原理是通过观察宇宙日月星辰的变化，以调整与之对应的人体脉管（nāḍī）、轮（cakra）、气息（prāṇa-vāyu），以达到相即合一的境界。由此而言，时轮教法是密集、大威德、胜乐和喜金刚思想的进一步深化。

从社会历史发展角度言之，时轮教法是包括佛教在内的印度宗教和伊斯兰教斗争的产物。其基本立场是佛教的无我理论，即没有什么永恒存在的东西，其表现的形式有变化，证道的法门有变化。时轮教是印度教与佛教进一步结合的产物，是密教教相与事相高度体系化，也是秘密佛教发展的最后阶段。经文中的梵天、湿婆、毗湿奴为印度教三大神，而且毗湿奴教派也流传着有关香巴拉国的传说，卡尔基是毗湿奴的第十次化身，出现于迦梨时代末期，化身为骑马执剑、铲除邪祟、恢复正法的救世英雄。

---

① 详参许德存《西藏密教史》第三章第三节，第129—150页；李南《梵文金刚乘典籍》，《南亚研究》2010年第2期。

《时轮怛特罗》将这些印度教因素纳入密教体系，反映出当时伊斯兰教入侵印度造成的恐怖与混乱之状，同时也折射出佛教试图借助甚至联合印度教等印度诸宗教，抵抗以至战胜来势凶猛的穆斯林入侵者的强烈意愿。

三　时轮教法的传承

时轮教法的传承多系口传，不同的传承者又有多种名号，再加上由于师承的派别不同，诸家所载往往互有出入，其教法很难清理出一个明确可靠的谱系，只能就诸史家所载得其大概。

相传从香巴拉把时轮教法传播到中印度的是毗睹波（Piṭo/Viṭo-pa）。多罗那他《七系付法传》记载，《时轮》等多种怛特罗部是由毗睹波得金刚手授记，以神通力到香巴拉国迎请所得，后来他在罗怛那企梨（Ratnagiri，宝山）传弟子多人，其大弟子有六人，其中三人得金刚身隐没不现，比丘阿缚都底巴（Avadhūti-pā，阿底峡老师之一）、觉吉祥（Buddhaśrī）及那若巴（Naropa，Śrī-Nāḍa-pāda，干足）三人则弘扬其法。阿缚都底波又将时轮教法传与扫黎波（即中金刚座）。

继毗睹波之后传承时轮教法的是阇娄巴。对其学法经过，布顿曾作过记述。东印度五部中的俄尔吾巴的阇娄巴班智达精通一切藏，他曾学于罗那格惹乌睺罗、超戒寺和那烂陀寺。为求得密典和三部菩萨释论，阇娄巴受本尊的指示，和下海探宝的商人结伴，前往香巴拉。当他攀登上一座高山时，遇到一人，问其欲往何处，阇娄巴即答以去香巴拉寻找菩萨释论。其人告以去香巴拉的路非常难走云云。据说阇娄巴遇见的人就是月贤王的化身。

阇娄巴有三位承法弟子，即塔玛巴（普通人）、成就者觉作护（Buddhakaragupta）和孟加拉国的班智达阿阇黎时轮足。又说阇娄巴把时轮教法传授给南印度的一位大臣邬那毗多、婆罗门提梨波尼和语言学家苏纳室利三人。

多罗那他《印度佛教史》记载毗睹波传时轮教法于大时轮足，因此有人认为大时轮足和阇娄巴是同一个人，直接从香巴拉具种王祥护受时轮灌顶，修习《时轮根本略怛特罗》。

大时轮足（Kālacakra-pada），本名妙吉祥金刚（Mañjuśrīvajra），《青史》说他是中印度王种，《竹巴教史》认为他是东印度孟加拉国人，父母都是瑜伽行者，他精通五明学处，被尊称为文殊菩萨的化身。据说，大时轮足7岁时由瑜伽母引导前往北印度的香巴拉，途中被一位比丘僧摄收为徒，教授佛法。由于他天资聪明，能日诵七千颂经文，掌握诸经怛特罗后，被比丘僧带领到香巴拉，直接从具种王祥护（又说是月光）学习《时轮》三部释著，然后奉命去南印度传教。其著作主要有《吉祥时轮口诀》、《时轮修法十一支论》（《布顿目录》作《具祥行星曼荼罗修法十一支》）。

大时轮足有十二名得意门徒，其中阿阇黎调伏、戒生智、解脱生处隐者、狮童和无边胜五位班智达把法传给那若巴后去莲花山静修。

大时轮足的法位继承人是小时轮足。小时轮足（Kālahinapāda），本名室利跋陀罗（Śribhādra，吉祥贤），是中印度人，刹帝利种姓，父亲斯贝陀罗菩提是一位居士。他早年从伯父习佛法，熟谙显教理论，后来和那若巴一起在大时轮足座前听讲时轮法，在那烂陀寺舌战诸班智达，除语自在称和智生两位班智达外，其余都顶礼归服，拜他为师，因此，被尊称为时轮师。为了和大时轮足相区别，他被称为小时轮足。其著作翻译成藏文的有《吉祥时轮修法四支》、《时轮灌顶总示广释》、《六支瑜伽口诀》、《正说文殊菩萨相利乐释——真言义心要略论》（亦名《真言义秘要论》）、《六支瑜伽要诀》、《六支瑜伽教授必要》，共计六部，重点解析《时轮根本怛特罗》所说的六支瑜伽。

《青史》认为，当时修炼时轮教法的人很多，由毗睹波传给南方的陀梨伽波，彼传阇娄巴，阇娄巴传给大时轮足，大时轮足传小时轮足；小时轮足把此教法传给觉贤（Bodhibhadra）和萨都毗陀（Sādhuputa，善家子）二人。大时轮足把教法传给无畏作和阿毗诃利拘伽诃（Abhidzukha）；后者传法尊和毗迦罗（Bhaskara）。无畏作护著《吉祥时轮纲要》和《星算论著入时轮论》，传给西藏著名的佛经翻译家索朗坚参。

迦湿弥罗的月贤（Candrabhadra），又名苏罗耶迦都（Surayaketu），传法给班智达金光（Sonashi）、吉祥作（Lakṣamākara）、施祥（Dānaśri）、旃陀罗罗睺罗（Candra Rahulal）、月怙主（Somanartha）等人，足证此教法在迦湿弥罗地区颇有流传。其中，月怙主又把时轮教法传入藏地。

月怙主，当地土语称为婆罗门贤足，是一位学富五明的班智达，早年专修因明学和般若学，一次能牢记十六偈经文。后来结识了班智达戒生智，接受灌顶，开始修习密法。为了得到真传，他远涉中印度的那烂陀寺从小时轮足学习时轮教法，进一步发展了六支瑜伽，成就显著，据说达到了能截断大小便的程度。《青史》记载，他曾三次进藏传法译经，著有《时轮无尽明灯教授释论》和《根本智论释》，把《胜义近修》和《无垢光疏》译为藏文，其译文流畅，用词适当，词义表达准确。在其指导下，藏族僧人首次翻译了《时轮根本略怛特罗》部分章节。

总的来看，时轮教法的传承是以大、小时轮足为中心，至于其间的相互授受，在藏传佛教传统中颇有分歧，如热译师认为，小时轮足传给妙称和遍吉祥。《竹巴教史》说，那饶巴传妙称，妙称传尼泊尔的萨曼达室利跋陀罗（遍吉祥）。卓译师认为，小时轮足传月怙主。咱弥译师认为，大时轮足传班智达释迦狮子幢等。如是等等，意见分歧很大，让人无所适从。不过，通过种种异法与不同的记载，可以看出时轮教法在11世纪前后得到了很大发展。

按照藏文《时轮经》的翻译时间推算，《时轮》的传承大致可以列为毗都波—大时轮足—小时轮足—月怙主，这样粗略的脉络。从毗睹波于965年获得《时轮经》到1027年结觉·达哇欧色初译成藏文，中间相差六十余年，其间时轮教法主要在中印度和北印度流传。①

第三节　六贤门时代之佛教

10世纪中后期至11世纪中期，印度佛教迎来了一次新的高潮，以超戒寺六贤门为代表的大阿阇梨如群星般熣灿闪耀于后期印度佛教史上，其时约当波罗王朝的摩诃波罗王（923—962）的后半期与遮那迦王（978—1009）时代，此王朝占据中东印度，大力护持佛教。这一时期，整个南亚半岛依旧上演着王朝之间的攻伐更替，以及穆斯林军队对印度的步步征服。10世纪上半期，南亚半岛最强大的王朝是拉什特拉库塔王朝，时当克里希纳三世在位，他征服了东南印度的朱罗王朝。不过，到公元973年，拉什特拉库塔王朝被泰拉推翻，建立卡尔亚尼遮娄其王朝（973—1200），是为后期遮娄其王朝。紧接着南印度的朱罗王朝崛起，拉贾拉贾（王中之王，985—1014年在位）建立朱罗帝国，征服南印度和斯里兰卡，在南印度半岛颇有声势。其子拉亨德拉（Rajendra，1014—1047）继位后，曾于1022—1023年，率军队远赴恒河，打败了奥里萨的索马瓦姆希

① 许德存：《西藏密教史》第二章第三节，第135—138页。

(Somavamshis) 王朝和波罗王朝。1025 年，朱罗王朝的海军又征服东南亚的室利佛逝国。在南印度诸王国更替过程中，印度教得到长足发展，尤其是到 11 世纪，印度教吠檀多哲学家罗摩奴阇（1017—1137）出世，使印度有了新的发展。

在中印度 10 世纪中叶开始，金德拉王朝（950—1203）在卡朱拉霍开始兴建神庙，此神庙具有极为显明的性力色彩。在西印度地区，索兰基王朝（Solanki dynasty）治下的耆那教大为兴盛，其宗教艺术颇有特色。另外，在西北印度，穆斯林入侵者依旧不断加强对印度的征服。公元 971 年阿富汗统治者伽色尼（Ghazni）的马哈茂德（Mahmud）以穆斯林(Muslim) 的名义宣布对印度发动圣战。1000—1025 年，马哈茂德在第十七次远征中劫掠北印度大部，摧毁了马图拉、卡瑙季和索姆纳特神庙，占领了印度北部的旁遮普。在穆斯林军队逐步深入的劫掳与征服中，局据于东北印度一隅的印度佛教迎来了最后的辉煌。

以超戒寺六贤门为代表的佛门僧徒兼具大乘佛教论师与密教成就师的身份，把大乘佛教的理论学说与密教的修行科仪充分地结合在一起，使之成为显密圆融的完备体系，将超戒寺佛学推至高潮阶段。东门之宝作寂，南门之智作慧，西门之自在语称，北门之那若巴、觉贤，中门之宝金刚、智吉祥友，各有所擅。稍后出现的阿底峡更转益多师，就学于超戒寺六贤门诸师，复从当时的、明杜鹃菩萨、阿嚩都帝巴、大瑜伽师罗睺罗笈多伐折罗、金刚座末底寺戒护论师，更至东南亚苏门答腊岛的金洲法称学习，成为集诸家之成的大师，最后应藏王之邀，赴藏地传经弘法，使佛法之慧炬在藏地长明不灭。

一　东门守护者——宝作寂

宝作寂（Ratnākaraśānti，974—1026 或 978—1030)，或译宝积静、宝藏寂、宝手寂、宝生寂等，又称扇底巴（Śāntipa，当为其密号)，为 10—11 世纪印度后期唯识派论师，为阿底峡（Atīśa）的老师，也是后期印度佛教史上最重要的学者之一。

在唯识学派中，宝作寂属无相唯识派，他与有相唯识派论师智吉祥友的论争，在当时非常著名，他还曾经批判过中观派月称（Candrakīrti）的学说。相传他曾经随那若巴（Nāropa）学习密教怛特罗，多有成就，对密教影响深远。

宝作寂的著述甚多，关于唯识的有《般若波罗蜜多教诫论》(*Prajñāpāramitopadeśa*，此书篇幅虽小，却代表其哲学立场)、《中观庄严教诫论》(*Madhyamakālaṅkāropadeśa*)、《中观庄严释疏中道成就》(*Madhyamakālṅkāravṛtti*; *Madhyamaprati-padāsiddhi-nāma*)、《成就唯识性论》(*Vijñaptimātratāsiddhi*) 等书。在因明学方面，宝作寂著有《内遍充论》(*Antarvyāptisamarthana*)。在中观学方面，宝作寂著有《圣般若波罗蜜多八千颂细疏最上心髓》(*Āryāṣṭasāhasrikāprajñāpāramitā-pañjikā-Sārottamānāma*，或作《八千般若释最胜心要论》)、《二万五千般若现观庄严颂释具足清净论》(*Abhisamayālaṅkāra-kārikā-vṛtti-śuddha-matī*)。

宝作寂是此期无相唯识派的代表性人物，他认为中观与唯识有相近的传统，学理上可以相通，带有显著中观瑜伽派倾向，如他将《入楞伽经》第十品二百五十六、二百五十七、二百五十八三颂作为自己思想的根据，其《般若波罗蜜多论》即把中观与唯识的修习次第匹配起来。

他曾经批判有相唯识派的代表人物智吉祥友，指出世界所有的现象不过是认识的表象，形象由无始以来的错误印象所生，故不是实在，如梦中的知觉那样。这形象倘若不依靠作为认识的烛照作用，是无法单独生起的。另外，某种特定的形象通常可以被其他的形象所否定，其自身不能独立地显现，因此可以说它是虚妄不实的。不过，就认识本身而言，它是实在的。有相论者认为，形象可以通过认识显现出来，则形象与认识应是统一的，也具实在性。倘非如此，形象就不可能被认识。宝作寂反驳说，倘若如此，所有认识的形象都应是正确的，所有的人都具有正确的认识，都可以由此得到解脱，这样就不会有凡夫与圣者的区别，而从实际情形来看，混淆凡夫与圣者、等同认识与形象是显然不能成立。有相唯识派把形象与思唯区别开来。他们认为思唯是虚构的，形象是实在，是认识的本质。宝作寂认为形象与思唯俱为虚构，认识当体远离形象与思唯。

宝作寂也对早期的无相唯识说作出反省与批判，早期有相唯识派认为一切都是认识的表象，并无外界的对象存在。由于对象不存在，因而认识亦不存在。宝作寂认为，说主观、客观的不存在，并不是命题的否定，而是含有对另一实在即认识本身的肯定之意。倘非如此，圣者以真实智慧去直观空性，就与凡夫的暗黑无知状态没有差别。

对中观派的观点，宝作寂亦有批驳。如承清辩之学的经量中观派，承认外界的对象与内界的心灵这两者的存在性，但就胜义谛言之，两者皆不存在。宝作寂表示，倘若作为最高的真实，心灵不是实在的话，觉悟便不能成立。因为觉悟不外是智慧，是心灵上的事情。即便说智能是错误的想象，其言说本身仍不外是智能，何以能以智慧来否定智慧呢？寂护等人的中观瑜伽派否定外界的存在，只肯定心灵的存在，不过，在论及最高真实，他们也否定心灵的实在性。对此，宝作寂引用《中边分别论》，把一般的理解与最高的真实各各分类为三种。并且表示，最高真实可以是空性，这是真实智慧的对象；亦可以是涅槃，这是真实智慧的结果；亦可以是真实智慧当体。他认为即便认识的形象是虚伪，我们也不能把认识视为不存在。

由此宝作寂把心灵的本质视为认识的本质（照明当体），他融摄了中观与唯识共通的真理，再度回归至《般若经》所说的清洁光辉之心灵。

除对唯识与中观的批判外，对瑜伽的次第，宝作寂亦有独特的认识。在他看来，觉悟远离形象，是心灵的最高次第。瑜伽行者经过闻、思之后，集中于冥想即修上。他把冥想分为四个次第。

第一阶段是以阿毗达磨哲学的十八种范畴为对象，从事冥想，是为"以尽其所有为对象的阶段"。瑜伽行者弃置思维，把心专注于对象中，保持静寂。这点作了，止心完成时，即思维十八种真理，确信这是没有错误的真理，达成观察。其次，他要努力使止心与观察这两种瑜伽并行，达成两者的统一。

第二阶段，瑜伽者当以诸法原有的真相，作为冥想的对象，观察到外界的存在并不外于心灵，是认识的表象，是为唯识的真理。以此为对象，修习止心、观察及两者的统一。是为"以作为如实的真理的唯心为对象的阶段"。

第三阶段，瑜伽行者认识到心灵显现的形象是错误的表象，不是心灵的本质。在这个阶段，瑜伽行者当以无形象唯识论的真理——心灵的本质是离主客离形象的照明当体——为对象，不断修习止心、观察与两者的统一，是为"以真如为对象的阶段"。

第四阶段，瑜伽修习者不再以真如为对象，修行者成为真如自身，得到超越乎思唯的智慧（无分别智），是为"无显现的阶段"。

瑜伽行者完成这些阶段后，就达到信解行地，接着便修习菩萨十地，最后升至佛位。

在其《三乘建立论》一书中，宝作寂把怛特罗教分为五种，即作、行、瑜伽、大瑜伽、无上瑜伽。①

除了在无相唯识学方面的建树外，宝作寂在怛特罗教法的修习与弘扬方面也颇有成就，相关的著述传世颇多，这些著作皆题为“扇底巴”（Śāntipa）。如其《随求母轮写绘法》、《五护法仪轨》（*Pañcarakṣā-vidhi*）是关于事部怛特罗教法的著作，《一切密怛特罗合解密灯论》是关于瑜伽部教法的著作。

在无上瑜伽密法的修持与传承上，宝作寂的成就更为突出，在密集教法的传承方面，他曾经在超岩寺后师事那若巴（Naropa），修习密集、胜乐和喜金刚密法，其著作有《密集解脱花鬘论》（*Muktāvalī*）和《密集二十五位本尊仪轨》（《密集垛玛食品供养仪轨》），他把唯识学思想贯穿进密集教法中，提出以不动金刚佛为主尊的密集二十五尊曼荼罗灌顶仪轨，形成密集扇底巴派。

在阎曼德迦教法方面，其著有《治死敌黑色阎曼德迦修法犹如君陀花开论》、《会供轮修法》、《黑色大威德怛特罗释宝灯论》。

在胜乐教法方面，宝作寂著有《呼金刚怛特罗细疏之解脱鬘论》（*Srī-hevajra-pañjikā-muktāvalī*）、《俱生喜论》（*Hevajrasahajasadyoga*）、《俱生瑜伽次第》（*Sahajayogakrama*）、《修法断谬论》（*Bhramaharanāma Hevajrasādhana*）、《量等虚空怛特罗广释》（*Khasamātīkā*）。

另外，在摩诃摩耶密法（Mahāmāyātantra）方面，宝作寂著有《摩诃摩耶续释具功德论》（*Guṇavati*）、《大幻化修法》。

宝作寂在佛教史上的地位甚高，多罗那他在《印度佛教史》中把他与后出的浊世佛——无畏作护相提并论，认为由于时运不济，此二人对于教化众生所作利益有大小，其功德可以与世亲等人媲美。

二　南门守护者——智作慧

守护南门的智作慧（Prajñākaramati，约950—1000），精于一切明处，亲见文殊圣容。据说与外道辩论时，智作慧对一幅文殊画像供像祈祷，于是外道的辩论如何说出，以及对它的答法在心中一起现出，然后再去辩论，他绝对获胜。《青史》以他为西门守护者，《多罗那他佛教史》则以他为南门守护者。其著作以《入菩提行难处释》（*Bodhicaryāvatāra-*

① 详参［日］梶山雄一：《空之哲学》，吴汝钧译，弥勒出版社1983年版，第四章。

pañjikā）为最著名。此疏乃寂天《入菩提行论》之注释，为现存《入菩提行论》之注释中卷帙最大的一部。[①] 此外，他还著有《现观庄严论注摄义》（*Abhisamayālaṃkāravṛttipiṇḍārtha*），是总结师子贤所著的《明义释》而造的。他是清辩系统的学者，与寂护有不同的倾向，他并不赞成与唯识派相融合，而且站在相反方，要尽力否定融和的做法。由此可以看出，智作慧是严守中观立场的，是继寂天与师子贤之后出现的中观学派代表人物。

三　西门守护者——语自在称

在六贤门之中，守护西门的是语自在称，有些藏文史料说他是南门的守护者，但多罗那他在《印度佛教史》中指出，传自印度的三种梵籍皆以其为西门守护者。

语自在称（Vāgīśvarakīrti）出生于贝拿勒斯，属刹帝利种姓，初在大众部出家，法名戒称（Śīlakīrti）。出家后，广泛学习声明、因明、宗义等诸科佛学，成为学识渊博的班智达。后即由显入密，向恭建那（Koṅkana）、胜贤（Jayabhadra）的追随者金刚笑（Hāsavajra）乞请《总摄论》（*Cakrasamvara*）教法，然后在摩揭陀的某个地方修持。相传戒称博闻强志，获得大自在成就，一天能记诵一千颂经文，由此获得语自在称的名号。他对一切经咒明处特别精通，讲说、辩论、著述三事完全无碍，时常亲见圣多罗母，断除疑难。

后来，语自在称巡游各地，摧破诸多外道，声誉大起。遮那迦王慕名迎请，先后让他职掌那烂陀寺与超戒寺西门。从毗那夜迦（Gaṇapati，聚落主）处取得财物，供养众多佛寺与僧众，先后设置般若波罗蜜多的法产八处，讲说密集的法产四处，讲说上乐、喜金刚、四座、摩耶各一处，以及中观、因明的零散法产。他又多次聚集僧众，就《中论》、《现观庄严论》、《经庄严》、《密集》、《喜金刚》、《降阎摩》和《入楞伽》等展开讨论。

语自在称心智敏锐，曾破斥三百余位西印度来的论难者。论难中屡屡

---

① 本书的梵文本先是由比利时学者普辛（Louis de La Vallee Poussin）于1901—1904年校订出版，后来又有印度学者维第耶（P. L. Vaidya）于1960年出版新的校订本。不过，除了日本学者冢田贯康对第九章的部分注释做过研究外，相应的研究尚未展开。

获胜，语自在称非常自负，传说他曾经与比丘阿伐杜底巴（Avadhūti-pā）讨论教法，后者引用世亲的言语为证，语自在称以戏谑的口吻评述世亲之说，显示出对世亲的不屑，当晚他的舌头就肿起来，无法言语。后来他向多罗母祈请，多罗母即告诫他这是由于对世亲的讥毁所致，语自在称从多罗母之教，造颂称扬世亲，其舌头才得以康复如初。通过这一传说可以看出世亲的学说在当时具有极强的影响力。

传说语自在称在超戒寺弘法利生多年之后，后半生来到尼泊尔国，专心修持，重点宣说真言乘教法，且常以神通示人。传说他能通过睇视瓶中之水使其沸腾，又能使佛像跃动自如，还能结守护坛，使滚滚而来的洪水止于坛城之外。又有传说，语自在称有很多妻室，许多人认为他不能持戒。某次国王在删多补梨兴建一座总摄轮佛殿，开光后举行大会供轮，语自在称应邀携两位妻子参加，并主持会供。仪式结束以后，语自在称夫妇三人在殿内取了六十多份会供物品。国王心生疑虑，从门缝看见胜乐曼陀罗轮中的六十二尊现前，享受会供物，此后语自在称即在那里化虹身而去。

从藏文大藏经来看，语自在称的著述很多，其中多是密教的各种修法，诸如《大佛塔九尊修法》、《独勇金刚修法》（*Siddha-ekav1ra-mañjughoṣa-stotra-suvarṇa-māla-nāma*）、《白衣金刚手修法》、《金翅鸟王修法》、《大部主修法》、《赎死修法》、《开光修法》、《陀罗尼修法》、《真实性明灯修法教授》、《修习次第》，以及各种密法的修习仪轨，如《供垛玛食子仪轨》、《净瓶修法仪轨》、《密集曼荼罗略轨》，以及各种密法教授的秘诀，如《诸轮教授秘诀》等。另外《各种羯摩略论》、《释义明灯》、《具足七支真实性大宝光明根本释》三部应该是密教的各种释论。至于《金刚手赞》、《救度母赞》（*Samaya-tārā-stava*）、《白文殊金鬘赞》则是对密教本尊的赞辞。

四　北门守护者——那若巴与菩提贤

那若巴（Naropa[①]，956—1040/1016—1100）出身于孟加拉国一个高

① 那若巴或作那洛巴、那饶巴、那茹巴、那娄巴等，其名称在印度俗语中通常被称为Nāropadā或Nāropā，梵语作Nāḍapāda，藏文拼作Nāropa，Nā ro paṇ chen，Nā-ro-ta pa等。那若巴的生卒年有多种说法。

等的婆罗门家族，早岁即显示出好学深思的禀赋，成年后从父母之命与一位年轻的婆罗门女孩结婚。八年之后，经双方同意解除婚约，那若巴即受戒出家学佛。28岁时，那若巴进入那烂陀寺学习佛教经典与怛特罗教法，很快就脱颖而出，成为一位颇负盛名的学者与不败的辩论家。根据当时印度的文化习俗，在辩论中失败的一方要皈依胜利者，由此那若巴拥有众多弟子与追随者，并被推举为当时著名的超戒寺的北门守护者。

据西藏史料所载，有一天那若巴正在修行时，出现了一位空行母（荼吉女），询问他是否懂得佛陀所教授的法语，那若巴做出肯定的答复，此空行母对其回答非常满意，那若巴又补充说，自己对佛法的教义亦完全通达。空行母听了那若巴的这句话，忽然抽泣起来，说她哥哥谛洛巴竟然是个大骗子，声称自己是大学者，是唯一通达佛法要义的人。后来的佛教史家通常认为此空行母即是谛洛巴的妹妹宁古玛，她有时也被作视为那若巴的妻子或瑜伽女。听到谛洛巴的名字，那洛巴即生起想拜见他的强烈愿望，以便于获得完全的觉悟。于是，那若巴放弃他在超戒寺的一切，去寻访谛洛巴。历经大大小小的十二种磨难，那若巴终于找到谛洛巴，接受谛洛巴的四种语旨教授，获得大手印成就。

那若巴11岁时前往当时佛法重镇克什米尔求学，后来被迫与尼古玛（后从事文学创作，作品风格与那若巴相近）成婚。八年后，彼此同意解除婚约。同年，那若巴再度赴克什米尔。三年后，那若巴至布拉哈利，相传藏地求法者玛尔巴即于此地接受那若巴最后的教法，该地后遂成为西藏佛教史上闻名的胜地。后来那若巴来到那烂陀寺，参与一连串的宗教哲学辩论，大获全胜，被推举为那烂陀寺的住持。后来，那若巴在读金刚乘典籍时，受夜叉女指示，赴东方访求金刚成就者。经历多次试炼后，那若巴得以师事谛洛巴，受其教化。那若巴的老师谛洛巴①（Tilopa/Tilli-pā，988—1069），或译迪洛巴、底洛巴、底梨波、德洛巴等，他是四大语旨教授的重要创立者和传承者。② 相传他是东印度萨霍尔国人，父母都是学识渊博的婆罗门。相传谛洛巴在8岁时，亲见金刚手，得其加持，具有种

① 谛洛巴的生平行迹虽然在《谛罗巴传略》、《洛绒教史》、《达隆教史》、《直贡法嗣》、《竹巴教史》和《八十四成就者传》等文献中均有记述，但相互之间的矛盾、龃龉之处，比比皆是。许德存据仁青南杰和格日多匝著《谛洛巴和那若巴传略》中谛洛巴生于“戊子年鬼宿月”的记载，断定其生于868年，卒于978年。

② 四大语旨教授：又称四教诲、四大传授，即四种口传的教法传承。

种特异的禀赋。12岁时，谛洛巴已通解五明，四年后入胜乐主尊内外曼荼罗，获得灌顶。20岁时，得遇一奇女子，虽然相貌鄙陋却拥有种种法力，谛洛巴依之出家，法名慧贤（Jñānabhadra），根据传说，谛洛巴得到这位女子的授记和加持，在索摩布里寺（Somapuri）以链系脚，苦修十二年，依托药物、咒语之力，证得内外道共许的共通悉地，成为通达诸种法藏的班智达。此后，谛洛巴到南方修习布金刚喜尸林，得遇在茅屋中修行的金刚玛当格（Vajra-mandaka），获得其摄授，尽承其法，领悟到心的真实性。承玛当格授记，谛洛巴来到萨霍尔国的舍罗迦卫城，成为一名妓女的仆人，担当榨芝麻油的职责。在榨油时，他领悟到芝麻含油，但如不经过压榨即不会出油，同理人虽具佛性，但不经过勤苦修习，即无法获得觉悟。由是，他精进修习，最终觉悟证得真实性，并感得金刚持佛示现，为其灌顶，得受怛特罗教授。此后，谛洛巴摄受此妓女及其眷属，亦使他们获得了解脱。谛洛巴原义为榨油者，就是人们依其开悟因缘而给他的称号。

觉悟之后，谛洛巴教授四方，获得人们的崇信。相传他曾在印度南部教化旃陀底巴王，在此王为其母亲举办的法会上，与内外道学者辩论，不管是在声明、因明，还是各种神通方面，谛洛巴都所向披靡，大获全胜。又相传，他曾到印度西方的邬坚国，取得《胜乐金刚根本怛特罗》五十一品及六种注释，还有《无身空行九密法》等。谛洛巴的著作在藏文大藏经中收有《吉祥俱生胜乐自身加持》（*Śrī-sahajasambarasvādhiṣṭhāna-nāma*）、《大手印秘密要诀》、《真实性第四教授明灯论》等。除此之外，他还综合其学，创立四大语旨教授。

四大语旨教授，又称四教诲、四大传授，即四种口传的教法传承。第一种语旨教授是《密集》及《五次第》、《四座》（*cutuḥ-piṭha*）及瑜伽修习的往生、夺舍法，其传授依次为金刚持—因陀罗菩提—龙变瑜伽母—毗苏迦巴—萨乐诃—龙树—玛当格—谛洛巴。第二种语旨教授为《大幻化》（*Mahāmāya*）之圆满次第，以及瑜伽修习中的梦境、幻身法，其传承依次为金刚持—智慧空行母—姑姑热巴—咱热耶巴—谛洛巴。第三种语旨教授是《胜乐金刚》等无上瑜伽母部怛特罗及瑜伽修习中的光明法，其传承为金刚持—金刚手—卓毗斯噜迦—毗那萨班杂—罗瓦巴—谛洛巴。第四种语旨教授是《呼金刚根本怛特罗》及其注释与瑜伽修习之脐轮火法，其传承为金刚持—金刚手—无支金刚—莲花金刚—善缘空行母—谛洛巴。

因史料所限，这四种语旨教授传承的真实性无从考知，但从其教法内容来看，谛洛巴把当时流行的《密集》、《大幻化》、《胜乐》、《呼金刚》等无上瑜伽部的本尊修习法与其独特的瑜伽修行方式结合了起来。值得注意的是，上述六种瑜伽修行方式究竟是谛洛巴对相应怛特罗经典的总结，从其抽绎而出，还是他将这些瑜伽修行方式与无上瑜伽密典匹配，发展出新的秘密修行方式，尚需人们做进一步的讨论。

师承谛洛巴的那若巴，尽承谛洛巴的四大语旨教授，并以之为基础，创立了以善巧方便道接引学人的“那若六法”。此后那若巴就一直居住在普乐诃利（Pullahari），一直到85岁时去世。

那若巴在担任北门守者时，守护东门的宝作寂即扇底巴也曾从其问法。传说他们的相识始于一次供养，当时有弟子送施食，扇底巴看见施食的台子上有一极畏怖的瑜伽行者，遂惊惧奔走。得知是那若巴后，扇底巴才顶礼足下，频频致敬，从其受灌项教授。多罗那他在《印度佛教史》、《八十四成道者传》中对师徒二人的灵异与神通多有记述。据说，那若巴做了几年北门的守护者之后，即辞去此职，专事修行，北门守护者由觉贤接任。

那若巴在当时影响颇大，其著作收于西藏大藏经丹珠尔部中者有三十余种，其重要者如下所列：《吉祥金刚成就法》、《吉祥秘密宝如意珠》、《吉祥大黑天女成就法》、《耳相传金刚句》、《那若班智达歌》、《吉祥律轮仪口耳相传如意珠优波提舍》、《蝎来缘起自在法》、《说灌顶经集胜义注释》、《至尊百字明菩萨跏趺三种修观法》、《呼金刚密续广释》、《金刚亥母修法》、《金刚句真髓集细疏》、《独勇嘿汝嘎修法》、《时轮灌顶略释》、《荼毗仪轨》、《无二尊胜教广释》、《金刚歌两种》。

这些著作多为呼金刚、时轮教法的注释。其中《金刚句真髓集细疏》（*Vajrapada-sāra-saṃgraha-pañjikā*）在印度及藏地流行颇广。

据《青史》记载，那若巴的承法弟子有阿底峡、扇底巴（宝作寂）、弥勒巴、克什米尔人藏作（Jñānākara）、尼泊尔人潘汀巴（Pham-mthiṅ-pa）兄弟等。另外，藏人玛尔巴（Mar-pa）与多巴（Do-pa）也在第尔胡特（Tirhut）曾向那若巴问道。

接任那若巴担任超戒寺北门守护者的菩提贤（Bodhibhadra），或称觉贤，生于欧提毗舍的吠舍族中，修行种种菩萨行。相传他曾经面见观世音，亲闻教法，后来担任过金刚座的主持。菩提贤是10—11世纪印度后期中观派的思想家，以撰《智心髓集会疏》（*Jñānasārasamuccayanib-*

andhana）注释圣提婆之《智心髓集》而知名于世。

《智心髓集》（*Jñānasārasamuccaya*）是一部学说纲要书或判教书。内容除批判外教外，还依次解说有部、经量部、唯识派、中观派佛教四大学派的基本学说，并将中观思想视为最高位。值得注意的是，菩提贤在其注疏中将经量部视为大乘，又将唯识学派分为陈那系统之有相派与无著系统之无相派，还将中观派分成清辩系统与寂护系统。

另外觉贤还有两部与菩萨律仪有关的著作，即《菩萨律仪二十论细疏》（*Bodhi-sattva-saṃvara-viṃśaka-pañjikā*）、《菩萨律仪仪轨》（*Bodhisattva-saṃvaravidhī*），其中，《菩萨律仪二十论细疏》是注释月官《菩萨律仪二十论》的著作。

五　中央第一大柱守护者——宝金刚

守护超戒寺中央第一大金刚柱的是宝金刚。宝金刚（Ratna-vajra）出生于迦湿弥罗的婆罗门世系。传说其祖上是修待大自在天的婆罗门世家，后来获得授记，预言其族胤中总是出生有名的学者，第二十四代以前是外道，第二十五代即转入佛门。后来，果真到了第二十五代师子贤（Haribhadra）时，以教为誓，与佛教徒辩论，辩论失败后归入佛门，成为善巧通达教法的班智达。师子贤的儿子就是宝金刚婆罗门。从宝金刚父子改大自在即湿婆信仰而转入佛门的事例，可以推见10—11世纪，佛教与湿婆教在迦湿弥罗的相互影响与势力对比。

据载宝金刚30岁以前以佛教优婆塞的身份，在迦湿弥罗当地学习，通达一切经咒明处。之后，他来到摩揭陀继续听闻教法，在金刚座修持，亲见总摄轮、金刚亥母等众多本尊。国王赐予他超戒寺的贝多罗，让他在那里讲说真言乘众多法门、七部量论、慈氏五法等，多年利益，教化众生。

后来，宝金刚回到迦湿弥罗，通过辩论破斥众多外道，并使之归入佛教。相传他曾经建立几所讲说正理聚、经庄严以及密集等教法的学院。宝金刚后半生到西方的乌仗那弘法，收授门徒。传说迦湿弥罗国有一个精通外道宗义并亲见大自在天的婆罗门，得到山神的授记说：到乌仗那去，成就巨大义利！这位婆罗门依教而行，到达乌仗那，碰见宝金刚。两人以教为誓，展开辩论，最后宝金刚获胜，这位婆罗门于是皈依宝金刚门下，取名密智（Guhya-prajña），跟从宝金刚学习怛特罗教法，并最终获得成就，并到藏地弘法。

据藏传佛教资料记载，宝金刚的著述主要有如下几种：《呬噜迦成就论》（*Heruka-sādhana-nāma*）、《胜乐轮吉祥偈》（*Cakra-saṃvara-maṅgala-gāthā*）、《胜乐轮曼陀罗诸尊赞》（*Cakra-samvara-maṇḍala-devagaṇa-stotra*）、《胜乐轮赞》（*Cakra-samvara-stotra*）、《业力次第》（*Bali-karma-krama*）、《呼金刚赞》（*Hevajra-stotra*）、《一切佛平等瑜伽达吉尼女网胜乐大怛特罗王》（*Sarva-buddha-samayoga-ḍākiṇī-jāla-sṃmvara-mahā-tantra-rāja*）。[①]

六　中央第二大柱守护者——智吉祥友

守护中央第二大柱的智吉祥友（Jñānaśrīmitra，980—1030），是印度后期佛教的论理学者，密教学僧，也是阿底峡的老师之一。智吉祥友生于瞿荼地方，最初是声闻众仙陀婆的班智达，精通该宗派的三藏。后来对大乘有了信仰，精研龙树、无著等人的著作，同时通晓很多秘密真言的怛特罗部。相传智吉祥友的听受范围极其广大，他修行菩提心，多次面见薄伽梵释迦王、慈氏、观世音三尊，具足无碍神通。

10世纪，正理（尼夜耶）学派学者曾对法称以来的佛教论理学作过批判。针对此事，智吉祥友著《刹那灭论》（*Kṣaṇabhaṅgādhyāya*）、《有神论批判》（*Īśvaravādādhikara*）等，从佛教立场反驳正理学派。智吉祥友也是当时有相唯识派的代表，曾与无相唯识派的宝积静（Ratnākaraśānti）展开激烈论争。

智吉祥友的著作较多，除了上述两种之外，还有《遍充论》（*Vyāpticarcā*）、《差别无差别考察论》（*Bhedābhedaparīkṣā*）、《不认识秘密论》（*Anupalabdhirahasya*）、《瑜伽师决择论》（*Yoginirṇayaprakaraṇa*）、《有形象论证论》（*Sakārasiddhiśāstra*）、《不二一滴论》（*Advaitabinduprakaraṇa*）、《因果关系论证论》（*Kāryakāraṇabhāvasiddhi*，有藏译及英译本）等。在他的承法弟子之中，以宝称较为知名。

宝称（Ratnakīrti），生平事迹不详。他是11世纪印度后期的唯识论师、因明学学者，属于有相唯识派。宝称著有《一切智者论证论》（*Sarvajñasiddhi*）、《自在神论证破斥论》（*Īśvarasādhanadūṣaṇa*）、《离论证论》（*Apohasiddhi*）、《刹那灭论证论》（*Kṣaṇabhaṅgasiddhi*）、《量内在论》

① 钦巴喇嘛、阿拉迦·查特奥巴特亚耶译：《多罗那他印度佛教史》，默提拉·巴那希塔斯出版社1990年版，第430页。

（*Pramāṇāntarbhāvaprakaraṇa*）、《遍充决择论》（*Vyāptinirṇaya*）、《常恒论证破斥论》（*Sthirasiddhidūṣaṇa*）、《多样不二显现论》（*Citrādvaitaprakāśavāda*）、《他相续破斥论》（*Santānāntaradūṣaṇa*）。后整理汇集成《宝称著作集》（*Ratnakīrtini-bandhāvalī*）。[①]

此外，在《西藏大藏经》也收有宝称撰著的唯识学与密教方面的若干著作。

七　胜敌的宗义学说

除了上述守护六门的诸位僧徒之外，超戒寺亦集中了众多在当时很有影响的名僧，其中值得一提的是对中观、因明及宗义学说等方面均有研究的胜敌。

胜敌（Jitāri，Jetāri）或音译作吉达利。他活动的时间在10世纪后半期至11世纪前半期。胜敌为超戒寺学僧，也是阿底峡的师父，是印度后期中观派的思想家及因明学者。多罗那他在《印度佛教史》中记载，胜敌是东印度小国的王妃与婆罗门所生，年轻时听闻文殊菩萨说法，通达一切学艺。后因诋毁不动尊，在多罗女神的劝诱下撰写了许多大乘论书来消除罪过。之后，胜敌成为超戒寺僧人，曾经为寂天《大乘集菩萨学论》及《入菩提行论》作注释。

胜敌在宗义学说的分判方面颇有影响。他的《善逝宗义分别论》（*Sugatamatavibhaṅga*）是由八偈组成的小论，与圣提婆《智心髓集》（*Jñānaśara Samuccaya*）的第二十一偈至第二十八偈完全一致，依次各以二偈解说毗婆沙、经量部、唯识派、中观派四大学派的学说。在此基础上，他又完成《善逝宗义分别论疏》（*Sugatamatavibhaṅga-bhāṣya*），这是其《善逝宗义分别论》的自疏。解脱生护（Mokṣākaragupta）在《思择说论》（*Tarkabhāṣā*）中解说四大学派的学说时，曾多次引述胜敌的学说。[②]

在因明学研究方面，胜敌也颇有成就，著有《因实义教诫论》（*Hetutattvopadeśa*）、《幼童入门思择论》（*Bālāvatāratarka*）、《类否定论》（*Jātinirākṛ*

---

① ［日］冢本启祥等：《梵语佛典研究》Ⅲ（〈论书编〉），平乐寺书店1990年版，第474—478页。

② 参见梶山雄一《解脱作护之论理学》，载日本印度学佛教学会编《印度学佛教学研究》第6卷第1期，第73—83页，1958年1月。

ti)、《不决定论舍离论》(*Anekāntavādanirāsa*)四种因明学著作。

胜敌所著《菩提心生起受持仪轨》(*Bodhicittotpādasamādāna-vidhi*)多处引用了寂天《入菩提行论》中的观点，密教色彩极浓，不过在《西藏大藏经》中仍被列入中观部。

除上述几种，胜敌还有一些密教著作，多罗那他说他有各种显密著作达百余种。关于胜敌的思想立场，嘉木样协巴《大学说》认为他是属于无相有垢论的瑜伽行中观派。但同时，该书中也提到胜敌将法称的立场解释为多样不二论（有相论的一种），而认为他属于有相派。

第四节　阿底峡对印度佛教之集成与弘传

在六贤门之后，活跃于印度佛教舞台上的核心人物，便是在印藏佛教史上最负盛名的阿底峡。

阿底峡（Atīśa，Dīpamkara Śrījñāna，982—1054/980—1052），生于距东印度超戒寺不远的超越城（Vikramapura），为当地善胜吉祥王（Kalyānaśrī）第三子，俗名月藏（Candragarbha）。阿底峡幼年时即显示出异乎寻常的聪颖与宗教禀，3岁时熟习算数、字书，6岁时就能辨别内外正邪教理。受当地浓厚的佛教氛围影响，阿底峡很早就皈依三宝，读诵诸种佛教经论以寻求正法。

11岁时（983），阿底峡听从独处修行的胜敌婆罗门的劝诫，赴中印度那烂陀寺跟从菩提贤（Bodhibhadra）论师学习发心教授，传承其定学与慧学。阿底峡后来所作的《难处释》中的定学与慧学二章即是依据菩提贤的著作改编而成的。

次年，阿底峡赴金刚座，以阿伐都帝（Avadhuti，中脉师）为上师，从其学习出离心教授。据多罗那他《印度佛教史》载，阿伐都帝曾与超戒寺六贤门之一的西门守护者语自在称讨论佛法，之后在金刚座潜修。在此后的七年间，阿底峡跟随阿伐都帝学习各种经论，修习种种难行。

18岁时（1000），阿底峡转赴超戒寺，跟随北门守护者那若巴（Nāropā）学习各种密法，时间长达十一年之久。在此期间，阿底峡也跟随超戒寺的其他上师学习，如跟随黑山的罗睺罗笈多（Rāhulagupta）学习“呼金刚”（Hevajra）密法，密号“智密金刚”（Jñānaguhyavajra）。29岁时（1011），阿底峡以超戒寺持律比丘戒护（Śīlarakṣita）为亲教师，剃发出家，学习戒律与因明、工巧明等世间学问，取名“燃灯佛智”。戒护是大众部说出世系的上座。此后，阿底峡又到飞行寺跟从法铠（Dharma-varma）论师听受《毗婆沙藏》，在法护座前听受律学和密教实践法。

这些求学经历使阿底峡在31岁时，就已具备了扎实完备的佛学基础。《青史》因此记载说："直至三十一岁之间，关于四部之三藏教义大都听受，并精进实践作法，而成为一切部之教义问唯处。"①

在这一时期，苏门答腊岛的金洲法称论师正在大弘佛陀教法，威名远播印度。阿底峡仰慕其高深学养，于是泛舟渡海，至苏门答腊岛师事法称。金洲法称（Dharmakīrti）年轻时，曾在印度留学多年，师事宝军（Kusulupa），尽得圆满教法。返回金洲后，即高立法幢，弘扬如来正法，声名远播，许多印度僧人如超戒寺的宝作寂、宝称、智吉祥友等都曾慕名来学。其著作现存六种，皆收录于藏文大藏经中。而这些著作都是后来阿底峡赴藏弘法时传译过去的。

阿底峡师事金洲法称学习的时间大约有十二年，主要学习《现观庄严论》、《学处集要》、《入菩萨行》等大乘论典。在此期间，阿底峡还特意赴爪哇岛，从当地一位乞食瑜伽士求受瑜伽灌顶和教授。这件事充分说明密教在当地十分盛行。1024—1025年，南印度朱罗王朝（Cola）入侵苏门答腊，护持金洲法称的大山帝国（Śailendra）灭亡，阿底峡遂返回印度。

回到印度后，阿底峡初住金刚座，后应达摩波罗王迎请驻锡超戒寺。此时，阿底峡已成为博通显密、教证双全的高僧，其名声享誉印度各地，摩揭陀、欧丹富多梨、那烂陀、超戒等寺的成就者和班智达都尊他为师，先后职掌众多寺务与教学工作。传说在当时的超戒寺，右边画着龙树论师的像，左边画着阿底峡的像，可见当时人认为他可与龙树并论。又据传说，超戒寺大殿的左右墙壁一边画着通达五明的人，一边画着得成就者，而左右两墙都有阿底峡的画像。另外，相传当时印度的寺规，只有大善巧者才能掌管钥匙，而阿底峡一人就掌管了十八把钥匙。这些传说的流传，都说明阿底峡在当时享有的名望与声誉。

这一时期西藏阿里地区的僧统智光为纯净佛法，派贾精进狮子来印度迎请阿底峡，遭到阿底峡的拒绝。后来，智光的侄孙菩提光又派戒胜律师来到印度迎请阿底峡。戒胜到达超戒寺，与贾精进狮子秘密会见阿底峡，

① 廓诺·迅鲁伯：《青史》，郭和卿译，西藏人民出版社2003年版，第五辑"阿底侠尊者传承录一"，第148页。

殷切陈辞，虔心奉请，阿底峡为其诚意所动，经过一段时间的考虑与安排，阿底峡决定赴藏弘法。

阿底峡在藏地弘法十二年，对恢复和发展西藏佛教做出了不可磨灭的贡献。他最重要的贡献，就是使藏传佛教的教理趋于系统化，修持更加规范化，完成了理论与实践密切结合。从理论上讲，阿底峡认为，一切教法摄于三藏，证教摄于三学，戒学是一切定学知识的基础，定学和慧学是证得菩提道的手段。实践密法，首先要受取灌顶，守护三昧耶律仪，然后再进修生圆二次第法。这就比较好地处理了戒、定、慧三学之间的关系。

阿底峡的著述弘富，体大思精。其著作大致可分为如下几类：

其一为怛特罗部，如《现观分别论》、《独勇成就法》、《金刚座金刚歌》、《吉祥密集世自在成就法》、《圣观自在成就法》、《大威德遍照现观》、《法界见歌》、《定资粮品》、《超世间七支仪轨》、《不动成就法》、《一切如来三摩耶守护成就法》、《摄一切三摩耶论》。

其二为中观部，主要有《入二谛论》、《一念优波提舍》、《中观优波提舍》、《经集摄义》、《菩提道灯论》、《心要略摄》、《菩萨宝鬘论》、《显示归依论》、《成大乘道方便略录》、《经义集优波提舍》、《业分别论》。

另外，在藏文大藏经丹珠尔中，有一函名为“阿底峡小品集”，收录阿底峡自著和阿底峡学说所依据的小品著作。

除了数量巨多的著作之外，阿底峡还翻译了许多著作，其中包括杜毗波著《十真性》，法称祥著《现观庄严论注释难疏》，善观自在称著《金刚手成就法》、《大威德成就法》，圣天著《中观破迷论》，清辩著《中观心要颂》、《中观心要分别燃论》、《摄中观义论》、《异部分派解说》，德光著《菩萨地注》，世亲著《摄大乘论释》，涉及中观、唯识及密教成就法等当时印度流传的各种著作。

在阿底峡入藏未久，印度佛教就遭遇到新的挑战。除了来自伊斯兰教的不断侵并与劫掳之外，一贯支持佛教的波罗王朝逐渐被新兴的塞那（Sena）王朝代替，塞那王朝逐渐改信印度教，虽然同时也支持佛教，但其支持力度已难以与波罗王朝对佛教的扶植相提并论，佛教在印度最后的一片领地也岌岌可危。阿底峡赴藏后，活动于超戒寺与那烂陀寺的主要是六贤门与阿底峡的弟子其中以密教成就师、那若巴的弟子弥勒巴最负盛名。

弥勒巴（Maitrīpā）或译作麦哲巴、梅哲巴等，本名为弥底梨多，密号不二金刚（Advaya-vajra），主要活跃于十一、十二世纪间。弥勒巴最早为婆罗门外道学者，后师从那若巴转入内道，请授灌顶及教授，并于那烂陀寺出家，依止宝作寂等大德上师多人，得以成为大学者。其后，弥勒巴住于超岩寺镇伏相精舍中，研求佛教义理兼修密行，由此得以面见金刚瑜伽母，密修内普行法。据说其时职掌超戒寺的阿底峡也曾从其闻法。后因其修行中从事饮酒、沾惹女色，遂为僧众摈弃。之后遵本尊授记，至吉祥山访求舍婆梨波（Savaripa），从之受灌顶及教授。又至中印度坟地的寒林中，行夺舍法与大黑天法，都取得成就。最后，弥勒巴居于东方俱萨椤林中修行，终老于斯，时年 70 岁。①

《七系付法传》把弥勒巴置于传手印法的成就者之中，在那若巴（956—1041）去世之后，从事弘法利生的事业。弥勒巴之前佛法在印度非常兴盛，名家云集，从他之后，大师无多，佛法主要在尼波罗及西藏等北方诸处。

根据西藏的传说，弥勒巴的弟子有四大、七中、十小之说。但是，根据多罗那他见闻，在印度则仅有四大弟子的传闻。此四人为俱生金刚、空性三昧、罗摩波罗及金刚手。

除了弥勒巴之外，那若巴的亲炙弟子尚有杜毗巴、梨梨巴、慧护等。

杜毗巴（Ḍombhipa），或名小钟毗波。他最初是国王的象奴，不识读诵，后来见到那若巴后心生敬慕，数献乳酥，那若巴教以发心，并在呼金刚曼荼罗中为之授灌顶，教修观法，杜毗巴由此依教奉行修观。相传他曾经在鱼腹中得见呬噜迦曼荼罗，无损而出；又曾在那若巴跟前修习普断行，专心观想，证入最胜悉地，慧境日增。后为众多弟子说法，皆得悉地。后来因为需要撰著论典，他才开始学习文字。外道以及内宗智者欲来问难，他都能以法语使之折服，由此声名远播。阿底峡曾奉杜毗巴为上师，跟随他学习不动胜义修法。杜毗巴所著四论中，就保存着阿底峡的注释，其中多有亲承之言。

梨梨巴（Lilipa）出身于被称为贱种的旃荼罗族，见到那若巴即心生欢喜，生起很大的信力，于是跟从那若巴做了瑜伽行者，并请得总摄轮灌顶，修习生起次第，不久证得殊胜悉地，具备了无碍智慧。传说他在做那

① 多罗那他《印度佛教史》称东印度尼耶波罗王（Niyapāla），在位 35 年，他即位 9 年后弥勒巴去世，据此可推算弥勒巴去世的时间当在 11 世纪上半叶。

若巴的眷属时，只有在必要时才现出身体，平常都是隐身而行。又有传说说当时有突厥的军队来到，梨梨巴便在贝拿勒斯城西方的一条路上作秘密法行，突厥军队过来的时候，所有石头、树木、隆起的土块等看来都是人尸，突厥人因此退兵。

慧护（Prajñārakṣita）是一位大班智达比丘，依止那若巴十二年，听闻父怛特罗与母怛特罗教法，特别精通母怛特罗，其中又最精通总摄轮，通解四家的注释及多家的教诫。慧护在飞行寺附近的一个小地方修持五年，得以亲见总摄轮的曼陀罗、文殊、时轮等无量本尊，据说他掌握的各种总摄轮类的灌顶有七十种左右。传说慧护法力极大，有一次突厥兵来到超戒寺，他做了一个总摄轮，使突厥军队连续遭遇四次雷击，突厥军官与士兵多人死亡，被迫退兵。

除上述诸人之外，活动于这一时期的，还有阿底峡的五位得意弟子，即摩诃比朵波、法生藏、地藏、中观狮子、友密等人。

第五节　无畏作护及其后学

到了11、12世纪之交，罗摩波罗王在位期间，出现了印度佛教史上的最后一位大师级人物，即被称为浊世佛的无畏作护。

无畏作护（Abhayākaragupta，1004—1125），或称无畏源藏，无畏源隐，印度密教末期的大学者，主要活动于罗摩波罗王朝（Rāmapāla，约1075—1120），先后做过金刚座寺、超岩寺和那烂陀寺的主座，他是大乘和密宗佛教最伟大的导师之一，同时也是中观金刚乘混合派的最后系统化者。无畏作护精通《金刚顶经》、《时轮经》等一切密教怛特罗，甚受当时佛教徒的尊崇，被视为阿弥陀佛的化身，故有“浊世佛”之称。

无畏作护生于印度南方欧胝舍国邻近的阇梨勘拏，父为刹帝利种，母为婆罗门种，在童稚之时已精通吠陀及诸支分，亦熟知声论、因明等。随着年岁增长，逐渐通晓外道一切怛特罗部及诸教典。根据记载，有一日，无畏作护在一园林中修诵明咒时，有美貌少女来到跟前，对他说：我是旃陀罗女，想和你合修。无畏作护拒之，声称：“此何可为？我乃贵种，如此不将有恶声耶？去勿留此。”那位女子于是离开了。之后无畏作护仔细审视，始悟种族门户是由自心所出。他不知此美少女是谁，就去向他的佛教瑜伽师请教。瑜伽师告诉他说：“此乃金刚瑜伽母，你不接受其所赐悉地，会有生命危险！今当入佛教，前往东方学习免灾之术。”无畏作护依其言，前往东方彭伽罗国，精学一切经咒，跟随多位阿阇黎请授众多灌顶，于是成为比丘大三藏法师，持一切律之阿阇黎。又据传说，无畏作护曾经在佛殿天井中，看见一少女现身，手里拿着鲜血淋漓的牛肉，对他说：“我为旃陀罗女，今为汝杀牛，请即食之。”无畏作护回答说：“我乃净行比丘，何得食此牛肉?”女子于是向外走去，走下台阶就隐身不见了。

前往彭伽罗国的经历使无畏作护成为三藏宗师，但他对于口诀传承仍然未能通达，于是就跟随号称已获得究竟口诀的诸位法师，听受种种口诀。之后，他又游化诸方，主要在那烂陀寺，遍寻广研四部一切律仪、其余声闻乘藏经、大乘空有二部契经，一切论典等诸多经论，终于对内道因明等无不精娴，尤其精通密咒。

之后，无畏作护又至超戒寺金刚吉祥座的扫黎波前，奉其为根本上师，请其传授他所具有的一切真言法要。相传无畏作护在扫黎波的兰若处修口诀，天黑时看见扫黎波的取水使女来到他静修的房中，要与之合修会供轮。无畏作护又生起分别心，拒不修作。使女说：“你已了知三百怛特罗部，彼等究竟口诀亦皆已得，怎能还妄生分别?”后来他把这件事告诉扫黎波，才觉悟又是金刚亥母欲为其加持。于是心生愧悔，七日不食，专心祈请。到第七日夜里，又梦中见先前所见女子化作老妪状而来，心知此即金刚亥母，便殷勤祈请。那女子化为金刚亥母，对他说：“你数世修真言行供养我，我已三次赐你悉地，可你不接受，恐怕今生你已经不能得胜悉地，今当多造论典，多为人宣说法要，于中有中，可得胜果。”

得到金刚亥母加持的无畏作护，造作论著时多有神验。例如，作般若八千颂疏时，感十方诸佛现身赞叹；撰《金刚鬘》时，天降花雨；撰《口诀穗》时，感胜乐、呼金刚、时轮三尊现身赞叹。因此，无畏作护名声遍扬十方。罗摩波罗王妃建翳拿富罗寺献给他，他住于此修三摩地，屡现神通，时人称为具力菩萨，并迎请他为金刚座亲教师。后来，无畏作护又被众人迎请至那烂陀寺及超戒寺为亲教师，国王亦尊为上师。

无畏作护著述弘富，对大乘显教经论与密教经法仪轨都有广泛且深入的探究，其著作大都显示出集成性的特点。他综述的《般若经》主要有《现观庄严论注疏》（*Marma-kaumudi*，《要注》），《佛觉庄严论》（*Muni-mata-alaṅkāra*）；关于中观、因明、戒律的有《波罗蜜多乘牟尼密义庄严》、《阿毗达摩世间集》、《毗奈耶比丘明论释》、《毗奈耶光显论》、《中观穗论》等。

作为密教最伟大的导师之一，无畏作护的密教著作主要有《金刚鬘》(*Vajramālā*)、《成就义海》(*Sādhanasāgara*)、《无畏道次第》(*Abhayamār-gakrama*)、《成就瑜伽鬘》等。

《成就瑜伽鬘》(*Niṣpannayogāvalī*)或题《究竟瑜伽鬘》，义为业已达到完成状态的瑜伽花环。该经成书于超戒寺，共二十六章，每章分别描述一种密教修行中使用的曼荼罗。《成就瑜伽鬘》可以说是密教主要曼荼罗的汇总，它通过简练的语言将其中一些较重要的曼荼罗的精要进行了描述，使初学者能够很快地对曼荼罗产生感性的认识，秘密佛教中具有代表性的“金刚界曼荼罗”、“法界曼荼罗”、“时轮金刚曼荼罗”等均收录其中。此书在尼泊尔、西藏流传很广，藏族学者章嘉·阿旺洛桑却丹(1642—1714)为此书作过详细注疏，后由竹巴白玛嘎波泽成藏文并加注，收在他的著述《瑜伽圆满鬘：法性现观无边利他》中，成为西藏曼荼罗图像学研究最重要的参考资料。其梵文写本经印度学者B. 巴特查尔雅耶整理，收入“盖格沃德东方丛书”，于1949年出版，在日本、西方学者中影响也很大。① 近年又有韩国学者李永讯(Lee Yong-hyun)对其梵本重新校订出版。②

另外，无畏作护又为《时轮经》(*Kālacakra*)作《时轮释难》(*Kālacakaroddāna*)、《时轮光显论》(*Kālacakara*)、《入算法论》等。为《佛颅怛特罗》(*Buddhakapālatantra*)作《无畏疏》(*Abhayapaddhati*)③，为《合十经》(*Sampuñajari*，即《圣教英华》*Āmnāyamañjari*)、《五次第》等秘密经典或咒文作注。

无畏作护精通五明，平生注重修持戒行，反对左道密教的实践法。无

---

① Benoytosh Bhattacharyya ed, *Niṣpannayogāvalī* [M]. Gackwad's Oriental series no. 109. Baroda: Oriental Institute, 1949。

② Lee Yong-hyun: *The Niṣpannayogāval1 by Abhayākaragupta, A New Critical Edition of the Sanskrit Text* (Revised Edition). Seoul: Baegun Press.

③ 《佛颅怛特罗》与《无畏疏》的梵文校订与英译本，近年来正由中外学者合作整理、翻译陆续出版，罗鸿博士负责的第9—14章已于2010年先期版。罗鸿：《佛颅怛特罗9—14章》(*Buddhakapālatantra Chapters 9 to 14*)、《无畏作护之无畏疏9—14章》(*Abhayākaragupta's Abhayapaddhati Chapters 9 to 14*)，西藏自治区梵文文本系列丛书，中国藏学研究中心、怛特罗研究中心2010年版。

畏作护一派在后期的印度颇为盛行，直至其后学为回教徒杀害或驱散。他的学说在藏地也非常流行，被视为阿弥陀佛的化身。作为金刚乘或怛特罗乘的最后代表人物，他在秘密佛教史上的地位恰如公元7世纪的法称在大乘显教中的地位。

无畏作护殁后未久，波罗王朝为塞那王朝代替。塞那王朝先后有四位国王在位，被后人称为“塞那四王”（1130—1203）。这一时期，活跃于印度佛教界的名僧多为无畏作护的弟子或后学，诸如善作护（Śubhākaragupta）、罗毗室利阇那（Ravi ś rījñāna）、奈耶迦波室利（Nayakapaśri）、吉祥十力（Da ś abalaśrī）以及略后于他们的法生寂（Dharmākaraśānti）、吉祥遍称天（Śrīviyaśodeva）、尼色迦楞伽提婆（Niṣ kalankadeva）、法作护（Dharmākaragupta）等。其中，善作护、法作护都曾做过超戒寺的住持，从其名号来看，他们应该都是无畏作护的弟子或再传。

到12世纪中期，印度那烂陀寺高僧苏陀室利（Sudhasri）以专精《华严》著名，他以85岁的高龄，来中土五台山，示寂于灵鹫寺，时值金代。据《补续高僧传》卷一载，苏陀室利是中印度那烂陀寺僧，内闲三藏，外彻五明，能诵《杂华经》。因仰慕汉地清凉山文殊菩萨圣迹，于85岁时，与弟子七人航海而来。数经反复，弟子殒命，最后仅有佛陀室利一人来到中土。到这一时期，汉地佛教与印度佛教之间已经鲜有直接的交往了。

第六节　释迦吉祥贤时代佛教之星散

波罗王朝十八世夜叉波罗王（Yakṣapāla）在位仅一年，政权即为其大臣罗婆塞那（Lavasena）篡夺，建立塞那王朝。此王朝传四代，罗婆塞那之后，先后继位的有他的儿子佛陀塞那（Buddhasena），佛陀塞那的儿子诃梨多塞那（Haritasena），以及诃梨多塞那的儿子钵罗底多塞那（Pratitasena），前后约八十余年。到12世纪末期，塞那王朝遭到伊斯兰教徒的毁灭性攻击。这是一个佛教寺院被毁、佛教徒星散、佛陀教法殄灭的时代。

据说塞那国王在飞行寺和超戒寺曾修建堡垒工事，派遣士兵防守，但这一时期，超戒寺和飞行寺两处聚集的僧众仍大致与无畏作护时代相等。欧提毗舍与超戒寺的座主为防止外强侵凌，曾担任城堡的守护者，寺院僧众也都曾经参加战役。另外，金刚座寺虽没有建立大乘部，但延请了一些瑜伽行者和大乘师来说法。至于其他寺院，大部分趋于没落。在塞那一世时，摩揭陀外道势力日渐兴盛，人民改信伊斯兰教者众多。数年之后，在恒河和阎牟那河之间的案达罗毗地国（Antarabhidi）突厥王明月（Zlaba）出世，他联合藩伽罗等地的很多突厥小王，一起侵入摩揭陀全境，杀死了飞行寺的僧人。在欧丹多寺的遗址上，突厥人建起了大食堡垒。此时的塞那王朝必须接受突厥的命令，国王的权力极小。不过，他们仍然在力所能及的范围内为佛教提供给养。特别是在佛陀塞那的时代，大班智达罗睺罗吉祥贤（Rāhulaśrībhadra）住那烂陀寺，听法者大约有七十人。至1192年，在塔拉因之战中，古尔的穆罕默德打败了普里特维拉吉统率的拉其普特联盟，紧接着，穆斯林军队征服了印度北部和东部，穆斯林的统治迅速遍及印度南北地区。1203年，佛教最后的根据地——超戒寺被烧毁，学僧四散，残留的僧徒被虐杀。至此，作为印度佛教核心地区的摩揭陀国的佛教遭遇严重打击，自佛陀创教以来作为印度佛教中心的摩揭陀地区盛况不再。

在罗提迦塞那王时代，比较著名的佛教僧徒有迦湿弥罗大班智达释迦吉祥贤、尼泊尔僧人觉吉祥（Buddhaśrī）、大阿阇梨宝护（Ratnarakṣita）、大学者智作护（Jñānākaragupta）、觉吉祥友（Buddhaśrīmitra）、僧伽摩阇那（Saṅghamajñāna）、罗毗室利跋陀罗（Ravi-śrī-bhadra），以及月生密（Candrākara-gupta）等。除此之外，还有被称为二十四名大究竟师的众多持金刚比丘。

迦湿弥罗的大班智达释迦吉祥贤（Śākyaśrībhadra，1127—1225），又被译为释迦室利。其生平因被载入请他到藏地传法的卓浦译师的自传中而被记载下来。卓浦译师自传的第四部分记载了释迦吉祥贤的生平行迹。据卓浦译师的记载，释迦吉祥贤出生于止布或止布丹，在克什米尔河谷的斯利那伽或阿瓦提普尔（Shrinagar or Avantipur）。释迦吉祥贤主要在他的出生地克什米尔学习，成年后去了摩揭陀，在那兰陀寺和超戒寺进一步学习。释迦吉祥贤29岁时受戒出家为僧，多方游学，最后担任超戒寺住持一职。在超戒寺被毁之后，释迦吉祥贤与其弟子自在月（著有《量释论心愿具喜注》）到东方欧提毗舍国的阇揭陀罗（Jagardala）躲避兵难。三年之后，阇揭陀罗也遭到伊斯兰教军队的摧毁，释迦吉祥贤师徒流亡到尼泊尔，最后被人捕获，幸得西藏的卓浦译师赎身，被迎请至西藏。

卓浦译师在12世纪90年代早期去过印度。由于印度北部外来军队的入侵，他随后又去了加德满都河谷，在那里停留了四年多。在此期间，卓浦译师听闻释迦吉祥贤的行迹，决定邀请释迦吉祥贤进藏弘法。他派了一个使团去恰噶达拉，恰好在丛林里遇到了被捕获的释迦吉祥贤。卓译师为他赎身，把他带到了西藏。

释迦吉祥贤到藏地后掀起了一股新的律经翻译浪潮，对西藏律学的传承影响很大。同时，他还把认识法称及其因明学的新方法传至西藏，使法称的因明学在西藏得到弘扬。此外，释迦吉祥贤又把时轮历传入西藏，由此可以计算佛陀出生和涅槃的时间，也为藏历的发展提供了重要的参照。当时，随释迦吉祥贤入藏的还有僧伽师利、苏古达师利（妙逝祥）、达那尸罗（施戒，著《量释论庄严释》）等几位印度僧人。

值得注意的是，卓浦译师邀请释迦吉祥贤时曾写过一封信。根据这封信可以看出13世纪初西藏佛教的盛况。卓浦译师说，智慧之地均有源头，如摩揭陀等，但这些地方已被征服；乌仗那、克什米尔、加德满都河谷的人们行为不端，并非传法的善地；只有在西藏这块土地上，有伟大的人物，会保护这样的一块土地。由此可以看出，对西藏佛教的精英来说，印度已经不再是佛教的中心，世界佛教的中心已经变成了西藏，这是一个很大的转变。西藏的大师被邀请到西夏成为帝师，后来元朝也邀请藏族僧人担任帝师，这与世界佛教整体的发展趋势以及西藏佛教僧侣的这种自我认知的转变、自信的增强均有直接的关联。

除了释迦吉祥贤之外，与其同时代的其他僧人，根据能搜集到的资料，略述如下。

宝护（Ratnarakṣita），早期行迹不详。初在大众部出家为僧，精通波罗蜜乘与怛特罗秘行，曾担任超戒寺的真言阿阇梨，亲见总摄轮（Cakrasamvara，或译胜乐轮）、时轮（Kālacakra）、降阎魔尊（Yamāri）等无量本尊。宝护对波罗蜜乘的通达与修习和释迦吉祥贤不相上下，只是释迦吉祥贤更精通因明，而宝护则以怛特罗见长。宝护最精通“眼观法”，通过这种法术，他曾经使发狂的大象瞬间僵直倒地，让受惊的水牛立时驯服，并让他乘坐。早在摩揭陀地区的佛教被摧毁之前，宝护就预见到这一不可避免的末运，率领其弟子转往迦湿弥罗和尼泊尔地区，在那里教化众生，还曾到西藏待过一段时间。著有《总摄轮出生广注》（*Cakra-*

saṃvarodaya-ṭīka）的注解。

据多罗那他《印度佛教史》记载，除了释迦吉祥贤与宝护之外，摩揭陀国的其他几位阿阇梨在佛寺被毁之后，携其徒众远徙印度南部与东部地区寻找出路："大学者智生密等几位大班智达和一百小班智达到印度西南方。大学者觉详友和十力的弟子金刚吉祥，此外还偕同小班智达多人远走南方。学者僧伽摩室利阇那、罗毗室利跋陀罗、月生密等约十六人与小班智达约二百人去到遥远的东方罗康牟酿和甘菩遮等地，以后摩揭陀佛教趋于没落。"① 这些流亡至南印度与东印度的僧人在当地继续弘扬佛法，在当地产生不同程度的影响。

释迦吉祥贤之后有地吉祥贤（Bhūmiśrībhadra），再往后有方便吉祥贤（Upāyaśrībhadra）等出世。与他们同时的悲吉祥贤（Karuṇāśrībhadra）和仁帝吉祥贤（Munīndraśrībhadra），也尽其力来护持释迦牟尼的教法。

钵罗底多塞那去世以后，塞那王朝嗣胤断绝，对佛教的供养也由此断绝。没有了王室的供养与庇护，佛教寺庙的香火无以为继，日趋倾颓，佛教僧徒流离失所，再加上异教徒的侵袭，佛教的影响力日渐式微。在此后长达六百余年的时间里，佛教在印度陷入沉寂状态，昔日的繁华与风光已消失殆尽，残存的只是星星点点的微弱光芒。

此后约有百年，藩伽罗国（孟加拉国）出现了一个势力强大的旃伽罗王（Cangalarāja）。他收服了提利（Dili，Delhi，今德里）以内的信都（Hindu）和全部突厥。旃伽罗王最初信仰婆罗门，后因王妃信佛而改宗佛教，在金刚座做大供养，恢复了所有残破的寺庙。金刚座寺里九层的大净香殿被突厥人毁坏了四层，旃伽罗王出资将其修葺一新，并延请班智达舍利弗（Śāriputra）入主其寺。除此之外，他也在那烂陀对各佛殿作大供养。旃伽罗王享年甚久，自从他去世之后，摩揭陀国就再也没有出现过供奉佛法的国王，因此也就不再有奉持教藏的比丘。再往后，牟军陀提婆王（Mukundadeva）在欧提毗舍兴起，他收服了中印度大部，但并未在摩揭陀建立佛教寺院，仅在欧提毗舍兴建一些佛寺，对佛教稍有弘扬。

---

① 多罗那他：《印度佛教史》，张建木译，第36章"塞那四王时代"，中国佛教协会1983年印行。

第七节 黑暗世纪里的佛教孑遗

1203 年，象征印度佛教传承与存在的那烂陀寺与超戒寺被伊斯兰教徒焚毁。佛教寺院没有了，承载佛法的佛教徒在印度也就没有了立足之地，印度佛教徒星散四方，各谋出路，印度佛教转入沉寂状态。因此，人们普遍认为佛教从此在印度消亡了。1206 年，艾巴克建立德里苏丹国，印度历史也随之进入了伊斯兰化时代，先前以梵文化传统为主导的印度文化宣告结束，进入了印度教与伊斯兰教并存的时代，传承一千六百余年的佛教从此退出了历史舞台，佛教正法不在。因此，后代史家通常把 13—19 世纪约六百年的时间称为印度佛史上的黑暗期。

不过，求诸各方面的文献记载，佛教、佛法在印度并没有完全消失，它仍然零零星星地存在于印度某些地区，或被吸收到印度教的某些派别，以新的面目存在或示现。比如流行于东北印度及尼泊尔地区的守护道或称那特派，即通常被视为佛教分出的支脉或佛教影响下形成的新兴宗教。

一 东印度之守护道

守护道（Nātha-mārga），又被译作“那特派”（Nathas，主尊崇拜），是 11 世纪存在于东印度、孟加拉国等地的教团名，相传为摩醯波罗王（Mahīpāla，978—1030）时由此前盛行的金刚乘（Vajrayāna）发展出来。其教理及教团的详细情形则无法得知，其信徒均娶妻生子，过半俗半僧生活。或以为此派与此前的流行于东印度的俱生乘（Saha-jayāna，Sahajiya）有些关联，即公元 8 世纪时的莲花生（Pad-masambhava）曾娶寂护（Śāntarakṣita）的妹妹为妻，被后人视为左道密教（Vamācāra-vajrayāna）的分支，此派称年方 16 岁的妙龄女子为般若，修行者与其交会可成就大乐解脱。

到 14 世纪佛教在印度消亡之后，守护道继续在东北印度与孟加拉国存在，并且与印度教不断融合，继续发展，主要在低阶层的民众中传播。在尼泊尔地区，具代表神之地位者，如 Matsyendranātha 等被认为与此派有很深的关联。在孟加拉国的守护道，或被称为法王崇拜或法格崇拜，现仍存于孟加拉国西南的下层社会中。其信条表白文系用梵语及孟加拉国语书写，所供奉之本尊则或为奇妙神像，或为石片，或为充水之瓶，常安置于寺塔内、树下或原野而加以崇拜。崇拜时，先清洗第一神像，供奉灯、花、香、果等，这与印度教崇拜仪轨相同；其相异之处，则是守护道崇拜的本尊面部必向东方。此外，守护道崇拜一年一度必须举行大祭典，连续十二日音乐舞蹈不断，盛况非常。①

二　南印度佛教拾遗

13世纪初，曾经在南印度兴盛了数个世纪的朱罗王朝（846—1279）势力削弱，不断受到周围王国的侵扰。1215年，库罗通伽·朱罗三世（Kulothunga Chola）在位时，被相邻的潘地亚国王摩罗伐摩·孙达罗（Maravarman Sundara Pandiyan II）② 击败。随后，原本臣服于朱罗王朝的锡兰（斯里兰卡）国王也起兵反叛，并控制了朱罗王朝的部分疆域。锡兰国国王扶植佛教的发展，除了迎请南印度的佛教僧徒到锡兰弘法外，还在其治下的南印度地区兴建佛塔，恢复寺院。

锡兰王毗阇耶跋呵第三（1232—1236年在位）在位时，以跋耆萨罗（Vacissara）为首的一帮僧徒携佛钵与佛牙正在南印度避难。毗阇耶跋呵王便把他们迎请至锡兰，在卑罗斯罗（Billasela）山建舍利阁安置佛钵与佛牙，并在跋耆萨罗等人的帮助下，修理佛寺，整理僧伽，抄写出了许多散佚的佛典。

继毗阇耶跋跙第三之后，继位的波罗羯摩跋呵第二（1236—1271）继续弘扬佛教。他曾遣使至南印度古里国，请三藏法师达摩揭谛（Dhammakitti）等许多大德比丘来锡兰复兴佛教，整理国内的佛典，并请他用巴利文写了《大史》的续编和《小史》（*Culavaṃsa*）第一部。今存《大史》公元8—12世纪的部分据说即出自达摩揭谛之手。另外，波罗羯摩跋呵第二还派人还从南印度取来许多佛教经典，使僧徒研究因明、声明及佛教经论。

不过，南印度的佛教信仰很快就受到了印度教的冲击。14世纪中叶，锡兰王菩梵奈迦跋呵第四（1346—1353年在位）在位时，曾模仿当时南

---

① ［印］B. 巴特查尔亚耶（B. Bhattacharyya）：《秘密佛教导论》（*An Introduction to Buddhist Esoterism*，Motilal Banarsidass；New Ed edition 2009）；［英］查尔斯·爱利奥特（C. Eliot）：《印度教与佛教》（*Hinduism &Buddhism*）。

② 潘地亚国王摩罗伐摩·孙达罗于1190年复国，此前一直臣服于朱罗王朝。

印度的风格造了几座大寺，其建筑风格基本与印度教寺庙相近。由此可以推测佛教与印度教在南印度不断加剧的融合态势。

13 世纪中期被迎请至锡兰的达摩揭谛（Dhammakitti）来自南印度的古里国。古里国是位于印度西南部的一个小国，其境在今印度西南部卡拉拉邦的科泽科德（Kozhikode）一带，为古代印度洋海上的交通要冲。[①] 从达摩揭谛应请赴锡兰弘法并受命编撰史书之事可以看出，他在古里国应该是比较著名且文化层次较高的僧徒。达摩揭谛的法脉应来自智生密。据多罗那他《印度佛教史》记载，当摩揭陀地区遭受阿拉伯人的入侵，佛教徒四处逃难时，智生密（Jñānakaragupta）等几位大班智达和一百小班智逃往印度西南方，活动于柯枝、古里等国的佛教徒当出自其门下。

另据明代随郑和三下西洋的马欢记载，到 15 世纪上半叶，位于西南印度的古里国、小葛兰国与柯枝国仍有佛教存在的迹象。

马欢在《瀛涯胜览》中记载了当时古里国的佛教信仰状况：

> 国王系南昆人，崇信佛教，尊敬象牛。国人内有五等：回回人、南昆人、哲地人、革令人、木瓜人。……王以铜铸佛像，名乃纳儿，起造佛殿，以铜铸瓦而盖佛座。傍掘井，每日侵晨，王至汲水浴佛，拜讫，令人收取黄牛净粪，用水调于铜盆如糊，遍擦殿内地面墙壁。且命头目并富家，每早亦涂擦牛混粪。又将牛粪烧成白灰，研细，用好布为小袋盛灰，常带在身，每日清晨洗面毕，取牛粪灰调水，搽涂其额，并两股间各三次，为敬佛敬牛之诚。

马欢曾于明永乐十一年（1413）、永乐十九年（1421）和宣德六年（1431）三次以翻译官的身份随郑和下西洋，他的记载如实地反映出古里国或南印度的佛教信仰状况。

除古里国之外，马欢也对相邻的小葛兰国与柯枝国有记述，并提及这两个国家的佛教信仰状况。小葛兰国（Kollam），中国古代称故临、俱兰，位于印度西南海岸，现为印度卡拉拉邦（Kerala）奎隆县城镇和行政中心，南距邦首府特里凡得琅 71 公里。马欢《瀛涯胜览》载，“其国边海，

---

① 因其独特的交通地理位置，中国古代的史籍及航海家多有记载，宋时称作南毗国（Namburi），元时称作“古里佛”，明时称作“古里”。

东连大山，西是大海，国王、国人皆锁俚人氏，崇信佛教，尊敬象、牛”。

柯枝国位于小葛兰国北，其国东是大山，西临大海，南北边海，有路可往邻国。马欢记述称：“其国王崇信佛教，尊敬象牛，建造佛殿，以铜铸佛像，用青石砌座，佛座边周围砌成水沟，傍穿一井，每日清晨，则鸣钟击鼓，汲井水，于佛顶浇之再三，众皆罗拜而退。”

三 北印度地区的佛教僧徒

十三、十四世纪之交，北印度地区也有为数不少的佛教徒，其中最著名的当为林宝，其行迹因其弟子廓诺·迅鲁伯的记载而为后人了解。林宝（Vana-ratna，1384—1468）生于东印度舍得那伽城（Sadnagara，青史作圣贤城）的国王之家，其地位于东孟加拉国的吉大港（Chittagong）附近。8岁时，林宝在当地的摩诃吉达耶寺（Mahācittaya）跟随觉音（Buddhaghoṣa）法师学习佛法及各种明处。觉音具足众德，精通一切明处，在当地僧众中颇负盛望，被推为僧界领袖。后来，林宝又从苏伽陀若特那（Sujātaratna）阿阇梨受沙弥戒。20岁（1404）时，林宝在觉音与苏伽陀若特那两位法师座下受具足戒，即以游行僧的身份旅至锡兰（斯里兰卡），朝拜各处佛教圣地的佛像、灵塔，经历各种稀有神变。并在法称法师座前听受《毗奈耶》与《净罪月光论》等经典。《青史》载，六年之后（1410），林宝返至赡部洲时，亲见大雪山诸佛海会，为避免外道的加害，他又转道印度南部的羯棱伽（Kaliṅga）国。由此可见当时佛教徒生存环境的艰险，亦知当时南印度的羯棱伽或许尚有佛教存在。在羯棱伽，林宝依止那罗阿帝蒂耶（Narāditya，人中日）大班智达，深受其推许，据说这位班智达在阎浮提洲颇负盛名。林宝于其座前作颂云：“上座大德林中宝，净烦恼油证离贪。为灭众生生死故，我以敬信作依止。”在承侍此大班智达一段时间后，林宝又来到吉祥米聚塔前，在龙菩提尊者的寺院居留一段时日，结识了成就师一切自在。此后，林宝到了摩揭陀，此时的摩揭陀佛教趋于式微，他先跟随一位外道师诃利诃罗（Harihara）学习《劫波经》、《声明集分论》，并精修瑜伽六支，获得成就。在此期间，林宝结识了数位瑜伽自在师与成就者。有一次，林宝在乌鲁跋萨寺时，刻在石板上的观自在菩萨示现，对他说：到西藏去！你会得到一位国王的支持，广作利生事业！听从这一启示，林宝先到了尼泊尔，在希那萨嘎惹（Senasakara）座前听受入菩萨行教法的发菩提心法，最后于藏历的火马年，即1426年到达藏地。在拉萨、雅隆停留一段时间后，又返回尼泊尔，修习胜乐灌顶法，后被藏人迎请至江孜、拉萨、贡嘎、哲塘、桑普故塘等地传授瑜伽六支教法、文殊曼荼罗灌顶、时轮圆满灌顶等金刚乘了义法。

此时从印度来的班智达已为数甚少，故林宝被其弟子廓诺·迅鲁伯称为最后一位班智达。在丹珠尔中收录了他撰著、翻译的著作四十余种。从法系上来讲，他被置于无畏、那耶劫巴、吉祥十力、吉祥贤、游戏金刚、法护、宝源、莲花金刚等一系。迅鲁伯在《青史》中为其立传，称他为晚期来藏地的最著名的印度班智达。①

四　最后的密法集成者——寂密

作为印度最后一位获得大成就的佛教瑜伽师，寂密丰富而奇异的行迹，承载着以多罗那他为代表的后期佛教徒对前代祖师的集体记忆，寂密由此成为一位箭垛式的人物，前代大成就者所有的奇闻异行都被集中在他的身上。据多罗那他《七系付法传载》“光明教授”，寂密是智友的弟子，智友是阿悉多伽那的弟子，此三人住世都很久，少则百余年，多则两百年。因此，多罗那他认为阿悉多伽那大约与藏地的米拉日巴时代相当，其住世达两百年，是12—14世纪成就师；智友亦寿至一百五十余岁，再传至寂密；寂密活动的年代约在14—15世纪；寂密的弟子佛密怙为多罗那他的老师。在多罗那他的笔下，阿悉多伽那、智友与寂密都是大成就者，住世很久，寿至百余多或两百岁。从历史的角度看，他们三人之间的授受未必是亲传，很可能只是前辈与后学的关系。

相传阿悉多伽那（Asiddha-ghana）初为外道瑜伽师，生于中印度波啰耶伽国（Prayāga），精娴声明及因明，修大自在天，得水银成就。相传他能保持其身姿容颜不衰老，又能以母女及部多真言行降伏之事。在与一位佛教瑜伽师较量法力时，阿悉多伽那的法力被压制，其降伏威力无法施展，使他对佛教生起净信，即皈依佛门。阿悉多伽那先后跟从班智达光胄、大阿阇黎宝护、毗部底旃陀罗及天生等，修习胜乐、呼金刚、大威德、四座、密集五部怛特罗秘密教法，并精通其法义。后来，他遇到阿阇

① 刘国威：《十三世纪以后进入西藏的印度人》，文载《法宪杂志》第152期（2002年5月）。

黎小俱萨罗跋陀罗，蒙受一切诀要。据《七系付法传》载，小俱萨罗跋陀罗是大手印教授、羯磨手印传承、光明教授三系密法的传承者。不过，阿悉多伽那与小俱萨罗跋陀罗既是同学关系，又是师生关系，就大手印法的教授而言，他们都是罗摩波罗的弟子；就光明教授言之，阿悉多伽那则是小俱萨罗跋陀罗的得意弟子。阿悉多伽那师事小俱萨罗跋陀罗，从其受法，住于林中专心观修七年，终证得成就。相传阿悉多伽那撰有《证道歌》及怛特罗部论著多种。

智友（Jñāna-mitra）活动的年代在14—15世纪，他生于底布啰国（Matipura，或为中印度秣底补罗国之异称）的首陀罗种姓家，后来在东方阇伽陀啰精舍依正量部出家，通晓本部律、论，兼及多种大乘教典，同时，他又跟从精通真言密教的多位阿阇黎，修习密集、阎曼德迦、秘密明点、大手印与时轮等教法，获得摩诃摩耶及四座之法。相传智友跟从阿悉多伽那时，尽承其教法。后来，智友游历诸方，修无戏论行与极无戏论行，得证大手印最胜悉地果位。相传在邬胝舍国有外道寺庙，名为奢伽那陀，有遍入天石像，非常神异。智友与他的四位瑜伽母来到庙里，观看其壁画，却不作礼拜。寺庙住持以杖击打智友，智友即吹起号角，寺庙神像立时化为粉末。此后，智友就在邬胝舍国重兴佛法，传法弟子甚多，相传现证最胜悉地的有四人，包括阿奢黎法生、瑜伽母月光、瑜伽母奢噜噜与寂密。

寂密（Śānti-guhya）生于南方奢曼荼罗城一刹帝利种姓家，幼年即于声明、因明等多所通达。其父为面见至尊多罗的一位真言师，寂密早年从其父听受多罗灌顶及修习之法。

22岁时，寂密至恭俱那国金幢寺学法。据说这所寺庙僧众贤善，法舍广大，常住僧众有五十人，举行法会时会有千余名居士来听法。寂密在金幢寺初从亲教师啰底崛多（Rati-gupta）受具戒，学声闻三藏，中观、唯识等一切教典，持念《般若波罗蜜多》八千颂、唯识四经等圣典。后来，寂密至僧伽罗州，修大黑天明咒，获得众多利养，将其供奉给啰底崛多，遂蒙其授一切灌顶，传怛特罗部注释五十部，成为“辞句传承”与“别传口诀传承”的最后传人。啰底崛多殁后，寂密在金幢寺任僧伽上座九年，然后辞去职务，遍行诸国以访求名师。他曾经到过尼婆罗国、乌仗那国等，从多位成就者与瑜伽空行母修行，后赴东印度访求智友。历经种种曲折、艰辛，寂密得以从智友问道，随其游历罗康、孟加拉国、尼泊尔、迦没路、欧胝毗舍、底梨陵伽国等地，从智友听受诸种口诀与光明教授，成为瑜伽大自在者。

智友圆寂后，寂密奉命赴苏刺陀国，专事禅定，重在极无戏论之行。获得解脱后，寂密游行于城市、乡村与森林，修习各种秘密行法，同时教化众生，《七系付法传》记载了很多他降伏外道、教化国王、弘扬佛法的传闻。

相传寂密常用神通降伏外道信徒，如中印度摩菟罗国的外道瑜伽师——牟军陀末底（Moghanta-mati）修成“阿呼诧替拏梨法”，降服很多人，深得大食诃迷呼波遮波大王及其太子阿迦波罗等人崇信，被称为得成就者。寂密携弟子来到摩菟罗大城，与牟军陀末底及其侍从较量法力，先以三摩地威力令牟军陀末底不能化现，又以视法令其癫狂而驰，七日不觉，将其制服。

寂密在南印度时曾教化彭陀梵国国王作善勇猛，为他讲说真实言教，国王承其教化，携眷属皈信，迎请寂密长住王宫，供养不辍。受寂密影响，作善勇猛又迎请金洲、陀那室利洲、毗瞿洲、罗康、补岗等地的僧众前来，接受供养。三年后，此国有出家僧众近三千，又有许多优婆塞、优婆夷等，四方瑜伽师也为数众多，他们都以寂密为大阿阇梨，或问修法，或问口诀，或请灌顶及加持。摩罗诃咤及恭俱那等地佛教僧徒慕名迎请寂密，寂密于是前往各处弘法，传授灌顶口诀及怛特罗释等，使金刚乘教法在南印度的这些国家和地区一时之间蔚为兴盛。

除此之外，寂密曾在摩噜国（Maru）用定身视法令外道及突厥大食等人僵住不动，又以降服视法令其国人官长等降伏，摩噜国佛教徒由此增多。寂密还曾在南印度羯那咤国以无量神通调伏教化信奉外道的国王而名声远扬。

在降伏外道、教化国王的过程中，寂密说法不辍，随时度化、教授众多弟子，使其教法远播，闻名遐迩。多罗那他在《七系付法传》“寂密传”中称：“我之亲教印度上师，凡有三人皆从此大德闻法，而南方上师则为法子之上首，其上师虽有三人，而诸广大口传则从此大师亲闻也。又阿奢黎深意与瑜伽自在大母地那羯罗则听受灌顶、加持及解释等甚多，其已断除疑惑之弟子虽有十余人，然诸弟子之首则唯此二人也。”① 此处的南方上师，当即多罗那他的老师佛密怙。

寂密的求法、弘法经历，以及广泛流传的种种神通，使他成为印度佛

① 多罗那他：《七系付法传》“寂密传”，郭元兴译。

教史上黑暗时期硕果仅存的导师，时人尊称他为“吉祥有情怙主”（Śrī-sattva-nātha)。在多罗那他的笔下，寂密的求法过程经历了各种各样的苦难，弘法过程中也显示了各种各样的神通。这些苦难与神通，在前代诸成就者身上均发生过，寂密不过是在重复或重现前代诸位佛教大成就者的行迹与使命。寂密的名字似乎是一种宗教文化符号，无意之中诠释出当时印度佛教的沉寂状态与秘密传承方式。

1590年，寂密的后学佛密怙赴西藏传法，多罗那他从其受教。佛密怙（Buddhaguptanātha，约1514—1610）生于南印度的因陀罗林伽（Indraliṅga)，具有显著的那特瑜伽（Nāthayoga）背景，曾经修持那特瑜伽达三十年余年，后常于定中见到金刚瑜伽母，逐渐转变为佛教徒，受持许多佛教秘密怛特罗的灌顶。后参访印度各地，如波罗奈、德里、恒河门(Gaṅga-avāra，今 Hardwar)，在参访过程中曾师事黑怙（Kṛṣṇanātha）等佛教僧人。他还游学海外，到过爪哇岛（Java-dvīpa)，遇到过声闻乘的僧人，后由锡兰、恭建那归国，复经佛陀伽耶、钵罗耶伽（Prayāga)、阿萨姆，而后于1590年进入西藏。其时，佛密怙已有76岁高龄，年方15岁的多罗那他即从其受瑜伽灌顶，① 并听从其演述佛教传承与演变的历史。可以说，多罗那他关于印度佛教史的记述即来自佛密怙口传，佛密怙不仅是一位密教怛特罗师、瑜伽成就者，还是一位非常重要的佛教史家。

① 刘国威：《十三世纪以后进入西藏的印度人》，《法光杂志》2002年第152期。

第五章　佛教的发现与复兴

经过几个世纪的沉寂，佛教已经从印度的民族记忆中失去了原有的位置，虽然有些地方的印度人也会礼拜佛像，礼拜菩萨像，但在他们的观念中，佛、菩萨只不过是印度宗教或印度传统中的某一位神灵，甚或某个地区的地方神。一言以蔽之，佛教已经不再是独立的存在，它已经被糅合进印度教传统中。

直到 18 世纪末 19 世纪初期，佛教作为印度旧有的遗产，诸如其文化遗迹、艺术成就，乃至其思想内涵，才被英国人重新发掘出来。从这个意义上讲，佛教近现代在印度的重兴，是从对佛教遗址的考古发掘，从对佛教圣地的考察，从佛经写本的搜集、整理与研究开始的。正是考古学家、探险家、佛教研究者对佛教遗产的发掘、揭示与探究，以及随之而来的佛教复兴运动及宗教改革运动，才使佛教的熠熠光辉重新在南亚次大陆闪耀。

第一节　发现印度佛教

佛教的重新发现始于 19 世纪上半叶，其时印度正处于英国殖民统治之下。许多被派往印度任职的英国人对印度历史充满好奇之心，一些考古学家与文物收藏家尤其如此。早期的文物收藏家为古代印度丰富的文献、神秘莫测的铭文，以及大量的古钱币所吸引，由此激发起对印度古代宏富壮丽的文化与遗迹的无穷遐想与鉴赏。当时人们尚未对其做如实的分析与考证，所以专事印度考古的英国学者亚历山大·康宁汉姆称他们是“壁橱里的考古家”，不过，这种文物鉴赏活动仍然为后来的考古研究奠定了很好的基础。

一　佛教遗迹的发现

英国人对印度古代历史与文化的系统研究，应该是从威廉·琼斯于1784年6月15日在加尔各答成立亚洲学会（Asiatic Society）算起。琼斯本人对梵语与欧洲诸语言间同源关系的构拟，更是激起了欧洲学界对印度文明与文化的研究热情。

威廉·琼斯（William Jones，1746—1794）早年就显示出过人的记忆力与语言天赋，在儿童和少年时期就掌握了多种语言，此后在牛津大学时，虽然他的专业是法律，但他依旧对语言学具有浓厚的兴趣。1783年，威廉·琼斯被授予爵士勋位，派往英属东印度公司，在孟加拉国最高法院任法官。在从事司法工作之余，琼斯几乎把全部精力放在语言学习和东方学研究上。他召集同道创建亚洲学会的初衷，即在于对以印度为代表的东方文化与科学展开全面研究。

以亚洲学会的成立为契机，琼斯不遗余力地搜集、整理、研究印度古代经典。他除了在自己主持的学会会刊——《亚洲研究》上发表一系列论文外，还在亚洲学会的年会上介绍学会的工作进展情况。由于威廉·琼斯及其后续者的努力，亚洲学会在未来的百余年中成为世界范围内印度学研究的中心机构，而琼斯本人则以发现梵语与欧洲诸语言如希腊语、拉丁语之间的同源关系，成为近现代历史比较语言学甚或现代语言科学的奠基人。

琼斯在学习、研究梵语的过程中，除了揭示出梵语自身的结构特点、语词规律之外，更发现这种语言同欧洲诸种语言之间的相似性或对应关系，由此大胆地提出梵语与欧洲诸语言之间的同源关系，他说：

> 梵语不管多么古老，它的结构是令人惊叹的，它比希腊语更完美，比拉丁语更丰富，比二者更精练，但是与它们在动词词根方面和语法形式方面都有很显著的相似性，这不可能是偶然出现的，这种相似性如此显著，没有一个考察这三种语言的语文学家会不相信它们同出一源，这个源头可能已不复存在；同样有理由（虽然这理由的说服力不是特别强）认为，哥特语和凯尔特语尽管夹杂了迥异的文法，还是与梵语同源；假如这里有篇幅

讨论与波斯的历史有关的问题，或许能把古波斯语加入同一个语系。①

琼斯的这段名言出自他在亚洲学会第三次年会上的演讲。通过这次演讲以及后来的系列论述，他勾勒出印欧语系、芬兰乌戈尔语系、阿尔泰语系及含—闪语系的雏形，并提出语言历史比较研究的某些原则和方法，初步奠定了历史比较语言学的基础，将人类对语言的探索引向了一个新的时代——历史比较语言学时代。

事实上，琼斯的印欧语同源之说的价值和意义远远超出历史比较语言学本身，以印欧语同源为基础，进而又发展出印欧人种的同源关系，以及雅利安人的迁徙历史与文化进程。梵语作为一种活化石，成了沟通具有久远传统的印度文明与欧洲古代文明之间的纽带，由是印度学研究逐渐成为当时英、德、法、比诸国学术研究领域的显学。

19 世纪初，英国的印度学研究者热衷于对印度古代文物与古代文化遗迹的探究与细致描摹，残存于印度各地的诸多佛教遗迹，如石窟、佛塔、造像、铭文等激发起英国人的好奇心，被尘封数个世纪的佛教随之浮现出来，佛陀、僧团、佛法、佛教经典轮廓与面貌越来越清晰，古代印度丰富灿烂的佛教文化渐次浮现。

19 世纪三四十年代，主掌亚洲学会的詹姆斯·普林塞对阿育王铭文与发现于印度西北的希腊文—佉卢文二体钱币的破译，揭开了佛教在印度被重新发现的序幕。

在此之前，英国人已经在印度各地发现了阿育王石柱，以及刻写在上面的铭文。如 1750 年，帕莱·蒂芬德勒（Padre Tieffenthaler）在德里发现了德里—麦卢特（Delhi-Meerut）石柱及上面残缺的文字。同年，他又发现了位于阿拉哈巴德的阿拉哈巴德——憍赏弥石柱（Allahabad-Kosam）。1784 年，劳瑞耶—阿拉拉贾（Lauriya-Araraj）石柱亦被发现。1785 年，鲍列上尉（Captain Polier）在德里弗劳萨·考特拉（Ferozshah Kotla）发现了德里—托普拉（Delhi-Topra）石柱，并把上面的文字拓片寄给威廉·琼斯。

1801 年，詹姆士·赫瑞（James Hoare）上尉在孟加拉国亚洲学会的

① 陈满华：《威廉·琼斯与历史比较语言学》，《当代语言学》2008 年第 4 期第 10 卷。

会刊《亚洲研究》上刊出德里—托普拉石柱铭文的图片，引起学界的关注，人们热切期待对阿育王文字的解读，相应的收集、整理、研究、解读渐次展开。

1819年，一队正在巡逻的英国士兵意外地发现了尘封千余年的阿旃陀石窟，引起了全社会的轰动，被视为当时最重要的考古发现。阿旃陀石窟将建筑、雕刻与绘画三种宗教艺术完美地融为一体。此后，在西印度的诸多地区，又发现了不同形式与风格的石窟，如埃劳拉（Ellora）、纳什迦（Nasik）、卡尔勒（Karle）、帕贾（Bhaja）、朱那尔（Junnar）等。

1822年，詹姆士·都德上校（Major James Todd）在古吉拉特的吉那尔（Girnar）首次发现岩刻铭文。1834年，阿拉哈巴德的石柱铭文复件由陆军少尉T. S. 博特（T. S. Burt）在孟加拉国亚洲学会杂志上刊出。两年后，巴基斯坦白沙瓦的沙巴尕黑（Shahbazgarhi）岩石铭文由法国官员科尔特（M. A. Court）发现，其时他正服务于锡克教的拉吉·辛大王（Maharaja Ranjit Singh）的王国。到1836年，大量的岩石与石柱铭文在印度各地发现。

不过，当时还没有人知道这些石柱与岩刻铭文的内容，以及造立者的名字。19世纪30年代末，英国驻印度事务部的官员，同时兼任孟加拉国亚洲学会秘书的普林塞，经过数年艰苦的努力，成功地解读出这种用俗语刻写的铭文。

詹姆斯·普林塞（James Prinsep，1799—1840）出身于英国商人家庭，其父曾在印度经商并取得成功。普林塞早年在绘画与机械发明方面显示出过人的天赋，曾在建筑学上下过功夫，后因视力问题而中辍，改学化学分析。后来，普林塞得到印度加尔各答铸币厂的一个职位，于1819年与他的两位兄长赴印度任职。在此后的很长时间内，普林塞先后在加尔各答与贝拿勒斯担任铸币厂的化验分析师，并在该领域取得不错的成绩，对后来英国与印度度量衡标准的制定与改革产生了影响。此外，他还对天文、地理、建筑、绘画等多个行业都很有兴趣，在贝拿勒斯任职期间，他就曾对印度的寺庙建筑做过调查。

1830年，普林塞担任孟加拉亚洲学会的秘书长，并掌管《亚洲学会杂志》的编辑工作，在上面发表了许多关于化学、矿物学、古钱币学与印度文物研究方面的文章。普林塞对印度古钱币学兴趣尤浓，他曾经考察过大夏、贵霜与笈多王朝时典的古钱币制造工艺，他起初曾否认印度古代出现过货币制度。不过，随着他收集到的古钱币的增多，他修改了自己的看法，认为印度古代曾经使用过锻造的金银货币。

普林塞担任亚洲学会杂志的主编后，来自印度各地的古钱币与碑铭文字复件都会转交到他手上，然后经过释读、转译之后，再正式出版。普林塞为了研究的方便，曾将前伊斯兰教时代印度王朝世系作了排列，并考订其年代，这项工作的成果以《实用图表》（*Useful Tables*）为名于 1834 年出版。

普林塞最伟大的贡献还在于破译发现印度各地的碑铭文字与古钱币文字，以及阿育王石柱铭文。在整理、研究他获得的古钱币时，他收集到一些来自印度西北克什米尔的古钱币，这种钱币正反两面分别用佉卢文与希腊文两种文字铭刻。普林塞通晓古希腊语，他发现这种双语古币的面是用希腊文铭刻的“Basileos Sotēros Menandroy”，另一面是用佉卢文铭刻的相同内容，即“大救世主弥兰陀王”（Maharaja Tratasa Menandrasa）。经过进一步比对分析，他依次破译出佉卢文字。

1836—1838 年，普林塞把主要精力放在破译解读发现于印度各地的石刻铭文上。这些铭文主要以婆罗谜文与佉卢文刻写，所用的语言是一种俗语，介于巴利语与梵语之间。在巴利语与梵语学者的帮助下，普林塞找到一种解读的方法。1837 年 7 月，普林塞刊出了七种石柱铭文的传真照片、语音转写，以及英文翻译。在这些铭文的开始，都有这样一句话：“为上天所喜爱的 Piyadasi 王如是言曰”（Devanampriya Piyadasi）。不过，究竟谁是 Piyadasi 王当时仍旧是未解之谜。幸运的是，此年乔治·特纳尔（George Turnour）以英文翻译并出版了《大史》（*Mahavamsa*），这是一部斯里兰卡的编年史。《大史》中也出现了 Piyadasi 王，以此为线索，普林塞很快就确认此 Piyadasi 王就是印度孔雀王朝时代作为佛教信徒的阿育王。

1838 年，詹姆士·普林塞解读并出版了诸多岩石铭文，这些铭文分别发现于吉尔那尔（Girnar），普里（Puri Diss.）的多里（Dhauli），奥立萨（Orissa）［1837，由列泰难特·奇多（Lieutenant Kittoe）发现］。这样，在短短的十个月内，普林塞靠个人的力量，就将阿育王铭文的大部分内容解读出来，这是一项极其艰巨的工作。超负荷的工作摧垮了普林塞的身体，1840 年他回到英国，不久即病故了。

阿育王铭刻文字的解读与阿育王身份的确认，为佛教在印度的复苏拉开了序幕。它丰富了印度历史与佛教的历史，此前的历史书都将被重新改写。

普林塞去世之后，古印度石刻碑铭不断有新的发现。以普林塞的工作为基础，后来这类碑铭文字的转写与翻译就容易很多。1840年，博特（Burt）上尉在斋浦尔（Jaipur）附近的巴尔特（Bairat）发现了帕布鲁（Bhabru）石刻，后由纪都（Kittoe）上尉转写、译出。1850年乔迦达石刻铭文在奥瑞萨的甘杰姆地区由瓦特尔·爱丽奥特（Walter Elliot）发现并复制，他把它当成在德里、吉尔那、沙巴迦黑等地发现的阿育王铭文的另一版本。1860年，福斯特（Forrest）也在德拉敦（Dehra Dun）附近的卡什（Kalsi）发现阿育王岩刻铭文。

普林塞生前曾提出要编集《印度碑铭文集》的构想，但因生年有限，这成了他的未竟梦想。不过，这一工作由受他影响较大的亚历山大·康宁汉姆于1877年正式启动。继普林塞之后，康宁汉姆对印度佛教文化遗址的发现与发掘，使人们对佛教在印度历史上的存在状况与文化空间有了更真切、更具体的认识。

亚历山大·康宁汉姆（Alexander Cunningham，1814—1893）出生于英国的邓弗里斯郡（Dumfrieshire），早年曾在东印度公司旗下的军校接受军事教育。1933年，19岁的康宁汉姆来到印度，成为东印度公司下属部队的军事工程师。很快，他在加尔各答东印度公司的总部遇到詹姆士·普林塞（James Prinsep）。普林塞当时正对印度古钱币学与历史文物展开搜寻与探究，印度各地搜集品、新发现与调查报告，正源源不断地送到他那里。普林塞的工作热情与兴趣很快感染了康宁汉姆，激发起他对印度古钱币及历史遗迹的兴趣，唐宁汉姆很快成为普林塞最亲密的合作伙伴。

1834年，康宁汉姆在英国皇家工程兵部队服役，最早驻扎在贝拿勒斯（Benares），后来他在贝拿勒斯附近发现了最著名的佛教圣地之一——鹿野苑（Sārnāth）。1837年，康宁汉姆在贝拿勒斯城外看见一个三十多米高的圆顶建筑，决定进行一次小小的发掘。很快他就发掘出一些精美的雕像，还找到了一块刻有文字的石头。从破译的文字来看，这可能是一座佛教遗址，康宁汉姆同时得知佛祖确有其人，出生在印度北部的某个地方。这次的发掘成果仅此而已，直到后来，康宁汉姆了解到，中国古代僧人法显《佛国记》和玄奘的《大唐西域记》曾对印度古代的佛教遗址与地理状况有过较为翔实的记载。根据这两种著作，康宁汉姆认识到鹿野苑宏伟的圆顶建筑就是一座佛塔，是纪念佛祖觉悟后第一次讲经的鹿野苑。英国人的考古发掘，再加上中国的历史资料，使佛教的历史与圣迹从此被一点一点地剖开，一千多年璀璨夺目的佛教光辉开始重现。

1842 年，康宁汉姆发现桑奇佛教遗址，并于 1851 年开始对桑奇大塔进行发掘，在第三座佛塔下面，他发现了佛陀两位弟子舍利弗与目犍连的灵骨，这些灵骨被携至英国伦敦安全地保存起来，直到 1949 年才又被迎请回来。这次发现对佛教僧团与历史的阐明起到了显著的推进作用。

1848—1849 年，康宁汉姆在拉达克任职期间，还对当地及周边如克什米尔等地的庙宇与建筑做了调查，相关的调查报告于 1954 年结集为《拉达克之自然、统计与历史，兼及周边诸国》（*Ladāk：Physical，Statistical，and Historical with Notices of the Surrounding Countries*）。除此书之外，康宁汉姆又出版了《比尔萨群塔或中印度佛教遗址》（*The Bhilsa Topes or Buddhist Monuments of Central India*，1854）一书，对中印度发现的佛塔群进行了介绍，首次通过佛教建筑遗迹探寻佛教历史。

1861 年，康宁汉姆以少将军衔从军队退役，担任新成立的印度考古调查局（Archaeological Survey of India）首任局长。这一年，他在释迦牟尼成道的地方——菩提伽耶（Bodh Gaya）找到了大菩提寺的遗址。他在日记中写道："发掘工作很单调，每天晚上睡觉前，我都在阅读中国人的《大唐西域记》，玄奘对那棵著名的菩提树以及周围的佛像和庙宇记载的都很详细，我们很快就找到了大量的遗迹，书中的描述和发现结果非常吻合。"① 到 19 世纪 80 年代，英印政府委派康宁汉姆恢复大菩提寺，他就根据玄奘的记载与描述，展开寺庙的修缮工作，据说连装饰图案和建筑材料也依据《大唐西域记》的记录。1865 年印度考古局解散，1870 年复置。在此后的 15 年里，康宁汉姆继续担任考古调查局局长。他在北印度的废墟中展开多次考古调查与发掘，并及时出版调查与发掘报告。他主编的《印度考古调查局报告》（*Reports of the Archaeological Survey of India*）先后出版了 24 卷，其中一半的内容都是由他本人撰写的，其余的则是在他的严格指导下由他的两位助手完成。康宁汉姆撰写的调查报告都具有显著的学术性，注重将现场考察与历史事实、历史人物结合起来。

除了搜集古钱币与文物之外，康宁汉姆还对其所经之处的古迹进行评

① 转引自网络版《维基百科全书》"亚历山大、康宁汉姆"条。

估、图绘乃至场景拍摄，还对各地的环境、文化与经济状况作了详细记录，其卷帙浩繁的考察报告为印度的历史考古学打下了很好的根基，对当时及后来的佛学研究产生很大的影响。

以现代考古发掘的标准衡量，康宁汉姆当时所采用的方法有些粗糙，甚至遭受后来考古学家的诟病，不过，他对印度佛教历史遗迹的发掘与整理、对印度考古学的整体发展仍然是功莫大焉。

在主编各种发掘报告期间，康宁汉姆还独立完成了不少著作。1871年，他出版《古代印度地理》(*Ancient Geography of India*)，首次收集了公元前3世纪孔雀王朝阿育王的法令。在该书的第一部分“佛教时期”，作者深为在印度各地征集到的、代表佛教光辉历史的佛教遗存与遗址而叹服，并依据其考古所得对佛教历史做出富有深度的探讨。1873—1874年，康宁汉姆发掘、整理了巴尔胡特佛塔——印度中部地区最古老的佛塔的残迹，后来他将收集到各种文物放置在加尔各答博物馆，又于1879年出版《巴尔胡特塔》(*The Stupa of Bharhut*)，该书在对巴尔胡特塔碑文解读，以及雕刻内容的比定方面取得了显著成绩，而其通过历史文物与遗迹探究佛教历史的方法也对后人颇有启发。1883年，康宁汉姆出版了一种关于历史纪年考订的著作——《印度纪元手册，附印度历史计年表》(*The Book of Indian Eras, with tables for calculating Indian dates*)。

1885年，康宁汉姆从考古局退休，此后他投身于印度古钱币的研究，并出版了《古代印度钱币》(*Coins of ancient India*, 1891)，这也是他继承普林塞的遗愿而完成的一项工作。

印度近代佛教史研究的著名学者D. C. 阿歇尔认为康宁汉姆是“无可置疑的伟大考古学家与复兴佛教的英雄”，是“人们所推许的杰出人士，印度能够吸引住他是一件幸事，佛教徒尤其需要感念其功德”①。

接替康宁汉姆担任印度考古调查局一职的是英国人詹姆士·柏盖斯(James Burgess)，他从1874年起曾参与考古调查局在印度西部与南部展的考古调查与发掘，对印度的佛教石窟有较为全面的了解，曾于1883年出版过《佛教石窟庙与题铭》(*Buddhist cave temples and their inscriptions*)。

---

① [印] D. C. 阿歇尔 (D. C. Ahir)：《印度佛教复兴的先驱》(*The Pioneers of Buddhist Revival in India*)“导言”，斯里萨得古鲁出版社1989年版 (Delhi: Sri Sataguru Publications, 1989)，第2—4页。

印度本土第一位考古学者是薄伽梵拉尔·因陀罗吉博士（Bhagawanlal Indraji），他于1882年在孟买附近的肖帕拉（Sopara）发现一些阿育王岩刻残片及佛塔，在佛塔的下面出土了五件装有遗骨的坛子，因陀罗吉博士依据铭文识读出其时代约在公元160年。

1896年，德国考古学家安东·阿洛伊斯·福特勒（Alois Anton Führer，1853—1930）获准展开对尼泊尔的考古调查，在蓝毗尼花园发现了阿育王于公元前249年拜访此地的纪念碑，上面书有“尊贵之神诞生地”字样。福特勒将这次考察与研究的成果编为《关于佛祖释迦牟尼之诞生地位于尼泊尔特赖的专论》（*Monograph on Buddha Sakyamuni's Birth-Place in the Nepalese Tarai*，*Government Press*，*N. W. P. and Oudh*，*allahabad*，1897）出版，他的这一重要发现及其他相关信息，证实了蓝毗尼是佛祖诞生地这一事实，为佛陀生平及佛教史的研究提供了更为坚实的基础。

二 佛教经典的搜集与整理

如上所述，诸多探险家、考古学家与学者的工作祛除了数百年来遮蔽在佛教上面的尘埃，使佛教旧有的辉煌重新显示在世人面前。不过，文物收集与考古发掘只是为印度佛教的重新被发现提供了一些历史碎片，对佛教或佛法的具体内涵与历史演进的系统了解还需要佛教经典文献的整理与研究。从19世纪四五十年代起，佛典文献的搜集、整理与研究受到西方学界的关注，由此孕育、营造出印度佛学研究的浓厚氛围，其风气所及不仅影响到印度学者积极投身佛学研究，更为20世纪印度佛教复兴运动的兴起提供了经典依据与理论支持。

至19世纪，佛教在印度本土几乎已经销声匿迹。所谓“礼失求诸野”。佛教经典的搜集、整理、翻译与研究，是从斯里兰卡、尼泊尔与中国西藏等地保存的巴利语系与梵语系佛典的搜集开始的。

（一）巴利佛典的搜集、整理与研究

西方第一位巴利语研究者是在泰国传教的法国人拉诺（Laneau），他于1672年编撰了一部巴利语与泰语的文法和辞典，不过现在已经佚失。1685年，他曾给圣路加福音（St. Luke's Gospel）的泰文译本写过一篇巴利语的序和跋，目前仍有保存。后来，又有一位法国人西蒙·罗百瑞（Simon de La Loubère）于1687—1688年担任法王路易十四的使节出使泰

国，回国后撰写了一部名为《暹罗王国记》（*The Kingdom of Siam*，London，1693）的著作，对泰国文化的诸多方面都做了一定的记述。在谈及泰国佛教时，他特别提到泰国佛教所用的语言叫作“Balie”，与泰语有较大的差别，与梵语有较密切的关联。

1824 年，英国传教士本杰明·克拉夫（Benjamin Clough）出版了《简明巴利语文法——附丰富词汇》（*A Compendious Pali Grammar with a Copious Vocabulary in the Same Language*，Colombo，1824）一书，首次在英语世界用 Pali 一词。两年后，布奴夫与拉森（Chr. Lassen）在他们合著的《试论印度半岛恒河流域之圣言巴利语》（*Essai sur le Pali ou langue sacrée de la presqule au-delà du Gange*）中也沿用此名。布奴夫与拉森合著的这部巴利语著作出版后，引起西方学界对巴利语的注意，此前除锡兰、缅甸及泰国之外，其他地区很少人了解到巴利文的存在。

1837 年，乔治·特纳尔（George Turnour）以英文翻译并出版了斯里兰卡编年史《大史》（*Mahavamsa*）。原书有一百章，出自多人之手，乔治仅翻译了前三十八章。此书的出版不仅帮助普林塞翻译出阿育王碑铭，而且对巴利语系佛教历史的研究产生积极的影响，后来巴利圣典学会的创始人瑞斯·大卫即把此书视为“所有巴利学问之基础”。

1881 年，英国学者瑞斯·大卫于伦敦成立巴利圣典学会（The Pali Text Society），专门校订、翻译、出版南传佛教巴利语经典及相关的研究著作，后来发展成为巴利语系佛教经典与整理的核心组织。

托马斯·威廉·瑞斯·大卫（Thomas William Rhys Davids，1843—1922），生于英国的科尔切斯特（Colchester），其父为威尔士公理会的教士。大卫年轻时希望成为一名公务员，于是到德国的布莱斯劳大学（University of Breslau）跟随著名梵语学者斯坦茨勒（A. F. Stenzler）学习梵语，业余时间以教授英语谋生。1863 年，大卫回到英国，通过公务员考试，被派往斯里兰卡担任地方法官，因为案件的卷宗涉及巴利语，他便开始巴利语的学习。后来，大卫又参与斯里兰考佛教遗址的发掘，并因之热衷碑铭与写本的收集，1870—1872 年，他给皇家亚洲学会锡兰分部的杂志写了一系列论文。

后来，大卫在斯里兰卡的工作因故中止，返回到伦敦，以律师职业谋生，不过他对斯里兰卡佛教与巴利语的兴趣越来越浓厚，最后他完全放弃律师职业，专心从事巴利语系的佛教研究。1881 年 5 月，他正式宣布成立巴利圣典学会，并阐明其宗旨与主要任务。学会首任委员会的成员除大卫外，还有威高·福斯保尔（Viggo Fausball）、赫曼·奥登伯格（Hermann Oldenberg）、爱弥尔·塞纳特（Emile Senart）、理查德·默瑞斯（Richard Morris）等。学会的运作经费来自私人捐款、大学与其他机构的赞助。学会还吸收了一批出于对巴利圣典的热爱，愿意无偿编译相应经典的学者。次年，大卫又创办了《巴利圣典协会学报》（*Journal of the Pali Text Society*，1882）发表与巴利佛教相关的文章与信息。

1882—1904 年，大卫担任伦敦大学的巴利语教授，同时在 1890—1904 年担任皇家亚洲学会的秘书及图书馆馆长。在此期间，他创办了不列颠学院（Britian Academy）与伦敦东方及非洲研究所（London Oriental and African School）。1884 年，大卫编辑阿奴楼陀长老（Anuruddha Thera）的《摄阿毗达磨义论》（*Abhidhammatthasangaha*），由巴利圣典学会刊出。

在从事繁忙的会务、教学工作之余，大卫还通过其他不同的方式来传播佛教。1894 年，大卫夫妇到美国访学，在康奈尔大学做了系列演讲，这些演讲后来结集为《佛教，其历史与文献》（*Buddhism，Its History And Literature*，1907）。1899—1900 年，大卫如愿到印度参访，巡礼菩提迦耶及其他佛教圣地，回到英国后，撰写了《佛教之印度》（*Buddhist India*，1903）一书，对佛教兴起后的社会与政治状况做了一次鸟瞰式的叙述。1899—1921 年，大卫夫妇将巴利经藏中《长》、《中》尼迦耶中的经典翻译成英文，最后结集成三卷本的《佛陀对话录》（*Dialogues of the Buddha*）。

1905—1915 年，大卫担任曼彻斯特大学比较宗教学教授，并于 1908 年在伦敦创立佛教协会，出任会长，刊行与翻译巴利语三藏，又于 1910 年担任新成立的印度学会的会长。一直到他 1922 年逝世为止，大卫始终都在为巴利佛典及佛教的编译、研究与传播而不断努力。

除上文所列外，他完成的撰述或译作还有与斯特德（T. W.，Stede，William）合编《巴利语—英语词典》（*The Pali Text Society's Pali-English Dictionary*），翻译《律典》三卷（*Vinaya Texts*，3 volumes，1881—1885）、《弥兰陀王问经》二卷（*Questions of King Milinda*，*Sacred Books of the East*，2 volumes，1890—1894）。其中的《律典》系与德国学者奥登伯格（Oldenberg，Hermann）合作翻译完成，《律典》是对巴利律藏中“犍度”（khandhaka，本义为躯干或集合体，引申为汇编而成的篇章）的翻译，此

篇是有关僧团和僧尼戒规的汇编，包《大品》（*Mahavagga*）十犍度与《小品》（*Kullavagga*）十二犍度。

另外，他还在《皇家亚洲学会杂志》上发表过《佛教的部派》（*The Sects of the Buddhists*，1891）与《阿育王与佛陀灵骨》（*Asoka and the Buddha-relics*，1901）等系列文章，在当时都有很大的影响。通过大卫的努力，西方的巴利语系佛教研究与传播都取得了长足的发展，佛教成为家喻户晓的名字。

大卫去世后，巴利圣典学会由其夫人卡罗琳·奥古斯泰·戴维斯（Caroline Augusta Foley Rhys Davids，1857—1942）掌管（1922—1942年间负责学会工作），她也是著名的佛学家，曾任牛津大学东方研究院高级讲师，长期与丈夫合作，从事巴利文佛典的校勘和翻译工作。卡罗琳著有《佛教：对佛教规范之研究》（*Buddhism*：*A Study of the Buddhist Norm*，1912）、《佛教心理学：巴利文献中的心理分析与理论探究》（*Buddhist Psychology*：*An Inquiry into the Analysis and Theory of Mind in Pali Literature*，1914）、《什么是佛教原初福音》（*What was the original gospel in Buddhism*? 1938）、《乔达摩这个人》（*Gotama the Man*，1928）、《学生高级佛教手册》（*A Manual of Buddhism for advanced Students*，1932）、《佛教大纲·历史概要》（*Outlines of Buddhism*：*A Historical Sketch*，1934）等，另外，她还翻译了《佛陀故事集：本生经选译》（*Stories of the Buddha*：*Being Selections from the Jataka*，1929）等。

（二）梵语佛典的收集与整理

在尼泊尔梵文佛典写本与抄本的发现与搜集方面，英国派驻在尼泊尔的公务员何德逊（Houghton Hodgson，1800/1801—1893/1894）首张其事，其工作为后来的大乘佛教研究提供了丰富的资料基础。

何德逊于1818年来到印度，以书记员的身份任职于英国东印度公司，他在语言方面颇有天赋，学习过梵语与波斯语，这在他后来的工作中发挥了重要作用。1819—1820年，他被任命为毗邻尼泊尔的库默恩（Kumaon）专员助理。后来，因为身体原因，他长期在尼泊尔任职。1821—1844年，他基本上在尼泊尔工作。在此期间，何德逊对尼泊尔的语言、文献与宗教做过广泛的研究，发表了一系列论文。1845年，他居住在大吉岭，继续对北印度的人种做了十三年的研究之后，才返回英国。

在尼泊尔任职期间，何德逊熟练地掌握了尼泊尔语与尼瓦里语

(Newari)，他还搜集到诸多梵语佛经写本，并与他的朋友大班智达甘露喜(Amritananda)共同进行研究。他认为佛教曾经有四个部派，而且梵语佛典比那些巴利语佛典还要古老，为此他还专门研究了小乘佛教的哲学思想。何德逊还得到一些甘珠尔与丹珠尔的藏文大藏经复本，其中一套是西藏的大喇嘛作为礼物送给他的。

何德逊前后收集到的梵本佛典计有380余包，他曾将他收集的梵文佛教文献分别移交给伦敦、巴黎及加尔各答图书馆，另外他还以2000镑的价格把其中一部分卖给了俄国政府。何德逊针对自己的收集品也撰写了一些文章，分别发表在加尔各答的《亚洲研究》以及1818年伦敦出版的《皇家亚洲协会学报》中。何德逊出版的著作很多，其中与佛教有关者，有1841年出版的《插图本佛教文献与宗教》(*Illustrations of the literature and religion of the Buddhists*, Self-published, Serampore)、1874年出版的《尼泊尔、西藏的语言、文献与宗教论集》(*Essays on the Languages, Literature and Religion of Nepal and Tibet*. Trubner and Co., London)。鉴于何德逊在佛教文献与研究方面的贡献，他被当时法国著名的佛学研究者布如夫盛赞为"印度佛教研究的真正创立者"。

何德逊对喜马拉雅山区的文化与人民很感兴趣。受威廉·琼斯等人影响，他认为通过语言研究可以识别不同的种族。通过他的研究，他发现喜马拉雅山地区的土著居民不属亚利人种或高加索人种，他将这种人种称为塔姆林族(Tamulian)，是较为特殊的印度人种。除人种学研究外，何德逊还对喜马拉雅山区大量的鸟类与哺乳类动物做了观察与记述，有许多鸟类就由他命名。

继何德逊之后，另一位英国梵语学者塞西·本达尔在尼泊尔梵本佛典的搜集与整理，以及北传佛教的研究方面取得了显著的成绩。

塞西·本达尔(Cecil Bendall，1856—1907)1884年毕业于剑桥大学，专攻梵文，曾到印度各地旅行，后到尼泊尔王室附属的杜尔巴图书馆(Durbar Library)从事佛教研究。1880年，他在《英格兰皇家亚洲学会杂志》(*Journal of the Royal Asiatic Society of England*)上发表《大云请雨经》(*Meghasutra*)的梵本校订。1883年，本达尔编辑剑桥大学所藏佛教梵语写本目录，推定尼泊尔梵本佛典的年代，并附有对梵文字体的研究。1886年，他又出版了《尼泊尔与北印度文献与考古研究之旅》(*Journey of Literary and Archaeological Research in Nepal and Northern India*)。1888年，他在《英格兰皇家亚洲学会杂志》上发表《怛特罗乘》(*Tantrakayana*),专门探究怛特罗佛教的特点与经典。

本达尔在尼泊尔期间,非常注重梵语佛典的搜集,在他的早期收藏品中,就有500余部抄本经典。其中有些抄写时间比较久远,《十地经》与《行愿赞》的残片就是用13世纪以前的书体抄写而成,其梵本律藏经典也是当时的孤本。1898年,他到尼泊尔探险,又搜集到90部古代经典。本达尔搜集的佛教写本都保存在剑桥大学图书馆,那里因此成为重要的梵本佛典收藏中心。

《佛教文库》第一卷就发表了本达尔校订的寂天著《菩萨学集论》(*Sikṣāsamuccaya*)。寂天的这部著作涉及多种大乘佛教经论,本达尔为校订该书费时甚久,这本书是本达尔多年心血的结晶,成为后来的佛教经典史家的重要参考书。

(三)佛学研究的展开

伴随着梵巴佛教圣典收集与整理工作的展开,欧洲各国印度学研究者对佛教经典的翻译与研究也渐次展开,呈现出名家辈出、成果丰硕的研究格局。其中法国的布奴夫、莱维(Sylvain Levi,1863—1935),丹麦的福斯堡,德国的奥登伯格、温德尼兹,比利时的普辛(Louis de La Vallee Poussin,1869—1937),俄国的舍尔巴茨基(Stcherbatsky)等人在佛教经典的整理、翻译与研究中取得令人瞩目的成就,对印度佛教的传播产生了积极的影响。

法国学者尤金·布奴夫(E. Burnouf,1801—1852)是西方第一位以系统及科学方法研究佛教的学者,被称为欧洲佛教研究之父,1826年,他与德国学者拉森(Christian Lassen)合著的《试论印度半岛恒河流域之圣言巴利语》一文,使巴利语及巴利语记载的佛教圣典引起西方学界的普遍关注。不过,布奴夫很快就将自己的研究兴趣转向梵语大乘佛典的整理、翻译与研究,由此开启了法国大乘佛教经典、历史与哲学研究的先声。1832年,布奴夫任法国国立高等教育学院(Collehge de France)梵语教授,他以何德逊寄到巴黎的梵本大乘佛教经典为基础从事佛教历史研究。1844年,布奴夫出版了首部印度佛教史——《印度佛教史序说》(*Introduction ah l'histoire du Bouddhisme Indien*),此书对《般若》、《楞伽》、《华严》、《金光明》、《法华》等大乘经典的内容作了详细的叙说,对佛传、佛教义理与梵语佛典的研究而言都颇具新意。1952年,他又出版了

第二部著作——《妙法莲花经》的法文翻译，为后世梵本西译之典范。

福斯堡（Michael Viggo Fausböll，1821—1908）是丹麦巴利学研究的先驱，担任哥本哈根大学的梵语教授，在早期巴利语经典的研究中取得了显著的成绩。1855 年，福斯堡曾出版过《法句经》（*Dhammapada*）的拉丁文转写，又于 1881 年出版了《经集》（*Sutta-NipAta*）的英文翻译。他对《本生经》（*Jatakas*）及其注释的翻译是一部具有里程碑意义的著作，此书分成六卷，在 1877—1896 年陆续刊出。

德籍学者荷尔曼·奥登伯格（Herman Oldenburg，1854—1920）是德国的一位印度学巨擘，先后担任过基尔大学与哥廷根大学的教授，曾翻译过《吠陀赞歌》（*Vedic Hymns*，1897）与《家庭经：吠陀家祭仪规》（*The Grihya-sûtras*，*rules of Vedic domestic ceremonies*，1886、1892），他的《吠陀宗教》（*Die religion des Veda*，1894）、《古代印度的语言与宗教》（*Ancient India*：*its language and religions*，1896）都是印度学史上的经典之作，曾被翻译成多种语言，并不断再版。在巴利圣典学会成立之初，奥登伯格就参与其事，并与瑞斯·大卫保持良好的合作关系，他们曾经在 1879—1883 年将巴利藏中的毗奈耶经典译成英语，分三册出版。他基于巴利经典撰写的《佛陀之生平、教化与律法》（*Buddha*，*his life*，*his teachings*，*his order*）一书，考订佛陀的相关史实，驳斥一位法国学者假想的佛陀乃神话人物的谬说，论证历史上确有其人，成为佛教研究史上里程碑式的著作。自 1881 年出版后，此书已经翻译成 8 种语言，有 107 种版本。

对佛教文献历史的系统探讨是由德国学者温德尼茨完成的。温德尼茨（Maurice Winternit，1863—1937）是德国布拉格大学印度学与人种学的教授，曾在英国牛津大学、印度国际大学做过访问研究，并协助马克斯·缪勒编辑东方圣书，在印度学研究中完成诸多优异的成果，其《印度文献学史》（*A history of Indian literature*）第二卷中对佛教文献史及相关经典的内容做过细致的研究，至今还是佛教研究者重要的参考著作。

除上列诸多通过佛学研究传播佛教的学者之外，19 世纪在欧洲传播佛教的还有一位英国诗人——爱德温·阿诺德（Edwin Arnold，1832—1904），他在 1879 年创作的长诗《亚洲之光》（*The Light of Asia*）对佛教在全球范围内的传播颇有贡献。阿诺德出生于英国肯特郡，1857 年，他在 25 岁时来到印度，担任普纳德干学院（或作公立梵文学院）的校长，很快就醉心于印度的宗教传说，尤其被佛教所吸引。1861年，他回到伦敦，在《每日电讯》任职，不过他对佛教的兴趣依旧在滋长，最终形诸笔端，完成《亚洲之光》这部史诗。这部作品是依据《普曜经》的记载，用诗体语言为佛陀撰写的一部传记，其诗句清新、优美，又给人以庄严、神圣的感觉，对欧美人了解、认识佛教起到非常积极的作用，影响甚大。《亚洲之光》后来被译成多种语言，仅日语译本就有三种[①]，此书在印度还作为一些大学与学院的必读书，很多人对佛教的关注就是从这本书开始的。

1885年，阿诺德参访菩提迦耶，为眼前佛教最伟大的圣地——大菩提寺的破败景象所震惊。此后，爱德温在他主编的《每日电讯》(*Daily Telegraphy*)周刊上发表系列文章，意图唤起全体佛教徒的警觉，使大菩提寺免遭进一步的破坏。此后，他还积极参与达磨波罗组织的大菩提学会，为其早期发起人之一。

三　印度本土学者对佛教传统的探寻

1772—1911年，加尔各答一直是英属印度的首都，是印度政治、文化、科技与教育中心，这里汇集了印度一大批文化精英，他们接受英国带来的西方文明，同时积极参与英国人设立的各种事务机构，是印度近代社会变革的中坚力量。19世纪以来，英国人对佛教文物的搜集、佛教遗迹的考古发掘，以及佛教经典的搜集、整理与研究，也逐渐引起印度本土文化精英对佛教的关注，他们开始投身于对已经逝去的佛教文化传统的探究与发掘。近代最先投身于佛教研究的印度本土学者，即是较早沐浴英国文明的东印度加尔各答地区的印度教文化精英。

(一)密特拉对梵语佛典的整理

拉詹陀罗·拉尔·密特拉(Rajendra Lal Mitra，1823/1824—1891)出身于加尔各答东部的苏拉(Soora)地区一个颇有地位的家族，其祖父辈皆以诗才而负盛名，有非常高的文化素养。密特拉自小就接受到良好的教育，1837年他考入医学院，后来中途辍学，转学法律，想成为一名律师，但他的法学教育也没有完成。其后，他们家族精通多种语言的文化传

① [日]鹰谷俊之：《东西佛教名人传》"阿诺德"条，蓝吉富编《世界佛学名著译丛》第85册。

统很快就使他全身心地去学习不同的语言，梵语、波斯语、乌尔都语、印地语、英语等为他后来在加尔各答亚洲学会的工作奠定了坚实的根基，后来他又熟练地掌握了法语、希腊语与拉丁语。

1846 年，密特拉被任命为孟加拉国皇家亚洲学会（Royal Asiatic Society of Bengal）图书管理员兼学会助理秘书长，此后他一直在亚洲学会任职，曾担任过不同职务。1857—1865 年，密特拉担任学会的秘书长，并从 1865 年起担任副会长。1885 年，密特拉升任亚洲学会会长，成为该会成立以来印度本土出生的首任会长。

在亚洲学会编辑发行的"印度文库丛书"（Bibliotheca Indica series）中，从 1854 年到他去世的 1891 年，密特拉负责编辑的就不下十四种，与此同时，他还发现、收集、编目并记述各种梵文写本，这些写本主要保存于孟加拉与其他省份，其中有的还来自尼泊尔。密特拉的这项工作由于受到亚洲学会与印度政府的支持，开展得非常顺利，取得的成绩也非常显著。1880 年，密特拉编著完成《比卡奈尔大王图书馆藏梵文写本目录》（*A Catalogue of Sanskrit Manuscripts*：*in the library of the maharaja of Bikaner*，Calcutta：Govt. of India，1880）。到 1882 年，他又在该《写本目录》的基础上完成了《尼泊尔佛教梵语文献》（*SanskritBuddhistLiterature of Nepal*），此书的完成，开启了佛教梵语文献整理与研究的新纪元，获得了学界的高度评价。

除了编辑、翻译与编目工作外，密特拉还有另外两部堪称开风气的著作：《奥利萨遗迹》（*The Antiquities of Orissa*，1875）、《佛陀迦耶——释迦牟尼的隐迹之地》（*Buddha Gaya*，*the Hermitage of Sakya Muni*，1877）。值得注意的是，除了这几部著作外，密特拉还用英语与孟加拉国语在不同场合发表了诸多演讲，撰写了 120 余篇文章，以及多篇亚洲学会的会议记录。此外，他还作为马克斯·缪勒的助理，编辑、校订、出版了多部古代梵语著作，如梵本《神通游戏》（*Lalitavistara*，1887）、《小品八千颂般若经》（1887—1888）等，受到海内外印度学研究者的持续关注。此外，密特拉还与其他当时欧洲最伟大的印度学家相互交流与合作，展开平等对话。1858 年出版的《佛教与奥丁教之相似性》（*Buddhism and Odinism*，*their similitude*，Calcutta：s. n.，1858）一书，可视为这方面的代表作品。

可以说，密特拉是殖民时代印度本土学者借鉴西方现代学术方法，从事印度学研究的奠基者。他在佛学研究领域做出的突出贡献以及所取得的成绩，不但受到欧洲印度学家的高度赞誉，更启发影响了印度本土的印度学研究。

密特拉搜集与整理尼泊尔梵语佛典的工作，离不开他的得力助手——孟加拉国学者哈拉·布拉萨德·夏斯特里的大力协助。

哈拉·布拉萨德·夏斯特里（Hara Prasad Sastri，1853—1931）出生于孟加拉国一个延续了数个世纪的婆罗门班智达精英家庭，是当地的名门望族。其高祖摩尼卡耶·塔卡普萨纳（Manikya Tarkabhusana）迁居于加尔各答北部的奈哈迪（Naihati）并创办了一所教授梵语的免费学校。这种教育模式在当时受到好评，不但得到地方长官的资助，同时也得到了英国政府的支持与赞许。其祖父希那特·塔卡兰迦罗（Srinath Tarkalankara）继承其父的职业，仍然以教授梵语为生。哈拉·布拉萨德的父亲兰卡姆（Ramkamal）是一位渊博的学者，以研究正理哲学而著称，其学识与梵语教学受到孟加拉国人的尊敬。

哈拉·布拉萨德是兰卡姆的第五子，从加尔各答大学获得硕士学位，因为精通梵语而被冠以夏斯特里（Sastri）的头衔。他后来在印度学、佛学与孟加拉国语文学研究领域远近闻名，名声播及海内外。后来，哈拉·布拉萨德在加尔各答大学任教，并被授予荣誉文学博士，他还兼任过孟加拉国文学社团（Vangiya Sahitya Parisad）的主席，被印度政府授予“尊中之尊导师”（Mahamahopadhyaya）。

尤其值得注意的是，哈拉·布拉萨德于1897年在孟加拉国发现了仍然传承着的佛教。这个分布于吉大港的佛教社团，说明被认为已经沉寂的印度佛教仍然在以其独特的形式流传。哈拉·布拉萨德是一位成果丰富的学者，他著有六十余种著作，其《佛教歌曲与佛教朵哈集》（*Bauddha Gana O Bauddha Doha*，1916）收录了33位著名成就师的50首诗歌，使孟加拉国学者认识到佛教研究的必要性。此外，他还于1927年整理了11世纪印度著名佛教瑜伽行者不二金刚的20部著作，编成《摄不二金刚集》（*Advayavajra-samgraha*），放在其子编辑的盖格沃德东方丛书（Gaikward）中出版。另外，他编辑整理的提婆《四百论》，收录在孟加拉国亚洲学会纪念专辑中。

（二）达斯对藏地梵本佛典的搜集

在梵本佛典的收集方面，出生于东孟加拉国的印度人达斯及其创立的佛教圣典学会有首倡之功，并且取得了显著的成绩。萨拉德·昌德拉·达斯（Sarat Chandra Das，1849—1917）出身于东孟加拉国吉大港一个印度教徒家庭，早年入加尔各答的管理学院。在学习期间，达斯认识了孟加拉国公共教育局局长艾尔弗雷德爵士，受到其赏识。1874年，由于艾尔弗雷德的推荐，达斯被任命为大吉岭的菩提寄宿学校（Bhutia Boarding School）校长。这所学校是英国人开办的，专门培养当地土著，使其接受秘密间谍训练，然后派往西藏，以对抗其时俄国势力在中亚的扩张。

1878年，藏族教师、喇嘛伍金嘉措（Ugyen-gyatso）为达斯取得了赴扎什伦布寺的护照。1879年6月，达斯和伍金嘉措自大吉岭起程赴西藏。他们在西藏逗留了六个月，并带着许多藏文和梵文文献回到大吉岭。这些文献为达斯日后从事藏学研究奠定了资料基础。1881年11月，达斯和伍金嘉措再次赴西藏。他们考察了雅砻河谷（Yarlung Valley），并于1883年回到印度。

作为英国间谍，达斯两度赴西藏地区，从藏族人、俄国人、汉人那里获取情报。在他离开西藏后，他的身份曝光，许多之前和他友好的藏族人都因此遭到了惩罚。

自西藏返回后，达斯在大吉岭度过了余生。他将自己的住所命名为“拉萨别墅”（Lhasa Villa），在这里接待了许多知名人物，如查尔斯·阿尔弗雷德·贝尔（Charles Alfred Bell）以及日本人河口慧海（Ekai Kawaguchi）。1882年，他会见了两位神智学会的创始人——海伦娜·布拉瓦茨基（Helena Blavatsky）和亨利·斯太尔·奥尔科特（Henry Steel Olcott）。

作为情报工作的重要组成部分，达斯从拉萨的萨迦派的寺庙图书馆中获得大量的古代梵语文献与资料，其旅程报告后来发表在佛教圣典学会（Buddhist Text Society）的杂志上。这份杂志是达斯于1882年在大吉岭创办的。此外，他还就西藏古代的印度班智达发表了多次演讲，使莲花戒（Kamasila）、阿底峡等人的著作重见天日，这些演讲稿后来结集为《雪域的印度班智达》（*Indian Pandits in the Land of Snow*，1893）。

1893年，达斯创立“印度佛典与人类学会”（Buddhist Text and Anthropological Society of India），出版佛教原典，如觉音的《清净道论》（*Visuddhimagga*，1893）、寂天的《入菩提行论》（*Bodhicaryavatara*，1894）等。另外，佛教圣典学会还出版过《自生往世书》（*Svayambhu-purana*）、夏斯特里翻译的《八千颂般若波罗蜜经》、诃利莫罕·维第耶普扇节译的月称《中论疏》。该学会还参照国外的佛学研究机构，在加尔各答梵语学院设佛学研究系，开启了印度佛学研究的新里程。

在藏学研究方面，达斯还编著有《藏语文法导论》（附《悉都文法金刚明鉴》及《悉都讲义》，1915）、《藏英辞典》（附梵文同义语，1902），两书在西藏学研究界颇受重视，曾多次再版。其《拉萨及西藏中部旅行记》（*Journey to Lhasa & Central Tibet*，1902）记述19世纪末期西藏社会风俗与宗教，具有较高的参考价值，广为流传，现已有中文译本出版。

密特拉、夏斯特里、达斯等近现代知识阶层致力于印度古代经典的收集与整理时，其成果也得到一些地方王公与文化机构的赞助与支持，大批印度古代经典经过重新汇集、整理，以丛书的形式出版。其中比较有名的如特里梵特琅梵文丛书（Trivandrum Sanskrit Series）、乔勘巴梵语丛书（Chowkhambā Skt. S. ）、孟买梵语与俗语丛书（Bombay Skt. and Prakrit S. ）、阿难陀斯罗梵语丛书（Anandasra Skt. Series）等。

1908年，西南印度特里凡特琅的地方政府设立东方文献保存机构，专门整理当地公立图书馆与私人收藏的梵语写本，主其事者为伽纳帕底·夏斯特里（T. GaNapati ShAstrI）。这个机构仅存在了17年，但其编订的梵语写本目录及出版的特里梵特琅梵文丛书（Trivandrum Sanskrit Series）颇受后人关注。其梵语写本目录收录了1400余种梵语写本，分七部分出版，堪为当时最丰富的梵语写本目录，对于后人构建梵语文献史颇有价值。主事者以写本目录为基础，精选其中的珍品，以“特里梵特琅梵文丛书”的名义将其出版。这些文献多为未曾出版过的古代善本，其中的第一本名为《天命论》（*Daivam*），是一部梵语语法著作，出版于1905年。在接下来的二十余年中，丛书陆续推出一百余种梵文著作，其内容涉及文学理论、诗学、戏剧、修辞与语法，哲学理论诸如正理论、吠檀多、弥曼差与其他宗教哲学派别的著作，最令人瞩目的应是公元7世纪戒日王的宫廷戏剧家跋沙创作的十三种戏剧作品。

在特里凡特琅梵文丛书中，令佛教研究者意外的是，其中有一部《文殊师利根本仪轨》。这是一部大乘佛教的著作，它的藏文与中文译本在中国流传很广，对藏传佛教以及元代以还的中国佛教影响较大。佛教研究者认为此书的梵语文本在印度早已失传，但是它却在特里凡特琅的一隅被发现。因此，此书一经发现，立时引起佛教研究者的惊异与兴趣。据说这部经典的梵语写本是由一位名叫拉毗詹特拉（Ravicandra）的班智达复制，他是吉祥根本音寺（Śrī-mūlaghoṣa-vihāra）的主持。该寺位于特里昆那布萨（Thrikkunnapuzha），即今奎兰市（Quilon）北30英里，曾是一座佛教寺庙，现在已被海水冲刷掉。因此，经典抄写者与寺庙的年代问题也就成了永久的谜。

第二节　神智学会与印度佛教复兴的先声

近现代印度佛教的发现与研究是由英、法、德、俄等欧洲诸国学者发起的，随之而起的佛教复兴运动同样也是由外力来推动的。在这一历史进程中，19世纪后期以来发生在斯里兰卡的佛教改革运动与复兴思潮对印度佛教的复兴运动起到了引领与推动作用。

公元前3世纪，印度阿育王派遣其子摩哂陀（Mahendra）把佛教传入斯里兰卡，斯里兰卡的国王天爱帝须（Devānaṃpiya-tissa）受摩哂陀影响而信奉佛教。此后，佛教就在斯里兰卡得到了持续不断的传承。佛教在印度被伊斯兰教摧毁时，斯里兰卡的佛教也受到了一定的冲击。之后屡有兴衰，起伏不定。尤其是到1505年葡萄牙殖民主义者入侵后，为推行其基督教信仰，不断抑制打击佛教，佛教的寺庙被毁，僧徒被驱逐或改宗。1592年，维摩罗达磨苏里耶王（Vimala-dharmasuriya I，1592—1604年在位）即位，又先后两次迎请缅甸佛教长老，来斯里兰卡复兴上座部佛教。后来室利维阇耶罗阇辛哈王（Sri Vijaya Raja-singha，1739—1747年在位）又从缅甸的贝古（Pegu）、阿拉干（Arakan）和暹罗的阿尤帖（Ayudhya）迎请佛法。继葡萄牙侵占之后，1658—1796年，斯里兰卡被荷兰占领，在18世纪末又成为英国殖民地。虽然殖民者曾经试图维持斯里兰卡的传统文化与民众的宗教信仰，但是受制于西方殖民国家基督教教会的强势压制，这种相对温和的宗教文化政策始终难以贯彻执行，斯里兰卡的佛教文化传统也不断遭遇挑战或打压。19世纪初期，英国殖民者曾经试图避免干涉斯里兰卡的宗教事务，以维持和保护当地民众的信仰。可是此举遭到英国教会的强烈反对，斯里兰卡总督府不得不在1818—1853年逐渐废除了先前的佛教信仰自由的承诺。此举引起佛教势力的反弹，佛教的变革与复兴运动随之风起云涌。

18世纪先有僧人萨拉那姆卡拉（Saranamkara）鼓吹僧伽改革，继有19世纪改革派——尼伽耶派（nikāyas）的创立，是为斯里兰卡佛教复兴的先声。1849年，僧人悉达多（Valana Siddhārtha）在科伦坡城南数英里的拉特马拉那（Ratmalana）市创建第一所现代僧伽学校。1873年，智益佛学院（Vidyodaya Pirivena）在科伦坡成立，两年后智严佛学院（Vidyalankara）又在科伦坡附近的克兰尼亚（Kelaniya）市创立。僧伽改革与僧伽教育机构对斯里兰卡佛教的发展起到了明显的推动作用。

与此同时，欧美诸国外部势力对佛教的认同与探求也成为现代斯里兰卡佛教复兴的助推剂。从1865年起，佛教僧侣和基督教传教士多次展开公开的宗教对话与辩论，探讨各自的优劣得失。1873年，摩诃提瓦特·古纳阿难陀长老（Mohottivatte Gunānanda Thera）代表佛教，与戴维·德·席尔瓦（Davidde Silva）和F. S. 西林曼尼（F. S. Sirimanne）代表的基督教展开一场宗教大辩论，显示出佛教的殊胜与优势。同年，美国人匹布勒斯（J. M. Peebles）把这次宗教讨论的实录译成英文出版，在当时东西方宗教界产生了强烈的反响，这也成为斯里兰卡佛教复兴运动的转折点。

一　神智学会在印度的发展

佛耶辩论文集的出版引起了美国亨利·斯蒂尔·奥尔科特（Henry Steel Olcott，1832—1907）上校对佛教的关注，对佛教产生了强烈的同情心。[①] 后来，奥尔科特又结识了具有相同思想倾向的布拉瓦茨基（Blavatsky，1831—1891）夫人。布拉瓦茨基原名海伦娜·H. V. 罗顿斯坦（Helene H. V. Rottenstem），出身俄国贵族，身世不详，以倡导带有巫术性质的通灵术及人类潜能著称。1875年，二人于纽约共同创立了神智学会（The Theosophical Society），此会创立的宗旨主要有三条：其一，主张全人类皆是兄弟，不分种族、信仰、性别、阶级或肤色；其二，提倡研究比较宗教学、哲学及科学；其三，探究未经阐述的自然律及人类内在潜能（神秘主义）。神智学会的创建者对佛教的高度尊重，有力地推动了美国人和欧洲人对佛教产生浓厚的兴趣。

由于其思想理念和印度宗教文化相契合，奥尔科特与布拉瓦茨基于1878年来到印度，决定在印度发展其神智学事业。他们先在孟买建立神

---

① 李四龙：《“阿尔格尔”考：杨文会的弘法理念与国际视野》，《世界宗教研究》2010年第3期。

智学会的总部，受到当地人的热烈欢迎，其住所经常访客盈门。次年，他们在印度的阿拉哈巴德、贝拿勒斯等地做了巡行宣讲，受到当地人的热烈欢迎，许多人加入他们学会中。

1880 年，布拉瓦茨基夫人和奥尔科特访问斯里兰卡，受到当地佛教徒的热烈欢迎。是年 5 月 21 日，他们在锡兰南部的迦莱（Galle）公开皈依佛教，在四周上千佛教信徒的簇拥下，他们如法接受巴利传统的三归、五戒皈依仪式。事后，他们在全岛做了巡回演讲，与不同的宗教神职人员做了交流。很快，他们就在斯里兰卡创立佛教神智协会（Buddhist Theosophical Society），通过建立佛教学校，推行佛化教育，以保存佛教文化传统。这一事件被视为斯里兰卡现代佛教复兴的发端。

此后布拉瓦茨基夫人返回印度孟买，编辑《神智学家》（*The Theosophist*）并传播其教理，奥尔科特留在斯里兰卡，出版《佛教教义问答》（*Buddhist Catechism*），并成立佛教教育协会（Buddhist Educational Association）。两年后，他们在南印度马德拉斯（Madras）的阿迪耶尔（Adyar）成立神智学会首个灵修中心。

1885 年，奥尔科特在南北印度各地巡行宣讲，在阿迪耶尔设立一座图书馆，于次年对外开放。1889 年，奥尔科特出访日本，号召日本的十二个佛教宗派设立一个联合会，同时他又呼吁缅甸、泰国与斯里兰卡成立南传佛教联合会。

后来，又有安尼伯森夫人（Annie Basant，1847—1933）参与神智学会，对印度民族主义的宣扬及印度佛教的复兴大有帮助。安尼伯森夫人本是爱尔兰人，因不满足于基督教教义，与丈夫离异后加入当时颇为盛行的神智学会，并在该会主席布拉瓦茨基夫人 1891 年逝世后，接掌该会在东欧及印度的日常工作。

1893 年，安尼伯森夫人来到印度，两年后在贝拿勒斯定居，并以此地为中心，推广宗教、教育、社会改良及政治等方面的工作，成为近代印度社会改革的推动者。1898 年，她于波罗奈城创办中央印度学院（the Central Hindu College），后又创办中央印度女子学校，同时在全印各地开设学校。其中，有多所学校系专门为贱民阶层——“曷利阇”（Harijan）的民众而设，比如清道夫学校（Scavenger School）即非常有教育实践意义。另外，安尼伯森夫人还竭力从事印度独立的宣传工作，为此创立“自治联盟”（Home Rule League）及《新印度》（*New India*）英文日报。

此后，神智学会在印度开展各种活动，这些活动与此期的印度民族解放运动、印度教复兴运动联结在一起，尤其对随后兴起的印度佛教复兴运动产生了直接的推动作用。

二　神智学会对佛教复兴运动的影响

除了追随奥尔科特的达磨波罗成立大菩提学会发愿在印度弘扬佛教外，印度近现代早期的几位佛教徒，以及南印度泰米尔地区达利特人的兴佛运动，都是在神智学会的影响下出现的。

阿尤迭·达萨（C. Ayodhya Dasa，1845—1914）班智达，又名伊尤提·塔斯（Iyothee Thass），出身于泰米尔那德邦的科因拜陀（Coimbatore）地区一个达利特族家庭，懂得泰米尔语、英语、梵语与巴利语，精通泰米尔文学、哲学与传统医学。19世纪70年代，他联合当地的多达人与山地的某些部落，组成强大的统一势力，发起不二喜乐社（Advaidananda Sabha），创办《达罗毗荼潘迪人》（*Dravida Pandian*）杂志。1886年，阿尤迭发布革命宣言，声称不可接触者不是印度教徒，并于1891年创立达罗毗荼大众联合会（Dravida Mahajana Sabha）。在这年的一次会议上，他倡议达罗毗荼人在登记注册时把自己称为“没有种姓的达罗毗荼人”，而不是印度教徒。后来，阿尤迭认为达利特族人最初是佛教徒。为此，他代表达利特族的精英阶层与奥尔特科取得联系，希望他帮助达利特人重建泰米尔佛教。1897年，在奥尔科特帮助下，阿尤迭出访斯里兰卡，在那里接受苏摩伽罗·纳耶凯（Sumangala Nayake）比丘的灌顶成为一名佛教徒。返回印度后，阿尤迭在马德拉斯建立了释迦佛教学会（Sakya Buddhist Society），后又在卡尔纳特迦（Karnataka）等地建立了许多分支机构。

与阿尤迭一起创建释迦佛教学会的拉克希米·纳拉苏教授，也是当时在南印度弘扬佛教的著名人物。纳拉苏（P. Lakshmi Narasu，？—1934）毕业于马德拉斯基督教学院物理系，长期担任该校的物理—化学教授，后被任命为帕恰帕学院（Pachiappa's College）的校长。纳拉苏对佛教颇为仰慕，时常在周末宣扬佛教，做关于佛法的演讲。1907年，那拉苏出版《佛教要义》（*The Essence of Buddhism*）一书，专门探讨佛教教义，明确强调佛教的社会意义，在当时产生很大的反响。他明确把佛教看作比其他宗教更有竞争力的宗教，认为“慈爱与清净是佛教徒的第一大智慧”。

1912 年该书再版，附上达磨波罗写的引言，后来在 1948 年再版时又加入了安贝卡的序言。那拉苏理论素养丰富，当地的很多不可接触者归信佛教都与他的鼓舞有关，有两位非婆罗门宗教领袖在听到那拉苏富有理性与激情的鼓舞下也转向佛教。

1907 年，阿尤迭在钦奈创办名为《一派萨①的泰米尔人》（*One Paisa Tamilian*）期刊，作为联络释迦佛教学会各分支机构的通讯，这份杂志探讨泰米尔佛教的传统与实践，记述佛教界的新发展，用佛教视野考察印度次大陆的历史，在当时产生了一定的影响。

阿尤迭于 1914 年去世后，释迦佛教学会由那拉苏教授担任会长，使南印度的佛教复兴取得显著的成绩。那拉苏的佛教复兴事业还得到了阿帕杜拉的协助，他是泰米尔的一位不可接触者，希望能在贱民中发起一场佛教运动。

在安得拉邦，薄伽·雷迪·沃玛（Bhagya Reddy Verma，1888—?）作为当地达利特族人的领袖，也对佛教很感兴趣，曾在达利特民众中推广佛教，先后创办过二十余所学校，在达利特族人中推广教育。

伊希瓦尔德特·麦塔提（Ishvardatt Medharthi，1900—1971）阿阇梨亦对达利特佛教运动非常支持，他曾经在古鲁库勒·坎吉里（Gurukul Kangri）学院学习巴利语，对佛教经典颇为熟悉，1937 年，他依从吉安·凯托与光明怙（Lokanatha）两位比丘皈依佛教。吉安·凯托（Gyan Keto，1906—1984）原名比得·斯考费尔德（Peter Schoenfeldt），是一名德国人，1936 年至锡兰成为一名佛教徒。麦塔提强烈地批判印度的种姓制度，他指出达利塔人是古代印度的统治者，后来才被雅利安入侵者变成奴隶。

除上述诸人外，在北印度勒克瑙地区达利特族中弘扬佛教的觉喜法师也是受神智学会的影响而走上佛法弘扬之路的。

觉喜（Bodhanand Mahastavir，1874—1952）原名穆昆德·普拉盖什（Mukund Prakash），出生于孟加拉国的一个婆罗门家庭，年幼时成为孤儿，由寡居在贝拿勒斯的姨母抚养。觉喜早年受到基督教影响，非常喜欢参与慈善事业，受这种氛围感染，他自己也成为一名慈善工作者，并被称为“觉喜先生”。1896 年，普拉盖什遇见了到贝拿勒斯参加神智学会议的锡兰比丘，他对这些人的真诚、尊严与生活方式印象颇深，感受到佛教的

① 派萨，印度货币单位，一派萨为一卢比的百分之一。

吸引力，受他们影响开始亲近佛教。

后来，出家后的觉喜回忆说："当我正在服务于卡什受灾的民众时，我幸运地遇上了来自锡兰的佛教徒。从他们那儿我了解到佛教。通过学习，我发现现代印度教的各种优点与服务大众的教谕皆来自佛教。佛教是印度原生的印度宗教，它有重塑印度的能力，尤其是对印度教而言，它能使这个民族联系得更为紧密，因为在佛教里没有为种姓与不平等留有余地。"①

从1904年起，普拉盖什定居于勒克瑙（Lucknow）。作为一名毗湿奴善知识，他在勒克瑙的阿米纳巴德公园建造了大雄圣寂寺（Mahavir Shanti Mandir），在庙里悬挂了佛陀的像。此举引起很多印度教徒的反对，普拉盖什并没有为之屈服，而是在朋友的帮助下，将寺庙迁至当地的雷萨德尔公园（Risaldar Park）里。

1914年10月，普拉盖什因为不满足于印度教徒的生活方式，决定彻底成为一个佛教徒。他赴加尔各答，从克里帕萨兰（Kripasaran Mahasthavir）与功德严（Gunalankar Maha Thera）两位上座长老的座下皈依佛教，法名觉喜·摩诃斯塔维尔（Bodhanand Mahastavir），成为现代第一位在印度境内受戒皈依佛教的比丘。据说由于当时尚未有戒坛，觉喜是在加尔各答附近恒河的一只船上皈依的。因为依照戒律，比丘可以在没有戒坛的水中举行皈依仪式。

1916年，觉喜创立印度佛教联合会（Bharatiye Buddh Samiti），其总部设在勒克瑙，以便于在印度北部地区宣传推广佛教。1925年，他在雷萨德尔公园里建造了一座精美的佛寺，并设立佛教图书馆，收集了大量的巴利语、梵语、孟加拉国语、印地语、乌尔都语、波斯语与英语书籍。随着寺庙与图书馆的设立，勒克瑙成为很好的佛教宣传中心。在随后的数年中，觉喜鼓励许多人，包括后来著名的罗睺罗皈信佛教。

除了口头宣扬佛教外，觉喜法师也是一位著述颇丰的学者。他曾用印地语写了《薄伽梵乔达摩佛陀》介绍佛陀生平与教法，而《佛陀双行法仪》（*Baudha Dvicharya*）是一本关于佛教礼仪的著作。除外，觉喜还写了许多关于宗教与社会的小册子，在当地的民众中流传广泛。

觉喜从根本上反对种姓制度，尤其反对不可接触种族的划分，他认为

① ［印］D. C. 阿歇尔：《印度佛教复兴的先驱》，第65页。

这是印度社会罪恶的根源。在其《婆罗多原住民与雅利安人》（*Mula Bharatavasi aur arya*）一书中，觉喜指出首陀罗是印度的原住民，他们是被雅利安人所奴役。除了在宗教信仰上帮助低种姓外，觉喜也顾及其社会经济之需，曾在1928年建立一个名为“全新财富联合会”（Nava-Ratana-Samiti）的组织，后来发展成为著名的“落后阶层联盟”（Backward Classes League）。

在勒克瑙弘法期间，觉喜还与当地的巴鲁阿佛教徒取得联系，当时他们多被英国人雇用为厨师，他们是1905年孟加拉国分治时由孟加拉国吉大港移居而来的，都是世代奉佛的家庭。1914年，觉喜即在勒克瑙弘扬佛法，并于1928年建立了一座寺庙。1952年，觉喜78岁时去世，为北方邦佛教的复兴留下了肥沃的宗教土壤。依照其遗愿，觉喜建造的寺庙转归印度大菩提会。

第三节　大菩提学会的佛教复兴之旅(上)

在近现代印度佛教复兴运动中，通常把达磨波罗1891年创建大菩提学会、立志在印度复兴佛教作为近现代印度佛教复兴的发端或起点。事实也确实如此，正是达磨波罗及其后继者师子鬘、僧宝、法宝诸法师的努力下，佛教在印度才重新生根、发芽，并逐渐显示出喜人的生长态势。

一　达磨波罗早年的生活经历

达磨波罗原名董·大卫·海瓦维他奈（Don David Hewavitarne），于1864年9月17日出生在斯里兰卡的一个佛教家庭。其父董·卡罗雷斯·木达列尔·海瓦维他奈（Don Carolis Mudaliar Hewavitarne）在科伦坡从事家具制造行业。其母玛丽迦（Mallika）为科伦坡另一商人之女，斯里兰卡的第一所佛教学院——益智佛学院即为其外祖父出资修建。在他出生时，由于葡萄牙、荷兰与英国入侵者的连续打压，斯里兰卡的民族宗教与文化已跌至低谷，许多斯里兰卡人也为自己的宗教、文化、语言、种族与肤色感到羞愧，甚至佛教徒被强迫改宗基督教。父母为佛教徒的孩子出生之后，都要被迫到教堂去登记，然后依照圣经来命名。遵循这一规则，达磨波罗刚出生时被命名为董·大卫。不过，其父母作为虔诚的佛教徒，还是把他放在具有浓郁的锡兰文化传统中抚养。其母亲对佛教尤为虔诚，坚持要让他感受并学习传统佛教文化，认为这是在锡兰已经持续两千余年的文化遗产。8岁时，大卫被送到一所私立学校，跟从一位著名的佛教徒学习锡兰传统经典。

董·大卫后来被送到科伦坡附近科泰（Kotte）市的一所英国教会学校，首次体验到强制式的教会教育。他每天不得不于早上六点半起床，参加教堂的服务，在课堂里念诵创世书或马太福音，但是基督传教士们对佛教经典则采取非常蛮横的态度。有一次，大卫正在静静地阅读关于四圣谛的小册子，学校的学监走到他跟前，从他手里夺过手册就扔到窗外去。这件事之后，大卫于1878年转到科伦坡北部的托马斯学院附属学校，这是一所贵族学校。在这所学校里，他的佛法信仰与学校的规章制度发生严重冲突。在佛诞节前夜，他到校长办公室解释说这个节日对佛教徒而言是最神圣的节日，希望获允回家举行宗教敬拜与巡礼活动。校长拒绝其要求，并表现出对这个佛教节日的满不在乎。大卫听后，拿起自己的书就从学校回家了，第二天返校后他遭到了严厉的惩罚与处分。此后的两年里，大卫常因为这种宗教文化理念的冲突，感受到歧视与压制，这种经历使他决心要为佛教的复兴而努力。这一愿望在他听到锡兰著名比丘弥盖图瓦泰·古纳难陀（Migetuvatte Gunananda）法师的演讲之后愈发强烈。古纳难陀法师是当时锡兰最著名的演说家与辩论家，曾经在1873年的佛耶论辩中挑战两位基督教传教士，并使他们理屈词穷。其时这位法师正任教于乔他诃纳寺（Kotahena Vihara），而这所寺庙正好是大卫去托玛斯学院的必经之路，因此他成了这所寺院的常客，而且古纳难陀法师很喜欢他。

1880年5月，神智学会的两位创办人奥尔科特上校与布拉维茨基夫人来到科伦坡，此前大卫已通过古纳难陀法师对神智学会有所了解，因此对他们的到来非常激动。奥尔科特与布拉维茨基很快皈依佛教，大卫随其父亲与伯父出席了盛大的皈依仪式，后来又在科伦坡听到奥尔科特就佛教所做的演讲，深深受到他们的吸引。

当锡兰的佛教复兴运动开始取得全面进展时，天主教徒也没有停止对佛教的压制。1883年3月，正在前往古纳难陀寺院从事佛教活动的佛教徒受到一伙天主教徒的侮辱与攻击，这使得大卫父亲大为恼火，不再让他到任何基督教学校去学习。1884年，大卫与另外两名佛教徒加入神智学会，他们都是深受奥尔科特上校与布拉维茨基夫人的影响，成为神智学会的终生会员。此后不久，大卫随布拉维茨基夫人前往印度马德拉斯邦阿迪亚尔（Adyar），在那里的神智学会总部协助其工作。返回锡兰之后，大卫决定全心协助神智学会从事佛教复兴事业，经父母允许之后，他决定离家从事梵行（Brahmacharya），终生服侍于法，成为一名无家者（Anagarika），在神智学会驻科伦坡的中心工作。

1886年，奥尔科特与神智学会的李弼特（C. W. Leadbeater）来到科伦坡，打算在全锡兰岛做一次巡回演说，为佛教教育基金会募集资金。演说需要一名翻译，大卫自荐担当此任。在接下来的数个月中，奥尔科特在演讲中盛赞佛教的诸多殊胜之处，大卫将其译成浅显直白的锡兰语，深受听众的欢迎。这次弘法之旅大大拓宽了大卫的视野，使其复兴佛法的愿望得到进一步增强。返回科伦坡之后，他协助奥尔科特创办了一家印刷厂，开始用僧伽罗语出版佛教周刊，后来又于1888年出版相应的英文版。在紧张的弘法工作之余，他给自己取名达磨波罗，即护法之意。于是他就被称为阿纳嘎里迦·达磨波罗（Anagarika Dharmapala），意为无家的护法者。

1889年1月，达磨波罗陪同奥尔科特应邀到日本出访，参加在日本京都举行的佛教会议，目睹日本民众对佛法的虔诚与崇信，这次出访也建立起了斯里兰卡佛教与日本佛教的联系。达磨波罗为之深受鼓舞，致力于佛法复兴的信心更为坚定。第二年，达磨波罗在巴姆巴格拉（Bambaragala）寺院发现了一本用僧伽罗语写成的禅定手册抄本，即巴利圣典学会出版的《瑜伽手册》（*The yogavachara's manual*）。达磨波罗在仔细研究这本手册后，决定使禅定实践的传统焕发出新的活力。

二　菩提学会的创立

1890年前后，达磨波罗读到了爱德温·阿诺德在英国《每周电讯》上关于佛教圣地菩提迦耶面临倾颓的报道，当即决定亲临圣地，以观究竟。1891年1月，他与日本僧人兴然（Kozen Gunaratna）专程赴鹿野苑与菩提迦耶参访。但是在佛陀初传法轮之地的鹿野苑，看不到一个僧人的影子，只有野猪在荒废、破败的窣堵波与残缺的碑铭间逡巡。当时，整个菩提迦耶由大自在天即湿婆派控制，大菩提寺已倾塌废弃，残缺的佛像散落在各处。达磨波罗深受刺激，与兴然约定，要恢复这里旧有的神圣与荣耀，使其再次成为佛教文化的中心。

返回到缅甸国王敏敦（Mindon）1875年在菩提迦耶附近修建的僧舍

之后，达磨波罗就开始给锡兰、缅甸与印度的许多人写信，描述菩提迦耶的破败情形，请求他们的合作、帮助或协助，在那里重建僧团。他还用锡兰语与英文撰文，分别刊发于科伦坡的《桑德莱萨》（*Sandaresa*）与《佛教徒》。达磨波罗同时通过官方索取对寺庙的归属权，很快得到回复说，寺庙及周围的一切归属湿婆教的摩亨特，不过通过政府的帮助，佛教或许可以从摩亨特手中买下寺庙。达磨波罗立时经加尔各答到缅甸，游说缅甸僧徒共同努力，筹措资金购买大菩提寺。得到缅甸僧徒的允诺后，达摩波罗返回科伦坡，很快与爱德温·阿诺德等人发起倡议，准备成立"菩提迦耶大菩提学会"。

1891年5月31日，"菩提迦耶大菩提学会"（the Buddha Gaya Maha Bodhi Society）正式在锡兰科伦坡成立。当时，该会选出希卡杜维·苏芒迦勒·摩诃·纳耶迦长老（Ven. Hikkaduwe Sumangala Maha Nayaka Thera）担任大菩提学会的首任会长，达摩波罗本人担任秘书长。另由日本"印度佛迹复兴协会"的释云照、堀内氏两人担任理事。根据当时发表的大会宗旨，该会的目的是：①在印度各地设立佛教寺院、佛教学院。②佛陀伽耶大菩提寺之维持与管理，由中国、日本、暹罗（泰国）、柬埔寨、锡兰、孟加拉国、尼泊尔、西藏、缅甸的代表比丘负责。③呼吁世界各国的佛教徒协力复兴佛教遗迹。④出版英语、印度语的佛学书籍。

学会成立后，达磨波罗打算在阿沙荼月（Asadha）[①]的月圆之夜，在佛陀迦耶建立比丘僧团，因为这天是佛陀在鹿野苑初转法轮的日子。他向锡兰的僧人发出倡议后，有四位比丘应召而来，他们在预定的日子到达佛陀迦耶。第二天清晨，达磨波罗将四位比丘安置在附近的缅甸僧舍之后，来到摩亨特处商讨为大菩提会购买土地的事宜。但是，摩亨特的拖延与迦耶税收官的漠不关心让他非常失望。受到这种阻挠态度的刺激，达磨波罗决定在佛陀迦耶举办一次国际佛教会议。这一年10月31日，在大菩提学会的倡议与主导下，一场国际佛教会议在菩提迦耶召开，来自斯里兰卡、中国、日本与吉大港的佛教代表，共同思考拯救佛陀觉悟处免于进一步破败的方法与手段。[②]

① 阿沙荼月，印度历法的第四个月，相当于公历的4月16日—5月15日。

② ［印］D. C. 阿歇尔：《印度佛教复兴的先驱》，第13页。

三 争夺佛陀迦耶

1892年初，大菩提学会的办事处迁至加尔各答，暂时设在热心商人尼尔·考默尔·穆克纪（Neel Comul Mookerjee）家中。5月，达摩波罗创办《摩诃菩提》（*The Mahā Bodhi*）杂志，以联络各国教友，逐步复兴印度佛教，准备设立佛陀伽耶僧院及大学，计划将巴利三藏译成英语及印度语。其后，该会在各地设立分会，并在佛陀伽耶、鹿野苑等地建造朝圣精舍。当达摩波罗以持久的热情与不倦的精力弘法时，却在佛陀迦耶遭遇到严重敌视。1893年2月，达磨波罗与奥尔科特一同到达佛陀迦耶，才知道前一天晚上，驻守佛陀迦耶的苏芒迦罗比丘（Ven Sumangala）与同伴念诵佛经时，遭到摩亨特手下的毒打。奥尔科特立即前去找摩亨特理论。摩亨特声称整个佛陀迦耶都是他的财产，他反对佛教徒出现在这里，也拒绝以任何条件出售或租借土地，更不允许佛教徒为朝圣者修建住所。索还大菩提寺一事再次搁浅。

1893年7月，达磨波罗赴美国芝加哥参加世界宗教议会。在去美国时，达磨波罗先赴英国伦敦待了一段时间，拜会了爱德温·阿诺德、里德比特等人，还与巴利学会的创始者大卫会晤。

世界佛教议会首次汇集了世界上所有的宗教代表，达磨波罗是作为上座部佛教徒的代表应邀出席会议的。他在会上做了题为《世界当感恩佛陀》（*The World is Debt to Buddha*）的演讲，其语言简单、有力而又流畅，风格优雅而直白，在听众中产生较大的反响。人们对锡兰来的这位年轻教士印象非常深刻，有人甚至把他比为耶稣基督。会议结束后，达磨波罗又以佛教与神智学为题做了几次演讲，在当地引起轰动，纽约一位哲学与比较宗教学专业的学生斯卓思（C. T. Struss）受其影响，皈依佛教，成为美国第一位佛教徒。

达磨波罗返回印度时，途经夏威夷的火奴鲁鲁，与玛丽·伊丽莎白·米克拉·福斯特夫人（Ms. Mary Elizabeth Mikhala Foster，1844—1930）邂逅，由此结下深厚的缘分。福斯特夫人是某位北美富商的妻子，其时正为难以控制的愤懑情绪所扰。达磨波罗向她推荐了一种意念控制情绪的方法，即心中默念：我很好！我可以控制心中滋长的愤懑情绪！这两句看似简单的言辞产生奇效，福斯特夫人借此克服情绪的困扰，归于宁静。她对这一转变刻骨铭心，决心要用她的巨额财产帮助达磨波罗传播佛陀的福音。随后，达磨波罗途经日本横滨、中国上海、泰国与锡兰等地，与那里的佛教徒取得联系，倡议在印度复兴佛教。

回到加尔各答后，达磨波罗决定将日本僧徒赠送的佛教画像挂在佛陀迦耶的大菩提寺中。当地的税收官建议他先取得印度教徒们的许可，于是他来到贝拿勒斯会见婆罗门教长。这些正统的印度教徒反对他在大菩提寺悬挂佛像，认为大菩提寺是印度教寺庙，佛陀不过是毗湿奴的一种化身，而且还威胁达磨波罗，如果他执意这么做一切后果都将由他负责。

数月后，达磨波罗仍旧执意去大菩提寺悬挂佛像，遭到摩亨特等人的攻击，佛像被迫搁置在缅甸僧舍中。随后，摩亨特与部分印度教机构，尤其是设在伦敦的英国—印度学会（The British India Association），甚至反对将佛像保存在缅甸僧舍中，认为这是对印度教的侵犯。达磨波罗试图诉诸法律，虽然在地方法院获胜，但在加尔各答高等法院中败诉，攻击他们的暴徒也无罪释放。大菩提学会索还佛陀迦耶的斗争再次出现挫折。

直到1900年，迦耶地方议事会终于答应达磨波罗之请，同意大菩提学会为朝圣者建造一座僧舍，但所有开支需由大菩提学会支付。面对大菩提学会不停地索还声，掌管菩提迦耶的摩亨特于1906年对居住在缅甸僧舍的佛教徒提起诉讼，提出僧舍是他个人的财产，他不允许僧人在此活动。摩亨特的诉讼请求得到地方法院与高等法院的判决支持，大菩提学会只能暂时离开，继续寻求机会。

一直到达磨波罗去世，索还佛陀迦耶的事业仍未取得进展，这也成为达磨波罗临终前最大的遗憾。弥留之际，达磨波罗依旧声称，要转世到贝拿勒斯的婆罗门家庭，将以新的受用身继续同湿婆教寺主摩亨特斗争，使佛教重新拥有对菩提迦耶的所有权。

四　在印度各地传播佛教

索还大菩提寺举步维艰，屡屡受挫，达磨波罗领导下的大菩提学会仍然不停地通过各种方法与途径宣扬佛教。他们一方面加强在欧美及亚洲佛教国家的宣传与联络，另一方面也注重在印度各个地区派驻分支机构、巡行演讲、出版佛教经典与宣传手册，争取印度各个阶层的支持或参与。1896年，大菩提学会在加尔各答举行佛诞庆祝活动，获得当地不少人的支持。数周后，达磨波罗应美国佛教学会保尔·克鲁斯（Paul Carus）博士之邀赴美，在美国展开富有成效的弘法工作，后经伦敦、巴黎、罗马返回锡兰。

自1899年2月起，达磨波罗从加尔各答出发，依次经过拉合尔（Lahore）、拉瓦尔品第（Rawalpindi）、白沙瓦（Peshawar）、那塞罗（Nowshera）、马尔丹（Mardan）、哈森（Hasan）、阿布达尔（Abdal）、阿伯他巴德（Abbottabad），返回途中，他又途经阿姆利则（Amritsar）、鲁提阿纳（Ludhinana）、安巴拉（Ambala）、沙哈兰普尔（Saharanpur）、塔奈沙尔（Thanesar）、库鲁克塞特拉（Kurukshetra）、卡奈尔（Karnel）、德里（Delhi）、麦鲁他（Meerut）、阿利迦曷（Aligarh）、哈特拉斯（Hathras）、马土拉（Mathura）、阿格拉（Agra）、坎普尔（Kanpur）、贝拿勒斯（Banaras）、迦耶（Gaya）、佛陀迦耶（Buddha Gaya）、班吉波尔（Bankipore），最后回到加尔各答。达磨波罗的这次旅行使他了解到印度社会的真实面貌，对印度的种姓差别有了深入的了解，发现印度有将近一亿的低种姓人群长久处于被奴役地位，他立志要将佛陀正法传输给那些贫穷的人群。

次年，达磨波罗应邀赴马德拉斯，在那里发表演讲，并在拉克希弥·纳拉苏教授的帮助下，建立了大菩提学会的分会，使佛教在南印度得以复苏。很快，大菩提学会又在拘尸那迦建立分会，此地经印度近代第一位佛教徒大雄法师的努力，已经使废弃的佛教圣地重现生机。

很快，达磨波罗又将弘法的目标转向鹿野苑，利用其母亲捐助的一笔钱在那里买下一块土地。紧接着，他又取东道赴美，经英、法、意返回印度，在这次弘法之旅中募集到一部分资金，准备在鹿野苑发展大菩提学会的事业。他先在那里买了更多的土地，建起暂时的居所，又利用福斯特夫人捐献的钱办起一所免费的工业学校。

1906年，一向在资金上支持达磨波罗弘法事业的父亲去世，这一消息传到福斯特夫人那里之后，她慨然应允给达磨波罗提供一大笔资金支持。利用福斯特夫人提供的资金，达磨波罗办起了几所佛教学校、一个印刷厂，还有一份僧伽罗语的佛教周刊《锡兰佛教》（*Sinhala Bauddhaya*）。1908年，大菩提学会又利用福斯特夫人捐助的一千美元，在加尔各答买下一栋房产，使学会拥有了自己的活动场所。此后，达磨波罗又做了一次长途旅行，参访缅甸、泰国、中国、朝鲜，专程赴夏威夷拜会福斯特夫人，以感谢她的慷慨赞助。达摩波罗回来后利用福斯特夫人捐助的六十万卢比在科伦坡建起一所医院，以纪念福斯特夫人的父亲，医院的住房则是达磨波罗从父亲那里继承的遗产。

1915年，锡兰佛教徒与回教徒发生冲突，政府以达摩波罗教唆佛教徒为由，查封了《锡兰佛教》周刊，达摩波罗被拘留于加尔各答长达五年，大菩提学会的弘法工作遭遇挫折。尽管如此，达磨波罗仍然利用大菩提杂志继续他的工作。自1915年起，印度大菩提学会正式注册，阿苏托斯·穆克纪（Ashutosh Mookerjee）被选为会长，一直到1924年他去世为止。这段时间，大菩提学会的主要工作是在加尔各答兴建了法王寺（Dharmarajika Vihara）。建设资金主要来自达磨波罗的积蓄与福斯特夫人的捐助。寺庙由约翰·马歇尔（John Marshal）仿阿旃陀石窟设计，由《奥利萨建筑》（*the Orissan architecture*）的作者甘古里（M. M. Ganguly）负责建造。建造寺庙的十一万卢比主要由福斯特夫人赞助，巴罗达的摩诃拉贾、博拉（Jugal Kishore Birla）兄弟等慈善家提供了其他部分。1920年11月，法王寺建成，孟加拉国行政长官罗纳尔多沙依（Ronaldshay）主持了庆典仪式，在安得拉邦巴提布罗鲁（Bhattiprolu）发现的佛陀灵骨也由印度政府作为礼品送给大菩提学会，供奉在寺庙里。

法王寺的建成标志着达摩波罗领导下的大菩提学会已经在加尔各答立稳根基，他们对佛法复兴事业的虔诚也得到孟加拉国社会精英与贤达的同情，很多人为之伸出援助之手，协助他们在印度本土复兴佛教的荣耀。其中有四位大功德主：纳兰陀罗·纳特森（Narendra Natha Sen），是《印度之镜》（*Indian Mirror*）杂志社的主编，他以各种方式帮助达磨波罗；尼尔·考默尔·穆克纪（Neel Comal Mookerjee）是一位商人，在达磨波罗初到加尔各答时，他把自己的家作为达磨波罗居住与举行活动的场所，对达磨波罗表现出轻松而热情的尊敬态度；阿苏托斯·穆克纪（Ashutosh Mookerjee）是高等法院的法官兼加尔各答大学的副校长，1916—1924年担任大菩提会的会长；曼麦特·纳特·穆克纪（Manmatha Natha）于1925—1942年担任学会的会长。

五　鹿野苑根本香舍寺

继法王寺之后，大菩提学会准备在鹿野苑兴建一座佛教寺庙。早在1917年，达磨波罗已经用毗格那王（Raja of Bhigna）捐助的两千卢比在那里买下一块土地。1922年11月3日寺庙开工兴建，他们特意邀请北方邦行政长官哈尔科特·巴特勒（Harcourt Butler）出席奠基仪式。新建的寺庙命名为根本香舍寺（Mūlagandhakūṭivihara），得名于佛陀在鹿野苑初转法轮时的居所，据说在这里考古发掘的小块石碑上即有这一名字。寺庙建设开工不久，印度考古调查局以此地离鹿野苑古迹太近为由，反对大菩提学会在此地建庙，寺庙建设一度搁浅。

在筹备根本香舍寺的建设期间，达磨波罗依旧不停奔走于各地做巡回演讲，建设大菩提学会的分支机构。1924 年他应拉呼尔旁遮普高等法院的首席律师塞奥·那兰（SHEO NARAIN）班智达之邀，赴旁遮普、克什米尔旅行。1926 年，达磨波罗又利用福斯特夫人给他捐助的五十余万卢比在伦敦设立大菩提学会的分支机构，并派驻僧侣前往弘法。

四年后，在达磨波罗的弟弟海瓦维特纳（C. A. Hewavitarne）博士与天爱·师子鬘法师的努力下，根本香舍寺的建设争端最终解决，大菩提学会与印度政府达成协议，即由政府在附近另外提供寺庙建设用地，再由印度考古调查局在新址周围提供二十英亩土地建设一座公园。1927 年根香舍寺的建设重新启动，四年之后才最终完成。

1928 年，大菩提会在加尔各答召开全印度佛教徒会议（All India Buddhist Conference），有三百多人参加。会议作出一致决议，要求大英博物馆归还桑奇出土的舍利弗、目犍连遗骨。

1929 年，达磨波罗返回锡兰，因胃病与心脏病严重住院。此时，一直协助他处理大菩提会事务的弟弟海瓦维特纳博士在一次火车事故中丧生。次年，一直倾力赞助达磨波罗的福斯特夫人也去世了。达磨波罗的生活开支主要来源于他的父亲、母亲与弟弟，至于大菩提学会的其他经费尤其是建设资金，在很大程度上得益于火奴鲁鲁的福斯特夫人。在大菩提学会的诸同道看来，她如同佛陀时代的给孤独长者（Anathapindka）与毗舍佉（Visakha，鹿子母）夫人，对达磨波罗的佛教复兴事业不断提供经济上的赞助。到 1930 年她去世为止，福斯特夫人向大菩提学会捐助了一百万卢比，临殁之前，她又捐出五万卢比用于福斯特学校与医院的经营。海瓦维特纳与福斯特夫人的去世，使达磨波罗及大菩提学会的兴佛事业遭受重创。

1931 年，根本香舍寺即将完工，大病初愈后的达磨波罗带着十位锡兰比丘来到鹿野苑，期望他们能够在新建成的寺院继续大菩提学会的弘法事业。后来又有从吉大港来的三位比丘加入了他们的行列，鹿野苑根香舍寺的僧众初具规模。此时，弃家巡行大半生之后的达磨波罗，决定朝涅槃之路前进一步，于此年的7月13日从波鲁嘎木维·雷瓦塔（Boruggamuwe Rewata）长老受帕巴贾戒（Pabbjja），法名提婆弥特·达磨波罗（Devamitta Dhammapala）。

1931年11月11日，根本香舍寺举行盛大的庆典仪式，印度考古调查局局长巴哈杜尔·萨哈尼（Rai Bahadur Dayaram Sahni）代表印度政府，将约翰·马歇尔（John Marsharl）于1913—1914年在塔克希拉（Taxila）法胜寺发现的佛陀灵骨作为礼品，赠送给大菩提学会，大菩提学会则将其秘藏于寺院佛像的基座之下。

根本香舍寺采用古代佛教寺庙的建筑装饰风格，红色石头雕刻的各色纹饰精彩纷呈，寺庙的壁画出自一位日本艺术家之手，采用阿旃陀艺术风格，用三年多的时间才完成。寺内附设图书馆、施药处、佛教会馆、学校、宿舍等设施与机构。建设这所寺庙花费了十二万卢比，其中福斯特夫人捐助了三万卢比，印度政府提供了一万卢比，其余由寺庙建设委员会募集。这座寺庙的建成堪为印度现代佛教史上的重要里程碑，在开幕仪式上，达磨波罗激动地宣布：经过800年的放逐，佛子们重新回到了属于他们自己的神圣而敬爱的鹿野苑。

1933年1月，来自锡兰的十二位高僧为处于重病状态的达磨波罗举行乌帕桑帕德（Upasampada）戒仪式，他声称自己如同生活在光音天上，身心充满了无量法喜。4月29日，达磨波罗因病示寂，时年70岁。达磨波罗的葬礼是根据他的遗愿操办的，他的骨灰被保存在根本香舍寺。

达磨波罗的年寿并不长久，但他燃起的佛教复兴之火，给其后继者以无限的温暖与光明，其未竟之志由他的弟子与同道，如天爱·师子鬘（Devapriya Valisinha）、僧宝法师（Ven. Sangharatna）、胜宝法师（Ven. Jinaratna）等继承。在他们的持续努力下，大菩提学会在印度的弘法事业与影响不断壮大。

作为弘法事业的成就之一，达摩波罗用英文、僧伽罗语、孟加拉国语与印地语撰写了许多著作，其中英文著作有《佛主教些什么》（*What did Lord Buddha Teach*）、《心理之进化》（*Psychology of Progress*）、《印度教与佛教之关系》（*Relation between Hinduism and Buddhism*）、《佛陀的生平与教化》（*Life and Teaching of Buddha*）、《佛教伦理学》（*Ethics of Buddha*）、《菩提迦耶大菩提寺历史》（*History of the Maha Bodhi Temple at Bodhi-Gāya*）、《释迦牟尼之胜法》（*The Arya Dharma of Sakya Muni*）等；孟加拉

国语著作有《佛陀阿提婆优婆提舍》(*Buddhadever Upadesh*)；印地语著作有《佛教学》(*Buddhaki Siksha*) 等书。

正是因为达磨波罗富于使命感的热忱、虔诚与奉献，以及他领导下的大菩提学会近四十年的努力，才使得佛教重新在印度复苏，并在各个方面获得长足发展。僧护法师的一句话可以很好地总结达磨波罗一生的成就："他不仅致力于锡兰佛教复兴事业，那儿的佛教数百年来渐趋衰落，抑且致力于印度佛教的复苏，这里的佛教已经沉寂了近千年。这的确是一种令人震惊的想法，只有那种性灵卓异不凡、力量超乎群伦的人才敢这样想。让一种已经寂灭千年的宗教在其诞生地复活！其同代人都如此嘲弄道：这只是一个年轻的理想主义者不可能实现的梦想！可是无所畏惧的达磨波罗将其付诸实践，为了拯救佛陀迦耶他不懈地斗争，宣扬其神圣性，建立佛法中心，并持续不断地宣扬其梦想，于是他在世前能够看到自己播下的种子破土而出，目前它已经长成一棵神圣的大树。"①

第四节　早期佛教比丘

1947 年印度独立并分治时，印度佛教徒的数量并不是很多，其活动范围与影响力非常有限，仅在东印度及北印度的一些地区。在东孟加拉的东南部吉大港地区和吉大港的山林地带，有约 30 万的佛教徒。在 1891 年达磨波罗来到加尔各答之前，孟加拉的佛教复兴运动已经在吉大港展开。这里是一个固有的佛教传承之地，吉大港（Chittagong）之名据说即来自佛教的支提寺（Chaitya-Grama）。缅甸比丘僧王夏麦特（Sangharaja Sarmeedha）1856 年到菩提迦耶巡礼时曾在此驻足两年，使当地车卡（Cakma）王国的王后卡琳迪（Kalindi）皈依宗信上座部佛教，并支持他在东孟加拉出版一些现代佛教书刊，成功地进行了僧伽制度的改革。后来加尔各答的一位青年通过僧伽罗人了解到上座部佛教，即到缅甸僧王的寺庙中出家为僧，是为普纳萨拉阿阇梨（Acariya Punnasara）。这位比丘回到孟加拉后，又剃度了另外一些人，建立僧团，发愿复兴佛教，并推进广泛的佛教改革。1887 年，他们成立了吉大港佛教会，这是印度次大陆最早形成的具有现代形态的佛教团体。另外还有一位孟加拉比丘克里帕萨兰

① ［印］D. C. 阿歇尔：《印度佛教复兴的先驱》，第 25 页。

（Krispasaran）加入了加尔各答的大菩提学会，在加尔各答大学学习巴利语，积极参加佛教复兴运动。这些说孟加拉语的佛教徒都是南传上座部佛教信徒。

除孟加拉地区外，还有些西藏佛教徒生活在西藏边境附近的拉达克（Ladakh）、锡金（Sikkim）及其他地区。从1892年起，虽然摩诃菩提会激发了一批印度知识阶层的兴趣，但他们当中皈依佛教者却鲜有其人。不过，从19世纪末叶开始，仍有一些陆续皈依佛教的印度教徒，他们后来都成为20世纪在印度复兴佛教的重要先驱人物。

一　拘尸那迦的大雄法师

大雄法师（Mahavira，？—1919）是近现代自印度教皈依佛教的第一人，他出生于比哈尔邦的阇格第斯浦尔（Jagdishpur），年轻时期参加了其叔父巴布·昆瓦尔·辛格（Babu Kunwar Singh）领导的反对英国的起义。1858年，其叔父去世后，大雄学习摔跤，后因参加摔跤比赛，取道马德拉斯，到了斯里兰卡。在斯里兰卡，他学习了巴利语，并深深为佛教所吸引，即于1890年依因陀罗萨帕·纳耶迦·泰拉（Indrasabha Nayaka Thera）法师剃度为僧。次年，大雄法师经缅甸回到印度，在佛陀涅槃之地拘尸那迦（Kushinagar）驻足修行，并筹款修复因无人照看而倒塌的佛陀涅槃庙。

受大雄影响，来自各地的巡礼僧徒尤其是缅甸僧人开始源源不断地来此地参观。为了给巡礼的僧徒提供方便，大雄即买下一块地，于1901年在上面建起一座法堂，建筑所需开支来自缅甸僧人芒起乍黑（Maung Khee Zarhee）等人。次年，大雄又在此地建起一座佛教寺庙，是为近代印度建成的第一座佛寺。此后，大雄即在拘尸那迦地区弘扬佛法，为后来当地的佛教复兴打了一个很好的基础。1919年，大雄法师往生。

二　克里帕萨兰法师与孟加拉佛教协会

克里帕萨兰·摩诃斯达维尔（Kripasaran Mahasthavir，1865—1926）法师是孟加拉佛教协会的创办人，他出生于吉大港（今孟加拉邦）地区尤尼奈普拉（Uninepura）一个贫穷而虔诚的佛教家庭。10岁时其父去世，克里帕萨兰便时常作为童工从事一些零星的手工以谋生。自幼受其父母影响，他常在闲余时间去附近的寺庙。他的安静与沉稳、若有所思的姿态与冥然入定的样子，很快就引起尤尼奈普拉寺的主持苏坦·阐陀拉·玛哈·泰勒（SudhanChandra Maha Thera）的注意，最终在他16岁时为其剃度出家。不久以后，克里帕萨兰遇到从锡兰来的上座部比丘富兰那查拉（Puranachara）长老。富兰那查拉是建立著名的罗摩那尼迦耶的六长老之一，他对克里帕萨兰的天分与持律印象颇深，于是在1885年为其授具足戒，法名阐陀拉乔迪（Chandrajyoti）。次年，克里帕萨兰随富兰那查拉至印度各地巡礼佛教圣迹，其视野大为开阔，发愿要穷毕生之力在印度本土复兴佛教。跟达摩波罗的做法相类，克里帕萨兰决定从当时印度的首都加尔各答开始他的事业。正好当时在加尔各答有数百名贫穷又没有受过教育的巴鲁阿佛教徒，他们大多数来自吉大港，在此谋生，并在他们租用的居所内建立了一座小庙。克里帕萨兰打算以此为中心展开他的弘法活动，第一步工作就是把这些巴鲁阿僧徒组织起来，改革他们因为无知而修持的敝法。

1892年10月，克里帕萨兰在加尔各答建立孟加拉佛教协会（Bauddha Dharmankur Sabha），逐步将其理念付诸实施。此后，他便持钵在印度各地的孟加拉僧徒聚居地旅行，为在加尔各答建立一座佛教寺院而募集资金。经过八年的努力，他终于在加尔各答的卡皮里托拉（Kapilitola）的拉里特·默汗·达斯（Lalita Mohan Das）路5号花4500卢比买下一块土地，并在三年之后的1903年，建立起达摩安古尔寺（Dhammankur），成为孟加拉佛教协会的总部。同年，另一位巴鲁阿僧徒功德庄严大长老也从吉大港来到加尔各答，协助克里帕萨兰处理繁忙的法务。受到这些行为的鼓舞，另一位巴鲁阿的学者富兰那阿难也来甘心奉法，并于1903年出家为沙门。1903年，克里帕萨兰在创办了孟加拉语佛教期刊——《阇格竖底》（*Jagajjyoti*，光照众生），这份期刊后来发展成为一份英语与孟加拉国语的双语杂志。1909年，克里帕萨兰又创办功德严图书馆，收集珍本佛教典籍。

克里帕萨兰与达磨波罗有着密切的合作关系，又有加尔各答的许多知名人物前来帮助他的弘化事业，使其在加尔各答建立起比较雄厚扎实的基础，此后他分别在西姆拉、勒克瑙、迪布加尔、大吉岭、兰钦、希隆、塔塔那迦、詹姆斯浦尔诸地建立孟加拉佛教协会分会，由此使印度各地的孟加拉佛教徒建立起更为密切的联系与觉悟的氛围。在各地弘法布道的同时，克里帕萨兰的奉献、虔诚、无私与牺牲精神感染了周围诸多人，于其门下出家受戒的僧徒人数日渐增加，除早期的弟子外，尚有觉喜、阿格拉巴姆萨、阿难多、阿尔耶兰达尔、卡阇古玛尔与法见等。

1908年，应法务之需，克里帕萨兰应邀赴缅甸的曼德勒（Mandalay）、牟尔门（Moulmein）等地参访，受到当地信众热烈的欢迎与敬奉。1915年，应达磨波罗之邀，他又到斯里兰卡访问，在科伦坡受到斯里兰卡佛教徒的热烈欢迎，随后，他又花数周参访了当地的佛教中心，使其复兴佛教的信心更为坚定。

除佛教外，克里帕萨兰亦热衷教育事业，他曾接管了吉大港地区多所隶属于加尔各答大学的高中，他自己也创办了多所学校。为了应对学生群体中的问题，他于1910年在加尔各答召集“佛教青年会”（Young Men's Buddhist Association）会议。1918年，他又筹办了佛教妇女会议，集中探讨妇女问题。他还对把巴利语研究引介到加尔各答大学发挥过积极作用，在他的努力下，印度政府同意并认可为英联邦的大学提供巴利学高端研究奖学金。

克里帕萨兰最后一项壮举是1924年12月6—14日在加尔各答的那烂陀公园召集了世界佛教徒大会，在这次会议上，来自印度、孟加拉、缅甸的巴鲁阿佛教徒与宗教领袖会聚在一起，共同思考壮大佛教复兴运动的途径与方法。同年，他在达摩央古尔寺内建立了一座西玛（Seema）殿，供受戒僧徒祝祭之用，西玛殿建成以后，克里帕萨兰带领诸举比丘举行盛大的献祭活动，不久后，他又在这里为沙门法见举行了高规格的授具戒仪式。

1926年4月30日，克里帕萨兰在加尔各答去世，为后人留下虔诚、敬信的丰厚精神遗产，他主持兴建的达摩央古尔寺也发展成为一处佛教思想与文化中心。在他领导下的孟加拉佛教协会先后在孟加拉邦及东北印度地区的西姆拉（Shimla）、勒克瑙（Lucknow）、迪布鲁格尔（Dibrugarh）、兰契（Ranchi）、西隆（Shillong）、大吉岭（Darjeeling）、詹谢普尔（Tatanagar Jamshedpur），以及今属孟加拉国的萨格普罗（Sakpura）、萨特巴利亚（Satbaria）、诺亚普罗（Noapara）、尤尼奈普罗（Uninepura）、吉大港（Chittagong）等建立起分支机构或活动中心，使这些地区的佛教得到广泛传播。

三 憍赏弥长老的佛法探求之旅

达摩难陀 · D. 憍赏弥（Dharmananda D. Kosambi，1876—1947）长老，是一位杰出的佛教学者与巴利语专家。憍赏弥于1876年生于果阿邦的商括尔（Sankhval）。当时果阿地区尚无学校，他在家里学了些马拉提语，并在村中读了几本书。16岁结婚后，他对各种知识产生极大的兴趣，认为婚姻生活会阻止自己对学识的追求，因此他曾经数次试图离开家庭，但终因缺乏勇气而重返家门。1897年，他得到一份孟买出版的马拉提语杂志，内中有一篇介绍佛陀生平的文章，他对佛陀的故事印象非常深刻，决定对佛法做彻底的研究，并认为如果能够做到这一点，其人生的目标就圆满了。

为了解佛法，憍赏弥打算先学习梵语。1899年12月，他来到普纳，开始了对梵语与佛教的学习与探求。不久，他来到贝拿勒斯，随当地的著名学者学习了一年半梵语，然后又到尼泊尔加德满都学习佛教。不过，他对在那里学到的东西非常失望，后来，他来到佛陀觉悟的地方佛陀迦耶，在那里他遇到一位僧人，僧人建议他到斯里兰卡去考察、体验现实中活生生的佛教。憍赏弥遂从其教，经加尔各答，到了锡兰，进入了益智学院（Vidyodaya Parivena），学习巴利语与佛教。他在那里学习三年后，于1902年出家为僧，成为印度近代史上第二位改宗佛教的印度教徒。

在斯里兰卡学习一年后，憍赏弥返至印度，他想去佛陀涅槃之地拘尸那迦，但因为缺少旅费被迫滞留在马德拉斯，他曾向拉克希米 · 那拉苏（P. Lakshmi Narasu）教授与南印度其他佛教徒求助。此时，他碰到几个从缅甸来的学生，他们劝憍赏弥到缅甸去，并且为他安排好去仰光的行程。在缅甸，憍赏弥从事缅语佛典的比较研究，并像瑜伽行者那样修习佛教禅定。

1904年，憍赏弥返至印度，花两年的时间巡礼佛教圣地。因为他身无分文，不得不靠乞食为生。他先后游历了加尔各答、孟买、乌贾因、瓜廖尔、鹿野苑，然后又去了拘尸那加、王舍城，又经贝拿勒斯，到了佛陀迦耶。在那里，他得到一位缅甸比丘的帮助，再次去了缅甸，直到1906年，才从那里回到加尔各答。他先应聘为加尔各答大学的巴利语讲师，把妻子与女儿接到加尔各答。有时，憍赏弥也到加尔各答的民族学院去任教。后来，他放弃了大学的职位，应印度中西部巴罗达（Barada）王公萨耶吉劳·盖格沃德之邀，至巴罗达市担任盖格沃德研究所的研究员，在那里从事佛学研究。大约三年后，憍赏弥便开始在印度西部巡回演讲，弘宣佛法。

1910年，憍赏弥遇到美国哈佛大学来的詹姆士·伍兹（James H. Woods）博士。伍兹正在寻求一位精通梵语、摩揭陀语与巴利语的学者。伍兹邀请憍赏弥到哈佛大学，从事佛教哲学著作《清净道论》精校本的编辑工作。两年后，憍赏弥回到印度，于1912—1918年任教于普纳的佛古圣学院（Fergusson College），由此在印度建立起以天城体学习巴利佛典的传统。1914—1916年，他与学生拉贾瓦德（C. V. Rajwade）合作出版了《巴利语读本》（*Pali Reader*）。

1918—1922年，憍赏弥集中精力在哈佛大学从事《清净道论》的整理与研究工作。到1927年，他完成了天城体版《清净道论》整理工作，并于1929年因为此项工作获得哈佛大学博士学位。1932年，他又完成该书的英译。天城体版《清净道论》于1940年由孟买的印度明智学院（Bharatiya Vidya Bhavan）出版，英文版则于1950年由哈佛大学出版社出版。除此之外，憍赏弥本人还为《清净道论》作了一部注释，对于理解这部论典大有裨益。

在哈佛期间，憍赏弥还学习了俄语，并对马克思主义产生浓厚的兴趣。憍赏弥于1929年旅至苏维埃俄国，在列宁格勒大学教授巴利语。

当印度独立运动处于高峰时，憍赏弥返至印度，义务任教于古吉拉特大学。他参与了非暴力不合作运动，并招募志愿者，由此获罪入狱达六年之久，给他的身体造成了很大的伤害。在印度独立斗争期间，安贝卡博士结识了憍赏弥。后来安贝卡改宗佛教，他之所以选择皈依佛教，与憍赏弥的影响有较大的关联。同安贝卡一样，憍赏弥也非常注意在低种姓人群中宣扬佛教。1937年他在孟买的帕莱尔（Parel）地区建立了一座小庙，收容佛教僧徒，在当地居民中传播佛教。这个地区居住的主要是作坊工人，因此憍赏弥把这座新建的寺庙称为“大众寺”（Bahujana Vihara）。不过，憍赏弥对大众寺的弘法情形并不太满意，后来把它交给了大菩提学会经营。

在他生命的最后几年里，憍赏弥来到鹿野苑，协助迦叶波等人传播巴利语与佛法。1947年5月，晚年的憍赏弥决定采用耆那教的“舍来迦那法”（sallekhana），通过绝食放弃生命。甘地曾劝阻他的这一决定，憍赏弥为了尊重甘地的意见，每天只喝一匙苦瓜汁，最终于 6 月，也即施行绝食后的第 30 天故去。

爱莲诺（Eleanor Zellit）在《印度人重新发现佛教》（*Indian Rediscovery of Buddhism*）一文中这样评价憍赏弥："他真是一位马哈拉斯特拉怪人，一生都在不停地游走在印度、其他佛教国家与美国，从未在某一处长年驻留，却给他所经之处的佛学研究与佛教信仰以无尽的启示。"①

为向民众传播佛教，憍赏弥用马拉提语写了许多关于佛教的著作，其中最流行的是其佛陀传记——《薄伽梵佛陀》（*Bhagavan Buddha*）。这本书初版于 1940 年，后由中央文学院（Central Sahitya Akademi）译为英语、印地语、阿萨姆语、古吉拉特语、坎那德语、马里亚拉语、奥理萨语、信地语与乌尔都语等。这部书是对安贝卡影响最深的佛教著作之一。除此之外，憍赏弥还有十一种佛教与耆那教的著作，分别是用马拉提语、梵语与古吉拉特语等完成，他曾将巴利语的《经集》译为印地语、梵语、阿尼阿辛萨语（Aniahimsa）与马拉提语。其自传是用马拉提语完成的，题名为《尼吠檀》（*Nivedan*）。另外，他在普纳佛古圣学院任教期间，培养的几位弟子后来成为印度佛教研究的中坚力量。

第五节　大菩提学会的兴佛之旅（下）

达摩波罗去世后，大菩提会的日常会务由师子鬘负责。师子鬘是达摩波罗最值得信赖的弟子，在他的努力经营下，大菩提学会在印度的影响越来越大，弘法形式也渐趋多样化，受到印度知识阶层与文化人的广泛支持与协助。到师子鬘去世时，大菩提学会在印度国内有十多个分会，在英国、美国、日本、韩国、斯里兰卡等地也有分会，已成为国际性的佛教组织。

天爱·师子鬘（Devapriya Valisinha，1904—1968）出生于斯里兰卡距离坎迪（Kandy）不远的一个村子，兄妹七人，他排行第六。年幼时期，其父母去世，由祖父抚养其兄妹。1912 年，师子鬘 8 岁时，因为听闻过达摩波罗的巡回演讲，皈依其门下。在后来的五年里，师子鬘来到科

① ［印］拉姆泰盖（D. L. Lamteke）：《现代印度佛教之复兴》（*Revival of Buddhism in Modern India*，New Delhi：Deep & Deep Publication，1983），第 51 页。

伦坡继续学习，并由达磨波罗的母亲照料。1917年，师子鬘来到印度加尔各答，进入泰戈尔创办的学堂里学习。其时达磨波罗在印度的弘法事业正处于起步阶段，准备建立吉祥法王寺，需要更多的帮手，师子鬘便离开学堂，回到加尔各答，帮助达磨波罗处理大菩提会的事务。1921年，师子鬘通过考试进入总统学院（Presidency College），并于五年后获得硕士学位。读书期间，他继续协助达磨波罗处理会务，编辑学会的杂志，逐渐熟悉了弘法工作。1922年，因为争取对菩提迦耶的归属权，师子鬘与罗睺罗相识，其时罗睺罗担任比哈尔议事会成员，共同为大菩提会争取在菩提迦耶的权力。师子鬘还在这一年主持了在鹿野苑修建根本香舍寺的修建工作，其间经过了一些曲折与困难，他几经努力使寺院的修建工作得以完成。1928年，师子鬘代表大菩提学会与罗睺罗、阿难等赴英国伦敦弘法，期间他进入伦敦东方研究学校从事佛学研究。

1930年，师子鬘回到印度，重新担当起他在大菩提学会的任务，主管根本香舍寺的修建工作。临近完工时，他又筹备寺院开光的庆典仪式。1931年11月11日，举办完根香寺隆重热烈的庆典仪式后，他想把鹿野苑变成富有活力的佛教中心。承年暮的达磨波罗护佑，师子鬘在鹿野苑兴办了一所大菩提明智学院（Mahabodhi Vidyalaya），意在为鹿野苑附近的民众提供免费的教育。后来，他创办了印地语月刊《法界》（*Dhammaduta*），以开启教化民众。他在寺院内设立图书馆，接受来自拉呼尔西沃·那仁（Sheo Narain）班智达与纽约斯卓思（C. S. Strauss）捐赠的图书。他还从一位英国佛教徒——布洛敦（B. L. Broughton）那里募得一万卢比，请一位日本艺术家为根本香舍寺创作了精美的壁画。

师子鬘是达磨波罗最忠诚与值得信任的助手，他与达磨波罗的关系就如同阿难之于佛陀。所以早在1933年1月他受具足戒之前，达磨波罗即把大菩提学会秘书长及财务总监的职位委托给他。4月29日，达磨波罗去世后，大菩提学会的日常事务全部加在师子鬘身上，在后来的35年内，他一直担任这一重任，以其勤勉、忠诚与奉献精神，使大菩提会越来越兴旺，在各个领域的工作都得以拓展。

起初出版佛教典籍是师子鬘较为侧重的工作。1933—1935年，他组织出版了罗睺罗从巴利语译成印地语的《法句经》、《律藏》、《长尼迦耶》、《中尼迦耶》，后来又陆续出版了著名佛教学者用印地语与英语写成的著作。除了悉心编辑书刊与大菩提学会的杂志外，师子鬘自己也撰写了诸如《佛教照耀印度》(*Buddhist Shrines in India*)、《佛陀迦耶指南》(*A Guide to Buddha Gaya*)等书籍,其中后者是专供香客参访佛教圣地使用的。这两种著作对传播佛教与佛教文化遗产的正确信息起到了显著的效果。

鹿野苑根本香舍寺的开放,以及此后每年11月在这儿举行的法事活动,吸引了大批香客与朝圣者。为了给他们提供相应的住所,师子鬘从慈善家塞特·阇格·齐索·博拉(Seth Jugal Kishore Birla)那里获得捐赠,分别在鹿野苑和拘尸那迦建起了法寮,供朝圣者休息。

1934年,师子鬘参加了在日本东京举行的泛太平洋佛教会议,并被选举为常务副会长。在日本期间,他就佛教与大菩提学会的活动做了几次演讲,在返回印度途中还在中国上海、香港,以及新加坡与槟榔屿发表演讲。1938年,师子鬘又取道缅甸、新加坡、马来亚与香港等地做了一次长途旅行,从而使先前达磨波罗建立的大菩提学会的对外交往获得新的发展。

1941年,日本战争爆发,师子鬘被英国政府逮捕入狱,后因病获得假释。其友人拉贾·海瓦维特奈(Raja Hewavitarne)将其带至锡兰治疗,同时他被要求在第二次世界大战结束前不得返回印度,因此他在斯里兰卡待了五年之久。在这段时间,师子鬘在锡兰岛募得12.5万卢比,用这笔钱买下了科伦坡总部的建筑,以及马德拉斯大菩提会的办公房舍。

师子鬘又分别在新德里与桑奇新建了两座寺庙,此举使菩提会的名声益播。新德里的寺庙用地是一位名为夏巴阿难·巴鲁阿(Sarbananda Barua)的人所捐赠,建寺所用款项仍由先前支持过大菩提学会的慈善家塞特·阇格·齐索·博拉资助。1939年3月18日,寺庙建成举行庆典仪式,特意邀请到玛哈特玛·甘地(Mahatma Gandhi)出席。因为这座寺庙地处新德里腹地,可以接待来自世界各地的佛教徒,由此成为一座国际性的庙宇。

师子鬘完成的另一义举,是成功地将舍利弗与目犍连的遗骨从英国请回来,并最终将其安置在他们的出土地——桑奇。佛陀这两位弟子的遗骨连同七宝做成的珍珠串,是1851年康宁汉姆从桑奇三号塔中掘得,后被送到伦敦的维多利亚与阿尔伯特博物馆(Victoria and Albert Museum)中保存。1933年,大菩提学会伦敦中心首次提出索回这些遗骨,当时负责学会伦敦中心的B. 阿难·憍萨罗业因(Bhadant Anand Kausalyayan)等人联系到博物馆馆长，要求将遗骨返还，馆长对此深表同情，但他无权决定此事。他建议阿难等人与英国政府联系，在此之前，他会允许佛教徒组团在博物馆敬拜遗骨。此年11月月圆之日，阿难等僧众依照佛教传统举办了敬拜活动。此事一直延而未决，1938年师子鬘再次来到维多利亚与阿尔伯特博物馆，并通过印度政府，索还遗骨。英联邦政府同意将遗骨交与大菩提学会，将其供奉在新德里新落成的寺庙里。后因第二次世界大战爆发，此事再次搁浅。

后来中央邦的博帕尔市（Bopur）愿意协助大菩提协会在桑奇新建一座寺庙，以永久供奉这些遗骨，因为它们本来就出土于桑奇。于是，1946年1月巴帕尔市长（Nawab）为新建的支提山寺（Cetiyagiri）埋下了第一块基石，寺庙的建筑费用由印度与斯里兰卡大菩提会共同承担，巴帕尔市政府除了提供土地、建筑材料与技术监工外，也捐出2500卢比。第二次世界大战结束后，英国政府开始启动灵骨返还一事。1947年2月，博物馆将灵骨交与达磨波罗的侄子，他代表印度政府与大菩提学会负责此事。按照事先安排，灵骨先送到斯里兰卡与缅甸去展览，然后于1949年2月送到印度，经尼赫鲁总理之手，在一次盛大的公众集会上交给大菩提学会。此后，灵骨又在印度各地作了巡回展览，最终于1952年11月送到桑奇的支提山寺供奉，印度与缅甸两国政府的总理都出席了供奉仪式。由此，桑奇重新恢复了其原有的宗教神圣性地位，大菩提学会作为印度佛教复兴运动的领导者的地位也再次彰显出来。

在师子鬘富有成效的经营管理下，大菩提学会获得良好的社会声誉。在1952年前后，大菩提学会接管了三座由其他佛教复兴先驱创立的寺院、这三座寺庙分别是奈尔博士（A. L. Nair）于1931年在孟买创立的阿难寺，怀赏弥长老于1937年在孟买的帕莱尔（A. L. Nair）创立的众生寺，还有佛喜尊者于1925年在勒克瑙创设的佛寺。他们普遍认为寺院由大菩提学会管理会得到更好的发展。

在大菩提学会的各项弘法工作顺利开展之际，索还佛陀迦耶的斗争也终于取得了显著的进展。自1922年开始，师子鬘即协助达磨波罗与湿婆教教长摩亨特展开协商、斗争，以索还佛教对大菩提寺的属权，在佛陀迦耶复兴佛法。直到达磨波罗去世，菩提迦耶仍旧牢牢地控制在湿婆教手中，成为达磨波罗的未竟之志与最大遗憾。师子鬘主掌大菩提学会之后，依旧在每次会议上提出这一问题，希望找出一种解决办法。1935年，师子鬘参加印度大会党在坎普尔召开的系列会议，在缅甸奥他玛（Ottama）比丘主持的专题讨论中，他又提出了这一议题。经过一段时间的商讨，最后组成了一个以师子鬘与锡兰比丘佩莱拉（G. K. W. Perera）为首的索还委员会（Enquiry Committee）。索还委员会成立后，即刻提出议案，建立任命一个联合管理委员会，共同管理佛陀迦耶。他们将这一议案交给普里的商羯罗师，遭到后者的强烈反对，这一问题再次搁浅。

印度独立后，师子鬘再次向比哈尔邦政府寻求解决方案。1949 年，经克里希南·辛诃博士（Sri Krishana Sinha）与拉詹陀罗·普拉萨德（Rajendra Prasad）博士的协助，新的《佛陀伽耶寺院管理法》（*Buddha GayaTemple Manage Act*）终于获得通过，根据这一方案，佛陀迦耶的管理权由以迦耶地方长官为主任的管委会负责，管委会除主任外，包括佛教徒与印度教徒各四名。虽然这不是一个非常完美的方案，但也是大菩提学会经过了六十余年的斗争才取得的成绩，它标志着佛教在佛陀觉悟之地的复兴，并在后来获得了飞速的发展。自 1952 年起，师子鬘一直作为管委会的成员，直至他去世。

为了进一步突出菩提迦耶在亚洲佛教国家中的神圣地位，经由大菩提学会与印度政府、比哈尔邦协商，于 1956 年成立了由二十二人组成的咨询委员会，其中印度人十一名，其他亚洲佛教国家如中国、缅甸、锡兰、泰国、柬埔寨、老挝、尼泊尔、锡金、日本等十一人。咨询委员会于当年的 3 月 19 日召开，时任副总统的拉达克里希南博士主持会议。作为印度政府的代表，他希望菩提迦耶不仅是佛教徒，而且也是印度教教徒和其他各教信仰者寻求真理的地方。时任中国佛教协会副会长的赵朴初应邀出席会议并担任其咨询委员会成员。在这次会议上，咨询委员会就管理委员会的工作问题、会期、会章问题做出讨论，尤其就各国在菩提伽耶购买土地建造佛教寺庙问题交换了意见。经过大菩提学会六十余年的努力，菩提迦耶终于重新成为佛教崇拜的中心。①

在印度政府纪念佛陀涅槃 2500 周年的活动中，师子鬘也发挥了非常重要的作用。早在 1956 年佛灭庆祝活动之前，师子鬘即发表文章呼吁此事。他曾经致函印度政府与各邦政府，希望用富有意义的方式来庆祝这一

---

①　赵朴初：《我们要不愧于先人，不负于时代：1956 年 4 月 10 日向中国佛教协会在京理事所作关于出席印度菩提迦耶咨询委员会经过的报告》，《现代佛学》1956 年 5 月号。

活动。他亲自拜访印度总理尼赫鲁，向他提交了一份经过深思熟虑列出的纪念活动清单，包括出版佛教三藏和一本英文的《佛教2500年》、改善佛教圣地环境、发行专门的纪念邮票以传播此事件。后来时任大菩提学会会长的锡克教徒摩诃拉贾·古玛尔（Maharaj Kumar）在拜会尼赫鲁总理时，重新提出这些要求。总理对此作出慨慷回应，印度政府对师子鬘提出的多项建议，如改善佛教胜迹环境、出版书籍等做出肯定性答复，并作了适当的补充。随后，印度政府成立了佛陀涅槃庆祝委员会，由副总统拉达克理希南博士任主席，摩诃拉贾·古玛尔担任委员会成员，师子鬘作为候补委员。在长达一年的庆祝活动中，师子鬘非常高兴地看到，印度政府及各邦政府将他提出的各项建议以完美的方式付诸实施。

在佛陀涅槃庆祝年，还有一件重要事件值得关注，即目犍连子帝须阿罗汉，以及其他九位阿育王时代的阿罗汉灵骨，被迎请回印度。这些灵骨是1851年运至英国伦敦保存在英国博物馆的。1956年2月5日，印度驻英联邦的大使斯立摩底·维阇耶·拉克希米（Shrimati Vijaya Lakshmi）班智达将这些灵骨携回，在德里机场受到尼赫鲁总理的热烈欢迎。在欢迎仪式上，装有目犍连子帝须、乔尸基子与憍底子灵骨的匣棺，被印度政府作为礼品送给锡兰政府，其他两件匣棺装有摩诃毗奈耶、阿帕吉拉、考帝尼子、跋企耶·萨跋阇耶特、卡萨帕·乔达、玛企玛与诃利帝子的灵骨，则送给大菩提学会，由学会将其供奉于桑奇的支提山寺。

师子鬘与安贝卡关系颇为密切，1950年，他曾邀安贝卡为大菩提会杂志撰写文章，后来当安贝卡决定皈依佛教后，他尤其为之感到欣喜，并积极协助安贝卡的佛教改宗运动。

1956年10月14日，师子鬘应邀赴那格浦尔，出席那次在印度现代佛教复兴史上最盛大的皈依仪式，并被推举为佛教团体的领袖，获得一幅精美的佛陀图像。尤其值得一提的是，师子鬘还热心为那格浦尔新落成的佛教寺庙募得了一些捐赠。在他的倡议下，来自大吉岭的桑杜浦夫人（Ms. N. Y. Sandup）埋下寺庙的奠基石，她曾为寺庙的修建奉献了5000卢比。师子鬘随后在那格浦尔、沃尔特及附近村寨举行的集会上发表演说，勉励新皈依的佛教徒要奉行安贝卡设定的佛教徒准则。次年，他来到孟买，又就新兴起的佛教运动发表了六次演说，传播安贝卡的思想主张。此外，他还设立印度佛教基金会，募集资金，印刷五万余份印地语与马拉提语的佛教手册，将其免费分发给新皈依的佛教徒，他又用这些基金在鹿野苑培训新受戒的佛教徒。在后来的数年中，师子鬘一直在用各种方式竭力为安贝卡发起的佛教运动提供力所能及的帮助与支持，使大菩提会的兴佛事业与安贝卡倡导的贱民宗佛运动很好地结合在一起。

自从成为世界佛教联合会的一员，师子鬘即积极参与其事，不止一次被推举为副会长，他还参加了1950年后的每次世佛联会议。一直到1964年，他在鹿野苑主办世佛联会议，将其作为纪念达磨波罗百年诞辰的系列活动之一。1954年，师子鬘再次赴日本参加在东京等地举办的太平洋国际会议，五年后，他第三次赴日本参加那里举行佛陀涅槃2500年庆祝活动，以及文化研讨会。1958年，师子鬘参访泰国、柬埔寨与老挝，就佛教发表了一系列演讲。他与国外佛学机构及亚洲佛教国家的友好交往，使得大菩提学会成为具有国际声誉的佛教团体。

在其担任学会秘书长的三十余年中，师子鬘以其多方面的能力，使大菩提学会的兴佛运动获得令世人首肯的成绩，他以不倦的热情与忠诚，将达摩波罗的弘法使命一一付诸实践：兴办大菩提学会的弘法中心，在印度与海外创建佛教寺院与教育机构，并使这些机构能够相互关联，成为富有影响力的弘法网络。1964—1965年，师子鬘操办了达磨波罗诞辰百年纪念活动，这是他主持的最后一项法事活动。之后不久，他就患上了中风，虽然得到了当时最好的医疗，但仍无法恢复，最终于1968年8月病殁。

第六节 现代佛教三大士

在20世纪上半叶印度佛教复兴运动中，有三位出自印度本土的学问僧，他们早年都参加过雅利安社，心存宗教革新梦想，经过不断实践与探索，最终从印度教转向佛教。他们先后任教或就学于斯里兰卡的智严寺（Vidayalayalankaparivena），师事同一位授业师，又都在斯里兰卡穿起僧袍，成为终生不渝的同道密友，共同致力于印度佛教的复兴事业，他们就是被中国学者金克木称为“现代三大士”的罗睺罗、阿难与迦叶波。[①]

1936年，他们三人自斯里兰卡返回印度，起初都住在阿拉哈巴德。有一次，三人聚在一起，各言其志。罗睺罗说要尽可能完成更多的佛学著作，以佛学研究促进佛教复兴；阿难声称喜欢从事巡回演说与新闻写作，

① 金克木：《天竺旧事》七“现代三大士”，生活·读书·新知三联书店1986年版。

尤其想通过印地语文学唤醒民众；迦叶波表示更愿意把时光花在学习、研究与教学中，他希望创办佛学教育机构。这次谈话显示出他们各自的志趣，也确立了他们后来复兴佛教的方法与路径。

一　罗睺罗的佛学研究与佛经写本搜集

罗睺罗·僧格里底衍那（Pt. Rahula Samkrityayana，1893—1963），原名凯答那特（Kedarnath），于1893年4月出生于印度中央邦阿赞葛哈（Azamgarh）地区的一个婆罗门家庭。其父高帕坦·潘迪（Govardhan Pandey）为当地一位农场主。罗睺罗5岁时，其外祖父将其送至初级学校，此时他就显示出了过人的聪颖。学校开设的乌尔都语课上，如下诗句给他留下深刻的印象："噢，无知的闲人啊，要到外面广阔的世界漫游。不然，怎会拥有新的生活。纵然长命百岁，青春也会一去不返。"罗睺罗在他的自传里反复引用这些诗句。受这种观念影响，再加上他的叛逆与冒险精神，罗睺罗从13岁起就喜欢出家漫游。1907年，他带着22卢比去了加尔各答，四个月后才返回家，继续他的学习，不久以后，他又多次外出漫游。1910年10月，罗睺罗来到贝拿勒斯，在一所学校学习梵语，此时他对各种成就法很着迷，曾依法修行，希望他归敬、念诵的本尊能够示现，可最终根本没有什么本尊出现，他反倒因为误食中毒的水果差点丢了性命，此后他再不盲信本尊成就法了。也在这个时候，他认识了罗摩跋特尔·夏摩（Ramavatar Sharma）。受其影响，罗睺罗开始学习英语。大约在此时，拉克希曼·达斯大士（Mahant Lakshman Das）来到贝拿勒斯想找一位弟子，他对罗睺罗很中意，希望带他去比哈尔邦的帕罗萨（Parasa），他在那里有一座神庙（math）。1912年，罗睺罗即来到帕罗萨，开始跟随大自在天派的一位大士学习真言念诵，并在身体上烙了一个印，取名为罗摩·优答·达斯（Ram Udar Das）。这里的生活较为舒适，衣食无忧，却满足不了罗睺罗对知识与行旅的渴求，一年后，他以苦行僧（Sadhu）的身份来到普里（Puri）的阇格那特（Jaggannath）神庙，又去了印度南部的马德拉斯（Madras）、普纳马莱（Punnamalai）、潘查派鲁马（Pachchaperumal）、提鲁米西（Tirumishi）、汀瑙尔（Tinnaur）、提鲁波提（Tirupati）、提鲁迦里昆答姆（Tirukalikundam）、康契普朗姆（Kanchipuram）与拉买希瓦拉母（Rameshwaram）。在提鲁米西，他开始学习泰米尔语，因而在那里待了较长的时间。在南印度游历完，罗睺罗又去了普纳、纳希迦（Nasik）、乌贾因（Ujjain）、艾哈买德巴德（Ahmedabad）、波帕尔（Bhopal）、阿拉哈巴德（Allahabad）与贝拿勒斯，最后回到帕罗萨的庙里。过了一段时间，罗睺罗又悄悄地离开，到了阿尤迭（Ayodhya），他在那里接触到一位雅利安社的传教士，开始学习吠陀，并在1915年到了阿格拉的雅利安社研究所，接受免费的教育，学习梵语、阿拉伯语及各种宗教神学理论，同时其英语水平也大幅提高，开始以凯答尔那特·维第尔提（Kedarnath Vidyarthi）为名写作。

在阿格拉完成两年的课程后，罗睺罗进入拉呼尔D. A. V. 学院梵语系，其时拉呼尔是雅利安社运动的重镇，他也成为这一运动的积极分子，并于1916年作为代表参观了北方邦雅利安社运动的中心。这一时期，他的父亲闻讯赶来，强烈要求罗睺罗跟他回家，伤心欲绝的父亲强拉着他到了火车站，父子一起到了贝拿勒斯。罗睺罗恳求父亲不要阻挡他追求的理想生活，父亲面对无可挽回的儿子，最终妥协了。

不过，罗睺罗很快就认识到了雅利安社的教条化与狭隘性，他又对雅利安社的活动产生了厌倦情绪。1917年，他在勒克瑙遇到觉喜法师，由此他开始转向佛教。早在1910年，罗睺罗已经听说过佛陀，后来也读到过用梵语写的介绍佛教的手册，还在鹿野苑碰到过缅甸来的僧人，并曾用巴利语告诉他，佛陀是世界的眼睛。与觉喜的会面，使罗睺罗意识到什么才是自己所赞同的观念，并且从觉喜这里他了解了许多关于佛教的知识。这对他产生很大的吸引力。此后，他开始巡行佛教圣迹，游历了兰毗尼、菩提迦耶、鹿野苑、拘尸那迦，以及王舍城、那烂陀、舍卫城。

1919年，罗睺罗积极参加非暴力不合作运动，并因之被捕入狱。1922年出狱后，他成为印度国民大会党恰浦罗地区的秘书长，罗睺罗非常支持将菩提迦耶归还佛教所有的倡议，可他的这一主张并没有得到其他领导成员的支持。1923年，他到了尼泊尔，见到来自蒙古与中国的佛教僧徒与学者；返回印度后，罗睺罗又因为发表演讲而入狱。在狱中，罗睺罗读到僧伽罗文的《中尼迦耶经》，他还把四部英文小说译成印地语，并在这时学习了法语。1926年，罗睺罗出狱后，再次开始了曲折的旅程，他先到了拉达克，参观那里古代的寺庙，然后经拉呼尔、斯毗底、钦奈，最后到了斯里兰卡。也就是在这一年，罗睺罗在麦鲁特（Meerut）遇到了哈南达斯（Harnamdas），即后来的阿难法师，两人一见如故，此后变成终生好友。

其时斯里兰卡智严佛学院（Vidyalankara Pirivana）正需要一名梵文教师，罗睺罗经大菩提学会的斯利尼跋沙·那耶格·泰拉（Ven. Sirinivasa Nayaka Thera）与师子鬘的推荐，于1927年5月被聘请到该校任教。其时，他已经熟练地掌握了印地语、梵语、乌尔都语、阿拉伯语、波斯语、泰米尔语、坎那达语、英语与法语，进而开始学习巴利语。在很短的时间内，罗睺罗不仅掌握了巴利语，还学习了巴利三藏，被授予三藏法师的称号。此期他还学习了其他佛教经典，学习了僧伽罗语，用印地语写了一本关于斯里兰卡的书。他还用梵语为世亲的《俱舍论》作了一部注疏。1928年，罗睺罗又邀请哈南达斯来到斯里兰卡，后者应邀而来，并很快出家为僧，而罗睺罗本人仍然是一个印度教苦行僧。

在斯里兰卡期间，罗睺罗希望能到西藏去寻求佛教圣典。这些典籍是12世纪伊斯兰教入侵印度时，比哈尔邦的那烂陀寺与超戒寺的僧人避难时带过去的。1929年，罗睺罗秘密经尼泊尔，在一位蒙古僧人的帮助下，他顺利拿到通行证。此年7月，罗睺罗装扮成一位佛教信徒到达拉萨，开始寻找写本佛典，后来他还到了夏鲁寺、扎什伦布寺与那塘寺，购买、抄录了数量可观的佛教经典与唐卡，除甘珠尔与丹珠尔外，他带回1619种写本佛经与150帧佛画。

从西藏返回斯里兰卡后，罗睺罗于1930年7月脱掉印度教徒装束，穿起僧袍，正式出家为僧，法名罗睺罗·僧格里特耶衍。此后，他便集中精力著书撰文弘扬佛法，并于当年完成《佛陀行记》（*Buddha Carya*）一书，同时开始把巴利语佛经译为印地语。1932年，罗睺罗与阿难代表大菩提学会到伦敦弘扬佛法。数月后，他经法国、德国返回印度，继续搜求佛典。此年，罗睺罗又与阇提希·那拉因在巴特纳相遇。次年，阇提希·那拉因赴锡兰出家为僧，是为迦叶波比丘。这样，来自北印度的旁遮普、北方邦与比哈尔邦的阿难、罗睺罗、迦叶波在斯里兰卡聚在一起，成为复兴印度佛教的三杰。他们的第一大贡献，就是把巴利语佛典翻译成印地语，后由大菩提学会出版，《法句经》、《中尼迦耶》、《毗奈耶藏》、《长尼迦耶》、《经集》、《本生集》、《米兰王问经》等都陆续在说印地语的印度民众中传播开来。

1934—1938年，罗睺罗又三次赴西藏寻求佛经，还到了日本、朝鲜、满洲里、苏联与伊朗。通过他三次曲折的西藏旅行，罗睺罗带回多达八十余种梵本佛典，并将部分经典整理出版。

关于他在西藏寻求佛经的状况及这些佛典的价值，可以从他 1936 年在西藏的经历看出来。此年 5 月，罗睺罗在西藏萨迦寺卡贝佛殿（Chhag-pe-lha-khang）的书库里发现 25 捆梵文贝叶经。此前他曾从当地西藏僧徒那儿得知，此书库保存有 11 世纪以来历代萨迦寺住持所有的珍贵写本。在这些写本中，有一部《时轮经疏》（*Kalacakratika*）的纸写本，有一部首尾完整的《量释论释》（*Pramanavarttikabhasya*），有一部分《量释论》第一品法称自己的注释，有一部首尾完整的迦那迦瞿民（Karnakagomin）所做的《量释论释疏》（*Pramanavarttikabhasyatika*），还有一部《瑜伽师地论》。7 月 28 日，罗睺罗在西藏夏鲁寺的下院霞鲁日朴寺（Shalu-ri-phug）发现 39 捆梵文写经。该寺由布顿（Bu-ston，1290—1364）创建，为雨季夏鲁寺僧众的避暑地。这些梵文写经多为印度超戒寺被毁时，其住持释迦吉祥贤师徒星散，流亡孟加拉国、尼泊尔，后被迎请至西藏传法时，抄写的梵文贝叶经。对这些写经的内容，罗睺罗曾如是记述："我匆匆地把那些写经看了看；见到有一部量释论心愿具喜（Manoratha nandin）注，我真是高兴极了！那部书是自在月（Vihhuli candra）亲手写的一部纸写本。自在月是从超岩寺（Vikramastla）来的一位青年学者。在那座著名的佛教重镇超岩寺被伊斯兰教徒摧毁以后，他随着他的老师，超岩寺最后一任首座，释迦吉祥贤（Sakyasri bhadra）流亡到西藏来。最初，他们流亡到孟加拉国（Bengal）东部的阇格答拉（Jagattala）地方，很像是在那个地方也被伊斯兰教徒摧毁以后，他们又逃到尼泊尔。当时萨迦寺的住持又从尼泊尔迎请他们入藏。因此，他们就在纪元后一千二百零三年到了西藏。除自在月（Vibhuti candra）以外，跟随释迦吉祥贤（Śakyasri bhadra）入藏的还有施戒（Danasila）以及其他几位学者。在萨迦寺所发现量释论释（Pramanav arui kabhasya）即量释论庄严释（Varttikala mkara）原来就是施戒（Danasila）的书。萨迦寺里另外一本这部书的残本，却是自在月亲手写的；我很熟习他的笔迹。在心愿具喜（Manorallanandin）注的写本的末尾，自在月曾经写了几行颂文。"①

作为一个自由而富有理性的思想家，罗睺罗也对马克思主义深感兴

---

① ［印］罗睺罗（Rahula Samkrityayana）：《再到西藏寻访梵文贝叶写经》，文载张曼涛编《西藏佛教教义论集》（一），台北：大乘文化 1979 年版，第 259—276 页，《现代佛教学术丛刊》第 77 册。

趣。1917年，苏联革命成功后，他就于1922年写了一本小说，名为《二十世纪》表明他的政治观。1935年，他经满洲里，乘火车到达俄罗斯的莫斯科，见到舍尔巴茨基，但在列宁格勒受到限制，不准随意旅行。1937年，罗睺罗应苏联科学院邀请，赴列宁格勒大学教授梵语，在此期间，他与印藏系的女秘书劳拉相恋，便脱下僧装，开始世俗生活。

1938年，从苏联回到印度后，罗睺罗成为一个政治运动的积极分子。后因参加农民运动两次入狱，第一次待了数个月，第二次被判了29个月。在狱中，罗睺罗用印地语完成了几部重要著作，他的《见—远见》（*Darshan-Dig Darshan*）运用批判性方法与马克思主义观探讨了印度、欧洲、希腊与以色列哲学。他的《摩奴统论》（*Manav Samaj*）讨论人类发展的历史进程。第三部书名为《从伏尔加河到恒河》（*Volga Se Ganga*），是一部由二十余篇历史小说组成的文集，叙述了雅利安人从欧亚次大陆伏尔加河流的草原出发，跨越兴都库什山、喜马拉雅山，最后到达印度河与恒河平原，并创造出辉煌的亚利安文化的进程，堪称其历史研究的代表作。①

1943年，从监狱出来后，罗睺罗回到故乡，其父母已经去世。1945年，俄罗斯政府再次邀请罗睺罗到列宁格勒大学担任印度学教授，这一任命据说是舍尔巴茨基临殁前的郑重推荐，他认为只有罗睺罗才是承接其印度学教席的不二人选。1945—1947年，罗睺罗在列宁格勒大学教授印地语、梵语、藏语与佛教逻辑，其妻子劳拉与其子伊格尔得以与他一起生活。不过，聘期结束，其妻儿没有获允随其返回印度。回到印度后，罗睺罗在一段时间内担任过设在阿拉哈巴德的“全印度印地语文学会”的秘书长，同时被印度政府任命为翻译委员会成员。在繁忙的公务之余，罗睺罗仍然用印地语编写了《行政管理术语辞典》。

1938—1948年，罗睺罗加入了全印度共产党，后来因为对语言政策有不同意见，他才退出该党。他自称是一个坚定的马克思主义者，并指出佛教哲学专业的学生更容易理解马克思主义哲学。

1956年，罗睺罗对安贝卡等人的佛教改宗运动公开支持，并撰文指出其改宗运动将会使这个国家恢复过去在历史上曾经有过的荣耀，从而拯救印度，因为在低种姓人群没有被给予平等地位之前，整个印度是不会获救的。他把安贝卡皈依佛教与忽必烈汗皈依佛教相提并论，指出“所有

① 本书的汉译本改题为《印度史话》，周进楷译，中华书局1958年版。

的宗教都会向其皈依”。①

1958 年 6 月，罗睺罗曾应中国佛教协会邀请到中国北京、华东诸地访问、讲学。1959 年，罗睺罗回到他曾经任教过的斯里兰卡智严佛学院，担任教授。后来因为糖尿病与高血压并发，他便于 1961 年返回印度，不久其病情急剧恶化，虽然曾被送至苏联治疗，但仍然无济于事，最后于 1963 年 4 月 14 日在大吉岭去世。

罗睺罗天资聪颖，又勤于撰述，多年以来，他应用印地语、梵语、巴利语、比哈尔语与藏语五种语言，撰写了近 150 余种著作，涉及社会学、历史、哲学、佛教、科学、戏剧、民间故事、政治、西藏研究、词典、传记、自传、随笔等。除前面述及的各种著作外，他还编纂过《俄语—梵语词典》、《藏语—梵语词典》，写过佛陀传记，西藏的佛教与中亚佛教史方面的著作，他出版过考古学著作，写过小说与行旅文学，并写过列宁、斯大林、毛泽东的传记。他曾经执教于多所大学，教授印度哲学，同时将佛教经典译成印地语。

罗睺罗编辑与翻译的梵文佛典有《俱舍论》、《成唯识论》、《释量论》、《百五十颂》、《释量论疏》、《释量论注》、《释量论自注》、《释量论自注释》、《正理门论》、《毗奈耶经》、《因一滴论》、《大品般若》等十余种，对后来的佛学研究而言厥功甚伟。

二　阿难与印地语佛典翻译

尊者帕丹多·阿难·忄乔萨尔耶衍（Bhadant Anand Kausalyayan，1905—1988）是著名的佛教圣徒与学者，并且是一位富有创造性的印地语作家。1905 年 1 月，他出生于昌地迦尔（Chandigarh）附近首哈那（Sohana）村一个受人尊敬的说旁遮普语的家族，初名哈南达斯（Harnandas），其父是安巴拉一所高级中学的校长。童年时期，父母去世，哈南达斯与他的弟弟哈利达斯由伯父照料。

进入大学之后，哈南达斯加入了印度的独立与自由运动，并因而中辍了学业。后来，当拉拉·拉吉帕特·莱（Lala Lajpat Rai）在拉呼尔（Lahore）创立民族学院（National College）时，哈南达斯进入该校攻读学士学位。事实上，这所新成立的民族学院也是革命者停留之地。在他的同学

① ［印］罗睺罗：《法轮》（*Dhammachakra*，1976 年 10 月 14 日）。

中，有沙希德·薄格特·辛格（Shaheed Bhagat）、苏克提婆（Sukhdev），以及著名的印地语作家亚斯伯尔（Yashpal）。因为贫寒，哈南达斯在学生时期度过了一段苦日子。为了谋生，他曾经在早上卖过报纸，晚上当私人教师。1924年，他以优异成绩获得学士学位。

两年后，哈南达斯的不羁天性与其亲属对他的约束出现矛盾，为了寻找内心的宁静，哈南达斯开始四处漫游。1926年，他在迈鲁他（Meerut）与罗睺罗偶遇。其时罗睺罗正受雅利安社（Arya Samaji）运动影响，哈南达斯也随之变成雅利安社的积极参与者，并将其名字改为梵行·毗湿瓦那特（Brahmachari Vishvanath）。在参与活动期间，毗湿瓦那特还听从了罗睺罗的建议，参观佛教圣迹。与当时多数苦行僧（Sadhu）不一样，毗湿瓦那特受过很好的教育，喜欢读书。他常带在身边的一本书是《英雄与英雄崇拜》（*Hero and Hero Worship*），一有闲暇，就拿出来翻阅。看见这种情形，某些人就好奇地说：看那，一个瘦弱而微驼的年轻苦行僧在看英文书。不久以后，他便不再对亚利安社抱任何幻想，因为其哲学根基源于吠陀，这与他追求智慧的志趣相背。

1927年12月，毗湿瓦那特收到一封来自罗睺罗的信件。其时，罗睺罗已经到了斯里兰卡，正在开拉尼耶（Kelaniya）市的智严学院教授梵语，特意来信让他赶紧去斯里兰卡。

毗湿瓦那特即取道马德拉斯—丹萨求底（Dhanshakodi）来到斯里兰卡。到达开拉尼耶后，毗湿瓦那特开始学习巴利语，对佛教教义产生了浓厚的兴趣的印象。1928年2月，他依这所大学的校长法喜法师皈依佛教，成为一名僧人，法名为阿难·怙萨尔耶衍。阿难认为佛教之所以吸引他，不在于它是一种启示性的宗教，而是佛教经典中无可置疑的清净观念，那种对社会责任富有智能与深度的思考吸引了他。尽可能多地给予社会，而尽可能少地向社会索取。正是在这种观念影响下，阿难才决定成为一名佛教徒。

在他的导师达摩—古鲁的指导下，阿难·怙萨尔耶衍比丘每天花十八个小时学习巴利语与巴利经典，18个月后，他就顺利地拿到了巴利学硕士学位。在学习巴利语时，阿难把斯里兰卡的纪年史书——《大史》（*Mahavamsa*）翻译成印地语。

1932年，大菩提学会聘请阿难与罗睺罗到伦敦去从事弘法事业，此前达磨波罗曾于1928年在伦敦开设一所弘法中心。由此，这两位印度学问僧即于1932年7月来到伦敦，从事佛教教化工作。其间，罗睺罗返回印度待了几个月，阿难继续留在英国。在此期间，他参观了利物浦、巴黎，做了数次关于佛法的讲演。他还到了柏林，在保罗·道尔阶（Paul Dahlke）教授的佛教会所里居住了一段时间。1934年，阿难返回斯里兰卡，在整个岛上徒步经行，每到一处都受到人们热烈的欢迎。人们聚集在一处，听这位印度的和尚用锡兰语给他们说法布道。

1934年，阇底希·迦叶波比丘加入了他们的行列，三位志同道合的朋友相互激励，共同致力于印度佛教的复兴事业。1936年，他们回到印度，根据每个人的志趣展开各自的佛法弘扬事业。

阿难此后在很长时间内是一位社会运动的积极参与者，一位居无定所的游行僧。1939年3月，大菩提学会在新德里建成首座佛寺，开光典礼上，摩诃得玛·甘地等诸多名家云集，共襄盛举，阿难也参与了这一盛事。其时，有一位阿难的旧相识将他的行踪告知其伯父。他的伯父即从旁遮普赶至新德里，又追至鹿野苑，最后才在那里见到身着佛教僧袍的阿难比丘。

此后的一段时间里，阿难多在鹿野苑弘法修行，编辑《弘法》（*Dhammaduta*）杂志，这是大菩提学会出版的一份印地语月刊。其时，有人在鹿野苑大菩提协会地界上建了一座法堂，在开幕仪式上却准备举行一种吠陀献祭仪式——耶迦（Yagya）。阿难对这种非佛教仪式持反对态度，但为了顾及大菩提会秘书长天爱·师子鬘的劝说，答应不会在公共场合宣讲他的不满。但随后他就离开了鹿野苑，去了加尔各答。

阿难虽然生于旁遮普，但他喜欢印地语，最早用印地语写作，虽然他有时会用旁遮普语、乌尔都语与英语写作。1938年，甘地与其他议会领导成员组建了一个印地语推广联盟，后来甘地的主张发生改变，退出了这一组织，受其影响，贾瓦哈拉尔·尼赫鲁、拉詹陀罗·普罗萨德等人也相继退出。在危急关头，阿难于1941年应请出任该联盟的秘书长，在后来的十年中，他通过他的作品，并竭其所能，全面推广印地语。经过他十年的努力，印地语推广联盟从开始接手的草创阶段，到后来成为一个架构全面、自给自足的语言推广机构，拥有了自己的综合办公楼、一个大的出版社，以及40万卢比的存款。

在担任印地语推广联盟的秘书长期间，阿难用印地语写了多部著作，内容涉及多个领域，其中包含多种宣扬佛教与佛法的作品。除此之外，他还用印地语翻译了巴利语佛典，如《大史》、《本生集》、《杂尼迦耶》、《法句》、《阿毗达磨集论》等。在后来的数年中，阿难出版了更多的著作，或翻译，或撰写，在印地语地区影响甚大。著书立说的同时，阿难为了弘扬佛法还到处旅行，曾到过缅甸、斯里兰卡、日本、中国与尼泊尔。

阿难与安贝卡博士交往颇深，二人曾多次交流。1951年后，这种接触更为频繁，据说安贝卡在筹备皈依仪式时还重点参考了他的意见。不过，阿难并没有出席安贝卡主持的1956年那格浦尔改宗庆典仪式，其时阿难正带领印度官方的访华团来中国访问，参与在中国举行的佛灭纪念活动。

返回印度后，阿难得知那格浦尔的改宗活动后，即来到马哈拉斯特拉邦，积极参与一系列的皈依佛教活动。安贝卡曾试图发起规模更大的改宗活动，但在1956年12月16日，安贝卡突然在德里去世。其时，阿难也正在德里，他将安贝卡的遗体运回孟买，依照佛教传统为安贝卡举行了葬礼，并向参与安贝卡葬礼的十万信众发表演说。此后，阿难即在马哈拉斯特拉邦全力推广佛法，指导民众走向佛道。后来，他又把安贝卡的《佛陀与其教法》翻译成印地语于孟买出版。

1959年，斯里兰卡政府将智严学院改为智严国际大学，并邀请印度三位著名的学问僧分别担任三个系的主任，即阿难主印地语系，罗睺罗主哲学系，夏斯特里主梵语系。在接下来的九年里，阿难任教于斯里兰卡，并完成多种著作，如《巴利语—印地语辞典》、《斯里兰卡》、《目犍连语法》等。其间，他还保持与印度佛教复兴组织的联系，并到旁遮普、德里、乌代尔、北方邦与马哈拉斯特拉邦旅行。

1968年，阿难从大学退休后返回印度，他到马哈拉斯特拉邦从事弘法的具体工作，在先前安贝卡带领五十万追随者改宗佛教的迪恰布迷(Deeksha Bhoomi)，阿难筹建起佛教弘法中心，将其建成年轻比丘学习与训练的重要场所。在尽力为年轻比丘提供更好的条件时，阿难个人主要依靠稿费度日。他在继续用印地语撰写著作的同时，也把安贝卡的著作译成旁遮普语。

1982年后，阿难来到离那格浦尔不远的坎普特（Kampte），重新建起一个佛陀之苑。目前此地已发展成一个占地8.5英亩的佛教培训研究所，有僧舍，有寺院，显示出一派兴旺气象。1988年6月阿难因病去世，佛苑的工作由其弟子迈坦卡尔（Medhankar）博士继任。

在阿难六十余年的弘法生涯中，最后的二十年是他与印度佛教复兴运动联系得最为密切的时期，他继承安贝卡的遗业，在马哈拉斯特拉邦的那格浦尔全力弘扬佛法，成为当地人心目中引导他们走向正法之道的朋友、哲学家与导师。

三　迦叶比丘与印度现代佛教教育

阇提希·迦叶波（Jagdish Kashyap，1908—1976）比丘出生于印度比哈尔邦的兰契（Ranchi）城，初名阇提希·那拉因（Jagdish Narain）。迦叶波是他在1933年皈依佛门之后的法名。阇提希所属的纳拉因家族在当地属印度教一个比较古老的望族，家道殷实。其父是兰契城的一名法官，其岳父与圣雄甘地关系密切。阇提希的长兄承其父业是当地一位有名的律师，曾参加过印度民族解放运动，与政界颇有联系，他对阇提希的思想与性格产生较大的影响。

阇提希早年接受了良好的教育，除学习英语、数学等课程外，还学习梵文等传统文化科目。1927年，阇提希进入巴特那学院从事综艺科目的学习。在校期间，他积极参加政治民主运动，因此受到校方的惩罚，被迫转至贝拿勒斯印度教大学学习。1931年阇提希获得哲学硕士，次年获得梵语硕士学位。毕业后，阇提希对佛教产生了浓厚的兴趣，因而打算攻读佛教哲学的博士学位。他的想法获得当时著名哲学家薄伽梵·达斯（Bhagavan Das）与另一位梵社的导师阿尤迭·般萨德（Ayoditya Prasad）的鼓励，告诫他要学习佛教，必须学习巴利佛藏，于是他决定赴斯里兰卡求学。临行之前，阇提希给斯里兰卡的智严佛学院写信，阐明想去学习巴利语并打算在印度重兴佛教传统的热切愿望。很久以后，阇提希都没有收到回音，就在他不再抱希望时，却意外地收到罗睺罗从德国寄来的信，约他到巴特纳相见。随后不久，他们在巴特纳一位著名印度学家阇耶斯瓦尔（K. P. Jayaswal）的寓所会面，在这里阇提希见到了罗睺罗从西藏搜集到的大批佛经写本。在接下来的几天里，罗睺罗、阇耶斯瓦尔与阇提希一起谈论佛陀、佛教与佛教国家，尤其是佛陀教育弟子要“依法不依人”的思想对阇提希触动很深，因为他自己先前曾在关于逻辑学的硕士论文中也涉及这一观点。

巴特纳的会面进一步激起了阇提希对佛教的向往，到斯里兰卡学习佛教的愿望也更为迫切。其时罗睺罗与阿难均已在斯里兰卡出家为比丘，并执教于智严佛学院，经过他们的举荐，阇提希于1933年11月来到斯里兰卡，从悉瓦里比丘（B. Seevali）学习巴利语与佛教。

在智严佛学院，阇提希一边教梵文，一边学习巴利语，还用梵文发表了一篇题为《佛教及其哲学的本质》的文章。第二年，阇提希在智严佛学院大长老达磨难陀·纳耶迦（Dhammanda Nayak）座下皈依佛教，法名迦叶波。这样，在斯里兰卡的智严佛学院出现了三位来自北印度的比丘僧。

在斯里兰卡求学期间，迦叶波与罗睺罗合作把巴利语的《长尼迦耶》译成印地语。后来，迦叶波陪同罗睺罗至日本弘法，他们从加尔各答起航，行至马来西亚的槟榔屿时，被当地警察扣押。事后得知是因为迦叶波卷入甘地的不合作运动，马来西亚的警察是应印度殖民政府之请，禁止他们离开英联邦管辖的区域。因此，日本之行只能被迫取消，罗睺罗与迦叶波在槟榔屿滞留一年。在此期间，他们应当地佛教界邀请，多次为当地信众宣讲佛法，由罗睺罗讲梵文原典，迦叶波做英文翻译。因为他们住在一所中国寺院里，迦叶波还借机学习了汉语，与来自中国的大乘僧人建立了良好的关系，并跟他们学习禅修。很快迦叶波在习禅方面渐有感悟，他还用这种心理疗法帮一位在家弟子治好了疾病。回到斯里兰卡后，迦叶波决定先去森林中隐居，继续他的禅修。罗睺罗对他的这一做法很不赞同，他希望迦叶波能到伦敦从事弘法工作，为此与阿难一起劝止他，可迦叶波这次没有听从他们的意见，一心坚持自己的想法。最终，迦叶波到萨拉迦拉（Salagala）的静修林中坐禅一年，这对那个时代的比丘而言非常少见。

迦叶波在东南亚与斯里兰卡的这段禅修经历，使他亲身体验到实践中佛教、僧伽的日常工作与居士的关系，而且还结交到当地的几位僧伽领袖，他们也有意在印度传播佛教。

1936年底，迦叶波回到印度，先到阿拉哈巴德拜见罗睺罗，对他没有听命去伦敦弘法表示歉意，其时阿难比丘也在这里，三人又和好如初。

不久之后，迦叶波回到他的故乡兰钦省亲，拜见父母及长兄。家人及邻里对身着黄色僧袍的迦叶波颇感意外，不过仍为其骄傲，且尊重他的选择。迦叶波告诉家人，自己要到鹿野苑去定居，在那里致力于佛法的学习、研究与传授，希望通过佛学教化与教育重兴佛教。

自1937年起，迦叶波开始与大菩提学会合作，与罗睺罗、阿难比丘一起把巴利佛典译为印地语，另外还从事一些文学与学术活动。这一时期随着根本香舍寺的建成，大菩提学会在鹿野苑举办的活动越来越多，鹿野苑逐渐成为朝圣者与游客重要的参访圣地。时任大菩提学会秘书长的师子鬘法师决定要在这里兴办一所佛教高级学校，并希望迦叶波能够来担任校长。尽管薪水非常微薄，迦叶波仍然同意担任这一职务。凭着先前在正规教育机构的学习经历，以及在古鲁迦拉（Gurukala）担任过校长的管理经验，迦叶波很快就为这所学校的发展奠定了坚实的根基。学校最初没有独立的校舍，迦叶波暂时借居在博拉僧寮中。为此迦叶波与慈善家博拉（Jugal Kishore Birla）取得联系，希望他能为学校捐助一块土地。博拉是当时印度著名的慈善家，对印度教与佛教所开展的各种社会、教育与宗教活动都积极支持，他当即应允迦叶波的请求。此后，迦叶波赴缅甸，募集到建设校舍的资金，学校很快就招收到附近地区的学生。

在鹿野苑，迦叶波还通过与博拉良好的关系，结识了马丹·默罕·马拉维耶（Madan Mohan Malaviya）班智达，以及拉达克理希南博士。

后来，迦叶波成功地说服博拉，支持他到贝拿勒斯印度教大学开设巴利语课，即由博拉出资赞助在印度教大学设立巴利语教席，迦叶波去免费授课，每月只领取50卢比以满足其生活开支与基本所需。贝拿勒斯印度教大学向来被正统的婆罗门把持，根本就不想设立巴利语教授席位，但碍于身兼百万富翁与慈善家博拉的情面，最终还是达成设立巴利语教席的协议。此后，迦叶波每天骑车22英里，往返于鹿野苑与印度教大学校园之间，有时还要步行，颇为艰辛。后来博拉获知此事，为他在校园里建了幢木屋，供他使用。这栋木屋后来被称为佛陀精舍，专供印度教大学的巴利语教师使用。这幢精舍仅有三间，来自印度及海外的学生与僧人追随迦叶波，时常使精舍显得格外拥挤。

迦叶波在印度教大学任教九年，在梵语系教授巴利语的同时，又在哲学系教授佛教逻辑，他试图在学校里申请巴利语与佛教哲学的硕士、博士学位课程，并承诺如人手不够，他愿意承担起所有学位论文的指导工作，但是他的这些努力并未有什么结果。

后来，阿难移居到鹿野苑，后来又迁至贝拿勒斯城，迦叶波即充分利用这一机缘，从其学习阿毗达磨与《清净道论》。

1949年，迦叶波来到他祖先生活过的摩揭陀故地重游。这里是古代佛教的中心。迦叶波是数个世纪以来摩揭陀的乡村首次出现的身着黄袍的比丘。人们惊喜地发现他说他们的当地方言——摩揭陀语。当地人早已忘记他们自己的历史，而迦叶波比丘却能娓娓道来：比哈尔邦之所以得名为比哈尔（寺院），就是因为在这里曾出现过众多的佛教寺院；他能指明被当地作为印度教和地方神灵来崇拜的佛陀与菩萨的真实身份；他知道临近那烂陀的某些村庄，比如舍利遮（Sarichak），曾经与佛陀的上首弟子舍利弗相关。通过对巴利经藏的引述，迦叶波证明摩揭陀语与现在的摩揭陀方言仍旧有密切的关系。

在比哈尔邦乃至北孟加拉国邦的诸多地方参访之后，迦叶波对旧属摩揭陀国华氏城（Patna）及迦耶（Gāya）地区最感兴趣。他又成功地说服迦叶学院（在迦耶）与那烂陀学院（在比哈尔—舍利弗）的校长，在他们的学校开设巴利语课程，他可以免费任教。很快巴利语课程在这两所学院里成为最受学生欢迎的课程，因为他们发现巴利语比梵语更容易，可以很轻松地拿到学分。

面对静寂、荒废的那烂陀寺旧址，迦叶波时常浮想联翩，遥想寺院昔日的辉煌与成就，很快就感觉到内心生起的精神动力与随之而来的挑战，他发愿要重建昔日的那烂陀大学。正在迦叶波开始谋划其办学计划时，比哈尔邦政府决定在米提拉、那烂陀、吠舍厘创建梵语、巴利语与俗语三所研究院，作为复兴婆罗门教、佛教与耆那教的基础，因为这三个教派都曾在古代的比哈尔地区辉煌过。

于是，迦叶波自然成为负责筹建那烂陀巴利语研究院的不二人选。当时的那烂陀颇为偏僻，人烟稀少，根本没有什么房舍可以利用，迦叶波不得不暂从王舍城开始筹划创所事务，后来才移至那烂陀。他先在当地募集资金，买地建房，让教工与学生可以上课、居住。后来又为他建了一处居所，包括支提堂、禅房与客房。所有这一切都是由他个人出资，后来捐给研究院。初期的管理与教学都由他一人承担，工作颇为艰辛。后来，迦叶波还成功地说服一位伊斯兰教地主，把他在那烂陀大学旧址附近的一片土地捐献给学院，从而使学院有了自己的校园，学院建设开始走上正轨。后来，巴利语学院的建设得到印度国内外诸多佛教徒的支持，他们或捐助图书，或支持经费，还有不少国外的学生慕名而来，从迦叶波受教。1956年中国佛教协会副会长赵朴初等人赴其地参访时，迦叶波主持的研究院已经颇具规模。新建的寺院命名为新那烂陀大寺（Nava Nalanda Mahavihara），是印度政府准备筹建的那烂陀大学的组成部分。其时学校新建的校舍完工并举行隆重的落成典礼，招收的研究生约有五十人。①

长久以来，迦叶波就想编辑一套天城体的标准版三藏，以供印度学生学习巴利语之用。适逢印度政府准备在1956年开展纪念佛陀涅槃2500年周年纪念系列庆祝活动，作为庆祝活动的一部分，迦叶波以天城体出版巴利藏的工作在官方立项，由比哈尔邦政府与印度政府联合出资赞助。在五年内要编辑出版41卷天城体三藏是一项极其艰辛的工作，作为项目的负责者与组织者，迦叶波每天工作长达16—18小时，统筹大小事宜。某一时期，因为政府拨款延误，迦叶波比丘为了支付工人的工资，不得不卖掉自己的房子。在迦叶波的努力下，第一卷终于作为重要的献礼在1956年佛陀涅槃庆典仪式上出版。到1961年整部藏经全部印刷完成。

在主持藏经编印项目期间，迦叶波迁至贝拿勒斯，以保证藏经的编印工作能顺利进展。1959年，迦叶波应聘为贝拿勒斯梵语大学首任巴利语与佛教系首席教授兼系主任，六年后他才从这一位置退休。在印刷大藏经的同时，迦叶波又带领他在梵语大学的工作团队编纂《三藏大辞典》（*Tipitaka Mahakosha*）。1965年，迦叶波从梵语大学退休，返回那烂陀，继续担任那烂陀巴利语学院的院长，组织人员编辑巴利佛藏的义释（Atthakatha），后来还把出版巴利佛藏的《注释》（*Tika*）与《注释疏》（*Anutika*），以及五卷本的三藏提要作为工作计划。直到1973年，迦叶波才从那烂陀巴利语学院院长职位上退休，他曾经想把这所学院建为一所邦立大学，使其在国内外具有一定学术影响力。

离开那烂陀后，迦叶波又致力于在鹿野苑建立国际佛教大学的规划，这一目标得到了当地锡克教和其他社会团体的支持。

除了参与大菩提学会的各项活动之外，迦叶波在忙于佛教教育与译经事业时，也积极参与各种佛教复兴运动。他曾与安贝卡一起在马哈拉斯特拉邦、拉贾斯坦邦与北方邦组织贱民皈依佛教运动，并多次主持皈依仪式，并给予其经济上的支持与帮助。缘于对佛教禅修实践的兴趣，晚年的迦叶波非常积极地在印度推广禅修实践，他曾经在那烂陀赞助发起一所禅修学校，并修建了一座禅房，后来又将其送给泰国僧人。他对恃印迦（S. N. Goenka）指导的毗婆奢那（Vipassna）禅修训练营给予支持。

---

① 赵朴初：《我们要不愧于先人，不负于时代：1956年4月10日向中国佛教协会在京理事所作关于出席印度菩提迦耶咨询委员会经过的报告》，《现代佛学》1956年5月号。

迦叶波也与不同国家与地区的佛教徒保持友好往来，并竭力支持他们来印度弘扬佛法。继20世纪30年代在槟榔屿与中国的大乘僧人有过密切接触之外，迦叶波后来又在鹿野苑与中国的僧人与学者有过多次交往，中国佛教寺庙的住持法舫、学者金克木都曾受教于他。中华人民共和国成立后，迦叶波还作为印度访华团的成员到中国参观访问。为了支持泰国僧人在菩提伽耶建造寺院，他捐出一块地，并将那烂陀的几栋房屋提供给泰国僧人居住。迦叶波也积极支持日本僧人在王舍城的弘法活动，早在1954年，他就曾访问日本，出席日本第一座国际和平塔的剪彩仪式。1970年，迦叶波又被推选为新成立的印度—日本佛教协会的副主席。[①]

因早年患糖尿病，1974年迦叶波病情恶化，在最后的两年里，他卧病在床，迁居于王舍城的日本寺庙，在那里他可以看到鹫峰与新起的和平塔。次年1月28日，迦叶波因病示寂。

第七节　贱民与佛教——安贝卡领导下的佛教皈依运动

自19世纪末以来，神智学会影响下的印度佛教复兴运动渐次展开，其中达磨波罗领导的大菩提学会起到最为关键的作用，其次便是在南印度由阿由迭、那拉苏等人创建的释迦佛教协会，他们把佛教的复兴同达利特人即低种姓的解放关联起来，使佛教在南印度的达利特人聚居的泰米尔那德邦、安得拉邦得到传播。1891年，印度有5万佛教徒，60年后的1951年，印度佛教徒人数才升至180823人，即便这一数字还有90%生活于喜马拉雅山谷的传统佛教徒，那里的佛教传统一直相传不断。也就是说，在20世纪上半叶佛教复兴运动的声势与影响力比较有限。不过，进入20世纪50年代以后，印度的佛教复兴运动忽然潮流涌动，数年之间就出现一股强大的势力。1956年10月14日，借着印度政府举国家之力庆祝佛陀涅槃2500年之机，印度贱民运动的领袖人物安贝卡带领50万追随者在那迦浦尔集体皈依佛教，创造了人类宗教上的一个奇迹。不幸的是，安贝卡遽然于这年12月6日去世，贱民与佛教间的历史叙述刚刚开始，便突然

① 黄夏年：《当代印度佛教社会活动家、教育家、翻译家阇伽提湿·迦叶波比丘小传》，载《中外佛教人物论》，宗教文化出版社2005年版。

陷于困窘之中，印度佛教的复兴运动于风起云涌之际忽归平静。尽管如此，安贝卡领导下的贱民改宗佛教仍然是近现代印度佛教复兴运动中最激昂的乐章，其影响力与余音仍在印度回荡。

一　向种姓制度与印度教抗争

宾饶·兰吉·安贝卡（Bhimrao Ramji Ambedkar，1891—1956）在印度通常被人们称为巴巴萨海布（Babasaheb），是印度的法理学家、政治家、哲学家、人类学家、历史学家与经济学家，是佛教在印度复兴的领导者，被印度佛教徒尊称为菩萨。作为印度独立后首任司法部长，他也是印度宪法的缔造者。

安贝卡出生于马哈拉施特拉邦（Maharshtra）安贝德族一个有14个孩子的贱民种姓家庭。土邦贱民是最低的社会阶层之一，被视为不可接触者的一类，历来从事清扫街道或守护公墓等一类的职业，遭受社会、经济上的歧视。安贝卡的祖上长期受雇于英国东印度公司的军队，父亲兰吉·萨巴（Ramji Sakpal）曾服务于驻扎在姆豪（Mhow）的印度军队。

安贝卡的父亲属于提倡种姓平等的卡比尔教派（Kabir Panth），因此鼓励他的子女阅读印度教经典，他利用自己在军队的职位，将他的子女送到公立学校去读书。不过，因为他们的种姓，孩子们在学校常遭受歧视。虽然可以在学校学习，但安贝卡与其他不可接触种姓的学生一样被孤立，很少能得到老师的关注与指教。他们不准坐在教室里；他们想饮水时，也不准接触水管或水龙头，只能让那些高种姓的学生从高处泼给他们。

在读高中时，安贝卡受到他的一位婆罗门种姓老师马哈提婆·安贝卡（Mahadev Ambedkar）的喜爱，将其姓氏从安巴婆德卡（Ambavadekar）改为安贝卡（Ambedkar），此后他就一直沿用此姓。

1897年，安贝卡进入孟买的埃尔芬斯通高级中学（Elphinstone High School），他是学校首位不可接触种姓的学生。1907年，他通过入学考试，进入隶属于孟买大学的埃尔芬斯通学院学习，成为他所在社区的第一位大学生。社区为此举行了一次庆祝活动，事后他的一位亲戚——达达·凯露斯迦（Dada Keluskar）把自己用马拉提语写的《佛陀传记》送给安贝卡。凯露斯迦是孟买威尔森高中的一位老师。当时，还有一位毗奈耶迦·孔达迪沃·沃卡（Vinayak Kondadeo Oka）在马拉提语的儿童杂志上发表了系列的佛传故事。可见当时关于佛陀的传记在西印度一带已经传播较广。

1912年，安贝卡从孟买大学获得政治经济学的学位，次年获得巴罗达（Baroda）的塞基劳·盖克沃德大王（Maharaja Sayajirao Gaekwad）提供的奖学金，赴美国纽约哥伦比亚大学学习。留学期间，除了知识学问的增长，安贝卡更对美国自由、平等的生活，以及富于理性与法治的社会制度感触颇深，对印度的种姓制度与各种陋习产生了强烈的革新愿望。[①] 1915年，安贝卡以《东印度公司的管理和财政》（*Administration and Finance of East India Company*）一文获得哥伦比亚大学硕士学位，六个月后他又完成《印度的国家利益：历史和分析的研究》（*National Dividend: a Historical and Analytical Study*）一文，申请博士学位。在获得博士学位以前，他即离开美国，转赴英国留学，学习经济学。后因学费短缺，他不得不中辍学业，返回印度。起初，安贝卡服务于巴罗达州，担任军队秘书。后来为了养家糊口，他曾担任过家庭教师、会计师，成立过一个投资咨询机构，但都因他是不可接触者而失败。1918年，他担任孟买西德纳姆学院（Sydenham College）经济与商贸专业的教授。虽然他与学生相处尚好，但其他教授都不愿与他共享饮水罐。1920—1922年，安贝卡重新回到伦敦经济学院学习，最后以“卢比的问题”（The Problem of the Rupee）为题获得经济学博士学位。

回到印度后，安贝卡主要在孟买从事法律工作，致力于“不可接触”的贱民的解放运动，他曾为三位非婆罗门种姓的教授成功辩护，引起很大反响，他还促使孟买市议会通过《波尔决议案》，将政府管理的水塘、水井、神庙与学校向贱民开放。为了更好地实现这一决议，安贝卡于1927年3月在科拉巴地区召集了近万名贱民召开的大会，第二天他带领贱民游行到附近的水塘，从水塘中取水喝下。

事后，其他种姓认为贱民取过水的池塘被污染，即举行净化仪式，同时强迫当地政府部门限制贱民于此取水。这引起安贝卡等人的进一步抗争，这年的圣诞节，他带领贱民公开焚烧《摩奴法典》，来表达他们对印度教的挑战和宗教信条的反叛。他认为这一行动相当于1789年的“法国大革命”，反映出他对人权、自由、平等、博爱的期待。安贝卡曾经说过，在从英美留学结束后回到印度的时候，他就从社会中感受到了自己被当作“贱民”的屈辱。

---

① 觉亚：《安贝卡与其新佛教运动之研究》（上），《普门学报》2007年第42期。

1930 年，安贝卡代表印度贱民出席在伦敦举办的圆桌会议。在会议上，安贝卡努力让各集团、党派的代表了解到印度贱民受到的种种不平等待遇，促使他们把贱民作为政治上独立的弱势群体看待。这一主张遭到甘地的反对，他认为此举会使印度分裂，为此甘地不惜用绝食方法反对这一方案。1932 年，安贝卡与甘地举行协商，达成普纳协定，即通过成立“哈里吉服务社”（Harijan Sevak Sangh）①，以非暴力、和平劝说的方式，让高种姓的人接受贱民，同时鼓励向贱民开放公共水井、旅舍、学校与神庙。不久之后，甘地领导的国大党出于政治的考虑，明确声明不支持贱民进入神庙。这一声明立时激起安贝卡及其追随者的反弹，他们当即发起“进入印度教寺庙运动”，以争取自己的宗教平等权利。1930—1935 年，安贝卡及其追随者试图通过这种方式为贱民争取在印度宗教信仰中的平等地位。但 5 年下来，这种努力与尝试并没有收到期望中的效果。如 1930 年 3 月初，他们曾经在距孟买不远的纳西迦（Nasik）发动过一次进入当地的可拉罗姆（Kalaram）神庙的活动，参加活动的贱民有 15000 人，当他们试图结队进入神庙时，应当地其他种姓要求，寺庙入口被关闭，并派驻警察驻守寺庙入口。活动僵持了一个多月，其他种姓的人群对安贝卡等发起暴力攻击，安贝卡及不少追随者受伤。尽管如此，活动仍然没有停止，最终使这所神庙被迫关闭了一年。

后来安贝卡认为试图弥合贱民与其他种姓之间的鸿沟已几无可能，即于 1935 年 10 月 13 日在离纳西迦不远的伊沃拉镇（Yeola）召开会议，探讨未来的行动路线。在这次大集会上，安贝卡细数了不可接触者在各个领域的窘况，以及在印度教传统中所遭受的种种不公正待遇，进而指出现在应该决定弃绝印度教，再去寻找其他可以给他们以平等、安全与公正待遇的信仰。最后，他说道：“我生而为印度教徒是我的不幸，我无力阻止这一事实，不过，我向你们保证，我去世时不会再是印度教徒。”②

当安贝卡博士声称要放弃印度教之后，当时许多宗教派别如基督教、穆斯林与锡克教的宗教领袖乃至政治家，都试图争取安贝卡加入他们自己的宗教，以争取他背后庞大的贱民信众。对此，他都毫不迟疑地一一回绝

---

① 哈里吉（Harijan），上帝之子，是甘地对达利族人的称呼，他反对将他们称为不可接触者。

② ［印］D. C. 阿歇尔：《印度佛教复兴的先驱》，第 136 页。

了。这年的年底，意大利籍的光明怙法师特意来到印度，到孟买拜访安贝卡，竭力劝说安贝卡皈依佛教。在后来的一次公开访谈中，光明怙说安贝卡对佛教印象很深刻，希望带领全体达利特人改宗佛教。次年，光明怙在锡兰出版了一本名为《佛教将使你获得自由》的小册子，以此献给印度受压迫的阶级。

在后来参加的会议与活动中，安贝卡都会细数印度教及种姓制度对贱民的迫害。在1936年5月底的一次大会上，安贝卡谈到他放弃印度教的原因："印度教对我的道德良知缺少吸引力，它对我的自尊没有吸引力"，进而指出"宗教是为人，而非人为宗教"。最后，安贝卡又援引佛陀临终前对阿难说的话："做你自己的明灯，不要将自己付诸外在的庇护。以真理为灯，向真理寻求庇护，不要向其他人寻求庇护。"

"饥饿是最大的疾病"，佛陀如是说道。意识到贱民不仅遭受饥饿之苦，更忍受种种不公正的社会待遇，安贝卡决定放慢自己皈依其他宗教的步伐，先将主要精力放在改善其追随者的经济、社会与政治待遇上面。此后，他便持续不断地努力利用各种途径和手段，致力于改善和提高贱民的生存状况与社会地位。1936年8月，安贝卡成立独立劳动党，以便于为贱民争取更多的政治权利。1942年7月，安贝卡在那格浦尔召开全印度受压迫阶级会议，成立"表列种姓联盟"（Shceduled Castes Federation），意图让贱民成为印度宪法制定过程中的重要决定因素。但经过数年的努力，并没有达到预期的效果，表列种姓联盟在1945年的选举中严重受挫。

1947年，安贝卡被任命为独立后印度第一届政府的司法部部长，又担任宪法起草委员会主席，是印度宪法中大部分内容的作者，被称作印度宪法之父。不过，安贝卡试图改革社会和种姓制度的希冀并没有获得实现。此外，安贝卡在马哈拉斯特拉邦做过多年的司法部长。在身居其位时，曾试图完全改造印度民法，以消解种姓制度，同样因为传统势力的强烈反对未能如愿。

二　佛教皈依之旅

1951年，安贝卡因为对尼赫鲁的印度教改革法案、克什米尔问题等问题不满，尤其是他的改革印度种姓制度的计划遭到印度教传统势力和锡克教徒的强烈反对，辞去司法部长之职。这也意味着他通过诉诸政治参与改善贱民地位的多年努力遭到失败。

不过，自 1950 年以来，安贝卡与佛教的关联越来越密切。这一年，他要求其追随者庆祝佛陀诞辰活动，他本人则参加了在新德里的庆祝活动。在这次集会上，安贝卡声称：“贱民不可能爱印度教，因为这一宗教剥夺了他们的所有权利。”

同年，他以《佛陀及其宗教的未来》（*Buddha and the future of his religion*）为题在加尔各答毗舍佉月份的《大菩提学会杂志》上发表文章，首次总结了他的佛教思想。他在文章中声称，他之所以选择佛教，是因为发现佛教是理性的、科学的，是解脱、平等与友好的化身与浓缩。

1951 年 5 月 25 日，安贝卡以观察员的身份到科伦坡参加世界佛教联谊会（World Fellowship of Buddhists，简称世佛联），先出席了在坎迪（Kandhi）佛牙寺举行的大会开幕式。在斯里兰卡期间，他以“佛教在印度的兴衰”为题，在佛教青年协会（The Young Men's Buddhist Association）发表演讲，在演讲中总结说：佛教或许在物质层面上已经消失，但作为一种精神力量始终在印度延续。从斯里兰卡回到印度后，安贝卡无论在哪儿都喜欢谈论佛教，它过去的荣耀，以及未来的景象。这年 9 月，安贝卡在孟买的日本佛寺明确宣布，他将竭余生之力在印度复兴、弘扬佛教。

在德里参加大菩提学会举行的佛诞庆祝活动时，安贝卡发表了声明：如果其他的印度教社团不合作，那么，我们这些表列种姓的成员将自寻出路，重新在这个国度恢复佛教昔日的荣耀与声誉。同年为了教化指导其追随者，他出版了《佛陀赞歌集》（*Buddha Upasana Patha*）。这是一部含有佛教智慧精华的佛经选辑。在《大菩提学会杂志》4—5 月号，安贝卡发表了一篇题为《谁来对印度教妇女的浮沉负责》（*The Rise and Fall of Hindu Women, Who was Responsible for it*）的文章，在文章的结语中，他指出佛陀曾经努力培养妇女的技能，把她们放在与男人同样高的地位。

后来，安贝卡在孟买创建了第一所佛学院——悉达多学院，得名于佛陀个人的名字。另外，他还想成立一个研究所，以探讨印度绚丽的佛教艺术与文化。作为尝试，他选择奥兰迦巴德（Aurangabad），即马拉特沃德（Marathwada）腹地的一处佛教故地，创办弥兰陀弘智学院（Milind Maha Vidyalaya），弥兰陀是一位国王的名字，于公元前 2 世纪在旁遮普建立过希腊王国，后来皈依了佛教。在佛教传统中，弥兰陀的名字常与比丘龙军联系在一起，安贝卡对这位具有哲学家气质的国王与其导师非常敬重，因此又将学院的区大校园名为“龙军园”（Nagasena Vana）。1951年9月1日，时任印度总统的拉詹陀罗·普拉萨德（Rajendra Prasad）应邀出席学院开工典礼。

到1954年，安贝卡皈宗佛教的迹象愈益明显，他时常与佛教僧侣和学术团体保持密切交往。这年5月，他去缅甸参加佛诞庆祝活动，在那里待了两周的时间。6月，安贝卡在班加罗尔开办佛学研讨班，培养在印度弘扬佛教的僧侣，这透露出他的意图与倾向。10月3日，安贝卡在英国BBC广播台声称：“我自己的社会哲学思想可以用三个词来阐明，那就是解脱、平等与博爱。我的哲学根植于宗教，而非政治学，这是从我主佛陀的教义中获得的启示。”

11月的第一周，安贝卡再赴缅甸，参加在仰光举行的第三届世界佛教徒联合会议，他在会议上致辞：“我不得不怀着万分痛苦的心情说，在伟大的佛陀诞生地，他的宗教已经消亡了。”① 稍后，他把自己在印度复兴佛教的计划作了一个简单的陈述，并强调说无量众生要依靠光明生存，对佛教圣地的整治或可有裨于佛法之传播及其在印度的复兴。

在缅甸期间，安贝卡还到曼德勒参观，到索尼博士（R. L. Soni）那儿做客，待了一周时间。索尼是印度旁遮普人，早在1929年就来到缅甸定居，在此皈依佛教后，他创办佛教文化研究所，大力复兴佛教。正是在曼德勒，安贝卡做出富有历史意义的决定，即在1956年正式皈依佛教。与索尼博士的往复论谈，促成他正式走入佛门。在索尼的第五天，他声称：“我已经做出最后的抉择，我将与我的追随者于佛陀诞生的第二千五百年，即公历1956年，正式加入佛教中，你知道这个消息会很高兴吧。”②

从缅甸回国后，安贝卡做的第一件事便是于1955年6月重组并注册印度佛教学会。这年11月，他把自己在仰光得到的一幅佛陀画像，悬挂在普纳德胡路由其追随者建造的一所佛寺中，并在这次集会中表明了他在一年内皈依佛教的计划。

---

① ［印］D. C. 阿歇尔：《印度佛教复兴的先驱》，第143页。

② 同上书，第144页。

三　安贝卡在1956年

1956年5月，安贝卡又在伦敦的BBC电台发表谈话，内容涉及他为什么喜欢佛教、佛教对世界有什么用处、佛教目前的状况等。同月，安贝卡出版了他的具有纪念意义的著作《佛陀与他的法》（*Buddha and His Dharma*）。5月24日佛诞日，安贝卡在孟买纳莱公园的公共集会上宣布，他将在10月皈依佛教。

此后，他经过深思熟虑，最终为这次具有历史意义的事件选定了日期，他邀请到最尊贵的大长老——拘尸那迦的昌德拉摩尼法师，于10月14日在那格浦尔引领他走向佛陀的至福之教。这一天是法王的吉祥日子，阿育王即是公元前262年的同一天皈依佛教，宣称此后他将用爱与劝谕替代武力来征服民众。至于选择在那格浦尔举行这次盛大的皈依仪式，安贝卡自己声称："那些研究过印度佛教历史的人都知道，首次将佛陀的宗教广泛传布的是那迦人。正是那迦人把佛陀的宗教传遍到世界各地。显然这些人居住在那格浦尔。在这座城市的土地上流淌着一条名为那迦的河流。那迦人似乎就住在河的岸边。这是我把这一盛大事件选择在那格浦尔的主要原因。"①

为了这次具有历史意义的皈依，安贝卡专门在夏尔丹难陀平原（Shardhanand Peth）的跋钦研究所（Vaccine Institute）附近选择了一片面积大约14英亩的空地作为场地。在会场北面布置了巨大的帐篷与讲坛，讲坛上饰以花束及五色佛旗，并用白布隔成数排，另外还矗立起一座桑奇大塔的复制品。

10月14日拂晓，几十万男男女女，身着参加皈依仪式的白色衣袍，涌入那格浦尔市，他们从马德拉斯的各个地方乘坐火车或汽车，甚或徒步跋涉百余英里汇聚于此。成群成队的人们手持佛旗走向皈依之地。到上午9点，近40万的人群已经到达预定的地点，汇集成人的海洋。

当安贝卡出现在人们的视野中时，他们对这位无冕之王发出热烈的欢呼。安贝卡身着白色服装，腰里系着白色丝绸带，坐在印度最年长且资历最深的昌德拉摩尼长老（U. Chandramani Maha Thera）旁边。第二排就座的是大菩提学会的秘书长天爱·师子鬘，还有印度佛教学会的领导成员。

---

① ［印］D. C. 阿歇尔：《印度佛教复兴的先驱》，第145页。

9点40分，皈依庆典仪式开始，80岁的昌德拉摩尼长老依照巴利传统，为安贝卡及其妻子举行三皈依仪式，他们站立在庄严、神圣的佛主像前，三次以巴利语念诵："我皈依佛，我皈依法，我皈依僧"。三皈依诵之后，又继之以五戒诵。然后，他们又用马拉提语如是重新念诵。接着，他们又在佛像前三次击掌发愿，并为佛陀献上白色莲花。这样皈依仪式就算结束了。当安贝卡皈依佛教正式宣布之后，汇集在那里的人海爆发出震山的掌声与呼喊：佛主胜利！爸爸萨海巴·安贝卡胜利！最后，参加庆典仪式的嘉宾师子鬘等人为安贝卡献上花鬘。

那格浦尔庆典仪式标志着安贝卡朝圣之旅的终结，安贝卡以佛教徒身份，动情地向在场的人群说道："1935年，我开始抛弃印度教运动，此后经历过不断的斗争。这次改宗带给我巨大的喜悦与无法想象的幸福。我感觉好像已从地狱中解脱出来了！"①

然后，安贝卡呼吁在场的人们站立，准备皈依佛教。于是人们众口一词，以高昂、悦意之音跟随安贝卡念诵三皈依、五戒诵。紧接着，他又带领大家念诵事前特意准备好的"二十二愿"，以确保其追随者彻底抛弃旧宗教成为一个完好的佛教徒：

（1）我不相信梵天、毗湿奴和湿婆，我不崇拜他们；

（2）我不相信被视为神灵转世的罗摩和克里希纳，我不崇拜他们；

（3）我不相信高利、象头神和其他印度教神祇，我不崇拜他们；

（4）我不相信神灵转世；

（5）永不相信佛陀是毗湿奴的转世，我认为这是疯狂的说教和错误的宣传；

（6）我不做希拉塔（Shrāddha，传统印度教祭祖仪式）及宾得（pind，印度教供品）；

（7）我不做违背佛教原则之事；

（8）我不许可仪式由婆罗门主持；

（9）我相信人人平等；

（10）我尽力建立平等；

---

①［印］D. C. 阿歇尔：《印度佛教复兴的先驱》，第146页。

（11）我遵循佛的八圣道；

（12）我遵循佛讲的十波罗蜜；

（13）我慈悲所有的众生及保护他们；

（14）我不偷盗；

（15）我不说谎；

（16）我不犯淫罪；

（17）我不接触酒、毒品等有害物；

（18）我竭力践履八圣道，在日常生活中行慈悲；

（19）我放弃不利人类并阻碍人类前进的印度教，因为它建立在不平等之上，我接受佛教作为个人的宗教；

（20）我坚信佛教是唯一正法；

（21）我认为我信奉佛教后获得了重生；

（22）我庄严宣誓从现在起遵从佛教正法。

次日，又有大量的人群聚集而来，倾听他们的解放者振聋发聩的号召。在讲话之前，先举行了另一场皈依仪式，又有十万之众的男男女女加入佛教信众之列，他们因为迟到而错过了前一天的初始皈依仪式。同样的仪式完毕之后，安贝卡发表了长达三个小时的演讲，他追溯了历代下层被压迫阶层的痛苦历史，为缓解他们的痛苦他终生所做出的斗争，以及他为何在各种宗教中选择了佛教。述及这次改宗的原因，安贝卡说："人们不能只靠面包而活着，他有思维，因而也需要思想的资粮，宗教滋润人们的理想，驱使其行动。印度教冲刷掉被践踏阶层的热情，这是为什么有必要改宗我的信仰而皈依佛教的原因。"他又接着说道："印度教社会根植于种姓制度，这是不平等的代名词。对被压抑与被压迫的阶级而言，这种宗教除了奴隶与农奴，一无所有。继续困守其中，对我们了无裨益。我们的解脱只能依靠佛陀的宗教，它是基于平等与普世的兄弟友爱。"①

这次盛大的改宗盛典结束后，安贝卡获得极大的解脱。他在10月31日写给师子鬘的信中透露了他的这种感觉，并谈到佛教皈依运动结束之后他的安排与设想，尤其强调对弘法僧团的培养与计划：

① ［印］D. C. 阿歇尔：《印度佛教复兴的先驱》，第147页。

> 我们得考虑向改宗民众传播佛教知识的途径与具体方法，他们已接受了佛陀的教法，且将会根据我的言辞来奉行。我们应毫不迟疑地训练大批向民众传授佛法的专门人才，而从事这一事业的最合适人选乃是比丘众，他们拥有的威望非居士所能比拟。
>
> 以我的判断，比丘众应该会乐于觉知需要他们完成的宏大使命。他们唯一克服的困难，是忽视对民众语言的学习。恐怕僧伽得调整其观念，即从原来的遁世者转变为一种类似于基督教传播中的社工和传教士身份。正如我先前告诉过你的那样，今天的比丘即不应是阿罗汉，也不应仅是有用的社会成员。这一事实必须反复灌输给他们，使他们意识到只有成为佛法的弘宣者，才能更好地供奉佛陀。
>
> 我非常赞同你关于开办类似逻辑研讨班的意见，比丘众与非比丘众在那里可以接收基本的佛教教育，学习印度的各种语言，这样他们就可以派往各地。①

随后安贝卡又与师子鬘谈及将要在孟买举办佛教改宗仪式：“在孟买的皈依仪式将会在十二月举办，最有可能在圣诞假期之间，这样许多民众就可以方便出行，否则就无法赶过来。在征求孟买民众的意见后，我会将具体的日期告诉你。”最后，他希望师子鬘能在大菩提学会的杂志上对那格浦尔的佛教改宗活动作全面的报道：“我希望你能在大菩提学会杂志上全面传布那格浦尔的庆典仪式，希望你能强调如下几点：第一，在皈依当天有308000千人民众改宗佛教。因为有许多人是在仪式结束后到达的，第二天又按照同样的程序举行了一次皈依仪式。第二，在1956年10月16日晚上，在昌德举行了另一场集会，又在那里举办了一次改宗仪式，约有三十万民众改宗。第三，我目前又收到来自所有地区的要求改宗的信件。”②

11月15—21日，安贝卡赴尼泊尔首都加德满都，参加在此举行的第四届世界佛联合大会，这是他首次以佛教徒身份参加的国际会议，受到与会者的热烈欢迎。世佛联主席马拉拉斯盖（G. P. Malalasekera）博士把那格浦尔皈依描述为一次奇迹，他在15日的大会开幕式上说道：“我们正

① ［印］D. C. 阿歇尔：《印度佛教复兴的先驱》，第148页。

② 同上书，第148—149页。

生活在一个充满各种奇迹的时代，我们常看到这些奇迹就发生在我们周围。我想在这里从中择取一个事例作为参照。直到数年之前，佛教几乎在其诞生之地消失。可是在前不久，似乎感觉到已出现了一个新的预兆。就在一个月前，具体说是在 10 月 14 日，我们看到一个奇迹发生了，其时那格浦尔的 50 万民众，在安贝卡先生的领导下，集体皈依了佛教。在世界任何宗教的历史上都没有出现过这种情形，五十万民众同时宣布成为一种新宗教的信徒。这是一件了不起的事件，其深远影响已经开始显示出来。它成为一系列连锁效应的动力，每天都有自次大陆众多遥远而辽阔地区传来的新消息，无量男女众生正在追随这一鼓舞人心的潮流。诸如此类的事件使我们充满喜悦与希望。”①

受那格浦尔奇迹鼓舞，世界佛教大会希望听到安贝卡本人关于佛教当前面临诸问题的意见，尤其是如何面对共产主义的挑战。应他们的要求，安贝卡在 20 日的会议上发表了题为《佛陀与马克思》的演讲，提出佛教能够满足优秀宗教应有的 25 个特点，其殊胜之处在于能够确保自由、和平、平等、快乐与友爱等重要的价值观。其富有鼓舞性的演说持续了一个小时，他最后总结说：“不必为共产主义的成功所诱惑。我非常自信，如果我们都能够有佛陀十分之一的觉悟程度，我们就可以通过爱、公平与友善达到同样的结果。”②

尽管从尼泊尔返回时安贝卡已经积劳成疾，他仍然继续去朝拜佛教胜迹。11 月 23 日，他在大菩提寺参加敬拜活动，又在当天晚上乘火车至鹿野苑，在新落成的僧寮中住了三天。25 日，他向来自各个国家的一百五十余名僧侣发表演讲，号召他们更庄严地在印度从事佛化事业。然后，他参观了鹿野苑的遗迹、佛塔林，以及根本香舍寺的敬拜活动。27 日晚，他在去拘尸那迦的路上又乘飞机去了乔罗坎普尔（Gorakhpur）。在神圣的佛陀涅槃寺举行完敬拜活动，安贝卡于 29 日晚回到德里。次日，他主持了表列种姓联盟会议，决定终止表列种姓联盟，将其改组为印度共和党。

12 月 5 日，安贝卡要求把《佛陀与其教法》（*Buddha and His Dhamma*）的前言与引论交给他，他准备在当天晚上对其做些研讨。可是这一工作并没有完成，他在 6 日凌晨于睡梦中悄然离世。

---

① ［印］D. C. 阿歇尔：《印度佛教复兴的先驱》，第 149 页。

② 同上书，第 150 页。

安贝卡突然去世的消息令全世界感到奇怪与震惊。全印度人民都为安贝卡的意外去世深致哀悼，其追随者更是陷入不知所措的窘境中，他们就如同失怙的幼儿，不知道下一步如何去行动。经过细致商讨，12月7日，安贝卡的遗体被同在德里的阿法法师运回孟买，在那里依照佛教荼毗仪式火化。五十余万民众来参加其葬礼，此种规模在孟买前所未有。安贝卡原计划于16日在孟买举办大众皈依仪式，为实现其遗愿，有十万民众要求加入佛教团体，他们在火化现场自发地跟从阿难法师接受三皈、五戒仪式。

安贝卡发起的佛教改宗运动对印度社会新秩序的贡献功勋卓著，尽管他没来得及实现所有的理念，不过，表列种姓或不可接触者在所有公共机构中都被赋予平等的权利，直到他们被完全整合进社会为止。在教育领域，在政府机关的职位分配等方面，他们也享有若干特权。后人为了纪念安贝卡，在孟买市中心、新德里的国会议事堂前设立了他的铜像，作为对他的永久怀念。

安贝卡的遽然去世给印度的佛教复兴运动带来了巨大损失，数量巨大的印度贱民并没有像安贝卡在世时那样踊跃皈依佛门，而且已经皈依佛教的贱民也因为缺乏强有力的领导趋于分裂，且失去前进的方向。后来的贱民皈依佛教运动主要在两个邦进行，即安贝卡出生地马哈拉斯特拉邦和北方邦。在北方邦弘扬佛教的主要是觉喜、慧义法师及他们的追随者。慧义于1960年从佛子学校退休，迁居于诃利德瓦尔（Haridiwar）的一处静修林，并转向雅利安社，从事全印度的吠陀祭祀活动。他去世后按照雅利安社社员的仪式入葬，他创办的佛子学校的归属权也出现争议。其追随者鲍吉·提婆·穆迪德（Bhoj Dev Mudit）不得不另外建立了一所学校。拉詹陀罗那特·阿海尔瓦（Rajendranatha Aherwar）在坎普尔是一位达利特族的重要领袖，他加入印度共和党，并与其家人于1961年皈依佛教。1967年，他建立印度佛教联合会（Bharatiya Buddh Mahasabha）的坎普尔分支，经常在当地举办会议以弘扬佛教，如向世人提供佛教婚仪或人生纪念日庆典，还在佛诞日、安贝卡的诞日与忌日，以及安贝卡的皈依日，举行庆典仪式。

现代印度佛教徒可以分为四类，第一类是从古代佛教秘密流传下来的印度本土佛教徒；第二类是从周围邻近国家转徙至印度的佛教徒，如1959年追随达赖流亡印度的藏传佛教徒；第三类是受大菩提学会的佛教复兴运动的吸引而皈信佛教者；最后一类是追随安贝卡改宗佛教的表列种姓。其中第四类占了印度佛教徒的绝大多数，几乎超过了90%，其中又有84%生活在马哈拉斯特拉邦。由此可见，是安贝卡再次让佛教在印度真正成为一个活生生的宗教。他是印度现代佛教复兴运动中最伟大的先驱。

第八节 佛教作为文化与学术

经过欧洲诸国考古学家、探险家与学者的努力，佛教作为印度古代最为丰厚、最为灿烂的文化遗产之一，绽放出新的光辉。而且，这种在不断的探究中愈发耀眼、辉煌的文化光辉，使得印度在整个亚洲中的文化地位益发凸显，并在很大程度激发起上至印度政治领袖、文化精英，下至普通民众的民族自豪感。不管是把佛教作为宗教文化异端，还是印度正统文化的分支，印度教徒占绝对优势的现代印度社会都不得不对佛教采取一种包容的态度，让它在现代印度社会中扮演多重的角色。如前所述，它可以被政治家作为发动民众获取自身政治权利的政治资源，也可以作为外交家发展对外友好关系或者谋取外交利益的重要媒介或砝码，还可以作为宗教改革家可资利用的宗教思想源泉。而对印度下层的不可接触者而言，佛教或许可以成为他们争取种族平等、改善生活状况的重要寄托与希望。总之，自20世纪初开始，佛教的意义与价值就得到了不断的揭示与发掘，终于在1956年借着庆祝佛教涅槃2500周年之机，佛教在印度的影响力与声势达至巅峰状态。在佛教文化遗产的发掘与继承过程中，佛学研究成为推动佛教影响力的决定性因素。

一 佛教文化遗产的继承

1947年8月15日，印度脱离英国的殖民统治获得独立。独立之后的印度百业待兴，为了增强国家凝聚力，整合印度民族、宗教、文化、语言等社会资源，印度国民代表大会在举行制宪会议，商讨印度的国旗与国徽设计方案时，把注意力转向佛教与印度最伟大的帝王阿育王。在以时任总统拉詹陀罗·普罗萨德博士与制宪委员会主席安贝卡博士的主导下，经过反复商讨，印度国旗设定为长方形，长宽之比为3∶2。全旗由橙、白、绿三个相等的横长方形组成，正中心有一个含24根轴条的蓝色法轮。法轮是阿育王修建于佛教圣地石柱柱头的狮首图案之一，人们一般称为阿育王法轮，它象征着真理与道德，也代表了印度古老的文明。在设计国徽时，孔雀王朝阿育王石柱顶端的石刻给设计者带来灵感，以之为基础，最终将国徽设计为圆形台基上站立着三只金色的狮子，象征信心、勇气和力量。不管是国旗还是国徽，都有非常明显的佛教元素。

独立后的印度政府对佛教文化的全面继承与弘扬在50年代全面展开，在1956年庆祝佛陀涅槃2500周年时达到高峰阶段。1956年对印度而言，是一个洋溢着希望、和平与慈爱的佛教文化年。为了组织好系列庆祝活动，印度政府专门成立了一个国家级别的委员会，副总统的拉达克里希南(S. Radhakrishnan)博士担任委员会主席，北方邦首席部长桑布尔南多博士(Dr. Sampurnanand)、比哈尔邦首席部长克里希纳·辛诃(Sri Krishna Sinha)、阿萨姆邦的首席部长夏玛(Shri S. D. Sharma)、锡克教的玛哈拉贾·古玛尔(Maharaj Kumar)、拉达克的首席喇嘛古萨卡·巴库拉尊者(Ven. Kushak Bakula)、印度总理尼赫鲁等人担任委员会的成员。在这一委员会的组织领导下，印度政府组织了长达一年的庆典活动。德里作为印度首都很自然地成为庆祝活动的主要场所，在这时举办的系列活动包括以下几项。

1956年5月23日，国家总理贾瓦哈拉尔·尼赫鲁在新德里雷兹路埋下佛陀纪念碑的基石，并将雷兹路曼迪尔路佛陀寺后面辟出一片空地建设佛诞公园。

5月24日，在拉姆利拉广场举行盛大的群众集会，印度总统拉脅陀罗·普罗萨德担任这次集会的主席，他在这次集会上发表讲话："在庆祝佛陀涅槃2500周年这个吉祥的时刻，我向我的国民以及全世界各国人民致以祝福！对所有信奉德行至上、神智优异超乎世俗与无常的人们而言，这是一个神圣的日子。在这片土地上，佛陀为了寻求真理经历过严苛的苦行，后来他又将绝对的包容与普世的和平福音向世人传播，此时此刻，这儿的人们正体验着殊胜的欢悦。"① 此后，他又宣布印度政府将在德里大

---

① ［印］拉脅陀罗·普罗萨德(Rajendra Prasad)：《友爱与和平——佛陀永久的福音》(*Love and Peace, Buddha's immortal message*)；［印］D. C. 阿歇尔：《佛教与现代印度教徒》(*Buddhism and Modern Hindus*)，佛教世界出版社(Delhi：Buddhist World Press) 2009年版，第33页。

学设立佛学研究教授席位，以纪念佛陀涅槃2500年，著名佛教研究者P. V. 巴帕特（Bapat）被任命为德里大学首位佛学研究教授。

11月3日，佛教艺术展在新德里开幕，此后又将这一展览在其他大城市延续。

11月17—18日，召开国际佛教研讨会。

整个活动中还包括一系列出版物、电影与纪念邮，其中出版物包括《佛教2500年》、《佛教重要遗址画册》、《阿育王碑铭集》、《天城体三藏》，电影为依据印度的雕塑与绘画，拍摄展示佛陀一生的文献纪录影片，邮票为一套联合纪念邮票。除了一系列庆祝活动，印度政府又投资一千万卢比，用于保存、修复与更新佛教胜迹。

在持续一年多的系列庆祝活动中，全印度各地举行了数千次的庆祝活动，用各种语言文字书写的称颂佛陀功德的著作与文章连篇累牍，新闻报纸与杂志更把佛陀与佛教作为讨论的中心话题，全印度的广播整年都在播放着各种关于佛教的活动、谈话与戏剧。两部关于佛教历史的印地语电影也在这一年先后放映。安贝卡更通过唱片公司发行了两种巴利语的三皈、五戒的盘片。大菩提学会则在佛教的各个圣地举行了更具神圣性与宗教意味的活动。佛教圣地重新整治、修葺一新，道路重新整修，休息室、餐厅与相应的主题公园渐次建成开放。全印度人民借着佛陀涅槃纪念活动，使佛陀精神与佛教文化遗迹焕发出全新的面貌。

对印度佛教徒而言，1956年还有一系列重要的事件：先是此年2月，原藏于英国博物馆的目犍连子帝须等九位高僧的遗骨被迎请回印度，后分别被供奉于锡兰与桑奇寺；最盛大的佛教活动是发生在这年的10月14日，安贝卡带领五十万不可接触者集体皈依佛教。

在佛陀涅槃庆祝活动中，印度的政要、宗教领袖、社会改革家、文化精英与知识分子纷纷通过演讲、文章、论文与著作，从不同角度揭示佛教巨大的文化价值与宗教意义，即便是传统的印度教徒，也试着从印度宗教文化的整体角度，探讨佛教与正宗印度教文化的兼容性，诸如佛陀乃毗湿奴化身，佛教的一切教义都是源自于吠陀与奥义书。正如研究印度近现代佛教的D. C. 阿歇尔所言，近现代以来整个印度社会对佛教采取了一种包容与友善的态度。[①] 这一点从印度首任总理尼赫鲁身上得

---

① ［印］D. C. 阿歇尔：《佛教与现代印度教徒》，“导言”。

到很好的说明。

尼赫鲁（1889—1964）出生于阿拉哈巴德，早年即对佛教有所了解。他说："早在孩童时期，佛陀的故事就深深吸引了我，年轻的悉达多经过内心反复的斗争，克服种种内心的疼痛与折磨，最后达至觉悟。爱德温·阿诺德的《亚洲之光》成为我最喜爱的书籍。在后来的岁月中，当我反复在我们省旅行的时候，我喜欢参观诸多与佛陀传说相关的圣迹，有时为了这一目的而特意绕道而行。"①

1931年，尼赫鲁开始参与佛教运动，支持大菩提学会根本香舍寺师子鬘的工作，多次参与该寺在鹿野苑组织的活动。后来，尼赫鲁还参加过两次寺院的周年庆典仪式。1949年，舍利弗与目犍连的遗骨被迎请回印度，时任印度总理的尼赫鲁亲自到加尔各答王府（Raj Bhavan）接收灵骨，并在随后举行的大众集会上倡议，要对其善加保存。事后，他敦促印度政府各部门在将灵骨送往印度各邦及国外巡展时做好安保工作。当灵骨被迎请至德里时，他特意来到新德里的佛寺表达他的崇敬，后又在灵骨送往拉达克巡展时，携其女儿英迪拉·甘地女士去礼敬致别。

1952年11月，舍利弗与目犍连的灵骨被迎请至出土处的桑奇，印度政府举行了一场盛大的庆祝活动。尼赫鲁与缅甸总理、印度副总统拉达克里希南共同出席了这一活动。在庆典仪式上，尼赫鲁声称，他看到佛陀教化的道路通向进步与繁荣，并将这种觉悟作为他一生的使命去唤醒大众。他认为灵骨回归事件有着深刻的意义，只有在人们心中构建起一座活生生的寺庙来照亮古代的记忆，并用以指导这喧嚣的世界，其深刻的意义才会彰显出来。作为演讲的结语，尼赫鲁说道：通过这次集会，一颗种子将会开花，并将福音传播开去。

1956年的佛诞2500周年庆典仪式是尼赫鲁为佛教所做的最重要且持续时间最长的工作。此年5月23日，尼赫鲁在新德里雷兹路为佛陀纪念碑埋下奠基碑，并发表声明说："2500周年佛诞庆典是佛陀回家的标志。"正是因为尼赫鲁对佛陀的尊重与虔诚，使得富有历史意义的佛诞庆典活动能以一种适宜的方式举行。1963年2月24日，尼赫鲁出席德里贝拉路拉达克寺的落成庆典仪式，这是他生前最后一次参加佛教活动。

① ［印］贾瓦哈拉尔·尼赫鲁：《印度的发现》，齐文译，世界知识社（北京）1956年版，第153页。

在近现代赞助佛教复兴的印度教徒中，印度民族资本家塞特·朱戈尔·奇梭·博拉（Seth Jugal Kishore Birlw，1881—1967）对佛教复兴事业的支持亦不可忽视。博拉是拉贾斯坦邦比拉尼市（Pilani）著名的工业资本家与慈善家，是一个虔诚的印度教徒。在倾力支持印度教的各项宗教事业时，对佛教在印度的复兴活动也大力支持。1934 年，他在鹿野苑建立了一座华丽的僧舍，为到鹿野苑（Isipatana）巡礼圣迹的僧人提供了很大方便。后来他又在摩诃迦耶与拘尸那迦兴建了两座法寮，供僧人休息之用。1939 年，博拉为大菩提会在新德里出资兴建了一座佛教寺庙，又为大菩提会在加尔各答建设的大菩提会福利之家捐资 25000 卢比。除此之外，他也通过其他途径支持大菩提会的工作。1937 年，伯拉还出资支持达摩难多·憍赏弥在孟买的帕莱尔兴建大众寺（Bahujana），于 1940 年出资在孟买的沃里（Worli）修建了一座日本寺庙。

尼赫鲁与博拉代表了现代印度政治领袖与社会精英对佛教的基本态度，为印度现代佛教复兴运动与佛教文化遗产提供了良好的社会空间。

二　佛学研究的复苏与繁荣

自 19 世纪后半叶以来，伴随着英国殖民者对印度佛教遗迹的发掘与佛教传统的研究，印度本土的知识阶层与文化阶层也认识到了佛学研究的必要性以及佛教文化传统的多方面价值。如果说近现代印度佛教复兴运动是受佛教神智学会、大菩提学会等外部势力影响出现的，那么，这一时期的佛学研究同样是受英国、法、德等欧洲国家佛学研究的影响所致。早期的印度佛学研究者，如前面提及的拉詹陀罗拉尔·密特拉、哈拉·布拉萨德·夏斯特里、萨拉德·昌德拉·达斯等人，都是首先从参与英国学者组织发起的相关活动而开启其佛学研究生涯的。凭借他们的语言优势、对佛教赖以产生与发展的印度宗教文化传统的深度熏习与体验，印度知识阶层、文化精英在佛学研究各个领域取得丰赡的成就，从早期梵本佛典的收集与整理，再到后来巴利佛典的翻译与研究，从佛教圣典丛书（Buddhist Text Series）的刊刻，再到后来盖格沃德东方丛书（Gaekwad's Oriental S.）等系列佛学研究丛刊的出版，印度的佛学研究不断取得新的成绩。加尔各答大学、泰戈尔国际大学、巴罗达的盖格沃德东方研究所、印度国际文化研究院、普纳的佛古圣学院，以及建国后成立的那兰陀巴利语学院、德里大学佛学研究系等，都是 20 世纪以来印度著名的佛学研究中心。

（一）加尔各答大学的佛学研究

在近现代印度佛学研究机构中，创建于1857年的加尔各答大学是最为重要的佛学研究中心，从19世纪末开始，此地就汇集了一批优秀的佛学研究者，如哈拉·布拉萨德·夏斯特里、萨拉德·昌德拉·达斯、憍赏弥等人都曾在这里任教。继他们之后，加尔各答大学的佛学研究仍然是代有其人，名家辈出。

萨迪希·昌德拉·维第耶普扇（Satish Chandra Vidyabhusan）是创建佛教圣典学会的S. C. 达斯的学生兼同事，精通梵语与印度逻辑学。1879—1900年，他曾协助达斯编辑《藏英辞典》，1893年他被孟加拉国政府借调到佛教圣典学会，主持编辑出版了大量的梵语佛教经典。1901年，维第耶普扇成为加尔各答大学首位巴利语学硕士学位获得者，又于1910年赴锡兰在益智佛学院的院长苏芒迦罗大长老的门下学习了六个月。返回印度后，他被任命为加尔各答著名的公立梵语学院的院长，此后他全力从事印度尤其是佛教逻辑与哲学的研究。维第耶普扇早期的研究成果包括与达斯合作编辑十一世克什米尔毗湿奴派诗人乞叉曼德拉赞叹佛德的《譬喻集》（*Avadana-kalpalata*），以及《入楞伽经》节本。后来，他又英译迦蹉衍那（Kaccayana）的《巴利语语法》（*Palī Grammar*，1907），编辑整理《佛赞集》（*Buddha-stotra-sangraha*）与《正理滴论》（*Nyayabindu*）。维第耶普扇最大的贡献在于逻辑学，他发表了多篇关于陈那与龙树的文章，他编辑的《中观派之遮诠论》（*The Madhyamika Aphorisms*）汇集了150余篇关于佛教哲学方面的文章。维第耶普扇于1922年出版的《印度逻辑史》（*History of Indian Logic*）是一部具有里程碑意义的著作，该书对大乘佛教逻辑与哲学的强调给整个佛学研究领域带来革命性的变化。

继维第耶普扇之后，在印度从事佛教哲学研究的是同样出自加尔各答大学的巴鲁阿。贝尼马塔·巴鲁阿（Benimadhab Barua，？—1948）于1913年在加尔各答读完巴利语的学位，受英联邦提供的巴利学高端研究奖学金支持，到英国伦敦留学，于1917年获得文学博士学位。回国后，巴鲁阿担任加尔各答大学的巴利语教授。1927年，巴鲁阿担任伦敦《佛教印度》（*Buddhist India*）杂志的副主编，于1935年在加尔各答创立了那烂陀明道学院（Nalanda Vidyabhavan），以教授巴利语与梵学为其宗旨。在1948年去世之前，巴鲁阿主要从事经典文本与考古学有关的研究工作，是现代孟加拉国佛教徒所熟知的重要佛教学者，其杰出成就为日渐流行的佛教经典与思想提供了牢固的根基与论证。

巴鲁阿于1921年出版的《前佛教时期的印度哲学史》（*The History of Pre-Buddhist Indian Philosophy*）是他的第一部著作。此书把早期佛教置于它所赖以产生的社会、思想与文化背景中，揭示出佛教的无所依傍与独创性。他的第二部著作是《阿什斐伽派》（*Ajivikas*），揭示出印度古代一场颇有影响力但后来早已消亡的宗教运动。阿什斐伽派，佛教称为“邪命外道”，是印度列国时代主张宿命论的代表学派，其代表人物是末伽黎·拘舍罗（Makkhal Gosala），他们认为整个世界是按照既定程序安排的，否定各种宗教的善恶业报说，否定人的能动作用，使人安于现状。

除佛教哲学著作外，巴鲁阿还著有佛教铭刻与历史方面的著作，如《乌代耶山与坎大山岩洞的旧婆罗谜铭刻》（*Old Brahmi Inscriptions in the Udayagiri and Khandagiri*）、《巴尔胡特铭文》（*Bharhut Inscriptions*）、《阿育王及其铭文》（*Asoka and his Inscriptions*）与《锡兰文学》（*Celon Lectures*）等，诸如此类的著作对当时印度的佛教史研究颇有帮助。

比玛拉·车恩·劳（Bimala Churn Law，1892—1969）是加尔各答大学一位经验丰富、多才多艺的学者，他在印度学的多个领域内诸如佛教、耆那教、历史、地理与古代印度的社会等，都曾经做过研究，先后出版著作五十五种，他的两卷本《巴利语文学史》（*History of Pali literature*，1933）与《觉音的生平与著作》（*The Life and Work of Buddhaghosa*）广为巴利文献专业的学者熟知。他编著过巴利语的《杜帕世系》（*The Thupavamsa*，1935）、《达陀世系》（*The Dathavamsa*，1925）、《佛本行藏》（*Cariyapiaka*，班达加罗尔东方丛书，第4卷），其中后两种都是天城体重新编排，并附英文翻译。他的学术专著有《大事研究》（*Study of Mahavastu*）、《佛教文献中的女性》（*Women in Buddist Literature*）、《佛教中的心智概念》（*The Buddhist Conception of Spirits*）、《早期佛教与耆那教经典记述的印度》（*Indian as described in Early Texts of Buddhism and Jainism*）、《佛教视野中的天堂与地狱》（*Heaven And Hell In Buddhist Perspective*），这些都显示出其深刻的学术洞察力。他还英译了《佛陀世系》（*Buddha Vamsa*[①]，1940）与《夏萨那世系》（*Sasanavamsa*，1952）。在佛教研究方面，比玛拉还分别专书探讨古摩揭陀国的舍卫城、王舍城、憍赏弥等重要

① 本书是一部关于《迦他事》（*Katha-vatthu*）的注释。

的古城。除前述诸书外，比玛拉的《古代印度的部落》（*Tribes in Ancient India*）与《印度的山脉与河流》（*Mountaions and Rivers of India*）、《古代印度历史地理》（*Historical Geography of Ancient India*）对于了解古代印度是非常有用的著作，他还有一部三卷本的论文集《印度学研究》（*Indological Studies*）。总的来看，比玛拉所有著作最突出的一个特征，即是充分细致地利用参考文献与著作，将其论点建立在扎实的基础之上。

那里那乞叉·杜特（Nalinaksha Dutt）博士继巴鲁阿担任加尔各答大学巴利语系主任。他的《大乘佛教面面观及其与小乘佛教之关系》（*Aspects of Mahāyāna Buddhism and its Relation to Hinayāna*, 1930）非常清晰地揭示出佛教从早期的佛陀教化发展到后期富有深奥哲学教义的历程。他还编辑整理了梵本《五千颂般若波罗蜜多经》（1934），最值得称道的是他发现与整理了大量的吉尔吉特写本，后来将其分成八卷出版，其中比较重要的佛教经典有《三昧王经》、根本说一切有部的《毗奈耶事》（有残缺）。他对《毗奈耶事》的发现与整理尤其值得注意，即揭示出梵本毗奈耶与巴利毗奈耶之间的关系与年代。杜特还著有两卷本的《早期寺院佛教》（*Early Monastic Buddhism*），其可读性强，颇受人称誉。他还出版了《阿毗达磨俱舍音义析论》（*Sphutārthā-abhidharma-kosha-vyākhya*）的前三章。另外，他还利用中亚出土的写本编辑整理了《妙法莲华经》。

此后，加尔各答大学出现了数位佛教研究者，查格拉瓦尔帝（N. P. Chakravarti）曾担任考古系的主任，著有《梵本优陀那品》（*L'Udanavarga Sanskrit*, *Paris*, 1930）。萨德可里·穆克纪（Satkari Mookerjee）著有《佛教哲学通诠：陈那学派批判实在论详解》（*The Buddhist Philosophy of Universal Flux*: *An Exposition of the Philosophy of Critical Realism as Expounded by the School of Dignāga*, 1936）、《佛教哲学之非绝对论：不一论派的批判研究》（*The Buddhist Philosophy of Non-absolutism*: *A Critical Study of Anekāntavād*）、《佛陀哲学滴论》（*Bauddhadarśanabinduḥ*）等佛教哲学方面的著作，他与大菩提学会的法宝法师合作完成了觉音的《阿毗达磨藏分别说迷惑冰释名论事》（*Abhidhammapiṭake Vibhaṅgappakaraṇa-pāliyā Sammohavinodanī nāma Aṭṭhakathā*）。另外，他对弥曼差派的量论哲学和吠檀多哲学亦颇有研究，并有专著行世。

苏库马尔·都德（Sukumar Dutt）著有《早期佛教僧团》（*Early Buddhist Monachism*, 1924）、《佛陀及其身后五百年》（*The Buddha and five *after-centuries*)、《佛教僧人与寺院——其历史与对印度文化之贡献》(*Buddhist Monks And Monasteries of Indi a: Their History and Their Contribution to Indian Culture*) 等都是高水准的著作。

（二）印度国际大学

印度国际大学，或称维斯瓦巴拉蒂大学（Visvabharati），是印度文豪罗宾德拉纳特·泰戈尔（1861年5月7日—1941年8月7日）于1921年12月23日创立于圣蒂尼克坦的一所致力于传播、交流印度和东方思想的综合大学。缘于泰戈尔对佛教与中国文化的重视，国际大学的佛学研究以梵汉佛典的比较研究颇有成就，师觉月、戈克雷、巴帕特等一大批现代优秀的佛教学者都曾在此任教或从事佛学研究。

早在19世纪90年代泰戈尔在其作品中就利用佛教传说与故事，创作出富有感染力与多姿多彩的抒情诗、民谣、戏剧与舞剧，他把佛陀视为世界历史上最伟大的人物，多次表达对佛陀言语、成就与人格的仰慕与崇拜。后来，他读到查鲁·昌德拉·鲍斯（Charu Chandra Bose）用孟加拉国语翻译的《法句经》，即专门撰文盛赞其书，认为它把早期佛教的要义与传说展现给现代的印度大众。受泰戈尔的影响，国际大学的佛学研究也开展得颇有声色，出现了数位优秀的学者。

曾任教于国际大学与加尔各答大学维荼塞卡尔·夏斯特里（Vidhushekar Shastri，1878—1959）也被冠以“尊中之尊导师”称号，生于孟加拉国邦玛尔达赫县。他初习梵文、因明、吠檀多哲学等，后进修汉文、藏文及巴利文，从事汉学与佛学之研究。他的《巴利语问答》是用孟加拉国语写的巴利语语法著作，又用孟加拉国语为巴利经典《波罗提木叉》作注。他还用以孟加拉国语节译了《米兰王问经》。在大乘佛典研究方面，夏斯特里还将藏译龙树《大乘二十颂论》、提婆《四百论》译为梵文，他编辑整理的藏文《因明入正理论》（*Nyaya-Pravesha*）、《波陀语法详解》（*Bhota-prakasa*，1939）前面附有非常切实有用的导言，对学习藏文很有用处。他还整理了乔荼波陀《阿笈摩论》（*Agama-shastra*），并揭示出此书所受的佛教影响。他在1934年出版《佛教基本概念》（*Basic Conception of Buddhism*），非常简明扼要地概括了佛教的基本义理。据说他还整理过梵本的《瑜伽师地论》，可惜后来没有出版。

在国际大学的佛学研究者中，师觉月（P. C. Bagchi，1898—1956）博士颇负盛名。他1920年于加尔各答大学获硕士学位，曾协助法国学者 S.

列维到尼泊尔研究佛教。1923年，师觉月到法国留学，师从列维研究佛教，学习中文，获得博士学位。1945—1956年师觉月在国际大学任教并从事研究，1956年去世时为国际大学的副校长。他曾两度来华，1947年是来华讲学，1952年是作为印度文化代表团成员访华。师觉月出版过怛特罗文献的研究著作——《怛特罗研究》（*Studies in Tantras. Calcutta*：*University of Calcutta Press*，1939），不过他的主要工作是对汉语三藏的研究。在列维的指导下，师觉月写出了博士论文《中国的佛教藏经》（*Le CannonBouddhique en Chine*，1927），核定并发展了日本人南条文雄在马克斯．穆勒指导下写的汉梵对照《大明三藏圣教目录》。他的中国学研究成果汇集在《中国—印度丛书》（共四部）中，其中以《印度与中国：千年文化关系》最为著名。该书分为八章，分别论述中印的古代交通、佛教往来、佛教在中国、佛教文学在中国、印度艺术和科学在中国、两大文明的比较等问题。

（三）帕特查尔耶与巴罗达盖格沃德东方研究所

19世纪后半叶至20世纪上半叶，在印度中西部巴罗达郡的盖格沃德王朝的舍耶吉饶三世大王（Maharaja Sayajirao Ⅲ Gaekwad，1875—1939）成为当地非常有势力的地方王公，他在位期间大力兴建印度教寺庙，注重印度传统文化教育事业的发展，使巴罗达成为近现代印度一个重要的文教中心。20世纪上半叶，在这位王公的赞助下，著名佛学研究者憍赏弥、帕特查尔耶等人都曾在巴罗达从事佛教研究，帕特查尔耶主持的盖格沃德东方研究所在佛教研究与出版方面颇有影响。

B. 帕特查尔耶（Benoytosh Bhattacharyya，1897—1964）是怛特罗佛教研究与图像学研究的先驱之一，他出生在西孟加拉国伯德温（Burdwan）地区的底辛（Deasin），其父为协助夏斯特里整理尼泊尔梵本佛典的哈拉普拉萨德·夏斯特里（Haraprasad Sastri），曾在佛教、梵语文献、印度古代历史与文明、孟加拉国语文学，以及古代写本整理方面做出突出的贡献。数个世纪以来，其家族作为当地著名的婆罗门班智达享有很大的声誉。帕特查尔耶是夏斯特里的第四个儿子，初在加尔各答苏格兰式的教会学院接受教育，后来分别于1917年、1919年获得梵语学士与硕士学位，后来他在达卡大学（Dacca University）获得哲学博士学位，其博士论文的题目是《印度佛教图像学诸要素》（*Elements of Indian Buddhist Iconography*），后经修订改名为《佛教图像学》，于1924年由牛津大学出版。

帕特查尔耶所选择的研究领域还是一片尚未开垦的处女地，此前爱德华·摩尔曾于1810年出版过《印度万神殿》(*Hindu Pantheon*, 1810)，书中收录了大量令人困惑难解的诸神图片，阿尔弗雷德·福歇（Alfred Foucher）的两卷本《印度图像学研究》（*Etude sur Iconographic de l'Inde*）分别于1900年、1905年出版，是当时印度图像学研究的最新成果。1914年，艾丽斯·盖地（Alice Getty）的《北印度佛教诸神》(*Gods of Northern Buddhism*）除了论证北印度地区的佛教众神外，还把藏传佛教与汉传佛教以及日本佛教诸神都纳进去。1914—1916年，高宾那特·饶(T. A. Gopinatha Rao）所著的两卷本《印度教图像学基本要素》(*Elements of Hindu Iconography*）以印度西南部地区的特拉凡哥尔郡（Travancore State）的造像为基础，是一部全面研究印度教图像学的专著。继上述著作之后，帕特查尔耶的这部著作更为强调印度原典中所呈现出的怛特罗佛教的本尊图像学特征。受其影响，巴特舍利（N. K. Bhattasali）以达卡博物馆的藏品为基础，于1929年完成《达卡博物馆中的佛教图像学与婆罗门教之影像》(*Iconography of Buddhist and Brahmanical Images in the Dacca Museum*)。

在帕特查尔耶整理的著作中，《成就法鬘》（*Sādhanamāla*, GOS, Nos. 26 and 41）与《大班智达无畏作护之究竟瑜伽鬘》(*Nispannayogavalī of Mahapandita abhyakara Gupta*, *GOS*, No. 109）中的内容涉及对佛教金刚乘诸神的描述，他将相应的内容译为英语，并佐以印度、藏地、汉地乃至尼泊尔的造像与壁画，其中包括禅定与现世佛像、文殊师利菩萨与观自在菩萨、阿弥陀佛、阿闳佛、毗卢遮那佛、不空成就佛与宝生佛、阴阳诸神、顶髻诸神、女保神、诸多罗眷属、舞神、乐器等诸种造型，还有兽面神、金刚乘中的印度教诸神、九大行星、夜叉以及其他难以理解的神灵。

1924年，帕特查尔耶入职于印度中西部巴罗达州服务局（Baroda State Service），负责盖格沃德东方丛书的总编，这套丛书得到巴罗达郡的舍耶吉饶三世盖格沃德大王（Maharaja Sayajirao Ⅲ Gaekwad, 1863—1939）的资助，并以其名字命名。盖格沃德东方丛书在B.帕特查尔耶指导下又刊出了不少新的佛教研究著作，如卓浦（A. B. Dhruv）编辑的《正理悟入》（*Nyāyapravesha*, 1930），图齐教授撰写的《前陈那时代的佛教逻辑著作》（*Pre-Dinnāga Buddhist works on logic*, 1930），E.克里希那玛查耶（Embar Krishnamacharya）班智达编辑的寂护之《摄真实论》、乔什

（C. V. Joshi）教授出版了《巴利语手册》（*Manual of Pali*）等。

帕特查尔耶还负责编辑《成就法鬘》。第一卷刊于1925年，三年后刊出第二卷。在他编辑的其他经典中，还有因陀罗菩提的《智慧成就法》（*Jñānasiddhi*），以及无支金刚（Anaṅgavajra）的《般若方便决定成就法》（*Prajnopayaviniscayasiddhi*），此二书以《两种金刚乘著作》（*GOS*，No. 44）为名收录于盖格沃德东方丛书中，于1929年付梓。他编辑整理的杰作《秘密集会怛特罗》或称《秘密如来》于1931年问世（*GOS*，No. 53），此后他又整理了《性力集怛特罗》（*Saktisangamatantra*），分成三卷，分别于1932年、1941年与1947年出版（*GOS*，Nos. 61，91 and 114）。基于上述密教文献的整理，帕特查尔耶还完成了《秘密佛教导论》（*An Introduction to Buddhist Esoterism*，Benares：1964）。

1927年，帕特查尔耶在巴罗达担任梵语图书馆长期间，他说服舍巴罗达郡的舍耶吉饶三世盖格沃德大王（Mahārāja Sayajirao Ⅲ Gaekwad，1875—1939）把梵语图书馆改为东方研究所，后来成为印度最著名的印度学研究所。为了表彰帕特查尔耶的杰出成绩，舍耶吉饶大王授予其"王宝"（rājyaratna）与"胜智"（jñānajyoti）的称号，让其负责本郡马拉提语与古吉拉特语的出版工作。1933年，帕特查尔耶还在巴罗达组织筹办了第七届全印度东方学会议，在筹备会议的过程中，他得到了孟加拉国亚洲学会、普纳的班加卡尔东方研究所、比哈尔与奥利萨学会、伦敦国际神智学会与荷兰莱顿克恩研究所的协助。自研究所成立起，帕特查尔耶就一直担任所长，直到于1952年退休为止。

（四）印度国际文化研究院

1932年，拉怙维拉（Raghu Vira）创建的印度文化国际研究院（International Academy of Indian Culture）在大乘佛教经典的整理与出版方面颇具特色。拉怙维拉从1937年开始研究中国文化和印中关系史，并与中国学术界进行学术交流。1938年，他写成了《〈罗摩衍那〉在中国》一书。此后，他又致力于探索中国文学艺术，撰写了有关中国诗歌和绘画的专著。其子罗凯什·钱德拉（Lokesh Chandra）受其影响，在读书时候便开始学习中国文化和印中文化交流史。经过多年的刻苦钻研，罗凯什取得丰硕成果，成为在中国研究方面一位蜚声全印的著名学者。

印度国际文化研究院成立伊始，拉怙维拉即把其研究目标定位于印度地缘政治域外的印度文献，以及印度与阿富汗、中亚、中国、朝鲜、日本、越南、柬埔寨、老挝、泰国、马来西亚、印度尼西亚、斯里兰卡、缅甸及其他佛教国家的文化关系。研究院以“百藏丛书”名目出版研究著作 346 种合 410 卷，还编辑出版了 108 卷的蒙文大藏经，称为“蒙古甘珠尔”，超过 80000 页；《北京故宫藏梵语经典》有 22 卷，主要收集清朝皇宫中念诵的赞词与陀罗尼；《布顿文集》28 卷，是布顿·仁钦珠/宝成就的著作集——《苏帕潘泊著作集》（*Suvpambhanpo*）9 卷；《多语种佛教经典》12 卷，收集同一佛典的多种文本，如《无量光经》即有梵文、汉文、藏文与蒙文四种；西藏某些珍稀历史纪年著作，如扎巴坚赞（Tshahpbel，1374—1432）《蒙古佛教史》，恰译师曲吉贝的传记（Chang-lo-tsaba Choo-rje-dpal）与《智者喜宴》（*Mkhaspahi-dgah-ston*），共 4 卷，阿底峡及其弟子仲敦巴传记等。

后来研究院又出版了朱塞佩·图齐（Giuseppe Tucci）所著《西北印度和西藏西部的塔和擦擦》（印度—西藏卷一，罗马，1932）的英文版本，该书由乌玛·跋西齐（Uma-Vasci）与劳盖希·钱德拉博士（Lokesh Chandra）首次从意大利文翻译而来，该书对于研究佛教艺术、仪式与建筑而言具有重要的意义。

印度国际文化研究院也为来自世界各地的国际学者提供研究职位，使他们可以充分利用其丰富、珍贵与独特的藏书。

（五）普纳佛古圣学院

20 世纪上半叶，除了加尔各答大学之外，憍赏弥长老曾经任教的普纳佛古圣学院（Fergusson College）在佛学人才培养与佛学研究中均取得了显著的成就。憍赏弥在佛古圣学院培养了数位得意门徒。如 N. K. 薄伽沃德（N. K. Bhagwat）在佛古圣学院受教于憍赏弥，后任孟买夏克萨维尔学院的巴利语教授，担任孟买大学出版的佛学丛书总编，用天城体出版了许多巴利语著作，在这些著作中有 R. D. 跋德卡尔（R. D. Vadekar）教授编辑的《米兰陀王问经》，薄伽沃德自己编辑的《因缘注释》、《大史》、《长尼迦耶》、《中尼迦耶》、《长老偈与长老尼偈》、《大品》。

戈克雷（V. V. Gokhale）擅长运用藏语与汉语研究大乘佛教，他先在国际大学学习，后到德国留学，在海德堡大学研究佛教哲学时学习了汉文和藏文。回国后，戈克雷整理出版了大乘中观派圣提婆的《百字论》，以及全本的《阿毗达磨俱舍释论》（1946），还在皇家亚洲学会孟买分会的杂志上发表了对其他经典的校释与整理成果。中国学者金克木在印度求学期间，还应邀与戈克雷一起校订梵本《阿毗达磨集论》。

拉贾沃德（C. V. Rajvade）年仅30岁即去世。除了协助憍赏弥编辑《巴利语读本》（*Pali Readers*）外，其佛学研究成绩不可忽视。他首次用天城字体编辑了《中尼迦耶》中的五十部经，以及13世纪一部巴利语寺志《诃特瓦纳嘎勒寺史》（*Hatthavanagalla-viharavamsa*）。他用马拉提语翻译的《长尼迦耶》，尤其是第一卷，颇具学术性与敏锐的批判精神。

另外，还有担任巴罗达大学教授的乔什（Joshe）也毕业于佛古圣学院，他于1916年完成《巴利学手册》。

在佛古圣毕业的学生中，最负盛名的，当属在现代印度佛学研究领域居于先进之列，被后人视为学识与智慧的化身、伟大灵感的源泉的巴帕特。普鲁肖坦·维希瓦纳特·巴帕特（Purushottam Vishvanath Bapat，1894—?）于1894年6月12日出生于马哈拉斯特拉，在海得拉巴德接受初等教育，进入德干教育学会在萨特拉开办的新式英语学校读高中。1912年，巴帕特进入普纳著名的佛古圣学院（Fergusson College），受教于当时著名的巴利语教授憍赏弥座下，以巴利语为主修科目，并在毕业后继续受憍赏弥长老指导从事研究工作，1919年从孟买大学获得巴利语学位。

1920年获得硕士学位后，他加入了普纳著名的德干教育学会，以其多方面的才能在学会不同的机构任职，其中之一便是在佛古圣学院教授巴利语，教学之余，其学术研究兴趣也得到陶冶。1929年，应憍赏弥长老推荐，巴帕特赴美国从事《清净道论》的英译工作，在此期间他拿到哲学博士学位，同时学习了藏语与汉语。

1932年，巴帕特回到普纳继续在佛古圣学院教巴利语，1945年，他应邀赴罗宾德拉纳特·泰戈尔在圣蒂尼克坦（Santiniketan）创办的维斯瓦巴拉蒂大学（Visvabharati，即国际大学）从事中国佛教研究项目，他把汉语《义足经》译为英语，并研究中文《善见律毗婆沙》。《善见律毗婆沙》是一部毗奈耶藏的多卷本注释，与巴利藏的《普端严》（*Samantapasadika*）相对应。1953年，巴帕特接受印度文化关系委员会的派遣，赴东南亚诸国如缅甸、泰国、柬埔寨、老挝与越南调查当时的佛教状况。1954年，巴帕特教授从佛古圣学院退休，受印度信息与传媒部之命担任《佛教二千五百年》主编。此书于1956年佛诞2500年出版，受到印度及海外学术界的热烈欢迎，并多次再版。1956年，在中印友好协会赞助下，巴帕特教授作为文化交流团的领导成员访问中国。随后，巴帕特又承担起印度佛诞庆祝系列活动的第三项任务，担任德里大学新成立的佛教研究系主任。1957 年 2 月，巴帕特正式就职，并制订出清晰的工作纲领与细致的发展计划，在整个研究工作中，藏语与汉语研究首次得到特别关注，后来发展出博士学位课程。由于巴帕特教授的国际影响，佛教研究系也吸引了一大批国际生源。1960 年，巴帕特退休，回到普纳继续其未竟的学术工作。1965—1966 年，受大学教育资助委员会资助，巴帕特把先前研究过的汉语《善见律毗婆沙》译成英语。缘于他在佛学、印度学及相关领域的突出成就，巴帕特教授被选为 1974 年在俱卢苑大学（Kurukshetra University）召开的第二十二届全印度东方学大会的主席。在其德里大学佛学系继任者戈克莱（V. V. Gokhale）帮助下，巴帕特教授整理编辑了梵本德光《律经》第一章“出家事”及德光的自注，并运用藏文译本弥补梵本缺失的部分。

巴帕特编著的著作、论文与书评有 163 种。他曾经以天城体出版巴利语佛经《经集》（*Sutta Nipatta*，1924）、《中尼迦耶》（*The Majjhima-nikāya*，Nalanda：Bihar Government Pali Publication Board，1958，此书是他与罗睺罗、迦叶波合作完成），后来又在班达卡尔东方丛书（Bhandarkar Oreintal Series）中编辑出版《法聚论》（*Dhammasangam*，1940）、《殊胜义注》（*Attasālinī*）。另外，他的博士论文《解脱道论与清净道论之比较研究》（*Vimuttimagga and Visuddhimagga：a comparative Studies*，1939）在佛教论典的研究领域也颇有影响。巴帕特曾经在欧美诸国及亚洲佛教各国学习、参访与游历，与国内外的佛学研究者交往颇多，熟悉不同历史时期佛学研究的第一手资料，有着广阔的学术视野。他认为佛学研究不能局限于单一的部派、方法与语言，比如巴利学者应该有良好的梵语基础，可以阅读佛典之外的吠陀、梵书与奥义书。这种观念与研究方法对浦那及孟买两地佛学研究人才的教育与培养带来了积极的影响。①

除上述佛学研究机构与佛教学者之外，印度各邦还有为数颇多的佛学研究者也分别在各自的佛学研究中取得了显著成绩。诸如奥利萨邦的柏乐天教授（Pralhad Pradhana）用天城体整理出版了《阿毗达磨集论》（*Ab-*

---

① ［印］N. H. 桑塔尼（N. H. samtani）、H. S. 波萨德（H. S. Prasad）：《无垢之智——佛学研究的方向，巴帕特教授志贺集》（*Amalāprajñā：aspects of Buddhist studies：Professor P. V. Bapat felicitation volume*，Delhi：Sri Satguru Publications，1989。）

hidharma-samuccaya，1950），除了对文本进行精心校刊之外，更对内中涉及的佛教义理与名相做了细致的研究。他还依据罗睺罗收集到的写本，整理出版了《阿毗达磨俱舍疏》（*Abhidharmakoṣabhaya*，*Patna*：*K. P. Jayaswal Research Institute*，1967），后又与日本学者樱部建合作出版《俱舍研究：界、根品》。

维底耶（P. L. Vaidya，1891—1978）教授是设在达尔潘（Darphan）的马拉提研究所的所长。维底耶用马拉提语写了一部《佛教的起源与传播》（1927，浦那），还用天城体编辑出版了《神通游戏》与《百喻经》。

来自旁遮普的哈达耶尔（Hardayar）是著名的革命家、民主斗士，同时还是一位著名的佛学研究者。1911年，哈达耶尔到美国哈佛大学学习佛教，但他很快就离开学校，加入印度革命活动中。1927年，他又从争取自由的斗争中回到研究工作中，进入伦敦的东方与非洲研究学院，并完成了博士论文——《梵语文学中的菩萨教义》。哈达耶尔认为佛教是祛除印度社会中种姓制度等罪恶的唯一选项，他的《梵语文学中的菩萨教义》也成为该领域的一部经典著作。

主要参考文献

［英］A. B. 凯思：《印度和锡兰佛教哲学——从小乘佛教到大乘佛教》，宋立道、舒晓伟译，上海古籍出版社 2004 年版。

［澳］A. L. 巴沙姆主编：《印度文化史》，闵光沛等译，商务印书馆 1999 年版。

阿旺洛追扎巴：《觉囊教法史》，许得存译，西藏人民出版社 1992 年版。

［英］埃利奥特：《印度教与佛教史纲》，李荣熙译，商务印书馆 1991 年版。

《奥义书》：黄宝生译，商务印书馆 2010 年版。

班班多杰：《藏传佛教思想史纲》，上海三联书店 1992 年版。

布顿：《佛教史大宝藏论》，郭和卿译，民族出版社 1986 年版。

布顿·仁钦珠：《布顿佛教史》，蒲文成译，甘肃民族出版社 2007 年版。

蔡奇林：《巴利学引论：早期印度佛典语言与佛教文献之研究》，台湾学生书局有限公司 2008 年版。

达仓宗巴·班觉桑布：《汉藏史集：贤者喜乐赡部洲明鉴》，陈庆英译，西藏人民出版社 1986 年版。

［日］大村西崖：《密教发达志》（上、下），中国书籍出版社 2013 年版。

［印］德·恰托巴底亚耶：《顺世论——古印度唯物主义研究》，王世安译，商务印书馆 1996 年版。

［印］德·恰托巴底亚耶：《印度哲学》，黄宝生、郭良鋆译，商务印书馆 1980 年版。

杜继文主编：《佛教史》，江苏人民出版社 2006 年版。

［唐］杜环撰，张一纯笺注：《经行记笺注》，中外交通史籍丛刊，中华书局 2000 年版。

段晴：《于阗·佛教·古卷》，中西书局 2013 年版。
［日］东北帝国大学法文学部编：《西藏大藏经总目录》（东北帝国大学藏版），株式会社平文社 1934 年版。
多罗那他：《印度佛教史》，张建木译，四川民族出版社 1988 年版。
范慕尤：《梵文写本〈无二平等经〉的对勘与研究》，梵文贝叶经与佛教文献系列丛书，中西书局 2011 年版。
方广锠：《方广锠敦煌遗书散论》，上海古籍出版社 2010 年版。
方广锠：《随缘做去 直道行之：方广锠序跋杂文集》，国家图书馆出版社 2011 年版。
方广锠：《印度禅》，浙江人民出版社 1998 年版。
方广锠：《中国写本大藏经研究》，上海古籍出版社 2006 年版。
方立天：《方立天文集》（1—10），中国人民大学出版社 2006 年版。
［日］高楠顺次郎、木村泰贤：《印度哲学宗教史》，高观庐译，商务印书馆 1935 年版。
［印］D. D. 高善必：《印度古代文化与文明史纲》，王树英等译，商务印书馆 1998 年版。
耿引曾编：《中国载籍中南亚史料汇编》（上、下），上海古籍出版社 1994 年版。
郭良鋆：《佛陀和原始佛教思想》，中国社会科学出版社 2011 年版。
［德］赫尔曼·库尔克、迪特玛尔·罗特蒙特编：《印度史》，王立新、周红江译，中国青年出版社 2008 年版。
侯慧明：《胎藏界曼荼罗研究》，中国社会科学出版社 2014 年版。
黄宝生译注：《梵汉对勘入楞伽经》，中国社会科学出版社 2011 年版。
黄宝生译注：《梵汉对勘入菩提行论》，中国社会科学出版社 2011 年版。
黄宝生译注：《梵汉对勘维摩诘所说经》，中国社会科学出版社 2011 年版。
黄宝生：《梵学论集》，中国社会科学出版社 2013 年版。
黄宝生编译，《梵语诗学论著汇编》（上、下），昆仑出版社 2008 年版。
黄宝生：《印度古代史诗〈摩诃婆罗多〉导读》，中国社会科学出版社 2005 年版。
黄宝生：《印度古典诗学》，北京大学出版社 1993 年版。
黄忏华：《印度哲学史纲》，现代佛学大系丛书第 22 卷，台北：弥勒出版社 1983 年版。
黄福开主编：《藏医药研究文集》，中国藏学出版社 2013 年版。
黄夏年：《中外佛教人物论》，宗教文化出版社 2005 年版。
黄显铭编译：《藏汉对照西藏大藏经总目录》，青海民族出版社 1993 年版。
黄心川：《印度哲学史》，商务印书馆 1989 年版。
［唐］慧超撰，张毅笺释：《往五天竺国传笺释》，中外交通史籍丛刊，中华书局 2000 年版。
［梁］慧皎：《高僧传》，汤用彤校注，中华书局 1992 年版。
［唐］慧立、彦悰撰：《大慈恩三藏法师传》，中外交通史籍丛刊，中华书局 1995 年版。
季羡林：《季羡林全集》（1—30），外语教学与研究出版社 2010 年版。
金克木：《梵竺庐集》（1—3），江西教育出版社 1999 年版。
廓诺·迅鲁伯：《青史》，郭和卿译，西藏人民出版社 1985 年版。
蓝吉富主编：《大藏经补编》（1—36 册），（台北）华宇出版社 1989 年版。
蓝吉富主编：《世界佛学名著译丛》（1—100 册），台北华宇出版社，1989 年版。
李崇峰：《中印佛教石窟寺比较研究，以塔庙窟为中心》，北京大学出版社 2003 年版。
李建欣：《印度宗教与佛教》，宗教文化出版社 2013 年版。
李利安：《印度古代观音信仰研究》，陕西人民出版社 2006 年版。
李翎：《佛教造像量度与仪轨》，宗教文化出版社 1998 年版。
李翎：《藏密观音造像》，宗教文化出版社 2003 年版。
李南：《〈胜乐轮经〉及其注疏解读》，中国社会科学出版社 2005 年版。
李四龙：《欧美佛教学术史——西方的佛教形象与学术源流》，北京大学出版社 2009 年版。
李志夫：《中印佛学比较研究》，中国社会科学出版社 2001 年版。
李志夫：《印度哲学及其基本精神》，台北洪叶文化事业有限公司 1999 年版。
李志夫：《印度思想文化史：从传统到现代》，台北：东大图书公司 1995 年版。

梁漱溟:《印度哲学概论》，现代佛学大系丛书第22卷，台北弥勒出版社1983年版。
林承节:《印度史》，人民出版社2004年版。
林崇安:《佛教宗派源流与思想选集》，台湾中坜内观教育基金会2004年版。
林崇安:《林崇安佛学论著选集》，台湾中坜内观教育基金会2004年版。
林光明:《大悲咒研究》，台北：佶茂出版社1996年版。
林光明编修:《新编大藏全咒》(1—18)，台北：嘉丰出版社2001年版。
林梅村:《西域文明》，东方出版社1995年版。
林太:《印度通史》，上海社会科学院出版社2012年版。
刘建、朱明忠、葛维均:《印度文明》，中国社会科学出版社2004年版。
刘立千:《大圆满法语浅解》，民族出版社2000年版。
刘立千:《刘立千藏学著译文集·杂集》，民族出版社2000年版。
刘立千:《印藏佛教史》，民族出版社2000年版。
刘立千:《藏传佛教各派教义及密宗漫谈》，民族出版社2000年版。
刘立千:《藏密漫谈》，民族出版社2005年版。
刘欣如:《印度古代社会史》，中国社会科学出版社1990年版。
龙达瑞:《大梵与自我——商竭罗研究》，宗教文化出版社2000年版。
罗鸿整理:《佛颅怛特罗9—14章》(*Buddhakapā latantra Chapters* 9 *to* 14)，中国藏学研究中心、怛特罗研究中心2010年版。
[美] 罗伯特·比尔:《藏传佛教象征符号与器物图解》，向红笳译，中国藏学出版社2007年版。
[美] 罗伊·C. 克雷文:《印度艺术简史》，王镛等译，中国人民大学出版社2004年版。
吕澂:《汉藏佛教关系史料集》，华西协合大学中国文化研究所专刊乙种第一册，成都：1932年版。
吕澂:《吕澂佛学论著(选集)》(1—5册)，齐鲁书社1991年版。
吕澂:《西藏佛学原论》，商务印书馆1933年版。
吕澂:《印度佛学源流略讲》，上海人民出版社1979年版。
吕建福:《中国密教史》，中国社会科学出版社2011年版。
马维光:《印度神灵探秘：巡礼印度数、耆那教、印度佛教万神殿探索众神的起源》，世界知识出版社2014年版。

[斯里兰卡] 摩诃那摩等:《大史——斯里兰卡佛教史》，韩廷杰译，佛光文化事业有限公司 1996 年版。

[印] 摩诃提瓦:《印度教导论》，林煌洲译，台北：东大图书股份有限公司 2002 年版。

[印] 摩奴:《摩奴法论》，蒋忠新译，中国社会科学出版社 1986 年版。

[罗] 米歇尔·以利亚德:《不死与自由——瑜伽实践的西方阐释》，武锡申译，中国致公出版社 2001 年版。

[日] 栂尾祥云:《曼荼罗之研究》（上、下），中国藏学出版社，2011 年版。

[日] 栂尾祥云:《密教史》，圣严法师译，法鼓山出版社 1982 年版。

[印] 毗耶娑:《薄伽梵歌》，黄宝生译，商务印书馆 2010 年版。

[印] 毗耶娑:《摩诃婆罗多》，黄宝生、金克木等译，中国社会科学出版社 2005 年版。

[日] 平川彰:《印度佛教史》，庄昆木译，台北：商周出版社 2002 年版。

[日] 平川彰:《印度佛教史》，释显如、李凤媚译，贵州大学出版社 2013 年版。

恰译师曲吉贝:《13 世纪一个藏族僧人的印度朝圣之旅——恰译师曲吉贝传》，马维光、刘洪记译，中国藏学出版社 2013 版。

[印] 乔荼波陀:《圣教论》，巫白慧译，商务印书馆 1999 年版。

邱永辉:《印度宗教多元文化》，中国社会科学出版社 2009 年版。

邱永辉:《印度教概论》，社会科学文献出版社 2012 年版。

[印] R. C. 马宗达、H. C. 赖乔杜里、卡利金卡尔·达塔，《高级印度史》，张澍霖等译，商务印书馆 1986 年版。

如石:《现观庄严论一滴》，中华佛学研究所论丛第 33，台北：法鼓文化事业股份有限公司 2002 年版。

[印] S. 达斯古普塔:《印度哲学史》第一、二册，林煌洲译，台北国立编译馆 1996 年版。

[梁] 僧祐撰:《出三藏记集》，苏晋仁、萧炼子点校，中华书局 1995 年版。

[印] 萨拉夫:《印度社会——印度历代各族人民革命斗争的历程》，华中师范学院历史系编译组，商务印书馆 1977 年版。

[日] 山口瑞凤等:《西藏学与西藏佛学》，许明银译，西藏学丛书 2，台

北：文殊出版社1986年版。
[日] 山口益：《般若思想史》，肖平、杨金萍译，上海古籍出版社2006年版。
[俄] 舍尔巴茨基：《佛教逻辑》，宋立道、舒晓炜译，商务印书馆1997年版。
[印] 圣慈氏菩萨造、圣解脱军释：《庄严现观论》，韩钟清译藏为汉，稿本。
圣严：《印度佛教史》，法鼓文化事业有限公司1999年版。
[日] 矢崎正见：《西藏佛教史》，陈季青译，西藏学丛书6，台北：文殊出版社1986年版。
[美] 斯坦利·沃尔波特：《印度史》，李建欣、张锦冬译，东方出版中心2013年版。
宋立道：《传统与现代：变化中的南传佛教世界》，中国社会科学出版社2002年版。
宋立道：《神圣与世俗：南传佛教国家的政治与宗教》，宗教文化出版社2000年版。
松巴堪布·益西班觉：《松巴佛教史》，蒲文成、才让译，甘肃民族出版社，2013年版。
孙晶：《印度吠檀多不二论哲学》，东方出版社2002年版。
索南才让（许德存）：《西藏密教史》，中国社会科学出版社1998年版。
索南坚赞：《西藏王统记》，刘立千译注，中国民族出版社2000年版。
[印] R. 塔帕尔，《印度古代文明》，林太译，浙江人民出版社1990年版。
太虚：《太虚大师全集》（1—35），宗教文化出版社2005年版。
汤用彤：《汉文佛经中的印度哲学史料》，商务印书馆1994年版。
汤用彤：《汤用彤全集》（1—7），河北人民出版社2000年版。
汤用彤：《印度哲学史略》，中华书局1960年版。
唐孟生、薛克翘等：《印度中世纪宗教文学》（上、下），昆仑出版社2011年版。
[意] 图齐：《梵天佛地》（1—8），魏正中、萨尔吉等译，上海古籍出版社2009年版。
[意] 图齐：《西藏宗教之旅》，耿昇译，王尧校订，中国藏学出版社

2005 年版。
[意] 图齐等：《喜马拉雅的人与神》，向红笳译，中国藏学出版社 2005 年版。
土观·罗桑却吉尼玛：《土观宗派源流》，刘立千译，中国民族出版社 2000 年版。
王邦维：《华梵问学集——佛教与中印文化关系研究》，兰州大学出版社 2014 年版。
王邦维：《唐高僧义净生平及其著作论考》，重庆出版社 1996 年版。
王森：《西藏佛教发展史略》，中国社会科学出版社 1987 年版。
王森：《藏传因明》，中华书局 2009 年版。
王尧等编：《中国藏学史》，民族出版社 2003 年版。
王镛：《印度美术》，中国人民大学出版社 2004 年版。
[德] 韦伯：《印度的宗教：印度教与佛教》，康乐、简惠美译，广西师范大学出版社 2010 年版。
魏道儒：《中国华严宗通史》，江苏古籍出版社 1998 年版。
[英] 渥德尔：《印度佛教史》，王世安译，商务印书馆 1987 年版。
巫白慧编：《梨俱吠陀神曲选》，商务印书馆 2010 年版。
巫白慧：《印度哲学——吠陀经探义和奥义书解析》，东方出版社 2000 年版。
巫白慧：《印度哲学与佛教》，中国佛教协会文化研究所 1991 年版。
吴均：《吴均藏学文集》（上、下），中国藏学出版社 2007 年版。
吴学国：《存在·自我·神性：印度哲学与宗教思想研究》，中国社会科学出版社，2006 年版。
[印] 无畏作护：《无畏作护之无畏疏 9—14 章》（*Abhayākaragupta's Abhayapaddhati* Chapters 9 to 14），罗鸿整理，西藏自治区梵文文本系列丛书，北京—汉堡：中国藏学研究中心、恒特罗研究中心 2010 年版。
《五十奥义书》（修订本），徐梵澄译，中国社会科学出版社 2007 年版。
五世达赖喇嘛：《西藏王臣记》，刘立千译注，中国民族出版社 2000 年版。
西藏大藏经研究会编：《影印北京版西藏大藏经总目录附索引》，东京铃木学术财团 1961 年版。
西藏学丛书编委会主编：《西藏佛教史论集》，西藏学丛书 6，台北：文殊出版社1987年版。
西藏学丛书编委会主编：《西藏佛教要义》，西藏学丛书6，台北：文殊出版社1987年版。
［印］辛哈、班纳吉：《印度通史》，张若达、冯金辛、王伟译，商务印书馆1964年版。
徐梵澄：《徐梵澄文集》（1—15），孙波编，上海三联书店、华东师范大学出版社2006年版。
许楚群：《略述印度佛史》（电子版）。
（唐）玄奘、辨机撰，季羡林等校注：《大唐西域记校注》，中华书局1985年版。
［英］亚瑟·伯林戴尔·凯思，《印度逻辑和原子论——对正理和胜论》，宋立道译，中国社会科学出版社2006年版。
［北魏］杨衒之撰，范祥雍校注：《洛阳伽蓝记校注》，上海古籍出版社1958年版。
杨惠南：《印度哲学史》，台北：东大图书公司1995年版。
杨廷福：《玄奘论集》，齐鲁书社1986年版。
杨廷福：《玄奘年谱》，中华书局1988年版。
姚卫群：《印度哲学》，北京大学出版社1992年版。
姚卫群：《古印度六派哲学经典》，商务印书馆2003年版。
姚卫群：《印度宗教哲学概论》，北京大学出版社2006年版。
叶少勇：《〈中论颂〉与〈佛护释〉：基于新发现梵文写本的文献学研究》，梵文贝叶经与佛教文献系列丛书，中西书局2011年版。
（唐）义净撰，王邦维校注：《南海寄归内法传校注》，中华书局1995年版。
（唐）义净撰，王邦维校注：《大唐西域求法高僧传校注》，中华书局1995年版。
［印］蚁蛭：《罗摩衍那》，季羡林译，人民文学出版社1980年版。
印顺：《印顺法师佛学著作全集》（1—23），中华书局2011年版。
［印］月称：《金刚萨埵成就法》，罗鸿整理，西藏自治区梵文文本系列丛书，中国藏学出版社、奥地利科学院出版社2009年联合出版。
赞宁撰：《宋高僧传》，苏晋仁、萧炼子点校，中华书局1995年版。
张曼涛主编：《现代佛教学术丛刊》（1—100册），台北大乘文化出版社

1976 年版。

[日] 中村元:《比较思想论》,浙江人民出版社 1987 年版。

中华电子佛典协会编:《CBETA 中文电子三藏》(2014 年版)。

周拉:《莲花戒名著〈修习次第论〉研究》,宗教文化出版社 2010 年版。

周叔迦:《周叔迦佛学论著全集》(1—7),中华书局 2006 年版。

周燮藩、濮文起主编:《中国宗教历史文献集成》,黄山书社 2005 年版。

周一良:《唐代密宗》,钱文忠译,远东出版社 1996 年版。

[日] 佐佐木教悟等:《印度佛教史概说》,杨曾文等译,复旦大学出版社 1989 年版。

A. B. Gajendragadkar & R. D. Karmarkar, *The Arthasaṃgraha of Laugāk ṣ i Bhāskara*, Motilal Banarsidass Publisers, Delhi, 1984.

A. B. Keith, *The Karma-Mimamsa*, Oriental Books Reprint Corporation, 1921.

A. K. Warder, *Indian Kavya Literature*, 6 Vol. , Motilal Banarsidass Publishers, Delhi, 1992.

Alex Wayman, *Yoga of The Guhyasamjatantra*: *The Arcane Lore of Froty Verse* , *A Buddhist Tantra Commentary*, Motilal Banarsidass, Delhi. Vernasi. Patna, 1980.

Andre Padoux, *Vāc*, *The Concept of the Word in Selected Hindu Tantras*, Translated by Jacques Gontier, Sri Satguru Publications, Delhi, 1992.

Arthur Avalon (John Woodroffe), *Sakti and Sakta* (*Essays and Addresses*), Oriental Book Centre, Delhi, 2006.

Benoytosh Bhattacharyya, *Guhyasamāja tantra or Tathāgataguhyaka*, Baroda: Oriental Institute, 1931.

Benoytosh Bhattacharyya ed, *Niṣ pannayogāvalī*, [M] . Gackwad's Oriental series no. 109, Oriental Institute, Baroda, 1949.

C. Chakravarti, *Guhyasamāja-Tantra-Pradīpodyotana-ṭ īkā-Ṣa ṭ ko ṭ i-vyākhyā*, Patna, 1984.

C. D. Sebastian, *Metaphysics and Mysticism in Mahayana Buddhism*, *An Analytical Study of Ratnagotravibhago-Mahayanottaratantra-Sastram*, Sri Satguru Publications, Delhi, 2005.

D. C. Ahir, *Buddhism and Modern Hindus*, Delhi: Buddhist World Press, 2009.

D. C. Ahir, *Buddhism in Modern India*, Sri Satguru Publications, Delhi, 1991.

D. C. Ahir, *The Pioneers of Buddhist Revival in India*, Delhi: Sri Sataguru Publications, 1989.

David Kinsley, *Tantric Visions of the Divine Feminine*, Motilal Banarsidass Publisers, Delhi, 1998.

Debiprasad Chattopadhyaya, edt., *Studies in the History of Indian Philosophy—An Anthology of Articles by Scholars Eastern and Western*, Vol. I, II, III, K P Bagchi & Company Calcutta, 1978.

D. L. Lamteke, *Revival of Buddhism in Modern India*, Deep & Deep Publication, New Delhi, 1983.

Edward Conze, *The Prajnaparamita Literature*, London Mouton & Co. 's-Gravenhage, 1960.

Edward Conze Tran., *The Large Sutra on Perfect Wisdom, with the Divisions of the Abhisamayalankara*, University of California Press, London, 1975.

E. Lamotte, *History of Indian Buddhism*, Louvan-Paris: Peters Press, 1988.

F. M. Hassnain, *Buddhist Kashmir*, Light & Life Publishers, New Delhi, 1973.

Frits Staal, *Ritual and Mantras: Rules Without Meaning*, Motilal Banarsidass Publisers, Delhi, 1996.

G. V. Tagare, *Saivism, Some Glimpses*, D. K. Printworld (P) Ltd., Delhi, 1996.

Gadjin, M, Nagao, *Madhyantavibhaga-Bhasya*, Suzuki Research Foundation, Tokyo, 1964.

Gail Omvedt, *Buddhism in India—Challenging Brahmanism and Caste*, SAGE Publications, New Delhi, 2003.

H. W. Schomerus, *Saiva Siddhanta, an Indian School of Mystical Thought*, Motilal Banarsidass Publishers, Delhi, 2000.

Hans T. Bakker, *Origin and Growth of The Puranic Text Corpus, with Special Reference to the Skandapurana*, Papers of the 12th World Sanskrit Conference, Vol. 3.2, Motilal Banarsidass Publishers, Delhi, 2004.

Harvey P. Alper, Edt., *Understanding Mantras*, State University of New York

Press, 1989.

I-Tsing, *A Record of The Buddhist Religion*, *as Practiced in Indian and the Malay Archipelago* (A. D. 671 – 695), Translated by J. Takakusu, Cosmo Publications, New Delhi, 2006.

J. N. Banerjea, *Pauranic and Tantic Relegion* (*Early Phase*), University of Calcutta, 1966.

J. R. Newman, *The Outer Wheel of Time*: *Vajrayāna Buddhist Cosmology in the Kālacakra Tantra*, Madison: The University of Wisconsin, 1987.

Jaideva Singh, *Siva Sutra—The Yoga of Supreme Identity*, Motilal Banarsidass Publisers, Delhi, 1979.

James Legge Tran. & ann. , *The Travels of Fa-Hien*, *A Record of Buddhistic Kingdoms*, Master Publishers, New Delhi, 1981.

Jan Gonda, *Epics and Sabskrit Religious Literature*, Medieval Religious Literature in Sanskrit. Wiesbaden: Otto Harrassowitz, 1977.

Jayadeva Mishra, *A History of Buddhist Iconography in Bihar*, Prabhavati Prakashan, Patna, 1992.

Jayant Burde, *Rituals Mantra and Science*, *an integral Perspective*, Motilal Banarsidass Publisers, Delhi, 2004.

Jeffrey Hopkins, *Emptiness in the Mind-Only School of Buddhism*, *Dynamic Research to Dzong-ka-ba's The Essence of Eloquence*: *I*, Motilal Banarsidass Publisers, Delhi, 2000.

John Crook and James Low, *The Yogins of Ladakh*, *A Pilgrimage Amount the Hermits of the Buddhist Himalayas*, Motilal Banarsidass Publishers, Delhi, 1997.

John R. Dupuche, *Abhinavagupt The Kula Ritual as Elaborated in Chapter* 29 *of the Tantraloka*, Motilal Banarsidass Publisers, Delhi, 2003.

John Woodroffe (Arthur Avalon), *Principles of Tantric*, *the Tantra-Tattva of Sriyukta Siva Candra Vidyarnava Bhattacarya Mahodaya*, Ganesh and Company Madras, 1991.

John Woodroffe, *Introduction to Tantra Sastra*, *Ganesh & Co.* (Madras) Private LTD. , 1969.

Joseph Walser, *Nagarjuna in Context*, *Mahayana Buddhism and Early Indian*

Culture, Motilal Banarsidass Publishers, Delhi, 2008.

Kanai Lal Hazra, *The Rise and Decline of Buddhism in India*, Munshiram Manoharlal Publishers Pvt. Ltd., 1995.

Karl. H. Potter, *Encyclopedia of Indian Philosophy*, 10 *Vols.*, Munshiram Manoharlal Publishers, 1990.

Krishna Sharma, *Bhakti and the Bhakti Movement—A Study in the History of Ideas*, Munashiram Manoharlal Publishers Pvt. Ltd., 1987.

Lakshmana Shastri Ed., *Tantraraja tantra*, Motilal Banarsidass Publisers, Delhi, 1981.

Lalmani Joshi, *Studies in the Buddhistic Culture of India* (*During the* 7*th* *and* 8*th* *Centuries A. D.*), Motilal Banarsiass, Delhi, 1967

Lee Yong-hyun, *The Ni ṣpannayogāvalī by Abhayākaragupta*, *A New Critical Edition of the Sanskrit Text* (Revised Edition), Baegun Press, Seoul, 2004.

Louise Child, *Tantric Buddhism and Altered States of Conciousness—Durkheim, Emotional Energy and Vision of the Consort*, Ashgate Publishing Limited, 2007.

M. S. Bhat, *Vedic Tantrism*, *A Study of Rgvidhana of Saunaka with Text and Translation*, *Critical Edited in the Original Sanskrit with an Introductory Study and Translated with Critical and Exegetical Notes*, Motilal Banarsidass, Delhi, 1987.

Masaaki Hattori, *Dignaga*, *On Perception*, Harvard University, 1968.

N. H. Samtani & H. S. Prasad, *Amalāprajñā*: *Aspects of Buddhist Studies* : *Professor P. V. Bapat Felicitation Volume*, Delhi : Sri Satguru Publications, 1989.

Nāropa, *Sekodde śa – ṭīkā of Naḍapāda*: *Being a Commentary of the Sekodde śa section of Kālacakra tantra*, M. E. Carelli, Baroda, 1941.

O. C. Handa, *Buddhist Monasteries in Himachal Pradesh*, Indus Publishing Company, New Delhi, 1987.

Pandey, Janardan Shastri, *Śrīherukābhidhānaṃ Cakrasaṃvaratantram with the Viv ṛti Commentary of Bhavabhaṭ ṭa*, Vol. 1 – 2, Central Institute of Higher Tibetan Studies, Sarnath, 2002.

Peter Della Santina, *Madhyamaka School in India, A Study of the Madhyamaka Philosophy and of the Division of the System into the Prasangika and Svatantrika Schools*, Motilal Banarsidass Publishers, Delhi, 2008.

Prem Saran, *Tantra, Hedonism In Indian Culture*, D. K. Print World (P) Ltd., Delhi, 1994.

R. Nagaswamy, *Tantric Cult of South India*, Agamkala Prakashan, Delhi, 1982.

R. P., Tripati, *Indian Symbolism, Symbols as Sources of Our Customs and Beliefs*, Munshiram Manoharlal Publishers Pvt. Ltd., 1996.

Rajbali Pandey, *Hindu Samskaras, Socio-Religious Study of the Hindu Sacriments*, Motilal Banarsidass Publishers, Delhi, 1969.

Ronald M. Davidson, *Indian Esoteric Buddhism: A Social History of the Tantric Movement*, New York: Columbia University Press, 2003.

Ronald M. Davidson, *Tibetan Renaissance, Tantric Buddhism in the Rebirth of Tibetan Culture*, Motilal Banarsidass Publisers, Delhi, 2008.

S Bagchi, *Guhyasamaja Tantra, or Tathagataguhyaka*: Darbhanga, Mithila Institute of Post-Graduate Studies and Research in Sanskrit Learning, 1965.

S. Chandra Vidyabhusana, *A History of Indian Logic*, Motilal Banarsidass Publishers, Delhi, 1978.

S. R. Goyal, *A History of Indian Buddhism*, Kusumanjali Prakashan, Meerut, 1987.

S. Radhaprishnan, *The Philosophy of the Upanisads*, George Allen & Unwin LTD, London, 1924.

Shaman HwuiLi, Tran. by Samuel Beal, *The Life of Huen-Tsiang*, Munshiram Manoharlal Publishers Pvt. Ltd., New Delhi, 2003.

Shastri, Hara Prasad, *A Descriptive Catalogue of Sanskrit Manuscripts in the Government Collection under the Care of the Asiatic Society of Bengal*, vol I, Buddhist Manuscripts, Calcutta, 1917.

Shohei Ichimura, *Buddhist Critical Spirituality Prajna and Sunyata*, Motilal Banarsidass Publisers, Delhi, 2001.

Samuel Beal Tran. *Si-Yu-Ki, Buddhist Records of the Western World*, Oriental Books Reprint Corporation, Delhi, 1969.

Samuel Beal Tran. *Travels of Fan-Xian and Songyun*, *Buddhist Pilgrims*, *From China to India* (400*A. D. and* 518 *A. D.*), Asian Educational Services, New Delhi, 1993.

Sanjukta Gupta, etc., *Hindu Tantrism*, E. J. Brill, 1979.

Sarvepalli Radhakrishnan, *Indian Philosophy*, 2 Vol., George Allen & Unwin LTD, London, 1924.

Shu Hikosaka, *Buddhism in Tamilnadu*, Istitute of Asian Studies, Madras, 1989.

Sukumar Dutt, *Buddhist Monks and Monasteries of India*, *Their History and Their Contribution to Indian Culture*, George Allen and Unwin Ltd., 1962.

Sukumari Bhattacharji, *Literature in The Vedic Age*, *Vol. II*, *The Brahmanas*, *Aranyakas*, *Upanisads and Vedanga Sutras*, K P Bagchi & Company, Calcutta, 1986.

Surendranath Dasgupta, *A History of Indian Philosophy*, 5 Vol., Motilal Banarsidass Publishers, Delhi, 1975.

Swami Vidyananda Saraswati, *The Brahmasutra—The Philosophy of God-Realisation*, *Text With word-to-word Translation*, *Full Purport and Exhaustive Notes*, Vijaykumar Govindram Hasanand, 2001.

T. Rengarajan, *Dictionary of Vaisnavaism*, Eastern Book Linkers, Delhi, 2004.

Tadeusz Skorupski, *A Catalogue of the Stog Palace Kanjur*, The International Institute for Buddhist Studies, Tokyo, 1985.

Teun Goudriān and Sanjukta Gupta, *Hindu Tantric and Sakta Literature* (*A History of Indian Literature*, *Vol. II*, *Fasc.*), Otto Harrassowwitz. Wiesbaden, 1981.

Thomas Watters, *On Yuan Chwang's Travels in India*, Oriental Translation Fund, New Series vol. XIV, London, 1904.

Wayne Howard, *Veda Recitation in Varanasi*, Motilal Banarsidass Publishers, Delhi, 1986.

Vesna A. Wallace, *The Kalacakra Tantra*: *The Chapter on Sadhana Together with the Vimalaprabha Commentary*, *A Study and Annotated Translation*, New York: American Institute of Buddhist Studies Columbia University, 2009.

Vesna A. Wallace, *The Kalacakratantra: The Chapter on the Individual together with the Vimalaprabha*, Co-published with Columbia University' s Center for Buddhist Studies and Tibet House US, 2004.

[日] 松长有庆：《密教经典成立史论》，京都：法藏馆，1982 年。

[日] 国书刊行会编：《仏教学関係杂志文献总覽》，京都：国书刊行会，1983 年。

[日] 宫坂宥胜：《印度古典论》（上、下），东京：筑摩书房，1983 年。

[日] 羽田野伯猷：《チベット・インド学集成》（1—4），京都：法藏馆，1985 年。

[日] 氏家觉胜：《陀罗尼思想の研究》，大阪：东方出版，1987 年。

[日] 冢本启祥、松长有庆、熙田矶文编：《梵语佛典の研究》IV "密教经典篇"，京都：平乐寺书店，1989 年。

[日] 冢本启祥、松长有庆、熙田矶文编：《梵语仏典の研究》III "論書篇"，平乐寺书店，1990 年。

[日] 田中公明：《超密教：时轮怛特罗》，大阪：东方出版，1994 年。

[日] 宫治昭：《仏像学入门》，东京：春秋社，2004 年。

ctps: //archive. org/

http: //www. jstor. org/

http: //ci. nii. ac. jp/

http: //www. dsbcproject. org/

http: //sanskrit. inria. fr/portal. fr. html

https: //en. wikipedia. org/wiki/Main_ Page

http: //www. sacred-texts. com/tantra/index. html

http: //indology. info/etexts/

http: //sanskritdocuments. org/scannedbooks/asiallpdfs. html

http: //www. sanskritebooks. org/ebooks-download/

后　记

度过九年奋力挣扎的岁月，留下许多刻骨铭心的记忆，到了今天，《世界佛教通史》终于出版了！

在这里，我首先代表本课题组所有成员，也就是本部书所有作者，向关心、关怀、指导、帮助我们工作的领导、前辈、同事和朋友表示衷心感谢。

从 2006 年 11 月 7 日到 2006 年 12 月 24 日，在我筹备成立课题组，为争取立项做准备工作期间，世界宗教研究所党委书记曹中建先生最早表示全力支持，卓新平所长最早代表所领导宣布批准我申报《世界佛教通史》课题。前辈杜继文先生给了我最早的指导、鼓励和鞭策。王志远先生在成立课题组方面提出了原则性建议，并提议增加《世界佛教大事年表》。同事和好朋友尕藏加、何劲松、黄夏年、周齐、郑筱筠、华方田、纪华传、周广荣、杨健、周贵华、王颂等人从不同方面给我提出具体建议，提供诸多帮助。没有这些领导、前辈、同事和朋友最初的厚爱、最可贵的指教、最温暖的援手，成立课题组就是一句空话。时间已经过去 9 年了，每次我回忆那些难忘情景的时候，眼前总会出现他们当时脸上流露出的真诚和信任。

2007 年 11 月，课题组筹备工作完成，正式进入研究工作阶段。我在分别征求课题组成员的意见之后，聘请中国社会科学院世界宗教研究所所长卓新平研究员、党委书记兼副所长曹中建先生、副所长金泽研究员、中国社会科学院荣誉学部委员杜继文研究员、中国社会科学院荣誉学部委员杨曾文研究员为课题组顾问。八年来，三位所领导和两位前辈关心、关怀课题的进展，从不同方面为课题的顺利进行创造条件。

2012 年 12 月 31 日，在《世界佛教通史》课题结项时，中国社会科学院学部委员卓新平研究员、世界宗教研究所副所长金泽研究员、北京大学姚卫群教授、中国人民大学张风雷教授、北京师范大学徐文明教授应邀出席答辩会。他们在充分肯定本书学术价值和现实意义的同时，为进一步修改完善献计献策，提出了许多有价值的修改意见。

中国社会科学出版社赵剑英社长非常重视本书的编辑和出版工作，自始至终关注本书的运行情况，组织了责任心强、专业水平高的编辑和校对人员进行本书的编校工作，并为项目的落实四处奔走，出谋划策。黄燕生编审从本课题立项开始就不间断跟踪，在最后的审校稿件过程中，她让丈夫在医院照顾96岁高龄患病的母亲，而自己到出版社加班加点编辑加工书稿。其他编辑也是这样，如孙萍编辑经常为本书稿加班到夜晚才回家。

从本课题正式申请立项到最终完成，我们一直得到了中国社会科学院前任和现任领导的关心、关怀和支持，得到院科研局前任和现任领导的具体指导和帮助。科研局的韦莉莉研究员长期关心本课题的进展，为我们做了许多具体服务工作。

我们这个课题组是一个没有任何行政强制条件的课题组，是一个纯粹由深情厚谊凝结起来的课题组。在共同理想、共同追求的支撑下、促动下，我们终于完成了这项最初很少有人相信能完成的任务。回忆我们一起从事科研工作的八年岁月，回忆我们相互切磋、相互学习、相互鼓励、相互促进的学术活动经历，回忆我们在联合攻关、协同作战过程中品尝的酸甜苦辣，总会让人感到真诚的可贵，情义的无价。

在课题组成员中，有两位青年同事帮我做了较多的科研辅助性工作。杨健在2007年到2012年，夏德美在2013年到2015年分别帮助我整理、校对各卷稿件，查找要核对的资料，补充一些遗漏的内容，处理与课题申报、检查、汇报等有关的事宜。他们花费的时间很多，所做工作也不能体现在现行的年度工作考核表上。

八年来，本课题组成员几经调整，变动幅度比较大，既有中途因故退出者，也有临时受邀加入者。对于中途因故退出的原课题组成员，我在这里要特别为他们曾经做出的有益工作、可贵奉献表示衷心感谢。中国社会科学院学部委员史金波前辈、西北大学李利安教授等学者是在课题组遇到困难时应邀参加的，他们为了保证本课题按时结项，不惜放下手头的工作。

《世界佛教通史》是集体创造的成果，是集体智慧的结晶。作为本课题负责人，我对每一位课题组成员都充满了感谢、感激之情。由于自己学术水平所限，本部著作还存在着许多不足之处，所有已发现和以后发现的错误，都应该由我承担责任。

本课题是迄今为止我负责的规模最大的项目，我曾为她振奋过、激动过、高兴过，也曾为她沮丧过、痛苦过、无奈过。我的家人总是在我束手无策时，给我注入精神能量。我要感谢我的妻子李明瑞：三十多年来，她的操持家务，能够让我自认能力有限；她的鼎力相助，能够让我不敢言谢；她的体贴入微，能够让我心生惭愧。

魏道儒

2015年11月